本书出版获得广东省高水平大学建设经费资助

南有喬木

鄧高彬先生紀念文集

主　编◎程国赋　彭国忠
副主编◎何志军　王晓东　程　刚

安徽师范大学出版社
ANHUI NORMAL UNIVERSITY PRESS

图书在版编目(CIP)数据

南有乔木:邓乔彬先生纪念文集 / 程国赋,彭国忠主编. — 芜湖: 安徽师范大学出版社, 2019.3
ISBN 978-7-5676-3973-7

Ⅰ.①南… Ⅱ.①程… ②彭… Ⅲ.①邓乔彬—纪念文集 Ⅳ.①K825.6

中国版本图书馆CIP数据核字(2019)第041045号

南有乔木:邓乔彬先生纪念文集

NAN YOU QIAOMU:DENG QIAOBIN XIANSHENG JINIAN WENJI　　程国赋　彭国忠　主编

责任编辑:潘　安
装帧设计:丁奕奕
出版发行:安徽师范大学出版社
　　　　　芜湖市九华南路189号安徽师范大学花津校区　　邮政编码:241002
网　　址:http://www.ahnupress.com/
发 行 部:0553-3883578　5910327　5910310(传真)
印　　刷:江苏凤凰数码印务有限公司
版　　次:2019年3月第1版
印　　次:2019年3月第1次印刷
开　　本:787 mm×1092 mm　1/16
印　　张:29.25
插　　页:8
字　　数:600千字
书　　号:ISBN 978-7-5676-3973-7
定　　价:99.00元

邓乔彬先生

（1943.10.18——2018.1.30）

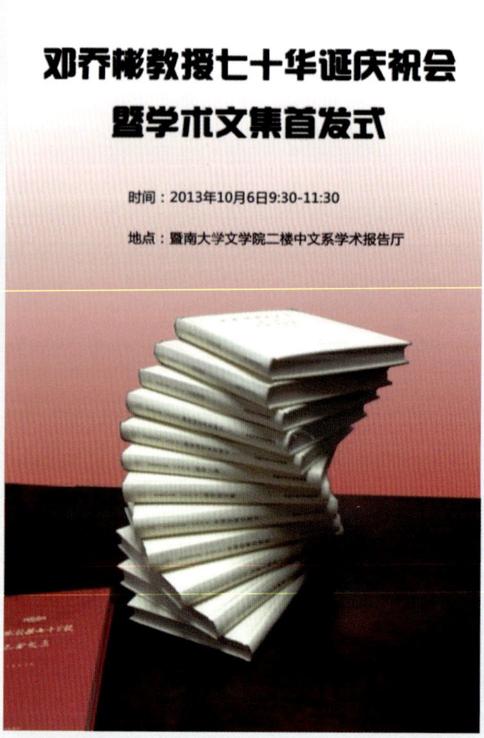

2013年10月，邓乔彬教授七十华诞庆祝会暨学术文集首发式海报

（暨南大学文学院）

《邓乔彬学术文集（十二卷）》《邓乔彬教授七十华诞纪念文集》

（安徽师范大学出版社2013年）

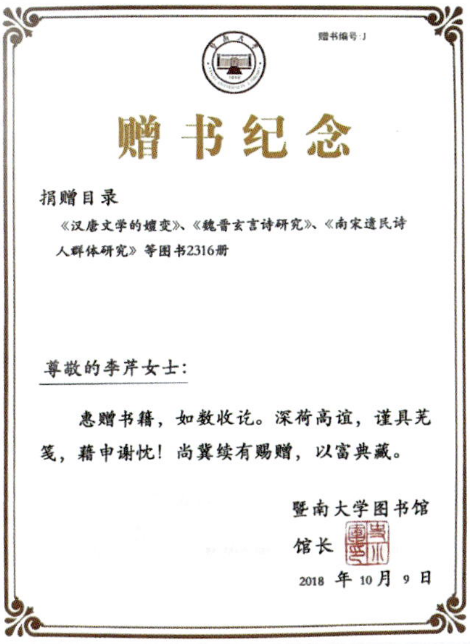

赠书编号：J

赠书纪念

捐赠目录

《汉唐文学的嬗变》、《魏晋玄言诗研究》、《南宋遗民诗人群体研究》等图书2316册

尊敬的李芹女士：

惠赠书籍，如数收讫。深荷高谊，谨具芜笺，藉申谢忱！尚冀续有赐赠，以富典藏。

暨南大学图书馆

馆长

2018 年 10 月 9 日

邓师在暨大临风轩书房的书，经师母允可，由弟子整理，全部赠予暨南大学图书馆

邓师临风轩书房（局部）

暨南大学图书馆邓乔彬先生藏书专架

暨南大学图书馆邓乔彬先生捐书公告

鄧師碑陰記

吾師諱喬彬廣東中山人生於重慶幼侍父徙滬上遂家焉少穎悟多才弱冠就讀華東師範大學畢業即遭世變遠赴西北事農務工任中小學教員擅詩畫有風儀所至鄉人德之凡十年再入華師爲研究生學乃大成留校任教二十載自講師以至教授癸未花甲應友人之邀南下廣州復設席暨南大學十稔平生治詞學詩學畫學各造其極成一代通人有學術文集十二卷行世任碩博導師三十年及門者五十六人既葬弟子思慕盡哀集記如右戊戌春月

（門弟子　段學儉撰　何平華攝）

序

蒋述卓

（暨南大学原党委书记、中文系教授，广东省作协主席）

邓乔彬先生是2002年11月到暨南大学任教的，当时中文学科为了申报古代文学博士点，专门将他作为学科带头人引进，但华东师范大学中文系不同意他调走，所以只好作为借调人员引进。为此，2003年9月我代表学校专门到华东师大一趟，找到当时华东师大的党委书记张济顺同志，请华东师大给予支持。张书记看在我也是华东师大校友的面子上，且邓乔彬先生也去意已决，就同意放档案。于是，邓先生于2003年12月正式调入暨南大学。也便在这年，以邓先生担任学科带头人的中文系古代文学博士点获得批准，邓先生也由此被聘为学校特聘教授（一级）。在暨南大学中文学科的建设上，邓先生的贡献是杰出的。

邓先生学术视野开阔，所涉领域众多，除了他擅长的词学及词学批评、中国古代文学与文化研究之外，他还专攻过中国古代画论与绘画，在比较文学、文化诗学方面有突出的成就。他的《中国绘画思想史》于2002年还获得过第13届中国图书奖，我校翻译学院的学术团队在2017年就以他的这本书申报了国家社科基金的"中华学术著作外译项目"并获得批准，现正在翻译之中。在邓先生70岁的时候，出版界为他专门出版了《邓乔彬学术文集》（十二卷），近八百万字，让我们不得不佩服他的学术能量和旺盛的写作精力。他一生不抽烟、不喝酒，最大的兴趣就是学术研究。在他生病期间，我与学校领导一道到他府上探望并拜访，他跟我们谈的还是心中所牵挂的学术研究。

邓先生在教书育人方面尽职尽责、呕心沥血。2002年刚调入暨大时，他就在我们文艺学博士点指导博士生，我将当时挂在我名下的滕志鹏转给他指导，他对其要求严格，让他在读期间就发表过好的文章。他对他在华东师大指导过的博士生亦挂念在心，有时他还为走上工作岗位的学生所承担的科研项目出谋划策，有时甚至亲自操刀。为了学生毕业后能获得更好的工作平台，他不遗余力地为他们呼吁和联系。

邓先生是一个胸怀博大、敢于负责、善于合作的人。我曾与他一起合作主编过《大学语文》（中华文化版）教材。2007年由我提出编书的设想及大纲，由中文系教大学语文课程的老师拟定篇目并编著，但主要审稿的工作几乎全由邓先生负责。有邓先生把关，此书质量得以保证，2010年在高等教育出版社出版之后印刷了多次，还被列为教育部"十二五"规划教材。

邓先生是一个生性活泼又时有幽默的人。年轻时他是运动健将，中年之后，尤其到暨大之后，只要他在场，气氛总是活跃的。他有语言天赋，擅长方言，经常会模仿各地方言说各种笑话，有时还会在联欢会等场合表现他这方面的才能。

南有乔木，壮哉高兮。在邓先生逝世一周年之际，他的学生们酝酿着为他出纪念文集，这是很适合与及时的。怀念邓先生的功绩，继承邓先生优良的学术传统，激励学术后辈奋勇前行，在暨大中文系建设“双一流”学科的进程中具有重要的意义。

邓先生的贡献彪炳于暨大中文系发展的史册中，永志不灭。

2019年1月30日

目　录

◇ 学术自述 ◇

◇ 学术评价 ◇

◇ 学术文集 ◇

◇ 学术追忆 ◇

学术自述

自传自评(2013)

自　传

邓乔彬，广东珠海（原中山）人，1943年10月18日出生于重庆。

童年居重庆，1947年初随父母移居上海，1948年底回广东原籍。完成初小教育，1953年再迁上海。1956年考入华东师大一附中，课余爱好阅读、写作、绘画、体育。1960年春被选入虹口区少体校受训，学籍仍保留在师大一附中，1961年打破区男子跳高纪录，1962年获上海市中学生运动会业余体校组跳高冠军。因有意于科幻小说创作及自然辩证法研究，同年考取华东师大物理系，却因厌烦微积分，短于数理逻辑思维，经努力争取并考试，于次年转读中文系二年级。1964年春，以1.92米（运动健将标准1.95米）打破上海市高校跳高纪录，并保持15年之久。1964年10月，至安徽全椒县参加“四清”运动，再至定远县，先后共三期，1966年5月回校。

1967年从华东师大中文系毕业，因“文革”而推迟至1968年分配工作。被分至甘肃永登水泥厂，服从建材部决定，先到江苏南通东方红军垦农场劳动锻炼，1968年9月至1970年3月，共劳动一年半。锻炼期间，曾以绘画创作先后代表团部、师部参加师、军二级文艺“调演”，并在南京军区机关报发表作品。锻炼期满，返沪休假。1970年5月到甘肃单位报到，先专职挖防空洞，后被分至原料车间当工人。1971年春，获兰州市首届运动会跳高冠军，在集训并即将代表兰州市参加省运动会之前，被令回厂，破省纪录希望落空，就此告别体育生涯。1972年初，被调入该厂职工子弟小学任体育教师，一年后任教中学体育、语文，兼当班主任，后专教语文，兼班主任，直到离厂。1974年初，与李芹结婚。曾数次奉命为厂文艺宣传队参加重工业局、建材局及省文艺调演创作节目，包括话剧、朗诵诗、曲艺等，并设计、绘制布景，其中如独幕话剧《为英特纳雄耐尔而战》，多幕话剧《祁连春潮》《斗鳄鱼》等，都曾得较高评价，受到观众欢迎，在甘肃和青海厂矿、部队演出。却一如体育，仍无法以此专长改变境遇。虽当时社会为“读书无用论”左右，仍能勉力教书育人，用各种方法培养学生学习兴趣，三十年后仍被学生乐道。

粉碎“四人帮”后，恢复高考，于1978年考取华东师大中文系研究生，以词曲为方向，1981年毕业，获文学硕士学位，留系工作。先后从事本科、函授、电大、助教进修班、骨干教师进修班古代文学有关课程教学，指导论文，亦曾当班主任。1983年任讲师，1988年任副教授，1994年任教授。1989年起带硕士生，1995年被评为古代文学博士生导师，1996年起带博士生。所带硕士生有中国哲学史（中国文化建设）方向，中国文学批评史方向及中国古代文学（唐宋）方向等；所带博士生有唐宋词与词学批评方向及中国古代诗画比较方向。共带出14名硕士生、11名博士生（另有4名因本人调动工作而被命移交他人），皆获得学位，另合作博士后1名。

先后担任本科生“中国古代文学作品选”（曾分为诗歌选、词曲选、散文选等课）和“中国文学史”“中国古代文学”“中国词学批评史”“中国古代诗画理论”“中国文化与中国文艺”“大学语文”等必修与选修课教学。又为硕士生开设“中国词学批评史”“中国文学史专题”“唐宋词美学”“中国文化与文艺”等课程；为博士生开设“中国文学史专题”“唐宋词研究与词学批评”“中国古代诗歌理论”“中国古代绘画理论”“中国文化与文艺”等课程。所指导博士生论文两次被评为学校及上海市优秀博士论文，并参评全国“百优”，毕业博士生中有的被评为省三八红旗手，获巾帼建功奖、优秀青年教师奖，入选教育部人才工程，多人任教授，三人任博导。

因申报古代文学博士点之需，于2002年11月从华东师大被引进（借调）至暨南大学，担任古代文学学科带头人，于2003年申报博士点获得批准，被评聘为特聘教授（一级），当年年底被正式调入暨南大学。2003年招收古代文学硕士生与文艺学博士生，2004年起专招古代文学博士、硕士生，其中博士生含唐宋词学、古代诗画比较及二十世纪古代文学学术史三个方向，硕士生含唐宋文学与韵文学方向。2006年再被评聘为特聘教授（一级）。2008年12月31日退休。2009年后返聘工作至今。因在国家侨办系统评聘职称，故直至2012年始被评定为二级教授。在暨南大学先后共带博士生13名（其中港澳2名、广州1名共3人延期，尚未毕业），硕士生14名（其中澳门1名），合作博士后3名。

曾承担国家教委（后为教育部）博士点基金项目“中国词学批评史”（集体）、“中国二十世纪美学研究”（集体）、“中国古代文艺审美的文化研究”（个人，1998年立项，2003年结项），国家社科基金项目“中国古代诗画艺术思想史”（个人，1992年立项，1996年结项）、“唐宋词艺术发展史”（个人，2004年立项，2008年结项），广东省项目“进士文化与唐五代诗词”（2009年立项）。除最后一项外，均已完成，成果亦已出版。

从事古代诗词、绘画、文化及相关理论与20世纪古代文学学者等研究。先后出版学术专著《吴梅研究》（华东师范大学出版社1990年）、《有声画与无声诗》（上海社会科学院出版社1993年）、《唐宋词美学》（齐鲁书社1993年，2004年再版）、《中国词学批评史》（合著，中国社会科学出版社1994年，华东师范大学出版社2005年更名再版)、《学者闻一多》(合著，学林出版社2001年)、《中国绘画思想史》(贵州人民出版社2001年，2011年再版)、《古代文艺的文化观照》(上海教育出版社2003年)、《词学廿论》(上海古籍出版社2005年)、《宋代绘画研究》(河南大学出版社2006年)、《唐宋词艺术发展史》(河北人民出版社2010年)；另有著作《爱国词人辛弃疾》(上海人民出版社1986年)、《文三百篇》(合著，华东师范大学出版社1999年)、《豪放词萃》(主编，华东师范大学出版社2000年)、《绝妙好词译注》(主编，上海古籍出版社2000年)、《宋词与人生》(上海古籍出版社2001年)等。

曾主编或参编高校教材、自学考试教材、教辅读物及工具书约三十种，其中较重要者有《近代文学大系·文学理论集》(副主编)、《中国词学大词典》(编委)、《全宋词评注》(副主编)、《中国古代文学作品选》(自学辅导及题库，主编)、《大学语文》(中华文化版，两主编之一)等。

在《文学评论》《文艺研究》《文学遗产》《文艺理论研究》《学术月刊》《学术研究》《文史哲》《华东师大学报》《浙江大学学报》《暨南学报》《上海大学学报》《中国文化研究》《求是学刊》《齐鲁学刊》《苏州大学学报》《深圳大学学报》《东南大学学报》《词学》《中国文学研究》《中国韵文学刊》《美术史论》《中国画研究》《戏曲研究》等刊物发表学术论文180余篇，在各种鉴赏词典及报刊发表赏析文章与学术短论170多篇。以上论著共约600万字，连编著约800万字。

现兼任中国宋代文学学会副会长、中国韵文学会常务理事、中国古代文学理论学会理事、秦观研究会副会长、李清照辛弃疾学会常务理事、中国词学会学术委员、广州市语言文学学会顾问，《词学》主编，《中国韵文学刊》《中华词学》《宋代文学研究年鉴》编委等。

曾在华东师大获校、系两级本科教学优秀奖，研究生教学华为奖。调暨南大学后获2004年南粤优秀教师称号，获校科研奖。科研成果获奖有：论文《诗的空间假借与画的时间凝缩》获上海市社会科学联合会所颁学术成果奖(1993年)，论文《论气韵生动》获上海市1997—1998哲学社会科学优秀成果三等奖；专著《中国绘画思想史》获上海市2000—2001哲学社会科学优秀成果三等奖，又获第十三届中国图书奖(2002)，《古代文艺的文化观照》获广东省首届哲学社会科学优秀成果三等奖(2005)，《宋代绘画研究》获广东省第三届哲学社会科学优秀成果二等奖(2009)，《唐宋词艺术发展史》入选第三届“三个一百”出版工程(2011)，获第二十六届北方十五省市自治区哲学社会科学优秀图书奖(2011)，教育部第六届人文社科优秀成果二等奖(2013)，《唐宋词美学》获第二届夏承焘词学二等奖(1996)，《中国词学批评史》获上海市高校普通教材二等奖，第三届夏承焘词学一等奖(2002)，《学者闻一多》获第二届闻一多研究优秀成果(1994—2008)一等奖(2009)。

个人简历、事迹被收入数十种传记及名人辞典，1996年获国务院所颁政府特殊津贴证书。

少年至青年时代喜好阅读、诗文写作、绘画、篆刻、剧本与舞美创作、模型制作、田径及球类运动。中年后以全部精力用于科研、教学，虽喜旅游却较少出行，爱看体育、风光、历史、人文类电视节目。入老年好读闲书及时政、传记、历史类读物，看电视，听音乐，近来重拾诗词写作，被邀而偶作方言模仿秀。

自 评

性格外柔内刚，行事敛抑低调。若非不得已则不发违心之言，虽则难推辞亦不作悖情之事。一世确无防人之心，自信从无害人之举。处穷而不愿降身屈志，处卑而力抑艳羡之情；不利之时以“潜龙勿用”为旨，唯求身能自保；可为之时不问为官之道，但望治学有成。虽难行正道却不跟风，不达时而恒落伍于人。既无孔孟入世之意，亦乏庄禅出世之心。多求知而少行动，常乏果敢之志；虽有见而常沉默，恒惧直言伤人。有孝悌之心而少践行，怀济人之志而罕作为。知廉耻虽不作干禄，求三立亦不避名利。喜谈政治而无作为，关注历史而不著述。于世事多有不明，于人情甚远练达。自知有识而少学，治学未免有偏；才稍高而情商低，有作不喜自扬。远烟酒而寡交游，厌热闹而喜独处。亦有谈伴，却一生罕有知己，深知“君子之交淡如水”；虽经波折，但半世固守婚姻，笃信“糟糠之妻不下堂”。君子三戒：色、斗与得（见《论语·季氏》），“子以四教：文、行、忠、信”（《论语·述而》），以之为做人信条，认之为为师之道，虽不能至，心向往之。

2013年1月14日草，4月10日改定

（原载《邓乔彬教授七十华诞纪念文集》，安徽师范大学出版社2013年）

学术交流

致邓乔彬论《惆怅爨》书(1984)

王季思

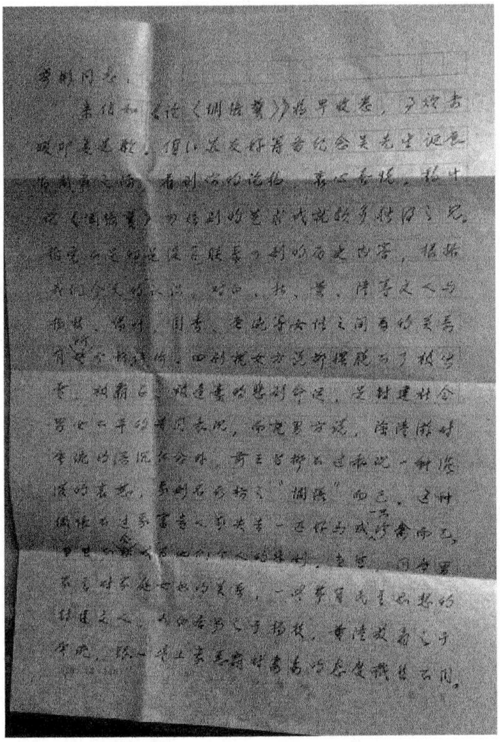

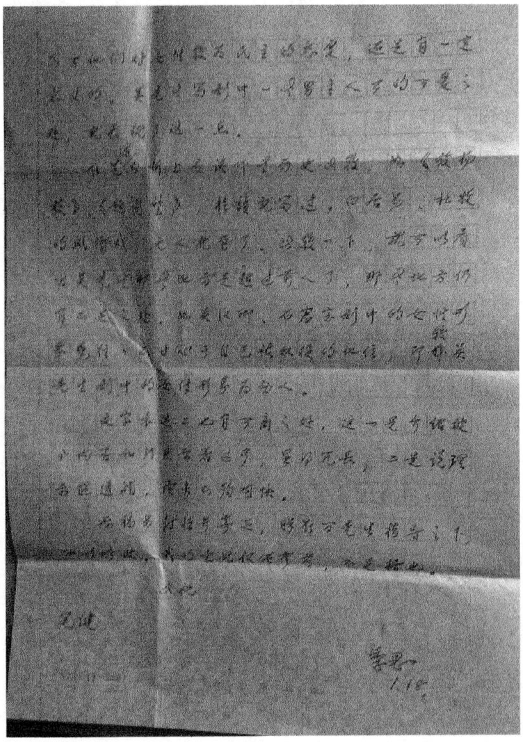

1984.1.18　书信手稿

乔彬同志：

来信和《论〈惆怅爨〉》稿早收悉，事烦未暇即复是歉。值江苏友好筹备纪念吴梅先生诞辰百周年之际，看到你的论稿，衷心喜悦。稿中论《惆怅爨》四短剧的艺术成就颇多独特之见。稍觉不足的是没有联系四剧的历史内容，根据我们今天的认识，对白、杜、黄、陆等文人与杨枝、绿叶、婉国秀、唐婉等女性之间的关系有所分析、评论。四剧就女方说都摆脱不了被出卖、被霸占、被遗弃的悲剧命运，是封建社会男女不平等的共同表现；而就男方说，除陆游对唐婉的深沉怀念外，前三者都不过表现一种淡淡的哀愁，像剧名所标之“惆怅”而已。这种惆怅不过像富贵人家失去一匹好马或一只珍禽而已，不会成为他们个人的悲剧。当然，同属男家主对家庭女奴的关系，一些带有民主思想的封建文人，如白居易之于杨枝、陆放翁之于唐婉，跟一些土豪恶霸对妻妾的态度截然不同。写出他们对女性较为民主的态度，还是有一定意义的。吴先生写剧中一些男主人的可爱之处，就表现了这一点。

在艺术分析上应该作些历史比较，如《放杨枝》《题园壁》，桂馥就写过。白居易、杜牧的风情戏，元人就有了。比较一下，就可以看出吴先生哪些地方是超过前人了，哪些地方仍有不足之处。如关汉卿、石君宝剧中的女性形象，往往不甘心自已被奴役的地位，即较吴先生剧中的女性形象为动人。

文字表达上也有可商之处，这一是介绍故事内容和引用原著过多，显得冗长；二是说理未能透辟，读来不够明快。

原稿另封挂号寄还，盼在万先生指导之下，加以修改。我的意见仅供参考，不足据也。

此祝

笔健

季思

1.18

（原载《王季思全集·第二卷·古典戏曲论文集（下）》，河北教育出版社2005年）

七绝二首（和邓乔彬教授）（2010）

徐培均

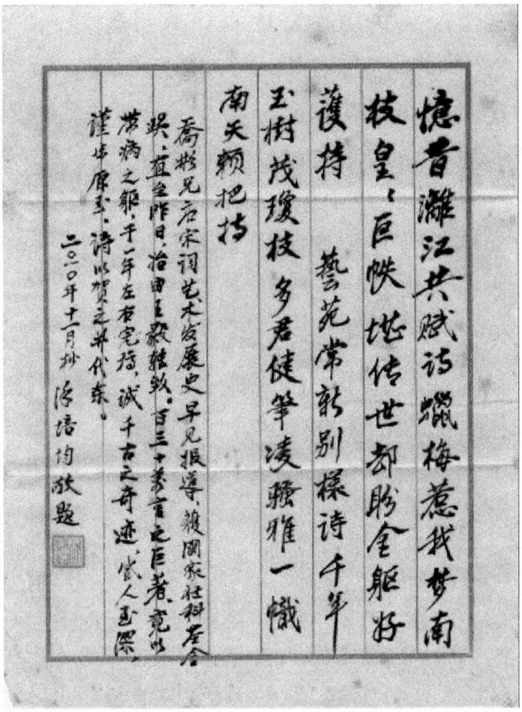
憶昔灕江共賦詩，蠟梅惹我夢南枝。皇皇巨帙堪传世，却盼金軀好護持。

藝苑常新别様詩，千尋玉樹茂瓊枝。多君健筆淩騷雅，一幟南天頼把持。

喬彬兄唐宋词艺术发展史早见报導，獲國家社科基金奖，直至昨日，始由王毅转致。百三十萬言之巨著，竟以带病之躯，于一年左右完稿，诚千古之奇迹，令人感佩。谨步原玉，诗以贺之并代柬。

二〇一〇年十一月抄　徐培均敬題

七绝手稿，见2010.11.26书信

七绝二首

暨南大学邓乔彬教授《唐宋词艺术发展史》，洋洋百三十万言。如此巨著，竟以带病之身，于一年多时间完成，诚旷古所未有，当世之奇迹，因步原玉以贺之

其　一

忆昔漓江共赋诗，腊梅惹我梦南枝。
皇皇巨帙堪传世，却盼金躯好护持。

其　二

艺苑常新别样诗，千寻玉树衍琼枝。
凭君健笔阐骚雅，一帜南天赖秉持。

（原载徐培均著、黄思维校《岁寒居吟草》，黄山书社2012年）

学界二奇(2017)

孙琴安

每个文化领域都会出现一些奇人奇才，演艺界尤多，书画界也不少。文学无师自通，故文学界也创出不少奇迹。许多名作家、名诗人年纪轻轻，并无多高学历，却一炮打响，一夜成名，轰动社会，影响甚巨。相比较而言，学术界的成名成家要难一些。这里是高学历的聚集地，又要积累，还有一套学术规范和条条框框。“宁坐板凳十年冷，不写文章半句空。”这对作家不管用，在学术界却是提倡的。因而不少学者成名甚晚，或大器晚成。在此情况下，若要英年成名，创造奇迹，而成奇人奇才，就要少得多。

其实，在当今社会，也有一些值得一提的学界奇人。他们未必像陈寅恪、钱锺书那样驰誉海内外，但他们的学术道路颇富传奇色彩，并在各自的学术领域为中国的传统文化作出了各自的贡献。

如我的学兄邓乔彬，本是华东师大物理系的高材生，骨子里却又爱好文学、文理兼通。在他的再三要求和执意努力下，最终感动了学校领导，允许他转入中文系。改革开放恢复高考后，他又考取了第一批研究生，专攻词学。这一转行可不打紧，不仅使中国多了一个词学专家，而且还因他培养了一批词学专家，如在央视《百家讲坛》上风头甚健的赵晓岚等，均出自他的门下。他不仅写下了《唐宋词艺术发展史》(上下)、《中国绘画思想史》(上下）等巨著，更重要的是，他还系统论述了诗与画的关系，提出了与西方人不同的独特见解。

诗与画曾有姊妹艺术之称，我们从成语“诗情画意”中也可窥见二者关系之密切。苏轼甚至写诗标明“诗画本一律”。古希腊西蒙尼底斯曾说：“画是无声诗，诗为有声画。”这些都说明了诗、画艺术的相似与相通。可是，后来西方的不少文论家却又强调了诗与画的区别，如莱辛的《拉奥孔》一书，便是论评画与诗的界限的。这样一来，便拉开了诗与画的距离。而邓乔彬经过全面的比较和深入的分析，既看到了诗画的可比性，又看到了二者的不可比性，更发现了诗画艺术在美学特征上的融合性。在朱光潜、朱自清、钱锺书等人的基础上，把中国的诗、画关系研究，又大大推进了一步。凡此，与其文理兼通、诗画并擅的奇特之才与知识结构，多少有些关系吧？

再如我的堂兄孙书安，生于农村，只有小学学历，后到上海参军。但他始终爱读书，学文化，居然读书皆擅，为军中秀才。一次偶然机会，借调《辞海》编辑部参加修订工作，自此便与辞书结缘。复员后曾先后在两所大学任图书馆管理员，业余时间便专心致志地编撰辞书，笔耕数十年而不辍。结果在20年前由上海辞书出版社出版了他的《中国博物别名大辞典》，凡250万字，令我大吃一惊。直至现在，许多科学家、医学家还都在翻阅查用。

此后不久，他的《中国室名大辞典》又被列为国家社科基金项目，前年由中华书局隆重推出，令我更为吃惊，简直匪夷所思。我曾当面问他："哥的学历不高，一个人却编写了两部大辞典，到底是怎么写出来的？"他淡然一笑，以一种非常平淡的语气说："其实写辞书并不难，人人都能编写，只要肯下功夫，钻进去，就能写出来。"他说得轻松，背后下的功夫却难以想象。为写《中国室名大辞典》，他先做资料准备，仅历代室名题记，就从浩如烟海的古籍中打捞出八千多篇。后共搜得一万多个室名，每室列一条目，并要解释其室名的语源与含义。如曾国藩有"鸣原堂"，必须先考证其出处，才能理解其意旨，否则就写不下去。因而一万多个室名就如同一万多个碉堡，他居然攻无不克，全部占领。恐怕千古以来也很难找到以这等学历做这等学问的。

不过，话还得说回来。以上二位仁兄尽管各有天赋，怀揣绝技，学术道路和知识结构也与众不同，有点奇特。但有一点是共同的，就是他们的刻苦与勤奋。据我所知，他们几乎把所有的心血汗水都浇灌在自己的学术园地里，几十年如一日，才结出了如此丰硕的果实，放射出如此奇异的学术之光。诚如爱迪生所说："天才是百分之一的灵感加上百分之九十九的勤奋。"同时也证实了法国思想家卢梭的断言："当一个人一心一意做好事情的时候，他最终是必然会成功的。"

（原载《新民晚报·夜光杯》2017年5月18日）

按：以下三篇访谈，前两篇分别收录于《邓乔彬学术文集·第十卷·宋画与画论》《邓乔彬学术文集·第七卷·词学论文集》（安徽师范大学出版社2013年）。第三篇为《信息时报》“我的书房”专栏采访（2013年7月13日）。

德与艺、艺与文

——邓乔彬教授访谈(1997)

张子良

编者按：艺术作为精神文明的产物，它不应该仅仅是艺术家在象牙塔中从事的行为，艺术属于大众。在现代经济发展中，同科技一样，艺术已成为非常重要的生产要素，从产品设计到广告设计，从建筑业到旅游业，等等，艺术的作用显而易见。提高艺术修养实质上就是提高人的素质。我们进行整体性人才资源开发，切不可忽视艺术教育的重要性。在艺术方面，我们完全可以借助于中华民族博大精深的传统文化，开掘出深刻的艺术内涵，创造出精美的艺术形式，从而促进现代化建设和精神文明建设。日前，本刊特邀华东师大中文系教授、博士生导师邓乔彬先生就中国传统的诗画艺术、艺术人才的造就等话题，发表见解。邓教授长期从事中国古代诗画艺术研究，现正在撰写《中国绘画思想史》，他的见解令人遐思。

张：邓先生，您长期从事诗画艺术思想史和文化与文艺关系的宏观研究，最近正在撰写百万字的《中国绘画思想史》，您在中国古代艺术理论上的造诣是相当精深的。从目前世界各国的情况看，艺术已经渗透到现代经济生活的方方面面，艺术越来越走向市场。越是这样，我们越要寻找艺术的真谛，认识什么是真正的艺术家。您能否就写作《中国绘画思想史》，谈谈您在这方面的体会呢？

邓：由于工作性质、尤其是个人性格的原因，我从未介入当代艺术的研究和评论，不认识任何画家和评论家，也未加入美协，我所做的工作只是经院式的学术史研究。我在研读各种新旧版本的绘画史著作和画论著作时，感到画论的专题研究成果已很可观，但还缺少较系统的绘画思想史著作，所以就不揣浅陋，作一抛砖引玉的工作。既然复旦大学的《中国文学批评史》可以写成数百万字的多卷本，绘画思想史、批评史也绝非百万字可限。哦！问题扯开了，真是答非所问。刚才说了，我是做的象牙塔内（声明一点，这“象牙塔”内只有清贫和艰苦）的脱离实际的“史”的研究，实难与现实联系上，历史在前进，时代在发展，恐怕是很难以古人的思想来规范今人的。

张：不妨！王羲之《兰亭集序》说过：“后之视今，亦犹今之视昔”，民族文化遗产是难以割断古今联系的。

邓：那就“今之视昔”，姑妄言之！由于我主要是研究古典文学的，且以宋词为一主要方向，史学大师陈寅恪说过：“故天水一朝之文化，竟为我民族遗留之瑰宝”。我在写《绘画思想史》的过程中，深感宋代文化和人文意识确如陈先生所言，所以就限在宋代，谈谈欧阳修、苏轼等人对画家修养的看法。他们的不少看法，似有永恒的生命存在。

张：诗词歌赋、琴棋书画，最能体现中国的传统文化。在我们这份刊物上来谈欧阳修、苏轼等古代文人对画家修养的方法，显得特别有意思。现代社会的快节奏，使得现代人的心态易于浮躁，古代风雅文人的见解，可能有助于浮躁的心态趋于明净。

邓：画工画、文人画、画院画是我国古代绘画的三大主力。其中文人画，东晋的顾恺之、盛唐的王维，都极有地位。但是，文人画及相关的理论成就，当推北宋。尤其关于画家修养论极有建树。以我个人观点而言，德与艺、艺与文是两个重要的主题。

北宋诗文革新运动领袖欧阳修认为，好文章应“中于时病而不为空言”，在主张重道以充文同时，崇尚颜回的精神，将重心落在“德”上，使“内圣”更重于“外王”。当然，欧阳修并不以道废文，他在主张先道后文同时，亦以文与道俱、因道求文相尚。当然，欧阳修只是奠定了德、艺关系的理论基础，真正的理论阐发尚有待苏轼。

张：中国古代儒家文化强调做人．特别强调做君子。德胜才谓之君子，才胜德谓之小人。苏轼关于德、艺关系有什么主要见解呢？

邓：苏轼是诗、文、词、书、画俱精的文艺全才，他论画就本着“艺”进乎“德”的精神。他在赞扬画竹大师文同（字与可）时说：“与可之文，其德之糟粕；与可之诗，其文之毫末；诗不能尽，溢而为书，变而为画，皆诗之余。其诗与文，好者益寡。有好其德如好其画者乎？悲夫！”最后的一问一悲，实际上是为世人不知德为画之本而感慨。

苏轼不仅因与文同为至交而称之，在《书朱象先画后》也赞其“能文而不求举，善画而不求售”。我们知道，唐太宗时的大画家阎立本曾有过群臣陪太宗赏景，独令他画春苑池的异鸟，弄得“俯伏池左，研吮丹粉，望坐者羞怅流汗”，而极其狼狈的经历。为此，苏轼从“阎立本始以文学进身，卒蒙画师之耻”，引王子敬拒书太极殿榜及阮千里弹琴不可荣辱事，道出了人格之高为画道之本，发出了这样的诘问：“使立本如子敬之高，其谁敢以画师使之”，“使立本如千里之达，其谁能以画师辱之？”这样看来，不屈己、不干人的精神、节操，实为苏轼论艺所最重。

张：刚才所说的苏轼赞扬朱象先“能文而不求举，善画而不求售”，只能是古人，是衣食较为充裕之时。在市场经济的今天，总不能“善画而不求售”吧？

邓：是的。一要生存，二要温饱，三要发展，这是规律，是真理。凡·高的画今天卖出的都是“天价”，当年他并不想“藏之名山，传之后人”，只是求售而不得。画是艺术品，也是商品，明代文征明、唐伯虎都卖画，只是“不使人间造孽钱”而已。售画本无可厚非，我们对古人所说不应胶柱鼓瑟，但应领会其精神。苏轼说：文同画竹，最初自己并不很看重，当各地的人手持白绢来求画时，文同说：“我要用它来做袜子了！”文同是清贫太守，随便画画，赚些润笔有何不可？但他却“不求售”。我想，虽然古今有异，精神还是可以如一的。抗战时，徐悲鸿卖画用于支持反侵略战争，今天也有画家以卖画所得支援希望工程、解困工程。这种“求售”就值得赞誉。

张：我所理解的您关于“德”与“艺”关系的“德”，除了指一般的道德外，还包括不为名利所惑，全身心投身于艺术的精神，即所谓“艺成于德”。专心一志、物我两忘，这是一个真正艺术家所追求的创作境界。您能否再谈谈“艺”与“文”这一主题呢？

邓：好的。诗文革新运动既以“弘道”重建士人的主体精神，同时，又因“文与道俱”而大得其“文”。苏轼之弟苏辙在《欧阳文忠公神道碑》中说：“自退之以来，五代相承，天下不知所以为文。……及公之文行于天下，乃复无愧于古。”推而广之，这“文”并不限于古文，而是涵盖极广的人文精神。这种人文精神对于文化建设的参与，就势必使绘画不限于从“众史”到“众工”之事。文人论画，文人绘画，造就了绘画的文学化倾向，所以邓椿在《画谜》中有“画者，文之极也”的说法。李公麟画过《西园雅集图》，画苏轼、米芾、黄庭坚、张耒、刘巨济等在驸马都尉王诜家“雅集”，吟诗作画，谈禅论道。这种一定规模的集群性文化交流，必然推动了绘画思想文化内涵的深化和雅化，并促使绘画向文学化发展。在此之前，欧阳修已在为《盘车图》题诗中提出“古画画意不画形”一说，将“意”置于“形”之上，而且又说：“萧条淡泊，此难画之意”，相较于“闲和严静，趣远之心难形”，他认为“高下向背，远近重复”的造型艺术要素只是“画工之艺尔，非精鉴者之事也。”在他之后，以苏轼为代表，就更重视绘画的文学化，重视诗、画的会通。

张：苏轼赞美王维有句很有名的话：“诗中有画，画中有诗”，这无疑就是苏轼关于“艺”与“文”的主要观点了？

邓：不错，因为这不仅是对王维的一个发现，而且树起了一种批评的标准。论王维的这几句话很出名，其实苏轼类似说法还不少，如一首题画诗中就写道：“诗画本一律，天工与清新”，也是说出诗画相通的道理。好像为了呼应苏轼所说，宋人冒出了许多诗画互拟之论，如：“文者无形之画，画者有形之文，二者异迹而同趣。”“少陵翰墨无形画，韩幹丹青不语诗。”“诗是无形画，画是有形诗。”

不仅是说说而已，而且在创作实践上真正逐渐做到了“丹青吟咏，妙处相资”。苏轼作为北宋文人画理论的代表，固然有轻视画工的偏见，但他重视并倡导绘画与诗歌的互渗、结合，提倡画家加强文学修养，无疑是推动我国绘画发展的积极见解。他从正面提倡“离画工之度数，而得诗人之清丽”，并以“达才明理”相号召。他既肯定作为历史人物的吴道子所画“雄放”，“笔所未到气已吞”，但认为比起王维来，还“犹以画工论”，这大概是因为“画圣”吴道子所长在佛道仙灵，而王维却擅画山水，山水中不仅蕴涵着“山林之乐”，还有浓浓的诗意。他赞扬宋迪的《潇湘晚景》，题诗道：“知君有幽意，细细为寻看”，又认为李公麟“龙眠独识殷勤处，画出阳关意外声”。“幽意”“意外”云云，都不是笔墨、形神所能限，而是情感、意绪、思想的表现、寄托，其高明深远，只能来自人格、情趣、文化、文学的修养。其实，文学修养不只是对于文人画的要求，宋代画院也多借唐人及古今诗作以“发兴”。如先任图画院艺学，后任翰林待诏直长的郭熙，就曾自道涵泳于诗中以求画意的体会，认为不少诗句都可以“发画之佳思而入画”。在宋徽宗政和年间，画院也常用古人诗句命题。

张：艺、文之间的关系更带有学术性，是一种关于艺术表达方式的探讨。这个问题自古以来就是仁者见仁、智者见智的。苏轼的观点很有见地，但它也只是一种说法。除了苏轼，还有谁对艺、文关系有所论述呢？

邓：有。譬如黄庭坚，论画就极重主观精神境界，心性与文学修养。他曾写过《东坡墨戏赋》，赞扬苏轼心中无碍，澄明虚净，故能“无有畦畛，八面玲珑”，霜枝风叶自能先成于胸中，“心法无执”，进入“如印印泥”的自由之境。在《道臻师画墨竹序》中，更进一步明确了“欲得妙于笔，当得妙于心”的思想。黄庭坚曾为皇族画家赵令穰的画写过跋语：“更屏声色裘马，使胸中有数百卷书，当不愧文与可。”

张：这“胸中有数百卷书”，好像很耳熟，中国古代文人类似这样的话说过不少。

邓：是的。明人董其昌的名言是：“读万卷书，行万里路”，读书与实践并重。此人是松江人，恶霸地主，但这两句话还是讲得不错的。说起来，这两句话的著作权还应追溯到南宋，属于宋宗室赵希鹄。赵希鹄对当时绘画不满，认为“写形状略无精神”，又认为“殊不知胸中有万卷书，目饱前代奇迹，又车辙马迹半天下，方可下笔”，这难道不是“万卷书”“万里路”？只是董其昌概括得更精当而已。理论往往是有流必然有源，我们不能知其流而不溯其源。

张：关于源流关系，在画家的修养论上是否还可举些例子？

邓：可以。我们刚才所讲的主角是苏轼，而苏轼的许多看法就源于庄子。庄子在《达生》中讲了一个梓庆削木为鐻（乐器架）的寓言，他一心投入创作，忘掉了“庆赏爵禄”“非誉巧拙”，甚至忘掉了自身的四肢形体，才能“以天合天”，作成之后，“见者惊犹鬼神”。屏除杂念，应该是进入创作的前提，正如韩国的围棋手常说“平常心”一样。这样的心性修养并不易到，苏轼写过这样的诗：“与可画竹时，见竹不见人。岂独不见人，嗒然遗其身。其身与竹化，无穷出清新。”能做到嗒然遗身、身与竹化，前提在于心中无碍，一片澄明虚静，一切功名利禄、穷达得丧、营营世念，都应排除在外。当然，这是一种精神状态、心性修养，要画出传世名作，没有“明于理而深观”的过程是不行的，只有“明理”“深观”，加以长期实践，才能“胸有成竹”，且“心手相应”。

张：您主要讲了以苏轼为代表的宋人对德与艺、艺与文的见解。前者当然不会引起异议，但绘画在发展，作为造型艺术，它应有自己的独立地位，在今天看来，绘画好像就不应与文学结合得那么紧密了。

邓：诗画相拟之论始于宋人，宋人作画也渐多诗意，但如画上题诗且成风气，还是后来的事。近现代的山水画大师黄宾虹曾说过：“中国画有三不朽：一、用墨不朽也；二、诗、书、画合一不朽也；三、能远取其势，近取其质不朽也。”我看这就是最好的总结。徐悲鸿无疑是留学西洋的大画家吧？你看我身边挂历上他所画的奔马，真是堪称“气韵生动”，而且与黄宾虹的“三不朽”之论颇为相合，画上题诗仅两句：“山河百战归民主，铲尽崎岖大道平。”这是一九五三年写的，正表现了时代的特色，托物言志，正赖于这两句点题。什么是画龙点睛？这就是。我们都很熟悉“越是民族的，就越是国际的”这一说法，既然绘画与文学结合已成为优秀的民族传统，为什么这一传统要在新一代画家的手中消亡呢？现在不但有些画家置笔墨程式于不顾，常靠某些特色材料、手段来出新效果，而且作为中国画画家，缺乏必要的文学修养。记得有人写幽默小品，说上菜馆看到的是以古诗文命名的不知其实质的菜，而看画展，却是处处“无题”。德与艺、艺与文之间关系的课题并不过时，还应有持续的生命力。今天，我们都不怀疑黄宾虹大师作品的价值，对他所说的“三不朽＂，我们也应好好体会，不要让传统速朽！

张：邓先生，您的一席谈使我受益匪浅，这是真正的精神陶冶。我们的探讨主要是围绕画家的修养展开的，但它具有极大的包容性和涵盖面。中华传统文化真是源远流长、灿烂辉煌，哪怕略有涉猎也会使人终身受益。中国传统艺术内含着中国人特有的精神、气质、崇尚和爱好，沉浸在这样的艺术活动中，可以开启人们心灵的门户，净化人们的灵魂，提高人们的修养，有助于养成善良、明净、平和的品格，培养君子风度，知书达理，好学上进，从而真正促进精神文明建设。

话题选择与阐释思路

——邓乔彬教授词学访谈录(2007)

杨柏岭

杨柏岭（以下简称“杨”）：邓先生，您好！您是成名较早的词学家，我在读1990年学苑出版社出版的《唐宋词百科大辞典》时，已经看到该书收入的研究家中有您，虽所收的国内研究家从古至今有将近120人，但出生于20世纪40年代的只有4人，可见您的研究成果在10多年前已经得到词学界的承认。现在，您是怎样评价10多年前的成名的呢?

邓乔彬（以下简称“邓”）：在20世纪80年代后期起，就有关于词学研究的工具书问世，而你提到的学苑出版社《唐宋词百科大辞典》是系列辞典之一，较有权威性。此书所收的国内研究家对老一辈学者收入较多，而对当时的“青年学者”则取舍甚严，故50岁以下只收入施议对、杨海明、刘扬忠和我。我们四人都是“文革”结束后的第一届研究生，其中施议对在“文革”前已是夏承焘先生的研究生，1978年再随吴世昌先生第二次读研。相较而言，他们三位都是以词为专攻，而我则因导师所指导的是词曲专业，同学四人中二人治词，我奉师命与另一位治曲，因此我在读研期间是以作近代曲论为主，以唐宋词为辅的。故此较之施、杨、刘三位，我起步既晚，成果亦少，后来又因兴趣屡屡转移，研究范围扩大，故此在词学上的所得与三位“同年”还有不小差距。10多年过去了，词学研究的“新锐”频出，新一代领军人物如王兆鹏更是硕果累累，我更是难以相比了。只不过先入为主，加上带了10年以词学为主的博士生，所以词学界还将我看作是“自己人”。

杨：您很谦虚，不过让我感兴趣的一个问题，是与您治学经历有关的。刚才您说在读研期间是以作近代曲论为主，以唐宋词为辅的，不过我感到您是由研究词学走入学术殿堂的，亦给学术界以词学研究为专业的印象。同时，从您目前的学术成果来看，词学研究却只是其中的一部分。您能否结合您的治学经历，谈谈您研究词学的历程，对词学研究的态度?

邓：确如你所说，除了读研的短暂阶段我是主攻曲论以外，我确实是由词学“走入学术殿堂”的，也给学术界以词学研究为专业的印象，因为我在20多年前发表的论温庭筠、姜夔、吴文英以及风雅词派等论文，多有新意，体现出研究的个性，数量虽不多，却能给人留下较深的印象。尔后又仍然持续着词学的研究，除发表论文外，还先后出版了《爱国词人辛弃疾》《唐宋词美学》《宋词与人生》三书，合著的有《中国词学批评史》，主编的有《豪放词萃》《绝妙好词译注》，去年又出版了自己的词学论文集《词学廿论》，此外，《吴梅研究》也部分涉及词学。正因为我的研究涉及词学较多，所以我在华东师大时，能背靠《词学》丛刊的基础，斗胆以唐宋词及词学批评为招收博士生的第一方向。

但是，我又不是仅以词学为治学目标。在华东师大时，考虑到教学与科研的需要及格局构成，结合自己的长处，且受到钱锺书先生《旧文四篇》（后增为《七缀集》）的启发，我在80年代后期就开始了古代诗歌与绘画的比较研究。1992年我申报的国家社科基金项目《中国古代诗画艺术思想史》获得批准立项，我将备课笔记加工后出版了专著《有声画与无声诗》，以作结项。而有感我国古代诗歌有其可比性，但又有不可比性，故此打算继续写作《中国绘画思想史》和《中国诗歌思想史》二书。前者开始于1994年，原来准备写50万字左右，一写却难以打住，竟然在四年中断续写了将近100万字，因签约的出版社遇到经济问题，不得已而退稿，又拖了三年，才在贵州人民出版社出版。后者本来也打算进行的，却因类似的著作已经出版了不止一种，本校萧华荣的同名著作也已在1996年出版，因此在贵州人民出版社让我再报选题时，我遂将原先的题目收缩为《中国诗歌艺术思想史》，但由于该社同样出于经济原因，我的这一选题不能接纳，有了以前的教训，我只能“以销定产”而不敢继续写作，加以后来的工作调动，此书终未能写出。却因河南大学出版社为其《宋代研究丛书》寻找《宋代绘画研究》一书的作者，经人举荐，约我撰写，我自以为在写完绘画思想史后尚有余勇可贾，在调到广州并基本完成了在上海所承担的全部工作后，在2004年上半年的时间内，完成了此书近40万字的写作。而在此前，已出版了《学者闻一多》（与赵晓岚合作）和《古代文艺的文化观照》二书，后者是我承担的教育部项目《中国古代文艺审美的文化研究》的成果。

因此，我迄今所出（包括将出的《宋代绘画研究》）的14种书，从数量说，是词学与其他对半，各为7种，但从篇幅看，则非词学者要远远大于词学，而发表的万字左右的论文中，最多的属画论与绘画，将近50篇，古代诗歌及其他古代文学、文化的论文，则略多于此数，而词学论文尚不足20篇。以上对比，足可证明我所作的绝非专门之学，我也不属于单纯的词学家。

杨：谢谢您满足了我的好奇心，接下来一个问题仍与您的治学有关。因为您说自己不属于单纯的词学家，但在我看来现代的词学家中，本来就有两类，现在公认的三大家夏承焘、唐圭璋、龙榆生一生专门治词，而刘永济、俞平伯、詹安泰、胡云翼，却是既治词而又兼治他学的，您显然属于后者。不过，这两类学者的治学路数对“词学”的概念有影响吗？

邓：吴熊和先生的《唐宋词通论》曾引用了龙榆生先生关于词学的全面定义，我也多次说到这一问题。龙先生说，“推求各曲调表情之缓急悲欢，与词体之渊源流变，乃至各作者利病得失之所由，谓之词学”（《研究词学之商榷》，《词学季刊》第一卷第四号），且不止于此，他认为完整的词学应该由传统的图谱、音律、词韵、词史、校勘诸学组成，且主张另创声调、批评、目录之学。可见，完整的词学概念应该由“八学”和“三义”构成。但是，人的禀赋有异，兼具诸长是很难做到的，近代的几位词学大家中，除了写词为共同所长外，朱祖谋长于校勘之学，况周颐长于批评之学，郑文焯则长于图谱之学。而夏、唐、龙三位，也是各有所长。虽有所长，但词学的内涵与外延，应当有全面的认知。

杨：各人根据自己所长而治学，虽不会影响词学研究的全面性，但专攻词学者与同时兼治他学者，在词学研究中表现出的学术视野与个性是有区别的。以您来说，我在阅读您关于词学研究的一系列成果时，您的学术个性给我的印象十分深刻，也给我很大的启示。简单地说，即是在“话题的选择与阐释的思路”上，显示出明显的学术个性。譬如，您在词学研究中选择的话题，一是有一种与时俱进的新意，如合著《中国词学批评史》当是最早的词学理论批评通史，您的《唐宋词美学》应该是最早从美学角度系统研究词学的专著，《宋词与人生》也是较早地从文化学角度研究词学的；二是善于选择那种既具词史地位又具有理论深度的话题，如您最近出版的《词学廿论》中二十篇论文，尤其是关于姜夔清空骚雅、宋词中的骚辩、秦观的词心等问题的研究。在阐释思路上，既注重历史逻辑也注重理论逻辑，始终有文化史、美学史的参照系，以此阐释词体的个性及其地位；在分析思路上，多采用知人论世方式阐释学理性的话题。这些特点，我想应该与您兼治他学有关系。我如此概括，不知是否合乎您的治学用心，能否就我的阅读感受，谈谈您在词学研究中的研究方法?

邓：看来你确实认真阅读了我的著作。我自己虽说从小就读唐宋词，后又尝试写作，但由于青年时正是“以阶级斗争为纲”的时代，不断的下乡劳动、“四清”，后来更是“大革文化命”而无书可读。五年制的大学，我却只读了一年的物理系，一年的中文系，一年半的参加“四清”，两年多的“文化大革命”。推迟一年毕业，又到军垦农场劳动锻炼一年半，后来到甘肃山沟的一个水泥厂工作，挖防空洞、当三班倒工人，即使后来当了职工子弟中学的教师，也仅是在与顽童打交道的过程中无奈打发岁月而已。

我是直到1978年恢复招收研究生时，才以35岁的中年得以考中，开始重新学习的。十多年的蹉跎和山沟中的生活，使我在回到课堂时深感知识的匮乏，举个例子说，我当时竟然不知道刘熙载及其《艺概》。由于导师命我作曲学的学位论文，我为了尽快熟悉相关的文献，更不敢多作曲学以外的阅读，而为了写20万字的《吴梅研究》，我竟然作了将近一百万字的资料卡片。由于导师万云骏先生治词重在作品赏析，我对此也略有领悟。因此，在读研时所作的词学“研究”，我只能重在对评价词人时使用的术语作出自己的阐释，如论姜夔词的“清空”“骚雅”，论吴文英词的“潜气内转”“空际转身”等，都是在那时作的。虽说开始投稿时也屡尝退稿的苦涩，但一旦稿子变成了铅字，或被《人大复印资料》全文转载，初尝成功的喜悦时，我自感找到了适合自己的研究路子，即重在以今释古的文艺美学研究。在写了姜夔、吴文英、温庭筠诸家词在艺术上的特点后，我又结合学习朱光潜先生的美学著作，以《论南宋风雅派词》一文作为1983年底在华东师大召开的第一届词学讨论会的论文，此文受到了与会者的重视，在豪放、婉约之争的会议主题之外，另有所开辟，且对后来的词学研究产生了影响。

我在读夏、唐、龙三大词学家的著作时，感到欲治夏先生的年谱之学、唐先生的文献之学，均非自己所长，而自己的禀赋、兴趣，较为接近龙先生的以论见长，故此也就给自己设定了这一治词之路。吴世昌先生与业师万云骏先生观点较为接近，也都重在“论”，因此吴先生所带的施议对、刘扬忠也似乎是以此为主的。由于龙榆生先生去世早，基本未带过研究生，夏承焘先生培养研究生是在“文革”前，因此，三大词学家中只有唐圭璋先生是在“文革”结束后带研究生和博士生的，他培养的钟振振、王兆鹏等，都以考证、文献见长，或从二者进入词学研究的，大概只有杨海明在读研时遵照师教力作考证，但以后并不走此路，可算作例外。

回到你的问题上来：由于前述的原因，似我这样在中年才走上治词之路的人，知识结构的缺陷，加以教学需要科研的支撑，很难作专门而全面的词学研究。在总体以“论”为主的自我设计下，我所写的词学论文很少，却能把握一个原则：要写就要写出新的题目，或有新的涵义，决不做低水平的重复。因此，继论姜夔、吴文英、温庭筠数家之后，就词家而言，我又论述了王沂孙、陆游、秦观及顾贞观诸家。论王沂孙是重在论其词之寄托，论陆游重在对其“驿骑苏秦间”原因之分析，论秦观则专论其“词心”及所成原因，顾贞观与陈维崧、朱彝尊并称“三绝”，却未见一篇论其《弹指词》的论文，因此，我所作的“浅尝”实为首创。就宏观、中观的题目而言，我所作的论唐宋词伤春主题及其原型意义，论宋词中的“骚”“辩”之旨，都是如你所说，力图在“话题选择与阐释思路”上有所突破、创新，也或许在这一点上，表现出我的学术个性。

我从1989年起在华东师大哲学系带研究生，由于所带方向是中国哲学史下的中国文化建设方向，开设“中国文化与中国文艺”一课，故近年来对文化与文艺宏观关系的研究颇为着力，除了2003年出版《古代文艺的文化观照》一书外，又陆续发表了一批论文。因此，如果说我在20年前所写的词学论文是重在美学阐发的话，那么近年的词学研究则转为以文化史相观照。《宋词与人生》是上海古籍出版社的约稿，为该社《传统文化与人生》丛书之一，因为是分作几个板块的百篇文章，未及深化、展开，故此又在论文写作中体现个人研究的“与时俱进”。除已发的论词由中唐至宋初之变与文化转换外，论盛中唐词的文化之变一文即发，论词与宫廷文化、进士文化、市井文化、士大夫文化、江湖文化等关系的系列论文，也在写作的计划之中。

总之，你对我的概括是基本符合事实的，只是要说明，我并无自觉的“治学用心”，多是顺其自然、用己所长、避己所短而已。

杨：非常感谢您肯定了我的粗浅认识。不过，在阅读您的词学成果时，我还注意到您也十分关注词学选本、辞典等方面的工作，或是对经典词学选本予以注释，如《绝妙好词译注》，或是重新编选，如《豪放词萃》，或是编写词学辞典、撰写词作赏析等，如负责编选《中国近代文学大系·文学理论卷》中的词论部分，参与编撰《中国词学大辞典》等。这些工作原本是中国传统治学的一大门径，在当今的词学研究中似乎也很热，但又很令人担心，因为粗糙的成果太多。不知您做这些工作的初衷是什么？这些工作的意义有哪些？对从事这项工作的学者有何建议？

邓：我国传统的治学非常重视选本，而选本对于引导治学的入门途径也是非常重要的。我们这一代人，之所以走上治词之路，与当年阅读龙榆生的《唐宋名家词选》、胡云翼的《宋词选》大有关系。至于辞典，更是必要的工具书，一本在握，可以省掉多少无谓的寻绎。确实，我也参与或主持过选本与辞典的编撰之事，说来并非我的主动选择，而是承担的任务。我先是参加了徐中玉先生主编的《中国近代文学大系·文学理论卷》的编写，负责编选其中的词论部分，约10万字，此书由上海书店出版。然后又参与了《中国词学大辞典》的编撰，负责撰写其中“词调”的部分条目，约10万字。这两种都是重点出版物，前者是大型丛书，具有工具书性质，后者是浙江教育出版社的招牌书，与诗学、曲学形成系列。这两种都属于“任务”，并非自己的主动选择。此后又应承了上海古籍出版社约写的《绝妙好词译注》，此书实为当时从我攻博的彭国忠、刘荣平两位撰稿，我所作的是修改、统稿工作而已。虽说用现代汉语翻译古人的词很难传其神韵风采，但毕竟是一种再创作的过程，有助于体味其中人情物态，不妨可作为一种练笔，他们二位也完成得较好。至于该书的注解，两位也是下了功夫的。《豪放词萃》是华东师大出版社的约稿，与徐培均先生的《婉约词萃》为姊妹篇，由我及几位博士生一起完成。通过两书的写作，对于博士生不失为一种锻炼，对我来说，也是为词的普及化作些工作。的确，由于20多年前《唐诗鉴赏辞典》的成功，引发了各类“鉴赏辞典”的出版热，尔后又有新一轮的古籍今译热。此类工作，对于传承传统文化来说，无疑是起了积极的作用，对提高读者的人文素质是有益的。但是，若一拥而上、以追求经济效益为动机，未免泥沙俱下，难免出现质量不高的书，况且，古籍不宜于都作翻译，还是以注释为好，有助于阅读，而不是据译文来作速成式的阅读。

杨：在满足我您在词学研究中几个兴趣问题后，我想接下来向您请教当今词学研究中同样令我感兴趣的问题。首先词的研究伴随着词的不断学术化而得到学者们的重视，二十多年来，词学研究的队伍不断地壮大、领域也在不断拓展、成果也在不断增多。但是这些表面繁华的现象是否有值得深思的必要？您对当今词学研究的“繁华”现象是如何认识的？我之所以产生这样的疑问，是因为我感觉其中有职称制度、学位制度等社会原因在刺激这种“繁华”。与“繁华”同步，是人们越来越感到词学研究话题的选择难度增大。可这个难度在我看来，又有一系列的矛盾：从词学史来看，一方面仍有大量人在研究唐宋词，而宋以后的大量词学现象仍在尘封状态。从唐宋词本身来看，一方面似乎话题已经穷尽，另一方面仍有很多人在沿袭旧路。那么唐宋词研究值得开垦的领域有没有？从宋以后的词学研究来说，一方面热闹表现在词学理论研究上，另一方面冷淡表现在词作本身的研究上。鉴于此，我产生了“表面繁华”的感受。不知您是否赞同我的感受？您对目前词学研究的整体格局如何评价？词学研究的前景如何？

邓：学术的繁荣是个不争的事实，词学同样如此。

古人确有以文体定尊卑的现象，如鲁迅所说，我国历来是将戏曲小说看作邪宗的，词虽非入于此，但“诗余”“小道”之说亦可见出其体不尊。如果说南宋初鲖阳居士倡导词的“复雅”是一种尊体，清代常州词派则是从理论上自觉地为词尊体，但是，将词作为一门学问，则还是晚清的事。20世纪初，朱祖谋、王国维等人分别开创近代意义的词之校勘、批评等学，吴梅、王易等人将词学搬上大学讲堂，胡云翼、龙榆生、夏承焘、唐圭璋等，进一步光大词学。胡云翼《宋词选》先后印行百万，就可见词的读者之多。但是，由于建国以来“左”的路线影响，词学研究多停留在思想意义的价值判断上，以人民性、现实性相取，必然走上重豪放、轻婉约一路。到“文化大革命”期间，全国似乎只有一位作词者，要说词学研究，也只有研究一人之作了。

结束“文革”，拨乱反正，词学逐渐繁荣，一个重要的标志是：近20多年来，词学研究的队伍不断壮大，领域拓展、成果增多。这既是高等教育普及化、古代文学研究者成倍增长的必然结果，又与现行的考核机制相关。我十分同意你的看法，我们确实应该思考表面繁华背后的问题，应当考虑词学研究的整体格局和方法。

前面说过，龙榆生先生以为词学应由“三义”“八学”构成，唐圭璋、金启华二先生在《词学》创刊号发表的《历代词学研究述略》一文，提出了词学研究的10个方面工作：研究词的起源、词乐、词律、词韵、词人传记、词集版本、词集校勘、词集笺注、词学辑佚、词学评论。吴熊和先生《唐宋词通论》展望词学，认为目前应予完成的就当有8项工作。龙先生发表的论文已经过去了70年，唐、金、吴先生所说也过去了四分之一世纪。虽传统的校勘、笺注之学成果不少，但是，图谱、音律、词韵、声调诸学却治者不多。从时代而言，可能受到王国维“一代之文学”观念的影响，治唐宋词者多，而治宋代以后者少，虽近年金元词颇有研究者，但明清词就相对研究得少，似乎《明词史》《清词史》一出，两代词研究的“终极目标”已经完成。其实，不仅是金、元、明、清直至近代之词，对之研究的系统工程远未完成，即使是唐宋词也大有开拓之余地。

总之，在表面繁荣的背后，我们还应看到不足和问题，有志于从事词学研究的学者，也应该努力于“占领”别人较少涉足的领地，而不要去作简单重复的工作。

杨：谢谢您对我的信任，只是还有几个具体问题，或因为是我一直困惑的，或因为与我粗浅的认识有点关系，也想趁此机会，向您请教。如，您在《唐宋词美学》中提出词体具有内倾性的特点，我感觉这个提法改变传统的那种静态总结词体特征的说法，如狭深、要眇宜修等，而具有一种向心绪挖掘的动态性。这一点很让我兴奋。我试图想从学理性角度阐释这个问题，但自己不是很满意。您能否给我指出在阐释时一些值得注意的问题。

邓：关于词的内倾性问题，我在《唐宋词美学》中提出来了，但由于写作受到出版社规定的篇幅限制，未及展开。后来在拙著《古代文艺的文化观照》中，我对唐宋文化又作了外向与内倾的判断与论述。词的内倾性，其实反映出文化的时代特点。词虽滥觞于六朝，但真正是起于盛唐，盛于中唐，而中唐正是唐型文化向宋型文化转变的起始期，内倾性已经有所表现。李泽厚先生《美的历程》所说的晚唐文学表现“心情意绪”，论词境与诗境的区别，就是内倾型的宋型文化所决定的，是我们以“心绪文学”看待词的根据。对于这一问题，我将在论词与宋代文化的系列论文中作进一步的阐发，这里不详述。内倾性是宋代文化的主要特点，理学之重在“内圣”而非“外王”也是题中之意，只是词的内倾当重在“心绪”，无论是温庭筠“男子作闺音”的类型化“绮怨”，还是始于刘禹锡、白居易而发扬于晏殊、欧阳修的“闲情”，都如此。这与传统诗歌中的“言志”指向政教文化、事功意识是截然不同的，我想这就是应该把握的“内倾”之重点。

杨：看来，研究唐宋词必须回到文化传统中，才能得到贴切的认识。不过，除了这个大文化传统，在唐宋词研究的路数上，我感觉还有一个属于词体体制的小传统。目前大多是从语言文本作理解式的研究，因为我们无法回到聆听歌词的感受时代。尽管无法亲临其境，我们是否还是应该从词体体制学理性研究这个问题？记得您两年前申报“唐宋词的形式与艺术发展史”得到国家社会科学基金立项资助，这是不是您的思考？

邓：你所说的唐宋词研究的路数问题，看似简单，但又十分重要。的确因音乐的消亡，今人已经无法知道古人是如何唱词的，但是我们决不能只将词作为文学文本来研究。吴梅先生说：“一代之文每与一代之乐相表里”，我们也应牢固建立词为倚声的观念，正因为如此，对于词的音律、声调、用韵等的研究，至少不应嗤之以鼻。今人如音乐史家洛地先生，对于这方面就很有研究。因此，我在指导赵晓岚写《姜夔与南宋文化》时，就曾让她向洛地先生请教。我之所以申报国家社科基金项目《唐宋词的形式与艺术发展史》，就是想力图在词史的研究中补充“形式”这一部分，我自己虽缺少音乐知识，但仍想通过与我的博士生的合作，来完成这一研究，因为她有音乐的爱好和实践，通过向洛地先生请教，可以对词乐问题有更深的了解。我在今年南昌召开的词学研讨会分组会上说，20世纪80年代有杨海明的《唐宋词史》，90年代有刘扬忠的《唐宋词流派史》，而我希望我与学生合作的《唐宋词艺术发展史》能在两年后问世，那么这样就是间隔大约10年出一部不同的唐宋词史。我与杨、刘二君“同年”，都是“文革”后的首届研究生，但就词史的写作来说，我是显然滞后，却希望都是“十年一剑”，且对我来说，此书之成，也是我“封剑”的时候了。

杨：您所说的“封剑”，可能指的是词学研究吧。不过，谈到“封剑”，我却想到了传统词学发展的“终结”问题。我在撰写《晚清民初词学思想建构》时，曾粗浅地认为梁启超词论更适合传统词学终结者的角色，而不是多数人说的王国维。后来您也多次谈到这个问题。近来我读到谢桃坊先生的相关著作，他也这么认为。因为我感觉这个问题不仅是词学史的一个命题，而且也会对当今词学研究的现代传承带来启示。能否就这个问题，谈谈把握时的关键处？

邓：关于你所说的传统词学终结者的问题，我之所以同意你认定的梁启超而非王国维，主要是因为以下的原因：王国维虽因借助叔本华的“理念”说而标举“境界”，使传统词学跳出浙西、常州二派所限，开启了词的批评之学的美学研究，有引导风气之功；但是，由于晚清的国势、政治之变，我们毕竟不能对文学作纯艺术、超时代的研究。梁启超积极投身政治运动，其词学思想与其“诗界革命”密不可分，不是王国维的艺术无功利论，而是常州词派“尊体”“词史”观的继承、总结，这是他作为传统词学终结者的主要标志。就“新变”而言，他的“美文”观、“情感”观、尚“奔迸”以突破“蕴藉”，“中西结婚”式的文化观等，都是主要的体现。而且，据《艺蘅馆词选》的梁令娴自序，梁启超以“凡诗歌之文学，以能入乐为贵”，以此综论中西，且以进化论看待词的长短句形式，这也应是其“新变”观的体现。而此选收五代词111首、北宋129首、南宋190首、清代及近人167首，在两宋名家中最重周邦彦、辛弃疾、姜夔、吴文英、王沂孙、周密、陈允平、张炎八家，与王国维的称美五代北宋而鄙薄南宋，可谓旨趣大异，也相对更为公允、持平。因此，虽梁启超的其他论著使其词学思想不显，但对于传统词学确实比王国维更具终结与新变的资格。

杨：您的见解使我很受启发，对我下一步的思考十分重要。最后一个问题，您多次说过，治学者要成就大业，当有“学、识、才”。能否就此话题，给我们从事词学研究的一些年轻学者，提出一些意见？

邓：古人说：“有才无学，如绝代佳人唱莲花落；有学无才，如长安乞丐穿宫锦袍。”治学最好要才、识、学兼备，我们也应努力于全面提高自己的学识和能力。但是，人的禀赋有异，难以做到三者兼长，因此而应该有自知之明，解决好自己的治学方向。由于当今高校、社科院的古代文学博士点愈来愈多，招收的博士生也愈来愈多，由此而踏上治学之路，导师和博士生本人，都应对自己有所了解，自我设计、定位应力求准确，根据自己的禀赋和兴趣、能力，决定自己的主要研究方向。虽说程千帆先生提倡文献学与文艺学结合的研究，如今又有文化学的加入，但是仍然可以有所侧重，对完整的词学研究选择一个主要点以作主攻，发挥自己所长，力补自己所短。为了避免重复，应就未经充分研究的领域多用力。这就是我对于从事词学研究的青年学者要谈的一些看法。

杨：谢谢您对我们这些年轻治学者提出的意见，希望数年后，我们再有这样的机会，向您请教。

邓：学术研究要靠代代相传，相互促进，共同推进学术的繁荣。

“要有大师格局，学问不能越做越细。”（2013）

冯钰 陈宇强

我的书房

邓乔彬：
要有大师格局，学问不能越做越细

书房主人

邓乔彬，暨南大学中文系教授，古代文学博士生导师。中国宋代文学学会副会长、中国古代文学理论学会理事、中国词学会学术委员。先后致力于近代曲学、唐宋词学、词学批评、古代诗歌、诗画比较、古代画论、二十世纪古代文学学术史、古代文艺与文化关系、宋代绘画等研究领域。

所著百万字的《中国绘画思想史》是我国首部研究绘画思想的通史著作；《有声画与无声诗》亦为古代诗画比较的首创之著；《唐宋词美学》《中国词学批评史》与《吴梅研究》均在各领域为初创，将出的《唐宋词艺术发展史》是工具书之外篇幅最大的词学著作；《学者闻一多》亦为全面研究闻一多古代文学学术成就的第一部专著。个人文集将于今年9月出版。

邓乔彬：要有大师格局，学问不能越做越细

邓乔彬的书房“临风轩”位于暨南大学明湖之畔，推开北窗便有湖色入帘，然而书房主人却很少有清兴临窗展目。近来，邓乔彬正在忙于为九月即将出版的十二卷本、六七百万字的个人文集做最后的审校。

这套文集涵括了邓乔彬三十多年来学术研究的成果，有文艺论、诗学研究、词学研究、画论、学者研究等众多主题。“据我所知，在和我同龄的当代学者里，我的著作算是篇幅最大的。我原来想再干十年，到八十岁加上计划写的四本书，以八百万字结集，但是身体限制，只能以现在六百多万字结集。”邓乔彬提及思考多年却无力着手去写的《中国文化史纲》《中国诗学艺术思想史》等四本著作，露出遗憾的神色。

跨越诗词曲画的文化研究

“可以读书的时间，真是太珍贵了。”抗战时出生在大轰炸后的重庆、幼年辗转居于上海、广东，大学期间由物理系转入中文系，又遇到“四清”“文革”，邓乔彬对于时间的珍惜是迫切的。从少年时期起他就酷爱阅读，从古典诗词小说到外国名著，从儒勒·凡尔纳、威尔斯等人的科幻小说到新月派诗歌，阅读全面开花，然而直到35岁恢复研究生招考之后重新踏上学术之路，他才惊觉自己知识储备仍有欠缺，于是发誓要把十几年的蹉跎岁月追回来，把所有的爱好全摒除，发奋读书，还做了许多读书卡片。

在上世纪80年代，邓乔彬的研究重点原本是词曲学方面，后来读了钱锺书谈到诗和绘画关系的论文，开启了另一研究领域。“中国和西方在诗和绘画上是不一样的。西方强调诗和画的不同，中国强调诗和画的融合与联系。但是钱锺书提出了问题，他没有解决，我就想去解决这个问题。后来我把研究思考的结果写成《有声画与无声诗》，有书评称之为‘中国的《拉奥孔》’，认为我的书填补了中国诗和画理论的体系。”而他所著的《古代文艺的文化观照》，是在文化的宏观观照之下来论古代文艺与文化发展，“这书到了现在全国没有类似的第二本书”。

阅读领域应该适当扩充

邓乔彬的研究在当时看来比较跨界：做画论时，他把诗与画打通；做词学研究时，他把词和音乐研究统合在一起。这与他少年时曾学诗学画的经验很有关系，也和中国传统中重通学的学术传统有关。

邓乔彬引用国学大师钱穆的话：“他曾经在《现代中国学术论衡》这本书的开场白说了这句话‘中国重和合会通，西方重分别独立’，意思是西方是分别型文化，中国是合和型文化。我们中国传统的学术，是通融之学，但是西方的学术影

响中国之后，就互为分别。现在我们都在感叹，大学里面有大楼没有大师，因为传统的国学大师，他的治学是通融之学。我们为什么说现在没有大师，因为现在的学问越做越细。在学术领域中一辈子深挖一口井的大有人在，我个人认为，像这样的研究，恐怕不值得提倡，所以我有扩充领域的想法。一口井要深挖，邻近的也要挖上两口井。这是我自己的体会，包括读书，包括研究的项目。有些是我主动的，有些是我被动的，被动地是接受了一些任务，参与到建设复合型的专业，要我去看以前没看过的书。”

邓乔彬刚踏上学术之路时，也是在专业范围之内读书。但是读着读着就发觉“我们研究的对象是无法被一种专门的研究方法给限定死的，因为古人的学问很广的，所以要逼着自己去读其他的书。像我原先搞诗学，搞曲，搞曲不能不读词，读词不能不读诗，读了这些还不够，还要读批评相关的，以前讲诗文评，现在讲文学相关的批评著作文章，这些涉及的东西很多，就使得自己阅读的范围变得更宽了”。

创作与研究应该互为补充

邓乔彬认为，精力允许又有兴趣的情况下，不妨从研究的“这一点”开拓到相关领域中。尤其是关于美术史论、音乐研究等，而且，他的研究还有创作作为补充他研究诗词之余，自己也创作诗词，半个世纪以来陆续创作新旧体诗歌并结集；研究美术史，也曾从事过西洋画绘画并试图拓展到国画领域。“我自己的体会是，如果自己不创作，毕竟终究隔了一层。遗憾的是现在很多搞创作的不搞理论，搞理论的不搞创作。所以要把两者结合起来有一定难度，尤其是新的一代。”

邓乔彬是有感而发。他曾与音乐学院学史论的学生谈天，发现他们古文基础很薄弱，因为艺考对文化要求比较低，考的都是表演，“但是古文基础差，搞史学研究是很困难的，无论是美术史、音乐史，都不行。所以到现在为止，没能看到真正科班出身的写出很好的史论著作。反而是学历史的、学中文的做得比较好。以后艺术专业的都是这样招学生，估计前景不乐观。无论是古代文学、绘画、音律，很希望有年轻人来接接班。我希望艺考的时候，能有古文好的，有一定写作能力的，对历史对哲学这些文史学科有兴趣的学生，能报考艺考这类的专业的理论研究，包括音乐啊绘画啊等等。这已经变成我的一个愿望。”

关于书的二三问

信息时报：普通读者如果对诗学词学绘画之类感兴趣，可以读哪些入门书籍？

邓乔彬：入门性的读物，以前上海古籍出版社出过《读诗常识》和《读词常识》，属于“中国古典文学基础知识丛书”，都是小开本，几万字的著作。我认为这种基本丛书启蒙读来比较好。

那么学写词，格律学的书不能不读一点，像龙榆生的《唐宋词格律》。词的格律要比诗的格律更复杂，在曲的方面比较复杂，所以当年吴梅先生花了十年时间去写《南北词简谱》。即便它只是简谱，也已经很好了。

绘画方面有上海人民美术出版社出过一本《欧洲绘画史》，虽然它是史，但是写得不是那么特别学术，插图很多，定价比较高，比较漂亮。作为研究来看深度不够，但是作为普及型的系统介绍来看很好。

信息时报：许多人读书时有“癖”，比如时间上有人喜晨读有人喜欢下午烹茶读书，地点上有人只在书房阅读有人则乐意卧读……您呢？

邓乔彬：我可以说嗜好无，不躺着读书，也不会睡前用书来催眠。时间很珍贵，我都是专题性地读书，会看些新闻，但几乎不读闲书。我有这样的想法，如果一个人有这样的精力，有这样的爱好，可以不限定在只做一门，这样就带动了他的学习，带动了在相邻学科，或者更远一点的基础学科的学习，去发展。

信息时报：在向社会做诗词学普及的时候，您有没有遇到年轻人认为传统的这些东西，跟他们的阅读习惯相去甚远？

邓乔彬：是的。我去年在广外做了个讲座，真正形成互动的提问的确有些少。现在的观众欣赏角度和我们已经不同，平时接受的电子产品已经改变了生活。快餐文化风行。文艺作品里面崇高的主题大家都不愿意接受，人们更乐意看游戏之作，在紧张工作之余，带来轻松愉悦的。这种口味取决于生活，也取决于审美风尚，但是我想传统文化总得有人去坚守，去传承。如果没人去传承，那么我们国家以后能拿出去的软实力就打很多折扣。如果我们祖先传承下来的文化，在我们这一辈再没人关注，再无人问津无人传承，只有物质的东西，没有文化的东西，我们的国家很难在世界之林中有立足之本。

可以说我几十年的研究都是“无用之用”，就是庄子所说的，没有实际具体的用处。这种“无用之用”需要有人来做，基础性的研究还是要有人来搞。我自己是守定这方面的研究，希望能够做下几个奠基性的东西。这是我的意愿。也是我读书模式形成的基础。

本版采写　信息时报记者　冯钰　实习生　陈宇强

（原载《信息时报》2013年7月13日）

文集未收稿

上海“中西戏剧比较研究学术讨论会”发言

按：先生《自订年谱》云：“（1995年）2月，《学术月刊》林榕立和陆海明来电邀请参加两场学术讨论”（《邓乔彬教授七十华诞纪念文集》第42页）。

中西戏剧比较研究的讨论与争辩
——上海召开中西戏剧比较研究学术讨论会（节选）

袁志申

日前，上海文学艺术院举办了中西戏剧比较研究学术讨论会。在研讨会上，与会者围绕蓝凡研究员55万字的专著《中西戏剧比较论稿》（以下简称《论稿》）展开了热烈讨论。复旦大学教授李平、江巨荣，上海戏剧学院夏写时教授、谢柏梁博士，华东师大教授邓乔彬、赵山林，上海艺术研究所蒋星煜研究员、沈鸿鑫副研究员，上海市文联秘书长李祥春，《上海戏剧》编审赵莱静，及《文汇报》《劳动报》《上海文化报》的记者，上海图书馆等文化单位部分同志出席了会议。会议由上海文学艺术院常务副院长陆海明研究员主持。

…………

邓乔彬教授就中西戏剧虚拟表演和舞台时空成因提出了自己的看法，《论稿》中三、四、五章以“戏剧舞台表演特征”“戏剧舞台时空观”及“虚拟表演和舞台时空成因”分三部分论勾栏哲学，显示了作者深入艺术哲学的层次思考之结果，对作者的看法和结论，我认为是站得住脚的。但既然此书是在世界戏剧两大基本系统的背景下展开论述的，窃以为对中国古代社会与古希腊的不同，尚应有充分的认识。黑格尔说过，地理是历史的基础。古希腊戏剧与整个古希腊文化的繁荣一样，也是由这一基础决定的。古希腊在原始社会向奴隶社会转变时，是奴隶主土地私有制代替了原始氏族公有制，家庭奴隶制转变为劳动奴隶制，地域性社会结构代替了以血缘为基础的社会结构，建立起“城邦”式国家，产生在“城邦”之上的戏剧，以求“真”的再现为特色。中国却是“家邦”式国家，城乡一体，戏剧演出的流动性大（《论稿》已论及），走上“虚拟”道路是必然的。

（原载《上海艺术家》1995第3期）

安徽师范大学"中国诗学研讨会"发言

按：先生《自订年谱》云："（2000年6月）至芜湖，参加安徽师范大学文学院主办的'中国诗学研讨会'，作大会发言"（《邓乔彬教授七十华诞纪念文集》第54页）。

中国诗学研究座谈纪要（节选）

袁晓薇　袁茹

编者按：今年6月4日至7日，安徽师大文学院邀请了上海、南京、武汉、合肥等地高校和研究机构的著名诗学专家，在芜湖—黄山举行"中国诗学研讨会"。安徽师大党委书记、校长丁万鼎教授，文学院院长谢昭新教授，到会祝贺、致词，南京大学周勋初教授，南京师大郁贤皓教授、钟振振教授，复旦大学黄霖教授，华东师大邓乔彬教授，上海师大曹旭教授，武汉大学王兆鹏教授、尚永亮教授，安徽省社会科学院陈友冰研究员，在会上作了精彩的发言。会议由安徽师大文学院余恕诚教授主持，安徽师大文学院潘啸龙、刘学锴、汪裕雄、孙文光、蒋立甫、赵庆元、陈文忠、孔令达、丁放、李守鹏、袁立庠、余大芹、胡传志、俞晓红、李平、刘运好等先生，以及科技处马三保副处长、学报编辑部凤文学编审参加了会议。现将会上专家发言刊布，以飨读者。

邓乔彬（华东师大）：安徽师大文学院在诗学研究上是有很好基础的。老一辈的且不说，现在六十多岁、五十多岁的几位教授，在好几个研究领域，都是很有影响的。如刘学锴、余恕诚教授的唐诗研究，在国内外都有很高的知名度，尤其是《李商隐诗歌集解》，在前人（如冯浩、张尔田）研究的基础上又前进了一大步，堪称是集大成之作。即以近年的研究成果言，刘先生的《李商隐诗歌研究》、余先生的《唐诗风貌及其文化底蕴》，都是有影响的力作。孙文光教授的近代文学及龚自珍研究，在学术界也颇有影响。潘啸龙教授的《楚辞》研究，史、论、评兼到，既有功底，又有特色。至如诗学的文艺学研究，汪裕雄教授的《审美意象学》《意象探源》，陈文忠先生的《中国古典诗歌接受史研究》，都从不同角度为诗学研究作出了贡献。年轻一辈的如胡传志博士的《金代文学研究》，则对一个较新的领域作了开拓。以上还只是不全面的了解，未免挂一漏万。

安徽师大文学院在诗学研究的人才培养上也是卓有成效的，这已成为学界的共识，我自己更有切身的体验。如宛敏灏教授培养的邓小军，祖保泉教授培养的胡晓明，都是学界新一代的代表人物。安师大的研究生培养实行的是“精品工程”，听余先生讲，这里奉行“宁缺毋滥”的原则，古典文学的研究生往往每届只招一人，由于师多而生少，教师各施所长，学生多方汲取，加以有勤奋、踏实的学风，培养出来的学生都是高质量的。在我名下攻读博士学位的，就有两位安师大毕业的硕士生：彭国忠和杨柏岭，前者是宛先生、刘先生、余先生的学生，后者是祖先生的学生，前者在文献学、后者在文艺学上各有所长，都得益于安师大老师的教诲。

安师大既有很好的传统和有影响的学科带头人，又有一批自己培养的新人，按理说早就应该设立古典文学博士点了。但由于所处地理位置不够理想，加以别的原因，至今未获得博士点，人才流失了不少，这是至为可惜的。相信通过校、院不懈的努力，亡羊补牢，增强凝聚力，一定会有美好的前景。

下面，想谈谈对诗学研究的一些看法。

我很同意刚才尚永亮先生关于诗学研究五个层次的看法，就中国诗歌的特质及研究现状而言，恐怕主要还是体现在文献学、文艺学、文化学三个层次上。由于目前正值世纪之交，回顾21世纪的诗学学术史，我觉得有几位大师级的人物及其研究方法很可以给我们以启示。王瑶先生主编了一本书：《中国文学研究现代化进程》，收入了十几位大师，起于王国维，止于王元化，我个人最感兴趣的是陈寅恪和闻一多先生的研究法。陈先生的文史互证法，现在已成了一种典范。闻先生的传统的笺释学与现代的文化学相结合的方法，则是另一种典范。前不久我到西安参加王维诗歌学术讨论会，写了一篇论文《长安文化与王维诗》，引起了一些年轻的博士生、研究生的兴趣，同我讨论起关于长安文化的范畴问题。其实，此文是我阅读陈先生《唐代政治史述论稿》所得，除了从物质文化以外，还从精神、制度文化层面，以窥王维诗歌的底蕴，我也深感以陈先生的论点看问题，文史互证，确可收知人论世之效。至于闻一多先生，我从1993年起就从“研究的研究”角度，陆续写了一些论文，去年因是先生百年诞辰，我与博士生赵晓岚合写了《学者闻一多》一书，对闻先生的治学方法尤为钦佩。闻先生虽然只活了47岁，但所治古代文学，从上古神话直到唐诗，跨度极大，就诗学而言，无论《诗经》、《楚辞》、乐府、唐诗，首先都是从文献学的角度做大量的基础工作，然后是文艺学与文化学相结合的研究，其中以感应巫术、生殖崇拜原理论《国风》，以“仙真人诗”、巫史文化角度论《楚辞》，将传统的名物训诂与文化学的考释相结合，都堪称得风气之先，当今很活跃的萧兵、叶舒宪等人，都低首于闻先生在文化人类学研究上的开创之功。在唐诗研究上，闻先生作了大量的基础工作且不论，他的《唐诗杂论》，今人或以为有持论偏颇之处，但那种贯通上下的眼光，作为诗人的独到的艺术感受力，举重若轻的表述，都为我们树立了榜样。陈先生与闻先生的治学方法和方向，在今后很长的一段时间内，都将是我们的坐标。

至于安师大文学院的诗学研究设想，刚才已经聆听了余恕诚教授的讲话，我深表赞同。从目前情况看，我更认同钟振振教授的看法，即在基础最为坚实的唐诗研究上，像李商隐研究一样，能再选取几位诗人作系统、深入的研究，取得批量性的成果，就可充分奠定在唐诗学界的地位。另外，《楚辞》研究的队伍很有扩大的必要。金代文学的研究则可作进一步的延伸。诗学的文艺学的研究，可有进一步的发展。只要留得住人，充分发挥新老结合的优势，相信安师大文学院的诗学研究一定能在全国确立自己应有的地位。

（袁晓薇、袁茹记录，并经作者审阅）

（原载《安徽师范大学学报·人文社会科学版》2000年第28卷第3期）

进士文化与唐诗的兴寄

摘要："兴"的本义是"起"，要义为"喻"，出于社会性原因，诗歌有难以直言之情抒发，就有"兴寄"的产生。兴寄是起兴而有寄托，从刘勰到黄侃，对此作出了较完善的阐释。唐代的科举制实现了政权向平民开放，进士科尤能"感发志意"，使得"寄"有了"兴"的基础，由于种种原因，"感发志意"多取曲喻以寄。进士文化与唐诗的兴寄关系有四："诗言志"传统的影响，以意逆志的解诗方法，入之于诗人的参政意识，使诗歌取径于兴寄者为多；举子的行卷、温卷使干谒诗大兴，兴寄体现了创作水平的提升；特殊的政治环境，使诗人选择了兴寄，理想与现实失衡，更变直为曲；唐代的谏诤制及进士释褐后多任低级谏官，使之继承汉代以《诗》为谏传统，曲谏而非直谏，导致兴寄诗的应用、发展。唐代进士文化促进了诗歌兴寄艺术的发展，在四种"比体诗"的创作上达到很高的水平，尤多以物比人及以古比今，或与进士文化有直接关系，或是由进士为官后的创作，其中感情自然流露者，较之有意为之更能感人，唐代许多著名诗人都有"比体"的兴寄名作。

关键词：兴、兴寄、进士文化、唐诗、比体诗

"兴"是《诗经》"六义"之一，《诗·周南·关雎·序》云："故诗有六义焉。一曰风，二曰赋，三曰比，四曰兴，五曰雅，六曰颂。"后世认为"六义"包括文体和手法，以"兴"与赋、比同为诗的表现手法。先秦时代诗、骚继盛，特定的体现在"兴"的功用及艺术手法上，汉代虽有乐府诗"感于哀乐"的相继，但此后正如陈子昂《与东方左史虬修竹篇序》所说："汉、魏风骨，晋、宋莫传"，"齐梁间诗，彩丽竞繁，而兴寄都绝。"诗歌至唐，才风雅再作，于风骨、兴寄尤见发扬，而这，又与进士文化的生成、发展、兴盛大有关系。本文拟就后者作一专论。

一、"兴""比兴""兴寄"

"兴"的本义是"起"，《诗·大雅·大明》有"维予侯兴"句，毛传云："兴，起也。"比照《说文》所说："兴，起也。"二者完全相同。而《诗·卫风·氓》则云："夙兴夜寐，靡有朝矣。"郑玄笺："早起夜卧"①，此"兴"即其本义。而后人据《诗经》理解"兴"义，也主要是"发端"即"起"之本义。至于孔子所说的"小子何莫学夫《诗》？《诗》可以兴，可以观，可以群，可以怨。迩

① 孔颖达等《毛诗正义》卷三，《十三经注疏》第325页，中华书局1979年版。

之事父，远之事君，多识于鸟兽草木之名”（《论语·阳货》）汉人包咸努力体会其原意以解释“兴”，曰：“起也，言修身当先学诗”[①]，他从《诗》的美感和教育作用立论，基本符合孔子的原意，因为从上引孔子的话来看，确实是先言修身，再言事父事君的，而包咸对“兴”的理解，也同样是其本义之“起”。

“兴”固然以“起”为本义，却又不止于此，其另一要义为“喻”。且看在传统的经学以外，汉人对此是如何理解的。《淮南子·泰族训》云：

> 《关雎》兴于鸟，而君子美之，为其雌雄之不乖居也；《鹿鸣》兴于兽，君子大之，取其见食而相呼也。[②]
>
> 王逸《离骚经序》云：《离骚》之文，依《诗》取兴，引类譬喻，故善鸟香草，以配忠贞；恶禽臭物，以比谗佞……[③]

以上二例，都显然是将“兴”理解为“喻”。可见，在汉人心目中，“兴”除了解决“起头难”之外，还应关注喻体与喻义的关系，要揭示“兴”的喻义。

先秦时期，对于《诗》多持实用态度，无论是官学、私学的教诗、引诗，外交场合的赋诗言志，多是借《诗》句加以引申以表己意，却不顾作诗人之原意；再则是断章取义，多取首章之义，且常是引申义而不顾原意。这就成为了“毛诗独标兴”的源头。汉代解《诗》的主流在经学。据统计，毛诗一百十六篇为兴辞，其中约三分之一有所阐述，如《关雎》在明确标示“兴也”之后，对于关雎之“有别”作了推衍性的阐释：从夫妇之“有别”，进而到父子亲、君臣敬，最终而化成天下。可见此类是揭示其中喻意并提升其高度。而另一类约三分之二则独标“兴”而不作阐述，因为此类“兴”主要是起发端作用，合于“兴”的本义。东汉时期，经学家多治毛诗，郑玄注《周礼》“六诗”，本于政教精神，从“治道”角度作了如此解释：

> 风言贤圣治道之遗化也。赋之言铺，直铺陈今之政教善恶。比见今之失，不敢斥言，取比类以言之。兴见今之美，嫌于媚谀，取善事以喻劝之。雅，正也，言今之正者以为后世法。颂之言诵也，容也，诵今之德，广以美之。郑司农云……比者，比方于物也。兴者，托事于物。[④]

而郑玄为毛诗作笺，将一百十六个“兴”全部落实其义，多立足于“喻劝”，虽也揭出“兴”之“喻”义，却又使“兴”之本义不彰。

因汉代对于“兴”多关注“喻”而忽于“起”，故在经历了文学的“自觉”

---

① 何晏集解、邢昺疏《论语注疏》卷十七，《十三经注疏》第2487页。

② 汉高诱注、清庄逵吉校《淮南子》卷二十，《二十二子》第1302页，上海古籍出版社1985年版。

③ 转引自《先秦两汉文论选》第614页，人民文学出版社1996年版。

④《周礼注疏》卷二十三，《十三经注疏》第796页。

后，刘勰对“兴”义的缠夹力作厘清。在他看来，作为艺术手法，“比”的基本意义在于“取象”的以物比物；“兴”的基本意义则在于“发端”兼“取义”的借物寓意。《文心雕龙·比兴》云：

《诗》文宏奥，包韫六义；毛公述《传》，独标“兴体”，岂不以“风”通而“赋”同，“比”显而“兴”隐哉？故比者，附也；兴者，起也。附理者切类以指事，起情者依微以拟议。起情故兴体以立，附理故比例以生。比则畜愤以斥言，兴则环譬以记讽。盖随时之义不一，故诗人之志有二也。①

夫比之为义，取类不常：或喻于声，或方于貌，或拟于心，或譬于事。②

综以上所言，“切类指事”和“依微拟议”，通过取类来比义以喻，则比与兴可合而言之了。因而，刘勰又将比兴作为一个完整的概念，并说：

诗人比兴，触物圆览。物虽胡越，合则肝胆。拟容取心，断辞必敢。③

诚如黄侃《文心雕龙札记》所说，此处是“题云比兴，实侧注论比，盖以兴义罕用，故难得而繁称”④。但仍然为“兴”重申“起”之本义，且指出了“比”显而“兴”隐的特点。但是，在重返“兴”之本义同时，刘勰又显然是受到了汉人美刺说的影响，因而其所释的兴义，进而又与比义对照，指出比之“附理者切类以指事”，兴之“起情者依微以拟议”，在艺术表现的不同以外，还有“比则畜愤以斥言，兴则环譬以记讽”之别，而这后面岂无郑玄所说“比见今之失，不敢斥言，取比类以言之；兴见今之美，嫌于媚谀，取善事以喻劝之”的影子？

且先不论比兴并称及其后的美刺说影响，我们可以接过刘勰所论，就“兴”的“起情”之由，从创作动力论的角度看古代文论家对此是如何理解、表述的。兹举陆机、刘勰、锺嵘三人所论为例。

“兴”之“起”，有得之于自然与人生之别。得之于自然者，如陆机《文赋》“遵四时而叹逝，瞻万物而思纷；悲落叶于劲秋，喜柔条于芳春”之说。《文心雕龙·物色》更有详尽论说：

春秋代序，阴阳惨舒，物色之动，心亦摇焉。盖阳气萌而玄驹步，阴律凝而丹鸟羞，微虫犹或入感，四时之动物深矣。若夫珪璋挺其惠心，英华秀其清气，物色相召，人谁获安？是以献岁发春，悦豫之情畅；滔滔孟夏，郁陶之心凝；天高气清，阴沉之志远；霰雪无垠，矜肃之虑深。岁有其物，物有其容；情以物迁，辞以情发。一叶且或迎意，虫声有足引心。况清风与明

① 刘勰著、范文澜注《文心雕龙注》第601页，人民文学出版社1958年版。
② 刘勰著、范文澜注《文心雕龙注》第602页。
③ 刘勰著、范文澜注《文心雕龙注》第603页。
④ 刘勰著、范文澜注《文心雕龙注》第603页。

> 月同夜，白日与春林共朝哉……
>
> 是以诗人感物，联类不穷。流连万象之际，沉吟视听之区；写气图貌，既随物以宛转；属采附声，亦与心而徘徊……

以上即古人遵时瞻物、物色相召而情迁，“兴”出于大自然的经典论述。锺嵘《诗品序》在承认“气之动物，物之感人，故摇荡性情，形诸舞咏”，“若乃春风春鸟，秋月秋蝉，夏云暑雨，冬月祁寒，斯四时之感诸诗者”的前提下，更进一步指出社会性原因所造成的诗歌情感抒发：

> 嘉会寄诗以亲，离群托诗以怨。至于楚臣去境，汉妾辞宫，或骨横朔野，或魂逐飞蓬；或负戈外戍，杀气雄边；塞客衣单，孀闺泪尽；又士有解佩出朝，一去忘返；女有扬蛾入宠，再盼倾国：凡斯种种，感荡心灵，非陈诗何以展其义？非长歌何以骋其情？故曰：“《诗》可以群，可以怨。”①

虽所说重点在“群”与“怨”，然而二者又岂非因之于“凡斯种种，感荡心灵”，遂能“感”而“发”之，“兴”而出之！

由自然而人生、社会，诗歌遂有难以直言之情需要抒发，于是在艺术表现上也就有“兴寄”的产生。所谓兴寄，最简单的说法，就是起兴而有寄托。早在郑司农，已有“兴者，托事于物”之说，突出了“兴”之托意，郑玄注《周礼》“六诗”又重复了司农之见。而锺嵘所说的“嘉会寄诗以亲，离群托诗以怨”，上下句的第三字，正恰巧构成了“寄托”一词。其实，刘勰在释“兴”之时，已经论及“托谕”：

> 观夫兴之托谕，婉而成章，称名也小，取类也大。②

《文心雕龙·比兴》篇最后赞词的“拟容取心”四字，就是以通过描摹、拟取物象，来表达所摄取的事理、情志。这样一来，“比兴”就与“寄托”紧密结合，且几成同义词了。

如果说陆机、刘勰、锺嵘是重在探讨诗人因“感”而“动”、遂为之“兴”的原因，是创作的动力论，那么，孔颖达、朱熹则重在从创作论探讨“兴”之所为用。

孔颖达《毛诗正义》卷一认为“赋、比、兴是《诗》之所用，风、雅、颂是《诗》之成形。用彼三事，成此三事，是故同称为义。”“所用”应是作诗的方法，“成形”应是所作诗的种类。他在疏《诗·周南·关雎序》时，又引郑司农所说的“兴者，托事于物”，进而解释道：“则兴者，起也，取譬引类，起发己心，诗文举

① 锺嵘著、曹旭集注《诗品集注》第47页，上海古籍出版社1994年版。

② 刘勰著、范文澜注《文心雕龙注》第601页。

诸草木鸟兽以见意者，皆兴辞也。”[①]既能隐在“草木鸟兽”中见出以此为寄托之意，又是对“兴”之为“用”的兼及艺术手法的简要阐释。朱熹云：“兴者，先言他物以引起所咏之词也。”是仅言“兴”的“引起”之用，实为本义的回归；而他的《楚辞集注》卷一《离骚》所云：“比，则香草恶物之类也；兴，则托物兴词，初不取义，如《九歌》沅芷澧兰以兴‘思公子而未敢言’之属也。”虽“初不取义”，但毕竟还是“托物兴词”，终又归于“托”。以孔颖达和朱熹为代表，所说都是对作诗方法的说明。

由于我国长期受政教型文化的影响，从作诗的角度言，“拟容取心”的比兴，多属于通过“拟”“取”而借物言志的寄托，因而人们多对此着眼于与政教（家国）、怀抱（个人）相关的“志”。如谢章铤说：“香草美人，《离骚》半多寄托。朝云暮雨，宋玉最善微言。识曲得真，是在逆志。因噎废食，宁复知音？”[②]近人吴梅更明言：“所谓寄托者，盖借物言志，以抒其忠爱绸缪之旨。三百篇之比兴，《离骚》之香草美人，皆此意也。”[③]

值得注意的是，以上这样理解“寄托”，还不能说是完整的。这在于刘勰自己在论比兴时，就未能讲明兴义，以致后人在由比兴而论寄托时，也带上了这种先天性的缺陷。黄侃《文心雕龙札记》极敏锐地看到、论到这点：

> 题云比兴，实侧注论比，盖以兴义罕用，故难得而繁称。原夫兴之为用，触物以起情，节取以托意，故有物同而感异者，亦有事异而情同者，循省六诗，可摧举也。[④]

黄氏举《诗经》诸例，以明“物同而感异”与“事异而情同”，其实都是分析其政治喻托。但黄氏前论兴之为用，从“触物以起情，节取以托意”两端而言，后又以“取义差在毫厘，会情在乎幽隐”以应之。这样，在借物言志之外，又作了“起情”“会情”的重要补充，这就不仅是对“寄托”的完整阐释，更是兼及“起情”与“托意”的“兴寄”。

二、唐代进士文化与诗歌的兴寄

如果说，任何时代都会有大自然所引发的起兴，那么却不是任何时代都能因社会、政治而使诗歌具有特定“兴”义的，锺嵘所列举者，是激起情感之“兴”而造就出诗“可以怨”的诸般原因，而除了“起”的本义外，如果说“兴”的其他主要义项如作、举、发动、兴起、兴盛，尚近于中性，那么喜悦，兴会、兴致等，以及后来以“兴”为核心所构之词，如兴起、兴味、兴会、兴隆、兴趣、兴

---

① 《毛诗正义》卷一，《十三经注疏》第271页。
② 谢章铤《赌棋山庄词话》卷四，《词话丛编》第3367页，中华书局1986年版。
③ 吴梅《词学通论》第3页，上海古籍出版社2006年版。
④ 刘勰著、范文澜注《文心雕龙注》第603页。

高采烈等，则多偏在近于“怨”的反义一侧。而这些多非“楚臣去境，汉妾辞宫”所致。因此，诗歌之“兴”确实有待于政治相对清明，社会相对安宁的时代。唐朝就是这样的时代，在这样的时代确实常有“嘉会寄诗以亲”。但与此同时，唐朝也有因边塞战争所造成的“骨横朔野，或魂逐飞蓬；或负戈外戍，杀气雄边；塞客衣单，孀闺泪尽”。也有朝廷内的“士有解佩出朝，一去忘返；女有扬蛾入宠，再盼倾国”。因此，所“兴”者仍多“离群托诗以怨”。无论是“寄诗以亲”还是“托诗以怨”，又都与唐代的进士文化相关。对此，我们不妨对先唐诗歌略作追述。

历史上常是楚、汉并称，但《文心雕龙·比兴》却比较了楚汉“比兴”之消长：

> 楚襄信谗，而三闾忠烈，依诗制骚，讽兼比兴。炎汉虽盛，而辞人夸毗，诗刺道丧，故兴义销亡。于是赋颂先鸣，故比体云构，纷纭杂遝，信旧章矣。①

后世之所以肯定《古诗十九首》，实多从比兴寄托着眼，而不是其相思离别、及时行乐的主题。至于汉代以后，则如本文开头所引陈子昂所说：“汉、魏风骨，晋、宋莫传”，“齐梁间诗，彩丽竞繁，而兴寄都绝。”那么，为什么“兴寄”能尤见于唐诗，且与进士文化密切相关呢？我们不妨从唐代实行进士制的进步性说起。

魏晋行九品中正制，原意在于更好地选择人才，但推行至久，却如尚书仆射刘毅上疏晋武帝所说，是“高下任意”“爱恶随心”，“上品无寒门，下品无势族”，造成了坏结果。而对于唐代的进士制，虽不乏恶评，但其在历史上的进步性却是应该肯定的。正如史学家柳诒徵所说，唐代的科举，“世多病其法之不善，然九品中正之弊，致成贵族政治。矫之以科举，而平民与贵族乃得均享政权，是亦未始无关于国家社会之进化也”②。钱穆所论更详：“九品中正制，本想替当时用人定出一客观标准，还是不失此项制度所应有的传统精神的。但后来却变成拥护门第，把觅取人才的标准，无形中限制在门第的小范围内，这便大错了。唐代针对此弊，改成自由竞选，所谓‘怀牒自列’，即不需地方长官察举，更不需中央九品中正评定，把进仕之门扩大打开，经由各人各自到地方政府报名，参加中央之考试。这制度，大体说来，较以前是进步的。”“汉代的选举，是由封建贵族中开放政权的一条路。唐代的公开竞选，是由门第特殊阶级中开放政权的一条路。唐代开放的范围，较诸汉代更广大，更自由。所以就此点论，我们可以说唐代的政治又进步了。”③

① 刘勰著、范文澜注《文心雕龙注》第602页。
② 柳诒徵《中国文化史》第448页，东方出版中心1996年版。
③ 钱穆《中国历代政治得失》第54–55页、57页，三联书店2001年版。

对于推行科举且尤重进士科，史学家陈寅恪有独到的看法，他认为进士制始于隋，盛于唐初贞观、永徽之际，但起根本变化的是武则天时期。武则天在主持中央政权后，破坏府兵制，又“大崇文章之选，破格用人，于是进士之科为全国干进者竞趋之鹄的。当时山东、江左人民之中，有虽工于为文，但以不预关中团体之故，致遭屏抑者，亦因此政治变革之际会，得以上升朝列，而西魏、北周、杨隋及唐初将相旧家之政权尊位遂不得不为此新兴阶级所攘夺替代。”“故武周之代李唐，不仅为政治之变迁，实亦社会之革命。”[①]此说不仅坐实了柳诒徵所说的“矫之以科举，而平民与贵族乃得均享政权”，更具体论证了柳氏所说的“是亦未始无关于国家社会之进化”。武则天正式在皇帝位虽仅十五年，但实际上掌握政权达半个世纪之久，在这半个世纪中，巩固和发展了科举制，据徐松《登科记考》，此期间的进士有一千多人，远非贞观年间的二百零五人可比，而制科之开，史称“贡士殿试自此始”，对庶族人士更是一条升官的捷径。此外，还召集文词之士“修书”，使之能参议朝政，以至有“北门学士”之称。

“虽工于为文”却出身平民者，本来是“但以不预关中团体之故，致遭屏抑”，却“亦因此政治变革之际会，得以上升朝列”，进士制带来的机会，自然会使得文士诗人为之感发，而感发却正是“兴”的本义“起”的进一步发展。因外界事物而有“感”，“感”出于心而“发”于外，如果说挚虞《文章流别论》以“有感之辞”释“兴”[②]，还是仅侧重于主观一端，那么贾岛《二南秘旨》所说的：“兴者，情也。谓外感于物，内动于情，情不可遏，故曰兴。”[③]则是兼顾主客两端了。宋代的论家廓清了汉儒笼罩在《诗经》研究上的经学、政教迷雾，朱熹对于“兴”的解释既有《诗集传》所云：“兴者，先言他物以引起所咏之词也。”又有《四书集注》的“感发志意”一说[④]，若谓前说是从“用”释“兴”，此处则更近于“兴”的本义之延伸。

唐代实行科举，尤重进士科，又行诗赋取士，使得诗人在“兴”的本义上最见体现，即“起也”和“感发”，遂使“寄”有了“兴”的基础。高宗与武则天时代，“初唐四杰”的诗歌都透出强烈的用世之心，岂非因科举之行、进士文化的生成有关？卢照邻“不息恶木枝，不饮盗泉水。常思稻粱遇，愿栖梧桐树”，有“谁能借风便，一举凌苍苍”（《赠益府群官》）之志，其“人生贵贱无终始，倏忽须臾难久恃，谁家能驻西山日，谁家能堰东流水”（《行路难》），固有人生无常之感，却已经与左思《咏史》的感慨“地势使之然，由来非一朝”显为不同。“朱门无复张公子，灞亭谁畏李将军”，这虽是“相顾百龄皆有待，居然万化咸应改”

---

① 陈寅恪《隋唐政治史述论稿》第18页，上海古籍出版社1997年版。

② 挚虞《文章流别论》，严可均辑本《全上古三代秦汉三国六朝文·全晋文》卷七七，第819页，商务印书馆1999年版。

③ 贾岛《二南秘旨·兴论》，曹溶辑、陶越增删《学海类编》，江苏广陵古籍刻印社1994年版，第5册第36页。

④ 朱熹《四书章句集注》第178页，中华书局1983年版。

（骆宾王《帝京篇》）的变迁，但又为何不是初唐时期人们的自信呢？王勃《夏日诸公见寻访诗序》有不甘“憔悴于圣明之代”一语，所透出的正是强烈的用世之心，“四杰”虽多不遇、不达之叹，但并不妨碍他们“拾青紫于俯仰，取公卿于朝夕”（王勃《上绛州上官司马书》）的志向。此后的陈子昂，“貌寝寡援，然言王霸大略，君臣之际，甚慷慨焉。”“子昂有天下大名，而不以矜人；刚果强毅，而未尝忤物；好施轻财，而不求报……”①因此，虽其《登幽州台歌》感慨不见古人、不见来者，但可见出一种伟大的孤独感和宇宙意识。至于盛唐时期，唐玄宗虽崇儒，但他本人极有文艺才能，极富文艺气质，因此对文艺人才礼遇有加，且体现在科举之中。开元年间，科举制度中可谓进士科独尊，如《通典》卷一五《选举典》《历代制》下所说：“开元以后，四海晏清，士无贤不肖，耻不以文章达”，虽“五尺童子，耻不言文墨焉。”天宝十三载，唐玄宗下令在制举考试考时务策之外，又加试诗赋，这就更从制度上保证了文艺的被重视。盛唐诗人生活在这一时代，自会被召唤而“感发志意”。试看张说的“笔涌江山气，文骄云雨神”（《过庾信宅》），李泌的“天覆吾，地载吾，天地生吾有意无？不然绝粒生天衢，不然鸣珂游帝都；焉能不贵复不去，空作昂藏一丈夫？”（《长歌行》），李颀的“腹中贮书一万卷，不肯低头在草莽”（《送陈章甫》），杜甫的“自谓颇挺出，立登要路津”（《奉赠韦左丞丈二十二韵》），都可见盛唐诗人因进士文化“兴”而“感发”的“志意”。岑参的“十五隐于嵩阳，二十献书阙下，尝自谓曰：云霄坐致，青紫俯拾。”（《感旧赋》）是很有代表性的。

“感发志意”可以是直抒，如上面所举数例，也可以是曲喻，而唐人所作的直抒者也多，但由于种种原因，又难于或不宜直抒，故多取曲喻以寄的方式。“兴”本来即有“譬喻”之义。对于《论语·阳货》所记孔子“诗，可以兴”一语的解释，何晏集解即引孔安国曰：“兴，引譬连类。”譬喻是艺术手法，喻义则是作者另有寄托。李峤的咏物诗《剑》有云：“我有昆吾剑，求趋天子庭”，“倚天持报国，画地取雄名。”岂非以剑自喻而表其“志意”？同样，戎昱的《赋得铁马鞭》亦然：“成器虽因匠，怀刚本自天。为怜持寸节，长拟静三边。未入英麾用，空存铁石坚。希君剖腹取，还解抱龙泉。”它们都合于前引黄侃所说的“触物以起情，节取以托意，故有物同而感异者，亦有事异而情同者”，都是外因于触物而内起情，思之而节取、托意而作，此即“兴寄”。

进士文化与唐诗的兴寄究竟有何关系呢？

第一，行科举而首重进士，且进士科又较长时期实行诗赋取士，能展示所长，固然是诗人“感发志意”“起”而有作的主因，但是由于“诗言志”传统的影响，以意逆志的解诗方法，入之于进士文化中颇为重要的参政意识，使得所作诗歌取径于兴寄者为多。

---

① 卢藏用《陈氏别传》，转引自韩理洲《陈子昂研究》第279–281页，上海古籍出版社1988年版。

“诗言志”是古老的传统，“言”而故可观之以知其“志”。“观”可以是直观，但更多的是“称诗谕志”，因“兴”而观。春秋时期用于外交场合、上层宴享的称诗、赋诗、陈诗等，主要是“兴”之连类之想而曲“观”；私学教育中，孔子也注意对学生的“观”，以了解他们的志趣、想法，因材施教地加以培养。唐代进士文化的逐渐生成与成熟，举子、进士成为官员的预备队，为诗歌之长于连类之想，以之观政、议政，提供了生长的沃土。所以，从这一角度而言，曲喻而寄托，所起作用颇如前引郑玄注《周礼》“六诗”所说的“比见今之失，不敢斥言，取比类以言之。兴见今之美，嫌于媚谀，取善事以喻劝之。”而不是“直铺陈今之政教善恶”，因为“比者，比方于物也。兴者，托事于物”，较之于直陈来，毕竟给理解诗意提供了以意逆志的较为广阔的空间。试举一例：宋之问求为北门学士而武则天未许，宋作《明河篇》以见意。诗云：“明河可望不可亲，愿得乘槎一问津。更将织女支机石，还访成都卖卜人。”这一作诗相投之举，兴寄而非直陈，对于表达未得其位的不满，因较为委婉，当然能为最高统治者所理解、接受，而武则天既有诗才，又能以意逆志正确理解诗之托意，虽宋之问终未得其位，这一兴寄诗却是收到了双向互动的效果。

第二，举子的行卷、温卷使得干谒诗大兴，创作水平的提升主要就表现在兴寄之上。

走出了九品中正制的阴影，唐代士人被科举焕发出极大的从政热情，大有先秦诸子时代那种“士而怀居，不足以为士矣”（《论语·宪问》），“如欲平治天下，当今之世，舍我其谁”（《孟子·公孙丑下》）的雄心和气概。因唐代不似宋代科举之试卷糊名，为求得到擢第，士子们多有行卷、温卷之举，干谒诗甚为兴盛。如白居易的名作《赋得古原草送别》是进京应举时向顾况行卷之作，而顾况在读得此诗前后对白居易名字的不同调侃，即可知此诗产生的效果。若谓此首尚不属兴寄，那么孟浩然的《临洞庭湖赠张丞相》则是兴寄之作：“八月湖水平，涵虚混太清。气蒸云梦泽，波撼岳阳城。欲济无舟楫，端居耻圣明。坐观垂钓者，徒有羡鱼情。”此诗大概作于长安应举前后，是投赠时任丞相张九龄的。此诗即景生情，又因景设喻，“欲济无舟楫”，可见求取援引之心，“坐观垂钓者，徒有羡鱼情”更申足并道出己意。干谒诗要写得不露寒乞，含蓄而耐得品味，既不应自贬身份，又不要过于颂扬对方，不亢不卑斯为最好，此诗即如此，其艺术水平之高，与“兴寄”大有关系。又如朱庆馀的《近试上张水部》：“洞房昨夜停红烛，待晓堂前拜舅姑。妆罢低声问夫婿，画眉深浅入时无？”由诗意可知，朱庆馀本已行卷于张籍，得到赏识，但临近科考，仍觉忐忑，故呈诗以上，新嫁娘、夫婿与舅姑分比自己、张籍与考官。张籍作《酬朱庆馀》：“越女新妆出镜心，自知明艳更沉吟。齐纨未足时人贵，一曲菱歌敌万金。”仍是借事为喻，以作酬答，意在告知朱庆馀：因你的文才出众，不必为考试担心，前景一片光明。赠诗与酬答都是兴寄之作，言在此而意在彼，艺术性很高。

第三，从诗人的角度而言，特殊的政治环境和特定的场合，使他们难以直陈、直抒的方式作诗，而是选择了兴寄。至于理想与现实的失衡，则更是变直为曲的主要原因，喻托成为兴寄的艺术来由。

兹举李义府、张九龄与吴武陵同为咏鸟诗三例以明之。李义府得唐太宗召见，“试令咏乌”，李诗以“上林如许树，不借一枝栖”作试探，太宗竟然答以“吾将全树借汝，岂惟一枝！”[①]因为这是皇帝召见且命题令咏诗的特殊场合，而李义府又深知太宗的求才之心，故正好借题生义，曲喻以达，表自己的意愿。张九龄为相，“每见帝无不极言得失”，而李林甫则“闻帝意，阴欲中之”，恰因“时欲加朔方节度使牛仙客实封，九龄因称其不可，甚不叶帝旨。他日林甫请见，屡陈九龄颇怀诽谤。于时方秋，帝命高力士持白羽扇以赐，将寄意焉。九龄惶恐，因作赋以献。”同时又作《咏燕》一诗：“海燕何微眇，乘春亦暂来。岂知泥滓贱？只见玉堂开。绣户时双入，华轩日几回。无心与物竞，鹰隼莫相猜。”李林甫“览之，知其必退，恚怒稍解。”[②]张九龄因直谏，不作逢迎，失去唐玄宗的信任，被赐白羽扇而寓秋扇弃捐，张九龄知帝意，为免侧面受敌，故又作兴寄之诗，表“无心与物竞，鹰隼莫相猜”之意，以宽政敌之心。而据《本事诗》载：“吴武陵虽有才华，而强悍激讦，为人所畏。尝为容州部内刺史，赃罪狼藉，敕令广州幕吏鞠之。吏少年科第，殊不假贷，持之甚急。武陵不胜其愤，题诗路左佛堂曰：‘雀儿来逐飓风高，下视鹰鹯意气豪。自谓能生千里翼，黄昏依旧入蓬蒿。’”[③]鹰雀之喻自是兴寄，以之表达愤懑确是较好的方法。

若谓上述三例皆与为官相关而不是进士文化的直接体现，那么不妨再举与进士试直接相关的咏物诗例。晚唐高蟾出身寒素，屡举不第，先后为下第作诗，皆以花卉相喻，如《下第后上永崇高侍郎》：“天上碧桃和露种，日边红杏倚云栽。芙蓉生在秋江上，不向春风怨未开。”《诗法易简录》评为“时命自安，绝无怨尤，唐人下第诗以此为最。”据说，因此诗合于温柔敦厚之旨，“盖守寒素之分，无躁竞之心，公卿间许之。”[④]后得擢第。文场的屡战屡败，得此一诗而擢第，效果可见，亦令文士可叹，这是后话了。相反，贾岛的终身未第，竟然与其兴寄诗的过于怨愤有关：“贾岛于兴化里凿池种竹，起台榭。时方下第，或谓执政恶之，故不在选。怨愤尤极，遂于庭内题诗曰：‘破却千家作一池，不栽桃李种蔷薇。蔷薇花落秋风后，荆棘满庭君始知。’由是人皆恶侮慢不逊，故卒不得第，抱憾而终。”[⑤]以上二诗，可证进士文化虽令士人“感发志意”，却因理想与现实的失衡，

---

① 见《隋唐嘉话》卷中，《唐五代笔记小说大观》第100页，上海古籍出版社2000年版。

② 见《明皇杂录》卷下，《唐五代笔记小说大观》第961页，此处引诗不同。

③ 见《本事诗·怨愤》，《唐五代笔记小说大观》第1249页。

④ 见《北梦琐言》卷七，《唐五代笔记小说大观》第1869页。

⑤ 见《本事诗·怨愤》，《唐五代笔记小说大观》第1248页。

使之为诗亦变直为曲，喻托成为兴寄的主要艺术表达途径。

第四，从制度而言，与唐代的谏诤制以及进士释褐后多担任拾遗补阙之类低级谏官有关，从而在继承汉代以《诗经》为谏书的传统同时，取曲谏而非直谏，导致兴寄诗的较多应用与发展。

较之于唐代之重视边功而武人跋扈，宋代行右文政策而文人甚得优待，但是，宋人洪迈对于唐代的宽松非常叹慕。其《容斋续笔》卷二《唐诗无避讳》一则云："唐人歌诗，其于先世及当时事，直辞咏寄，略无避隐。至宫禁嬖昵，非外间所应知者，皆反复极言，而上之人亦不以为罪。如白乐天《长恨歌》讽谏诸章，元微之《连昌宫词》，始末皆为明皇而发。杜子美尤多，如《兵车行》、前后《出塞》《新安吏》《潼关吏》……此下如张祜赋《连昌宫》……李义山《华清宫》……今人之诗不敢尔也。"[①]其实，唐人作诗之所以能"略无避隐"，与唐代的谏议制度有关，正是这一制度使得诗人发扬了汉代以《诗经》为谏书的传统；而因诗人在登进士第后，释褐授官多为拾遗、补阙一类低级谏官，担起谏诤之责，将以诗代谏发挥到了极致。唐代著名诗人中，陈子昂、张九龄、王维、郎士元、司空曙、白居易、元稹、李绅、郑谷等，登第后都曾任拾遗，非进士出身的高适、杜甫也曾任此职；而张说、卢象、王维、岑参、严维、李绅、杜牧、郑谷、吴融等，则曾任补阙。其中有的后来升为谏议大夫、给事中、左右散骑常侍等品级较高的谏官。据《唐六典》，拾遗之命名是因"言国家有遗事，拾而论之"，而补阙则是"言国家有过阙而补正之"，因进谏而及于诗歌，是自然的延伸，使得诗人常以人民的代言人自居。元稹《和李校书新题乐府十二首》的序，就明确提出了诗歌的"议""谤"作用："余友李公垂贶予《乐府新题》十二首，雅有所谓，不虚为文。余取其病时之尤急者，列而和之，盖十二而已。昔三代之盛也，士议而庶人谤。又曰：世理则词直，世忌则词隐。余遭理世而君盛圣，故直其词以示后，使夫后之人，谓今日为不忌之时焉。"[②]当然，诗兼有直陈和讽喻，后者虽有直言其事者，但既为讽喻，也常以曲言出之，更体现了郑玄所说的"取比类以言之"，"取善事以喻劝之"。

除了以上与进士文化相关的四个原因，兴寄本身就是诗歌艺术成熟的标志。诗歌艺术发展的结果，必然由直陈而曲达，由浅表而深层，由实而虚，由显而隐，对此可不论。

三、兴寄与比体诗

黄侃所说的"触物以起情，节取以托意"，两句实分别表达了"兴"与"寄"，而读者的接受，则在于引譬连类之想。如李白《寻鲁城北范居士失道落苍

---

① 见洪迈《容斋随笔》，上海古籍出版社1978年版，第236—237页。

② 冀勤点校《元稹集》卷三十，中华书局1982年版。

耳中见范置酒摘苍耳作》有句："雁度秋色远，日静无云时。客心不自得，浩漫将何之？忽忆范野人，闲园养幽姿。茫然起逸兴，但恐行来迟。"诗中既叙作诗缘起，更见茫然之逸兴是诗兴所"兴"之由。而严羽因诗中的迷路落于苍耳中，而有"失足处，政是得意处"（《李太白诗醇》）的理解，这就是引譬连类之想所致。"譬"与"类"不仅是物，也应是人，再举李白诗一例：如《夜泊牛渚怀古》，因袁宏得谢尚赏识，而想及自己，"余亦能高咏，斯人不可闻"，自叹不遇，"兴"而有寄，颇耐读者思索。

唐代进士文化对于促进诗歌兴寄艺术的发展，起了很大的作用。"兴"从很早的时候，就具有从形象感发到义理启示的意义，唐代因行科举而尤重进士，使得士人在弃儒业而攻诗赋同时，又追求提高诗歌的艺术表现力，力求将形象感发与义理启示高度统一，将唐诗兴寄的表现水平提到了新的高度，用朱自清《诗言志辩》所说，即在四种"比体诗"上都有很大发展。如陈子昂《蓟丘览古》是"咏史"的以古比今，其二《燕昭王》："南登碣石坂，遥望黄金台。丘陵尽乔木，昭王安在哉。霸图怅已矣，驱马复归来。"其三《乐生》："王道已沦昧，战国竞贪兵。乐生何感激，仗义下齐城。雄图竟中夭，遗叹寄阿衡。"皆因其在武攸宜军中不见用而作，借古言今是为了寄托壮志难酬之意，都关合自身遭遇。唐末章碣《东都望幸》是"艳情"的以男女比君（主）臣："懒修珠翠上高台，眉月连娟恨不开。纵使东巡也无益，君王自领美人来。"写作之缘由是：高湘回长安时途经连江，邵安石进呈诗文，得赏识，随同到长安，高湘以礼部侍郎主持进士试，邵安石得擢第，章碣此诗以望幸的宫女自比，怨而有刺。另一与进士考试直接相关的著名例子，是秦韬玉的《贫女》："蓬门未识绮罗香，拟托良媒益自伤。谁爱风流高格调，共怜时世俭梳妆。敢将十指夸偏巧，不把双眉斗画长。苦恨年年压金线，为他人作嫁衣裳。"唐末因诗人颇多屡试不第者，因此多有以诗曲喻以达意者，较之中唐朱庆馀等人所作，其伤时未遇而托贫女以自况，更见沉痛，世人之所以传诵，是因为确能引起不少失意者的共鸣。卢照邻《曲池荷》是"咏物"的以物比人："浮香绕曲岸，圆影覆华池。常恐秋风早，飘零君不知。"可见其怀才不遇之思，秋风零落之感，令人想起《离骚》的"恐美人之迟暮"。至于上节所引的宋之问求北门学士未许而作的《明河》，则是"游仙"的以仙比俗。

相较而言，"兴寄"的比体诗中，以仙比俗及以男女比君（主）臣较少，常见的"比体"是以物比人。卢照邻《赠益府群官》有云："一鸟自北燕，飞来向西蜀。单栖剑门上，独舞岷山足。昂藏多古貌，哀怨有新曲。群凤从之游，问之何所欲？"显然是以一鸟自喻，以群凤喻群官，并设为问答之词，自写其志意，抒发孤寂之情，为自己的高洁而自伤。可见，虽科举打开了仕进之门，但诗中以"一鸟"与"群凤"相对照，自状"单栖""独舞"，则可见不入俗流的诗人，实在是难以如此诗结尾所说"谁能借风便，一举凌苍苍"的。贾岛的《病蝉》："病蝉飞不得，向我掌中行。拆翼犹能薄，酸吟尚极清。露华凝在腹，尘点误侵睛。黄雀并鸢鸟，俱怀害尔情。”《瀛奎律髓》以之是“托物寄情，喻寒士之不遇”，甚当。《唐诗纪事》云：“岛久不第，吟《病蝉》之句，以刺公卿。或奏岛与平曾等为‘十恶’，逐之。”[①]“久不第”而以诗讽刺公卿，更道出了写作之缘由与科考的关系。郑谷的《十日菊》：“节去蜂愁蝶不知，晓庭还绕折残枝。自缘今日人心别，未必秋香一日衰。”咏物而当有感触、寄托，《唐人绝句精华》认为：“此讥世态炎凉也。‘富贵他人合，贫贱亲戚离’，非‘人心别’而何？”[②]所说在理。唐末的崔涂虽在光启四年（888）登进士第，却漂泊穷年，非但感慨“在处有芳草，满城无故人。怀才皆得路，失计自伤春”（《蜀城春》），所作《孤雁》更以之自喻，表现了微官的播迁之苦与孤独冷落：“几行归去尽，片影独何之。暮雨相呼失，寒塘独下迟。渚云低暗度，关月冷遥随。未必逢矰缴，孤飞自可疑。”

以物比人的修辞基础是比喻，喻体可以是同一事物，但喻义却不同，这既取决于时代，又与作者个人的境遇相关，还离不开特定的语境。试以同一的咏马而言，诗人所作的托意就有不同。杨炯《紫骝马》有云：“发迹来南海，长鸣向北州。匈奴今未灭，画地取封侯。”呈现出初唐人对建功立业的向往，有一种蓬勃向上的精神。而李贺《马诗二十三首》，多为有寄意之作，论者以为“俱是借题抒意，或美或讥、或悲或惜，大抵于所闻见之中各有所比，言马而意初不在马矣。”（《李长吉歌诗汇解》）其一：“龙脊贴连钱，银蹄白踏烟。无人织锦韂，谁为铸金鞭？”是“言良马而未为人所识者也”（《李长吉诗歌汇解》）。其四：“此马非凡马，房星本是星。向前敲瘦骨，犹自带铜声。”是“自喻王孙本天潢也”（《李长吉诗集批注》）。其五：“大漠沙如雪，燕山月似钩。何当金络脑，快走踏清秋。”是“边氛未净，奇才未伸。壮士于此，不禁雄心跃跃”（《昌谷集注》）。其十五：“不从桓公猎，何能伏虎威。一朝沟陇出，看取拂云飞。”是“用管子告桓公驳马事，以尽马之才”（《李长吉诗集批注》）。更有人具体认为：“如宪宗时刘辟反，诏高崇文讨之，诸将皆不服。后上专委以事权，卒平祸乱，震慑东川。是知马必由桓公而显名，崇文必由宪宗以著绩”（《昌谷集注》）。其二十三：“武帝爱神仙，烧金得紫烟。厩中皆肉马，不解上青天。”“此言有才不遇，国士之不幸；不得真才，亦国之不幸也。”（《李长吉诗歌批注》）亦有“似为宪宗好神仙、信方士之说而作”（《李长吉诗歌汇解》）一说[③]。总体皆以马为喻，呈现的是有才不遇、人所未识的感慨，与杨炯一诗的寓意有别，这既可见时代的差异，更可从李贺本人的境遇上来思考，他因避父名讳而不能参加进士考试、难以进入正常的仕途，难怪会作此二十三首马诗以寄寓悲愤、感念时局。

对于兴寄，还有一个问题值得辨析：“有意”与“无意”，及相关的“人”与

① 以上见陈伯海主编《唐诗汇评》第2595–2596页，浙江教育出版社1995年版。

② 陈伯海主编《唐诗汇评》第2847页。

③ 以上见陈伯海主编《唐诗汇评》第1958–1961页。

“出”，而决定性的因素则是“情”而非“志”。

由进士而登上仕途，是众多诗人的愿望，但仕途并非一帆风顺，理想与现实之间常有很大的差距。如陈子昂是一位“以格致为实学，以践履为实地，文与行俱一”的人物①，王夫之曾感慨：“陈子昂以诗名于唐，非但文士之选，使得明君以尽其才，驾马周而颉颃姚崇，以为大臣可矣。”②他虽登第，并得武则天赏识，但在赞同改革弊政同时，又因反对兴冤狱、用佞臣和穷兵黩武，与上意相违而不得重用，甚而被诬入狱，后随军征契丹，与武攸宜冲突而被降职，最终挂冠归里。因屡遭挫折，难有作为，无怪乎其《感遇》会有“岁华尽寥落，芳意竟何成”，“但恨红芳歇，凋伤感所思”之叹。即使是张九龄，在武后时期登进士第，踏上仕途，玄宗时为著名贤相，但不久即遭李林甫中伤、排挤，被罢相遭贬，不久病卒。张九龄的《庭梅咏》：“芳意何能早？孤荣亦自危。更怜花蒂弱，不受岁寒移。朝雪那相妒，阴风已屡吹。馨香虽尚尔，飘荡复谁知！”分明就是自我形象与精神写照。其《感遇》十二首，在以物比人上，尤见佳处，陈沆《诗比兴笺》对此论述甚当，不赘。

白居易尤在初入仕途时，多有托物言志之作。正如《养一斋诗话》所指出：“……如《古剑》诗：‘可使寸寸折，不能绕指柔。’《孤桐》诗：‘四面无附枝，中心有通理。’《京兆府新栽莲》诗：‘托根非其所，不如遭弃捐。’《赠元稹》诗：‘无波古井水，有节秋竹竿。’……《答友问》诗：‘置铁在烘炉，铁消易如雪。良玉同其中，三日烧不热。君疑才与德，咏此知优劣。’《感鹤》诗：‘鹤有不群者，飞飞在野田。饥不啄腐鼠，渴不饮盗泉。一兴嗜欲念，遂为矰缴牵。委质小池内，争食群鸡前。不惟怀稻粱，兼亦竞腥膻。不惟恋主人，兼亦狎乌鸢。物心不可知，天性有时迁。一饱尚如此，况乘大夫轩！’综而观之，心甚淡，节甚峻，识甚远，信有道者之言。诗可以兴，此类是也。”③而白居易本人在《有木诗八首》的序中，在表现出鉴古知今的意识同时，也借草木明志：“余尝读《汉书》列传，见佞顺嫕婀，图身忘国如张禹辈者。见惑上蛊下，交乱君亲如江充辈者。见暴狠跋扈，壅君树党如梁冀辈者。见色仁行违，先德后贼如王莽辈者……因引风人、骚人之兴，赋《有木》八章，不独讽前人，亦儆后代耳。”④《韵语阳秋》云：“……其六章托弱柳、樱桃、枳橘、杜梨、野葛、水柽以讽在位者，至第七章则曰：‘有木名凌霄……’专又以讽附丽权势者。其八章则曰：‘有木名丹桂，四时香馥馥……’，盖乐天自谓也。乐天素善李绅而不入德裕之党，素善牛僧孺、杨虞卿而不入宗闵之党，素善刘禹锡而不入伾、文之党，中立不倚，峻节凛然。于八

① 杨澄《陈伯玉文集后序》，四部丛刊影印明弘治本。

②《读通鉴论》卷二十一，转引自韩理洲《陈子昂研究》第363页。

③ 潘德舆《养一斋诗话》卷十，郭绍虞编选、富寿荪校点《清诗话续编》第2165-2166页，上海古籍出版社1983年版。

④ 白居易著、朱金城笺注《白居易集笺注》卷二，第127-128页，上海古籍出版社1988年版。

木之中，而自比于桂，殆未为过也。”[①]

显然，白居易以物比人的兴寄诗，是有意为之、表达志意之作；而陈子昂、张九龄虽也是以物比人的兴寄之作，却是以抒情为主，是感情的自然流露。笔者以为，从艺术性及感人程度而言，后者要高于、强于前者。清人周济所说的“非寄托不入，专寄托不出”，就看到“情”作为创作内驱力的作用：

> 赋情独深，逐境必寤，酝酿日久，冥发妄中，虽铺叙平淡，摹缋浅近，而万感横集，五中无主。[②]

况周颐《词学讲义》在论及“意内言外”时，就“无寄托出”作进一步发挥：

> 所贵乎寄托者，触发乎弗克自已，流露于不自知，吾为是词而所寄托者出焉，非因寄托而为是词也。[③]

况氏的“触发乎弗克自已”，其实即周氏“赋情独深”之注脚，“流露于不自知”亦与“逐境必寤”近。二氏所论，道出了情的作用，情深则能储兴而成，触物而作，虽有托意而非强为，造就“能出”之境。对于以上两类诗歌，持此标准衡量，高下自明。

以古比今也是比体诗的大端。此类诗既有与进士文化关系较为紧密者，又有与之关系较疏远者。前者如骆宾王虽感叹“汲黯薪逾积，孙弘阁未开。谁惜长沙傅，独负洛阳才。”（《帝京篇》）是借古人而言今，但在怀才不遇中并未泯灭其入世建功精神。高适《咏史》：“尚有绨袍赠，应怜范叔寒。不知天下士，犹作布衣看。”即使仕至高位者亦因非进士出身而自卑，何况高适青年时既未走科举之路，又“尝落魄”，“当时必有轻之者”是进士文化氛围中的必然现象。李贺《咏怀二首》其一：“长卿怀茂陵，绿草垂石井。弹琴看文君，春风吹鬓影。梁王与武帝，弃之如断梗。惟留一简书，金泥泰山顶。”论者以之是以司马相如自况，因为司马相如当年非由通经而仕，李贺亦不能通过参加进士试登上仕途，以古比今而关合自己，这一自况实出于自然与必然。张祜走访杜牧之前，先寄《江上旅泊呈杜员外》一诗：“牛渚南来沙岸长，远吟佳句望池阳。野人未必非毛遂，太尉还须是孟尝。”作者自比毛遂，恭维刺史杜牧像孟尝君，希望能得到殷勤相待，虽干谒而未自作贬损。张祜出生在清河张氏望族，家世显赫，却性情狷介，终生未仕，故此诗虽与科举无直接关系，但因杜牧是少年登第，又是浪漫诗人，与张祜性情相似，此诗又显然受到当时行卷风气的影响，故仍与进士文化相关。晚唐诗人温

---

① 葛立方《韵语阳秋》卷十六，何文焕辑《历代诗话》第614页，中华书局1981年版。

② 周济《宋四家词选目录序论》，《介存斋论词杂著·复堂词话·蒿庵论词》第12页，人民文学出版社1959年年版。

③ 况周颐《词学讲义》，况周颐著、孙克强辑考《蕙风词话·广蕙风词话》第153页，中州古籍出版社2003年版。

庭筠才高而未第，《围炉诗话》卷一论其七律《过陈琳墓》，以之为以古比今之佳作，是“意有望于君相也。”并发知人论世之见：“飞卿于邂逅无聊中，语言开罪于宣宗，又为令狐绹所嫉，遂被远贬。陈琳为袁绍作檄，辱及曹操之祖先，可谓酷毒矣。操能赦而用之，视宣宗何如哉？又不可将曹操比宣宗，故托之陈琳，以便于措词，亦未必真过其墓也……怨而不怒，深得风人之意。”①罗隐屡试而不第，其《题新榜》云：“黄土原边狡兔肥，犬如流电马如飞。灞陵老将无功业，犹忆当时夜猎归。”据《唐摭言》所说，罗隐在光化中犹佐两浙幕，同院沈嵩得新榜，封示罗隐，罗作此诗，以李广自拟，当然是以古比今。

以上诸例多为诗人借史而自叹命运，故与进士文化相关，而另一类则是作于或登进士第后得以为官之时，或无关身分、却出于对国运、朝政的关切而作，此类以古比今之作，多与现实政治相关。如陈子昂《感遇》其四：“乐羊为魏将，食子殉军功。骨肉且相薄，他人安得忠？吾闻中山相，乃属放麑翁。孤兽犹不忍，况以奉君终。”此诗所咏是战国历史，所比者则是现实：魏将乐羊受命攻中山，其子在该国，被杀，烹为肉羹，以送乐羊，乐羊为示忠于魏，忍痛而食，魏文侯赏其军功，却疑其残忍，不予重用；中山君打猎获小鹿，令侍卫秦西巴带回，秦见母鹿悲鸣相从，心中不忍而放小鹿，中山君以其善良可嘉，任之为太傅以教王子。诗人之吟咏此段历史，是因武则天夺取政权，大行杀戮李唐宗室、太子、皇孙，文武大臣上行下效，以示效忠。其写作宗旨正如陈沆所说：因朝中“是皆有食子之忠，无放麑之情”，故作以“刺武后宠用酷吏淫刑以逞也”②。李白《古风》其五十三：“战国何纷纷，兵戈乱浮云。赵倚两虎斗，晋为六卿分，奸臣欲窃位，树党自相群。果然田成子，一旦杀齐君。”笺者以为：“此即《远别离》篇‘权归臣兮鼠变虎’之意。内倚权相，外宠骄将，卒之国忠、禄山两虎相斗，遂致渔阳之祸。”③其《战城南》所用是古题乐府，但确如陈沆《诗比兴笺》所说，是“陈古刺今”之作。杜甫《述古》的第二首，谓“农人望岁稔，相率除蓬蒿。所务谷为本，邪赢无乃劳？舜举十六相，身尊道何高。秦时任商鞅，法令如牛毛。”是因当时军旅费用支出极大，第五琦、刘晏、元载，皆以宰相领度支盐铁使，榷税四出，民不堪其困，诗人为之申固本务农之旨，以商鞅令多扰民的历史以警之。《述古》第三首：“汉光得天下，祚永固有开。岂惟高祖圣，功自萧曹来。经纶中兴业，何代无长才？吾慕寇、邓勋，济时信良哉！耿、贾亦宗臣，羽翼共徘徊。休运终四百，图画在云台。”则从萧何、曹参写起，而重在光武中兴功臣寇恂、邓禹、耿弇、贾復。因现实中郭子仪、李光弼功高被忌，肃宗使之受制于宦官鱼朝恩，故浦起龙指出“首提汉光，意在收京诸将”，“结到‘休运’，仍应‘祚

① 吴乔《围炉诗话》卷一，郭绍虞编选、富寿荪校点《清诗话续编》第500页。
② 陈沆《诗比兴笺》第103页，上海古籍出版社1981年版。
③ 陈沆《诗比兴笺》第132–133页。

永'"，"讽切时事，俱关治要"[①]。因此，赞光武以讽肃宗，当是此诗之托意。韩翃《汉宫曲二首》，其一云："骏马绣障泥，红尘扑四蹄。归时何太晚，日照杏花西。"是借汉代韩嫣、董贤兰等诸侯游冶，出入宫掖，以刺时事。其七绝《寒食》后二句："日暮汉宫传蜡烛，轻烟散入五侯家。"沈德潜《唐诗别裁集》以为"或指王氏五侯，或指宦官灭梁冀之五侯"，其以汉刺时之旨正如吴乔《围炉诗话》卷一所说："唐之亡国由于宦官握兵，实代宗授之以柄。此诗在德宗建中初，只'五侯'二字见意，唐诗之通于《春秋》者也。"[②]戎昱的《咏史》更是借汉言唐的咏史佳作："汉家青史上，计拙是和亲。社稷依明主，安危托妇人。岂能将玉貌，便拟静胡尘！地下千年骨，谁为辅佐臣？"《云溪友议》云：唐宪宗之时，北狄频犯边境，大臣多惧其强悍，提议行和亲以求息兵，宪宗以此诗示朝臣，罢和戎之论，并以之"足称诗人之兴咏"。[③]

以古比今的兴寄诗，固然以上述关怀国运、朝政者居多，但有些作品则更重在讽咏中兼及自己或同道的命运。如李白《夜泊牛渚怀古》，因袁宏得谢尚赏识，而想及自己，"余亦能高咏，斯人不可闻"，自叹不遇，兴而有寄。刘禹锡《经檀道济故垒》："万里长城坏，荒营野草秋。秣陵多士女，犹唱白符鸠。"诗中将檀道济被枉杀拟作长城之坏，藉秣陵士女至今犹唱《白符鸠》，表达了三百年来人民的伤痛、怀念，这段历史能令人想起王叔文被宪宗赐死一事，作者是王叔文改革的支持者，作为"八司马"之一，其命运与王氏密切相关，诗外的感慨亦可知。李商隐是咏史诗的大家，此处难以详论其作，仅举二例。其《哭刘司户蕡》前四句："路有论冤谪，言皆在中兴。空闻迁贾谊，不待相弘孙。"据清程梦星《李义山诗集笺注》所云："刘蕡应直言极谏，对策指斥宦官，事在太和二年。时文宗初即位，承父兄之弊，恭俭儒雅，政事修饬，当时号为清明，此所以曰'言皆在中兴'也。无如一遭远谪，遂卒贬所，竟不待朝廷之悟而复用。考之于古，汉公孙弘初以贤良对策，亦尝罢斥，既而再征，则擢用至相，苟蕡不死，未必不然，此所以曰'不待相弘孙'也。"[④]因刘蕡终如贾谊之迁而未得公孙之相，李商隐也难施展自己的抱负，宜其哭而难掩怨恨。其《漫成五章》，清冯浩《玉溪生诗集笺注》逐篇分析，以为首二两章为令狐父子而言，第三首以孙权比王茂元，以王羲之自比，"愁愤固无如何矣。"王茂元将才，而为卫国公李德裕所用，"故四五两章则大白卫国任将运筹之勋，而恨谗口之无良。以卫国之相业，石雄之战功，尚遭排斥，更何有于他人哉！"五诗既应是借历史而对牛李党争作是非判断，又在这"一生吃紧之篇章"[⑤]中流露了甚多的哀怨。

---

① 浦起龙《读杜心解》第107页，中华书局1961年版。
② 郭绍虞编选、富寿荪校点《清诗话续编》第498页。
③ 见《云溪友议》卷下《和戎讽》，《唐五代笔记小说大观》第1301页。
④ 刘学锴、余恕诚《李商隐诗歌集解》第961页，中华书局1988年版。
⑤ 以上见刘学锴、余恕诚《李商隐诗歌集解》第923–924页。

总之，历经数代之后，唐诗因进士文化而兴盛，尤可诠释汉代郑司农所说的“兴者，托事于物”，为陈子昂批判齐梁诗歌“兴寄都绝”提供了出色的答卷。

参考文献：

《十三经注疏》，中华书局，1979年版。

《二十二子》，上海古籍出版社，1985年版。

刘勰著、范文澜注《文心雕龙注》，人民文学出版社，1958年版。

锺嵘著、曹旭集注《诗品集注》，上海古籍出版社，1994年版。

谢章铤《赌棋山庄词话》，《词话丛编》本，中华书局，1986年版。

吴梅《词学通论》，上海古籍出版社，2006年版。

柳诒徵《中国文化史》，东方出版中心，1996年版。

钱穆《中国历代政治得失》，三联书店，2001年版。

陈寅恪《隋唐政治史述论稿》，上海古籍出版社，1997年版。

《唐五代笔记小说大观》，上海古籍出版社，2000年版。

洪迈《容斋随笔》，上海古籍出版社，1978年版。

冀勤点校《元稹集》，中华书局，1982年版。

陈伯海主编《唐诗汇评》，浙江教育出版社，1995年版。

郭绍虞编选、富寿荪校点《清诗话续编》，上海古籍出版社，1983年版。

白居易著、朱金城笺注《白居易集笺注》，上海古籍出版社，1988年版。

葛立方《韵语阳秋》，何文焕辑《历代诗话》本，中华书局，1981年版。

周济《宋四家词选目录序论》，人民文学出版社，1959年版。

况周颐著、孙克强辑考《蕙风词话·广蕙风词话》，中州古籍出版社，2003年版。

陈沆《诗比兴笺》，上海古籍出版社，1981年版。

浦起龙《读杜心解》，中华书局，1961年版。

刘学锴、余恕诚《李商隐诗歌集解》，中华书局，1988年版。

（原载程国赋、何志军主编《跨文化视野下的中国古典文学研究》，商务印书馆2017年）

南宋的多元文化与文学流派

提要：北宋的主流文化是士大夫文化，因长期党争而士风渐坏，在南宋的政治环境中这一文化逐渐衰落。由于统治者的扶植，且顺应了时代之需，南宋理学大盛，理学家留意于文学理论和诗文创作，朱熹尤有建树。宋代士大夫普遍悦禅，参与了禅林文化建设，南宋禅僧多追求文人的生活意趣，诗歌不乏佳作。南宋地狭官冗，读书人沦为“谒客”，江湖文化遂成廊庙与隐逸外的主要文化形态，江湖诗派为此时的重要流派。

关键词：南宋　多元文化　理学　禅林　江湖　诗文流派

学界早有唐型文化与宋型文化之说，如同钱锺书先生“诗分唐宋”之见，这两种文化应是“类型”的区分，不限于唐代与宋代。然而，论宋型文化当然主于宋，而宋代文化又应可作北、南之分。如果说唐代的主流文化是进士文化，那么宋代则发展为士大夫文化。可是，宋代的士大夫文化如同普遍的事物一样，也经历了由盛而衰的过程，南宋是士大夫文化的衰落期，同时，又呈多元文化的逐渐兴盛，取代了作为主流的士大夫文化。与多元文化相对应的是各文化形态下的文学创作。本文择其中三者而简论之

一、士大夫文化及其衰落

作为宋代主流文化的士大夫文化具有以下三个主要特点：

第一，在对进士文化的批判中，努力于儒学传统的重建。

唐代实行科举而最重进士，使得进士文化成为了主流文化，改变了儒学与文学的传统地位。儒林与文苑的倒转，使得前者的传统不彰，而后者则文行失衡，士风渐坏。鉴于晚唐五代的政治腐败与进士无行的互为因果，自宋初始，不少有识之士已看到科举取士的弊病。因此，胡瑗、孙复等创办书院教育，以不求功名利禄为尚，努力于塑造士人的道德人格。即使是通过科举走上仕途的人物，也对唐五代进士的堕落多有反思，推崇人文精神。如柳开《应责》将“道”与“文”都统一于儒者。石介《怪说》虽有以道废文倾向，却对纠正晚唐五代以来士人轻薄无行和以文章求利禄的风气，有一定的积极意义。王禹偁文学成就高，又重视道统，其《送孙何序》提出“君子之儒”的道德指向和立言目的所在，与追求个人的功名富贵根本不同。宋仁宗即位之初，范仲淹就要求改革政治和“兴复古道”，提出了“救斯文之薄”的目标，自己更是以天下为己任，践履了“古道”的兴复。虽说后出的王学、关学、洛学才是宋代的新儒学，然而宋初诸儒已经在批

判进士文化将诗赋文章异化为利禄之求时，努力于将儒学传统的重建注入士大夫文化之中。

第二，“外王”指向与政党政治的形成。

在比较唐型与宋型文化时，有一种看法是：因理学的生成，与唐代外在的“姚宋事业”相较，宋代似乎更重在道德性命之学，宋代文化也更具内倾性。其实，宋代理学或是宋代思想文化的主流，但宋代的政治文化却以士大夫文化为主导。《周礼·考工记序》云：“坐而论道，谓之王公；作而行之，谓之士大夫。”对于士大夫，郑玄注：“亲受其职，居其官也。”[①]虽距《考工记》的时代已远，但由于与最高统治者推行的政策相应，北宋士人自范仲淹起就确立起“以天下为己任”的意识、观念，而皇帝也能与士大夫“共定国是”，因而士大夫应兼具“坐而论道”与“作而行之”的特点。二者的结合体现出发扬先秦儒家弘毅、重道的淑世精神，以及果于实践、勇于行事的品格。为之，史学家柳诒徵指出：

> 盖宋之政治，士大夫之政治也。政治之纯出于士大夫之手者，惟宋为然。故惟宋无女主、外戚、宗王、强藩之祸。宦寺虽为祸而亦不多，而政党政治之风，亦开于宋。[②]

第三，“内圣”基础与道德性理的追求。

唐代进士文化造成了“儒林”传统向“文苑”精神倾斜、转化，使得进士们在思想道德、出处大节上形成了一系列被视作“无行”“轻薄”的特点[③]。其极端者甚至如刘克庄所说：“唐人尤重进士，其末也，如李振劝朱温，一日杀司空裴贽等百余人于白马驿，苏楷驳昭宗谥，李山甫教罗从训害王铎一家三百口，皆不得志于场屋者为之。乃至巢寇亦进士也。科目之弊如此。”[④]与晚唐五代进士文化的追求快意人生，却道德失律显然不同，宋代士大夫努力于重建儒家道统，与理学家强调道德自律相一致，在思想修养上能追求明道见性，向往“内圣”的境界。如欧阳修《答祖择之书》所云：

> 道尊然后笃敬，笃敬然后能自守，能自守然后果于用，果于用然后不畏而不迁。[⑤]

但是，历史经常都经历了抛物线形的发展。作为北宋文化主流的士大夫文化及“士大夫政治”，在史家称道的“真仁之世”升至顶点之后，也逐渐呈现出递降的趋势。尤其因王安石变法引发的党争，使之下滑更显。经历了熙、丰党争、元

---

① 阮元校刻《十三经注疏·周礼注疏·序》第905页，中华书局1980年影印版。
② 柳诒徵《中国文化史》第516页，东方出版中心1988年版。
③ 见礼部侍郎杨绾对进士制的负面评价，参见刘昫等《旧唐书》卷一一九《杨绾传》。
④ 刘克庄《后村诗话》后集卷一第47页，中华书局1983年版。
⑤ 欧阳修《答祖择之书》，《居士外集》卷一九，《欧阳修全集》第1009页，中国书店1986年影印版。

祐党争、蜀、洛党争、绍述党争以及相关的“乌台诗案”“车盖亭诗案”“神宗实录案”等事件后，士人难以复制前辈的“作而行之”，参政意识、怀抱志向、人生态度都发生了显著的变化，也导致文学创作从“奋厉有当世志”中退缩，而多自老庄、佛禅中寻找思想、感情的栖息。

在宋徽宗赵佶统治时期，适逢辽、夏衰败，女真未兴，似外患不显，天下太平。此时“党人”被打入“另册”，上下噤声。蔡京据《易经》语而提出“丰亨豫大”口号，迎合徽宗太平享乐之需。在一片承平欢乐声中，靖康之难突然降临，造成了如同晋代“八王之乱”、唐代“安史之乱”的第三次“中州士女”大规模南迁。赵构在合法性被质疑中建立起来的新朝廷，虽续上了宋朝的统系，却因内外形势均与北宋不同，使这一立足于江南的新政权，渐与北宋原来的立国精神有别。迫于金朝国土广袤、军力强盛，且不时会发起南侵的压力，统治者为生存、发展而寻求、调整策略和战略。由于汴京沦陷，北方基业尽失，赵构君臣基于对宋金力量对比的认识，选择南下逃窜避敌之路。而因金熙宗完颜亶削夺主战派粘罕兵权，将原伪齐区域交还南宋，以换取南宋臣服。赵构在和与战的选项中采取了前者，任秦桧为右相，负责对金媾和，代替伪齐而成为金的属国，俯首称臣。高宗、秦桧统治集团为恪守和议，视涉及恢复的言论为撼摇国是，予以无情打击。结合经多次党争而形成的萎靡、苟且士风，此时的士大夫文化可谓衰落到了新的低点。

南宋政治与北宋政治有显著的不同，其中的相权问题尤为突出。北宋虽党争不断，在宋徽宗之前却鲜有权力很大的奸臣，而南宋则不然。先有高宗朝的秦桧擅权，压制主战派，大兴文字狱，排斥异己，重用亲信，离间张浚、赵鼎，杀害岳飞。次有宁宗朝权臣韩侂胄逐赵汝愚出朝，因朱熹支持赵氏而禁“伪学”，行“庆元党禁”，发动“开禧北伐”却招致失败。再有史弥远杀韩侂胄，任宁宗、理宗朝丞相二十六年，其中独相二十四年，“守内虚外”，向金求和，姑息养奸，致李全势大而反叛。最后是贾似道专政十七年，刚愎自用，排斥贤能，瞒报敌情，造假邀功，终致南宋灭亡。

南宋初的绍兴四年，李纲上疏言六事，指出了元祐时“颠倒是非，政事大坏，驯致靖康之变，非偶然也”。又说：“窃观近年士风尤薄，随时好恶，以取世资，滃訿成风，岂朝廷之福哉！”二十年后，更为不堪：“自秦桧擅政以来，屏塞人言，蔽上耳目，一时献言者，非诵桧功德，则讦人语言以中伤善类，欲有言者，恐触忌讳，仅论销金铺翠、乞禁鹿胎冠子之类，以塞责而已，故皆避免轮对。”[①] 确实，南宋以还，围绕着和、战之争及主和派的得势，许多志在恢复者都或贬或黜，或被迫闲退。此后，并无多大改观。柳诒徵《中国文化史》尝论宋代

① 以上分见陈邦瞻《宋史纪事本末》卷七五第801、804页，中华书局1977年版。

政党政治，认为庆元党禁“其事止类于后汉之党锢，与北宋之党争不同也”①。这“争”与“锢”虽一字之差，却可见两宋的不同，点明了宋代“民主政治”的蜕变与衰落。

二、理学文化与理学家诗文

石介、胡瑗、孙复被称北宋的理学三先生，而实际的理学开创者为北宋五子：邵雍、周敦颐、张载、程颢、程颐，其中程颢、程颐兄弟更是理学思想体系的真正奠基人。理学文化在北宋时是无法与士大夫文化相抗衡的。而到了南宋，则大为兴盛。究其原因，除适应了时代思想发展的需要外，更得之于统治者的扶植及理学家的努力。在多方合力的推动下，理学最终得以确立了官学地位。

此处不说思想、学术上的因由，而只简论政治原因。南宋初的绍兴三年，常同谓元丰行新法而党争兴，“邪正相攻五十余年，章惇倡于绍圣之初，蔡京和于崇宁之后，元祐臣僚窜逐贬死，上下蔽蒙，养成夷虏之祸。”②宋高宗及其御用文人为开脱徽宗致北宋亡国的骂名，更将罪责归咎于蔡京，而蔡京是新学思想家王安石的学生，王安石因此被视为千古罪人。杨时是最早将北宋之亡嫁祸于王安石的理学家，他认为王安石“挟管商之术”，“变乱祖宗法度”，致今日之败。此论既合于高宗之说，又维护了程系理学的正统。绍兴年间，高宗全盘否定王安石，作出了“天下之乱生于安石”的历史结论，并从学术上彻底否定“新学”，与此同时则提倡程氏之学。秦桧本奉王安石新学，及时转向，着力于拉拢与扶植理学人士。程氏洛学正因为适应了南宋初的政治现实需要，被统治集团所利用。而就内部言，二程的学生杨时和胡安国父子对理学的兴盛贡献尤大。杨时着力于对新学排挤打击，而胡安国父子则对洛学作系统的理论阐说。胡安国的《春秋传》被《四库全书总目提要》认为是“感激时事，往往借《春秋》以寓意，不必一一悉合于经旨。”因强调封建纲常服务于统治秩序，突出尊王攘夷思想，故既能深得宋高宗嘉许，又顺应了朝中上下抗金救国的民族感情。

宋孝宗登基后，既从思想上接受了理学，又改变了高宗的既定方针，起用主战派。因统治者之所爱与庇护，此期理学名家辈出。朱熹、张栻、吕祖谦时称“东南三贤”，南宋理学影响较大的派别有朱熹的闽学、陆九渊的心学、吕祖谦的婺学、张栻的湖湘之学、薛季宣等人的永嘉之学。其中陆九渊为主观唯心主义理学派别的重要代表，他的思想多与朱熹对立，二人曾有激烈辩论。据《宋元学案》，南宋前期著名的理学家有多人，其中又以诗文见长的有吕本中、曾几、徐俯、韩元吉、朱熹、刘子翚、尤袤、杨万里、吕祖谦、楼钥、陈亮、叶适、方凤等人，而以理论见长的则有杨时、胡寅、吕本中、吕祖谦、楼钥、魏了翁等，朱

① 柳诒徵《中国文化史》第526页，东方出版中心1988年版。

② 陈邦瞻《宋史纪事本末》卷七五第795页。

熹更是南宋重要的文学理论家。

南宋前期理学家多未似二程那样以“作文害道”，尽管也强调“文以载道”，却并不轻视为文。杨时虽“倡明道学”而肯定六经孔孟，不重汉唐以后诗文，但又能以“不知其情，则虽经穷文义，谓之不知诗可也”论诗，可又说：“惟体会得，故看诗有味。至于有味，则诗之用在我矣。”[①]从他对王安石“多不循理”、苏轼诗“多于讥玩”的批评，以及正面提倡“为文要有温柔敦厚之气”[②]来看，他所说诗歌的“情”“味”虽不出于儒家“诗教”之外，但毕竟将抒情视为诗歌的本质，将韵味作为诗歌审美的要素，这较之于乃师二程是显然不同的。吕本中自言传江西诗派衣钵，曾作《江西诗社宗派图》，阐发了江西诗派的理论。朱熹是宋代理学的集大成者，“致广大，极精微”，建立了完整的理学思想体系，也是宋代理学家中最具文学思想的一位，且一生在治学、讲学之外，多有诗词、文章之作，著有《诗集传》《楚辞集注》等，还阐发了关于文学创作、鉴赏、审美、评论的较完整的思想体系。朱熹反对苏轼的“文与道俱”说，也不同意文道相分说，而认为“这文皆是从道中流出”[③]，但这一“流出”却又非自然而成，为之他又对文学提出了诸多见解。如《诗集传序》感物而动、欲而生思、思而有言、发而为诗的观点；对于知人与论世、自然与法度、求识与涵泳，甚至风格、语言、修辞等，都有深刻的见解。朱熹关于文学的理论对南宋的古文创作有深刻的影响，虽然散文受到了理学的规范，文与道的关系难以摆脱主从位置，“载道”意识使得文章难以成为独立的美文。但由于朱熹毕竟还肯定了文学的自有价值，探讨了为文之道，故仍在理学的大树下为文学的生长保留了一方土地。

南宋的理学家多能在理学与文学的园地上耕耘，政论文固是所长，文学性散文亦不乏名篇。吕祖谦政论文“笔锋颖利”，却又长于山水游记，还编选《吕氏家塾增注三苏文选》二十七卷和《宋文鉴》一百五十卷，后者专选北宋作品，其中散文多达一千四百余篇，是南宋前期最重要的文选。楼钥散文以奏议见长，而其《北行日录》多记道里古迹，写及中原残破与人们生活，亦带感情。叶适为文“藻思英发”，论事之文尤见纵横驰骤，但亦有亭台记的佳作。朱熹为文擅长说理，人们对其文集中的奏状、论学等文字评价甚高，所作记、序、碑、铭之类杂文，亦不乏佳篇。如《送郭拱辰序》颇见情致，《江陵府曲江楼记》《百丈山记》等游记，模山范水，记叙见闻，笔调清隽，兼具情韵。

据《全宋诗》收录，南宋理学家创作的诗歌数量远较北宋为多。江西诗派是宋诗自具面目的重要流派，但发展到后期生成以文字、议论为诗的痼疾，为此朱熹不乏对黄庭坚的批评。而江西诗派内部的理学诗人也因时势之变而生变革意识，吕本中的“活法”说是从理论上作了纠偏，曾几则以清新自然的诗风为旧习

---

① 引自《宋金元文论选》第213页，人民文学出版社1984年版。

② 上书第212页。

③ 朱熹著、黎靖德编《朱子语类》卷139《论文上》，中华书局1994年版。

作了改革。探讨道德性命为理学之根本，内省式的修养常有借助于自然风景的启迪。理学家从自然中体悟义理，使得孔子“乐山乐水”的思想得以延伸、发展，也催生出许多好诗。仅以朱熹为例，他虽写有《训蒙》诗百首，以之系统阐述儒学义理，并作为授徒讲学的教材，但又有由自然风景而得到感悟的诗歌。《读书有感》之二：“半亩方塘一鉴开，天光云影共徘徊。问渠那得清如许？为有源头活水来。”自是名篇。《出山道中口占》：“川原红绿一时新，暮雨朝晴更可人。书册埋头无了日，不如抛却去寻春。”则道出了理学家被春日风光所惑，欲抛开书卷去寻春的意愿，似不经意间向人展示出灵魂深处的悸动，也在理趣中饶有罕见的情思。《晨起对雨二首》（其二）：“晨起候前障，白烟眇林端。雨意方未已，后土何时干。倚竹听萧瑟，俯涧闻惊湍。景物岂不佳，所嗟岁已阑。守道无物役，安时且盘桓。翳然陶兹理，贫悴非所叹。”写出了作者面对一片晨雨，因景起情而生出岁阑的伤感，却又以安贫守道而自勉。他的《次韵雪后书事》其二：“惆怅江头几树梅，杖藜行绕去还来。前时雪压无寻处，昨夜月明依旧开。折寄遥怜人似玉，相思应恨劫成灰。沉吟日落寒鸦起，却望柴荆独自回。”全诗几乎未涉梅花的色与香，而是通过对环境的烘托和感情的渲染，表现了梅花的精神、品格，又流露出自己若有所失的惆怅心情。

三、禅林文化与禅僧诗

宋初确立了以儒治国的方针，佛教仅能适度发展。仁宗庆历初，欧阳修撰《本论》，认为“王政缺”“礼义废”遂使佛教为患①。理学家二程兄弟均以佛教教义不合于儒家的忠孝仁义，且不干世事，故屡有排佛之论。神宗熙宁初，全国僧尼数只及真宗时的四成。徽宗奉道教，强制以道改佛，但仅年余，影响不大。

南渡后，高宗对佛教采取不兴不毁方针，使之得以平稳发展。鉴于当局对待佛教的政策，为求生存、发展，佛教理论家既倡儒、佛“共为表里”，又将儒家的忠孝仁义入于佛教的善恶观，还有积极入世之论。建炎时，金兵陷杭、越、明诸州，僧人打出“保国安民”口号，参加抗金斗争。这些，都见证了佛教徒“不与世事”态度之重大改变。宋代国土狭小却财政开支极大，寺院向国家交纳赋税和购买度牒，成为政府财政的重要来源。僧人垦荒种地，又发展营利业，使得寺院逐渐融入社会经济，与之同时，也促使了佛教自身的世俗化。

宋代的佛教宗派有不同的地域分布。北方是律宗三家的创立地，宋前期汴京的佛教为南山律宗独占，直到仁宗时，禅宗才活动于此。南方地区，天台宗在宋初中兴，其中“山家”派以天台正统自居，而“山外”派则接受了华严学说，两者的论争使宋代佛教理论大为发展。华严宗在北宋中期由福建泉州僧净源在杭州完成，得四位华严宗大师发扬、传播其学说。净土信仰覆盖了宋代各派佛教，其

①《欧阳修全集·居士集》卷十七《本论上》，中国书店1986年影印版。

中主流是天台宗与净土、禅宗与净土的结合。一方面是各宗僧人多修净土，另一面是纷纷建立起以净土念佛为主要活动的法社，尤以南方为多，参加这类净土结社活动的，既有僧人，也有官民俗众。

宋代最主要的佛教宗派还是禅宗。慧能别创“顿门”的南宗禅，成为了禅宗“六祖”，虽唐武宗禁佛，佛教各派衰落，禅宗却仍很发达。五代时，“一花开五叶，结果自然成”，禅宗南岳派分为临济、沩仰二宗，青原派分为云门、曹洞、法眼三宗。宋初，禅宗五宗并行，后则临济、云门、曹洞继盛，其中的临济宗始终占据优势。临济宗之中，又以黄龙、杨歧两个分支最盛。黄龙派系慧南（1002—1069）所创，住江西隆兴府（府治在今南昌）黄龙山，接引众多门徒，以“黄龙三关”说教，影响很大。杨歧派为方会（992—1049）所创，住袁州（治所在今江西宜春）杨歧山普明禅院，因方会善以启发诱导接引禅僧，北宋末年时，其势力、影响都远过于黄龙派。

北宋佛教的主要宗派都盛行于南方，南宋时北方沦陷就更是如此。佛教不仅对理学的生成、发展有很大影响，宋代士人的禅悦之风，以及僧侣的研经习文，更形成了士夫禅僧化、禅僧士夫化的现象，都非前代可比，以至有著名的诗僧、画僧出现。北宋的政治家与文人身份难分，可谓普遍悦禅。王安石归老钟山，爱读《楞严经》。苏辙自称曾取《楞严经》翻覆熟读，“乃知诸佛涅盘正路，从六根入”。黄庭坚诗中常用《楞严》《圆觉》话头。张商英著《护法论》，常引此二经。除了政治因素，北宋中叶后禅悦之风大盛有诸多原因，禅宗对于士大夫，主要不是宗教信仰，悦禅更应与他们增强自身文化、学术修养的自觉意识有关。宋代士大夫多追求知识、学养的完备，而书籍的大量印行出版又提供了学习的条件。儒家经典本属传统教育，浸淫已久，佛典禅书成为扩大阅读的目标，与禅僧交往更成了培育、增强禅学修养的重要手段，士大夫更直接参加了禅宗文献的整理和阐释。

宋代的士大夫自觉地将佛禅的资源移植到其他意识形态领域，尤其是用于文学与艺术。禅宗在其传承中创造出了“灯录”文体，宋真宗时，道原编成《景德传灯录》，此后，续编不断，至南宋淳祐末，普济将景德录以来的多种灯录撮要而编成《五灯会元》。“灯录”不但可以并见禅宗史及其理论发展，而且其对答的机辩和人生哲理也给人以启示。朱熹仿《景德传灯录》写成《伊洛渊源录》。士大夫中的诗人，也从禅学中借鉴了思维方法，得到了充分的营养。尤其是江西诗派，几乎人人皆晓禅宗话头，皆用禅家典故。禅学用于作诗与论诗，使得“以禅为诗”“以禅喻诗”一时成风。临济宗与元祐党人关系密切，此时的诗坛盟主是苏轼、黄庭坚，而苏、黄二体，与禅宗的云门、临济相似，这也是一个颇有意思的现象。

南宋时期，大慧宗杲禅师重点提倡参究《楞严》《圆觉》，孝宗皇帝还亲自以禅学思想注解《圆觉经》，并以《御注圆觉经》赐径山传法。南宋初的诗坛几乎为江西诗派所独占，而禅学则是其最坚强的后盾。自孝宗之后，尤其在宁宗、理宗两朝，有不少禅僧追求士大夫式的生活和人生情趣，热衷于诗文书画的创作。虽然南宋未见有如北宋道潜、仲殊、惠洪那样的著名诗僧，但仍有云泉永颐、芳庭斯植、亚愚绍嵩、橘洲宝昙、无文道璨等。尤其是南宋诗僧表现出群体性的优势，因此而有《江湖风月集》和《中兴禅林风月集》等禅僧创作的结集。前者为元代松坡宗憩所编，二卷，收录南宋咸淳（1265—1274）到元代至治（1321—1323）年间诸方禅僧所作的诗偈。后者为日藏汉籍，原题为若洲孔汝霖编集，芸庄萧澥校正，编者孔汝霖生平不详，校者萧澥，江西宁都人，是晚宋的一位江湖派诗人。

南宋诗僧绍嵩在《江浙纪行集句诗》的序中引永上人语，以论禅、诗关系："禅，心慧也；诗，心志也。慧之所之，禅之所形；志之所之，诗之所形。谈禅则禅，谈诗则诗。"是很值得体会的。禅僧的诗歌虽或有被人诟病的"酸馅""蔬笋"之病，但佳作亦不少，兹举数例以论之。赐号文慧大师的南宋诗僧守璋有禅诗《晚春》："草深烟景重，林茂夕阳微。不雨花犹落，无风絮自飞。"诗中既写出了对景物感受，又表达了对事理的体会，而无雨花仍谢落，无风柳絮自飞，又透出了禅思与禅意，难怪会得到宋高宗赞赏，为之御笔亲书。又如仲皎的《归云亭》："一丛飞出岫，舒卷意何长。作雨遍天下，乘风归帝乡。无心怜洒落，到处自清凉。缥缈来空碧，吟边带夕阳。"此诗虽无前者的静、寂外境与心境，而带有飞腾灵动的气概，与一般的禅诗异趣，但其中的"无心怜洒落，到处自清凉"，亦见禅意。至于僧志南的《七绝》："古木阴中系短篷，杖藜扶我过桥东。沾衣欲湿杏花雨，吹面不寒杨柳风。"更是僧诗的名篇，毫无禅偈气，更不见禅诗常有的枯淡。朱熹尝跋其卷云："志南诗清丽有余，格力闲暇，无蔬笋气。余深爱之。"足以道出此诗佳处。有的禅诗表达的是隐逸之情，似是禅林的异类，却以风骨见长，如释智愚的《自赋息耕》："叶深烟气暖，粳软骨毛香。巢许垂清节，临流不尔忘。"

禅僧诗不限于禅林，"四灵"学晚唐，实际上主要是学习晚唐的禅化诗风，因而常与当代的禅僧交游。"四灵"与诗僧居简、永颐、葛天民等多有唱和，而且还以僧为师，因而能追慕并在一定程度上再现晚唐诗风，如《唐音癸签》卷八所说："游其心以求胜语，若有程督之者，嗜吟憨态，几夺禅颂"。

四、江湖文化与江湖诗派

宋代在建政之初，为加强中央集权，实行官、职不等，名、实相分的差遣制度，逐渐造成了难以解决的冗官问题。南宋时期，地小官多更为之凸显，而新的选官制使冗官问题较北宋更严重。洪迈《容斋四笔》卷四《今日官冗》引曾巩上疏（请严格选官节财，以增国库之蓄），并认为“是时，海内全盛，仓库多有椿积，犹有此惧”，他列举了乾道、绍熙的京官、“选人”数目后，指出“合四选之数，共三万三千五百十六员，冗倍于国朝全盛之际”的事实。紧接又言道：

近者四年之间，京官未至增添，外选人增至一万三千六百七十员，比绍熙增八百一员。大使臣六千五百二十五员，比绍熙增一千三百四十八员。小使臣一万八千七百五员，比绍熙增七千四百员。而今年科举，明年奏荐不在焉。通无虑四万三千员，比四年之数增万员矣，可不为之寒心哉！盖连有覃霈，庆典屡行，而宗室推恩，不以服派近远为间断，特奏名三举，皆值异恩，虽助教亦出官归正，人每州以数十百，病在膏肓，正使俞跗、扁鹊，持上池良药以救之，亦无及已。[①]

试想，官冗路狭，如何容得下如此多的士人？白居易所设计的“隐在留司间”，过着“似出复似处，非忙亦非闲”生活的“中隐”道路就难以走通，江湖遂成为隐遁与为官的中介。若仕与隐皆不能得，那些饱读诗书、多有所长的知识分子就只能以奔走江湖作为生活的常态，本身则成为“谒客”，以诗文博取衣食以至功名，造就出南宋特殊的“江湖文化”现象。

吴自牧《梦粱录》卷十九专立“闲人”一目，实是江湖“谒客”为主的各类人的画像：

闲人本食客人，孟尝君门下，有三千人，皆客矣。姑以今时府第宅舍言之，食客者：有训导蒙童子弟者，谓之“馆客”。又有讲古论今、吟诗和曲、围棋抚琴、投壶打马、撇竹写兰，名曰“食客”，此之谓闲人也。更有一等不着业艺，食于人家者，此是无成子弟，能文、知书、写字、善音乐，今则百艺不通，专精陪侍涉富豪子弟郎君，游宴执役，甘为下流，及相伴外方官员财主，到都营干。又有猥下之徒，与妓馆家书写柬帖取送之类。更专以参随服役资生，旧有百业皆通者，如纽元子，学像生叫声，教虫蚁，动音乐，杂手艺，唱词白话，打令商谜，弄水使拳，及善能取覆供过，传言送语。又有专为棚头，斗黄头，养百虫蚁、促织儿。又谓之“闲汉”，凡擎鹰、架鹞、调鹁鸽、斗鹌鹑、斗鸡、赌扑落生之类。又有一等手作人，专攻刀镊，出入宅院，趋奉郎君子弟，专为干杂当事，插花挂画，说合交易，帮涉妄作，谓之“涉儿”，盖取过水之意。更有一等不本色业艺，专为探听妓家宾客，赶趁唱喏，买物供过，及游湖酒楼饮宴所在，以献香送欢为由，乞觅赡家财，谓之“厮波”。大抵此辈，若顾之则贪婪不已，不顾之则强颜取奉，必满其意而后

① 洪迈《容斋随笔》第653–654页，上海古籍出版社1978年版。

已。但看赏花宴饮君子，出着发放何如也。[①]

“古有四民，曰士，曰农，曰工，曰商。士勤于学业，则可以取爵禄；农勤于田亩，则可以聚稼穑；工勤于技艺，则可以易衣食；商勤于贸易，则可以积财货。此四者，皆百姓之本业，自生民以来，未有能易之者。”[②]将各种“闲人”与之对照，显然出于“四民”之外而具有一定的寄生性。其中的“馆客”“食客”所操并非贱业，亦无生活之忧，有的甚至如方回所说，干谒所得“动获数千缗以至万缗”，其甚者“如壶山宋谦父自逊，一谒贾似道，获楮币二十万缗，以造华居是也”。且不说人格如何，但比起皓首穷经走科举之路，这是更为便捷的致富法。

江湖文化其实缘于“江湖诗派”，而江湖诗派则无疑是江湖文化的产物，二者可谓互为因果。江湖诗派得名于南宋宝庆元年（1225）钱塘书商陈起出钱刊售的《江湖前集》《江湖后集》《江湖续集》《中兴江湖集》，由于所涉诗人多达百余人[③]，故能造成很大的声势。关于此派诗人的立身行事、生活方式，方回《瀛奎律髓汇评》卷二十评戴复古《寄寻梅》论曰：

> 庆元、嘉定以来，乃有诗人为谒客。龙洲刘过改之之徒，不一其人，石屏亦其一也。相率成风，至不务举子业。干求一二要路之书为介，谓之“阔匾”，副以诗篇，动获数千缗以至万缗。

钱谦益《初学集·王德操诗集序》亦曰：

> 诗道之衰靡，莫甚于宋南渡之后。而其所谓江湖诗者，尤为尘俗可厌。盖自庆元、嘉定之间，刘改之、戴石屏之流，以诗人启干谒之风，而其后钱塘湖山什伯为群，挟中朝尺书，奔走阃台郡县，谓之“阔匾”，要求楮币，动以万计，当时之所谓处士者，其风流习尚如此。

以上所论说明，被称为江湖诗派中的诸多诗人，都有以诗作为干谒之具、在江湖中游谒的特点，其中还不乏得到较好生活条件的情况。

干谒之举并非南宋所特有，而江湖诗人的干谒成风作为独特的南宋文化现象，除了前述的路窄官多、出仕困难，从而造成“闲人”众多、谒客奔竞外，与士大夫文化的衰落，知识分子人生观、价值观的蜕变是密切相关的。北宋可以有林逋那样过着“梅妻鹤子”生活的隐者，而此时的江湖之士却贪图着城市的生活享受。王镃的诗《月洞吟·呈赵使君，时方西遁》可见之：

---

① 孟元老等著《东京梦华录》（外四种）第294页，文化艺术出版社1998年版。

② 陈耆卿《嘉定赤城志》卷三七《风俗门·土俗·重本业》。

③ 王水照主编《宋代文学通论》统计有109人，见该书第514页；张宏生《江湖诗派研究》经过进一步考索搜集，得181人，认为可列为江湖派诗人者共138人，见该书第317页。

欲买寒江载月船，床头金尽却谁怜？客囊空有诗千首，难向红楼当酒钱。

又如危稹《巽斋小集·上隆兴赵帅》：

平生骂钱作阿堵，仓卒呼渠宁肯顾？君侯地位高入云，笔所到处皆成春。万间广厦芘许远，岂无一室栖贫身。王邓故处为邻曲，更得赵侯钱买屋。便哦诗句谢山神，饮水也胜樽酒绿。

无怪后来钱谦益因江湖诗人的干谒之风而论其诗，颇不以为然，钱氏《初学集·王德操诗集序》云："彼其尘容俗状，填塞于肠胃，而发作于语言文字之间，欲其为清新高雅之诗，如鹤鸣鸾啸也，其可几乎？"

江湖诗派得名于陈起刻印的"江湖"诸集，所以此派诗人实是一个泛称，组织上较为松散，而诗风则较为接近。从广义而言，它不仅指那些入于"江湖"诸集的大批诗人，还可包括被称为"永嘉四灵"的赵师秀、徐玑、徐照、翁卷。他们并无明确、公认的诗学思想与品评标准，却大致有两个较明显的特征：从身分而言，多属于流宕江湖的"高人雅士"；从艺术而言，多反对江西诗派的诗风，追求高情雅趣和清丽的风格。

因研究江湖诗派有专著，故本节对此派诗歌仅简论之。

（原载《江西师范大学学报（哲学社会科学版）》2014年第1期；又收录于王利民、武海军主编《第八届宋代文学国际研讨会论文集》，中山大学出版社2015年）

欧阳修对宋代绘画的影响

按：本文为参加2014年欧阳修国际学术研讨会（绵阳）的会议论文。

大会发言

（图片原载《2014年绵阳欧阳修国际学术研讨会综述》，见《文学遗产》网络版）

欧阳修是北宋诗文革新的领袖，对文学界的影响自不待言；他又是史学大家，曾修订《新唐书》，独撰《新五代史》；在经学、金石学甚而农学等领域，他都有很高成就。艺术方面，论者对他的书法、书论也颇多关注。相较而言，因他并不擅画，似很少论及他对宋代绘画的影响。鉴于此，本文拟作一专论。

一、弘道进德，安贫自足

宋代实行右文政策，文人的地位得到很大提高。宋太祖、宋太宗出身武夫，却深知马上可得天下而不能治天下之理，“儒术污隆，其应实大，国家崇替，何莫由斯。”[①]与右文相关相辅的是学校教育的发达及科举制度的完善。宋代科举不仅每次开科取士数为唐代的十多倍，且实行糊名、誊录等制，公平竞争，士庶之隔被彻底打破，以布衣登上高位者极多。但选拔并不能代替培养，宋代还十分重视教育。全祖望指出：“有宋真、仁二宗之际，儒林之草昧也。当时濂、洛之徒方萌

① 李焘著，黄以周等辑补《续资治通鉴长编》(附拾遗)卷七九第695页，上海古籍出版社1986年影印版。

芽而未出，而睢阳戚氏（同文）在宋，泰山孙氏（复）在齐，安定胡氏（瑗）在吴，相与讲明正学，自拔于尘俗之中。亦会值诸贤在朝：安阳韩忠献公、高平范文正、乐安欧阳文忠公，皆卓然有见于道之大概，左提右絜。于是学校遍于四方，师儒之道以立。”[1]诸家讲学，兼重知行，覆盖体用，陶冶情性，培育人格，崇儒术而攘佛老，黜文辞而尚节义，对培育有宋一代士人起了极大的作用。

在此之前，不少通过科举走上仕途的人物，也对唐五代进士的堕落多有反思，对文、道关系阐发己见。如柳开为古文所下的定义是：“古其理，高其意，随言短长，应变作制，同古人之行事。”[2]石介指责杨亿“欲以文章为宗于天下”，将造成“不闻有周公、孔子、孟轲、扬雄、文中子、吏部之道”[3]。王禹偁文学成就既高，又非常重视道统，其《送孙何序》云：“国家乘五代之末，接千岁之统，创业守文，垂三十载，圣人之化成矣，君子之儒兴矣。然而服勤古道，钻仰经旨，造次颠沛，不违仁义，拳拳然以立言为己任，盖亦鲜矣。”[4]“君子之儒”的道德指向和立言目的，与追求个人的功名富贵根本不同。欧阳修对王禹偁很钦敬，其《书王元之画像侧》写道：

偶然来继前贤迹，信矣皆如昔日言。诸县丰登少公事，一家饱暖荷君恩。想公风采常如在，顾我文章不足论。名姓已光青史上，壁间谷貌任尘昏。

对于“顾我文章不足论”，欧阳修《送徐无党南归序》进而感慨：“勤一世以尽心于文字间者，皆可悲也。”[5]他在《记旧本韩文后》中又说：“是时天下学者杨、刘之作，号为时文，能者取科第，擅名声，以夸荣当世，未尝有道韩文者”，后来在读到韩愈之文后“则喟然叹曰：学者当至于是而止尔”，并决心“苟得禄矣，当尽力于斯文，以偿其素志”[6]。他之所以推重韩文，是基于文道合一的理念。由于韩愈以孔孟道统的传承者自居，志于“使其道由愈而粗传”[7]，又说：“君子居其位，则思死其官；未得位，则思修其辞以明其道。我将以明道也。”[8]其行事亦足可证之，故欧阳修之推重韩文，其实包含推重其人之道一义。苏轼《上欧阳内翰书》中批评五代“文教衰落，风俗靡靡”，在为欧公《居士集》所写的序中，也赞扬欧阳修“其学推韩愈、孟子，以达于孔氏，著礼乐仁义之实，以合于大道”。

---

① 全祖望《庆历五先生书院记》，全祖望撰，朱铸禹汇校集注《全祖望集汇校集注》第1037页，上海古籍出版社2000年版。

② 柳开《应责》，《河东集》卷一，四库全书本。

③ 石介《怪说》，《徂徕集》卷五，四库全书本。

④ 王禹偁《送孙何序》，《小畜集》卷一九，四库全书本。

⑤ 欧阳修《送徐无党南归序》，《居士集》卷四四，《欧阳修全集》第632页，中华书局2001年版。

⑥ 欧阳修《记旧本韩文后》，《居士外集》卷二三，《欧阳修全集》第1056页。

⑦ 韩愈《与孟尚书书》，韩愈著，屈守元等编《韩愈全集校注》第2352页，四川大学出版社1996年版。

⑧ 韩愈《争臣论》，《韩愈全集校注》第1170页。

北宋士人自范仲淹起就确立起“以天下为己任”的意识、观念，体现出发扬先秦儒家弘毅、重道的精神，以及果于实践、勇于行事的品格。欧阳修初任馆职，就曾因范仲淹“以言事贬，在廷多论救，司谏高若讷独以为当黜”，为此而致书高若讷，斥其“不复知人间有羞耻事”①，并因此被贬。黄庭坚曾谓此信“可以折冲万里”。在五年的贬外时期，欧阳修努力了解吏治、民情，后参加庆历新政，一年内上奏议近百篇，但因新政触犯了贵族官僚的利益，遭到他们的阻挠而失败，欧阳修仍上疏抗争。他转徙地方任上十多年，多有政绩，再回到朝廷，仍坚持改革政治。他一生浮沉宦海，三遭贬谪，却在政治生涯中不改其刚劲正直、见义勇为的本质。《宋史·忠义传序》如此论断：“士大夫忠义之气，至于五季，变化殆尽……真仁之世，田锡、王禹偁、范仲淹、欧阳修、唐介诸贤，以直言谠论倡于朝，于是中外搢绅知以名节相高，廉耻相尚，尽去五季之陋矣。故靖康之变，志士投袂，起而勤王，临难不屈，所在有之。及宋之亡，忠节相望，班班可书，匡直辅翼之功，盖非一日之积也。”王安石《祭欧阳文忠公文》则说：

自公仕宦四十年，上下往复，感世路之崎岖。虽屯邅困踬，窜斥流离，而终不可掩者，以其公议之是非。既压复起，遂显于世。果敢之气，刚正之节，至晚而不衰。

苏轼亦对欧阳修高度评价：

宋兴七十余年，民不知兵，富而教之。至天圣、景祐极矣，而斯文终有愧于古。士亦因陋守旧，论卑气弱。自欧阳子出，天下争自濯磨，以通经学古为高，以救时行道为贤，以犯颜纳谏为忠。长育成就，至嘉祐末，号称多士。欧阳子之功为多。②

现代学者陈寅恪先生也在《赠蒋秉南序》中说：“欧阳永叔少学韩昌黎之文，晚撰五代史记，作义儿冯道诸传，贬斥势利，尊崇气节，遂一匡五代之浇漓，返之淳正。故天水一朝之文化，竟为我民族遗留之瓌宝。”③

以欧阳修为代表的一代名儒，非仅注重事功的“外王”，而且努力于重建儒家道统，在思想修养上追求明道见性，向往“内圣”的境界。王禹偁《答张扶书》虽论文之作，却对“道”的“事君”和“修身”兼而言之：“且人能一乎心至乎道，修身则无咎，事君则有立。”④欧阳修《答祖择之书》尤可见对“道”与“行”的内、外关系，以及因道生文，阐发周全：

① 见宋史本传。
② 苏轼《六一居士集序》,《苏轼全集·文集》卷十,第852–853页,上海古籍出版社2000年版。
③ 陈寅恪《寒柳堂集》第182页,北京三联书店2001年版。
④ 王禹偁《小畜集》卷一八,四库全书本。

道尊然后笃敬，笃敬然后能自守，能自守然后果于用，果于用然后不畏而不迁。

意得则心定，心定则道纯，道纯则充于中者实，中充实则发为文者辉光，施于事者果致。[①]

作为北宋文坛的前期领袖，欧阳修将政治和文学的改革都视为己任，且大力擢拔人才，他深知文章不是纯然艺事，针对苦苦为文者，他在《送徐无党南归序》中发出了如此感慨："勤一世以尽心于文字间者，皆可悲也。"并在《答吴充秀才书》中说："盖文之为言，难工而可喜，易悦而自足。世之学者，往往溺之，一有工焉，则曰：吾学足矣。甚者至弃百事不关于心，曰：吾文士也，职于文而已。此其所以至之鲜也。"在反对文道分离同时，认为"道胜者，文不难而自至。"所论固有其片面性，但对于改变文风，以至士人的安身立命信条，有很强的导引作用和现实意义。

从欧阳修以上的"弘道"思想已可窥见与内修而"进德"既紧密相连，又互补互足。他读班固《汉书·艺文志》而纵观历史人物，从古人提倡"三不朽"的角度，发表了"窃悲古人"、认为"言之不可恃"的观点，并以孔门为榜样，作出了自己的取舍判断："孔子弟子有能政事者矣，有能言语者矣。若颜回者，在陋巷，曲肱饥卧而已，其群居则默然终日如愚人，然自当时群弟子皆推尊之，以为不敢望而及。而后世更千百岁，亦未有能及之者。其不朽而存者，固不待施于事，况于言乎？"可见，欧阳修是以"立德"高于"立言"。他直接涉及人物画的《堂中画像探题得杜子美》一诗则进而提出"无羞贱贫"的思想：

风雅久寂寞，吾思见其人。杜君诗之豪，来者孰比伦。生为一身穷，死也万世珍。言苟可垂后，士无羞贱贫。

"弘道"虽起于文士，似与画家无涉，但是，作为一种具有时代意义的精神，其覆盖面应该是很广的。就人而言，势必向社会的各阶层辐射，画家也会受到波及；就文艺而言，也会由"文"而"艺"，绘画也会受到影响。由唐至宋，人物画的变化颇能说明这一问题。唐代人物画的创作主要是以吴道子为代表的宗教性佛道画，和以阎立本为代表的政教性人物画。前者在寺观中创作了大量佛道鬼神类的壁画，后者画历代帝王以作"鉴戒"，又记录了重大国事、政治活动。而到北宋，则前期尚延续唐五代的寺观壁画创作，后来则显然是转向了现实。职业画家虽无士大夫的身分，而难改其较低的"工""匠"地位，但是，他们也以自己的画笔系心人间（对宗教性绘画而言）和下层（对政教性绘画而言），如风俗画的兴起，是以之表现现实生活，是对国家、社会的发展和人民生存状况的关心。而本

① 欧阳修《答祖择之书》，《居士外集》卷一九，《欧阳修全集》第1009–1010页。

身就是士大夫的李公麟，更是借助历史人物故事画，来表达他对现实政治的关注，如《免胄图》之通过郭子仪事以寄托自己对解决民族矛盾的期望，画杜甫诗意是借诗人的情怀关注社会生活中的矛盾，即如他的临摹韦偃牧马图，也应有期望北宋振兴武备，以求上追唐人之意。画院画中也有历史故事题材，如《却坐图》和《折槛图》，都有冀望政清君贤之意。南宋初年，历史故事画出现得较多，固然其中有配合宣扬高宗"中兴"的政治意图在，但又何尝不是画家对国事的关切，是他们自己的期盼，是代表了人民的意愿呢？

对于"艺"之"德"的重视，较多见于欧阳修对古代书法家的评论。其《世人作肥字说》云："古之人皆能书，独其人之贤者传遂远。然后世不推此，但务于书，不知前日工书随与纸墨泯弃者不可胜数也。使颜公书虽不佳，后世见者必宝也。杨凝式以直言谏其父，其节见于艰危。李建中清慎温雅，爱其书者，兼取其为人也。岂有其实然后存之久耶？非自古贤哲必能书也，惟贤者能存尔。"此岂非所依所据在于道与德？而《学书静中至乐说》则兼及据德、依仁与"游于艺"之意："有暇即学书，非以求艺之精，直胜劳心于他事尔！以此知不寓心于物者，真所谓至人也；寓于有益者，君子也；寓于伐性汩情而为害者，愚惑之人也。学书不能不劳，独不害情性耳！要得静中之乐者，惟此耳。"虽欧阳修论画未如其论书这样明言道德问题，但精神应是相通的。苏轼之论书，一如其老师欧阳修，着眼于道德更过于书艺。其《书唐氏六家书后》评智永、欧阳询、褚遂良、张旭、颜真卿、柳公权等六家书法，文中以人论书，颇见以德相取之意。而《跋钱君倚书〈遗教经〉》则更明确地说："人貌有好丑，而君子小人之态不可掩也；言有辩讷，而君子小人之气不可欺也；书有工拙，而君子小人之心不可乱也。钱公虽不学书，然观其书，知其为挺然忠信礼义之人也。"

对道德修养的重视，使得绘画不仅属于"艺"的范畴，"技"的层次，而被贯注入"德"的内容，作了"道"的提升。魏晋作为"文的自觉"时代，文学创作和理论都有很大的发展，绘画理论亦然。但是，如曹植、陆机所论，主要还是着眼于绘画的功能，多作政教工具论的阐发。即如唐张彦远《历代名画记》那样堪称体大思精的著作，在创作论以外，也只是在传统的教化论、鉴戒说基础上，补充了"怡说情性"的功能论而已。而北宋由欧阳修等人所倡的"弘道"精神，既推之于外，又收之于内，前者体现为绘画创作的注重人生、历史和政事，后者表现在对画家道德人格的重视。宋人论画，除了功能论和创作论外，对于创作主体的画家的道德修养和精神境界是非常重视的。文同《彭州张氏画记》称道"不为世俗之心所怵"的画者精神。苏轼论画，尤重画家的主体精神世界，如《文与可画墨竹屏风赞》认为文同的书画都是其诗之余，而其诗又是其文之毫末，但最高的还是其德，因为"与可之文，其德之糟粕"，对世人只好文同所画，却不好其道德而感叹。《墨君堂记》更是对墨竹拟人化的歌颂，文中对文同就自己所熟习的墨竹表现出深入的了解，颂扬了文同本人和竹子的高贵品格，亦竹亦人，是艺进于德的赞歌。《书朱象先画后》更赞叹“能文而不求举，善画而不求售”的艺术无功利论，以人格为画道之本。受孔子“山水比德”，松柏“岁寒而后凋”思想的影响和启发，文人画从以“节”见长的墨竹，发展出松竹梅“岁寒三友”，或梅兰竹菊“四君子”，以植物、花卉寄托情怀、抱负、志趣，最根本的就在于“德”，而善于作此类作品的画家，自身也多是重视德性的品行高洁者。而北宋绘画之以山水高于唐人，创作极其普遍，原因是多方面的，内中很难说没有“比德”这一深层的思想在。

欧阳修《堂中画像探题得杜子美》诗提出了“士无羞贱贫”之说，其《盘车图》诗更全面表达了他对绘画的看法。诗中有云：“杨褒忍饥官太学，得钱买此才盈幅”，杨褒官于太学，俸禄低微，过着忍饥挨饿的生活，却省钱买下一幅《盘车图》，欧阳修在发表了对画理的看法后，又肯定了“乐能自足乃为富，岂必金玉名高赀。朝看画，暮读诗，杨生得此可不饥。”“乐能自足”就是富有，既是鉴画者的人生态度，也是作画者的创作宗旨。宋代的文人画家多能受此影响而以依仁游艺态度对待绘事。如李公麟，居京师十年而不游权贵之门，只以寻访名园为乐。如王诜，虽贵为驸马都尉，却“被服礼义、学问诗书，常与寒士角”，攘去膏粱，屏远声色，而一心从事于书画。即如曾经为僧的周纯，开封府尹盛章曾延请其画梅，周纯以盛所出诗句为王安石所作而要盛自撰，被恨甚而充军。即如赵氏宗室，其善画如宋英宗幼弟赵宗汉，博雅该洽，无富贵骄矜气，以丹青自娱。在人文精神的影响下，画不仅是“艺”，更以其“德”的内涵，而作了“道”的提升。苏轼所称道的朱象先的艺术无功利观并非孤例，如陈师道《后山谈丛》卷三亦记载了释从的善画却人不可使：“释从青人，主某寺之某院，陈讲居众，而静居不出，善画树石，而人不可使。好事者为修供，则量其多少而报之。吕汲公以御史为淄倅，过而请之，不与也。或问之，曰：‘后其所事而先其所好，此吾所以不与也。’”释从的善画决定了他与和尚们的生存，但他却自有原则，不肯屈己干人。

画家之进入画院，当然是要博取衣食，难以做到“善画而不求售”，对他们来说，不可能是“为艺术而艺术”，但却不能如欧阳修的诗友梅尧臣所说：“迩来道颇丧，有作皆言空：烟云写形象，葩卉咏青红。人事极谀谄，引古称辩雄。经营唯切偶，荣利因被蒙。遂使世上人，只曰一艺充。”（《答韩三子华、韩五持国、韩六玉汝见赠述诗》）受到欧、梅、尤其是此后苏轼的影响，画家对于“艺充”以求“荣利”的思想和人生道路是不以为然的。即使是被称作“众工”的画者，从画史的简单传记中，也鲜见他们道德上的不良记录，而宋人所写的此类著作，除了对艺术的评价外，常多个性、德行的评判，说明了北宋的人文精神已经造就出泛道德化的倾向。而画院中人，如石恪，如崔白，如梁楷，或傲岸，或自守，或轻富贵。

至于因“朋党”而陷党争成为“党人”的画家，能“不畏不迁”而见其德者，亦非少数，兹举三例。如苏轼因“乌台诗案”被贬，王诜以结交苏轼及携妾出城与之宴饮，被追两官勒停，御史舒亶以其知苏轼“诋讪君父”，却不上报，同苏“阴通货赂，密与宴游”；而王巩则“向连逆党，已坐废停，诜于此时同挂论议而不自省惧，尚相关通”，认为王诜“列在近戚，而朋比匪人，志趣乃此”。晁补之，曾知遇于苏轼，为苏门四学士之一，哲宗元祐时除秘书省正字，迁校书郎，后又以秘阁校理通判扬州，在蔡京迫害元祐党人时被贬，因遭母丧，还家闲居八年，慕陶渊明为人，屏除爱好，以著述文墨为乐。如张舜民，为人正直，曾上书非议王安石变法，被贬，元祐初赦还，进秘书少监，使辽，元符中坐党籍被夺职，徽宗立，擢右谏议大夫，仅七日，因言致过，再贬楚州团练副使。

可以认为，“艺”因“德”而进乎“道”的发展，因加入了“孔颜人格”，以“无羞贱贫”“乐能自足”自励，遂使人品与画品同格，既确立了文人画的精神，又影响了画院画。因得由艺而道的提倡，自北宋以后，画家们多有意识地走上德艺双修的道路，而后来的画评也颇多注重于此。

二、山林之乐，趣远之心

柳诒徵《中国文化史》说：“自汉以来，君主政体无所变革。然政治之中心，往往不在君主本身，而旁及女主、外戚、宦寺、嬖幸、宗王、强藩之手。有宋尽革其弊，虽间有女主垂帘、宦者得势之时，要皆视两汉、晋、唐为不侔。”柳先生将宋代的政治称之为士大夫政治，确实非常恰当，而因此造就出如其所说的政党政治，也是宋代的特色之一。我们在此不讨论政党政治本身，只想探究这一政治给士人带来了什么，与他们的人生遭际有何关系。诚然，政党政治的产生是因为士大夫的政见不同，在政争以至党争中甚至体现出封建时代少见的民主色彩。但就个人的人生遭遇而言，却常造成升沉荣辱的不同。对此，范仲淹是很能以其积极的人生态度和高尚的人格精神来对待的，其名言“居庙堂之高，则忧其君，处江湖之远，则忧其民”，是其躬行践履一生的座右铭。范氏以下，或不能到他那样的“先生之风，山高水长”，但在分处庙堂或江湖之时，也能努力于践行。

在如何对待个人命运的思考中，孔子的“用之则行，舍之则藏”（《论语·述而》）不仅塑造了历代士人的人生态度，同样也对宋人有很大的作用。在处于江湖而忧其民同时，也可以在山水中寻找安慰以至乐趣。如果说欧阳修《醉翁亭记》是寄情山水以自解中的与民同乐，其《浮槎山水记》所说的“山林之乐”“惟富贵者而不得兼，然后贫贱之士有以自足而高世”，则似主动追求之意了。此记云：

> 夫穷天下之物无不得其欲者，富贵者之乐也。至于荫长松，藉丰草，听

山流之潺湲，饮石泉之滴沥，此山林者之乐也。而山林之士视天下之乐，不一动其心。或有欲于心，顾力不可得而止者，乃能退而获乐于斯。彼富贵者之能致物矣，而其不可兼者，惟山林之乐尔。惟富贵者而不可得兼，然后贫贱之士有以自足而高世。其不能两得，亦其理与势之然欤。

入世情怀与山林之趣同“用”与“舍”两极相关，两者都应是高尚的，后者也可以说是导源于传统的隐逸文化，两者的指向不同，都体现出人文精神却是共同的。

六朝的画论，无论是传神论还是“六法”说，都重在对创作技法的探求，到张彦远所论，始重视主观的“意”。荆浩的《笔法记》提出以琴书图画“代去杂欲”，并以古松的“君子之风”自励，但是他的“意”还是游离于画外的。北宋不然，欧阳修阐发了绘画应“意”高于“形”的思想，而他所尚的“萧条淡泊”的“难画之意”，和“闲和、严静、趣远之心”，则结合《有美堂记》的“穷山水登临之美者，必之乎宽闲之野、寂寞之乡而后得焉”，和《浮槎山水记》所分别提出的“放心于物外”，“山林者之乐”，为绘画向表现山林之乐的转移作了理论上的准备。所以，北宋绘画的转变唐五代创作主流，将其创作重心从宗教性、鉴戒性和欣赏性的人物画，转到了表现山林者之乐的山水画上，是与北宋时期人文精神的发扬很有关系的。如果说前述的风俗画和历史故事画，主要是人文精神中关注政治和现实的入世情怀的反映，那么山水画则主要是追求山林之趣、反映出世精神的表现。

王安石和苏轼等人对山林之乐也是很向往的。王安石的《学士院燕侍郎画图》云：“六幅生绡四五峰，暮云楼阁有无中。去年今日长千里，遥望钟山与此同。”《惠崇画》一诗写道：“断取沧州趣，移来六月天。道人三昧力，变化只和船。”二诗分别赞叹燕肃和惠崇的笔补造化，其中也流露出对山林之乐、沧州之趣的向往。苏轼《书皇亲画扇》更说道：“十年江海寄浮沉，梦绕江南黄苇林。谁谓风流贵公子，笔端还有五湖心。”如果说这里主要还是对画家所表现的“五湖心”的理解，那么《书王定国所藏〈烟江叠嶂图〉》诗的“不知人间何处有此境，径欲往置二顷田”，“还君此图三叹息，山中故人应有招我归来篇”，则是自己对隐居山林的向往了。苏辙对王诜非常钦佩，尤其因他不以功臣之后的贵公子身分自傲，却走上诗画创作道路难掩赞叹之情，其《题王诜都尉画山水横卷》诗云：“谁令食肉贵公子，不学父祖驱熊罴。细毡净几读文史，落笔璀璨传新诗。青山长江岂君事，一挥水墨先淋漓。手中五尺小横卷，天末万里分毫厘，谪官南出止均颍，此心通达无不之。归来缠裹任纨绮，天马性在终难羁。人言摩诘是前世，欲比顾老凝不痴。”宋人题画诗多题山水，可不再引，而这些实都源于欧阳修的“山林之乐”。

"山林之乐"的思想，到山水画大家郭熙的《林泉高致》，终发展为系统的山水画理论。而对于"山林之乐"，《林泉高致·山水训》是这样表达的：

> 君子之所以爱夫山水者，其旨安在？丘园素养，所常处也；泉石啸傲，所常乐也；鱼樵隐逸，所常适也；猿鹤飞鸣，所常亲也。尘嚣缰锁，此人情所常厌也；烟霞仙圣，此人情所常愿而不得见也。直以太平盛日，君亲之心两隆，苟洁一身，出处节义斯系，岂仁人高蹈远引，为离世绝俗之行，而必与箕、颖埒素，黄绮同芳哉。

这段话代表了北宋时期对历来争论不已的关于"仕"与"隐"的看法。古人多持天下有道则仕、无道则隐的人生态度，后来又发展出"市隐""吏隐"等思想。郭熙在这里对山水画之本的隐逸精神，作出了调和性的解释。他认为，人对山水有出于本然的常处、常乐、常适、常亲之念，但是，要对人所厌倦的尘嚣缰锁，和所向往的烟霞仙圣，作出非此即彼的选择，却是很困难的事。为此在这里指出了一条新的道路，作为热爱山水的新旨，即：当此太平盛日，庙堂的事君之心与居家的事亲之心可以兼到，故可以不必仿效古代的著名隐者箕、颖、黄绮，作高蹈远引之举，为离世绝俗之行。既然出、处、节、义可以统一，山水虽宜于隐也就不必隐了。

以太平盛日为前提解决了仕与隐的矛盾，出与处的抉择，但心在朝堂而身在山水的矛盾又如何解决呢？郭熙为此而阐发了他对山水画功能的理解，他认为，山水画可以作为向往山水的补偿。为此，他接着论道：

> 然则林泉之志，烟霞之侣，梦寐在焉，耳目断绝。今得妙手郁然出之，不下堂筵，坐穷泉壑，猿声鸟啼，依约在耳，山光水色，滉漾夺目。此岂不快人意，实获我心哉？此世之所以贵夫画山水之本意也。不此之主而轻心临之，岂不芜杂神观，溷浊清风也哉！

历史上第一位阐述山水画功能的宗炳，提出了著名的"卧游之乐"，郭熙以山水画可以"不下堂筵，坐穷泉壑"，不仅是宗炳所说的发挥，而且反映出北宋兴盛时文人士大夫不以山水遁世避世，代表了调和入世与出世的普遍性思潮。

由山林之乐而有主要是山水画的论说，欧阳修《试笔·鉴画》如题而论鉴画之道，却又不止于此：

> 萧条淡泊，此难画之意，画者得之，览者未必识也。故飞走、迟速、意浅之物易见，而闲和、严静、趣远之心难形。若乃高下向背、远近重复，此画工之艺尔，非精鉴者之事也？余非知画者，强为之说，但恐未必然也。然

世谓好画者，亦未必能知此也。此字不乃伤俗邪。[①]

尽管欧阳修自认“非知画者”却仍“强为之说”，是因于此说“世谓好画者，亦未必能知此”，故不得不说。这段话言简义丰，分出了绘画的高下：最低层次的是能解决“高下向背、远近重复”的静态构图和透视的“画工之艺”；中间层次是能画出“易见”而“意浅”的“飞走、迟速”的动态之物；最高层次则是表现“萧条淡泊”的“画意”，和“难形”的“闲和、严静、趣远之心”。对于这类最高层次的绘画，“画者得之，览者未必识”，故“精鉴者”不赞赏能画“飞走、迟速”的动态性绘画，更以能分“高下向背、远近重复”为“画工之艺”，而是欣赏能表现画意、画心且使人有会于心的静态绘画。显然，这主要就是山水画而非表现故事、风俗的人物画，且非仅显高下向背、远近重复的不见意蕴、境界的山水画。

欧阳修因其文坛领袖的地位而使这段话产生了很大的影响。近代绘画大师陈衡恪在其《文人画的价值》一文中指出：“南北两宋的时代文运最隆，文家、诗家、词家、理学家，彬彬辈出，思想最为发达，所以绘画一道，亦随之应运而起，各极其能。欧阳永叔、梅圣俞、东坡、山谷这些诗文家对于绘画，很有些趣味，有些评论，司马温公、朱考亭宰画家传里都有名。可想见文人的思想与绘画，在宋朝的时代，是极发展的时代。”可见，以欧阳修思想为先导，宋代绘画走上了新的发展道路：崇尚有“趣”“味”的文人画。虽说文人作画在汉代、魏晋已不罕其人，但文人之画并非文人画，真正的文人画始盛于北宋。而因文人掌握了话语权，他们的审美趣味决定了行家画、画工画与文人画的地位升降，欧阳修上说的“萧条淡泊”的“画意”，与“难形”的“闲和、严静、趣远之心”，遂成为文人画家所追求的最高目标，能画“意浅之物”，具“画工之艺”者则被置于下等。正如陈衡恪上文开宗明义所说：“什么叫作文人画，就是画里面带有文人的性质，含有文人的趣味，不专在画里考究艺术上的工夫，必定是画之外有许多文人的思想，看了这一幅画，必定使人有无穷的感想，这作画的人必定是文人无疑了……”在他看来，文人画有四个要素：“第一要人品，第二要学问，第三要才情，第四才说到艺术上的工夫，所以文人画的要素，须有这四种才能够出色。”这与欧阳修的绘画思想较为贴合。

“萧条淡泊”的“难画之意”，隐约见于苏轼的题画诗，其《宋复古画〈潇湘晚景图〉三首》之二：“落落君怀抱，山川自屈蟠。经营初有适，挥洒不应难。江市人家少，烟村古木攒。知君有幽意，细细为寻看。”而米氏父子的“米家山水”，在运笔草草的烟云掩映中，亦多少可窥见这种意趣。南宋画虽趋于精工细致，但常写风雨、秋暝、寒江等景，仍是这种基调的立意。至元明清，最多萧条

①《欧阳修全集》卷一百三十第1976页。

淡泊、寂寞荒寒之作，因而，明清画家和论家所尚也多在此。石涛曾深有体会地说："倪高士画，如浪沙溪石，随转随立，出乎自然，而一段空灵、清润之气，冷冷逼人。后世徒慕枯索寒俭处，此画之所以无远神也。"所以，数百年文人山水画所追求的写意风格虽是以萧索荒寒为归趣，但"萧条淡泊，此难画之意"却同时为绘画史所证明。

较之于"萧条淡泊"的"难画之意"，似乎"闲和、严静、趣远之心"更难于表现，更高于前者，其之"难形"为欧阳修所叹，那么，若非要破"难"而"形"，可见于何类绘画呢？似可从文学化的比兴寄托与蕴涵理趣而求之。

比兴寄托为诗歌所常用，宋代绘画的文人化，除了风格，尤见于题材。如果说山水画主要以萧条淡泊的风格体现出文人的画意，那么题材的开拓则落实于比兴而见思想、感情的喻托。如苏轼，所好画者并非山水、人物，而擅长画枯木竹石一类，论者多从其人生经历、政治遭遇看待之。朱熹作为理学大师，对身为文人的东坡常无赞语，但却对其所画枯木怪石颇为称道，赞赏其"傲风霆阅古今之气，犹足以想见其人"（《跋张以道家藏东坡枯木怪石》），更有一段很有知己意义的话："东坡老人英秀后凋之操，坚确不移之姿，竹君石友庶几近之。"（《跋陈光泽家藏东坡竹石》）[①]所以，苏轼不仅是文人画理论的主要代表，也是将文学的比兴寄托入之于绘画的实践者，草草戏笔有感情的喻托，也是人格的象征。由北宋而南宋，水墨兰、竹、梅所构成的特定题材，开创了"四君子"或"岁寒三友"的特有民族传统，而苏轼则与文同一起，成为了这一传统的主要奠基者。黄庭坚《题子瞻墨竹》诗云："眼入毫端写竹真，枝掀叶举是精神。因知幻化出无象，问取人间老斫轮。"庶几道出了苏轼这位文坛领袖作为文人画斫轮老手的地位和贡献。

绘画能蕴涵理趣，自非仅表现对象物的飞走迟速、高下向背、远近重复可比。言情、状物、明理，可谓文艺的三大功能，其中最主要的当然是言情。文艺之所以为文艺，主要取决于以抒情为第一性，古今中外恐怕都是如此。严羽论诗宗唐抑宋，其中的一个主要原因，就在于他之所重在于唐人诗歌的抒情。他认为"诗有别趣，非关理也"，这诚然不错，但文学在抒写情、趣之外，哲理也应是不可缺的，甚至被认为是最高的境界。宋人也重抒情，且多在悲、愁、伤、怨一侧，而因人文精神的确立和发扬，使得他们善于以理化情，避免溺于情而不能自拔。"理"的加入，不仅使得作者能正确对待人生忧患，化解矛盾，也使文学作品有了更耐人思考的内容。因人文精神的影响，理趣也逐渐进入以"体物"为本的绘画。"岁寒三友""四君子"之类，在具有"比德"精神同时，蕴含着对人生出处和立身意义的思考；而从北宋初石恪所画，到南宋后期梁楷、法常等人的禅僧画，更能令人品味出其中丰富的禅宗旨趣；李嵩的《观潮图》不描绘倾城观潮的

① 见《朱文公全集》卷八十四。

太平乐事，而是空垣虚榭，烟树凄迷，透出的空幻感是大于画面形象的，其画骷髅幻戏，更寓有庄子的“齐生死”观；龚开的钟馗与群鬼，其实是作者以鬼魅世界来看待现实人生；马远、夏珪山水的“一角”“半边”，不仅是构图的问题，还能够给人许多遐想；即使是花鸟小品，在让人欣赏它的美的同时，也会有“一花一世界”之想；就更不必说形象演绎苏轼《赤壁赋》这本身就富含哲理的作品了。

三、出于自然，笔简意足

欧阳修因其积极入世的人生态度，本来对庄子和释家多所否定，但因他所提倡的人格精神与庄子又有颇为一致之处，故此在对“自然”的看法上，也多沿庄子所说而有发展。

刘熙载《艺概·文概》说：“太史公文，韩得其雄，欧得其逸。”而欧文之“逸”实在于平易自然。欧阳修在《唐元结阳华岩铭》中称元结是“好奇之士”，针对元结“所居山水，必自铭之，唯恐不奇”之举，说：“而其文章用意亦然，而气力不足，故少遗韵。君子之欲著于不朽者，有诸其内而见于外者，必得于自然。颜子萧然卧于陋巷，人莫见其所为而名高于万世，所谓得之自然也。”显然，在他看来，好奇难得遗韵，“自然”才是最高的境界，而自然难以相求，是“有诸其内而见于外者”。他以颜回“得之自然”，则可见自然又是与人格和“道”不可分的。

欧阳修为人、为政、为学、为文都崇尚自然：“平生学之所得，以至文章事业，皆明识所及，性所自得，不劳而至，无所勉强。”①韩琦为欧阳修所写墓志铭，谓其任职开封时，因前府尹包拯“以威严得名，都下震恐，而公动必循理，不求赫赫之誉。或以少风采为言。”而欧阳修却说：“人材性各有短长，吾之长止于此，恶可勉其所短以徇人邪”，仍然“既而京师亦治。”②曾巩称：“公在庙堂，尊明道术。清净简易，仁民爱物。敛不烦苛，令无迫猝。”③苏辙亦说“公前后历七郡守，其政察而不苛，宽而不弛，吏民安之”④。吴充为其所写《行状》谓之“于经术，务究大本，其所发明，简易明白。”⑤至于为文，韩琦所写的墓志铭云：欧阳修在嘉祐初“权知贡举，时举者务为险怪之语，号‘太学体’。公一切黜去，取其平淡造理者，即预奏名。初虽怨讟纷纭，而文格终以复古。”以其与尹洙“专以古文相尚，而公得之自然，非学所至，超然独骛，众莫能及”⑥。曾巩引欧阳修本人的话，亦以“自然”相高：“孟韩文虽高，不必似之也，取其自然耳。”⑦苏洵

---

① 欧阳发等述《先公事迹》，《欧阳修全集》附录卷二，第2626页。
② 韩琦《墓志铭（并序）》，《欧阳修全集》附录卷三，第2702页。
③ 曾巩《祭欧阳少师文》，《曾巩集》第526页，中华书局2004年版。
④ 苏辙《欧阳文忠公神道碑》，苏辙著，陈宏天、高秀芳校点《苏辙集》第1136页，中华书局1990年版。
⑤ 吴充《行状》，《欧阳修全集》附录卷二，第2693页。
⑥ 韩琦《墓志铭（并序）》，《欧阳修全集》附录卷三，第2704页。
⑦ 曾巩《与王介甫第一书》，《曾巩集》第255页。

称道欧阳修之文“气尽语极，急言竭论，而容与闲易，无艰难劳苦之态。”[①]苏轼则认为“其言简而明，信而通，引物连类，折之于至理，以服人心。”[②]苏辙说得更为具体：“公之于文，天材有余，丰约中度，雍容俯仰，不大声色而义理自胜，短章大论，施无不可。”[③]对于诗，不少人都指出欧阳修不喜杜甫，而好李白，其原因不在于内容、思想，而在于杜诗沉郁顿挫，为艺术功力所致，李白天才英发，出之于自然。《王直方诗话》说，欧阳修因“常言”而欣赏李白的《襄阳歌》：“落日欲没岘山西，倒着接䍦花下迷。襄阳小儿齐拍手，大家争唱《白铜鞮》。”[④]即使是苦吟难免，他也倡以“苦吟破的”之句，并示之以“一句坐中得，片心天外来”[⑤]。欧阳修自己的诗，王安石以之如“玉烛”，叶致远的理解是：“四时皆是和气，满幅俱同流水”[⑥]，此和气自非“一团和气”，而应是平和谐正之气，二语正道出了欧诗“自然”的根本特点，故得王安石“善鉴”之评。

欧阳修的《盘车图》诗，较为全面地表达了他对绘画的看法：

> 浅山嶙嶙，乱石矗矗，山石硗聱车碌碌。山势盘斜随涧谷，侧辙倾辕如欲覆。出乎两崖之隘口，忽见百里之平陆。坡长坂峻牛力疲，天寒日暮人心速。杨褒忍饥官太学，得钱买此才盈幅。爱其树老石硬，山回路转，高下曲直，横斜隐见，妍媸向背各有态，远近分毫皆可辨。自言昔有数家笔，画古传多名姓失。后来见者知谓谁？乞诗梅老聊称述。古画画意不画形，梅诗咏物无隐情。忘形得意知者寡，不若见诗如见画。乃知杨生真好奇，此画此诗兼有之。乐能自足乃为富，岂必金玉名高贵。朝看画，暮读诗，杨生得此可不饥。[⑦]

此诗兼及叙事与说理，表达了自己对画艺、画理的理解。最后一段的“乐能自足乃为富，岂必金玉名高贵。朝看画，暮读诗，杨生得此可不饥。”实即赞赏“孔颜之乐”，可与前引欧阳修《唐元结阳华岩铭》的“颜子萧然卧于陋巷，人莫见其所为而名高于万世，所谓得之自然也”相印证，是对人生何为“自然”的理解。而对于《盘车图》一画，作者极尽描写之笔，并指出杨褒之所以忍饥节钱买下此画，是因为“爱其树老石硬，山回路转，高下曲直，横斜隐见，妍媸向背各有态，远近分毫皆可辨。”而写实出于外物，是自然本身的真实写照，此画可谓得之于自然，欧阳修赏杨褒之所赏，诗中并无反对之意。所以说，综买画、赏画者

① 苏洵《上欧阳内翰第一书》，《嘉祐集》卷一一，苏洵著，曾枣庄、金成礼笺注《嘉祐集笺注》第328–329页，上海古籍出版社1993年版。

② 苏轼《六一居士集序》，《苏轼全集·文集》卷十第852页。

③ 苏辙《欧阳文忠公神道碑》，《苏辙集》第1135页。

④ 王直方《王直方诗话》，郭绍虞辑《宋诗话辑佚》第35页，中华书局1980年版。

⑤ 刘斧《青琐高议》前集卷九，《宋元笔记小说大观》第1079页，上海古籍出版社2001年版。

⑥ 陈辅《陈辅之诗话》，郭绍虞辑《宋诗话辑佚》第291页。

⑦《欧阳修全集》卷六第99–100页。

的人生态度及所画的出于真实，此诗可用立意于“自然”概括之。但是，此诗是诗中有诗，而其中的“古画画意不画形，梅诗咏物无隐情。忘形得意知者寡，不若见诗如见画。”不仅常被论者当作单独一诗，而且被作为论证欧阳修绘画思想的主要依据而屡被引用。之所以被人重视，是因为在崇尚自然的基础上，欧阳修又发表了“意”高于“形”的看法。

欧阳修的《题薛公期画》，进而对具体的用笔、具象提出了“笔简而意足”的创作思想：

> 善言画者多云鬼神易为工，以谓画以形似为难，鬼神人不见也。然至其阴威惨淡，变化超腾而寄奇极怪，使人见辄惊绝，及徐而定视，则千状万态，笔简而意足，是不亦为难哉？此画虽传自妙本，然其笔力精劲，亦自有佳处。嘉祐八年仲春旬休日，窃观览而嘉之，题还薛公期书室。庐陵欧阳修题。[①]

此则题跋虽是对鬼神画而发，但以上之见，却不限于鬼神，而具有对绘画艺术表现的普遍性理解。这一题跋是针对韩非所说的画“犬马最难”“鬼魅最易”而发的，在韩非看来，“夫犬马，人所知也，且旦暮罄于前，不可类之，故难。鬼魅，无形者，不罄于前，故易之也。”[②]欧阳修却以为不然，他认为韩非所说仅是立足于“形”，而绘画却不尽于形似，“阴威惨淡，变化超腾而寄奇极怪，使人见辄惊绝”是因画能表现出鬼神的怪异、动态、变化及引起的奇怪、惊绝的审美感受，是见于画中而又出于画外。所以，绘画作品所透出的“神”“气”“势”“韵”等，都非形似可限。

综以上的一诗一题，可见欧阳修承认绘画应忠实描写外境，是“自然”的再现，但画家更应“画意不画形”“笔简而意足”地表现自然，鉴画者则应“忘形得意”地欣赏，这应是本然的“自然”态度。

欧阳修的以上思想有何影响呢？苏轼《凤翔八观 · 王维吴道子画》一诗，对两位著名画家作进退之举：“吴生虽妙绝，犹以画工论。摩诘得之于象外，有如仙翮谢笼樊。吾观二子皆神俊，又于维也敛衽无间言。”这里既表明了他对画工画和文人画的不同态度，又可看出对王维的推崇在于“得之于象外”。他的诗《书林次中所得李伯时〈归去来〉〈阳关〉二图后》，也是赞美李公麟能“画出阳关意外声”。苏轼《书黄子思诗集后》虽系论书法，但所叹赏的“钟、王之迹，萧散简远，妙在笔画之外”，也是取“笔墨之外”的“妙”。欧阳修《盘车图》诗明确宣称“画意不画形”，而“忘形得意知者寡”一句，则既表明自己对绘画的看法，又可见此时持这一看法的人还很少见。但很快就“知者”甚众了。如沈括《梦溪笔

①《欧阳修全集》卷七十三，第1058页。
② 陈奇猷《韩非子集释·外诸说左上》，中华书局1958年版。

谈》卷十七《书画》云："书画之妙，当以神会，难可以形器求也。世之观画者，多能指摘其间形象位置，彩色瑕疵而已；至于奥理冥造者，罕见其人。"即如张彦远，也说王维画物多不问四时，沈括则以自家所藏王维《袁安卧雪图》为例，阐明自己对"得心应手，意到便成，故造理入神，迥得天意"的理解，且以"此难可与俗人论"一语，划清了文人画与众人所赏绘画的界限。沈括所说还是站在赏画者的立场，而苏轼苏门众士则兼赏画与绘画而言了。苏轼《书鄢陵王主簿所画折枝》讲形似作儿童之见：

论画以形似，见与儿童邻。赋诗必此诗，定非知诗人。诗画本一律，天工与清新。

边鸾雀写生，赵昌花传神。何如此两幅，疏淡含精匀。谁言一点红，解寄无边春。

诗中最后两句的"一点红"寄"无边春"，是以少见多，前面所讲则为形神关系问题。对苏轼此见，亦如其"关西大汉、铜琵铁板"的词一样，甚至不为他的门下所理解、赞同。如晁补之《和苏翰林题李甲画雁》一诗有云："画写物外形，要物形不改。诗传画外意，贵有意中态。"欲以此纠苏轼所说之"偏"。但是，苏门及江西诗派中人对此多有相从或相近之见。如黄庭坚《题徐巨鱼》说："徐生作鱼，庖中物耳。虽复妙于形似，亦何所赏?"陈与义《墨梅》诗有句："意得不求颜色似，前身相马九方皋"，均可见对苏轼所说的正确理解，或进而发挥。李廌《德隅斋画品》中倡神似之论更多，此处不引。

若谓"忘形得意"是对创作者的期待，那么"笔简而意足"则是施之于画的具体方法、技巧，应该更具有可操作。宋代的画院画多为精工细致、讲究技巧之作，而民间画工所画则多合大众的欣赏口味，往往失之于俗。即使是文人画，五代至宋的山水画荆（浩）关（仝）、董（源）巨（然）、李（成）范（宽）（或李成、郭熙）三大派，所画均非"笔简而意足"，仅有董源部分作品稍近于此。在欧阳修之后，随着文人画的兴盛，遂有苏轼的竹石，米芾、米友仁父子的"米氏云山"，可当"笔简意足"之评。尤其是禅僧画一类，从宋初石恪的《二祖调心图》，到南宋智融、梵隆、法常、若芬、温日观等禅僧画家，以及禅门外的禅宗画家如画院的梁楷、院外的李确等人，他们所作常可见笔简而意足，不过，这类绘画多属"戏笔"，不居主流地位。作为文人画主体的山水画，大概直到元代，才有倪瓒的断岸疏林、孤亭远山，多是简略运笔，却常令人味之不尽，被认为是"逸品"之最。董其昌倡南宗画，自作亦多出以简笔；徐渭的水墨花卉，也多写意而传神。他们的所论，虽无欧阳修思想的明显印记，他们的创作却实际上回应了"忘形得意""笔简意足"之论。如此说来，欧阳修的影响则又持续到元明两代了。

《中国古代文学作品选》(中华文化版)前言

本书是体例全新的中国古代文学作品选。之所以新，一在于对文学作品的界定及收录远较过去为广，二在于不是单纯的文学作品选，全书可见文学在文化系统之内发展，与文化的互补互足。因之，本书既是古代文学作品选教材，又是学习中华文化史的辅助教材。

何谓文学？这是讨论至久的问题。《论语·先进》："文学，子游、子夏。"邢昺疏："若文章博学，则有子游、子夏二人也。"此指孔门四科之一，是文章与博学之并称。到魏晋六朝，"文学""文章""文"等逐渐合成一个概念，而人们更多的是惯用"文章"一词而非"文学"。在这"文学自觉"的时代，对"文章"的概念也经历了逐步辨析而至明确的过程。到萧统编《文选》时，终于在序言中提出了"事出于深思，义归乎翰藻"的文章标准，他认为，"姬公之籍，孔父之书"是"孝敬之准式，人伦之师友"，"老、庄之作，管、孟之流，盖以立意为宗，不以能文为本"，"若贤人之美辞，忠臣之抗直，谋夫之话，辨士之端……盖乃事美一时，语流千载，概见坟籍，旁出子史。若斯之流，又亦繁博。虽传之简牍，而事异篇章，今之所集，亦所不取。至于记事之史，系年之书，所以褒贬是非，纪别异同，方之篇翰，亦已不同"。以上均非文章，故不入《文选》。可见，文学应"能文为本"，而非"立意为宗"。

萧统《文选·序》所定符合"能文为本"标准的，除诗、辞、赋之外，又云："次则箴兴于补阙，戒出于弼匡，论则析理精微，铭则序事清润，美终则诔发，图像则赞兴。又诏诰教令之流，表奏笺记之列，书誓符檄之品，吊祭悲哀之作，答客指事之制，三言八字之文，篇辞引序，碑碣志状，众制锋起，源流间出。"可见此时的文体已经非常丰盛。为进一步分出文学与应用文，南朝时期又多对于文、笔的辨析。刘勰《文心雕龙·总术》提出："今之常言，有文有笔，以为无韵者笔也，有韵者文也。"萧绎《金楼子·立言》进而论道："屈原、宋玉、枚乘、长卿之徒，止于辞赋，则谓之文。今之儒，博穷子史，但能识其事，不能通其理者，谓之学。至如不便为诗如阎纂，善为章奏如伯松，若此之流，泛谓之笔。吟咏风谣，流连哀思者，谓之文……笔退则非谓成篇，进则不云取义，神其巧惠，笔端而已。至如文者，惟须绮縠纷披，宫征靡曼，唇吻遒会，情灵摇荡。"萧绎文、笔之分，对文作了更清晰的界定：即"吟咏风谣，流连哀思者，谓之文"，"惟须绮縠纷披，宫征靡曼，唇吻遒会，情灵摇荡。"可见，抒情而感人，辞藻、音韵华美是"文"的标准，而论学之著、章奏之用，则当排除在"文"之外。

文、笔之分虽主要在散文中进行，但古代的文体分类其实开始得很早。如班固《汉书·艺文志》已将韵文的赋分为屈原赋类、陆贾赋类、荀卿赋类和客主赋类。刘勰《文心雕龙·明诗》篇指出了四言诗与五言诗的不同：“若夫四言正体，则雅润为本；五言流调，则清丽居宗。”《文选序》亦云：“四言五言，区以别矣。又少则三字，多则九言，各体互兴，分镳并驱。”都注意到了四言、五言或杂言体诗歌的区别。到徐师曾的《文体明辨》，所讨论的文体达127类之多，堪称明代文体研究的集成之作，而之所以论列文体多逾百种，是缘于常在一体之内作更细致的辨体，特点区分的工作做得非常具体。

我国古代之所以对于文学的概念会有长时期的缠夹，是同古代的政教型文化相关的，故此文学实为杂文学、而非纯文学的体制。而西方出于纯文学观而对于文学体裁的区分远较我国简单：只有戏剧、小说、诗歌与散文，且散文只包括叙事和抒情两类，实用性散文是不在其内的。近代以来，西风东渐，也改变了我国固有的文学观，在历来作为创作大端的“文”，进入不了文学的范围。胡适在五四时期发表《文学改良刍议》，提倡白话文学，有《白话文学史》。后来郑振铎则有《中国俗文学史》，非但将四库馆臣所鄙视的戏曲、小说推上了很高地位，还将他们从未关注的变文、宝卷、弹词、鼓词等，都给予了极大的关注。当然，胡适、郑振铎的著作是专门的“白话”或“俗”文学史，而我国上世纪的一般文学史著作，也经历了逐渐成熟的过程。相较而言，刘大杰的《中国文学发展史》从初版本到修订本是最具系统性、观点最公允的一种。游国恩主编的高校文学史教材，和中国社会科学院文学所的文学史，对于古代文学的认知、论述和价值评判，在当时的条件下，应说也是较为平允、可取的。至于长期被各高校使用的朱东润主编的《中国历代文学作品选》，无论选目还是简介、解题、注释，都做得很好，是经得起时间考验的。

文学史是文学的历史，是需要历代文学作品支撑的，因此，在某种意义上文学史其实就是文体的历史。但是，对于是否属于文学的文体种类，却有选择的困难。经历了改革开放新时期三十多年，我们在再度“放眼看世界”而努力于东西方话语对接之时，却发现原有的古代东西方的文学概念其实是很难对接的，我国有自己的体系和“话语”，我们应该承认，中国古代文学实际上远非戏剧、小说、诗歌、散文四体可限。而且，与古希腊、印度不同，我国的戏剧生成得很晚，代言体戏剧则出现得更晚，而且我国成熟的戏剧实为戏曲，始终与诗歌有密切关系，具有诗体文学的节奏性，在我国艺术所共有的程序化之外，又因其不服从三一律，不在镜框式舞台上演出，故以虚拟性见长。我国小说之名虽最早见于庄子的“饰小说以干县令”，但直到佛教传入后，志怪小说才逐渐兴盛，而志人体小说与西方小说的概念是很不相同的，鲁迅说唐人“始有意为小说”，即使到明清的小说成熟期，章回小说仍带有说书的痕迹，与表演相关，同诗词关系甚密。所以，我国古代的文学其实主要是诗歌，因而一直有中国是诗的国度一说。我国古代的散文，文体尤多，而功能各异，从萧统以来的辨析，可谓一直未曾停止，而因实用性文体与文学性文体其实难以清晰划分，遂使散文的辨体颇为困难。如我国历来重视历史，先秦时代就设立史官，《汉书·艺文志》有“左史记言，右史记事”之说，而历代的史书，又有编年体、纪传体、断代史、国别史、通史、纪事本末体等多种形式，许多的史书，如编年体的《左传》、国别体的《战国策》，尤其是纪传体的《史记》，都极具文学性。应用文的辩、说、论、奏议、序跋、赠序、铭、祭文、杂记文、传状文，甚至书信（尺牍），都不乏“事出于深思，义归乎翰藻”之篇，常有极具文学性的美文。为此，我们编选本书就以改变惯用体制为原则，而尽量扩大文学作品的范畴，将原属于文学的文体及多种文体中的“能文为本”者收入本书，实际上回归于萧统的“文章”标准且略有突破。

文学其实从古到今都不是孤立存在、发展的。闻一多曾说：“文学史为整个文化史中之一环，故研究某时期之文学史，同时必需顾及此期中其他诸文化部门之种种现象”（致梅贻琦信①）。因此，当代学者傅璇琮认为：“不能孤立地研究文学，也不能像过去那样把社会概况仅仅作为外部附加物贴在作家作品背上，而是应当研究一个时期的文化背景及由此而产生的一个时代的总的精神状态，研究在这样一种综合的‘历史—文化’趋向中，怎样形成作家、士人的生活情趣和心理境界，从而产生出一个时代以及一个群体、个人特有的审美体验和艺术心态。”（《日晷丛书》总序②）为此，我们又将古代文学同古代文化密切联系起来。我们认为，文学不仅产生在特定的文化环境中，受到文化的制约与影响，而且，文学又是文化的有机组成部分，不仅是古人心灵、情感的记录，也是社会、生活、历史的记录。因此，文学或则是文化本身，或则是可以由之而见文化，故可以说，文学与文化实不可分。

那么，什么是文化呢？在我国的古代典籍中，“文化”一词，是“文”与“化”的结合。《易·系辞下》：“物相杂，故曰文。”疏：“正义曰：言万物递相错杂，若玄黄相间，故谓之文也。”《礼·乐记》云：“五色成文而不乱。”《说文解字》中“文”字作“文”，即“错画”，段注引《考工记》说“错画”即青与赤色相交，又说黄帝之史仓颉见鸟兽的蹄爪印迹不同，依类象形以以造字，故称之“文”。以上各说大致都将“文”解释为色彩、纹理相杂而不乱。“化”，《说文》解作“教行”，段注：“教行于上，则化成于下。”此外，还有教化（《易·干》：“善世而不伐，德博而化。”）、感化（《吕氏春秋·大乐》：“天下太平，万物安宁，皆化其上，乐乃可成。”）、变化（《庄子·逍遥游》：“北溟有鱼，其名为鲲……化而为鸟，其名为鹏。”）、造化（《吕氏春秋·似顺》：“有知顺之为倒、倒之为顺者，则可与言化矣。”）、化生（《礼·乐记》：“和，故百物皆化。”）、习俗

①《闻一多全集》第12册第367–368页，湖北人民出版社1993年版。
②《当代学者自选文库·傅璇琮卷》第616页，安徽教育出版社1998年版。

（《史记·秦始皇本纪》："黔首改化，远迩同度。"）等义。"文"与"化"合用，较早见于《易·贲卦》的《象传》："天文也。文明以止，人文也。观乎天文，以察时变；观乎人文，以化成天下。"其意应是：顺应和改造自然的经验，同改造和管理人类社会的经验，两者相辅而相成，用以教化人民，改造社会。"观乎人文，以化成天下"，是"文化"合乎原意的最初表述，可见，古代中国人是将"人文"放在首位，"观乎天文，以察时变"似从属于后者。到西汉时期，"文化"成为专用名词，刘向《说苑·指武》云："圣人之治天下也，先文德而后武力。凡武之兴，为不服也，文化不改，然后加诛。夫下愚不移，纯德之所不能化，而后武力加焉。"此段话当与"文化内辑，武功外悠"（《文选·补亡诗》）同义，体现了以"人文""化成天下"，而将武力看成是德之不能"化"、文之不能"改"的辅助手段。

欧洲的文艺复兴运动，使人本主义思想蓬勃发展，在德国，首先对"文化"的涵义作出了新的解释。康德在其名著《判断力批判》中，强调了文化的本质在于人的社会价值，人对于自然的能力。歌德也认为，文化是人类在对自然长期斗争中产生的结果，在这一斗争中，不同民族或集团形成了自己特殊的思想和行为方式，这就是文化。半个多世纪后，英国人类学家泰勒在其名著《原始文化》中，为文化下了一个著名的定义：文化是复合的整体，包括知识、信仰、艺术、道德、法律、风俗，以及人类在社会生活里获得的一切能力与习惯。随之，欧美学者对于文化涵义的讨论，又产生出许多不同的学派和众多学说。

在西方的影响下，"五四"以来的中国学者，在新文化运动的论战中，也纷纷表达了自己对于文化的定义："文化者，人类心能所开积出来之有价值的共业也。"① "文化，就是吾人生活所依靠之一切。"② "所谓文化就是经过人类精神陶铸过的自然。"③具体而言，梁启超《中国文化史目录》认为朝代、种族、政治、法律、教育、交通、国际关系、饮食、服饰、宅居、考工、农事等项，都属于文化的范围。蔡元培《何谓文化》一文将衣食住行、医疗卫生、政治、经济、道德、教育、科学等"人生发展的状况"视作文化的内容。陈独秀《新文化运动是什么》一文认为："文化底内容，是包含着科学、宗教、道德、美术、文学、音乐这几样。"④梁漱溟《中国文化要义》认为文化涵盖了人类各民族如何进行生产及其器具、技术及相关的社会制度、宗教信仰、道德习惯、教育设施，以至于语言、衣食、家庭生活等。

在先贤们讨论百年之后，我们今天可以较为全面地确立文化的范畴。大概而言，文化有广义与狭义之别。广义文化应是人类在整个发展历史流程中，经"观

---

① 梁启超：《饮冰室文集点校》第6集第3348页，云南人民出版社2001年版。
② 梁漱溟：《中国文化要义》第一章第1页，路明书店1949年版。
③ 贺麟：《文化的体和用》，《文化与人生》，第32页，商务印书馆1947年版。
④《新青年》1920年第七卷第五号。

乎天文，以察时变；观乎人文，以化成天下”，逐渐将自己从蒙昧状态提升到现代社会的全部文明创造，亦即人类社会历史生活的全部内容，是人类在社会历史发展过程中所创造的物质财富与精神财富的总和。而狭义的文化则是排除了人类社会历史生活中的物质创造活动及其结果，特指精神创造活动及其结果，包括政治、学术、思想、文学、艺术、科学、技术、制度、宗教、信仰、道德、风俗等。我们认为，文化的大、小二分法，不如物质文化、制度文化、精神（心理）文化与行为文化的四分法，故对于文化的分类，亦以四分为好。

基于以上对文学与文化的认识，我们对本书的编撰采用了上下编的分编体制：上编以古代中华文化为框架，大体按照精神、制度、物质、行为风俗等文化的层面编排选文，包括儒道墨法、纵横兵农（诸子延伸）、礼仪制度、教育科举、天文历算、军事外交、农医工商（科学技术延伸）、乐舞书画、宗教信仰、术数方技、衣食住行、山川物产、南北风俗、时令节序、民族融合。每一板块尽量以具有文学性的文选展示、体现文化。下编为文体，包括神话传说、国风雅颂、先秦史籍、史汉传统、书奏赞论、诏令表启、箴铭诔状、序记题跋、屈骚辞赋、乐府歌辞、古近诗歌、词曲小调、诗文评论。兼顾古代文学的纵向发展，与文体、功能的横向演变，选文按时代先后安排，选目力图体现出文体的渐形丰富与代表性文体的与时而变，却不为“一代之文学”观念所左右。

为解决横向的文化范畴与纵向的文学史发展在具体编排中的矛盾，采用选文与延伸阅读相结合的编选方式。每篇作品包括原文、题解（含作者简介）、注释、集评四部分，其中的集评不仅有助于理解课文，而且对于学子从事科研有参考作用。全书用繁体字、新式标点。原文的异体字、通假字等一般不作更动，易于误解者在注释中注明。

本书由我们教研室全体同仁历时近四年编撰而成，主编之一何志军老师在拟目、选文、审阅、统稿上作了主要的、大量的工作，且为协调、更改不遗余力，担负起真正的主编之责。我们希望本书不仅是一门省级精品课程的配套教材，更希望能成为学习中国古代文学与中华传统文化的教材，能本着“朔南暨，声教讫于四海”的暨南办校宗旨，推向有志于学习祖国文化、文学的海外学子。

二〇一四年四月

（原载邓乔彬、何志军主编《中国古代文学作品选》（中华文化版），安徽师范大学出版社2016年）

蓦山溪·怀吴熊和先生

追随砥砺，词学亲承继。恒仰月轮山，一灯传、天风妙谛。卅年栽种，喜蕙树兰滋，先后缀。无可替，驭众成真艺[①]。

春申闻道，自此多相契。韦绝又新编[②]，叹赏甚、心仪巨丽[③]。恸怀师长[④]，天亦妒英才，长怅恨，西日睨，白鹤长天唳。

注：

①吴先生得“一代词宗”夏承焘先生真传，治词覆盖唐宋至明清，兼及龙榆生所言之“八学”。门人谓其治学以专驭博，而就词学而言，则博而为专，是为真词学。

②华东师大中文系于1983年冬举办首届词学研讨会。余初识吴先生，问学有得，次年于长沙中国韵文学会成立大会上再次讨教，此后多读其书而深契其说。

③先生《唐宋词通论》及《唐宋词汇评》诸书，余经常捧读，于中所得甚多。

④先生入读华东师大先于余十一年，既为余之学长，亦为余之师。

（原载陶然编《吴熊和教授纪念集》，浙江大学出版社2014年）

存目文稿

北宋词与元散曲

按：本文在邓师电脑中的文档时间为2014年3月11日。与该文一起的还有两篇文档：《第十三届散曲研讨会暨〈门岿文集发布会〉》《散曲会议回执（4月10日前发论文）》，前者提及会议“2014年5月3–6日在天津举行”，后者提及“会议论文初定题目：元初散曲与时代生活”。从网上所见的参会专家合影、研讨会论文集目录来看，邓师未参会。

本文为未完稿，现存三部分，分论柳永、黄庭坚、秦观与元散曲的关系，相关论述可参见《唐宋词艺术发展史》中相关小节：柳永（三、上承飞卿、下开金元），黄庭坚（三、俚艳俳狎、北曲先声），秦观（五、名作甚多、俚词不少）。

汉赋与汉画

按：《汉赋与汉画》是邓师电脑中的一篇未完稿，最后修改时间是2014年8月3日。此后不久先生便查出肺癌。本文有2.2万字，分为三大部分，一、苞括宇宙与品类群生；二、摛华布体与随色象类；三、瑰丽窈冥与事各缪形。文中探索汉赋与汉画艺术精神相一致之处。原文尚有多处引证未及整理，此次纪念文集暂不收录，仅以存目留念。

宋词的情感世界

古代画家与名画、晋唐名画、宋元绘画

按：以上文档在“百家讲坛”文件夹中，日期在2018年6月至8月。《宋词的情感世界》有“草稿”“详细提纲”等三个文档，最末一稿7.5万字。《古代画家与名画》为“古代名画与相关故事”资料汇编，15.3万字；《晋唐名画》分“上”“下”两篇，有“初稿”“二稿”“三稿”等多个文档，上下篇合计10万余字；《宋

元绘画》有15万字。这些是应邀为央视“百家讲坛”栏目准备的两个选题：宋词、历代名画。先生不久因病返回上海，未能录制视频。

网上可见的邓师讲座视频有三种：2007年3月中山大学讲座“进士、歌妓与唐诗、宋词”、2007年5月录制的暨南大学精品课程“李白与杜甫”、2009年7月中山大学暑期诗词班讲座“诗画与虚实”（共五讲，“超星”同期录像）。

学术评价

《吴梅研究》(1990年出版)

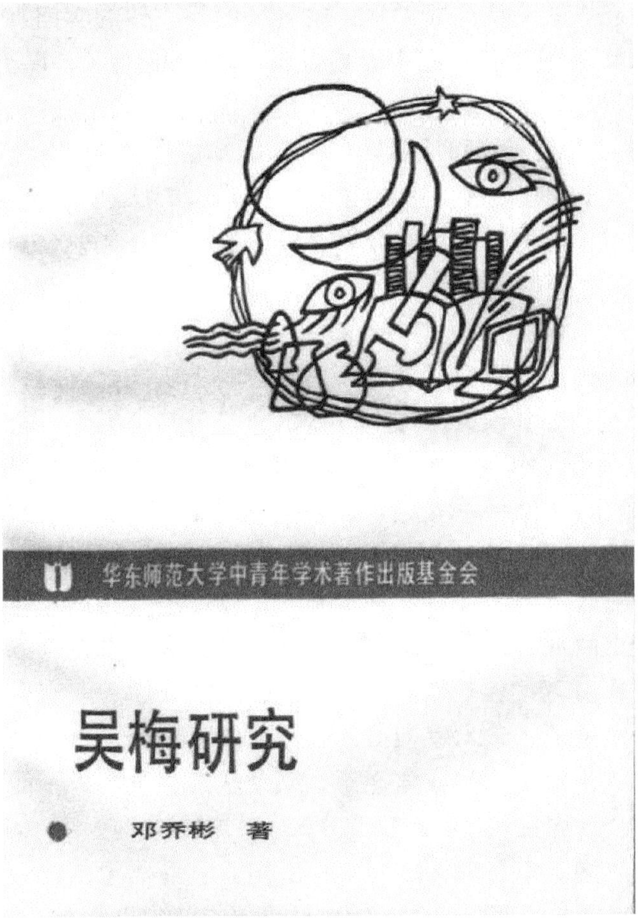

华东师范大学出版社　1990年

本书第二章作为硕士论文（《论吴梅的戏曲观》）入选首届《研究生论文选集·中国古代文学分册》（江苏人民出版社1983年）

序(1988)

万云骏

吴梅先生是近代的一位词曲大师，驰名海内外。他的学问，博大精深，非词曲所能限。张茂炯说先生“富藏书，博闻见，自经史大义，以至古今学术源流、文章派别，无不融会贯通；所为诗文，亦出入古作者林，自成一家，词曲特其绪余耳。则向之藉藉以曲家称霜厓者，盖犹未深知霜厓者也”（《霜厓三剧序》）。这是正确的。不过论创获之多，影响之大，则以词曲为最。

邓君乔彬这本《吴梅研究》共分七部分，可以说是比较全面、准确地描述出吴梅先生作为词曲大师的面貌。

诚如浦江清先生所说：“近世对于戏曲一门学问，最有研究者推王静安先生与吴先生两人。静安先生在历史考证方面，开戏曲史研究之先路，但在戏曲本身之研究，还当推瞿安先生独步……先生贡献之大，最易窥见者，在校订古剧本及整理曲律之工作”，“海内固不乏专家，但求如吴先生之于制曲、谱曲、度曲、校订曲本、审定曲律均臻绝顶之一位大师，则难有其人，此天下之公论也”。此对吴梅先生在曲学上的贡献，可谓概括精当。然而，亦正如浦先生所说：“凡学问有为潮流所趋者，有为时代所弃者，有赖书本文献足以传后者，有非接近其人、得其指点、不能妙悟者。故如戏曲史目录考订之学则考据家之事，今方兴未艾，如材料增多，方法加密，后者可胜于前。至于南北曲之本身原为一有生命之艺术，由词章家作曲，音乐家谱唱，艺术家搬演，合此数事以构成一整个之生命。一旦风会转移，此艺术亡，此门之学问亦随之而亡，今从先生游者尚不能尽其所学，况后世但读其书者乎？”（均见《悼吴瞿安先生》，刊赵景深、庄一拂编辑《戏曲》第三辑《吴霜厓先生三周年祭特辑》）浦先生所担心者并非无由，所幸如今文化部正在号召拯救、振兴昆曲，而昆曲的现状也显示出它的生机犹在。

正当此时，邓君的《吴梅研究》得以出版，这是大合时宜的。虽然邓君此书并非全面叙述并评价吴梅先生校订古剧本及整理曲律的工作，亦非将吴先生在制曲、谱曲、度曲等方面的成就，去与古人或同代人相比较，而是从吴先生的体沿旧制但时有新见的著作中，去发现吴先生在戏曲美学思想、戏曲创作论、戏曲史观、戏曲批评等诸多领域中的真知灼见和体味至深之处，故另有其研究价值。尤其值得指出的是，有些戏曲史家（如叶德钧先生）仅推崇王国维的戏曲史研究的功绩，而对吴梅先生颇多贬抑，只将他看成一个作曲订谱的“旧式文人”。对此，邓君在其书中将王、吴作了比较，在充分肯定王国维先生于戏曲史研究功绩的同时，亦指出其戏曲史观不及吴梅先生之处，所论三点，颇有见地，既沿传统的“知人论世”之路，又有新见。因而，1981年邓君以此书二章作为硕士论文（名为《论吴梅的戏曲观》）在通过答辩后，获得专家首肯，遴选入江苏人民出版社编辑、出版的首届《研究生毕业论文选》（古代文学分册）中，唐圭璋教授在阅后亦曾赞许此文。又如对曾收入任中敏先生所编的《新曲苑》的《霜厓曲跋》，叶德钧亦颇多微词。但邓君在其所著中，专列一章论吴先生的戏曲批评，能不为仅执某些考证失当的小疵所囿，随意贬抑其价值，又评论吴先生戏曲批评的特点和优点，发见其光彩，以事实服人，以理服人。但是，邓著毕竟又不是辩难或翻案之作，其所求者是对吴先生及其成就的全面、公正的评价，因而对于了解吴先生及近代曲学，自是功不可没。

邓君的《吴梅研究》有什么特点与优点呢?

一、对吴梅先生的研究成果和创作成就，作了较为全面的探讨

吴先生幼年专攻制举文，长又读史，于诗、词、古文无所不通，因而常对世以其为曲学专家而一笑置之。但吴先生自以《顾曲麈谈》知名，延为北大教席之后，又确是毕生以曲学、词学的研究、教学、创作为业。所著有《顾曲麈谈》《中国戏曲概论》《曲学通论》《元剧研究》《〈曲海目〉疏证》《霜厓曲跋》《南北词简谱》《辽金元文学史》《词学通论》等；剧作有《风洞山》《苌弘血》《轩亭秋》《落茵记》《绿窗怨记》《湘真阁》《无价宝》《惆怅爨》《东海记》《双泪碑》等；又著有《霜厓文录》(未传)、《诗录》《词录》《曲录》。邓君在其所著中，对此亦相应作了全面的研究和评价。

应该说，从严格的意义讲，吴先生的《顾曲麈谈》《曲学通论》等，都是立足于指示作曲者以途径，《中国戏曲概论》《元剧研究》等作为论曲专著，因处于草创阶段，亦是泛论性的。但是，由于吴先生兼有学人与才人之长，集作曲、论曲于一身，且精通曲律，长于文词，所论、所作自不同于他人，对曲学的个中三昧自有独得之秘。

邓著对吴先生论著不采用逐部、逐章评论法，而是重新构建体例，从四方面评述吴先生的曲学成就。其中《戏曲美学》分列五节，以吴先生著作中语为标题，分论吴先生对戏曲的历史地位、价值观念、创作主张、社会动能的认识，确能发见其中闪光的东西。又《戏曲创作论》亦从结构、语言、宫调、音韵、度曲、南北词作法等方面作了全面的论述、总结，对先生论著价值的肯定，可说已无遗憾。同样，对吴先生戏曲史观、戏曲批评的论述和评价，也多能着力披拣，化零为整，建构体系，却又出之自然，持之有故，言之成理。对吴先生作为大学讲义的《词学通论》，亦能分为声律论、创作论、词史论、作家作品论四部分，加以全面论述。吴先生的某些观点，曾得到文学史专家的注意，并加以引用（如刘

大杰《中国文学发展史》)，邓著中往往能进一步充分展开，并肯定其识见的价值。

对吴先生的剧作，邓著主要着眼于吴先生在辛亥革命前的反清的政治态度，在“五·四”前后注目于女权兴起，及晚年追求艺术的臻于成熟，而分论其《风洞山》《落茵记》和《双泪碑》，及《惆怅爨》等剧，并有体会颇深之处。

由于吴先生曲名最高，词名为次，诗名又次，但治曲又以戏曲为重点，故论其《诗录》《词录》《曲录》时，以《词录》为主，然而从所论所评中，读者足可见吴先生兼擅诸体、奄有众长的特点，可以不为那些对南社文学人之不深，却断之甚决者所惑，以见吴先生诗、词、曲的真面目和创作地位。

二、能从历史背景下充分展开论述，对吴先生作为旧戏曲（传奇、杂剧）创作的结穴者，和新曲学研究的开山者的地位，给予公正的评价

吴梅先生是南社的主要作家，是南社戏曲创作的代表。与吴梅先生同时或稍前，尽管有梁启超、林纾等人都涉足剧坛，但他们都仅以曲为余事，且昧于音律，故难窥此道堂奥。吴先生由于生在昆剧故里，“四方歌者皆宗吴门”，从小深受濡染，作幕大梁时，深慕周宪王流风余韵，往往低回不能去，归吴后，潜心戏曲，与里老相问，尤其同“江南曲圣”俞宗海多有切磋，故自作能兼擅玉茗、吴江之长。邓著在评析吴先生所作时，不仅能着眼于剧作的有关时代背景、思想意义，而且能充分论述其艺术性，如对《惆怅爨》的分析，能与石巢、粲花相比拟，尤有其心得与深度。对吴先生作为挽昆剧厄运者：以《霜厓三剧》付之演出，与诸多曲社同仁努力钻研曲艺，对昆曲传习社热情支持，对这些历史功绩都多所肯定。

尤其值得指出：邓著对吴先生曲学的探讨和评价，更是建立在探析源流的基础上的。在写《吴梅研究》前，邓君通览了《中国古典戏曲论著集成》和任中敏先生所编的《新曲苑》，对与吴先生同时的王国维、姚华等人的著作也曾深入研究，并对《元曲选》《六十种曲》等多有涉览，做了近八十万字的资料卡片和笔记，其时吴先生本人著作新版尚未行，部分著作搜求不易，邓君蒐寻甚力，对吴先生主要的曲学、词学论著和剧作，都作了抄录，《诗录》《词录》《曲录》更是全部照抄。为写《吴梅研究》，直接与间接的笔录材料达百万字，五倍于此书。由于能充分掌握材料，了解我国曲学发生、发展的历史，故对于吴先生继承前人、超迈前人之处能辨析较清，既看到吴先生学习、吸收、沿袭王骥德《曲律》、李渔《闲情偶寄》等著之处，又在纵向与横向比较中，肯定了吴先生的深有创获。

此外，邓著力求避免研究某人就抬高某人、压低他人之弊，在充分肯定吴先生的杰出成就的同时，也指出了吴先生作为开山者的某些不足和失误，“不为贤者讳”的态度也应该说是可取的。

我自己是吴梅先生的弟子，邓君可谓再传弟子。回忆六十年前，先生曾对我这个年轻的穷学生寄予很大的期望，可惜我奔走衣食，蹉跎半生，老而无成。邓君是我十年前招收的第一届词曲专业硕士研究生，这本《吴梅研究》的基础就是他倾注了三年心血的硕士论文。是书从草创到完稿，经过反复修改，为时更达十年之久。古人说："青出于蓝而胜于蓝，冰生于水而寒于水。"就我自己来说，学业成就尚不及吴先生的十分之一，而邓君年富力强，专精词曲，已卓然有所树立，邓君是书之出，更可以告慰于吴梅先生的在天之灵。是为序。

一九八八年元月于华东师大中文系

（收录于《邓乔彬学术文集·第十一卷·学者研究》，安徽师范大学出版社2013年）

读邓乔彬的《吴梅研究》(1991)

礼人

在近代文人学者的行列里，吴梅是一位集理论研究和戏曲创作于一身的人物。他的理论著作卷帙浩瀚、品目繁多，且时时伴有许多弥足珍贵的理论见解；吴梅对古典戏曲的整理校订事业也作出了杰出的贡献；同时吴梅还向世人奉献了他多种精心创作的戏剧作品。无论从理论研究本身还是从戏曲创作角度来衡量，吴梅作为近代文学史上一位优秀的学者、作家的历史地位应当予以肯定。但由于近代思想文化的发展常常处在一种日新月异、今是昨非的瞬息巨变之中，加上五四新文化运动的历史性冲刷又迅猛地将旧学中一切无价值和有价值的东西统统淹没，所以，以“旧式文人学者”名世的吴梅先生也照例被世人淡忘。吴梅的词曲研究成果和他的古剧成就也常常得不到应该有的重视。在大力倡导民族精神，弘扬民族文化的今天，邓乔彬同志《吴梅研究》一书的出版，对人们重新认识和估价吴梅的理论成就和历史地位起到了十分积极的作用。

《吴梅研究》起码在三个方面为学术界作出了优异的贡献。

第一，《吴梅研究》理清了吴梅词曲研究的理论内容，评估了其理论价值。

吴梅一生致力于戏曲、词学的理论研究工作，其理论著作多达数十种。当然其中不少属于入门知识性的介绍、概述性质的，但也不乏带有纯学术性和理论性的著作如《曲学通论》《词学通论》和《顾曲麈谈》等。即使是在概述性的理论著作中也闪现着零零星星颇具理论识见的思想火花，更何况其纯学术性的著作，独到和精深之处，随时可见。但吴梅的理论研究取中国传统的治学方法，以感受、体验见长，其理论建树无恢宏的体系性构想，而更多的则是随笔性的漫淡，显出散漫的特点。要想在吴梅数十种之多的浩繁卷帙中清理出真正有价值的理论识见来，实非易事。《吴梅研究》的作者能以巨大毅力，历时数载，翻遍吴梅全部理论著述，披沙拣金，整理出吴梅词曲理论的基本精萃，并能够以自己的理论思路和修养，从戏曲美学，戏曲创作论和戏曲史观等角度对吴梅的戏曲理论作条分缕析，逐点评判，对其有精深价值处，体会深切，并能作出公允持平的评价，实谓难能可贵。尤其在“吴梅的词论”一章里，作者分“声律论”“创作论”“词史论”和“作家作品论”等四个方面对吴梅的词论作了清晰而详实的概括，使吴梅词论的思想精髓一目了然。此处可见作者对吴梅《词学通论》一书的熟稔程度至深。作者的这些整理、评判、概括工作对于后人研究吴梅无疑是一大功德。功德所在是可以使后来学人们免除许多翻阅、披拣、整理之苦，并为研究吴梅奠定了扎实的基础。

第二，《吴梅研究》介绍了吴梅古剧作的基本内容及其艺术成就，肯定了吴梅作为剧作家的历史地位。

吴梅一生创作了许多种古剧本，在近代文学史上，吴梅仍是古剧作队伍里的佼佼者。他的以《风洞山》和《霜厓三剧》为代表的古剧作曾经引得戏曲界的注目。《吴梅研究》的作者对吴氏的创作进行了概括性的介绍和评估，并对吴氏的主要代表作品《风洞山》《落茵记》《双泪碑》和《霜厓三剧》进行了细腻的分析，从内容到思想，从人物到语言都作了精采的赏评，基本上显示出了吴氏剧作的概貌及其艺术成就。让广大读者从另外一个侧面了解到吴梅作为一个古剧作家的完整的精神风貌。作者的剧作介绍，概括力强，引文流畅，赏评中肯贴切，其中可以看出作者文学鉴赏和品味作品的独特之处。这个工作对于较难接触到吴梅剧作的广大读者来说无疑是一大好事。

第三，《吴梅研究》从"知世论人"的角度纠正了某种历史人物评价上的偏颇。为准确地弘扬民族文化和有效地继承民族文化遗产做出了有益的尝试。

在近代词曲研究领域里，王国维的知名度似乎远远高于吴梅。通常的文学史教材和文学史专著在论及近代学术研究时，大都只提王国维的大名而极少提及吴梅。这种偏颇的出现，究其原由，不外乎两个方面：一方面王国维的词曲理论以体大力博、内容精深而雄视古今，备受钦佩；而吴梅的词曲理论则在闲言碎语中闪露其真知灼识，虽时有深刻之处但不免有零碎之缺憾；另一方面，王国维治学借助于西方的哲学美学理论并融合于他深厚的国学功底，研究成果显赫并驰骋于社会科学诸多领域，并不为古典词曲区区一研究领域所限；而吴梅的治学以中国传统的方法为主，缺少借鉴和横向比较意义，并且限于古典词曲领域内，范围和气象比之王国维均小而微。这些自不待说。但有一个事实却是不容否认的，吴梅的词曲研究有不少地方是王国维无法比拟的。如在整理古剧本、整理曲律、制曲制谱、度曲审曲等方面，吴梅均表现了他独一无二的天才和贡献。由于吴梅从事了这种专业化程度精深而知情者绝少的工作，因此，难免出现曲高和寡的状况，而恰恰是这一点，使吴梅被世人冠以"旧式文人"的雅号。《吴梅研究》的作者在第一章"吴梅的生平及为人"和第七章"结语"中对吴梅与社会、时代、政治和文化的关系进行了综合性的阐述，从总体上对吴梅这位"旧式文人"的历史贡献作了实事求是的评价："吴梅不但以自己所作为同代剧作者示以津逮"，并且"以曲学著作论列历代剧作，为建立完整的中国戏曲史奠定了基础"，同时还以"制曲、谱曲、度曲、校订曲本、审定曲律"而独标高格，而这三项历史贡献中的最后一项正是吴梅独步近世戏曲研究之风骚的地方，也恰恰是这一项正是我们今天要努力加以继承和领会的，免使"绝学不传于世。"从这个意义上来说，王国维和吴梅对于我们来说具有同样重要的意义，任何历史的偏颇都是应当得到纠正的。

我想这就是《吴梅研究》给我们大家的一点重要启发，也是作者的良苦用心所在。

而说到《吴梅研究》的不足之处，恐怕就在作者意识到了这最后一项贡献对吴梅历史地位的重要意义却未能作更深入的开掘而使读者聊感些些遗憾吧。

（原载《华东师范大学学报（哲学社会科学版）》1991年第6期）

走进这片风景

——读邓乔彬的《吴梅研究》(1992)

郭梅

假如，要编一本近现代的《录鬼簿》，那么，够格排入“前辈已死名公才人”一栏的曲学方家，除了王国维，即使大学中文系的学生也难以想起第二个来；又假如，提起南社，除了柳亚子、苏曼殊、高旭等耳熟能详的名字，人们一时也举不出其他的代表人物来。吴梅先生，作为旧戏曲（传奇、杂剧）创作的结穴者，新曲学的开山者，南社戏曲创作和研究的最高水平代表者，长期以来为学术界所冷落，这不能不说是近现代文学，尤其是近现代词曲研究的一个空白。令人高兴的是，这个空白已得到填补——吴梅先生的再传弟子邓乔彬的专著《吴梅研究》已经出版，并得到了很高的评价，足以告慰吴先生英灵于泉下。

邓乔彬是华东师大中文系副教授，曾师从万云骏先生。他做人、做学问都极认真。就拿这本《吴梅研究》来说吧，它便意味着背后有多达一百万字的笔记和十年的心血。纵观全书，它并未对吴梅原著采用传统的逐部、逐章评论法，而是重新构建体系。从吴先生的“戏曲美学”“戏曲史观”等方面评述其曲学成就，且以一定的笔墨涉及吴先生曲学领域以外的贡献，使读者清晰地看到吴先生兼擅诸体、奄有众长的特点，可谓是对其研究成果和创作成就作了较为全面的探讨。同时，这些探讨是建立在充分的探源析流的基础上的，将吴先生在曲学的历史长河中承前启后的功绩进行了条分缕析，但也并不为贤者讳，客观地指出了吴先生的某些失误和不足，对吴先生作了公正的、恰如其分的评价。

作为曲学家，吴先生不遗余力地完成了自己的“三大愿”：一集《奢摩他室曲丛》以比《元曲选》与《六十种曲》，二定《曲韵》以比《中原音韵》，三正曲律以比《太和正音谱》。这“三大愿”无疑是曲学研究领域中具有划时代意义的工作，同时也是在总结前人研究成果基础上具有更新性质的大工程，奠定了他在曲学界完全不逊于王国维的地位。正如浦江清先生所说：“近世对于戏曲一门学问，最有研究者推王静安先生与吴先生两人。静安先生在历史考证方面，开戏曲史研究之先路，但在戏曲本身之研究，还当推瞿安先生独步。”而钱基博先生则更准确地指出：“特是曲学之兴，国维治之三年，未若吴梅之劬以毕生；国维限于元曲，未若吴梅之集其大成；国维评其历史，未若吴梅之发其条例；国维赏其文学，未若吴梅之析其声律。而论曲学者，并世要推吴梅为大师云！”

作为剧作家，吴先生是“这时代里作古剧的文士的中坚”（郑振铎语）。如其代表作《霜厓三剧》，人物形象鲜明生动，抒情与剧作结合紧密，语言本色优美，读来令人口角噙香，为世所公认。他当之无愧是南社戏曲创作的代表，堪与诗中的柳亚子、苏曼殊等比肩。

作为教育家，他广设绛帐，“种桃李遍江城”（吴梅［仙吕·解三醒］《示南雍诸生》），培养出一大批人才，如任中敏、卢前、钱南扬、王季思、唐圭璋、万云骏等，如今都是当今学术界的巨擘，其中好几位是“文革”后我国的第一批博士生导师，加上再传的中年一代学者，已形成了非严格意义上的学派。

邓乔彬在《吴梅研究》的“结语”部分，精当地对吴先生的卓越贡献下了断语：“吴梅不但以自己所作为同代剧作者示以津逮，实践了自己的戏曲理论；以曲学著作论列历代创作，为建立完整的中国戏曲史奠定了基础，为戏曲批评作了全面的准备工作；而且以‘制曲、谱曲、度曲、校订曲本、审定曲律均臻绝顶之一位大师’，在自具艺术生命的戏曲本身，有其独到的贡献。”同时，也不无遗憾地指出，囿于时代的局限，吴先生“折服于旧形式的完美，就对现实生活中发生巨变的戏剧状况不满。于是，他一生中所做的许多工作都是为使昆曲沿传统的正则得以复兴……可以说，吴梅的文学史观和文艺发展观终于在昆曲上搁浅了”。

早在1981年，邓乔彬就以《吴梅研究》的两章作为硕士论文（题为《论吴梅的戏曲观》）通过答辩，被遴选入首届《研究生毕业论文选》。如今构成完璧，自更不凡。我相信，走进去之后，大家都会喜欢上这片风景的。

（收录于郭梅《我心如舟》，兰州大学出版社2003年）

《有声画与无声诗》(1993年出版)

上海社会科学院出版社 1993年

序(1992)

徐中玉

古希腊时代的西蒙尼底斯（公元前556—前496）很早说过："画是无声诗，诗为有声画。"稍后罗马诗人与批评家贺拉斯（公元前65—8）也这样说："诗歌就像图画。"我国的诗论、画论同样有悠久的传统，融合诗、画两者的美学特征来比较研究的成果不仅丰富，且多精微。最著名的如苏轼《书摩诘蓝田烟雨图》，称赞王维的诗与画："味摩诘之诗，诗中有画；观摩诘之画，画中有诗。诗曰：'蓝溪白石出，玉川红叶稀，山路元无雨，空翠湿人衣。'此摩诘之诗。"苏氏还进而提出："诗画本一律，天工与清新。"（《书鄢陵王主簿所画折枝二首》）宋代张舜民《跋百之诗画》云："诗是无形画，画是有形诗。"（《画墁集》一）；钱鍪《次袁尚书巫山诗》云："终朝诵公有声画，却来看此无声诗。"（《宋诗纪事》卷五九引）竟与古希腊罗马时代哲人在这一问题上的见解几乎吻合，实在是令人惊奇，细想却又并非偶然的巧事。

各种样式的文艺作品都是人类从各自的生活实践中萌生、发展、成熟、不断创造出来的。它总是由于适应继续增长的各种需要，既要再现也要表现，经过历代许多人的探索、创新，而出现了若干脍炙人口的精品。人类内部固然存在不少差异和矛盾，但整个人类有共同的利益，在面临的共同问题之前，如何取得发展与进步，从一段时期来看，可能分歧很大，但全面长期来考察，就会看到思想感情、是非爱憎、价值标准还是基本一致的，迟早能达到大同的境界。文艺创作之摸索出某些规律，乃是整个人类社会生活能摸索出某种规律在文艺领域中的表现。这也是不以人们自己的意志为转移的。这就是为什么当人们从闭关锁国、自我拘禁的状态脱出之后，每能从世界各地人民的精神文明创造成果中发现许多不谋而合、不约而同的精华的原因。所以我认为在诗、画美学特征的研究讨论中，古今中外有如此吻合的见解，细想实非偶然的巧事。这样的例子举不胜举。当然，在表现方法与技巧运用上，原是理该多样选择，各适其用，不会也不必趋同的。

邓乔彬同志向来专治词学，著述甚丰，卓有成绩。我知道他近年兼及诗学，并扩展到绘画理论。我很赞佩他这种不断钻研，在紧邻学科间比较、探索的精神，在一个领域内已打下牢固基础而后逐渐扩大到相关领域，既是自然的，也是必要的过程，比之一上来就想解决一个总问题，却由于囫囵吞枣，往往显得大而无当、虚而不实，费力不少却什么问题都未能真正解决这种做法，的确踏实、有益得多。这部《有声画与无声诗》新著的出版，证明他在精进的道路上果然又取得了新的成果。

把诗与画两者联系起来进行研究，无论在西方还是东方，都有古老的历史，常新的未来。过去讨论过的问题还未穷尽，已经认识到的关系还可深化并使之更有条理，很多作品以及其中相互可以贯通或对照的精微之处在新的观念和现代化的研究手段指引、帮助下，无疑能有许多新的发现。何况新诗、新画层出不穷，规律、真理的发展没有终极。现代以来，我所知甚少，只知我国前辈学者如朱光潜、朱自清、伍蠡甫、宗白华、钱锺书等先生都有对这论题的专文，嘉惠后学。乔彬同志正是在学习了诸前辈，以及广搜博览国外有关著作、资料，读了古今很多诗、画名作、理论原著之后，不苟同异地据自己心得才写成这部专著的。从量上来说，国内过去还未曾有过这样大部的书籍。从质上来说，我觉得这部书确有新意。无论文艺观念或研究方法，近年毕竟比几十年前有了不少开拓，作者是努力注意到这个要求的。已经在诗学、词学研究上有了牢固的基础，同只是就画论画，或简单表面的比较，自然不一样。

乔彬同志对我国诗学、画学的发展历史相当熟悉，立论是在我国人文发展的背景下进而说明各个历史时期诗、画发展的情况，再进而分析各个时期诗、画代表作家、作品的演变，根据诗、画不同样式的美学特征，比较其异同、特殊性与普遍性。因此，虽是理论著作，却具体而不空泛，明畅而不枯燥，头头是道，最后概括、上升为他的议论。有实学基础，又能接受新知，继承并努力发扬我国古代史、评、论三者相结合的优良传统，这是他取得成绩的主要关键。要做到这一点很不容易。祝愿他在这个广阔天地里继续钻研下去，争取更多的收获。

诗中要有画，真诚、健康、美好的思想感情如果缺乏感染读者的如画的魅力，形式上虽然像诗，实际上不成为诗艺。画中要有诗，如果仅有某种简单、机械的图像，其中显示不出任何真、善、美的思想感情，没有灌注洋溢其中的清新生动的神气，亦不成为画艺。不是艺术，就没有感染力、吸引力、说服力。诗中有画，画中有诗，都要求形神俱到，饱满的情意是核心。诗、画各有自己的美学特征，各有其优势，无高下之分，有互补之益，不能替代，不必求同，但作为文艺的一种，例如形神俱到，便是文艺的共同规律。书中讨论到诗、画创作中不少具体问题，谈得都有启发。有些问题还可商榷，原在意料之中，是自然的，作者既已把他的看法谈出来，就有可能把讨论推进一步了。创新之益，亦在于此。

略谈所见，聊以为序。

一九九二年十月二十三日

（收录于《邓乔彬学术文集·第二卷·比较诗学》，安徽师范大学出版社2013年）

比较领域的开掘与拓展

——评邓乔彬的《有声画与无声诗》(1994)

朱希祥

也许是因为我写过几篇谈美术的论文，邓乔彬先生便将他的新作《有声画与无声诗》（上海社会科学院出版社1993年5月版）惠赠我，让我“雅正”，这实在使我汗颜，特别是在粗粗阅读后。

“画是无声诗，诗为有声画”是个古老的话题。在西方，从古希腊的西蒙尼底斯到古罗马的贺拉斯，从文艺复兴时的达·芬奇到18世纪德国启蒙运动的莱辛，再到德国古典美学大家里格尔，几乎没有间断过对其的议论。在中国，虽然没有西方那样系统化和理性化，但以诗论画、以画评诗和比较两者特征与关联的文学艺术家多得不可胜数。处在20世纪末的学者，如何继续认识与论证这一课题，是有一定难度的。邓乔彬凭借他的深厚的古典文学和文化的基础，立足于中国，又将论题置于世界文化的大背景之下，采用史论与比较结合、阐释与论证交叉、理论与创作兼顾的方法，将诗画关系之论题展示得更为全面与深刻。原先我也想写点中西诗画关系比较的文章，读了邓的大作，颇有点“眼前有意道不得，邓公论证在上头”之感，不敢贸然动笔。

谈到史论，我以为，《有声画与无声诗》一书，首先可看作是中国的诗史和画史的简编。作者几乎用“竭泽而渔”的资料搜集法，将中国（兼及西方）诗歌发展和绘画发展之线索理得极为清晰。但专著并不等同于一般的诗歌发展史和绘画发展史，因为：一、作者无意整体采用纵向探讨的史论法，而是纵横交叉，将诗与画看作是艺术系统中两个相关的子系统，将中国诗歌和绘画的历史置于表现对象、思想基础、社会功能和主体风格等论题细目之中逐层展开，这样就避免了按年代布陈资料的弊端。读读前四部分的两级标题即可看出。例如第一部分和第二部分：“人生与自然——诗画表现对象的分流：歌食歌事与图画天地；世间与佛界；立足人生与走向自然”；“儒学与道释——诗画思想基础的界定：儒家倡诗与道佛倡画；人道、人格与无情、无己；人间事业与林下风流”。二、作者在分别阐述诗歌与绘画发展的基础上，总用一定篇幅，概括诗画在某一点上的异国特征。例如，在谈到诗画内容与题材的差异时，作者写道：“诗歌一直以人类社会生活作为主要的表现对象；绘画则以自然与人并重，经由一个相当长的宗教化，逐渐发展为以自然为主要表现对象。若将我国诗画置于世界，比照西方诗画题材的大体一致，更可见到我国诗画发展中表现对象分流的现象。”这样较精炼的语言，既是一种诗画历史的提纲挈领，又是诗画艺术的审美诱导。

《有声画与无声诗》全书采用了比较方法，使论及的诗画特征鲜明突出，读者眼界得以开阔。作者在两个层面上运用了比较：一是中西间的比较，这是通常理解的比较文学学科的方法。作者虽然不是以此为主要线索和主要方法，但全书在一些重要篇章中穿插的这方面论述，令人耳目一新、视域拓展。如第一部分谈诗画表现对象的分流时，开端的那一大段文字，以及谈诗画美学特征的融合时，对西方诗画高下之争及美学特征的辨析等等，都是言简意赅，准确而恰如其分的。二是诗歌与绘画两种不同艺术门类间的比较，这是一种广义的比较。从某种程度上说，它的难度比前一种狭义的比较更高。因为在现当代，由于社会分工的细致和科学的深化，能精通两门以上艺术门类或专业的人，不会像文艺复兴时期那么多了。然而，各艺术门类之间的一些共据点、空白点，有些仍如处女地一般，有待开垦和挖掘。邓乔彬先生兴趣广泛，除中文外，还曾擅长田径与绘画，且都达到了一定的水平。这样，有了写诗的激情、田径运动的奋力、绘画的敏感和人到中年特有的冷静理性，也就防止了隔靴搔痒和隔行如隔山的通病，有感受、有认知、有引证、有分析地将诗画之特点、之趋同、之融合、互补、相通等等讲得细致而透彻，全面而真切。

作者曾与我谈及专著的后四个部分，说那是化了点功夫，颇有点特色的。顺着他的思路，我宏观与微观相结合、泛读与精读交错进行，品味了四个章节的标题和主要内容，确有感悟和启迪。本文开头讲的阐释与论证交叉、理论与创作兼顾的特征就是看了这些内容而得出的结论。不管怎么说，专著前四部分虽不限于讲诗史和画史，也有精到的概括和归纳，但总还是以阐释和阐述为主，即主要是引证、说明和训诂。这是一部专著所必不可少的，是理论依据与基础。但仅有这些，还很不够，专著需要深入论证，需要结合实际，需要有新的见解，而这些，后四部分都具备了。凭借这些，有虚有实，有述有论，有旧有新，全书就成为一个有学术价值的系统的整体。

作者的一些精彩论述，在后四章中，如夜空中的星星一般，时时处处闪烁着光亮。例如第五部分，讲到诗的空间感与画的时间感，有这样一段文字："感情成了诗画轨迹的交汇点，也成了诗画动人的共振点，尽管这两个领域对人的感情导向不同（诗多通向社会，激愤，崇高；画则通向自然，宁静，愉悦），但正是这一交汇点和共振点上看到互补互济的可能。"将感情作为诗画的"交汇点"和"共振点"，是抓住问题的关键和实质，许多理论和实践问题都可以得到解答。黑格尔在论述各门艺术的特征时，也是将感情（在他的美学著作中有时又以更概括的"精神生活""内心生活"来替代）的显现方式作为区别的标准。对绘画与诗，他说："既能表达内心生活又能刻画个别事物特征的表现方式，按照造型艺术的原则来说，就要由绘画提供。"（《美学》第三卷下册，第3页。下同，只注页码）"诗所特有的对象或题材不是太阳，森林，山水风景或是人的外表形状如血液，脉络，筋肉之类，而是精神方面的旨趣。”（第19页）“近代人大谈画中的诗，这不能指别的，只能指题材是凭想象来掌握的，情感趁通过运动揭示出来的，而不是作为抽象的情感来把握和表现出来的。”（第293页）可见，在黑格尔的体系中（至今中外美学中对艺术门类的特征论证最为详尽与精到的体系），“内心生活”“精神”“情感”也是指的能区别和勾联诗画两种艺术的交汇点与共振点。

如何写出诗的空间感，绘出画的时间性呢？如何做到诗的“意余于象”，画的“重在神似”呢？这是诗画在保持自身特色又趋同互补的大问题，作者对此化了大力气，充分运用了艺术辩证法，深入而细致地研讨了这些问题。这些论述的内容，可以看作是对莱辛关于绘画应抓住“最富于孕育性的顷刻”或顶点前的一顷刻等观点的进一步深入化、具体化和中国化。

研究诗画理论，不仅是归纳和概括前人的成果，更重要的是取得审美的理性认识和指导艺术创作实践。这一点在《有声画与无声诗》中也有较充分的体现。作者在第七部分“诗情与画意——诗画艺术表现的互补”中较充分地展开了这一论题。作者先归纳出“诗中有画”的“画意”与“画中有诗”的“诗情”的具体含义，再探求取得这种“画意”与“诗情”的创作途径，条分缕析，有理有据，一目了然。例如讲到，所谓“画意”就是：“要重视提供视境，造就出意境的鲜明性”；“以精炼的文字传视境之神韵、情趣”；“虽可入画却难以画出的东西”等等，求得“画意”的途径则是：“由入而出”“变实为虚”“以动写静”。讲“诗情”的思路也是这样的，这就是理论与创作兼顾的方法。作者在这些部分，材料如信手拈来，论证如顺水推舟。

自然，《有声画与无声诗》并不是十全十美的著作，作者表示有意将其中的一些问题另辟蹊径，再作著说。于是，我也不妨指出此书的一些瑜中之瑕，以供作者进一步推敲与研讨：一是绘画方面的材料，间接引用、描绘和引证得多了点，显得有点陌生与隔；二是整体内容多局限在古典文献，近现代的感性材料似不够；三是有些看法和结论似亦可商。但是，这毕竟是一本将文学比较拓展到文、艺比较的著作，先睹为快之后，我也乐于向学界和比较文学爱好者推荐。

（原载《中国比较文学》1994年第1期，作者单位：华东师范大学）

进入新境地：诗画比较研究

——评邓乔彬著《有声画与无声诗》(1995)

若冰

古希腊的西蒙尼德斯所谓“画是无声诗，诗为有声画”，开启了文艺美学中关于诗画关系的论题。这个论题是古远的，却又是常新的。无论在西方还是在中国，这个论题都随时代的演进而不断产生着新的创获。近来读到邓乔彬先生的新著《有声画与无声诗》，不能不为这个古老话题的最新硕果而感到由衷的兴奋。

诗与画，素称一对“姊妹艺术”。既是“姊妹”，就有“血缘”联系，有许多相似之处：“姊妹”又毕竟并非一体，各有其面目，各有其特征。在诗画关系的论题中人们先是发现了她们之间相似与融通，无论是西蒙尼斯的首倡，还是苏东坡的“诗中有画，画中有诗”的隽语，都还只是艺术批评家们对诗画相似性的认同；而在这个思维层面上，中西文艺美学所留下的也还只是一些睿智而单纯的比拟；直到十八世纪，莱辛的《拉奥孔》作为西方美学史上第一部诗画比较的专著，专论诗与画的界限，以系统的阐述把这个论题推入近代美学的畛域；而在中国，现当代学术大师钱钟书、宗白华、朱光潜等人的专文（如钱钟书的《中国诗与中国画》等），使这个论题有了深入的、丰富的成果，而邓著的问世，把这个论题引入到新的境地。

对诗与画的美学特征进行系统的比较研究，中国的学术史上不乏许多卓越的见解；然而，吸取古今中外的理论精华，以当代的学术眼光加以审辨梳理，结撰成具有完整系统性的诗画比较专著，《有声画与无声诗》还是中国学界的第一部。仅是这个“第一部”就有颇可称道的价值了。

邓著的价值当然不止于此。这是一部理论蕴含颇为丰富的著作。作者的研究对象是中国诗与中国画。站在当代思想的制高点上，作者对几千年中国诗和画的发展、特性以及相互渗透，予以多角度、全方位的观照与审辨。几千年的诗画发展史尽收作者眼底，广阔的学术视野与执一驭万的统摄能力都在书中得以显现。第一章，“人生与自然”，从诗画的表现对象进行比较；第二章“儒学与道释”，从思想基础上对诗画进行比较；第三章，“言志与畅神”，从诗画的社会功能的演变角度进行比较；第四章“实与虚”，从诗画的主体风格的角度进行比较；第五章“有声画与无声诗”，从诗画的美学特征角度进行比较；第六章，“言意之辨与形神之鉴”，从诗画形象营造的角度进行比较；第七章，“诗情与画意”，谈诗画艺术表现的互补性；第八章，“南宗画与神韵诗”，谈诗画后期创作的相通。作者没有停留在一般诗画资料的比较上，而是从中国古代思想文化的多个角度上来揭示中国诗画既成特质的基因。可以说，这是一部中国诗画比较思想史的专著。如第二章，作者专论儒家思想和道释思想对诗画的态度与深刻影响。他认为儒家提倡诗教，而佛家、道家更为倡导绘画。因为诗以表现人生为多，主于入世；画以表现自然为多，主于出世，而入世观与出世观，是两种不同的思想基础，前者为儒家，后者为佛道。第三章比较诗画的社会功能，是从诗、画的美学思想基础着眼来论述。以“言志”为诗的社会功能，以“畅神”为画的社会功能，并且结合大量美学思想史的资料进行分析。第八章“南宗画与神韵诗”，集中论述了禅宗思想对于中国诗、画的深刻影响。全书的论述都表现出作者较深的理论素养，使这部专著具有了丰富的思想史底蕴。虽然篇幅并非很大（全书25万字），但其理论含量是相当重的。

这部专著在方法上除比较之外，还鲜明地表现为逻辑与历史的辩证统一。全书各章形成一个严谨的内在逻辑展开过程。作者首先以诗与画的表现对象为逻辑起点，认为诗歌主要是描写人生的，是人生百态的真实反映。而绘画则逐渐走向自然。然后又分析诗画的不同思想基础，为它们表现对象的不同找到了思想史的基因。如作者所言：“以孔孟为代表的儒家思想通向人间事业，而以庄子和禅宗为代表的道佛思想，却向往着幽深清远的林下风流。”这也就造成了诗之所以关注现实人生.而绘画则多写山水之趣的分野。社会功能论这部分实际是思想基础部分的延伸与展开。既然儒家思想是诗的思想基础，那么“言志——情志合一”也就必然地成了诗的社会功能；而发源于佛道的“畅神——怡情悦性”，也就成了绘画的社会功能。由诗以现实人生为表现对象、画以山水自然为表现对象的观点出发，作者又将诗和画的主体风格概括为写实与写意。接着又侧重从时空关系的角度比较了诗与画的美学特征。……这些论述，都是一环套一环的，彼此之间有紧密的逻辑联系。

如果说，各部分之间的逻辑展开是书的经线，那么，各个论题内部的历史沿革则成为书的纬线。对于每个论题，作者都以历史主义的眼光来描述其发展变化的脉络。虽然不可能更为细致地进行辨析，但作者无疑是把握了一些关键的转折点的。对于每个论题，作者都以许多资料来揭示其历时性的发展过程。如第六章“言意之辨与形神之鉴”，便论述了从玄学“得意忘言”的思想方法到禅宗“不立文字”的思维方式，对于诗、画的表达方式、意象创造方面的深刻影响。作者通过许多资料说明了从玄学到禅宗的内在联系，以及诗、画艺术受其浸染而产生的独特美学风貌，描述了其间的变化轨迹，有较强的历史感。其他部分也都注意考察一个论题的历史性变化进程。

这部书线索分明，主要观点明确。但是，作者并非在作空泛的议论，而是搜集、网罗了大量的诗、画史的资料来进行论证阐述，因此，每个论题的开掘都相当充实、具体、丰满，而且时发新见。在大量的实证材料基础上，提炼出自己的认识。这种认识就不是人云亦云的，而是真正从自己的思想中流泻出来的。这部篇幅不算很大的著作却能给人以较多的理论启迪，其资料基础的雄厚是其关键。

《有声画与无声诗》的撰述，无疑是受到莱辛《拉奥孔》的深刻启示，目的是对诗画这对姊妹艺术的美学特征进行系统比较。书中有些观点也看得出是借鉴于莱辛的。莱辛强调诗与画的分歧，认为诗和画各有其特殊的媒介和不同的对象，因而各有其特殊的手法而产生不同的效果。在总的思路上，《有声画与无声诗》是与之相近的，旨在强调诗画的各自特征。莱辛美学体系有两个主要概念；时间与空间。画是空间艺术，它受空间规律支配；诗是时间艺术，它受时间规律支配。这是两者的本质分野。邓乔彬在诗画美学特征这部分中，论述诗画的时空关系，很明显是受到了莱辛的启发的。邓著所采取的诗画两条线并行论述的结构方式，也脱胎于《拉奥孔》。从这些角度来看，不妨戏称邓著为“中国的《拉奥孔》”。在诗画比较这个范围里，这样来看《有声画与无声诗》的价值，也并没有多少夸饰的成分。而且，作者并未停止于《拉奥孔》的观点上，而是在其基础上就许多问题进行了新的生发。如关于诗画的时空关系，作者进一步揭示了诗与画在时间与空间的互补与互渗。以诗是时间艺术而画是空间艺术的认识为基点，作者进一步揭示了中国古代诗画时空合一的特点。“诗的收空于时与画的寓时于空”“诗的空间假借与画的时间凝缩”等小节，都以大量的资料来阐明了中国诗画的时空特性。作者把许多诗学与画学的命题纳入时空视点之下，如陆机的“笼天地于形内，挫万物于笔端”（《文赋》），司空图的“万取一收”（《廿四诗品·含蓄》）以及“以一驭万”等诗学命题，从时空关系的视角中得到了新的观照，使读者很受启迪。这些开掘，都看出作者的功力与见识。

作为中国第一部全面比较诗画美学特征的专著，书中有些观点似乎还有可以商榷之处。总的感觉是，作者为了诗画之间的比较，更多地强调了诗与画之间的对立与差异。尽管在书的七、八两章侧重谈了诗画艺术表现的互补与相通，但前面几章如“诗画表现对象”“诗画思想基础”“诗画主体风格”等论题的阐述，作者的观点为了建构体系和逻辑的需要而呈现出某种片面或极端的倾向，比如关于诗画思想基础的论述，作者以儒家思想为诗的思想基础，以佛道为画的思想基础，这是有一定道理的，例子自然也不难找到。但实际上的情形远为复杂，如渗透于诗学领域中的儒、道、释思想都是很深广的，当然在不同历史时期的诗界有不同的表现。仅执儒学一端为诗的思想基础，就未免有些独断论的色彩了。再如以写实为诗的主体风格，以写意为画的主体风格，这也未必合乎诗史与画史的实际。作者以杜甫之写实精神来概括整个古典诗歌的主体风格，这就有以偏概全的牵强之感。杜甫堪称写实的典范，但是中国古典诗歌是千姿百态、虚实并茂，甚至一个大诗人的创作，也很难用“虚”或“实”一端来界定，何况中国几千年的涣涣诗海呢？这些地方，作者都提出了个人的见解，并非人云亦云，但往往为了比较的方便，而有些流于简单牵强了。

商榷归商榷，这部专著的成就仍是突出的。这是第一部系统比较中国诗画的专著，它对中国古代诗学思想、画学思想，试图站在比较的基点上作梳理与回顾，无疑地为古代诗学与画学的当代研究提供了新的见解和话题。因此，它是一部给人以许多启示、令人掩卷深思的学术著作。

（原载《文学遗产》1995年第1期）

《唐宋词美学》(1993年出版)

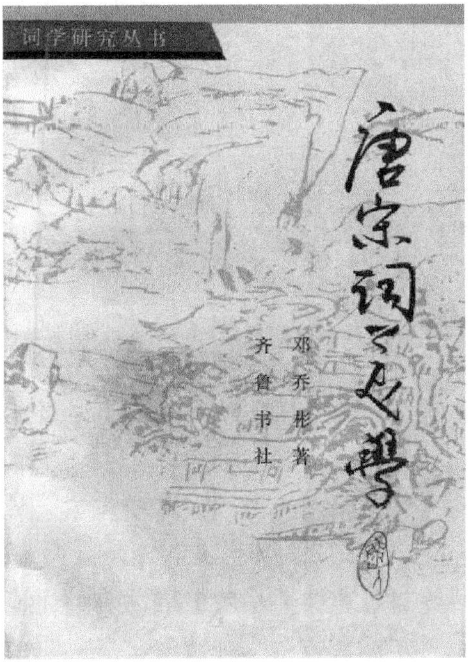

齐鲁书社　1993年（第一版）　　齐鲁书社　2004年（第二版）

本书获“第二届夏承焘词学奖”二等奖（1996年）

序(1992)

万云骏

邓乔彬同志是我所带的首届词曲专业硕士研究生，能填词，有相当扎实的古代文学基础，又有多年的教学经验，入学后，勤勤恳恳，钻研业务，进步很快。邓君曾以二十万字的《吴梅研究》作为硕士论文，其中部分刊于1983年出版的《研究生论文选集》，全稿亦于前年出版。

邓君读书认真，善于研究，实事求是，决不人云亦云，故于词曲理论，时有创见，已有多篇论文发表。他于教学之暇，更不断精进，现又写成《唐宋词美学》一书，都十七万言。余读之，颇感教学相长之益。

吴梅先生是我的恩师，他研究范围深广，著作等身，被称为近代词曲大师，声名籍籍。以吴师之见，诗、词、曲虽同为诗歌，但各具鲜明艺术特征，不容相混。歌德曾说过，艺术的最高成就是风格。清人焦循《易馀砼录》认为一代有一代之所胜。而目前学术界有人对诗、词、曲的区别不甚注意，或只停留在口头上，一接触到具体作品，就不能真正加以认识，这都是未能深入研究所致。

邓君此著，不辞舍易就难，对唐五代宋词的艺术特性与个性，以“不入虎穴，焉得虎子”的精神，“不惮烦”地切磋琢磨，非捕捉到曲折精致的、有时是转瞬即逝的具有鲜明个性的活的形象不止。

兹就阅读邓君大著所得，另举“重、拙、大”问题谈一点体会。《蕙风词话》卷一第三条：“作词有三要，曰重、拙、大。南渡诸贤不可及处在是。”第五条：“半塘云：‘宋人拙处不可及，国初诸老拙处亦不可及。’”

卷二第八一条：

> 重者，沈著之谓。在气格，不在字句。于梦窗词庶几见之。即其芬菲铿丽之作，中间隽句艳字，莫不有沈挚之思，灏瀚之气，挟之以流转。令人玩索而不能尽，则其中之所存者厚。沈著者，厚之发见乎外者也。欲学梦窗之致密，先学梦窗之沈著。即致密、即沈著。非出乎致密之外，超乎致密之上，别有沈著之一境也。梦窗与苏、辛二公，实殊流而同源。其见为不同，则梦窗致密其外耳。其至高至精处，虽拟议形容之，未易得其神似。颖慧之士，束发操觚，勿轻言学梦窗也。

虽作上述引录，但什么叫重、拙、大，仍不易搞清楚。“轻者重之反，巧者拙之反，纤者大之反。”轻浮、浅薄就是不重；纤巧、做作就是不拙；尖纤、琐屑就是不大。清初之词何以能重、拙、大？因为它们还没有沾染明词纤庸之习，浙派饾饤、寒乞之习。为了便于反复阐明重、拙、大的意义，我们再引卷五第三六条：

问哀感顽艳，“顽”字云何诠？释曰：“拙不可及，融重与大于拙之中，郁勃久之，有不得已者出乎其中而不自知，乃至不可解，其殆庶几乎。犹有一言蔽之：若赤子之笑啼然，看似至易，而实至难者也。”

联系上面，“顽”就是顽钝、迂拙，即陶渊明的性刚才拙，杜甫的“老大意转拙”，总之，即不能作随风转舵、投机取巧的“聪明人”。卷一第十五条：“真字是词骨。情真、景真，所作必佳，且易脱稿。”胸中积蓄着万不得已、不吐不快的真实的沉思激情，用口、笔表达出来就是词。唐圭璋《唐宋词简释》把“重、拙、大”易为“拙、重、大”，我以为具有卓识。“拙”是词的内容，是顽强到底、甚至死而后已的思想和态度，值得深刻体味。

我弱冠时在上海第二师范求学，王饮鹤老师教我读《水云楼词》《蕙风词》，当时情景令人难忘。现在我摘些佳句、警句，这虽非好办法，但对理解“重、拙、大”不无裨益。

被吴梅先生称为“国朝词人之冠”的蒋春霖，且看其名句：

疏灯晕结，觉霜逼帘衣自裂。(《凄凉犯》)
一片石头城上月，浑怕照，旧江山。(《唐多令》)

又况蕙风《临江仙》八阕，饮鹤师为我击节吟诵，屡屡叹为绝唱。先录其题：

子大（湘程颂万）来申，词事云涌。《临江仙》连句八阕，极掩抑零乱之致。讷翁和之，余亦迭韵。晨夕素心之乐，身世乱蓬之感，固有言之不足者。

词曰：

约略琵琶商妇怨，春花秋月蹉跎。貂裘换后峭寒多。江山欹枕梦，风雨缺壶歌。

明镜晓霜羞短发，负它云髻峨峨。相逢切莫误横波。雍门成归曲，无计惜韩娥。

往事秦淮流不尽，棹歌凄断吴舲。揭天风色带潮青，斜阳非故国，名士又新亭。

画舫重温罗绮梦，卷波风急谁知。江南大好惜年时。水香山媚妩，花靥柳腰肢。

危坐促弦弦转急，新愁旧恨难论。秭归啼血到吴根。有楼皆蜃市，无地著桃源。

身世断蓬之感，是八首的主题。蕙风逊清遗老，飘泊海滨，卖文为活。词中伤时念乱的思想感情，以炼字、炼句、炼意出之，真是意无不达、凄咽动人。这种选言、塑象、造境的艺术手段，千锤百炼、语不惊人死不休的锻炼工夫，是颇值得我们学习的。至于词的理论，如贵拙、贵留，及事事征实，笔笔凌空的特色，难道不值得批判地继承下来吗？

叶恭绰先生在所编《全清词钞》的序言中，曾说有清一代的词，超越了明代。朱疆村并认为清词独到之处，即宋人也未必能及。纳兰容若说："诗亡词乃盛，比兴此焉托。"（见《蕙风词话》）沈祥龙《论词随笔》也说词中比兴多于赋，但蒋春霖词就多用赋，少用比兴，具见他的真实力量（吴梅语）。词学理论如陈洵《海绡说词》的"以周吴为师，余子（王沂孙、辛弃疾）为友"，及"贵拙""贵留"，可谓是《蕙风词话》的发展与总结；"事事征实，笔笔凌空"则是宋词质实与空灵的结合，周、吴与姜、张的结合；对梦窗词与清真词的分析，更见贡献。至于词的格律方面，朱、况、吴梅先生、张茂炯等规定前人自度曲（涩体）依四声，一般常用词牌依平仄，这在词与音乐已经亡失的情况下也是可以考虑的。有人以为词到清代中期已经灭亡，这不过是五四时期某位国学家"词到南宋已成鬼的时代"的旧调重弹，这种民族虚无主义的态度，对文学遗产的粗暴否定，当然无法让我们信服。

我在以前所写的论文中，曾驳斥将豪放、婉约的风格视作为主流、逆流之说，并努力探究况周颐《蕙风词话》所阐述的鉴赏、创作经验，在拙著《诗词曲欣赏论稿》中，对三者的艺术手法作了研究和论述。邓君在就读研究生时，曾对诗词曲作过初步的比较研究，今又写成《唐宋词美学》，更足见研究水准之提高。若言尚有所憾，当是未及元明清三代词作。虽如此，我想学界对此书是会乐于接受的。

是为序。

1992年10月5日

（收录于《邓乔彬学术文集·第六卷·词学三著》，安徽师范大学出版社2013年）

《学者闻一多》(2001年出版,合著)

学林出版社　邓乔彬　赵晓岚　著　2001年

本书获“第二届闻一多研究优秀成果奖（1994—2008）”一等奖（2009年）

序（2001）

郭豫适

（一）

早先就知道邓乔彬教授和他的高足赵晓岚在研究闻一多，对此研究课题我觉得很该支持。我们的国家是一个伟大的国家，中华民族是一个伟大的民族。她历史悠久，文化灿烂，伴随着绵延不断的优秀传统，历代多有令人钦敬的杰出之士。以学术文化领域而言，情况也是如此。在一篇短文里，笔者曾经说："一个人如果有学问，当然会受到人们的尊重；有学问而且人品又好，自然备受尊敬；学问好、品行高，其德业又足以泽及后世，那就更让人永远敬慕了。"（《从梁启超敬慕顾炎武说起》）在我心目中，闻一多就正是这样一位令人永远敬仰的人物。就中国现代学术文化史来说，我们不能说对鲁迅、对胡适的研究已经太多了，好的著述是永远不会嫌多的；但我想说，相对而言，对闻一多和他遗下的学术文化遗产的研究，我们虽亦已有不少著述，但对它的开掘和阐释显得不够，很该再多作一些研究。这个话题我曾经跟乔彬同志他们谈过。现在他们合著的《学者闻一多》就要出版了，所以我由衷地感到高兴。

闻一多不仅是一位杰出的学者，他的英名是跟他作为一位不屈的民主斗士，为国家前途和人民利益而牺牲的英雄事迹分不开的。在经过流血牺牲、艰苦卓绝的八年抗战之后，我们终于赢得了这场伟大抗日战争的胜利，但紧接着在我们多难的国家，人民被迫又必须起来为反内战、争和平、反独裁、争民主进行艰苦的斗争。1946年在昆明，反动派暗杀了民主运动领袖李公朴，并且扬言第二个要除掉的就是闻一多。但是，闻一多就像1933年鲁迅不惧恐吓，毅然前往参加被反动派暗杀的杨铨的入殓仪式那样，把生死置之度外，前去参加李公朴殉难经过的报告会，并且在会上直斥反动派，发表了义正词严、震撼人心的《最后一次讲演》。就在同一天下午，他回家时被埋伏在住宅附近的特务们开枪攒射，罪恶的子弹夺去了他宝贵的生命，时年仅四十七岁。

当然，闻一多不仅仅是杰出的民主斗士，他在中国现代文学史、学术史上又是一位著名的诗人、一位在学术研究上作出卓越贡献的大学问家。《学者闻一多》研述的并不是闻一多作为民主运动领袖的奋斗史，它主要研讨的是闻一多在学术文化研究方面的奋斗史。全书内容涉及闻一多学术研究的内容，学术研究的贡献，学术研究的思想和方法，以及闻一多的历史地位和影响。而这些课题内容，恰恰是属于闻一多研究中我以为是比较薄弱而应该着重研究的部分。所以我认为这个选题很有意义。

(二)

读《学者闻一多》这部专著，有三点较深的感受。

首先，本书内容丰富，章节安排合理，比较成功地勾勒出闻一多学术研究的风貌。

本书内容之所以丰富，根本原因当然是由于闻一多学术研究的领域宽广、丰实，但也跟本书著者对史料的精心组织，对论题的充分展开和细致分析很有关系。闻一多学贯中西，具有多种学科广博的知识，对我国文史古籍涉猎甚广，他的研究领域以中国古代文学为中心但又不以此为限，在中国古代文学研究中以唐诗研究为重点，而又涉及其他大量的作家作品和文学史诸多问题。如何使全书切实地反映出闻一多学术研究复杂丰富的全貌，突出闻一多学术研究的本质和精神，这是颇有难度的问题。

著者在全书结构形式方面很花过一番功夫。经过反复思考和琢磨，现在全书除引言和结语外，共设置八章。首章《闻一多的古典文学研究概况》，叙述闻一多从诗人到学者的研究道路，探讨闻一多学术文化研究的旨趣在于求美、求真、求善，论述闻一多研究古典文学是有破有立，赞叹闻一多是千古文章未尽才，此章虽说是概述，但能提纲挈领，写得颇有深度。第二、三、四、五章分别是《以图腾学说研究神话》《〈诗经〉的文化发现》《〈楚辞〉研究的独创性》《〈周易〉、庄子、乐府诗研究及其他》，唐诗是闻一多研究的重点，故以《唐诗研究的新贡献》为题特设六、七两章。末了一章是《文学史观与独创的文学史研究》，专门探讨闻一多作为一位文学史家的独特贡献。

评述闻一多的学术研究，可以有两种做法，一种是以闻一多先研究什么后研究什么为序来展开；另一种做法是以中国文学的逻辑发展为序来组织有关内容。本书著者基本上采用后一种思路而又有所变通，书末复又加上一篇《闻一多古典文学学术活动年表》，现在这样的安排我看是比较合适的。

(三)

其次，本书在研述闻一多学术研究时，注意突出其创造性的特点，探讨其所以能获得新见的原因，并重视探讨其学术思路和研究方法。

学术研究贵在创造。闻一多不但学术研究范围广阔，更难得的是他在研究中始终保持着一种创造性的追求。一般说来，一个学者能在学术探讨中提出几点独特的创见就不容易了，令人惊异的是，闻一多研究学术问题，要么不上手，只要一上手，他就会有新的发现和提出新的见解。本书著者对闻一多这个特点很重视，用足够的篇幅予以评介，这对读者会有启发和帮助。这里先举一个例子，在唐诗的阅读和研究中，“王（勃）、杨（炯）、卢（照邻）、骆（宾王）”，即所谓“初唐四杰”，人们历来是作为一个整体加以看待的，但闻一多经过深入考察和比较研究，提出一系列新的看法。他认为，谈诗而称“四杰”有嫌笼统，并不切实，“因为诗中的四杰，并非一个单纯的、统一的宗派，而是一个大宗中包孕着两个小宗，而两小宗之间，同点恐怕还不如异点多”，“四杰无论在人的方面，或诗的方面，都天然形成两组或两派”。王、杨是一组，卢、骆是一组。闻一多不但从年龄经历上指出王、杨和卢、骆有距离，更指出其性格上有差异：卢、骆是较浮躁的市井博徒兼英雄，这两人生而薄亭、死而不凡；王、杨则是较沉静的文人兼学者，这两人尤其是王勃寿命虽短而著述颇丰。再看他们的诗歌创作，体裁有不同，“卢、骆擅长七言歌行，王、杨专工五律”；来源有不同，卢、骆是《风》《骚》余响，王、杨则为晋宋遗音；使命有不同，卢、骆是“破坏者”，他们的使命是“摧毁了旧式的‘江左余风’的宫体诗”而给歌行开出坦途，王、杨是“建设者”，他们的使命是将五律从台阁应制体中解放出来而推广到江山塞漠，从而有了真正唐音的抒情特色。闻一多还进一步提出一个重组方案，建议以“前二杰”和“后二杰”来取代原有“四杰”这个徽号，重组两个“四杰”一组是王、杨与沈（佺期）、宋（之问），一组是卢、骆与刘（希夷）、张（若虚）。因为王、杨、沈、宋共同奠定了五律的基础，而卢、骆、刘、张共同改良了宫体诗。传统“四杰”异点多于同点，而重组后的两组“四杰”同点多于异点。闻一多的主张人们或许未必完全同意，但应当说他的分析无论是质疑旧说，还是提出新见，可谓言之成理，持之有据。

为什么闻一多在“四杰”徽号问题上能够非议旧说、提出新见呢？著者并不只是介绍闻一多的若干有关的结论，还进一步探讨得出这些结论的原因。就这个学术个案，著者提出并分析了闻一多唐诗研究的视角和方法有三个特点。其一是，“从唐诗发展的宏观角度对作家作品作具体分析”，这就较易看出“初唐四杰”在唐诗史上处于承上启下的地位，但这个承上启下的功用却是由两组不同的人承担不同的使命来实现的。其二是，“注重人品和诗品的关系”，闻一多在《孟浩然》一文中提出著名的“诗如其人”“人就是诗”的观点，他也用这个观点和方法来研究“初唐四杰”的为人性格和诗歌创作的关系，所以能够发觉“四杰”应具体地分为两组。其三，“敢于对传统观念提出质疑，挑战，敢发独创之见”。著者接着说“在闻一多的唐诗研究乃至整个古代文学研究中，处处表现出敢于创新的精神，这固然与其天生的狂狷气质有关，但更多得力于其学者的睿智与诗人的敏感，是其宏通的历史文化视野与会心独到的艺术感悟相结合的必然结果”。这对闻一多学术研究之所以能够独多创见，作出了很好的解释和评论。

(四)

第三，本书充分地多方面地展示出闻一多学术研究的成果，对之有述有评，述评结合，并能融进自己的体会和见解，时有精彩之论。

在学术史上，像闻一多那样富有创造精神、独多建树的学者是罕见的。展阅全书，人们就可以窥见闻一多独创的学术个性和他学术研究的丰硕成果。以图腾学说研究神话，对龙图腾作全面的考察，龙图腾崇拜三阶段说的提出，由神话人古史的富有创意的科学探讨，对伏羲与女娲的研究，使“兄妹配偶兼洪水遗民型的人类推源故事”得以整体形成，均是神话研究新的突破。对《诗经》的研究有重要的发覆，从对生殖崇拜到鸟兽草木之名的研究，由于采取新的视角而有许多文化发现，在以往《诗经》研究三种“旧的读法”即“经学的”“历史的”“文学的”之外，又提出一种新的读法，即“社会学的”读法，从而扩大、丰富了人们对《诗经》的意义和价值的认识。在《楚辞》研究中更是表现出闻一多学术研究的独创性，对巫文化与《楚辞》的关系以及《楚辞》中神仙思想的研究，对《离骚》《九辩》的比较分析，均有创见。在端午节的研究中详细考论端午起源与龙的密切关系，一方面对那种将它和纪念屈原相联系的观点予以理解，另一方面又以学者的求真态度指出：“端午是古代吴越民族举行图腾祭的节日”，它与屈原其实并无关系。在《周易》研究中，不主象数，不涉义理，“构建以钩稽古代社会史料为目的的新易学”，辑集《易林琼枝》，慧眼独具地将《焦氏易林》视为汉诗中与汉乐府并列的最重要成果而予以高度评价。

唐诗是闻一多重点研究的领域。正如著者所言，闻一多研究唐诗的道路是一条“由求美、求真，终于求善的道路”。他采用的是“历史——文化的综合研究法”，认为“文学史为整个文化史之一环”，“庶使文学得成为一种有机体的历史”，为此他大胆地将“诗的黄金时代”的结束点定在唐玄宗天宝十四载（755年），将唐诗分成两截，前一截与汉魏六朝相连，后一截与宋诗相接，李白和杜甫分属两个不同时期。他正是从“唐诗之特标的风格”与“唐代文化”的角度，来对唐诗作两段之分期的。闻一多对唐代一些诗派、诗人都有新的研究、新的见解，如对唐诗风范提出了“贵族、平民、胡风”三类型说，除上面已经提及的对初唐“四杰”新的排列组合以外，还有论宫体诗的“自赎”，论孟浩然人品诗品的高度统一是“淡到看不见诗了”，论王昌龄诗的绘画美是“点的颤动”与“线的串连”，分析李白、杜甫交游的文化内涵是“太阳和月亮走碰了头”，如此等等，真可谓新见迭出，使人目不暇接，留下难忘的印象。应当说本书著者对这些研究所作的串连和叙述是相当成功的。

本书写法上的特点之一是有述有评，述评结合，有结合具体的个案研究的述评，亦有综合性的评述。如第一章对闻一多研究方法的独特性，认为大体上可以概括为“四个结合”：一是“传统考据与近代科学的结合”，二是“文学史与文化史的结合”，三是“文献学与文艺学的结合”，四是“经世意识与现实思考的结合”。“四结合”之说，可谓高屋建瓴，是有关闻一多学术研究方法的重要论述。著者对他的研究方法常有称赞，在评论闻一多《楚辞》研究方面时，说他“博采众长，兼出己意”，其方法是“考释并进”，“史论结合”。在评述闻一多唐诗研究时，认为他许多唐诗的文章可称之为“学术美文”，说“闻一多亦史亦论亦诗的学术美文，充满了史家的睿智和胆识，哲人的深思和敏锐，诗人的激情和细腻，至于表述之优美，描绘之形象，比喻之生动，笔调之诙谐，覃思浅语，隽词妙笔，可谓比比皆是”。这些概括和评述，并非对闻一多凭空的赞美，确实出诸著者对闻一多学术研究的理性思考和深切体认。

一般说来，本书对闻一多的学术研究，是用明晰的文字作客观的描述，著者无意将不相干的东西强加给闻一多。但我们也可以看到，著者有时走笔之间，也不回避投入自己的认识和感情，这对闻一多的评析形成了一种并非多余的“补充”。如评述闻一多论及初唐诗歌，即将进入论析张若虚的时候，著者写道：

> 经过晶莹宁静的黄昏的徜徉，我们来到了“风雨后更宁静更爽朗的月夜”和张若虚会面了，张若虚给我们展开了《春江花月夜》的美丽画卷：这里有“江流宛转绕芳甸，月照花林皆似霰”的美丽和谐的大自然；有“不知江月待何人，但见长江送流水”的神秘渺远的宇宙；有“此时相望不相闻，愿逐月华流照君”的铭心刻骨的相思。既有寥廓万里的空间展示，也有绵延千载的时间追溯，更有在时空纵横交错坐标中人间的离情描绘。

接着引述闻一多对张若虚《春江花月夜》的热情赞叹，说它是“诗中之诗”，说它蕴藏着一种“强烈的宇宙意识”。著者在对之进行评述时，运用了王国维《人间词话》有关“诗人对宇宙人生，须入乎其内，又须出乎其外”的“出入”说来分析诸人诗作之后，著者写道：

> 只有张若虚既能“入而感之”，又能“出而观之”，既有深情郁勃的诗人的生气，又具有清醒睿智的哲人高致，出入相当，正好将感情和理智处理得适度。这也正是《春江花月夜》为什么怅惘而不悲伤，叹息却不沉重的原因。宇宙意识也只有在去掉或冷酷或沉迷的偏执后，才能达到冲融和易的纯正状态，也只有经过张若虚这一冲融和易的宇宙意识阶段后，才能进入到陈子昂的更寥廓更高绝的宇宙意识阶段。

上引著者两段文字写得好，很有点“学术美文”的味道。由于评析文字中涉及大自然、生命、宇宙意识以及人们的感悟和思考，哲理、诗情的融入，使文学评论引发并洋溢着一种浓烈的审美情趣，可谓文情并茂。

本书著者对闻一多是非常敬仰的，但对其学术研究能坚持实事求是的分析态度，认为闻一多有些研究或看法也存在着不足的地方，有时“所论或有欠全面、持平、深刻”，甚至还有过于探求而造成“看朱成碧”之处。这当然不是对于闻一多先生的失敬，而是学术研究应有的科学态度，闻一多本人就是主张学者应当具有学术批判精神的。以屈原研究为例，我们可以看到，著者对闻一多有关评论总的说是充分肯定的，但也注意具体问题具体分析。如对闻一多有关《离骚》《九辩》的对比分析就极口赞叹，说这“是闻先生诗心的感悟与理性的归纳，是千锤百炼之所得，是千言万语的浓缩，足见宏观识力，值得我们好好体会”。胡适论《楚辞》提出一个观点“屈原的传说不推翻，则《楚辞》只是一部忠君教科书，但不是文学。”本书著者就明确肯定和支持闻一多对此类错误看法“毫不含糊地予以驳斥、辨正”。至于论及屈原思想的构成，则既说“闻先生特别强调屈原的法家思想是完全正确的”，但也提出“屈原的思想并非单一”，也要充分认识屈原有儒家思想。闻一多论《天问》，本书认为他“能以时代精神看待文学现象，将其置于思想发展的背景下审视，显示出极高的视界和视角，为当代研究《天问》打开了新的‘视窗’”；但也认为：“倘非苛求，还可以放到世界文学的背景上，与希伯来、印度、伊朗等民族的作品相较；就《天问》本身而言，不仅是问天，神话、历史、地理的内容也极丰富，其‘究天人之际’的精神应比闻先生所言更广。”这些都是求实之言，显示本书评述问题力求避免简单片面。

(五)

如上所述，本书有不少优点，我的几点感受既说明了著者的努力，同时也说明从这本书里我颇受益。当然，本书也有些不足或可以考虑改进的地方。

本书的内容是相当丰富的，但也有些地方稍嫌简略。譬如，对闻一多有关《焦氏易林》的研究似乎重视不够，介绍嫌少。书中曾经提及闻一多辑集《易林琼枝》，但没有引录闻一多接着写下的一段话：

> 如果我说汉代文学不在赋而在乐府与古诗，想来是不会有多少人反对的。如果我又说除乐府、古诗外，汉代还有着两部分非文学的文学杰作，一部分在《史记》里，另一部分在《易林》里；关于《史记》你当然同意，听到《易林》这名目，你定愕然了。《易林》是诗，它的四言韵语的形式是诗；它的“知周乎万物”的内容尤其是诗。——这意见在我心里远在十年以前就已确定了。(《闻一多全集》第十卷《文学史编》)

这段文字充分显示了闻一多对《焦氏易林》的价值及其在中国文学史上极其重要的地位的确认，考虑到我们至今尚没有一部文学史评介《焦氏易林》，而闻一多先生几十年前早就为之作了编选工作，发表了独到之见，并且正如有人所言

“现代学者中以《焦氏易林》为诗并准备写入中国文学史的，是闻一多先生。”（《〈焦氏易林〉诗选》的《前言》第8页，见陈良运著《〈焦氏易林〉诗学阐释》）那么闻一多先生有关《焦氏易林》的研究及其慧眼卓识就更显示出它的可贵。当代《焦氏易林》研究专家陈良运先生在其力著《〈焦氏易林〉诗学阐释》中说：“在撰写此书时不时引用闻先生精辟之言，深感我不过是在接续他未竟的研究。”（第587页）由此亦可见出闻一多有关《焦氏易林》的研究不但非常重要，而且还对当代的学术研究产生影响和作用。

此外，本书各章内容的安排总的说是比较合适的，但个别章节内容的组织还可再作斟酌，如第五章《〈周易〉、庄子、乐府诗研究及其他》研述的范围和对象就有点芜杂。倘若将本章以及第八章《文学史观与独到的文学史研究》中有关文献学、文字学、训诂学等方面的内容合在一起，使之独立成章，似可稍减第五章芜杂之感而有益于全书结构的改善。又如，闻一多学术研究所体现的精神追求、优良学风，他学术研究的丰富经验，本书不少章节分别有所介绍，这方面的内容鄙意还可再强化一些，特别是他追求真、善、美的结合，以及提倡深入钻研、力避平庸肤浅的优良学风对我们今天的学术界、著作界很有教益，研究、阐发闻一多学术文化遗产中这个方面的内容，对我们很具现实意义。

《学者闻一多》这部书的写成，著者为之倾注了心血，同时也反映了他们严肃认真的写作态度。此书对闻一多先生的学术生涯，对他学术研究的道路及其卓越贡献，作了比较全面系统的梳理和总结，论述也颇有深度和力度，兼有学术价值和思想价值，我以为是闻一多研究中一部值得重视的新著。闻一多是我们大家敬仰的杰出的爱国主义者和民主斗士，作者努力描绘出了他作为一位学术大师不可磨灭的学术贡献和精神面貌，是会受到读者欢迎的。

二〇〇一年三月十八日于半砖园寓所

寻求学术上对话的平台
——《学者闻一多》评论(2002)

王志清

摘要:《学者闻一多》在展示闻一多的研究领域、成果和方法时,述评结合,从"真、善、美"全视镜探进,在思辨的过程中体验对象的鲜活性,以感性的描述呈现理性的感悟,而以理性的思考介入感性的体验。

关键词:闻一多;古典文学研究;潜心与会心;发现与揭示

真正的学术研究是绝去浮躁的。当下学术界真有点儿浮躁,让人感到有一种"大跃进"的气氛,有些科研领导部门也推波助澜,很多违反研究规律的政策和激励制度的出台,鼓励急于求成,于是浮躁之风越演越烈,研究成果不少,而真正有价值的研究却凤毛麟角。笔者常在思考:这是学术的进步还是学术的倒退?学术研究出不了大师级的学者,是不是与时代有关?不久前获得邓乔彬教授的赠书《学者闻一多》(学林出版社2001年版),是邓乔彬教授与他的博士生赵晓岚副教授的合著,让我感动、感慨良多。这诚然是因为闻一多研究的博大精深,再一个就是敬佩二学人的研究态度和学术功力。

闻一多以新月派诗人和民主斗士而具有广泛的知名度,其实,他还是一个卓越的大师级学者。在学术史上,像闻一多那样富有创造精神、独多建树的学者是极罕见的。著名学者郭豫适教授高度评价说:"闻一多不但学术研究范围广泛,更难得的是他在研究中始终保持着一种创造性的追求。一般说来,一个学者能在学术上提出几点独特的创见就不容易了,令人惊异的是,闻一多研究学术问题,要么不上手,只要一上手,他就会有新的发现和提出新的见解。"(《学者闻一多》序)因此,对闻一多古典文学研究的研究也就难有人敢问津了。邓乔彬教授与赵晓岚博士从事闻一多研究,无论从学术的实力还是从研究的准备上来看,都是水到渠成的自然。邓乔彬教授已经出版的主要著作有《唐宋词美学》《中国词学批评史》和《中国绘画思想史》等,而他的博士生赵晓岚副教授原任教于湖南师范大学,从事唐宋文学的教学和研究十余年,也有《姜夔与南宋文化》等专著出版。邓教授此前,即在1993年就有了闻一多研究《求真与求美》(六万字)的结项,现在此书的30万字规模的框架建立在先期研究的基础之上。用邓教授的话来说:"闻一多先生遂成了我最有心心相印之感的五四以来人物。"

闻一多的研究,据《学者闻一多》中开列出来的竟有五大类、六十三项之多(现已公布于世的计四十余种),从内容上涉及神话、诗歌、历史文化、风俗杂考等内容;而从形式上则包括笺注疏证、表谱、传记、选本和理论研究等。或钩沉辑佚，或旁搜博考，或通今贯古，或以史论诗，……古典文学领域几无所不包而又不限于文学，其研究的方法几无所不有，真让我们从内心深处发出惊诧的欢呼！这么浩渺庞大的工程，对闻一多的研究者来说，邓、赵二人的研究首先做好了一项重要的工作，就是细致梳理，纵横分析，精心结构，这是需要十分的耐心和实力而才可以完成的工作。在这个基础上，邓乔彬他们突破了先生研究编年的顺序，而以中国文学的发展逻辑为序来把它有序化、系统化和体系化。这样的选择无疑是聪慧而优秀的。

闻一多的古典文学研究是从唐诗研究入手的。从诗人到诗歌的研究者，朱自清认为这是很“近便”的路。后来他又从唐诗扩大、扩展到《诗经》《楚辞》，然后又是《周易》和《庄子》，进而以图腾学研究神话……。面对像闻一多这样博大精深的研究对象，《学者闻一多》的作者全方位开展，把这些概括为如下方面：神话研究、诗经研究、楚辞研究、庄子研究、周易研究、乐府研究、唐诗研究、文学史研究等，相应设计了八章，其中唐诗两章，因为这是闻一多研究时间最长、涉及最广、创获最多的一部分。这样的设计，把闻一多研究风貌以全方位呈现。《学者闻一多》的研究开展自然，结构上大开大阖，而在读解评述上则巨细并作，这样的格局忠实地反映了闻一多先生学术研究丰富而复杂的全貌，而又突出了先生学术研究的本质和精神，形成了全书纲举目张的逻辑结构和行文模式。

笔者以为，学术研究主要在于发现与揭示。发现是从渊源和流变上来考察，比较研究而见出对象的特异处，见人之所未见；揭示则是对被研究对象的本质和各种关系的深刻洞察、全盘考虑后，而有所独特发现的本质描述。邓乔彬他们有了第一步的工作之后，站到了“高屋建瓴”的高处，形成了“鸟瞰”的全局观和清晰度。因此，他们的抽象性概括不仅准确，而且精辟。如果要说他们研究特点的话，这一点是不可轻忽的。闻一多学术研究的本质和精神最突出之点即是创造性，认真分析他的学术思路和研究方法，深入探讨他所以多获新见的原因。邓乔彬他们认为：闻一多所以有如此阔大的研究范畴和卓越的研究成果，除了他的天分、勤勉和执著以外，其独特的研究方法是很重要的。《学者闻一多》第一章将闻一多的研究方法概括为四个结合：第一，传统考据与近代科学的结合；第二；文学史与文化史的结合；第三，文献学与文艺学的结合；第四，经世意识与现实思考的结合。应该说，这样的概括是很中肯也很有创造性意义的。这样，一开始就有了一个总论性的印象，让读者很快地就能进入闻一多的研究领域和路径，很容易地就能获得学术和非学术上的启迪。

现在有不少的研究是只述而不评，成为资料的罗列和拼合。其实，那是没有深入研究的结果，或者是信心不足的表现。因为潜心和会心的研究，邓乔彬他们进而采用述评结合的表述方式揭示出来，往往新见迭出，充分显示出研究者的学术睿智和自信力。比如闻一多的文学史分期研究，《四千年文学大势鸟瞰》中把中国文学史分成四段八大时期。邓乔彬他们研究认为，这很能体现闻先生的创造性。他们这么揭示说："打通了古代和现代的界限"，"加深了文学史文化背景探寻，拓展了横向比较、面向世界的视野，在关注'史'的流通时综合考察了经济、政治、文字、语言、思潮、流派、风格、形式、范型等在这一整体流程中的变化，并把握其规律，力图作出历史—逻辑的阐释。"比如对唐诗分期分派的研究，邓乔彬他们发现这是闻生的"首创之功"。在此书中指出："闻一多以安史之乱为界而划分唐诗的前后两期，表现出的是他作为文学史家的眼光，从他对唐诗的论述来看，除专论初唐、盛唐外，他也有中唐、晚唐之说，可见他并不以'两分法'废'四唐说'。当然，满足于复述他人之论并不符合闻一多的学术个性，他的创见更表现在初唐诗的两类三派说，盛唐诗的复古三阶段说上。"要言不烦的揭示是建筑在细致辨析的基础上的，虽平实概括而鞭辟入里。

闻一多对唐代最著名的三大诗人有过多次比较研究的论述，并把他们三人放在安史之乱中来比较异同，归纳出"贵族""胡风""平民"的三种类型，由此而推出唐诗的三种风范。闻一多先生很有创见而又是很精辟地阐释道：诗人对诗的贡献是次要的问题，重要的是使人精神有所寄托。"王维替中国诗定下了地道的中国诗的传统，后代的中国人对诗的观念大半以此为标准，即调理性情，静赏自然，其长处短处都在这里。"研究者发现这种"发现"并把它揭示出来，邓赵总结说："因此闻一多认为定下中国诗传统的是王而非李、杜。王维不仅以其诗风体现出那样文化背景下的士大夫情调，更以其'兼济'而'独善'，调和儒道而安顿与释氏。……他在精神上更为深远地影响了后世的中国士人。"这些虽说是认同性的见解，却体现了研究者的学术敏感，没有认真的研究，这些精辟之创论是很容易忽略而揭示不出来的。而此书中之评论，往往如学术知音的会心的感应和体认。

学术研究也并不只是通过理性的认知和实证来实现，而是要充分体现人性的自觉，注重审美主体理性，以现代的眼光和胸怀去读解，既忠实于史料文本，深入其间，按照历史的本来面目而以恰当的评估，又不为史料文本所桎梏，以显现新建空间的时代面影。我们在阅读《学者闻一多》时，常常发现邓乔彬与赵晓岚研究中的创造性。闻一多的《律诗底研究》对诗的历史，特别是对形式特征有很深入的研究。全著共分七章：定义、溯源、组织、音节、作用、辨质、排律。但是，邓、赵他们的研究不从形式特征入手，而是侧重在文体史的角度上，所以这样考虑，主要是突出闻一多的史观史识。当然，这也充分显示出他们研究的识见。他们认为，从"文体史"的角度来研究，要比就形式分析的角度更能突出闻先生学术研究的创造性特征。在对闻一多此著特点的概述之后，研究者指出：此著的最重要的价值，就在于"以比较研究为民族形式定位，用文化—心理的方法探索研究的道路，更是文体史研究走入现代的一次成功尝试，闻一多后来的文学史研究所取'世界'与'文化'的方法，在此已初步体现。"这样的评说，可以看出他们研究的高度和深度，因而，便有了创造性的新意。因为全局在胸的把握，而又是洞察幽微的探进，作者虽然着眼于一点，但是目光如炬而通体遍照也。

闻一多先生是个唯美主义者，根据他的学生回忆说，闻一多把研究施之于课堂，引人入如痴如醉的境界，"闻先生讲《诗经》《楚辞》是和那些腐儒绝不一样的。《诗经》虽老，一经闻先生讲过，就会肥白粉嫩地跳舞了；《楚辞》虽旧，一经闻先生解过，就会五色斑斓地鲜明了。(《清华暑期周刊》1934年第8、9合期）他的学术研究更是追求美，在论文上追求美文的写法。关于这一点，邓乔彬他们的研究有很自觉的意识。此书第215–216页有一段话是这样写的：

> 哲学在于明理，文学在于抒情，以文学家看待庄子，就要能发现他灵魂深处的情。人们或许较容易地看到庄子梦为蝴蝶的潇洒，妻死却鼓盆而歌的放达，闻一多除着两点外，又指出他"或滑稽，或激烈，或高超，或毒辣"的人格的多面性；更深发出他人难以见到的庄子"钟情之处，'大有径庭，不近人情'，太超忽，太神秘，广大无边，几乎令人捉摸不住，所以浪漫的态度中又充满了不可逼视的庄严。"甚而推至"开辟以来最古怪最伟大的一个情种：若讲庄子是诗人，还不仅是泛泛的一个诗人"。闻一多认为，思想和情绪难以分界，而"向来一切伟大的文学和伟大的哲学是不分彼此的"，"并且文学是要和哲学不分彼此才庄严，才伟大。哲学的起点便是文学的核心"。正因为如此，即使《庄子》没有文学的花叶，而只要有类似于哲学的仁子"给投在文学的园地上，便是莫大的贡献，无量的功德"。在论者多以玩世不恭、放浪不羁看待庄子时，闻一多却看到他的深情和哲思，这是成就大文学家所必不可少的，所以肯定文学的《庄子》成为必然。

邓、赵二位认为闻一多对庄子的研究文章有其独创的视角，而侧重在"美"。他们感到：能在庄子文章中发现这么多的美，这样丰富的文学性，全在于论者的善感善觉。于是这么评论说："闻一多亦史亦论亦诗的学术美文，充满了史家的睿智和胆识，哲人的深思和敏锐，诗人的激情和细腻，至于表达之优美，描绘之形象，比喻之生动，笔调之诙谐，覃思浅语，隽词妙笔，可谓比比皆是。"因此，在展示闻一多的研究领域、成果和方法时，作者述评结合，从"真、善、美"全视镜探进，尽可能在文风上接近研究本体，尽最大可能地与对象拉近距离，在思辩的过程中体验对象的鲜活性，以感性的描述呈现理性的感悟，而以理性的思考介入感性的体验。因此，《学者闻一多》文情并茂，也很有些"学术美文"的味道。

《学者闻一多》读来真让我激动不已，也让我坚信：真正的研究是潜心和会心的结果而不是其他。

（原载《南京理工大学学报（社会科学版）》2002年第3期，作者单位：南通大学）

《中国绘画思想史》
（2001年一版、2011年插图版）

贵州人民出版社　2001年

贵州人民出版社　2011年（插图本）

本书获“上海市2000—2001哲学社会科学优秀成果奖”三等奖、“第十三届中国图书奖”（2002年）

读邓乔彬《中国绘画思想史》(2002)

徐中玉

我国画论非常丰富，是重要的古代文艺理论遗产。二十世纪以来，画论渐受重视，黄宾虹、邓实编辑《美术丛书》，收录了不少论著，以后于安澜、俞剑华、余绍宋诸家继而作了更为详细、系统的编录、评价，郑昶《中国画学全史》略具现代意义，较系统的绘画理论史著作却尚未见。1982年葛路的《中国绘画理论史》问世，有其贡献，但内容简略，许多问题未展开、或未涉及，所论只及郑板桥，认为“扬州八怪”后已无创见可言。近年，专题性画论研究出现不少，尚乏通史式的绘画理论（思想）史著作。较之于多种从数十万到数百万字，相当丰富充实的中国文学批评史方面的研究成果来说，对中国绘画思想史的研究显然已经滞后。邓乔彬教授这部100万字《中国绘画思想史》的出版堪称绘画领域能填补空缺的一部大作。虽大致与历史朝代平行，但并非着眼于朝代更迭和皇权变化，而是侧重从文化史、思想史的角度关照画论的发展。对各朝或清代（对清代之所以给予近半的篇幅，是因为清代的画论占现存此类著作的一半以上）不同时期的政治、经济，尤其是文化、思想、审美风尚的变化，它们给予画论的影响，都有宏观性的论述。这种眼光，颇可避免迷失于个案之中，而难以了解当时的人文思想社会背景，真能感到“历史”的流变。

不仅着眼于文字形态的绘画思想，对原始绘画（如彩陶纹饰、岩画）中所体现的创作思想和观念，也作出文化人类学的探讨，对青铜器的形制和纹饰，从巫史文化的角度给予观照，先秦时代虽无真正的画论，但书中对儒、道两家的“潜画学”，都作了发掘和条理。同样，楚国的巫风、民俗，汉代的宗教观念、生活情趣，以及“天人合一”的审美意识等，没有忽视，对虽未明言、却体现在创作中的汉画艺术表现原则也作了归纳。

对自有文字形态以来的画论之论析，并未只停留在其本身，而能关注文化、思想、哲学、文学的全面影响。对魏晋南北朝，着眼于儒学之衰与玄、佛之盛，分论它们对画论的左右。由于隋唐三教合一，政教功能和宗教意识对绘画的影响是不能忽略的，又因各种文艺间有区别也存在不少联系，会互相影响，如形神论、“造化”与“心源”的关系等，书中作了论述。宋元并列，论列两朝的文化环境与绘画思想的关系，尤其强调文人审美精神的主导作用。论述明朝王氏心学对文化专制主义的突破，重点分析董其昌“南北宗论”的文化背景。清朝可分数期，书中写到清初的感情基调、经世观念、世俗情趣在绘画中的表现，并注意到

“四王”与“四僧”的歧异。论康、雍时期，强调了当时文化、学术建设对画论的作用，重点分析恽格的“摄情说”“逸品说”，石涛《画语录》所受《周易》的影响。论乾隆朝，注意到政治高压与人文主义的矛盾，重点分析扬州八怪的生存环境和思想基础，以及适应经济需求的审美情趣变化。主潮之外，寻觅了复古思潮、考据之学对画论的渗透。书中将十九世纪作为单独一章，分析了反映论在绘画中失落的原因，以及历史的激变与画论缓进的缘由。

能注意贯穿上下、沟通左右，这也是特色之一。绘画思想史不是论著的直线连接和平行相加，写作应体现出沿流溯源的原则。书中一开始就原始岩画论其所具备的民族特点，贯通其后，对儒家教化观之制约后代画论，庄子对后来绘画艺术论的自然影响，都排比众例，以见源流相承。关于谢赫“气韵生动”说，论其起源和发展，与之相关的传神论，对于此论之从人物画转至山水画及其发展，都有详细论列。对“万卷书”与“万里路”的关系，从宋代文人画的修养论，论至董其昌及其后之所倡。对“逸品”一说，是顾及前后左右，以明其发展变化，认为大成于恽恪。在论述明清之际的“重情说”“愤书说”时，尤重文学理论对画论的影响。不同时期的经世观念有不同表现，在画中也多有反映，对此也作了沟通前后的论述。

本书对儒、墨、法、道诸家，既指出儒家与后面三家对文艺有异同之论，又分别侧重在功能论和艺术论上对儒、道两家作了探讨。巫史文化虽然落后于封建文化，但对艺术而言，却颇具激发想象的作用。能有历史主义的分析，不作机械简单化的断定。山水画的南北宗论，历来不乏争议，本书也是分析其产生背景、文化成因，论证其中存在的某些合理性。对于被视为停滞、僵化、再无发展的乾隆以后的画论，本书作了认真的论列，其中如布颜图、沈宗骞，论述尤详，前者作为少数民族理论家，后者作为前代画论的集大成者，其地位皆不应被忽视，具补缺的意义。本书研究深入，立论力求客观、公允，有历史主义眼光，在大量材料的细致梳理、概括、升华艰辛过程中，非经多年思考、撰述，不能有成。难能可贵。

2002.4.9

（原载《文艺理论研究》2002年第4期，原题《读书随笔（七则）》，作者单位：华东师范大学）

中国古典绘画思想的精神追寻

——读邓乔彬的《中国绘画思想史》(2003)

杨柏岭 金姝

新世纪伊始，邓乔彬先生近百万字的《中国绘画思想史》由贵州人民出版社出版。数月以来，笔者徜徉在这部体大思周的功夫巨著中，如同神游于一帧工笔刻绘的“长壁大轴”——伴随着著者的沉静学思、才胆识力及细致厚重的笔法，追寻着中国绘画思想史的精神之旅。若想准确全面评价这本目前首部完整的中国古典绘画思想史力著，远非笔者能力与本文篇幅所能及。因此，这里拟说的，仅是笔者阅读中感受甚深的几端。

一、亦史亦论亦评的思想解构模式

《中国绘画思想史》（以下简称该著）超越了一些艺术思想史著作那种过于“史”化描述的平面图式，而是通过“亦史亦论亦评”方式，构筑了一种解构“绘画思想”的立体模式。在这个富有弹性的综合模式中，著者对中国古典绘画思想的历史逻辑与艺术精神的解构，在尊崇历史的动态流变中，拓展了一个个自由发挥的空间。这恰似中国画的“散点透视”“以时观空”的传统取径，为我们刻绘了一幅中国古典绘画思想的历史长卷。

邓先生明确表述对一些“于研究画史有益，却乏理论建树”的画史类著作，并不十分留意，但因写作时，始终围绕绘画创作与理论总结的关系，绘画题材、类型与绘画思想性质的关系，使得该著的“史”义，具有了绘画创作史和绘画思想史两个层面，“亦论亦评”也分别呈现为中国古典绘画理论自身及著者本人的体认和看法。从某种意义上说，这种“史、论、评”结合的写作方式，秉承了中国古代那些久负盛名的绘画史著作的优秀传统，但与《历代名画记》《图画见闻志》等绘画史著作不同的是，该著着力于绘画思想的历时性构建，“亦史亦论亦评”亦主要体现为一种对绘画思想的立体的、历史的解构。

固然，这种解构绘画思想的模式，不可避免地会出现“史”与“论”之间的紧张关系。但邓先生很好地处理了这个矛盾，往往能在既尊崇“史”且力显“论”的辩证统一中，凸显自己真知灼见的“评”。这可以从邓先生对那些能在描述画史的基础上，彰显理论力度的绘画史著作的评价中，窥见一二。如，唐代张彦远《历代名画记》较早地开启了画史与画论合为一体的著述方式，“不仅是绘画通史之祖，也是极重要的画论著作”①；以张彦远对吴道子的评价为例，“作为一个严肃的绘画史学者”，张彦远“当然不会无视吴道子的全部经历和表现”，但是“他为了表达自己的画学思想，谈艺而不论人，且在谈艺之中又作了理想化的处理，将重心落在为画之道上面”（312页）。可以说，邓先生这种“亦史亦论亦评”的思考方式及写作模式，既有尊崇历史的工笔画法，又有能发挥己见的散点透视。从而，自先秦的图腾到晚清松年的《颐园论画》，构筑了中国古典绘画思想的历史语境，还原了不同时代、著作、画论家绘画思想的事实，理清了不同时代绘画思想之间的演变脉理，精择评析了那些足以代表时代审美取向的绘画思想，“零中见整”地刻绘出中国古典绘画思想史那“抽刀断水水更流”的全幅长卷。

表面看来，该著按照朝代更替，经营中国绘画思想史各阶段位置，但实际上绘画思想自身的演变逻辑，才是该著的骨法用笔。譬如，第二章单列“楚汉”，乃是因为这个时期在文化上具有“从信巫重祀到天人合一”的特征，绘画思想上具有“图画天地，品类群生”的总体特征。又如，自清嘉庆至光绪时期的社会巨变，“并没有在绘画理论上留下清晰的时代印痕”，故并没有冠以朝代年号，而是以“十九世纪：古典绘画思想的终结”为题，目的即在尊重这个时期绘画思想的实情。这种以绘画思想自身情况为骨法用笔的做法，充分体现了邓先生以绘画思想为本体的自觉性。这也是他能较为彻底地以“亦史亦论亦评”方式解构绘画思想的学理依据。所以，该著貌似多以朝代年号冠于章节标题，实则紧扣“绘画思想史”经营位置、布局用墨，从整体到局部均体现邓先生“斟酌至久”（1217页）的学术之思。如宋元与明代绘画思想的分段论述，虽皆未背离该著各时代“先总论后分论”的整体格局，但宋元是“人文精神从高扬到移易，绘画思想定向发展”和“绘画理论全面成熟的时代”，故易于从绘画类型及绘画论著的分类展开；明代是由“专制高压到反对束缚”及“绘画思想由沉寂而再复兴的时代”，故易于从历史分期分析其中的演变旋律。如此布局安排，目的就是为了合理构建不同时代绘画思想的特殊风貌。从而，面对中国绘画思想史那一幅依赖“散点透视”结构的长壁画卷，通过精择的一个个富有包孕时刻的连缀，在“亦史亦论亦评”的绘画思想的解构中，便转化为一系列能摄取中国古典绘画思想神韵的“焦点透视”。

二、不忘本来民族地位的文化视角

中国古典绘画思想的演变，并非一种孤立的存在。其固有的民族特色与中国传统文化、审美趣味，乃是一个有机的整体。中国古典绘画思想业已参与了中国文化民族特色的建构，古典画论家原本具有一种“重视相互联系而非各艺术形式

---

① 邓乔彬：《中国绘画思想史》，贵州人民出版社2001年版，第295页。按：本文以下引自该著者，仅在行文中注明页码。

的孤立研究”的综合视阈，也固有一种超越绘画作为视觉艺术的美术本位而具有文学性、文化学特点的审视特色。张彦远《图画见闻志·叙画之兴废》指出了政治与绘画的关系，《宣和画谱》云花鸟“绘事之妙，多寓兴于此，与诗人相表里”，恽向《宝迂斋书画录》云“诗文以意为主，而气附之，惟画亦云”……这种对绘画之外的文化修养的关注，正是中国古典画论家的自身素质及中国绘画思想民族特色的真实反映，也是对当今艺术理论研究者提出的一个基本要求。对此，邓先生曾多次强调，绘画思想的存在和发展固然有其体性的独特性，但作为同一种艺术生态环境的绘画、文学等不同艺术形式，是可以相互映衬证明的；文化、学术思想的建设虽难说是直接影响到绘画思想，但某时代绘画思想的固有性、变异性等，则往往离不开这个时代的文化、学术思想的环境；也只有在政治、历史、学术、诗文等文化图式中观照绘画思想，方能真切感受到绘画思想的时代特征，直至解析绘画思想的民族性特征。

有鉴于此，该著给予了各时代的文化、审美等元素一定的篇幅，甚至有一种以绘画思想为研究契机，构想中国古典艺术审美文化史的用心。当然，如此设置，并未背离该著以绘画思想为骨力笔法的结构特点。这种以中国古典绘画思想为本体，以及以文化审视绘画思想的双重自觉，形成了该著思路上“先文化特征后绘画思想特色”的鲜明特色。邓先生对文化及审美等因素的考索追寻，正是在探觅各种绘画思想赖以生成的背景、原因、动力的基础上，掘发中国古典绘画思想固有的民族文化基因，昭示着邓先生对中国古典绘画思想的一种深层的文化体认。单就各章凝练的标题，即可看出著者不忘民族本位的文化学观照路径。如，“先秦：从图腾、巫术、原始宗教到儒道相济的时代”“楚汉：从信巫重祀到天人合一——‘图画天地，品类群生’的时代”……这既凸显了此时绘画思想融于文化的混沌气象，也在文化照观与出土文献的直觉感受的结合中，弥补了此时绘画理论资料的不足之憾。

邓先生在该著《后记》中明确指出：“只知中国而不知世界，当然难以推进传统文化、学术以至文艺的发展……艺术的输入虽不同于思想，纯粹外来的形式也可以在中国的土壤中成长，但是，中国画真正的发展、改革，应同样服从‘不忘本来民族之地位’这一规律。”如果说，那种以传统文化透视绘画思想的研究思路，从深层次上挖掘了中国古典绘画思想固有的人文语境特征，那么，中西绘画思想的比较研究及其“以西衬中”的价值取向，则更彰显出该著“不忘本来民族之地位”的写作意图。不过，检读该著一系列的具体分析，可以看出，无论中西皆未构成邓先生绘画思想的惟一的“权力话语”。可以说，“兼通世界学术”避免“一孔之陋儒”，成为该著的一个不可忽视的内在视点，由外到内、由显而潜地渗透在他对中国古典绘画思想的解读之中。如分析以人物活动为主要题材的汉画时，借用莱辛《拉奥孔》关于“故事画”的观点（115页）；分析陆机“宣物莫大于言，存形莫善于画”，以中西诗画比较理论的历史为背景，来确定此言的世界绘画史地位（189页）；分析宗炳“以应目会心为理”，通过与西方焦点透视理论的比较，肯定了其中渗透的散点透视学原理的艺术价值（218页）；分析谢赫“骨法用笔”，亦与西方绘画重“体”和“面”的思想比较，突出了中国画乃是“线”的艺术的观点（243页）……以西方绘画思想为参照的视点，目的就是彰显中国古典绘画思想本体性、丰富性、民族特色。该著频繁道及的中国古典绘画的表现性、写意性、象征性、散点透视、文学化、程式化、外张内顺、虚实相生、以自然对象为主要题材等民族品格，均是在与西方绘画思想的比较、印证下，合参自见，得以进一步确认。

三、彰显绘画思想主题的史家笔法

画虽一艺，原其流派所自，各有渊源；名手辈出，各有师承；妙法精论，代有承继，尤其是同一话题，在不同时代各个画论家那里有着重复性的探讨。针对这一点，一般思想史著作，采取的是把一些主题留置于个别大家名下而忽略其他时代或画论家的做法。邓先生并未如此，而是秉承史家情怀，将那些能代表中国绘画思想民族特色及地位的主题，置于不同时代、画论家的自然接受之中。虽属同一话题，但在每次“正其源”“衍其流”时，都因不同时代、画论家各自的创造性、变异性而得以丰富、演变、转义，抑或是消亡。这貌似绘画主题的重复性论述，但实为尊重中国绘画思想史之举。所以，阅读该著，通过连缀不同时代、画论家对相关话题的阐释，会顿生一种赏览丘壑时的“应目会心”之妙，构建着关于该话题的接受史。从这个意义上说，这种“重复”非但必要，且具有多层次、多元化解读相关话题的价值。通过检读某些主题重复频率，历史及该著的论断，中国绘画思想的核心命题及其民族品格，亦自然显现。

该著在整体观照各时代绘画思想风貌的基础上，通过对绘画主题入细入微地梳理、检讨和阐发，既品咂出各时代绘画思想“代变”的审美趣味，也总结出了绘画主题的演变规律及其因时而变的时代新意，从而在多层次、多元化、富有创造性的阐发中，完善了绘画主题的古典接受史。这种既关注各时代绘画新主题，也不忽视那些足以代表民族特色的永恒主题的做法，目的在于合理评析各时代绘画思想的总体风貌，完整构建该时代绘画思想的固有性、变异性及创造性的自然形态。这样，中国古典绘画思想在一代有一代精神的基础上，又有绘画思想精神原型的生生不已的接受历程。诸多主题、思想、题材、类型等，除了在各自昌盛时代彰显过民族性格，也在弱势时代的延续中，透露中国古典绘画思想的某些永恒性。

就后者而言，如魏晋时代，因“文的自觉”致使文体区分趋于细密，但这种艺术的自觉精神在绘画领域还是非常欠缺，因而王微《叙画》表现出的山水画的自觉精神，就颇足珍贵（225页）；中国绘画由人物画向山水画递变，理论由形神向心意转移，故而在明初画论寂寞的声音中，那些较为正确的形神关系理论，就显得“尤为珍贵”（582页）；清代画论重山水而轻人物、花鸟、畜兽之类，故屈大均《广东新语》中关于画马的内容、蒋骥《传神秘要》中的人物画理等，亦显得“弥足珍贵”（960–1190页）……列举这些“特作论列”的内容，意在强调邓先生那种彰显绘画思想主题的史家笔法，以及以时代照观中国古典绘画思想的整体意识。但必须说明的是，该著更为深层的价值在于既不同于补缺，也不同于绘画门类的理论归纳，而是因著者所禀赋的文化关怀、“亦史亦论亦评”解构绘画思想的把握力度以及“不忘本来民族之地位”的写作目的等，使得这种彰显绘画思想主题的史家笔法超越了一般意义上的绘画思想史论，而具有了批评和总结中国古典艺术文化史的意味。

四、绘画思想精神追寻的艺术慧心

包括绘画在内的诸多艺术思想，皆有这类艺术相应的创作技法上的依据，有的甚至原本就是技法理论。因此，从对技法理论的探讨中提炼出绘画思想，或是从画理、技法上坐实性地剖析绘画思想，应该是艺术理论家所期盼达到的一种理想境界。对此，邓先生曾多次强调：“本书重在探讨绘画思想，而非具体技法，然而著者的见解，又常见之于技法理论的阐发之中，二者难以截然分开。”（1189页）于是，他在分析中国古典绘画思想时，除了政治的、历史的、文化的、审美的等多层透视外，便常以画论画，从画理、技法上予以本色剖析。从某种意义上说，这种双重自觉惟有在识画理、有习画经验者的艺术慧心中，方能汇聚成洞悉艺术真谛的卓越之力。

比较近些年一些学者“虽曰妙解，不见笔踪”“一空依傍，天马独行”的相关论述，便可确认邓先生禀赋“识画”“习画”的优势，以及该著能从画理、画法上细致入微地梳理和评析绘画思想的特点。以顾恺之的传神理论为例，邓先生便认为“重视传神是顾恺之绘画思想的总体原则，要将这一思想付诸创作实践，则必然牵涉到技巧，因此，顾氏又有‘以形写神’说”；进而“以形写神”也是一种总体性的创作原则，其具体的创作技巧、途径又有画人物头部、画眼睛、写骨相、营造环境等（200–203页）。所谓“魏晋以来，由于人物画占据主位，顾恺之紧劲连绵，如春蚕吐丝般的线条，对勾画人物轮廓、衣纹，备受推崇，但这类线条用于画山水，就难以表达质感和体积，此于展子虔画就可见之”（300页），所谓“由沈括的‘自有妙理’，到郭熙的‘三远’法，使多视点所得的多层次画面，变为平面的节奏化空间，形成渗透着时间意味的特有时空关系”（493页）等，皆可见之。

固然，“重道轻技”乃是中国古典艺术思想的一个传统，但辩证地对待技艺与艺术思想、创作与理论的血缘关系，也是中国古代包括绘画在内艺术史的客观存在。对此，邓先生在评析庄子“道进乎技”时曾有过深入的思考。一方面，技艺是一种经验性的感悟，因“道进乎技”而可知艺术活动中的“理通于法”，但知法并非艺成，故庄子所论又引发出后世对绘画法度的辩证理解（94页）；另一方面，“由于雕刻家仅入于工匠，社会地位低下，倘非庄子以‘道进乎技’而对工匠及百业之徒作了诗意的描写和赞颂，‘重道轻技’的传统是遮蔽、埋没了不少艺术光芒的”（50页）。因此，在道与技、法的辩证理解基础上，尊崇“重道轻技”的传统观念的同时，又注重技法之于艺术思想、创作之于理论的独特价值，已成为邓先生一以贯之的艺术观念。于是，在辨析绘画与其他艺术形式离合关系之前提下，追寻着“不忘本来民族之地位”的绘画思想，似乎也成为该著一个活泼生动的生命骨力。如，在分析孟子“以意逆志”说之于诗画的影响时，便说：“由于绘画是视觉艺术，虽因无声诗之文学化，但毕竟以笔墨造境为主，较之有声画之诗，立意终未及其深邃，旨趣迢遥、难以情测者少……这样，绘画批评中的以意逆志就远无诗中之盛，也难以起到其在诗歌批评中的作用了。”（67页）又如，在评析汉画“天人合一的艺术世界”时，指出这“并非哲学意义上的天人合一和天人感应”，而是指“使‘玄想’与‘实际’混为一体，遂产生了神仙的天界与历史人物、现实生活并见于画面的现象”（138页）。诸如此类，便是邓先生植根于中国画体性特色及各时代绘画的创作实际，而得出的艺术感悟之见。

在邓先生看来，“画是画家的创造，画的高下取决于画家的心性修养和笔墨技巧”（501页），“为艺术而艺术”，亦须以德、性修养为基础。“画家应该德、艺双修”（502页）、“人格、道德是由艺提升至道的保证”（346页），如此，“审美主体与客体达到一致，人品与画品同格”（346页）。画家修养论，是中国古典绘画理论的重要内容。邓先生在尊重这个事实的前提下，由对画家及画论家人格、心性修养的深层挖掘和关注，观照他们的绘画思想和艺术慧心，审视中国古典绘画思想的艺术精神，实则反映了他对绘画艺术精神的一种价值追求。诚如他在剖析庄子“解衣般礴——道法自然”时所说，“这里体现的是追求道之本然，不为外在的功利所异化而回归自然的精神，这就是一个艺术家的最高的艺术精神”（84页）。邓先生涵咏于这种最高艺术精神，所以在营构如此恢弘的中国绘画思想史时，恰似古人面对“长壁大轴”，泼墨渲染着自己的气质及生命感悟，践诺着自己求真探微的真艺术之精神（85页），将自己的阐释控制在对中国古典绘画精神的追寻之中。该著中对古人创造性的肯定、随处可见的精辟见解、绘画思想精神源流的细微采掘、彰显绘画思想民族特色的文化观照，直至对中国绘画思想史予以体大思周的逻辑推衍……无不是著者艺术慧心、文化修养的一次淋漓尽致的自然呈现。

最后，作为第一部大篇幅的中国绘画思想史，当然也很难达到尽善尽美之境。倘非苛求，邓著也有其不足。如，在史实与史识的关系上，对历史的描述与逻辑的建构，还很难达到主客观的高度和谐，史中出论，抑或以论带史，也确实是一个有待解决的难题。又如，思想与理论难以明确区分，如何把握二者关系，真正依照“对绘画的看法”当作全书的逻辑建构，解决二者之间的虚实矛盾，怕也是该著中存在的问题。

（原载《安徽教育学院学报》2003年第4期，修改于2019年2月1日。杨柏岭，撰写此文时系安徽师范大学文学院副教授，现为安徽师范大学新闻与传播学院教授、执行院长、博士生导师；金妹，撰写此文时，系莫斯科国立工艺美术大学壁画系博士生，现为中国传媒大学教授，美术传播研究所副所长、硕士生导师）

鸿篇巨著，专业必读

——评邓乔彬先生的《中国绘画思想史》(2011)

王嘉

这是一部再版的书，无论体量和内容，都远远超出了2001年的第一版。经历了10年的沉淀和提炼之后，本书作者邓乔彬先生，不仅在诗画研究方面不断刷新自己的卓见，并且也还继续保持着大陆地区在这个学科领域的前沿地位。长达140万字的篇幅，以12个章节的篇目结构，阐述了从先秦至19世纪的中国绘画思想历程。

作为中国文学史研究专家，邓乔彬先生在完成了1992年立项的国家社科基金项目《中国古代诗画艺术思想史》，出版了诗画比较的著作《有声画和无声诗》后，深感古代诗画既可比、又不可比，而因两者之不可比，决计分别就中国诗歌思想史和中国绘画思想史写出二书。为此，于1994年开始动笔、1998年完成初稿、2001年正式出版了中国大陆地区的第一本完整而系统的鸿篇巨制《中国绘画思想史》。该书以详实的史料、清晰的脉络、深刻的分析、宏观的视野，很快受到广泛的关注，成为不少学者专家的案头必备。2002年，该书荣获第13届中国图书奖。

《中国绘画思想史》是一部关于中国绘画理论的通史式著作。全书以历史朝代为线索，把对中国绘画理论的研究，融入文化史和思想史的范畴。作者阐述了各朝代不同时期的政治、经济、文化、思想、审美风尚的变化，对中国绘画理论产生多方面影响。其中，既有宏观性的论述，也有细致入微的梳理和评析。从而使本书在一般意义的史论基础上，得到更高层次的理论观照和把握。

中国古代文论和画论之间的微妙关系，尽管是一个公开的秘密，后世的研究者，特别是美术史研究者，常常因为在文学史研究方面的学术功力之不足而难以兼顾两全。这对于身兼中国宋代文学学会副会长、中国韵文学会常务理事、中国古代文学理论学会理事、《词学》主编等职务，并具有在唐宋文学、中国古典诗词研究、诗画比较等学科有着多年博士生导师经验的邓乔彬先生而言，一切只是驾轻就熟。文论与画论的结合，是本书最为突出的特点。

对史料的全面把握和综合分析，是本书的有一个重要特点。作者在系统研究以文字表述的绘画理论之外，同样重视零散的观念、说法，尤其是未见于文字、但从绘画作品中透露出来的创作思想。对于不同时期的文化思潮和审美时尚，也力求以客观、公允的立场加以评述。特别是对19世纪中国古典绘画思想的终结，进行了多方位的解析。并在“结语”中对20世纪中国绘画思想的发展，作了积极而充分的论述与展望。

正如《文艺理论研究》主编、华东师范大学教授徐中玉先生指出的那样，邓乔彬教授的这部《中国绘画思想史》，堪称绘画领域能填补空缺的第一部大篇幅著作。此次再版刊行，除了在文献资料方面严格校勘、查缺补漏之外，还新增了不少历代中国绘画经典作品作为插图。图文并茂的阅读方式，精炼的学术语言，深邃的思想内涵，使得本书的再版，成为一次对原版的锦上添花。

（原载《美术报》2011年9月3日，作者单位：广东省美术馆）

《古代文艺的文化观照》(2003 年出版)

上海教育出版社 2003 年

本书获“广东省首届哲学社会科学优秀成果奖”三等奖（2005 年）

减字木兰花(邓乔彬教授新著出版)(2003)

施议对
(澳门大学教授)

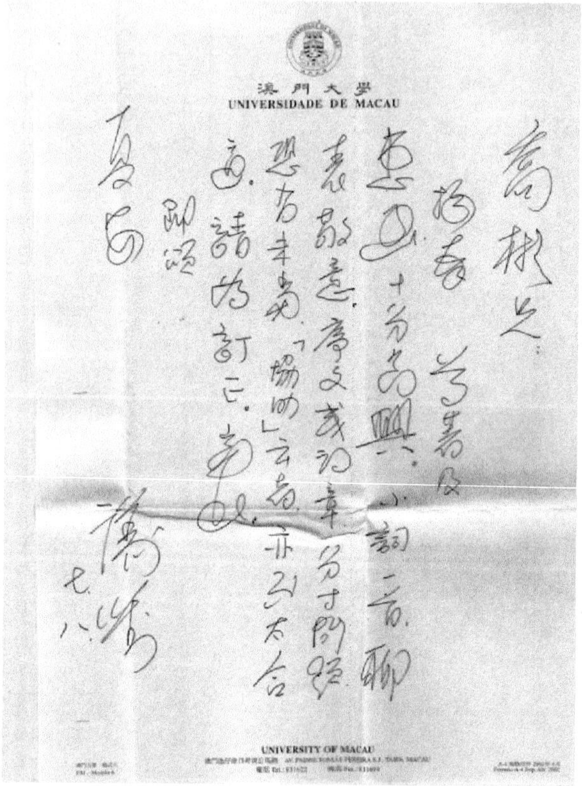

澳門大學
UNIVERSIDADE DE MACAU

UNIVERSITY OF MACAU

(2003年7月8日)

邓乔彬教授，广东珠海人氏，近代词曲大师吴梅弟子万云骏教授之弟子也。多年从事古典文学及古典文艺理论教学与科研工作。雅健雄深，著作山积。乃后起中之佼佼者也。曾协助施蛰存教授主编《词学》，功在翰苑。近调暨南，正筹划复办龙榆生教授之《词学季刊》，豪气未减。新出《古代文艺的文化观照》，横跨艺林各科，贯通中外古今。教行化成，于上及下。后顾前瞻，不违其时。亦难得之佳构也。因赋。

根基文化。俯察仰观成一写。学究天人。生甫及申岳降神。
谁其敌者。翰苑于今思白也。吾道已南。明月满江风满帆。

文艺存在的文化观照
——两部“文艺与文化研究”著作比较述评(2012)

郑平

摘要：在以文化视野作文艺研究的著作中，《古代文艺的文化观照》和《文化视野中的文艺存在》两部颇具代表性。它们都对文艺存在做了广泛而深入的文化观照，二者相较，其内容和体例，同中有异，互为补充，论述特色鲜明，各有所长。它们视野开阔，气魄宏大。宏观与微观相结合，同时可见学术个性。结构安排也各具优势，彼此补足。这一研究方法具有开放性特点。

关键词：文艺存在；文化观照；比较；特色鲜明；开放性

近年来，在中国人文科学研究界，宏观研究渐成热潮，尤其是从文化角度讨论文学、史学、哲学等诸学科的各种问题，已是一种广受关注的研究方法，由此而取得的学术成果也日益丰富。这种研究的积极意义是很明显的，它能在一定程度上突破专业分工过细的局限，打通文史哲，以更广阔的视野进行交叉性研究，能更清晰地阐明问题的人文精神实质。同时也能够更明白地看清传统文化的民族特性，既看到其优越性，也自觉反思其不足，做到正确地继承和扬弃，合理地处理民族文化与世界文化的关系，这对中国文化建设无疑是有帮助的。

纵观相关研究成果，研究者的视域的拓展轨迹是很清晰的，从文学到文艺，再到文化，直至文明。其中，同在2003年出版的两部“文艺与文化研究”著作颇具代表性，一是上海教育出版社的邓乔彬著《古代文艺的文化观照》，二是中国社会科学出版社的蒋述卓等编著《文化视野中的文艺存在》。它们都对文艺存在做了广泛而深入的文化观照，二者比较，无论是内容还是体例，都是同中有异，互为补充，论述也是特色鲜明，各有所长，充分显示了以文化视野作文艺研究的优势所在。

两部著作视野开阔，气魄宏大。

它们都是以文艺为研究对象，以文化为宏观背景。二者相异之处在于讨论的时空范围有别。邓著着眼于中国古代，蒋著则涵盖古今中外；邓著同时兼顾美术、音乐等其他艺术形式，蒋著则主要着眼于文学。因此，两部著作在内容上互为补充，互为映带。

文艺，是文学和艺术的统称。文化，它的所指较为广泛。梁启超的《什么是文化》一文讲到“文化者，人类心能所开积出来之有价值的共业也”。“易言之，凡人类心能所开创，历代积累起来，有助于正德、利用、厚生之物质的和精神的一切共同的业绩，都叫做文化。”[1]98“文化是含人类物质精神两面的业种业果而言。”[1]102

两本著作以文化为研究背景，视野宏阔，所涉广泛，以哲学，宗教，语言为中心，包括政治、经济、思想等各个方面，甚至涉及了社会学、人类学等学科。《古代文艺的文化观照》的上编，就是从空间维度做横向联系，分别从中国古代的哲学学术、宗教思想、语言文字、封建政治、农业经济、地理环境等六个方面，阐述它们与古代文艺之间的互动关系，从而揭示出中国文艺的民族特性。作者着力讨论了哲学思想对文艺审美倾向的影响，包括儒家求中和之美，道家重象义相生，佛学尚自觉虚静，经学讲教化，理学讲理趣，还有玄学的形神之鉴，朴学的考据经世等等。此外，对政治、经济、地理与文艺的关系，也阐述甚明，诸如，中国的君主专制，形成了重视宗法和伦理的现实，于是文艺创作也比较主现实、重教化；长期的农业经济，形成一种天人合一、自然和谐的文化心理，于是文艺有了情景交融的独特表现方式。大陆性的地理环境，使得交流欠缺，所以文化属于保守型，易于形成传统和维护，但也有自闭和自足的缺陷。《文化视野中的文艺存在》的上编，也是主要从哲学、宗教、语言三个方面论述文化与文艺之间的关系，但视野更为开阔，古今中外同时兼顾。此外，还论述了另外两个方面，即伦理和人类学。作者在论述伦理与文艺的关系时，特别强调了两组因素：善与美；理智与情感。善，本属于伦理范畴，后也用于文艺范畴，这已反映了二者存在联系。善不仅有道德意义，也有美学意义。善与美，是伦理与文艺同质建构的基本要素，善和美并论，是艺术审美判断的一个重要标准。文艺表现的情感来自于现实的社会生活，道德情感与艺术情感沟通共鸣才会产生感染力，因此，文学内容承载着道德观念。伦理与文艺相互渗透和促动，人类在现实生活中形成的道德准则，影响着人们感受生活的倾向，进而判断文艺的社会价值。道德与文学在同质建构中互相依托，互相阐释，形成互文本关系。文中还指出，理智与情感，是伦理与文艺反向扩张的价值内核。情与理的关系影响着艺术审美情趣，东西方不同的情理观影响了各自的美学风格。在文艺发展中，二者相悖又相成，情提供动力，理提供规范，而二者的完美协调，则可显出作者的表达功力。

两部著作的论证方法都体现了宏观与微观相结合的特点。同时又显示出作者不同的学术个性。

它们既有宏观性的整体观察，力求把握文化与文艺的内在的血肉相连的贯通脉络；又有微观的局部分析，力求讲明不阈于成说的个人见解。而在具体问题的理论分析上，两位学者则各显所长，相较而言，邓的宏观分析颇见驾驭功力，而蒋的微观选题则慧眼独具。例如，《古代文艺的文化观照》论及的文化变迁时，提出了“南北易位律”，即中国古代的文艺中心呈南北摆动态势，从汉到唐，文化中心与政治中心相依随，此后，则长期居于南方，只有元前期例外。论及文艺发展规律时，提出了“雅俗循环律”，即唐前大势是由俗渐雅，唐为雅俗结合，唐后则由雅渐俗。尤其在阐述语言与文学关系的部分，思路通达，文笔顺畅。语言特征影响文学特色，因为前者是后者构思和表达的基本工具。汉民族语言特征鲜明：多单音节，表意功能明显；词性不固定，语法无形态变化；句法简单，“因字而生词，积句而成章”。总之，这是一种自由的语言，灵活但散漫。比较而言，西方语言语法严谨，客观精细，长于分析、演绎，科学性、逻辑性强，因而更适用于科学哲学。汉语语法自由，主观粗放，长于综合、概括，自觉性、主观性强，因而更适用于文学艺术。尤其适用于诗歌这一文体，能够充分达到简约、形象、生动、抒情，因此成就了一个诗歌的民族。而《文化视野中的文艺存在》则选择了一些富有时代感的悖论命题加以讨论。例如书中提出了文艺的雅与俗问题。文艺的雅俗之辨，是大众文化时代的难题。雅与俗是相对的，小同的时代、地域，人群看法小一。通俗文艺满足大众化的文化消费，迎合民众喜好。高雅文艺追求艺术尝试，引领思考人生。彼此借鉴、相互融介是文艺发展的理想状态。另外，书中又论及文艺的民族性与世界性问题。作者认为，世界文学的提出包含了对各民族文学多样性的承认，有了多样性才有必要交流，交流以各具特色为前提。越是民族的，才越是世界的。二者关系是辩证的，民族性包含潜在的世界性，世界性包含典型的民族性，二者相互兼容互逆转化。本土主义和全球化的冲突，是当今时代一大文化悖论，强势文化造成文化的趋一性，弱势文化出于自保而产生排斥心理。在这种后殖民主义时代，科学的态度应该是求同存异、和平共处。通过互相交流、融合来最终满足民族性与世界性的双重吁求。

两部著作在结构安排上，也各具优势，彼此补足。

邓著是从空间、时间两种维度进行立体研究。而蒋著则是从核心到外围进行扩展研究。它们都分为两编，《古代文艺的文化观照》上编横向论基本特质，下编纵向论历史变迁。从远古、先秦、秦汉、六朝、唐宋自到元明清，从原始文艺的内在机理一直到清代文艺的集成和蜕变，都作出深入分析；而《文化视野中的文艺存在》上编把文学与相关人文科学勾连和区分，以进一步理解文学本质。下编又进一步把文艺活动置于更大的社会文化语境中，考察它与民俗、文化心理、文化消费以及大众文化的关系，并从艺术生产角度全面解读文艺的多元发生。总体而言，两书虽然论题丰富，但贯通全书的是一种文学一文艺一文化一文明的递进线索。

文艺的文化研究在当今学术界颇受瞩目，这一研究方法具有开放性特点。

它是通过探索文艺与其他人文学科之间的关系，在一种文化的视野与跨学科的比较中给文艺以新的定位。因为人文众学科既各具特性又相互关联，既具独立性又有依存性，因此，将静止文本同活动世界相结合，打破学科界限而尝试互阐互证，就成为必需。文艺是在具体的文化环境中发展的，研究文艺倘若不从文化视角进行全面观照，往往会得出盲人摸象的片面之见。

这种研究方法的兴起有其特定的学术背景。时至今日，文艺研究的功能已发生变化，不再满足于传统的文本自足性解读，而是开始重视揭示隐藏其中的文化秘密，以期达到更为全面深入的理解。文艺研究的多元时代已经到来。

［参考文献］

［1］梁启超.饮冰室合集（第五册）［M］.北京：中华书局，1989.

（原载《黑河学刊》2012年第3期，作者单位：韶关学院文学院）

《词学廿论》(2005年出版)

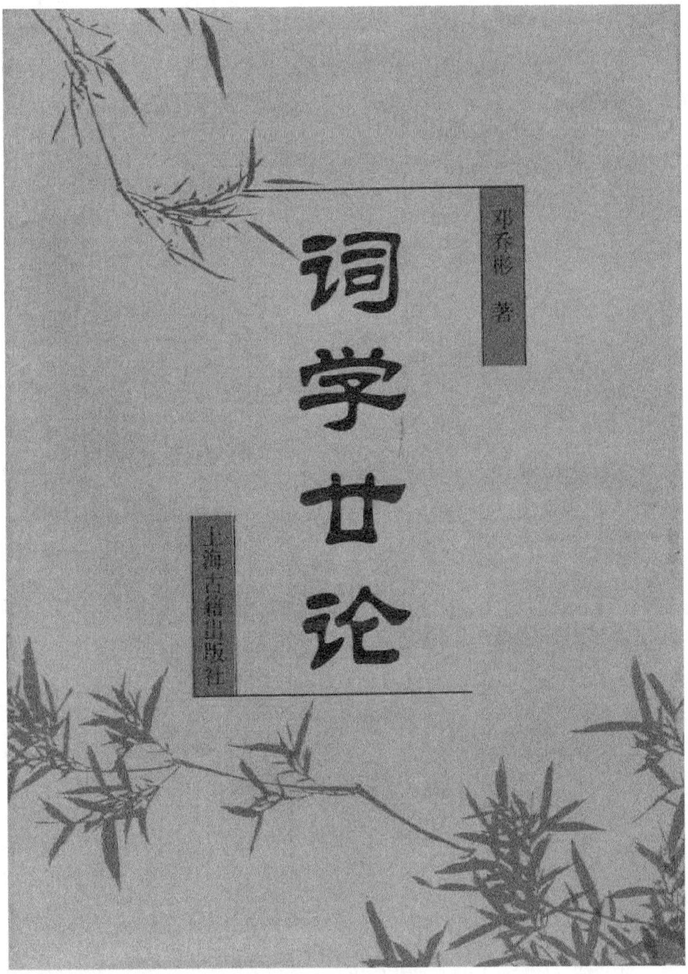

上海古籍出版社　2005年

文化视野下的词学研究

——读邓乔彬先生新著《词学廿论》(2006)

刘荣平

当代的词学研究，邓乔彬先生是不容忽视的一家，所著《唐宋词美学》《中国词学批评史》(合作)、《宋词与人生》等已在学界产生广泛影响。今先生把二十余年发表的词学论文择要辑为一编，名曰《词学廿论》(上海古籍出版社，2005年6月第1版)，作为自己重新研究词学的一个新起点。该书包含三个方面的内容：一是宏观的纵览，有论文5篇；二是词人词作研究，有论文11篇；三是词学理论研究，有论文3篇。另有学术史论文1篇。每个方面的内容都有特色，试分述如下。

一、关于宏观的纵览

这一部分主要用文化批评的方法，将词视为一种文化现象，与社会意识形态进行比照，试图寻绎出词文学中的文化基因，有重建词文学艺术价值的意向。如卓有创见的《论宋词中的“骚”“辨”之旨》，从“骚”“辨”之旨的角度看待宋词的历程，认为北宋词“辨”旨渐入，南宋词则“骚”旨渐多，转变的动因即是靖康之变，转变之后的词文学“志”“情”难分，意格、品位得以提升，而宋代文人普遍存在的淑世精神、文道合一的理念终于涵盖曾为“艳科”的词苑。这篇文章的成功之处即是始终把握住了社会意识尤其是文人心态的主线，从而扣住了创作主体的心灵本质。再如《词的由中唐至宋初之变与文化转换》则涉及词学研究中的一个难题。由于词学资料的阙如，我们很难细致地描述中唐至宋初这一段词史，因而谈及“变”的原因的文章不多见。先生以为：由中唐经西蜀、南唐再到宋初，文化上经历了进士文化、雅与俗的宫廷文化、士大夫文化的变迁，每种特质的文化都孕育出相应特质的词。中唐词主抒情、西蜀词偏俗，南唐词不失为雅，而宋初的词落足于情理。再如《论南宋风雅词派在词的美学进程中的意义》一文指出：国运、世情、体制、宗尚造成了姜夔、吴文英、周密、王沂孙、张炎等风雅词人的独特面目。这是从文化的复合形态展开论述的。由于王国维、胡适痛诋这一派词人的创作，其独特面目遂被湮没在词史的长河之中。先生经过仔细的分析，认为这一派词人的美学追求经历了三个嬗变：一曰从“纯美”的追求到“美”“善”的结合；二曰从意象压倒情致到情致统率意象；三曰从“情胜乎辞”的所得在“知”到“辞胜乎情”的所得在感。尤以第三个方面的论述创意颇新。所谓“情胜乎辞”是指南宋的豪放派词人，他们以强烈的主观抒情打动读者，表达自己所感，其目的却重在人知，如辛弃疾表现出激昂排宕慷慨纵横的气势，是要人知其抗金壮志难酬之恨。所谓“辞胜乎情”是指南宋的风雅派词人，他们藏情于内，迷离惝恍，难见真意，因而读其词是先要“知”，赏玩既久，就能逐渐为其悠远婉曲之情所感，如姜夔自叹无人赏识之凄苦的感人力量就不低于刘克庄的同类作品。此文作于1984年，于先生可谓“少作”，却能得风气转变之先，较早地给风雅派词人以正确的评论，其强烈的立论意识令人钦佩，且文笔优美，读来令人称快。

二、词人词作研究

这一部分讨论了温庭筠、苏轼、秦观、陆游、姜夔、吴文英、周密、张炎、王沂孙、顾贞观的创作。或作全面评析，或作个案研究，或作比较研究，基本上是以讨论词人的创作风格为主调。风格论属本体研究的范畴。上世纪八十年代，词学研究开始“向内转”，以研究创作主体、作品本体、接受主体为主要内容，摆脱了以往以政治气候为导向，专以反映论为目的的简单化操作，从一定程度上说，词学研究回归到以人为本的轨道上来。邓先生的词学研究带有鲜明的时代色彩，站在了时代前列。这11篇论文均是集中精力作穿透式研究后写成的，材料详实，观点鲜明。其中尤以《飞卿词艺术平议》《秦观“词心”析论》《驿骑苏秦间——陆游词风格及其成因浅议》《论姜夔词的清空——姜词艺术析论之一》《论姜夔词的骚雅——姜词艺术析论之二》《〈弹指词〉浅尝》最为突出。

温庭筠的词，以色泽绚丽意象绵密向称难懂。邓文认为温词创造意境的独特途径有三：强化诱情因素、倒转主次事物、映衬动静形态；又认为温词组织形象的特殊方法有主于印象、重在直觉、成于联想。如此分析确实找到了解读温词“义有隐幽”的办法，比较切实。秦观有一颗锐感之心，清人冯煦《宋六十一家词选例言》认为：“他人之词，词才也；少游，词心也。得之于内，不可以传。”如何贴切传达出秦观内心的感受，就成了众多研究者讨论的话题。叶嘉莹先生认为秦观有“纤细幽微的诗人的感觉”，并认为“这是秦少游的词心的本质。”（《唐宋词十七讲》第291页）邓先生则进一步揭示出秦观性格中有难以移易的独特性和一往而深的感情，遂造成其特有的词心。其独特性即是“钟情的资质”，其一往而深的感情则体现在爱情词的“将身世之感，打并入艳情”。陆游是宋室南渡后的重要词人，论者多归之为辛派阵营，是基于政治倾向相同而立论，但其词风明显不同于辛派词人，四库馆臣认为“驿骑于二家（苏轼、秦观）之间”。邓先生则进一步揭示出陆游继承苏轼“以诗为词”的传统，因而有“近雅”的一面，又揭示出承继秦观“纤丽”的风格而有“冶荡”的另一面，其原因即在于陆游一面对“缘情”潜势力的顺从，另又出入江西诗法别创词格，但终因“以其所长（诗）格力于所短（词）”，未能造就自己独特的艺术风格。姜夔词，张炎《词源》以为“不惟清空，又且骚雅”，对于清空、骚雅，论者多歧说。邓先生以为，论清空要从分析意境着手。意的方面，姜词呈现出清虚的特色，境的方面呈现空的特色，二方面的有机结合，就是空灵浑涵。何以能得清空？这就与创作主体的出入宇宙人生有关，亦同审美情趣有关。至于骚雅，邓先生认为其义是立意要言天下大事、王政兴废，其规讽之旨和忠怨之辞要以“比兴”出之。姜夔虽一介布衣，但很受道学家的影响，又以作诗的标准衡量作词，故其词与“温柔敦厚”“思无邪”等诗教密切相关，所以姜夔作词是将所擅长的“缘情”“体物”向言志靠拢，形成完整而统一的艺术形式，所凭借的主要艺术手段就是比兴。顾贞观，清代最有特色词人之一，自信其词必传，生前所负时誉与身后之评存在较大反差，邓先生敏锐地发现这一问题，邓先生认为顾贞观主张作词要抒写性灵，他的创作完全实现了他的主张，这就是必传之原由。在前有浙派力主醇雅，后有常派力主比兴寄托，顾词一时遭到冷遇，终因独创而流芳后世。

三、关于词学理论研究

这一部分讨论了清代著名词学批评家刘熙载、况周颐、王国维的词学理论（均是用力之作）。其中《传统词学批评的终结与新变——论王国维的〈人间词话〉》用力尤深。王国维《人间词话》是一部以论词为主的艺术批评著作，饱受争议，誉之者奉为诗学宝典，贬之者则说不过是王氏的“待焚之作”，可见公正而全面评价该书实属不易，对其在中国文学批评史上的地位与贡献作出恰当的评价则是难上加难了。邓先生的核心观点：《人间词话》是传统词学批评的终结与新变。这一观点容或有商，但其研究的途径与方法则多给人以启示。可以加以总结：一、在王国维全部论著中，吸收、改造，舍弃了叔本华哪些哲学思想，一一指明；二、相对中国传统文论，《人间词话》吸收改造了哪些理论，给中国传统诗学带来什么质变，有明确交代；三、王国维论词思想特别是境界说前后有变化，有动态的把握；四、王国维的艺术哲学观时有矛盾抵牾之处，不能简单地归结为立论不够成熟，而是要置于他的矛盾心态中解释，这一矛盾即是王国维所说的“可爱者不可信，可信者不可爱”，王国维是清醒地看到自己这一矛盾的，研究者不能不看到。

邓先生在看到其门生杨柏岭的博士论文《晚清民初词学思想的建构》（安徽大学出版社，2004年9月第1版）后，对自己的词学理论研究作了反思，在《自序》中说：“我在读到他关于况周颐的论述时，是深为其对‘重拙大’的新见而折服的，这就不仅仅是‘起予之叹’了。而他将梁启超的论词思想视作传统词体观的终结，虽作‘体’的限定，而实际上是否定了我将王国维作为传统词学终结与新变的意见，虽说梁之说多在于‘外’，而王说才入于‘内’，但就现代性而言，梁似乎更在王之上，更应具有‘终结与新变’的资格”。表现出虚怀若谷，从善如流的风度。依笔者拙见，柏岭对“重拙大”的解说青出于蓝而胜于蓝，但对传统词体观的终结者的定位似可商榷。这实在是一个较大的问题，应有更多的讨论切磋之后再下结论方为妥当。王国维给传统词学带来新变应毋庸置疑，在他以前，尚无人引进域外哲学理论，建立崭新的美学批评范式。所谓终结应是对传统的批评理念与批评形式的彻底否定或最大更新。关于梁启超，谢桃坊先生说："梁启超在我国新旧文化交替之际，第一个以严格意义上的社会学批评方式来探讨宋词的社会意义，一反传统的偏见而高度地评价了辛弃疾及宋代豪放词的思想成就和艺术成就，开启了现代词学的社会批评的倾向。"（《梁启超与近代词学研究》，《文学评论》1993年5期）刘石先生更认为"在这一意义而言，梁启超在词学史上应是中国近代词学的光辉终结者，也为现代词学的发展导夫先路。"（《梁启超的词学研究》，《文学遗产》2003年第1期）从转型意义的角度看，梁启超的终结作用体现在批评理念与批评方法方面。至于柏岭所说梁乃"传统词体观的终结"，可能比较注重梁主张词体应该发挥"改造国民之品质"的作用，也是着眼于批评理念与批评方法的，因而有一定的道理，但不必说成是"词体观的终结"。体有体制、体要、体貌之分。体制指格局规制，体要指题材及内容，体貌指艺术形相。（何文汇《杂体诗释例》1–4页，香港中文大学出版社，1986年版）关于词体，吴世昌词体结构论成于上个世纪40年代，颇重词的叙事性。施议对先生说："王国维之创建境界说，对于中国词学史（包括批评史）而言，主要在新变，而非终结。"基于这一认识，施先生将本色论、境界说、结构论并列为词学批评模式的三个阶段，并说："这（指词体结构论）是土生土长而又能够贯通中外之批评模式，亦走出误区之一重要凭借。"（以上均见《吴世昌与词体结构论》，《文学遗产》2002年第1期），因而从词体的角度看，吴世昌更应具有传统词体观的终结意味，只是他不属于晚清民初范围。

（原载《暨南学报》2006年第2期，作者单位：厦门大学中文系）

《宋代绘画研究》(2006年出版)

河南大学出版社　2006年

本书获“广东省第三届哲学社会科学优秀成果”二等奖（2009年）

绘画文化与文化画学
——评邓乔彬教授的《宋代绘画研究》(2008)

杨柏岭

继《有声画与无声诗》[①]《中国绘画思想史》[②]之后，邓乔彬先生又一部研究中国绘画的专著《宋代绘画研究》于2006年由河南大学出版社出版。可以说，在中国绘画研究领域，邓先生的研究已形成了自己的路数与风格。十年前，初读《有声画与无声诗》，便有感于邓先生多角度分析诗画异同关系的研究思路。六年前，细读近百万字的《中国绘画思想史》之后，撰写了书评《中国古典绘画思想的精神追寻》[③]，试图总结的便是邓先生对中国绘画思想的文化探求精神。四年前，邓先生《古代文艺的文化观照》[④]一书的出版，标志着"文化观照"已是他研究古代文艺的一个重要方法论。而如今当我读完《宋代绘画研究》后，感触最深的便是先生"文化观照"研究方法的娴熟运用。故此处以"绘画文化与文化画学"为题，谈谈我的阅读感受。不妥之处，请大家批评。

一、绘画文化的话题选择与地位审视

《宋代绘画研究》是河南大学出版社《宋代研究丛书》的约稿。邓先生给学界的印象主要是从事古代文学的研究，其实他对绘画始终有着浓厚的兴趣，且已有多部著作问世。可以说，此番约稿在吻合先生的学术兴趣同时，也恰好为先生继《中国绘画思想史》之后"正感到意犹未了，尚有余勇可贾"[⑤(后记P574)]提供了机会。先生所以这么说，据我的认识主要两点：一是宋代文艺是先生关注最多的领域，其中文学方面以词为代表，先生已有了《唐宋词美学》《词学廿论》《宋词与人生》等多部专著，而宋代绘画还没有得到系统的整理。二是先生关注宋代文艺更为根本的则是对宋型文化感兴趣。如果认真阅读先生在这方面的论著，便可以看出：与其说先生关注的是词学、绘画等具体话题，还不如说先生是在关注宋型文化的代表性、独特性。可以说，先生心中的词学、绘画的话题，实则是拓展了的"词学文化""绘画文化"。

研究宋代绘画而关注绘画文化，这种"文化"了的研究对象是邓先生的学术兴趣所在，是他文化观照治学方法走向深入的反映，也是宋代绘画在中国绘画文

①邓乔彬:《有声画与无声诗》,上海社会科学出版社1993年版。

②邓乔彬:《中国绘画思想史》,贵州人民出版社2001年版。

③杨柏岭、金妹:《中国古典绘画思想的精神追寻》,《安徽教育学院学报》2003年第4期。

④邓乔彬:《古代文艺的文化观照》,上海教育出版社2003年版。

⑤邓乔彬:《宋代绘画研究》,河南大学出版社2006年版。以下征引本书的只在行文中注明页码。

化史上独特地位的体现。宋代在历史上是极为重要的朝代，严复在《致熊纯如函》中说过：“若研究人心政俗之变，则赵宋一代历史，最宜究心。”日本汉学家内藤虎次郎在《概括的唐宋时代观》中把中国古代社会分为古代、中世、近世三个时期，其中，宋代以后为近世。邓先生在《绪论》中专门讨论了这个话题，并指出“作出以宋代为近世的判断，具有非常重要的意义”（绪论P2）。与宋型文化特殊性一致的，在中国绘画史上，几乎所有最重要的转折都是在北宋肇始的。郑振铎在他编的《宋人画册》的序言中甚至说：“论述中国绘画史的，必当以宋这个光荣的时代为中心。”因此，集中研究宋代绘画正是撰写过《中国绘画思想史》，以“绘画文化”为思考对象的邓先生想尽力解决的话题。宋代绘画的特殊性质，不仅适宜邓先生探求中国绘画文化精神的学术致思，也为他深入运用文化研究的方法提供了平台。可以说，《宋代绘画研究》始终在落实着宋型文化—宋代绘画—中国绘画精神—中国文化特点这个追问思路。因本文以下还要讨论这个问题，此处只从士与中国文化关系的角度略加证明。

在邓先生看来，柳诒徵在《中国文化史》中“将宋代的政治称之为士大夫政治，确实是非常恰当的”（P12）。“从选官制度而言，宋朝可谓我国科举制度发展的黄金时代”，虽然士大夫所“治”只能是一种参与，但“与前后朝相比，也只有宋代的最高统治者能如此的宣称：‘（本朝）与士大夫治天下。’”（绪论P3）那么绘画又如何呢？“绘画尽管与科举制度无直接关系，国家对绘画人才的选拔也与科举考试不同，但宋代皇帝对科举的重视，带动了对儒学、学术、诗文、技艺的全面重视，自然也覆盖到了绘画，使之逐渐成为‘画学’，与律学、算学、书学、医学等，一起进入朝廷选拔人才的体制中。”（绪论P6）作为宋型文化的突出特点，“与士大夫治天下”的政治环境直接刺激了宋代画家集“文人、学者和高官三者相结合的现象”的产生。尽管宋代画家的身份十分复杂，但总体上属于“士”的范围，共同体现出宋型文化的人文精神。因此，邓先生通过强化“士大夫”的研究层面落实他的绘画文化的观念，是符合宋代绘画的文化环境特点的。

在我看来，邓先生在撰写《宋代绘画研究》时期，正是他文化观照方法运用走向娴熟的阶段。此时期，邓先生在进士文化与唐代文学的关系上写出了一系列高档次学术论文。如《进士文化与诗可以群》（《文学评论》2006年第4期）、《进士文化与唐诗》（《中国文化研究》2006年第3期）、《进士文化与诗可以观》（《学术研究》2006年第11期）、《进士文化与诗可以兴》（《文艺研究》2007年第4期）等。可见，《宋代绘画研究》分析进士文化与绘画关系正是这时期邓先生治学的兴趣点。但我们要补充的是，正因为有了对士与中国文化关系的关注和系统研究，在此书中既见对宋代人文精神的变化特点的精辟概括（P9–14），也随时可见从宋型文化的人文精神深入分析宋代绘画的相关命题，为读者探询宋代绘画文化特点提供了本然的历史人文环境。如前几年有学者曾质疑邓先生《有声画与无声诗》关于"诗中有画"命题的分析，认为宋人"诗中有画"从起点上"就陷入了一种艺术论的认识迷误"[①]。对此，邓先生在《宋代绘画研究》中作出了应答："诗中有画""诗画本一律"思想在宋代出现，便与宋代的古文运动、画家通达艺术各领域的现象有关，是宋代人文精神的必然现象。因为诗与画相异而又相通，在宋代"绘画出现文学化的倾向，甚至提出了极端的'画者，文之极也'一说，并产生了普遍性的诗画相通、诗画互补之论"(P18)，"既然诗歌可以有比兴寄托，绘画又何尝不是如此？……绘画本为造型艺术，观者当赏其得似求真，进而以传神而观，与诗歌的比兴无涉。但由于文人画作者以文人的身份而作画，难免以文学意义入之于画，而又因他们以意、趣论画，遂使绘画文学化，其中也包含诗歌的比兴寄托之意"。(P249)那种局限于诗画文体相异，而忽视诗画相通的人文环境，则不攻自破。

不仅如此，以绘画文化为话题，研究宋代绘画也是探求中国文化传统及演变规律的一个关键角度。而由宋代绘画精神到中国文化特色，正是邓先生确立宋代绘画特殊地位时常见的分析思路。如评乔仲常《后赤壁赋图》时说："作画则采取古代佛经故事壁画的表现方法，以空间示时间，将人物不同时间的活动分段处理，又统一到同一长卷中。这是我国所特有的绘画方式。"(P131)又如评价李公麟的白描画法时说："由于唐画的重色，墨线的重要性与李公麟纯以白描见长是不能相比的，而直待李公麟的白描画出来后，才以其极高的艺术使'白画'成为最具中国特色的绘画。"(P142)再如，评论南宋人物画时说："无论是昭君的出塞，还是文姬的归汉，都包含着人生的痛苦，画家以此为题材，心中也充溢着深厚的民族情感。"(P308)诸如此类，不忘民族本位的研究思路正是以"绘画文化"为研究话题的必然反映。绘画艺术不是超越时代、民族的孤立存在，而是一种历史文化存在。如何在民族文化传统中解释宋代绘画的涵义，这是以"绘画文化"为话题的研究带给我们的一大启示。

二、绘画形态的变化之势与动态显现

我在阅读《宋代绘画研究》时，感触甚深的一点便是此书对"传承变化"一词的敏感性，无论章节话题的命名，还是史论结合的具体评析，"通古今之变"已经成为邓先生明确的研究意识。邓先生如此关注绘画的"变化之势"，实则是他以绘画文化为研究对象的必然表现。画虽一艺，原其流派所自，各有渊源；名手辈出，也各有师承；妙法精论，代有承继；艺者，道也，中国绘画艺术并非孤立存在和发展的，其固有的民族特色与中国传统文化及审美趣味乃是一个有机的整体……故邓先生研究古典绘画多有彰显绘画文化主题的史家笔法，以此构筑绘画文化史的动态结构。同时，宋代绘画因其在中国绘画史上的中心、转折等特殊地

①蒋寅：《对王维"诗中有画"的质疑》，《文学评论》2000年第4期。

位，“通古今之变”必然成为邓先生的选择，如此方能有效地、深刻地揭示出宋代绘画文化的历史地位。有此明确的通古今之变的研究意识，加以先生的学识、功力，《宋代绘画研究》细致分析出诸多变化，多层次地构筑宋代绘画的变化之势，使宋代绘画文化在动态中显现出其本来的历史面貌，也实现了通过研究宋代绘画探求中国绘画文化精神的目的。

若自大至小来说，此书至少关注了宋代绘画这么几个“变化”层次：一是在中国绘画史上，分析宋代绘画的变化。在这一点上，此书谈论较多的是由唐五代到宋代的演变历程，如上编第一章为“北宋绘画发展的文化环境与变化之势”，第二章为“由唐五代到北宋绘画思想的转变”等。二是在宋代绘画史上，分析南宋对北宋的发展和变化。此书上编为北宋绘画，下编为南宋绘画，便是这一思路的反映。不仅如此，下编第一章为“南宋的绘画中兴与画风之变”，第二章“南宋人物画”第一节为“南宋人物画的转变”，此后各章分析南宋山水画、花鸟、竹木和畜兽画等，都专设了“变化”一节。三是在两宋各自绘画史上，分析各自的变化。这一点往往通过不同的绘画形态来论析，如同时体现宋代的人文精神，“风俗画和历史故事画，主要是人文精神中关注政治和现实的淑世情怀的反映，那么山水画则主要是追求山林之趣的表现”（P18）。四是画家、画论家师承和自创的演变。此书对宋代著名画家、画论家皆有专论，并采用以点带面的方式介绍了很多人物，其中“传承变化”便是主要的写作内容。

苏轼曾说吴道子画是“古今之变，天下之能事毕矣”。对此，邓先生说：“极其变而毕其事，不是顶峰又是什么？”（P138）邓先生这种浓郁的“通古今之变”的研究意识，在《宋代绘画研究》中还有几点值得一说：

一是“传承变化”突出表现为对宋代绘画独特性的分析。如文人画的问题，人们只注重宋代对文人画具有开创性，但若没有细致的历史演变分析，自然就会曲解这个判断。在邓先生看来，文人画并不是始于宋代，文人对绘画的兴趣可以说由来已久，但与前代那些文人画家“诗画创作是分道而行的”的不同，“只是到了宋代，才在文人画的创作上具有群体性的特点和理论的建立、阐发。”（P40）

二是“传承变化”成为评价绘画成就、界说画家地位的标准。如说“武宗元可以认为是宋代道释画最后的辉煌”，理由便是“武宗元之后，尽管道教壁画的创作还在继续着，‘朝元’之类的神仙画还有出现，但由于时代、文化之变，道释画逐渐让位给表现现实或历史的人物画，尤其是表现世俗生活的风俗画，而且山水画与花鸟画渐成绘画创作的大端，即如画院，其主要职能也从宋初的寺观壁画创作转向了图绘功臣和山水、花鸟”。（P124）这样，在传承变化中评价所研究的对象，得出的结论必然客观可信。

三是“传承变化”成为分析宋代绘画的主要内容，尤其表现为对研究对象的“创新”处的挖掘上。像在论述米芾《画史》时，则主要从《画史》创新性予以介绍的，一是对绘画功能的认识有所突破，二是通过对山水画位次的重新排定，表现出文人画的趣味和意识，开后来南宗画论之先。(P103—104)这样，既使该著内容精粹，信息量大，又使该书脉络清晰，新意迭出。如有学者曾说："南宋与北宋绘画的区别，在院体花鸟画中几乎看不到……南宋花鸟画与北宋花鸟画是如此的一脉相承，泾渭难分。在美术史上常常被看成一个整体，称为宋人花鸟。"①但邓先生认为有变化，下编第四章第一节即为"南宋花木、禽鱼、走兽类绘画的变化"，其中还"就变化而言"总结为四点，如突破一种范式的拘限，表现出充分的创作个性和特长，使得南宋花竹禽鱼类绘画在风格和技法上呈多样性发展；注重主体与环境的搭配处理，花鸟画改变了北宋全写实的画风；改变了北宋花鸟画多长卷大轴的体制，转为以册页和纨扇为主，明显表现出向小型化和精巧化的方向发展；在绘画的文学化上又进一程，以之寄托高洁情怀或民族气节，发展出"四君子""岁寒三友"一类题材。(P422-431)如此，还能说两宋花鸟画"泾渭难分"吗?

四是"传承变化"的内容往往正是邓先生学术新见和功力之处。前文几例已是，再略举数例，以示强化。宏观的，如说："宋人的绘画思想虽仍持续着唐人的话题，但显著的不同，则在于宋人所论呈现出重心移向主观一侧，即完成了从重在创作客体到重在主体的转变。"(P48)中观的，如说：南宋"文人画有了向'文人之画'回归之势，不像北宋那样在文人的画中出现了兼有创作和理论的特定的文人画家，而几乎可看做是画院以外的作画者之代称。"(P296)微观的，如对徐崇嗣画花卉"没骨"特点的分析，黄筌、徐熙"富贵"与"野逸"的"异体"，分别代表了宫廷和文人的审美趣味。在黄氏居于主导地位时，徐崇嗣也不得不改变祖风以求生存。但"徐崇嗣改变祖风，是以彩代墨，而对'徐黄异体'并未作根本性的改变……他为适应画院所确立的'黄氏体制'而不得不改变祖法，却又未根本动摇祖父已确立的'没骨'画法，即不用墨线勾勒轮廓的画法。"(P207)。

至此，"文化"是一种历史存在，邓先生重点挖掘宋代绘画文化的"传承发展""变化之势"，视之为主要内容，这正是动态显现绘画文化历史过程的结果。而他对绘画文化"传承变化"驾轻就熟的把握，与他曾系统研究中国绘画思想史的学术经历密切相关。由此，我们更深一层理解了邓先生在后记里所说的话："正感到意犹未了，尚有余勇可贾。"读者阅读《宋代绘画研究》，若能细细品味其中"传承变化"的内容，也必将受益无穷!

三、文化画学的阐释路径与理论建构

对文艺做文化学研究与邓先生的教学经历有关。背景主要有两点：一是顺应上个世纪八十年代以来的文化热，二是鉴于当时研究生教育过于专门化、专业狭

①潘公凯:《插图本中国绘画史》第182页,上海古籍出版社2004年版。

窄、难以适应实际工作的需要。于是，邓先生当时所在的华师大部分老师及领导为了适应社会培养复合型人才的需求，由哲学、中文、历史三系合办，打通文、史、哲的界限，建立了具有大文科性质的“中国文化建设”专业。邓先生便以中文系的老师代表参与这项合作。而十多年的研究生教学与指导无疑使邓先生思考的话题与研究的目的越来越清晰：“在当前世界经济一体化的潮流中，如何继承我们优秀的传统文化，如何处理好‘世界的’与‘民族的’关系，应该成为我们教师的思考课题。”①在《宋代绘画研究》中，邓先生这种鲜明的文化研究意识，已由对“绘画文化”研究对象的选择上，进而变为“文化画学”理论的构筑理念。绘画文化与文化画学是一个问题的两个方面，前者重在考察文化史背景中的绘画艺术，后者重在通过绘画艺术追问其中的人文精神、传统文化的价值以及民族的与世界的关系等，两者都可以通过邓先生对绘画艺术的阐释路径来认识。

若进一步细分，《宋代绘画研究》在构筑“文化画学”观上有这么几个层面：一是从社会形态到精神形态的文化环境。对此邓先生专门设置了“北宋绘画发展的文化环境与变化之势”及“南宋的绘画中兴与画风之变”等章节。对这个文化观照文艺现象的普遍方法，邓先生有着更为深刻的觉悟：“对宋代政治、经济、社会、生活与绘画发展的关系所作的匆匆巡礼，目的在于引出下面对宋代绘画较为全面的展示、研究”（《绪论》P20）。二是从社会结构到画院建设的文化制度。邓先生近些年非常关注社会结构与文艺现象的关系，像前文说过的从科举制度、进士文化角度研究唐宋文艺便是。那么与绘画有关的画院制度自然也是他不会放过的。仅从章节安排上看，就有“画院的建设与功能”“画院人物画”“宣和画师南渡与南宋的画院重建”“南宋院画的兴盛及其原因”等。三是从画家身份到修养的文化主体。邓先生对此虽没有专门设置章节加以论述，但这个话题渗透在全书的各个部分。这一方面体现了宋代画坛的实际情况，像宋代帝王及宗室人员对绘画发展的作用，就是此书时常讨论的内容；另一方面表现出“文化画学”观的深化走向，因为绘画文化彰显的人文精神惟有通过“有道有艺”“德艺双修”的主体方能实现。四是从画论到画作的文化艺术。两者或分而论之，其中画论以名家名著为主，绘画则分人物画、山水画、花鸟走兽画、文人画、壁画等多种形态；或交织而论，突出表现在论述各类绘画形态和主要画家绘画艺术成就之中。与邓先生早年的画学论著相比，这次无疑强化了画作的分析，进行了“零距离接触”。其中，与对代表性画作那精彩的鉴赏式评论文字相配套的，是《宋代绘画研究》所配图片183幅，真正践诺了绘画是视觉艺术的文化画学观。五是从无名画家到辽、金、西夏、大理绘画的文化时代。这种全面的写法，实质体现了邓先生对绘画的艺术性以及时代文化圈的重视。

二十世纪三十年代初，傅抱石在《中国绘画变迁史纲》的《自序》中曾感慨

---

①邓乔彬:《古代文艺的文化观照》第531–534页,上海教育出版社2003年版。

早期绘画史著作写作“断代的太破碎了”，那种“记帐式的太死气了”，于是他认为中国绘画史写作要“注意整个的系统”，要有“顾及兴味的丰富”。可以说，邓先生的绘画史研究承继了傅抱石的这个思考，且在重视中国绘画思想史这个系统的基础上，进一步强化中国文化史的系统。因为绘画艺术不是孤立发展的，绘画形态的变化及其特点，与社会形态、制度形态及精神形态相表里，由绘画艺术可以追问中国文化的精神所在。而邓先生文史哲相结合的分析方法，无疑使这一想法“顾及兴味的丰富”。其中，但就多用诗歌形象说明绘画作品而言，就让读者兴味无尽。如谈到宋徽宗以帝王之尊倡导写实风格时说：“以其平生所好，命画师们图绘珍禽异兽、名木奇葩，宣和画院高手所画的花鸟画，其主体风格是很明确的。而徽宗本人著名的《燕山亭》词，也可证其审美趣味，词中的‘裁减冰绡，轻叠数重，淡著燕脂匀注。新样靓妆，艳溢香融，羞杀蕊珠宫女。’以靓妆的宫女拟杏花，与画院富艳的花鸟画很是一致”（P236）。这种不忘民族本位的文化画学思想正是邓先生解决“民族的”与“世界的”关系的结果。

同时，上述指出的“文化画学”的阐释路径不仅契合宋代绘画文化的话题，成为评价宋代绘画成就的标准，而且在追寻宋代绘画历史状况及特点的同时，在很多问题上纠正了我们对宋代绘画的片面认识。如，文人画及文人画理论是自宋代才正式确立，但并不是说宋代绘画的特点就在于此。对此，邓先生以较大的篇幅多次予以澄清，指出画院画与文人画的结合是宋代绘画文化的独特组合形式，只有兼顾双方，照顾各自的审美趣味，才能真正把握宋代绘画的全貌。像“北宋虽是绘画文学化的真正开始期，但绘画的主体、主力毕竟是画院的画家，文人画家还难以形成覆盖多种题材的绘画创作实力，因此论北宋的绘画不能不谈画院”（P19），而“在院画最为发达的宋徽宗朝，在皇帝本人的倡导下，实行了对画院画家以诗立题创意的创作引导，甚至成为考试的方法，这一导向促使传统的画工向画家转变，并使绘画从单纯的再现性艺术向表现性转化”（P40），画院制度及画院画对宋代的文人画有直接的影响。这些论述，不能说不是邓先生重视画院等文化制度的研究，并细心参究的结果。又如，董其昌创立的南北宗说对后代绘画研究产生了极大的影响，有的绘画史著作论及宋代只说山水画的南北宗，更有甚者仅取董其昌青睐的南宗画。对此，邓先生在“以李成、范宽为代表的北派山水画”“以巨然为前导的南派山水画”等节，以及著名山水画家专论中予以辩证思考。其主要观点是：董其昌等人的南北宗说与宋代绘画实际情形相比，“所分的依据并不在人之南北籍贯，或所画的南北山水，这也可以看作绘画史上一个很有意义的‘错位’现象”（P158）；他们对所划的南北宗阵容不同，对南北宗的艺术特点也是各人各见，原因之一就是没有找出合乎绘画学的科学标准，而与文人画、院画的概念相错乱（P366）。于是，邓先生不取董其昌关于宋代山水画的南北宗说，而提出了自己的南北派山水画论。诸如此类，表现出的正是“文化画学”观所具有的融通、辩证、客观、科学的学术特点。

进而，与对绘画史命题新解一致的是邓先生一以贯之的画学理论主张。其中，最突出的就是邓先生在《后记》中的一段说明："我相信，即使中国画历来讲'表现'、传神，也是不能完全不讲形似的。西方就更加了。"（P575）可以说，邓先生正是本着"画是眼睛的艺术"这一精神，以形似为基础，兼顾再现与表现，纵论了宋代绘画的艺术成就。如说宋徽宗注重高度真实的画风，确实过于工巧细致，甚至有自然主义倾向，但是"这种力求工致的画法，对提高我国绘画造型的准确性，从而增强其再现性美学品格，是具有积极意义的"（P233-234）；又说"在笔者看来，绘画毕竟是造型艺术，'心画'、'真趣'、'戏笔'诸说虽历来为文人画提倡者所称道，但不应该成为掩饰未得形似的借口"（P408）；再说"绘画毕竟以'体物'为第一性，文人的戏笔终究不能成为绘画的主流，所以，兼取二者之长而努力于文人画与院体画的结合，也不失为一条可以肯定的创作道路，而事实上，这种绘画也更能为人所欣赏"（P45-46）……而这一系列主张也是邓先生对画院画与文人画、山水画南派与北派等命题提出新见解的理论基础。从某种意义上说，邓先生对绘画造型功能的重视，承继的正是中国绘画"师造化"的精神。尤其是"山水画的'师造化'是必然的"（P173），董其昌等人关于南北宗的划分与实际相错位，正是没有把握这个原则。于是，邓先生依据了画家的南北籍贯尤其是生活空间的属性特征，所画山水的南北属性尤其是题材上的亲历性，以及画作的艺术特征尤其是地域文化的传统性质等标准，重新规范了宋代山水画的南北两派。类似这类"酌理以富才"的艺术主张还有很多，如前文提到的由突出画家身份到强化画家修养等等，因篇幅限制，不再多说。

至此，阅读《宋代绘画研究》所获得的启示还有很多，远非一篇文章所能穷尽。邓先生目前正在撰写《唐宋词艺术发展史》，我期待着从此书中获得更多的启迪。

（原载《暨南学报（哲学社会科学版）2008年第2期，作者单位：安徽师范大学中国诗学研究中心）

技、艺、道:隐性的内在逻辑

——评邓乔彬先生新著《宋代绘画研究》(2010)

程刚

邓乔彬先生在完成了《有声诗与无声画》《中国绘画思想史》两部绘画理论著作后，去年又推出了他的第三部绘画研究著作《宋代绘画研究》(河南大学出版社，2006年10月第一版)。与前两部著作偏重理论问题与绘画思想研究的特点不同，这部著作把绘画作品的研究作为了著作的重心。

形于技

对绘画技法的研究是绘画理论研究者力图回避的一个问题，邓先生前两部绘画理论著作也并未侧重于此，这又是一个无法回避的问题，在这部著作中，邓先生对宋代绘画的技法作了很多的阐发，有对具体作品的技法的研究，有对画家常用技法的概述，有对整个时代惯用技法的概观，还有对特殊技法的一些介绍，进而是对中国传统绘画技法的独特性的一个鸟瞰。下面略举数例。

在评价北宋画家王诜的《渔村小雪图》时邓先生说："画中的峰峦、岩石用卷云皴，屋、桥、舟、数皆以中锋作尖劲的线条勾勒，远处山头树丛用中锋圆笔作墨点。"[①] (P193) 这样的描述一方面需要研究者具备一定的专业知识，另一方面同时需要具备很高的识力。没有专业基础知识，很容易说外行话；没有很高的识力就无法从绘画中去探寻画家的技法要领。文人画有以书笔作画的传统，邓先生在评价苏轼的创作时就说："苏轼是书法家，其书法入画在此（指《古木怪石图》）也得到体现：画石用飞白，画树用折钗、屋漏痕，竹叶用行、楷的撇、捺并稍加变化，而所有的用笔都充满动感，一如其书法的行笔迅疾而点画信手。"(P256) 这就从具体作品中技法的分析得出了作为画家的苏轼在绘画中喜用的"书法入画"等技法特点。除此之外，通过技法的比较来分别画家乃至画派的艺术风格的差异也是这部书的一个特点，比如南派山水与北派山水风格差异很大，除了山水本身的不同、艺术家个性差异，绘画技法的差异是导致艺术风格不同的一个重要原因。著者在比较李、范与巨然时说："范画之山体多以刚劲的墨线勾勒，又以雨点皴和豆瓣皴表现山石质地；而巨然则用淡墨长披麻皴画山，不作劲峭之状，而显得山势柔和，山与山间处多做矾头堆叠，用水墨晕染，再施苔法，不用皴法。"(P165) 这样通过对两个代表性的画家的技法的比较与分析可以找出南北山水画派造成艺术风格差异的绘画技巧方面的原因。同时邓著对于中国绘画民族

---

① 所引均出自《宋代绘画研究》，以下只标页码。

性的特有的技法也做了一些介绍。比如与西方绘画不同，中国绘画的长卷中“以时观空”的创作手法。在分析牟益《捣衣图》的六段场景后说作者用“以时观空”的原理，把“正确理解的诗意，做了形象的演绎。”（P338）同样在评价乔仲常的《后赤壁赋图》时也指出了，这幅分为九段的长卷“以空间示时间”，“是我国所特有的绘画方式”。（P131）

游于艺

邓先生的著作中关于艺的讨论有几个层次，包括作品的艺术特点，画家个人的艺术特色，以及时代的艺术精神。我们重点来看看邓著中所显出的宋代绘画的时代艺术精神。

（1）自然主义与主观主义的交错。与唐代画家比较而言，宋代画家“是将唐人的注重客观，移到了注重画家的主观一侧。”（P41）宋人注重绘画的主观方面表现在，注重绘画的立意寄托、寄意写心、画家的主观修养等一些主观方面。但同时宋代绘画又有其注重客观方面的地方，具体表现在院体画对形似的追求，风俗画对细节的雕琢，山水画中重视对现实世界的临摹，花鸟画对造型准确性的追求等等。宋代的自然主义与主观主义的交错有两个层次。一是就北宋与南宋的比较而言，北宋的绘画更倾向于自然主义，而南宋的主观主义的味道更重一些。邓先生以“无我之境”“有我之境”来区别两宋绘画艺术风格的变化与差异。第二，就北宋而言，自然主义与主观主义的交错则表现为院体画与文人画的并胜。院画讲究形似，追求真实再现所描绘的对象。文人画则重视表现、追求的是神似。是侧重在主观主义的。邓先生的介绍加深了我们对宋代绘画艺术风格的复杂性的了解。

（2）尚雅与尚俗的结合。邓先生在绪论中，从宋代文化的大视角审视了宋代绘画的雅俗之争。宋代的两大画家群体，一是画院画家，二是文人画家，“我们所说雅俗分流而又结合的现象，对绘画来说，主要是指文人画、画院画、画工画的并行不悖，而从整个绘画结构来说，则是雅俗结合的。”（P19）在文人画家眼里，画院里的画工在艺术技巧上的用力，在对象细节上的描摹，在对对象形似上的追求，都是“俗”的，书中较为客观、全面地评价了文人画的出现在绘画史上的意义。一方面是积极的影响，使得绘画题材更多样、表现方式也发生变化，画工们不断提高自己的文学修养，增加画作的文化品位。另一方面邓先生也没有回避文人画在理论与创作实践上出现的不足。文人画家们不考究技法，忽视了绘画是眼睛的艺术的事实。这样的两股势力不仅存在竞争，同时又互相借鉴与吸收，“文人画从院体画中汲取‘艺’‘技’，画院画从文人画学习‘道’‘趣’”（P43）。

（3）南宗画与北宗画的分野。文人画与院体画，南宗画与北宗画，这两种划分有同有异。文人画侧重从画家的身份来说，南宗画则侧重从艺术风格上来说。著者对南北山水画的艺术风格作了细致的比较。北派山水“劲健浑朴”“自见骨力”，而南派山水“空蒙灵动”“荒寒萧散”；北派山水多为全景山水，而南派却出现了以惠崇为代表的小景山水，把诗意写入画中，有诗歌的韵外之旨、象外之味；北派山水较重技巧、修饰、着色、有些画家有意追求“雄强奇特”的画风，而南派山水则以“平淡天真”为尚。(P168) 北派的范宽等以“高远”“平远”见长，而南派是“迷远”与“幽远”的结合，体现“水乡远景朦胧的特点”。(P171) 以上几点是在读完邓先生所述而略加梳理的，邓先生还具体分析了造成这种艺术风格差异的一些原因，诸如政治上的，地理上的，画家个性方面的等等。

志于道

由艺而道既是宋代绘画思想演变的一个现象，也是邓先生此书着重描述的一个逻辑层次。邓先生说：“如同诗文革新运动中所提倡的文道合一，在绘画领域也渐生由艺而道的导向，画家的道德人品修养被提到很重要的位置。”(P66)“艺道合一”在绘画中可以从两个方向来看，一是从人而画的“德成而上，艺成而下”，人的道德修养的提高可以促使艺术修养的提高；二是“画能弘（修）道”，则是从画而人，画一方面能寄托画家之道，也可以使得画家修养提高。

宋代的绘画理论中“人品、人格是很重要重要的内容”，“修养论成为宋代画论的重要内容”。(P48) 其中苏轼的“有道有艺”与郭若虚的“气韵生动”就是两个典型的例子。邓先生说苏轼的“‘有道有艺’近于今天所说的德艺双修。”(P77) 郭若虚在《图画见闻志》中认为“气韵生动”只能生知，不能学到，而要达到“气韵生动”必须是“人品既以高矣，气韵不得不高；气韵既以高矣，生动不得不至，所谓神之又神而能精焉。”也就是说艺术上这种登峰造极的境界，不是仅仅通过技巧的训练，很大程度上艺术境界的提升来源于道德境界的提升。

宋代很多服膺儒道的文人，既是书画的爱好者，又是文人画的创作者，他们把儒家弘道精神从文学领域带入绘画领域中。同“文以载道”相同，他们认为“画能弘（修）道”。邓先生认为：“在‘弘道’精神的影响下，画家开始关注政治和现实，并以自己的作品表现出对民生的关怀，对国事的系念。”(P14) 邓先生通过对画家、画作的分析，论证了这样的结论。比如人物画《采薇图》通过对历史故事描述与历史人物的塑造，对在靖康之难中苟且偷生做出了嘲讽，表现的是作者民族大义。山水画的创作也由于类似的表现，郑思肖的花卉画《墨兰图》，该画的墨兰既无根，也不着土，表达画者“土为蕃人夺，忍著耶?”的悲愤。这样的画一方面寄托了国家民族的大道大义，另一方面也显示了画家自己的人生品格高风亮节。这样的一些创作所弘扬的是儒家的弘道精神，通过绘画表现寄意，表明大道，绘画地位的上升大概也与它具有了与文学类似的弘道精神有关。

技、艺、道逻辑层次，是绘画理论著作必不可少的层次。很多著作之所以有所偏废，与作者本身的知识结构、眼力识力是有很大关系的。邓先生的这部著作既是以时代先后、绘画题材、作品理论的分别为显性的层次，同时又具有由技而艺、由艺而道的隐性的逻辑层次，这样的著作将会成为一部典范之作。

（原载《中华读书报》2010年3月10日第12版，作者单位：暨南大学文学院）

《唐宋词艺术发展史》(2010年出版)

河北人民出版社　2010年

本书入选新闻出版总署第三届“‘三个一百’原创出版工程”(2011年)
本书获“第二十六届北方十五省市自治区哲学社会科学优秀图书奖”(2011年)
本书获“教育部第六届人文社科优秀成果”二等奖(2013年)

简评邓乔彬先生《唐宋词艺术发展史》(2011.2)

孙维城

摘要：邓乔彬先生最近推出词学巨著《唐宋词艺术发展史》，洋洋百万言。此书有以下几个特点：第一，把词的内容与音乐联系起来探究；第二，从文化学的角度对词学进行整体研究，而不单纯从文学角度研究；第三，文献学、文艺学、文化学相结合，对所引文献有所评论，谈出自己的看法。相信此书的出版对于词史研究、词学研究将有所突破。

关键词：唐宋词；音乐；文化；文献

著名学者邓乔彬先生最近推出词学巨著《唐宋词艺术发展史》，洋洋百万言，令人惊叹！作者在词学与文化艺术方面，曾出版了《爱国词人辛弃疾》《吴梅研究》《有声画与无声诗》《唐宋词美学》《中国词学批评史》（合著）、《学者闻一多》（合著）、《中国绘画思想史》《宋词与人生》《古代文艺的文化观照》《词学廿论》《宋代绘画研究》等著作。《唐宋词艺术发展史》一书是在长期词学、文化学、美学研究积累后的产物，是作者一生学术的结晶。

此书有以下几个特点：

第一，把词的内容与音乐联系起来探究。一般文学史以及词史著作，对于词的音乐特点，由于说不清楚，大多采取绕道而行的办法，在书的开头论论雅乐与燕乐，然后就不再提及。此书不是这样，而是力图勾勒出词体与音乐的关系，并在有关章节展开充分论述，如：唐代燕乐杂言歌辞之起，教坊曲与词调的关系，“选词以配乐”，“非由乐以定词”的创作原则；从雅乐衰而燕乐传的特定角度论五代歌词繁盛之由；柳永是慢词的创调名家，继承“倚声祖”温庭筠，在变教坊曲为词调中起了很大作用；周邦彦知音律、善制曲，创调甚多；姜夔尚雅乐而反胡乐，明俗乐而求之雅，先词后曲，回归“声依永”原则，坚持主体抒情，改变了以词就曲的定法。这样，该书在整个词史的论述过程中，同时贯彻了一条词体与音乐关系的线索。如对于柳永词的音乐特点，引沈曾植一段话，分析词乐之变以及柳永词与音乐的联系：

> 《卮言》谓花间犹伤促碎，至南唐李主父子而妙。殊不知促碎正是唐余本色，所谓词之境界，有非诗之所能至者，此亦一端也。五代之词促数，北宋盛时啴缓，皆缘燕乐音节蜕变而然。即其词可悬想其缠拍。花间之促碎，羯鼓之白雨点也。乐章之啴缓，玉笛之迟其声以媚之也。庆历以前词情，可以

追想唐时乐句。美成不伐以后，则大晟功令，日趋平整矣。

沈曾植关于词学的论述，一般不太为人注意，可以看出作者的渊博；同时，这段话对于词的音乐变化特点论述十分准确，解释了词史变化的诸多问题，实在非常精彩！作者据此总结出以下几点：其一，五代词的“促数”，北宋盛时的“啴缓”都由燕乐音节的变化造成。其二，“促数”在于羯鼓节奏，“啴缓”在于玉笛节奏，说明了宋初音乐与五代音乐的差别。其三，柳永词与笛子的“啴缓”有关，适合于慢词，故慢词在柳永时兴盛。第四，北宋后期周邦彦词转向“平整”，勾画出从五代的“促数”到北宋初的“啴缓”再到北宋后期的“平整”音乐的变化及其对词体的影响。这样的总结在词史著作中是少见的，是把词体与音乐紧密联系起来做出的令人信服的结论。

当然，由于音乐材料的缺失，作者的这一工作不能做到完全彻底。所以本书作者在《自序》中说：

> 本书意在弥补学界对唐宋词艺术体系研究的不足，拟将其置于我国古代诗歌发展的流程中，作动态性的观照，力图体现出对龙榆生所下词学定义的探讨，即有意于“推求各曲调表情之缓急悲欢，与词体之渊源流变，乃至各作者利病得失之所由。在写完了百万字的书稿后，终于发现，由于词乐不存，加以自身知识结构的不足，调谱之学治之极难，自己对“推求各曲调表情之缓急悲欢”是难以做得令人满意的。也因此体会到，为何吴梅先生临终前将耗时十年所成的《南北词简谱》视为自己一生中最重要的著作，委托得意门生卢前为之梓行，以期完成遗愿；也体会到从学于“一代词宗”夏承焘先生的吴熊和教授所说的“词是专门之学”，是自有其特定涵义和真切感受的。在写作的过程中，我虽曾向音乐史、词曲史家洛地先生请教词乐、调谱等问题，却因自己在这方面的先天不足，难以学好、领会先生所赠论文、材料，有负先生的美意，确实感到惭愧。

这是非常恳切的言语，既说出自己力图改变词学史不谈音乐的缺点，也表明自己做得不够之处及其原因，实事求是，而不哗众取宠。

第二，由于作者长期研究文化学，所以本书的第二个特点是从文化学的角度对词学进行整体研究，而不单纯从文学角度研究，这构成了本书的宏大结构。全书分十个章节，从敦煌曲子词开始，到宋季风雅词结束，每一章节中，文化的阐述都占了重要的位置。第一章论燕乐之起与敦煌曲子词，对燕乐之起作了文化探究，同时对敦煌曲子词梳理了它的文化内涵。第二章论唐代文人词，首先论文化之变与盛中唐文人词，分论盛唐的宫廷文化产生了盛唐词，中唐的多元文化产生中唐词以及刘白词与士大夫文化的关系；接着论晚唐的进士文化与晚唐文人词。

第三章论花间词与南唐词的不同艺术走向与文化的关系，从雅乐衰而燕乐传，君主喜好文艺、善待文人，经济繁荣、热衷享乐三方面论五代歌词繁盛之由，论《花间集》的主要题材与文化成因；接着论述南唐不同于西蜀的宫廷文化。第四章论北宋前期词多元多向发展，认为士大夫文化此时形成，真正士大夫词当属于北宋，成于晏欧。此期的大词人柳永善写羁旅行役，长于讴歌太平，又具“宋玉情结”，有“唐人高处”，更以代表市井文化的青楼艳歌知名，“骪骳从俗”而长于叙事，“铺叙展衍，备足无余”，使其成为慢词的创调名家，善于融情入景，具有“上承飞卿，下开金元”的词史地位。第五章论北宋中期词与苏轼对词体的拓展，围绕士大夫对词的影响展开论述，认为士大夫文化对此期词的影响主要有三：其一是感叹“飘零宦路，荏苒年华”，又努力化解思想的矛盾，体现了雅俗结合的创作思想。其二是苏轼代表了“士大夫之词”的完成，他将歌者之词变为诗人之词，“一洗绮罗香泽之态，摆脱绸缪宛转之度”，吟咏情性，寓意高远；他对词坛的变革主要是“以诗为词”，题材上“无意不可入，无事不可言”，风格上“刚亦不吐，柔亦不茹”。其三是秦观有独到的“词心”，他受累于党争，又“情钟世味，意恋生理”，将“身世之感打并入艳情”。第六章论北宋后期词的发展与集成，也就是论徽宗时期的词人。苏门外围词人渐见艺术之变，周邦彦知音律、善制曲，言情体物，穷极工巧，长于铺叙，重视法度，所作具有开阖动宕、回环往复之妙，善于以六朝小赋与唐诗入词，风格富艳精工，集北宋词艺术之大成。这一章对徽宗时期的文化对词的影响展开不够，从文化角度看，是一小小的瑕疵。第七章论南渡词及其因革变化。靖康事变促使了南渡词之变，多表现真情，感慨悲凉。待到绍兴和议签订，高宗“中兴”局面形成，则有“复雅”之倡，供奉之作亦见。第八章论辛弃疾及辛派词。辛弃疾是出将入相的人物，以词为“陶写之具”，所作抚时感事，别立一宗，入以经子百家，体现了文化集成，因综融南北、兼具情志，成为两宋最伟大的词人。第九章论风雅词派及其艺术独创。风雅词派形成的文化基础是江浙地区的“民物康阜”，士人追求寄兴适情，才子崇尚晋人风雅，因地狭人稠，为官不易，造成了江湖文化，以隐逸或游谒为生存方式。此派以姜夔的创作成就最高，姜夔尚雅乐而反胡乐，明俗乐而求之雅，自作先词后曲，回归于“声依永”原则，坚持主体抒情，改变了以词就曲的定法，其词“清空”“骚雅”，前者得益于晚唐诗的风神与江西派的瘦硬，因其为人的襟怀洒落，故所作不涉嫣媚，境象空疏，遗貌得神；后者深得比兴之义，温柔敦厚，怨悱不乱。第十章论宋季风雅词的艺术总结与辛派嗣响。宋末词具有鲜明的地域文化色彩，浙江词人群是风雅派的继续，以杨瓒的《作词五要》、沈义父的《乐府指迷》、张炎的《词源》为代表，体现了系统的创作理论。周密是沟通此派前后期词人的领袖，咏物词家王沂孙所作多有身世之感、君国之忧，因借物言志，虽气清而妍和，却言近指远、赋情独深。张炎为白石后劲，词史上并称姜张。

这样，从文化角度，本书完成了对唐宋词史的论述，对每一时期文化，都谈出了不同的特点，并由此引申出文化对每一时期词的影响与规范，实事求是，令人信服。

第三，文献学、文艺学、文化学相结合。邓乔彬先生十分重视文献学、文艺学与文化学的结合，在一次词学讨论会的总结时，他特地谈到这一点，可以说，这也是新时期以来词学研究的特点，而邓先生的这部著作更是贯彻了这一观点。论述词的艺术发展史，这当然是文艺学的范畴，而在整部书的论述中，处处从文化角度立论，如上段所论，可以看出文化对词的规范和影响，不仅如此，本书对文献的引用极其丰富，不仅引文献以说明自己的观点，而且对所引文献有所评论，谈出自己的看法，做到了文献学、文艺学与文化学的结合。在本书的“后记”中，作者谈到文献的搜集，有关音乐与历代评论资料将近五十万字，这打下了本书资料文献的基础。这么多的材料绝不是简单地罗列与堆积，而是为我所用。这样的例子比比皆是，不胜枚举，我姑且举自己最熟悉的对张先的评价为例。作者评价张先词的“比之于书，钟繇之体”，首先举出刘熙载对张先词评价为“瘦硬之体”，指出这是以书法相拟。在宋初书法不振的情况下，只有李建中学欧阳询而变化，以瘦硬为主要特点，所以刘熙载这段话当作如此理解：“即宋祁词风尚为宋初守成之时，张先则如李建中书法有所创造，却未逮柳永，更难比后出的苏轼、秦观。”然后作者说，刘熙载的说法过简，相比较而言，陈廷焯所论甚详，然后引了陈廷焯一段话：

> 张子野词，古今一大转移也。前此则为晏、欧，为温、韦，体段虽具，声色未开；后此则为秦、柳，为苏、辛，为美成、白石，发扬蹈厉，气局一新，而古意渐失。子野适得其中，有含蓄处，亦有发越处；但含蓄不似温、韦，发越亦不似豪苏腻柳。规模虽隘，气格却近古。自子野后，一千年来，温韦之风不作矣！益令我思子野不置。

接着，对陈廷焯评张先词的方方面面，诸如“规模虽隘，气格却近古”“含蓄”“发越”“犹多古意”“声调渐变”等各举张先词为例，并进行了具体而微的论述，说明陈廷焯所论之恰当。最后举夏敬观说法：“子野在北宋诸家中，可云独树一帜，比之于书，钟繇之体。”并加说明：

> 钟繇由汉末入魏，魏明帝时官至宰相、太傅，世称“钟太傅”，其书师法曹喜、蔡邕等人，博采众长，兼能各体，而尤精隶、楷，形成了由隶入楷的第一代新貌，与张芝、王羲之齐名。唐张怀瓘《书断》以其书刚柔兼备，古雅有余。张先词师法五代，亦兼采同时代诸家之长，如同钟繇的由隶入楷，独树一帜。夏敬观所拟，较之陈廷焯以之为“古今一大转移”，是更为恰

当的。

材料在其手中，是活的内容，可以为我所用，纵横捭阖，着手成春，真可称作文献学、文艺学、文化学的结合。

（原载《天中学刊》2011年第1期，作者单位：安庆师范学院文学院）

在文化视野中诠释唐宋词
——读邓乔彬新作《唐宋词艺术发展史》(2011.7)

李剑亮　李寒晴

摘要：邓乔彬的《唐宋词艺术发展史》是其近年来词史研究的一部新作。全书以文化的发展与转换理论为枢纽，考察唐宋词的思想内容、艺术形式、创作风格以及词人流派的主要变化。具有鲜明的学术个性和独创性，具体表现在，运用文化转换理论，描述与评价唐宋词的发展历程，使读者在系统了解唐宋词艺术发展的同时，也能了解这些艺术特点形成的文化背景。

关键词：邓乔彬；《唐宋词艺术发展史》；文化视野

进入21世纪，词学研究者在总结与继承前辈学者研究成果的基础上，积极探索新的研究领域与研究方向。这样的研究有一个明显的优点，那就是，一方面自觉借鉴传统的研究方法与研究成果，一方面又对传统学术努力超越，力求创新。对唐宋词的艺术发展史进行研究，便是如此。因为，这既是一个历史颇为悠久的传统课题，但同时也是一个历久弥新的题目。远的不说，单就南北宋之交的李清照，便开始对她之前的词的艺术发展历史进行考量，提出了词“别是一家”的观点[1]。到了19世纪末20世纪初，王国维《人间词话》更是以一种融会中西文艺思想的批评手段，颇具创造性地以“境界说”来评价唐五代以及南北宋词的艺术特点及其成就[2]。20世纪后期，许多词学研究者，更是从整个词史的角度来梳理与分析唐宋词艺术发展的历史特点与规律，形成了一系列影响至今的研究成果。1980年代有杨海明先生的《唐宋词史》[3]，1990年代有刘扬忠先生的《唐宋词流派史》[4]。这些词史著作的一个主要目的，就是试图全面地勾勒出唐宋词发展的历史脉络，尤其是唐宋词的艺术发展轨迹。到了2010年，邓乔彬先生的《唐宋词艺术发展史》①由河北人民出版社顺利出版，实现了他期望词学界“间隔大约10年出一部不同的唐宋词史”的心愿。

一

那么，邓乔彬先生的这部《唐宋词艺术发展史》，与以往的唐宋词史著作有何不同？2010年的深秋，当我们仔细阅读该书时，便不断地问自己这样一个问题。或许，针对出自邓乔彬先生这样一位长期从事词史与词学研究的前辈学者之手的著作，提出这样的问题，似乎有失敬意。事实上，查阅1990年代以来的词学研究论著，我们不难发现，邓乔彬先生的研究成果始终贯穿其中。此次，当邓乔彬先生将这部著作贡献给词学界时，我们自然是抱着很大的期望。在读完最后一章时，我们品味到了它的独特之处，那就是从唐宋文化背景和视野出发，来探讨唐宋词艺术发展变化的动因，构建起一部全面论述唐宋词艺术发展的专史。

全书分十个章节，从敦煌曲子词开始，到宋季风雅词结束，每一章节中，文化的阐述都占了重要的位置。第一章论燕乐之起与敦煌曲子词，对燕乐之起作了文化的探究，同时对敦煌曲子词梳理了它的文化内涵。第二章论唐代文人词，首先论文化之变与盛中唐文人词，分论盛唐的宫廷文化产生了盛唐词，中唐的多元文化产生中唐词，以及刘禹锡、白居易词与士大夫文化的关系，接着论晚唐的进士文化与晚唐文人词。第三章论花间与南唐词的不同艺术走向与文化的关系，从雅乐衰而燕乐传，君主喜好文艺、善待文人，经济繁荣、热衷享乐三方面论五代歌词繁盛之由；接着论述南唐不同于西蜀的宫廷文化。第四章论北宋前期词多元多向发展，认为士大夫文化此时形成，真正士大夫词当成于北宋，成于晏、欧。认为此期的柳永善写羁旅行役，长于讴歌太平，又具“宋玉情结”，有“唐人高处”，更以代表市井文化的青楼艳歌知名，“骫骳从俗”而长于叙事，“铺叙展衍，备足无余”，是慢词的创调名家，善于熔情入景，具有“上承飞卿，下开金元”的词史地位。第五章论北宋中期词与苏轼的拓展，围绕着变法发展出政党政治，从三个方面阐述士大夫文化对此期词的影响。一是词人们感叹“飘零官路，荏苒年华”，又努力化解思想的矛盾，体现了雅俗结合的创作思想。二是苏轼将歌者之词变为诗人之词，在题材上“无意不可入，无事不可言”，在风格上“刚亦不吐，柔亦不茹”，即所谓的“以诗为词”，代表了“士大夫之词”的完成。三是秦观因受累于党争，而将“身世之感打并入艳情”，形成了独到的“词心”。第六章论北宋后期词的发展与集成，以徽宗朝的词人为论述对象，包括苏门外围词人，重点讨论周邦彦知音律、善制曲的艺术才华，以及善于以六朝小赋与唐诗入词的创作手法，从而具有了集北宋词艺术大成的特色。第七章论南渡词及其因革变化，认为靖康事变促使了南渡词之变。待到绍兴和议签订，高宗“中兴”局面形成，则有“复雅”之倡。第八章论辛弃疾及辛派词。指出辛弃疾是出将入相的人物，以词为“陶写之具”，兼具情志，体现了综融南北文化的特点。第九章论风雅词派及其艺术独创，分析了风雅词派形成的文化基础，认为此派以姜夔的创作成就最高。其词“清空”“骚雅”，前者得益于晚唐诗的风神与江西派的瘦硬；后者深得比兴之义。第十章论宋季风雅词的艺术总结与辛派嗣响。认为宋末词具有鲜明的地域文化色彩，浙江词人群是风雅派的继续，以杨缵《作词五要》、沈义父《乐府指迷》、张炎《词源》为代表，体现了系统的创作理论。

总之，全书在描述唐宋词艺术发展的过程中，始终结合各个时期文化发展变化，从而揭示出唐宋文化与唐宋词艺术之间的关系。

二

正是由于该书是从文化的角度展开对唐宋词史的论述，因此，该书一方面对不同阶段的文化特点作细致的剖析，另一方面，又探讨了每一阶段的文化对词的影响与规范，从而将唐宋词真正置身于其本来的文化生态中。这就避免了眼下一些文章将文化与词的关系肢解为两张皮的误区，也不同于一些词史著作仅从词史发展的内部因素作简单分析。举例来说，第二章在分析唐代文人词兴起原因时，作者便是从文化的层面来揭示：

> 初盛唐尚是词的肇始期，主要由宫廷文化决定其创作，到中唐时期，则有贬谪、羁旅、边塞等题材及相关文化体现于词作中，隐逸文化更成为一个主要方面。此期所作尚是诗人的偶一为之，张志和、船子和尚所作虽多，却是单一的隐逸文化背景、内涵。应重视的是王建，他以类型、题材、数量均较多的词作和丰富的色彩，代表了中唐词开始三元文化结合的特点：《宫中三台》《宫中调笑》与宫廷文化较密切，《宫中调笑》与《江南三台》是商业文化所造就的羁情旅思之表达，《江南三台》的后两首（树头花落花开；斗身强健且为），是后来士大夫文化所体现的伤春悲秋、淡淡哀愁的肇始，开启从刘（禹锡）、白（居易）到晏（殊）、欧（阳修）一派。（第74页）

这种以文化视角观照词在初盛唐时期的发展历程及其变化特点，使人们对词史发展中的一些疑难问题有了新的认识。以往，人们对词的起源的认识，虽然也注意到了与音乐艺术之间的联系，但很少像邓著这样联系宫廷文化、贬谪文化、隐逸文化及商业文化等文化范畴展开探究。这就为人们深入研究词的起源，拓宽了思路。

又如，在第四章中，作者以苏轼词为例，分析北宋士大夫文化与词风变化之间的关系，认为：

> 士大夫文化在颠覆、取代了进士文化后，占据了宋代文化的主流文化地位。在对宋代政治、思想、文艺、社会生活等各个方面发挥积极作用的同时，其多种人生角色与多重性格组合的特点，也以其中部分的消极因素，影响了词的发展走向，虽非进士文化中的“无行”“轻薄”之单一，却有一定的相似性。因此，北宋在诗文领域可以有改革运动，而在词中却难以见到，直到政党政治影响了词人的生活和思想，才逐渐发展出苏轼词的“向上一路”。（第223页）

在作者看来，占据宋代文化主流地位的是士大夫文化，这便与此前的唐代文化有所不同。而士大夫文化中的部分消极因素，影响了词的发展，词因此也就很难像诗文一样，形成革新的局面。词在宋代的革新，一直要到以苏轼为代表的词人，在饱受政党政治的矛盾斗争后，才将这种特殊的人生经历和思想变化融入词中，从而也改革了词风，导致苏轼词的“向上一路”的创作路径。

本来，文各有体，词也如此。但苏轼却要对词“体”的界域有所突破，具体的表现就是“以诗为词”。这样一种“破体”的行为，宋人是不理解的、不赞同的，连陈师道都认为“要非本色”。原因就在于，词为“倚声”，词乐本为俗乐，士大夫习此者少，柳永流连坊曲、驻足青楼，才“大得声称于世”，而士大夫只在家妓中“呈艺”，难以将自己创作的作品广为传唱，加以检验，苏轼词之所以被认为“要非本色”，不仅是文学意义上的，更在一般意义上是对“倚声”特质的疏远，以至背离。因此，就某种意义而言，苏轼士大夫之词既是对词的发展，也是对词的特质的销蚀。但从词史发展的角度看，我们不得不承认，正是由于苏轼的破体，才使词的题材及艺术表现发生了变化。对此，邓乔彬先生是这样分析的：

> 苏轼所处的时代既已不同于宋初的承平时期，他的胸襟、学养与境遇也使他在词的创作中，能在沿袭传统之外注入新的东西，这就是忧患意识和理想主义。《东坡乐府》中赠妓之作亦不少，说明苏轼在“应歌”时未能免俗，但由于“言志”色彩的增强，可以看到他的以“清”破“艳”，以“刚”破“柔”，体现出主体风格的变革处。（第377页）

这就把苏轼对词破体的原因、内涵及其意义，作了比较透彻的说明，也使人们对苏轼破体有一个全面的认识。

如此结合文化背景，尤其是宋代的党争文化，来解读苏轼“以诗为词”，比起以往仅从文体的层面来探讨苏轼改革词风的研究，无疑是一种突破。

同样，在第十章中，作者将宋末元初词的发展置身于当时的整个文化背景中来分析，从而形成了自己独到的见解。具体地说，从地域文化的角度来分析不同地区的文化发展对词人创作的影响：

> 宋末元初的江西词派与浙江词派很不相同。浙江词人颇多显宦出身者，既受家族文化的影响，又兼受山水文化与社会（吟社）文化的熏陶，词人之间交往较多。宋亡前多吟风弄月之作，或为社中题咏，他们多热衷钻研乐律，推敲文字，创作有唯美倾向。鼎革后，虽受世换文移规律的支配，改变词风，但所作多为借咏物以寄托身世之感、亡国之悲，即使直接的抒发，也多以唱叹处之，抒情较为委婉，总体上以清婉工丽、隶事雅切为基本特征。而江西词人的代表刘辰翁、文天祥都是欧阳守道的学生，是理学家江万里的再传弟子，理学精神与人格力量对他们影响较大。其他的江西词人也多受理学熏染，故能在民族危亡的关头，能挺身而出，投入抗元大业，失败后坚持

> 气节。江西词人之间来往较少，罕有结社之事，作词也近于辛弃疾的以之为“陶写之具”，多不以计较工拙为念，主要是满心而发，肆口而成之作，故所作长于气而短于韵。（第931页）

这里，作者分析了地域文化对词人创作特点的影响，同为宋末元初的词人群体，由于所处地域的不同，江西词派与浙江词派表现出明显的差异。江西词派的词人，由于受当地理学文化的影响，与浙江词派的词人在词的创作和为人处世上，均有明显的不同。在作者看来，理学文化造就了江西词派的风骨与血性。于是，江西词派的词人，在遭遇民族危亡的时刻，能挺身而出，直至舍生取义。这样的分析与结论，对人们重新认识宋末元初的词史发展特点，打开一个新的思路。因为，以往的研究大多习惯于以词论词，故视野较窄，难以深入。而邓乔彬先生则以较为宽广的视野，即从文化的视野来观照词的发展历程，因此，能发现人们不太能发现的问题，并加以科学的回答。

三

邓乔彬先生的这部《唐宋词艺术发展史》以文化的视野展开研究，从而取得了前人未能实现的学术目标。那么，作者是如何实现这样的学术目标的？换言之，作者为了取得如此独到的成就，经历了怎样的学术积累呢？

关注词学研究的学者，大抵都会关注邓乔彬先生的治学历程。无论是早年的《吴梅研究》，还是后来的《有声画与无声诗》《中国词学批评史》和《古代文艺的文化观照》，都体现了邓乔彬先生宽阔的研究视野和治学路径。正是这样一种研究视野和治学路径，使得邓乔彬先生的词学研究形成今天的成就与特色。

事实上，早在1993年，作者出版《有声画与无声诗》一书时，徐中玉先生在为该书所作的《序》中便是这样评价邓乔彬的治学特点的：“邓乔彬同志向来专治词学，著述甚丰，卓有成绩。我知道他近年兼及诗学，并扩展到绘画理论。我很赞佩他这种不断钻研，在紧邻学科间比较、探索的精神，在一个领域内已打下牢固基础而后逐渐扩大到相关领域，既是自然的，也是必要的过程，比之一上来就想解决一个总问题，却由于囫囵吞枣，往往显得大而无当、虚而不实，费力不少却什么问题都未能真正解决这种做法，的确踏实、有益得多。”[5]而这部《唐宋词艺术发展史》著作，正是作者长期以来对中国文化艺术史的重视与探索的结果，集中体现了邓乔彬先生“在紧邻学科间比较、探索的精神，在一个领域内已打下牢固基础而后逐渐扩大到相关领域”的治学特点。

当然，如果从词学学术史的高度来观照唐宋词艺术发展的历史全程，对词为“倚声”特征的研究，还可以从音乐艺术的层面来进一步揭示，以使词作为音乐文艺的特性得到全方位的展示。自然，该书也从音乐文艺的角度，对词为“倚声”

特点作了一些有益探索。如对唐代燕乐杂言歌辞的兴起、教坊曲与词调的关系、“选词以配乐”与“非由乐以定词”的创作原则等词史上的重要问题，都作了梳理与归纳。此外，该书还从雅乐衰落、燕乐流传的特定角度，论述了五代歌词繁盛之原因。这些研究，应该说都是在对词为“倚声”的特征作分析，具有正本清源的作用。然而，就目前的研究现状而言，一来由于词乐不存，词谱之学难度很高，二来由于缺乏精于中国古代音乐史研究者的参与，因此，对词为“倚声”的真正内涵，要作出突破性的推进，还十分艰难。好在任何一项研究的缺憾，往往又能催生出一个新的研究课题。因此，我们有理由相信，邓乔彬先生的这部《唐宋词艺术发展史》，将会对今后一段时期的词学研究起到积极的引领作用。

注释：

①本文除另有注明外，引文皆引自邓乔彬：《唐宋词艺术发展史》，河北人民出版社2010年版，以下不再赘述。

参考文献：

[1] 李清照.词论[M].词话丛编.北京：中华书局，1986.

[2] 王国维.人间词话[M].北京：人民文学出版社，1960.

[3] 杨海明.唐宋词史[M].南京：江苏古籍出版社，1987.

[4] 刘扬忠.唐宋词流派史[M].福州：福建人民出版社，1999.

[5] 邓乔彬.有声画与无声诗[M].上海：上海社会科学出版社，1993：序.

（作者简介：李剑亮，1963年生，浙江平湖人，浙江工业大学人文学院中文系教授，文学博士；李寒晴，1991年生，女，浙江杭州人，浙江工业大学人文学院中文系汉语言文学专业2009级本科生）

（原载《浙江外国语学院学报》2011年第4期，作者单位：浙江工业大学人文学院）

华彩流变的工笔长卷

——邓乔彬《唐宋词艺术发展史》简评(2011.8)

崔海正　李勇勇

邓乔彬君《唐宋词艺术发展史》梓行（河北人民出版社2010年5月版），学界为之一震。或问余读后何感，此略抒己见，试作简评。

其一，别立一家。20世纪以降，词学研究经历了由传统向现代的转型，研究体系的建构亦与时俱进，在不断调整中渐趋科学而完备。词史（通史、断代史、专题史等）作为研究体系中尤为重要的一个门类，同整个词学研究越来越“火”一样，招引起不少学者的浓厚兴致。自然，由于唐宋词的特殊地位，以各种形式对此一断代之史的撰述更成“热门”。话说回来，这些论著虽各有其价值与功能，然通史限于体例，涉此必然简括；专题史（如按题材、体裁或风格分类的专史）涉此未免尺幅不张，内涵显得较为单薄。况且，面对唐宋词苑这块“熟地”，如果仍出之以老俗套路，当会失去应有的诱惑。因此，重新审视并描绘这段词史的华彩流变，成为所谓新时期中学界的共同期待。

先是，八十年代中期，杨海明独辟蹊径，以前此未有的多层次、多棱面的构建方式，特出的理论创造以及相当优美的话语系统，满足了人们对一部新意扑面的综合型《唐宋词史》的渴盼；十二年之后的新旧世纪之交，刘扬忠以流派为着眼点，运用现代文艺学的原理与方法，打破豪、婉二分的旧框框，勾画出唐宋词中若干流派生成、兴替的运行轨迹，结撰出《唐宋词流派史》这另一“型号”的唐宋词史；又十年之后，邓君则立足于唐宋词艺术与形式本身，以127万余字的超大规模，推出又一部全面论析唐宋词艺术发展的专史，而与上两部著作后先辉映，鼎足而三，别立门户。

此著意在弥补学界对唐宋词艺术体系研究之不足，试图体现出对龙榆生《研究词学之商榷》中所谓“推求各曲调表情之缓急悲欢，与词体之渊源流变，乃至各作者利病得失之所由，谓之词学”这一定义的深入探究。由于其篇幅、堂庑特大，对于书中所涉及的唐宋时代百余位词人歌词创作之利病得失及其因由（尽管取舍不同），确为目前所见词史论著之最详者。此点，只要稍稍翻览一下该著，即可得到印证，似不必多赘。而关于词体之“起”与“变”，乃在齐言与杂言、雅乐与俗乐递相转换、诗与乐互为表里之基点上展开论列。唐宋词以杂言体形式出现于由齐言到杂言转换的又一个周期的转折点上，是歌诗语言形式的进步；唐代曲子词是在俗乐的燕乐、即盛唐开天年间教坊曲的环境中生成并逐步兴盛的；文乐相表里、风尚成于社会之弃取原则是整个中国诗歌史的事实。由此，以语言、音乐及诗（词）乐关系制约而呈现的唐宋词各个时期、阶段词之体制、体格等变迁，贯穿于全书始终。其不少看法多发掘前人之说而断以己意，却往往有推陈出新之感。至若推求曲调表情，由于主客观种种原因，虽难令读者十分满意，但仍可值得关注。众所周知，龙榆生先生源于“词本倚声”的真切体认，特倡“声调之学”，并在某些论著（如《词曲概论》下编《论法式》）中详述平仄转换与表情、韵位疏密与表情、长调结构与声韵安排等关系，而开一法门。然时至今日，仍是呼吁者多，继其轨者稀，实践者甚少。本书却能时而触及此一论题，尤其是对谙精音律的几位重要词人。比如，说柳词“啴缓”是因燕乐音节的蜕变而造成，加之乐器由羯鼓代之以玉笛，这也是柳永多长调慢词的音乐依据；再如周邦彦，繁引文献论其对腔谱之贡献，谓周词四声多变，于拗怒中自饶和婉平整；而于姜夔，更细述其重“和”求“合”的音乐思想与创调原则，特别肯定其先词后曲、以乐配词、充分体达主观抒情的词作模式，以及突现抒情主体的个性化旋律。这类论述声情关系之文虽相对较少，所说或非尽切合此课题，却仍是该著之一抹亮色。

其二，视界宽博。唐宋词之艺术发展触涉到方方面面，株连甚广。就“词外”而言，举凡社会风尚、民俗习惯、政治晦明、经济兴衰、学术思潮、审美趣味等，皆与之有或多或少、或显或隐之联系；就“词内”而论，其语言浓淡、题材取向、艺术风格、技法、音律、词韵、声调等等之变化、消长，又会直接影响到词之风貌的养成；更勿论作为创作主体的词人，在上述内外场景中，由其个性差异等因素所造成的词坛之种种复杂情形了！为此，著作者需要广博的眼光，以及糅合诸般因素如长缨在手的统驭能力；而在方法论上，则当采取跨学科的组合。故本书中尤见历史与文学、文学与音乐、文献与文化学、传统批评与现代文艺学之结合与相互发明。此举一例，所谓窥斑见豹：因晚唐进士文化乃是由诗而词的转变枢纽，故在有关章节中，作者先论唐代科举。正是这个以选官为核心的制度引发了政治之变，导致了社会新因素的萌发；而科举尤重进士，士人所习重心从儒学经典转到诗赋文章，从而改变了儒学与文学的传统地位；基于此，作为统治者一方新成员的进士阶层，在思想道德、出处大节上便出现了一系列新的特点。然后，作者又分列“轻薄与无行”“进士与歌妓”“渐入〈香奁〉，遂起词端”“一生风月，到处烟花”等目次，举示若干词人与词作，调动大量文献材料，对以上各点详加叙说，最后得出结论道：“随着‘儒林’传统向‘文苑’精神倾斜、转化，使得进士阶层在思想及行为上见于‘无行’‘轻薄’，尤其体现在与歌妓制相关的婚外情上。而这，就是晚唐直至五代词生成、发展的主要文化背景与动因，也决定了晚唐五代词香而软的主体艺术风格。”你看，其中既触连到政治、社会、制度、文化、学术，又关涉到词人（思想、行为、价值观）、词之题材、语言、风格等，简直拈一发而及全身，牵一枝而动大树，其视域之广，似可得见。书中于其他论题，亦大率如此。

其三，含茹丰厚。一部学术著作，如果仅是规模大，字数多，却大而空，大而无当，则类同花拳绣腿、唬人广告，决无实际价值。同时，如果仅有广阔的视野而缺乏深锐的穿透力，则如鸥鸟戏水于茫茫海面，亦未知海底世界之富丽。因为宽度毕竟不等同于厚度，尽管宽度在一定意义上也体现出厚度的虚影。作为行家里手的邓君显然熟稔此道，他为这部百万字巨秩注入了丰富的“内存”，犹如一座大建筑物，既见骨架林立，又见精巧布置，藏品充盈，内外匹配。其表现为：一是向纵深掘进的史家意识，二是始终紧系艺术发展这根红线。

先说前者。既然是诗“史”，就应该尽可能贴近历史实际，清晰地映现出唐宋词的纵向流程，寻绎出它合乎逻辑的运行轨迹。这本可以有多种方式方法，但作者选择了文化。因为文化有更强的包容性，对某一事物复杂的历史运动形式能给出更较充分而合理的阐释。于是，“靓彩”出现了：唐曲子经教坊燕乐诞育而生，却是宫廷文化引发了文人词之起；进士文化促成了词之繁盛；边塞文化及民间多元文化使敦煌曲与文人词分途；西蜀、南唐词因宫廷文化不同而异趣；北宋士大夫文化与市井文化分别导致了词的雅、俗走向；靖康的民族文化劫难引燃了南渡词之激变；稼轩综融南北文化而成其大，嗣续不绝；南宋雅文化成就了风雅词派，影响久远；临安吟社文化则又成为宋末雅词的温床。数百年间词之历史脚步及词坛态势移易，伴随着理论性缕析与开掘，分明可见。而值得注意的是，文化在这里并非像某些论著那样，只被当作词文学进行表演的静态的背景与绮丽的天幕，它同时也是词之推演的驱动力量。比如，宫廷文化为文人词布设了适宜的“小气候”，反过来，它也是文人词始起的主要动因。

次说后者。“艺术”之史，自应在史的流动中凸显艺术这一内涵，所有材料及其论说，皆须聚焦到这一主旨上来。作者紧紧把握了这一点。从其框架体系观之，全书除自序、引言及参考文献、后记之外，共分10章，60多个节次，220多个小目，可谓结构宏伟。其章、节、目次之大小标题，有的直接取用“艺术”字眼，有的则以艺术中某一元素如风格、韵致或其他语词称名。比如10个章次之大标题，明确标有“艺术”一词者就有6个，以此担纲，可见其用心。再就个体及群体词家来看，从敦煌曲的朴拙可喜、李白词的意兴苍凉，到温庭筠的仕女图、韦庄词的寓浓于淡，从花间词的清露残红，到冯延巳的和泪严装、李煜的粗服乱头，从晏欧词的温润、隽婉，柳词的骫骳从俗，到小晏词的秀气胜韵，东坡词的吟咏情性、辞气迈往，从秦观的词心词意、东山词的创意，到清真词的吹律含商、回环往复，从南渡词的感慨悲凉、易安的当行本色，到稼轩词的经子百家、行间笔下，从姜夔词的清空骚雅，到吴文英词的芳菲铿丽，从辛派词到宋季风雅词的艺术总结，以及兼具多种风貌的竹山词，等等；姑且不论其具体阐发是否全为学人所认可，但其述说均围绕唐宋词续而不断、断而又续的艺术发展而展开，当无疑义。

要之，唐宋词就像一处风景胜地，峰峦林立，花木葱茏，曲径通幽。此著非写意，而是以工笔细描绘就了唐宋词艺术这幅颇具深广度的长长的画卷，且多有发现与新见。当然，同任何学术著作一样，它不可能完美无瑕，何况这百余万字规模，又并非集体性项目。诚如作者自序中言及，所涉词之音律、声情之事，尚有欠缺；评论词人，较少见其“病”与“失”。另外，似可置一结语，以曲终奏雅。

邓君为人诚实，内秀而不事张扬。他多次提到自己治学较杂，虽治词学，却又旁涉文化学、文艺美学、近代曲论、诗画思想史等，此著算是回归词林之见证；同时，又往往以之比“同年”杨、刘二位的唐宋词史晚出为憾。其实，较为全面的知识结构为本书之成做了良好的铺垫，提供了再行拓展的空间，邓君与学界同行当应感到欣慰，借用目前流行的一个“热”词：因为它是相当“给力”的！

（原载《山东文学》2011年第8期，作者单位：济南大学文学院）

一部具有集大成性质的唐宋词史

——评邓乔彬先生《唐宋词艺术发展史》(2011.8)

路成文

邓乔彬先生是当代著名词学理论家，在古代诗词及批评、诗画比较、文艺与文化关系、画论与绘画、二十世纪古代文学学术史研究等方面建树颇丰。《唐宋词艺术发展史》(河北人民出版社2010年版)是先生最新推出的一部全面观照唐宋词史的力作。该书密切关注词的艺术本体，分别从音乐文化、宫廷文化、进士文化、士大夫文化等多重角度探讨词的起源、词体生成及其艺术发展，理论体系周密；在论述分析唐宋词史上的重要理论问题和大多数作家作品的过程中，斟酌古今，参以己意，所作评断皆的当精审；全书内容翔实，资料丰富，述史论词皆能做到融会贯通，对于研治、讲授唐宋词、唐宋词史乃至词学学术史，均具重要参考价值，堪称是一部唐宋词史研究的集大成之作。

一、密切关注词的艺术本体和艺术生态，理论体系周密，且能一以贯之

上世纪八十年代以来，词学界先后出版《唐宋词史》(杨海明著，江苏古籍出版社1987年版)、《唐宋词流派史》(刘扬忠著，福建人民出版社1999年版)、《北宋词史》(陶尔夫、诸葛忆兵著，黑龙江人民出版社2004年版)、《南宋词史》(陶尔夫、刘敬圻，黑龙江人民出版社1992年版)，四部唐宋词断代史。此外，尚有严迪昌《清词史》(江苏古籍出版社1990年版)、张仲谋《明词史》(人民文学出版社2002年版)、黄拔荆《中国词史》(福建人民出版社2003年版)[①]、邓红梅《女性词史》(山东教育出版社2000年版)，分别为明清词断代史、词体文学通史和专题词史。这些著作各有所长，大都体现出独到的眼光和宏通的史识。以四部唐宋词断代史为例，杨海明先生《唐宋词史》作为改革开放以来第一部唐宋词断代史，在体系建构、作家评断、作品赏析方面，体现出不同于老一辈词学家的新气象，筚路蓝缕之功，非其莫属；《南宋词史》版行于1992年，是改革开放后第二部唐宋词断代史。该著最突出的特点是对于南宋著名词人经典名篇的鉴赏与分析，尤其是姜、吴词评析，颇引进了一些西方文学批评理论(如意识流、心理分析)，不失为一种新的尝试；刘扬忠先生《唐宋词流派史》版行于1999年，是第一部以明确文学理论为指导的词史著作。该著从西方文艺理论关于"文学流派"的明确界定出发，结合中国古代文学发展实际，对唐宋六百年间所涌现出来的代表性词人及其作品所呈现出来的主导风格进行了清晰评断，并从文学流派的角度，对受

① 福建人民出版社1989年曾出版黄拔荆先生《词史》(上卷)，2003年出版《中国词史》(上下卷)。

其影响的或风格接近的词人群体进行归并论述。其中论江西词派、论雅俗分派、论本色一派、论稼轩词派、南宋后期诸派等，精义尤多。当然，由于中国古代文学自身发展的特点，从流派的角度对唐宋词家进行归并，去取之间，殊难把握。《北宋词史》版行于2004年，该著作者之一陶尔夫先生同时也是《南宋词史》的作者，因此，这部词史在作品赏析方面还是颇继承了一些《南宋词史》的特点，不过，这部最终由诸葛忆兵先生董理出来的词史著作，在词史线索梳理似乎略胜于《南宋词史》，《南宋词史》所谓“重建”“高峰”“深化”“结获”四分法，似仍秉承唐诗“初”“盛”“中”“晚”四分法，亦带有进化论文学史观的色彩，《北宋词史》则以点带面，拈出晏欧、柳永、苏轼、周邦彦、李清照五家（六人），颇有周济之选宋词“是为四家，领袖一代，余子荦荦，以方附庸”之意。

与上述四部唐宋词断代史相比，邓乔彬先生的《唐宋词艺术发展史》从唐宋词艺术本体出发，有效规避分期、分派等易致缠夹的问题，在尊重一般文学史著基本规则的基础上，结合著者（乃至数代人）的艺术体悟，从词体艺术发展的角度，对六百年唐宋词史进行点面结合的艺术考察。

所谓词的艺术本体研究，乃是从词这种艺术形式本身之生成、发展、演变以及艺术表现手法、风格特点的角度对其进行系统考察、梳理和研究。

首先，《唐宋词艺术发展史》全面描述了词这种艺术形式之生成和发展演进的艺术生态和文化环境。首章《燕乐歌辞之起与敦煌曲子词》重点探讨词体之生成及敦煌词，在厘清雅乐、清乐、燕乐等不同音乐体系之后，重点考察教坊曲与词调之关系，指出早期曲子（词）所倚之声主要是教坊乐，从而认定“唐五代曲子起源于开天年间教坊曲无疑”，亦即开天时期的宫廷音乐文化对于词体起源关系至大①。以下着重从边塞文化角度，对敦煌曲子词形式、内容、风格等方面进行了分析。次章分别讨论宫廷文化、多元文化、士大夫文化以及进士文化与盛唐、中晚唐词体渐兴之间的关系，从文化背景的层面对中晚唐词体之确立进行了阐释。第三章指出五代时期西蜀、南唐两个歌词艺术创作中心的文化环境：燕乐兴盛、优遇文人、经济畸形繁荣、享乐之风盛行，对西蜀南唐词的不同走向也从文化层面进行了分析。第四章分别从士大夫文化和市井青楼文化层面对北宋前期词取径迥异的两种类型进行了解释；第七章指出靖康之难与复雅之风，是南渡时期词基本文化生态；第八章指文化集成、南北综融是辛弃疾成为伟大词人的主要标识；第九、十章则分别指出江湖文化、临安吟社文化是南宋后期及宋亡之后风雅词派的生成基础和生存土壤。通观全书，可知作者试图从文化背景、文化类型及其嬗变的角度，对词的艺术生态进行总揽式把握。这对于我们了解和考察唐宋词的艺术发展，无疑提供了很好的思路或角度。

---

① 刘尊明师曾数论“词起源于民间”，本书观点看似与之矛盾，实可互证互补。盖教坊乐诸曲调，大多来源于民间而汇集于教坊。参刘尊明《“词起源于民间说”的重新审视与界说》，文学评论1993年第1期；《词起源于民间再阐释》，中国韵文学刊，1995年第1期。

其次，《唐宋词艺术发展史》从词的外在形式层面，对词体发展演进的线索作了比较清晰的梳理，对一些学术界明而未融的问题作了阐释。首章第四节论敦煌曲子词，从艺术形式、表现手法的层面，对早期敦煌词进行了系统描述。从第二章起，至第九章，作者选取5个节点，梳理和描述唐宋词外在艺术形式和体制的发展演进：(1) 次章三节"唐代文人词的艺术"指出张志和等人词"节短情长"，刘、白等人词"声调渐开"，对文人词词体形式的早期形态进行了概括。(2) 次章四节"温庭筠的艺术创造"，首先分析了温词的用调及创调情况，指出"飞卿的创调超过此前任何词人。其所创之调多出自教坊曲，……飞卿与伎人推敲曲调、技艺，将原来的一些教坊曲改造为词调，所成显著"[①]，唐宋词从形式体制角度来看，至温庭筠可谓格局大开。(3) 四章四节"一论柳永"，结合柳永与市井文化、青楼文化的关系，分析柳永"变旧声作新声"，即接受、汲取、改进民间、市井新声进行歌词创作的实际情形，对柳永的创调之功，和大量创制慢词从而改变小令一统天下局面，开辟宋词发展空间的贡献作了客观描述和评价。(4) 六章三节"一论周邦彦"、四节"二论周邦彦"，结合清真名作，对周邦彦从音韵、声律、结构、章法等层面完善宋词形式和体制进行了中肯评述。(5) 九章二节"姜夔的音乐思想与创调原则"，重点阐述姜夔在词乐渐次失传背景下，自出机杼，"初率意为长短句，然后协以律"，从而开创不同于"选词以配乐""由乐以定词"的第三种声辞配合歌词创作方法。唐宋词形式体制至此发展完备。

第三，《唐宋词艺术发展史》对于词体艺术表现手法体悟甚深，论述甚切，值得称道。相对于思想内容的评论、艺术风格的确认，研究、分析和探讨唐宋词的艺术表现手法一直是词学研究中的短板，以往的词史著作，由于要兼顾思想性、艺术性，以及风格、流派等诸多方面，因此，总的来看，很难对艺术表现手法进行一以贯之的系统揭示。《唐宋词艺术发展史》作为特别注目于词的艺术本体的词史著作，应该说努力做到了这一点。比如首章论敦煌曲子词，分别列出"叙事、铺排与联章体""抒情直切，长于比兴""代言体与戏剧性"等三目，衡定其艺术表现手法之特点。次章论温庭筠词，特拈飞卿词"以画济词"的特色进行艺术分析，颇为精辟。三章论李煜词，指出其词"多用白描，不事藻绘"，并引明胡应麟语评其词"清便宛转，词家王孟"，这里作者没有简单衡定李煜词的风格特征，而是具体分析其艺术表现手法，所论颇中。在众多词家评述中，作者对柳永、周邦彦、辛弃疾、姜夔、吴文英等重要词人的艺术表现手法关注尤多。如论柳永，不仅指出其长于铺叙的艺术手段，还具体解析其出之自然的写景手法以及熔情入景的高超艺术技巧；论周邦彦，不仅指出其"以赋为词"的艺术手法，而且还从下字运意、章法结构等不同层面对其词的艺术表现手法和技巧进行细致入微的分析；论稼轩词，则将其与韩愈对举，深入全面地解析其"以文为词"的艺术表现

---

①《唐宋词艺术发展史》第111页。

手法；论姜夔词，则从数个方面重点解析其创造“清空”词境的具体艺术手法；论梦窗词，则分别从点染、勾勒、离合、转折角度分析其艺术表现手法，具体而微地论证梦窗词“绵密曲折，空际转身”的艺术特质。从上举诸例，我们不难看出，作者在述史过程中，特别注目于艺术表现手法的分析与描述，与此同时，也颇致力于风格特征与艺术表现手法之间因果关系的论证。这些分析和描述，一定程度上弥补了前此词史著作在这方面的不足，尤足称道。

通过以上分析，我们不难看出，作者之用心在全面揭示唐宋词词体“艺术”之发展演进，这部《唐宋词艺术发展史》，也确实清晰揭示了唐宋词词体艺术之发展演进。理论体系既清晰周密，述史过程中亦能一以贯之，无怪乎煌煌一部128万字的词史，读来不觉其繁复。

二、斟酌古今，断以己意，对唐宋词史上大多数词人、词作均给予的当精审的评断

作家是构成文学史的主体，对于具体作家的评述、论断和定位是文学史家眼光、识力、知识储备、语言驾驭能力的直接体现。《唐宋词艺术发展史》虽然也对唐宋六百年词史作了大致分期，但叙述的主体仍然是作家作品的排比、叙述和评断。通读全书，我们不难发现，作者对于所论及的每一位词人作具体论述、评价和词史定位时，大都广征博引，引古援今，斟酌取会，断以己意，从而给予确切、平实而精审的评断，在很多史著或专论中常见的过实之誉或不情之毁，则很少出现。

比如次章四节论温庭筠，先后引述黄昇、陈振孙、张惠言、陈廷焯、王国维、丁寿田、李冰若、郑振铎、夏承焘诸家之说，再结合自己的词史观念、学术背景和艺术体验，对温词词史地位、艺术特征进行具体的分析、论述和评价。其一，以温庭筠的创调之多、守律之严，确认其为“倚声祖”，其创在运用精确的统计数据证明前人的感性认识；其二，结合绘画史推测温词艺术灵感之一源乃在唐人仕女图，并以此为解析温词之独特视角，以下更援引中西绘画理论对前人揭示的温词艺术特色之一端“雕缋满眼”的目的、途径进行具体解析；其三，结合自身艺术审美体验，对温庭筠词旨词心进行探析，认为读温词不当眩于其表面之“珠翠”，而当观其“倩盼”（即表面看来带有印象、直觉式的画面，实际蕴含着丰富而深隐的情意，须借助积极的审美联想“化景物为情思”从而窥入其词旨词心），这些论析，显有突过前人之处。其四，综合上述诸点，特别是结合温庭筠在词境创造和词艺创新方面的成功尝试，指出“温庭筠以突变的步子走得太快了一点，但自此，词却渐变为注重描绘，着力于细节，以‘文小’‘质轻’‘径狭’‘境隐’为特点，宜写儿女之怨，沉绵深挚，风格凄迷要眇，幽约怨悱，这些，却始

自飞卿，始于其以仕女画入词”[①]，从而从艺术本质特征之形成的层面确认著者所认同的夏承焘在《瞿髯论词绝句》中对于温词所作的“软语开山”的评价。通过著者对温庭筠的论述脉络的梳理，我们不难看出，著者的基本评价，是建立在斟酌古今的基础之上的；在具体论证过程中，著者颇注意运用一定的理论和方法，结合具体的艺术体验和审美判断。这使得著者对于研讨对象的论断的当精审，禁得住推敲。

再比如十章七节论蒋捷词。首列诸家对蒋捷的分歧极大的诸种评价，之后指出“以上所见，其实都言之有理，之所以会产生如此分歧，主要与蒋捷词本身的多种面貌，及论家因艺术好尚的偏取眼光有关。”“蒋捷身处宋季浙江、江西两大词人群之外，却对诸多词人、流派都有学习、继承，并自有开拓，故其词具多种艺术手法、风格，面目不一，在宋季元初有独特的地位”[②]，以下分列“调音协畅，语多创获”“词中诚斋体，元调与曲味”“悯世遗俗，托兴遥深”等几个方面，通过具体作品的分析体悟，对前所揭示的评断进行描述和论证。这较之前此论家偏取一端而分别归之于姜派（如朱彝尊及清代浙西词派、四库馆臣等）、辛派（胡适、胡云翼、陶尔夫等），或江西词派（刘扬忠等），显然要融通切当一些。

细心的读者或许能发现，这部词史各章节标题乃至正文中的小标题都是经过仔细揣摩和精心提炼的，从述史论词的角度来看，各章节、各层次之间体现出很强的逻辑性，有着紧密的内在联系，从语言形式的角度来看，这些章节、标题或小标题多由两个或三个形式整齐的四字句构成。这些整齐的四字句，不少便提炼自前人评断。形式的锤炼本身即体现出著者斟酌古今、参以己意的用心。

三、内容充实，取材宏富，兼具词史和词学学术史意义，尤便于实用

第一，本书内容翔实，取舍合宜。全书10章66节近128万字，论及唐宋六百年间所有知名词人。甚至一些存词极少，但却较有词史意味或体现词体新气象但前人极少论及的作者，如宋初丁谓、夏竦、聂冠卿、陈亚等人，南渡时期苏庠等人，也进入叙述视野。这对于读者总览唐宋各阶段词史概貌，特别是了解唐宋词盛衰演进的具体历程，以及环绕在大家、名家周围的众多中小词人，从而感受某一特定历史时期词坛之盛况，颇有意义。本书对于敦煌词，晚唐温庭筠、韦庄、冯延巳、李煜，北宋晏殊、欧阳修、张先、晏几道、黄庭坚、秦观、贺铸，南宋朱敦儒、李清照、陆游、史达祖、周密、王沂孙、张炎、蒋捷等均予专节论述，辛弃疾、苏轼、姜夔、柳永、周邦彦、吴文英六位词人分别给予四节（辛）、三节（苏、姜）和二节（柳、周、吴）的篇幅，此外，张元幹、张孝祥、陈亮、刘过、刘克庄、刘辰翁等词人也基本上属专节论列。从章节的安排，大致可以看出著者

①《唐宋词艺术发展史》第120页。

②《唐宋词艺术发展史》第932页。

对于唐宋主要词人词史地位的评价。对于这些重要词人的论述，大致由极为简要的生平介绍、历代评论之中肯者的引述与权衡、作品艺术风格特征和表现手法以及词旨词心的推敲探寻等构成。从具体内容来看，著者实际上非常注意详略取舍，常识性的、前人述之甚详的一般性内容，能省即省，论析性的、体现著者思考的内容，则不惜笔墨，谈深谈透。这对于学习、研治或讲授唐宋词（史），无疑具有重要的参考价值。

第二，本书广征博引，取材宏富，且能融汇贯穿于具体论述之中。如前所述，著者在讨论重要词学现象、理论问题以及论述评价具体作家作品时，大多采取斟酌古今，参以己意的审慎姿态。这便使得这部词史因其广征博引，取材宏富，因而同时具有了词学学术史的意义。关于词的起源及词与音乐之关系的论述，颇能体现这一特点，因问题本身的线索较复杂，姑且不论，仅以本书对于具体词人的论述为例，来体认这一鲜明特点。本书五章三节专论晏几道。本节首先总论其人其词，在极简略交代晏几道生平之后，主要通过征引黄庭坚《小山词序》、王灼《碧鸡漫志》、陆友仁《研北杂志》等资料，作为知人论世之资。次论其词旨词心，以“微痛纤悲，以其情胜”标目，先后引冯煦《蒿庵论词》、夏敬观《吷庵词评》、王銍《默记》、晏几道《小山词自序》、赵令畤《侯鲭录》、陈廷焯《闲情集》、刘体仁《七颂堂词绎》、胡仔《苕溪渔隐丛话》、杨万里《诚斋诗话》、卓人月等《古今词统》、谭献《复堂词话》、陈廷焯《白雨斋词话》（2则）、俞陛云《唐五代两宋词选释》、邵博《邵氏闻见后录》、郑骞《成府谈词》（2则）等古今论小山及其词的重要评语，再结合自己的艺术体认，对晏几道词深于情的特点进行精细入微的论证。次论其词的艺术特征，以“淡语有味，浅语有致”标目，先后征引冯煦《蒿庵论词》、陈廷焯《白雨斋词话》（2则）、唐圭璋《唐宋词简释》、曾季狸《艇斋诗话》、陈匪石《宋词举》（2则）、况周颐《蕙风词话》、先著等《词洁辑评》、夏敬观《吷庵论词》等评论小山词风的经典评语，结合自己的艺术体悟和具体分析，对小山词艺术风格进行具体把握与评价。最后论述其总体词风及词史定位，先后引李清照《词论》、周之琦《十六家词录》、陈匪石《声执》、王灼《碧鸡漫志》、陈廷焯《词坛丛话》、黄苏《蓼园词评》、沈谦《填词杂说》、陈廷焯《闲情集》（2则）、周济《宋四家词选眉批》、陈廷焯《别调集》、陈匪石《宋词举》、唐圭璋《唐宋词简释》、周济《宋四家词选目录序论》、郑文焯《评小山词》、赵尊岳《填词丛话》、况周颐《蕙风词话（辑佚）》等。这些评语或总论晏几道其人其词，或具体评析晏几道的一些经典名作，分别涉及晏词内容、风格、艺术手法、词史地位等，均被著者笼括在对于晏几道的论述和评价之中。即此一家，可概其余。征引之广博，取材之宏富，述论之融镕，体现著者对于词学史料极为熟稔，对于各家词学思想评断准确，对于论述对象体会极为深刻。这显然得益于著者数十年前为撰著《中国词学批评史》所作的广博丰厚的资料储备，以及几十年潜心治词之功。

总的看来，这是一部具有集大成意义的唐宋词史著作。该著一方面围绕词的艺术本体这一主线构筑唐宋六百年词艺发展史，另一方面又以的当精审的作家作品论为血肉，用平实谨然的表达风格具体叙述六百年唐宋词史，从而使读者读来有“百琲明珠一线穿”之感。全书内容翔实，材料宏富，镕裁古今而断以己意，对于学习、研治、讲授唐宋词、唐宋词史乃至中国词学学术史，均具有重要的参考价值和实用意义。

（原载《聊城大学学报》2011年第4期，作者单位：广东外语外贸大学中国语言文化学院）

填补唐宋词基础性研究的空缺

——读《唐宋词艺术发展史》(2011.9)

吴惠娟

邓乔彬先生是一位勤勉而有才华的学者。自踏上治学之路至今四十余年，始终笔耕不辍，著有《爱国词人辛弃疾》《吴梅研究》《有声画与无声诗》《唐宋词美学》《中国词学思想史》（合著）、《学者闻一多》（合著）、《中国绘画思想史》《宋词与人生》《古代文艺的文化观照》等约三十部著作。他常常自谦说他的治学很杂，其实并非如他所言，他研究文学还是以词学为主，兼及文艺理论和文化研究，还因兴趣旁及绘画理论、绘画与文学的关系。这些研究丰富了邓先生治学的思考维度，这所谓的“杂”成就了邓先生如今一百二十八万字的皇皇大作《唐宋词艺术发展史》（河北人民出版社出版）。

二十世纪八十年代以来比较有影响的唐宋词史著作有杨海民的《唐宋词史》、刘扬中的《唐宋词流派史》。前者彻底打破了仅以时间为序平面排列作家作品的传统的词史写法，加强了宏观性的整体叙述，并将横向词的特质的阐述与纵向词的发展的轨迹相结合，同时关注和挖掘创作主体的心灵史，读来令人耳目一新。后者则打破词史按时代先后连缀单个词人词作的框架，变作家个体研究为群体研究，展现出唐宋时期词人群体互动及各流派互相影响、互相渗透、并辔争驰的历史。以理论引导，论述深刻。如今邓先生则另辟蹊径，以唐宋词的艺术发展为切入点，从唐宋词艺术本体出发，以自己读词的体悟，融合古今学者的研究成果，将文献学、文艺学和文化学相结合，对六百年唐宋词的艺术发展进行了立体、多维的研究，构建起第一部全面论述唐宋词艺术发展的专史，填补基础性研究的相对空缺。其颇具个性化特征的治学道路，使他的这部著作也具有独特的成就、鲜明的特点。

论著的特点之一：这是一部文化视野观照下的艺术发展史。论著以文化的发展、转换理论，观照词由思想内容、表现手法到艺术形式、创作风格的主要变化。并提出宫廷文化与词之起、进士文化与词之盛、市井文化与词之俗、士大夫文化与词之雅、民族文化与词之变（靖康之变与南渡词）、江湖文化与风雅派（格律派）、文化集成与稼轩词、吟社文化与宋季词等观点，并以此展开论述。应该说这些概括精辟而有新意。论著对唐宋词的艺术发展始终贯穿文化观照，并落实到时段和词体。这种把握有别于宏观的文化观照，无空泛之弊，对我们很有启示。

论著的特点之二：这是一部以唐宋词艺术体系研究为重点的艺术发展史。众所周知，词是音乐文学，词对于晚清词学家来说，已是各有所司的专门之学。如万树的图谱之学，凌廷堪、方成培的音律之学，戈载的词韵之学，张宗橚的词史之学，朱孝臧的校勘之学等。老一辈词家如夏承焘、唐圭璋、龙榆生、任二北、胡云翼、刘永济、詹安泰、俞平伯等治词亦各有侧重。作者在前人研究成果的基础上，努力兼顾词学中的图谱、音律、词韵、声调与词史、批评之学，以系统工程的眼光和结构，打破以往各子学科的藩篱，构建起第一部全面论述唐宋词艺术发展的专史。论著尤以文学表现论唐宋词的艺术发展为所长，思考严密周全，对大家、名家和流派的论述十分详尽，但也兼顾二三流词家，几能达到巨细无遗的地步。其中对温庭筠的艺术特征的分析多有独特视角，作者结合绘画史，推测温词艺术灵感之一源乃在唐人仕女图，并援引中西绘画理论对温词艺术特色之一端"雕缋满眼"进行具体解析。论著对苏轼词有三节之论，且时有新见。如从冯煦所论苏词"刚亦不吐，柔亦不茹"，引申出自己的体会，认为他的词以"清"破"艳"，以"刚"破"柔"，体现出主体风格的变革处。从毛稚黄所论苏词"文自为文，歌自为歌"，作进一步的辨析，认为苏词的豪放正是"文自为文"与"歌自为歌"的分离，但并不能做到"歌不碍文，文不碍歌"。这些论断十分精当和准确，给我们不少启发。再如，北宋词人韩琦、刘潜、李冠等，以往的词史一般不会提到他们，而在该著作中都有论述。

需要一提的是作者得益于《中国词学思想史》的撰写，这虽是一部合作的论著，但为他日后从事词学理论研究打下了厚实的基础。长期的积累使他对词学理论的文献相当熟稔，故能做到镕裁古今而断以己意。另外作者师从词学专家万云骏先生，而万先生又是吴梅先生的高足。故作者对词作艺术表现的领悟和分析相当细腻和精准，这也为大作增添了许多光彩。

（原载《文汇读书周报》2011年9月16日，作者单位：上海大学文学院）

新书推荐:《唐宋词艺术发展史》(2011.9)

王兆鹏

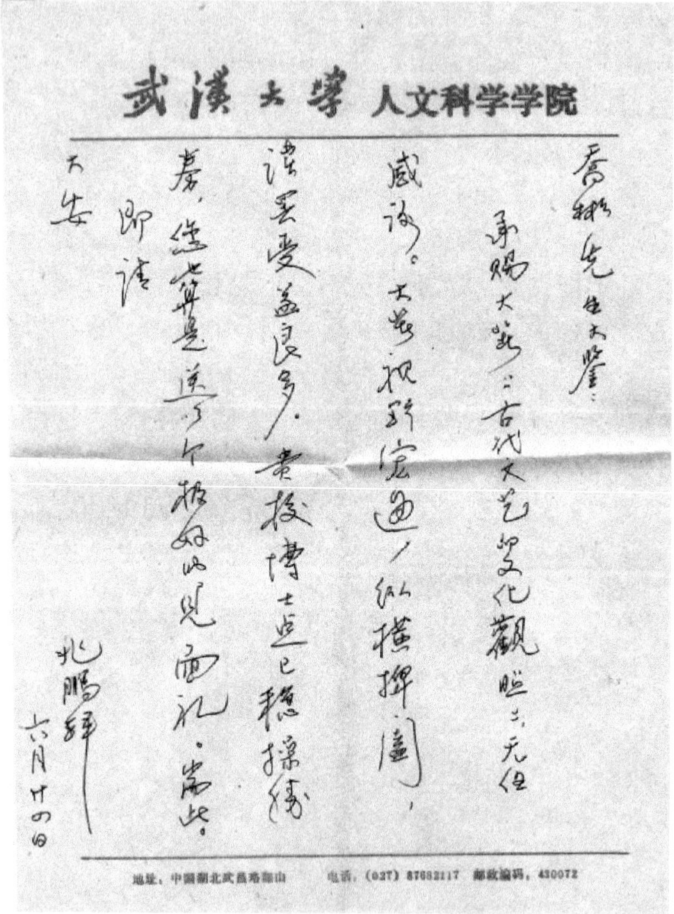

武漢大學 人文科学学院

乔彬先生大鉴：

承赐大著《古代文艺文化观照》[illegible]，感谢。大著视野宏通，纵横捭阖，读罢受益良多。贵校博士点已稳操胜券，您也算是送了个极好的见面礼。恭喜。

即请

大安

兆鹏拜

六月廿四日

地址：中国湖北武昌珞珈山　电话：(027) 87682117　邮政编码：430072

（王兆鹏先生2003年6月27日信）

该书为国家社会科学基金结项优秀成果，127万多字，凡十章，按时代先后论述。第一章介绍音乐与唐代燕乐杂言歌辞兴起的关系，讨论敦煌曲子词的文化内涵与艺术特点。其中，特别关注到敦煌曲子词的叙事性与戏剧性。第二章从宫廷文化、进士文化等角度结合具体作家讨论唐代文人词的创作，重点介绍了温庭筠、韦庄的艺术成就。第三章分析五代歌词繁盛的文化背景，《花间集》的主要题材与文化成因。第四至六章研究北宋词，分别以柳永、苏轼、周邦彦为中心，探讨北宋词与士大夫文化的发展演进之间的关系。第七章从社会环境变迁、创作规范突破、词体功能因革等角度总括南渡词坛状况。第八章从陆游、张孝祥、韩元吉等稼轩前奏叙起，写到刘克庄等辛派后期词人。主体部分则从文化集成、以文为词、屈骚之旨以及多元风格等方面介绍辛弃疾的创作成就。第九章《风雅词派及其艺术独创》认为以隐逸或游谒为生存方式所造成的江湖文化是风雅词派的生成基础，并特别讨论姜夔的音乐思想与创调原则及其艺术风格。最后一章，以风雅词与辛派的结穴为唐宋词发展史划上句号。该书全面系统地探讨了唐宋词艺术的形成、发展和演变的历程，既有宏观发展态势的描述，也有个体词人微观的分析；有时段的概述，更有重点的探究。唐宋词史上数十位词人各有何艺术特色、有何艺术贡献，都予以透彻分析。著者不是单纯地就艺术论艺术，而注意将唐宋词置于广阔的文化背景之中，探讨唐宋词艺术发展变化的文化动因，既明其然又究其所以然。

（原载《文学遗产》2011年第5期，作者单位：武汉大学文学院）

唐宋词艺术的“总账式”研究

——邓乔彬先生《唐宋词艺术发展史》读后(2011.10)

欧明俊

邓乔彬先生是富有艺术家气质的学者，才华横溢，又博学多识，思想深刻。笔者常拜读邓先生宏著，受益匪浅，十分敬佩先生的精神和学识。最近，笔者又一次欣喜地看到，邓先生主持完成的国家社会科学基金项目“唐宋词的艺术与形式发展史”（项目批准号为04BZW024），作为最终成果的专著《唐宋词艺术发展史》，2010年5月由河北人民出版社出版。该著以127.5万字的篇幅，构建起第一部全面论述唐宋词艺术发展的最详尽专史，是一部唐宋词艺术的“总账式”研究成果，也是迄今为止除工具书以外，篇幅最大的一部词学著作。这部富有创获、扎实厚重的皇皇巨著，是作者学术生命的又一次升华，是献给学界的一份厚礼。其出版面世，是词学界和古代文学研究界的一大盛事，实在是可喜可贺！笔者有幸较早拜读，如获至宝，快读一过，复再三品味，享受一次次精神饕餮大餐，回味无穷。

文学史该怎么写，有没有或该不该有固定统一的模式？罗宗强先生《文学史编写问题随想》一文认为：“文学史谁爱怎么写就怎么写！只要它的编写者是严肃的，学风是严谨的就可以。”强调不必追求单一固定的模式，应有“学术个性”。（《文学遗产》1999年第4期）先生所论极是。词史已有不同的写法。（一）通代词史，如刘毓盘的《词史》、胡云翼的《中国词史大纲》等，以作家为纲，作品为目，按时代先后顺序叙述。（二）断代词史，如陆侃如、冯沅君的《中国诗史》近代部分（实际上即是唐宋词史）、杨海明的《唐宋词史》、张仲谋的《明词史》、严迪昌的《清词史》。（三）按流派构建的词史，如刘扬忠的《唐宋词流派史》。（四）史论结合的词史，如刘尊明的《唐五代词史论稿》、王兆鹏的《唐宋词史论》。（五）专题词史，如杨海明的《唐宋词风格论》（专论唐宋词风格演变史）、邓红梅的《女性词史》。还可以写诸如词调演进史、词人生活史、词人心态史、爱国词史、爱情词史、山水词史、闲适词史等。

邓先生对唐宋词研究有自己独特的理解，认为作为文艺作品，唐宋词除了可作为社会史、心灵史来认识，以及自身所具有的审美价值外，尚应注重其艺术手法、形式本身的发展史；而词不仅是广义的诗歌的一种，又是倚声而歌的歌词，因此，应特别关注其与音乐的关系。作者强调，写词史不能只是词人词作的描述，简单的相加，赏析的串帐，而应有作者的主观价值评判，严密的逻辑论证，总结出规律性。

鉴于词学实为“分门别类，务为专家”之学的事实，该书首次将唐宋词的艺术发展写成专史，又兼顾其他，在“批评之学”的基础上写出图谱、音律、词韵、声调诸学构成的立体之“史”。作者是以系统工程的眼光来结构词史，打破了以往各子学科间的藩篱，构建了唐宋词艺术研究全面系统的体系。

本着对词为“倚声”的认识，该书主于文学而兼及音乐，探寻并描述文、乐互为表里的规律，以及文、艺结合的特征，从而在传统文化的大背景下，“还原”古代文艺的生态，以及文艺之士的生存状态：出自心灵的感情倾诉。

作者尽力搜集古今评论资料，汲取词学家合理观点，并以己见相统，努力做到判断准确，持论公允。

邓先生系统论述了唐宋词的艺术发展，认为敦煌曲子词体现出词初起时的特点：格律甚宽、同调异体，语言质朴、长于叙事、铺排，抒情直切又工于比兴，多联章体、代言体与戏剧性。文人词兴盛后，逐渐由广而全走入狭而深的境界，以表现艳情、闲情为主。苏轼则因党争之累而抒发性情，因词的诗化而离异“倚声”特质，在大晟词后又有南宋的复雅。在辛弃疾将诗人之词变为豪杰之词后，风雅词派使词回到了重视音律的道路，着力于提高艺术性。整个唐宋词的艺术进程大体就是由自然天成到人工琢炼的过程，并受到文乐相离合规律的制约。书中重点论述了约30位著名词人词作的主要艺术特色，以之为发展的节点，描述、总结出各阶段的特点，皆准确到位。

文学的发展常借助于“破体”“移位”，词也不例外。作者总结道：温庭筠以画为词，人谓之文字的仕女图；柳永以赋为词，善于铺叙，又因口语、俚俗而开金元北曲之先；苏轼以诗为词，一改题材、意格，使婉约为宗变而成“豪放”，去“倚声”特质而文与歌分；黄庭坚既得苏轼风貌，又如己诗之瘦健精险，其俚艳俳狎之词，被视为北曲先声；周邦彦善于以六朝小赋与中晚唐诗入词，风格富艳精工；辛弃疾以文为词，发不平之鸣，似韩愈的“气盛言宜”，有雄深雅健之概，又抒忧娱悲、解嘲谐谑，变温婉成悲凉；姜夔以诗法为词，兼得晚唐诗的风神与江西派的瘦硬；吴文英学中晚唐诗，芬菲铿丽、仙思鬼境，被拟为词中的玉溪、长吉。可见，作者善于由具体研究中提炼出理论，并进行“命名”。这是对唐宋词研究理论品格的提升，可见作者的才、情、学、识。

作者还注重描述唐宋词流派的传承与变化发展，认为词史在某种意义上实为流派史：温、韦开疏、密二派，对后来影响极大；冯延巳与晏殊、欧阳修有传承与发展的关系，后人有“江西派”之称；柳永的俗词可在欧阳修、黄庭坚、秦观身上找到影子；苏轼的词风影响了苏门词、南渡词、辛派词；李纲、赵鼎等人以“变风之时”“小雅之才”创南渡词派；周邦彦集北宋词艺术之大成，转自然为精能，收柳、秦而开姜、史，是格律派的枢纽；大晟词派有知音守律之长，却“颂圣贡谀，病于无韵”，谐谑词派“滑稽无赖”而善于嘲讽，影响及于高宗、孝宗之后；南渡后期有范成大、杨万里等诗人之词。辛派词以陆游、张孝祥为前奏，前者半苏半秦，源于他的诗化与“诗余”观，后者多诗人句法，骏发踔厉而潇洒出尘；辛弃疾抚时感事，别立一宗，入以经子百家，兼具情、志，成为了两宋最伟大的词人；作为稼轩羽翼，陈亮感慨淋漓，有纵横家之风，刘过兼有狂逸与俊致，得稼轩之豪放而未得其宛转；后期辛派的刘克庄“拳拳君国，志在有为”，词旨正而善作比兴寄托。风雅词派以姜夔的成就最高，史达祖、吴文英次之，此派还有赵长卿、张镃、高观国与卢祖皋等。宋末浙江词人群是风雅派的继续，杨瓒《作词五要》、沈义父《乐府指迷》、张炎《词源》为该派系统的创作理论，周密、王沂孙、张炎三家之外，陈允平等人也有佳作。“江西词派”被视作稼轩后劲，刘辰翁词满心而发，以中锋达意，又不乏轻灵婉丽，文天祥风骨甚高而语极苍秀。作者对词艺承传与变异的描述和概括十分精确，揭示出其发展变化的因素和规律。

本书从广义诗歌的发展流程中，将齐言与杂言的转换、雅乐与俗乐的兴替、诗歌与音乐的互为表里，确定为三个重要的制约因素，引出词的艺术与形式发展这一论题。作者从音乐文艺的角度，对词为“倚声”作了深入的揭示。强调词史研究应立足于文学而兼及音乐，即重视研究词体的“原生态”。书中论述唐代燕乐杂言歌辞之起，教坊曲与词调的关系，“选词以配乐”，“非由乐以定词”的创作原则；从雅乐衰而燕乐传的特定角度论五代歌词繁盛之由；柳永是慢词的创调名家，继承“倚声祖”温庭筠，在变教坊曲为词调中起了很大作用；周邦彦知音律、善制曲，创调甚多；姜夔尚雅乐而反胡乐，明俗乐而求之雅，先词后曲，回归“声依永”原则，坚持主体抒情，改变了以词就曲的定法。对唐宋词人中创调较多者，分别列表作了统计，定量分析与定性评价有机结合，自然得出令人信服的结论。

该书弥补了学界对唐宋词艺术体系研究的不足，将唐宋词置于古代诗歌发展的流程中，作动态性的观照，完整准确地体现出对龙榆生所下词学定义的探讨，即有意于“推求各曲调表情之缓急悲欢，与词体之渊源流变，乃至各作者利病得失之所由。”（见《研究词学之商榷》，载《词学季刊》第一卷第四号）特别在论列词人“利病得失之由”上，后出转精，为所有词史著作之最详者。

此书不是单纯的“文学”研究，在突破以往重内容、轻形式的思维定势同时，也有异于一般词史的写法，将艺术、形式及其发展、变化的研究置于首位。将清代以来以“律谱之学”为代表的词的形式研究赋予现代意义；对“批评之学”作了全面、系统的整理，建立起客观、公正的严密的评价体系。

邓先生视野开阔，学识渊博，治学领域广泛，已出著作，词学外，还涉及曲学、文化学、文化史和古代文论、文艺美学等多个领域，如《吴梅研究》《有声画与无声诗》《中国绘画思想史》《宋代绘画研究》《古代文艺的文化观照》等。本书借助它们且作“内化”，以描述“史”的全貌。首次系统地以文化的发展、转换理论为枢纽，以之观照词由思想内容、表现手法，到艺术形式、创作风格、词人流派的主要变化，视之为主要的发展动因。主要创新观点有：宫廷文化引发了文人词之起；进士文化促使了词之盛；边塞文化与民间多元文化使敦煌曲子词显著区别于文人词；西蜀与南唐因不同的宫廷文化背景而使词风相异；北宋士大夫文化与市井文化分别导致晏欧词与柳永词的雅、俗发展，苏轼的“以诗为词”是前者于词体变革的体现，故而是“士大夫之词”的完成；迁谪文化使北宋中后期词显著改貌；靖康的民族文化劫难引发了南渡词之变，坚持这一文化使南宋词“复雅”成为潮流；文化集成、南北综融是辛弃疾成为伟大词人的主要标识；以隐逸或游谒为生存方式所造成的江湖文化，成为了风雅词派的生成基础；临安吟社文化是宋季风雅词的生存土壤；理学文化造就了“江西词派”的风骨与血性。这些论述多具原创价值，发前人所未发。不局限于就词论词，重视“文化”特性研究，是本书突出的学术亮点之一。

当下的古代文学研究有一种倾向，就是越来越远离“文学”，远离“艺术”，远离“审美”，追求纯技术性的“学问”，论著难以见到作者的灵性和艺术感悟力，本书是古代诗词研究“文学本位”“艺术本位”的回归，意义非同一般。

在理论方法上，本书注重多学科的结合，特别是历史与文学的结合，文学与音乐的结合，文献学、文艺学与文化学的结合，传统批评与现代理论的结合。由于贯彻了古与今相结合，词内与词外相结合的原则，许多具体论述和结论，皆新人耳目。其立体、多维的研究，也给学界提供了一个成功的范例。

学术研究的要义之一是“还原”历史，重回历史“现场”。而通行的研究，往往抽去历史的“细节”，历史成为观念的历史。作者有强烈的史意识、史观念，注重动态地把握唐宋词艺术流变，纠正了静态评价之弊。同时注重宏观综合的概括，严密的逻辑论证，得出的结论自然既新颖，又准确。

深入研究唐宋词的形式与内容相辅相成的发展，总结其规律，探寻其演变轨迹，积断代、各体的形式、内容研究为历代与整体的研究，寻找、描述中国韵文（诗、赋、词、曲）全局性的嬗变发展规律。本书对当前的诗词欣赏和创作，具有指导意义，对新诗和流行歌曲的创作，也不无启发。

作者思想敏锐，文学理论修养深厚。全书总体框架的搭建以及各章节的安排都极具逻辑性和理论深度。全书角度新，方法新，观点新，格局宏大，独辟蹊径，自成体系。无学术之思想，多是无根之游谈，无思想之学术，多是资料堆砌，意义不大。王元化先生所倡导的“有思想的学术”和“有学术的思想”，才是真学术。此著堪称“有思想的学术”。

邓先生善于从“没问题”处看出问题，不少观点皆人所未道，书中精彩之处不胜枚举，如飞卿词“仕女图”特色、放翁词“道家之词”特色、稼轩词“文化集成”特色、梦窗词“潜气内转”“仙思鬼境”特色的分析，既细腻，又深刻，许多论断都给读者以启发，读者有心，一定还会有大发现、大收获。

此书的语言风格给笔者留下深刻印象。唐宋词研究，既是“史”的研究，强调史的客观性、真实性，史的发展脉络，史的规律总结，又是“艺术”的研究，强调感性、审美性，要求语言美，有个性，唐宋词是“纯美”文学，研究它尤其需要优美的语言。邓先生行文优美文雅，灵动流畅，富有气韵情味。这对某些“新八股”式艰涩板滞、干枯乏味的学术论文写作模式也是一种矫正。邓先生论文带着艺术激情，书中将客观事实描述与主观价值评判有效结合一起，较通常著作更具个性色彩，从中可见作者的风采。读邓先生著作，是一种高雅的审美享受。他的论文和著作一直受到大学生和古代文学研究者、爱好者的普遍欢迎，独具艺术魅力的语言也是原因之一。作者一贯将唐宋词研究“审美化”，善于欣赏美、挖掘美、表现美，积极地研究美、创造美、传播美，这是十分值得称道的。

文中处处可见作者的才情风神，敏锐的艺术感悟力，优美流畅的文笔，读邓先生的文章会陶醉。我读出一个“度”字，作者的风度，潇洒超脱，胸襟博大；书中的厚度，历史感，不是就事论事，浅尝辄止；书中的深度，思想深刻，富有理论色彩；书中的力度，怀疑精神，批判精神。

研究唐宋词艺术是邓先生一以贯之的视角，专著《唐宋词美学》《宋词与人生》以外，二十余篇极有分量的词学论文大多论述唐宋词艺术。所以，这本专著的问世是水到渠成的，也是邓先生从艺术角度研究唐宋词的总结性成果。作者研究词学善于“突破”，一次次突破前人，也突破自己，此书必将在词学界及整个学术界产生重大影响，是不言而喻的。

当下，写书的有几种人：有人是写给自己看的，或自己也不会看的，因为别人是不会看、不屑看的，只有自己看，聊以自慰；有人是赚钱的，不管质量高低，哪怕是精神鸦片，只要大赚一笔，便是成功；有人是评职称、涨工资的；有人是媚俗，忽悠善良者或无知者，欺世盗名的；有人是坚守学术之“道”，肩负学术使命，提供精神营养品，净化读者心灵的。邓先生的宏著显然属于后者。

作者视学术为纯粹高尚的事业，为生命的升华，为精神的寄托，维护学术尊严，坚守学者之“道”，享受做学问的乐趣，而不是将其视为技术化、异己化的追名逐利的工具。这是一种做学问的境界，也是一种人生境界。笔者凡俗，虽不能至，心向往之。

邓先生为人真诚坦荡，颇有风神气度，思想深邃，笔者有幸借此机会与邓先生心灵上对话，共享思维的乐趣，岂不快哉！

邓先生是孤独的，孤独是真学者的宿命。且请先生将孤独当美酒享用，尽情享受一个人的思想狂欢。其实，孤独并不意味着孤单，因为别处有同样的孤独者，心有灵犀，不点也通。当知道灯火阑珊处，异地他方，有许多相识不相识的“那人”正在如饥似渴、陶醉忘我地品读《唐宋词艺术发展史》，邓先生该感到欣慰吧！

（原载《中国韵文学刊》2011年第4期，作者单位：福建师范大学文学院）

基于文化视野的唐宋词艺术史
——读《唐宋词艺术发展史》(2011.10)

鄢嫣

上世纪初，随着王国维在《国粹学报》上陆续发表《人间词话》，中国传统词学照进了第一缕现代的晨光。在这一全新的起点上，中国词学历经百年风雨，仰赖数代学者覃思精研，薪火相传，研究体系逐步完备成型。尤其是改革开放至今，词学研究日益多元，被古人视作“小道”的词学已渐成“显学”，成果累出。以影响较大的词史而言，就有杨海明先生的《唐宋词史》，刘扬忠先生的《唐宋词流派史》，陶尔夫、诸葛忆兵先生的《北宋词史》，陶尔夫、刘敬圻先生的《南宋词史》等等。但虽有多部词的通史、断代史、流派史的问世，迄今为止，却尚未见全面论述唐宋词艺术发展的专史。词毕竟是中国古典诗歌中最不符合封建诗教传统而又最富有主体抒情性的一朵奇葩，虽不妨从社会学、历史学、政治学等角度来阐释它，却应更多地关注它的艺术本体，它所具有的艺术特点。邓乔彬教授的专著《唐宋词艺术发展史》作为国家社科基金项目“唐宋词的形式和艺术发展史”最终成果的问世，弥补了学界对唐宋词艺术体系研究的不足。

在当代词学研究领域，邓乔彬先生是成名较早的一家。其所著的《唐宋词美学》《中国词学批评史》(合著)、《宋词与人生》及《词学廿论》等已在学界产生广泛影响。而这本《唐宋词艺术发展史》以系统工程的眼光和结构，打破以往词学各子学科的藩篱，以127.5万字的篇幅，对唐宋词的艺术发展史作了全景式的描绘和深入细致的论析。其研究目标，正如作者在《自序》中所说：“本书的研究本着对词为‘倚声’的认识，在词学领域探寻并描述文乐互为表里的规律，以及文、艺结合的特征，从而在传统文化的大背景下，力求能还原古代文艺的生态，以及文艺之士的生存状态，出自心灵的感情倾诉。”本书的研究特色主要体现在以下三方面：

其一，系统、全面、翔实地论述唐宋词的艺术发展。一部唐宋词史，实际上就是各种艺术风格交相更迭的历史。作者从敦煌曲子词体现出词初起时的特点讲起，经历绮艳的花间与南唐词，晏欧的闲雅小令，上承飞卿下启金元的柳永俗词，东坡的以诗为词，清真词的法度与艺术集成、稼轩词的文化集成与比兴寄托等等，直到最后风雅词派复归重视音律的道路，整个唐宋词的艺术进程大体就是由自然天成到人工琢炼的过程，并受到文乐离合规律的制约。书中重点论述了约30位词人的主要艺术贡献、特色，以之为发展的节点，描述、总结出各阶段的特点。在保证深度的同时又面面俱到，对唐宋词发展链条上的重要环节都没有漏过，其研究范围之广之全面是前所未有的。

在研究方式上，或采用知人论世的方式展开论述，如论冯延巳词结合其作为必亡之国的宰相身份，方能避免看朱成碧，理解其词的真正寄托；或结合相关词学史料，对于每章节的研究对象（词人、词作或风格流派），都尽力罗列古今的评论资料，汲取古代及前辈词学家之所见，有时还联系词家本身的词论甚至诗论（如论贺铸的“以诗为词”便结合他见于《王直方诗话》中的诗论，再如论姜夔时亦不离他的《白石道人诗说》等）。词学研究素为学术重镇，积累甚多，创新既不容易，更不能奢求逾百万字的著述处处创新。但作者对于征引翔实的材料有意择善择精而从，而又努力统以己见，尽量做到发他人之所未发。

在著作结构上，作者亦有意不拘泥于以往的文学史套路，也不拘泥于前后一致的分期标准，而是完全从词坛原本的创作状况出发来分期。唐代部分分成词的起源、唐文人词的艺术奠基和花间、南唐词的不同艺术走向三章；北宋是按时间顺序分为前期的艺术多元化、中期的苏轼之开拓、后期的艺术集成三阶段，南宋则按流派的线索分为南渡词、辛派词和风雅词三个部分。

其二，以文化学的视角观照唐宋词的发展流程。这是本书的显著特色。作者力图以文化的发展、转换为观照词学发展史的枢纽，由此出发，对唐宋词思想内容、表现手法、艺术形式、创作风格、词人流派的变化加以解剖，并视之为主要的发展动因。作者提出的有新意的主要观点是：盛唐宫廷文化引发了文人词之起，晚唐进士文化的“轻薄”“无行”促使词之盛，边塞文化与民间多元文化使敦煌曲子词显著不同于文人词，西蜀与南唐因不同的宫廷文化而词风相异，北宋士大夫文化与市井文化分别导致晏欧词与柳永词的雅、俗分流，苏轼的“以诗为词”的“士大夫之词”的完成，靖康的民族文化劫难引发了南渡词风之变，坚持这一文化使南宋词“复雅”成为潮流，文化集成、南北综融是辛弃疾成为伟大词人的主要标识，以隐逸或游谒为生存方式所造成的江湖文化，成为了风雅词派的生成基础，临安吟社文化是宋季风雅词的生存土壤，理学文化则造就了此期江西词派的风骨与血性。凡此种种，均着意于词学与时代文化背景的联系，视野宽阔，见解也就可能得以深入和新颖。

举例来说，宋初五六十年间，在晚唐五代枝繁叶茂的词作几乎消歇，只留下少得可怜的几十首作品，学界之前已有刘扬忠《唐宋词流派史》从三方面论及了宋初词不振的原因：王朝交替、政局剧变对文学的冲击作用；从文学传统来看，文学总是要滞后于现实生活一段时间；从创作主体自身来看，宋初作者承袭的是晚唐五代的旧传统。邓先生则从士大夫文化的角度对其原因作了进一步阐发。认为是士大夫文化在其形成过程中对进士文化的排拒，对宫廷文化的独立，导致了与这两种文化密切相关的词的衰落，这是颇为独到的学术创解。随后，邓先生又从《周礼》中溯源的“士大夫”基本涵义出发，在对比唐代进士文化的基础上，对北宋士大夫文化的特点进行了全面阐发：努力于儒学传统的重建；“外王”指向政党政治的形成；“内圣”基础于道德性理的追求；文人、学者、官员等多种人生角色与多重性格的组合。以上四点界说拓展了杨海明《唐宋词史》中分析的北宋文人的“多重性格”和苏轼词的“士大夫化”两部分观点，认为士大夫文化对北宋词人的影响至大至深，无论是宋初词的衰落，随后真正的士大夫词的兴起（晏欧），北宋中期士大夫词作的转变与完成（苏轼），还是后期词体艺术上的集成（周邦彦），都是士大夫文化对具体的词人词作予以“内化”的结果。

事实上，除了士大夫文化影响下的雅词，北宋词坛还有重要的一环，那便是体现着将台阁士大夫文化转为市井文化的柳永之词。作者同样地对市井文化的起源、发展与特点进行了全面论述，随后重点分析了柳词与市井文化的密切关系。这部分论述突破了以往文学史的写作中秉持的阶级痕迹，不同意柳永对下层妓女是持平等同情态度的观点，提出身在市井的柳永无法超越时代的局限，他笔下的是市井俗人的性爱（并非才子佳人的情爱），对女子多有商业性评价；享乐观压倒了爱情的道德观，对妓女虽然不是士大夫的自上而下的“赐爱”，却也不是真正平等的互爱，同时，甚至还具有市井商品交换的性质：歌妓们得其新词，一经品题便声价倍涨，而柳永也以此作为谋生手段，且以歌词赢得歌妓的爱。

总之，融文化学、文化史、文论、文艺美学等于一炉，在阐释思路上既注重历史逻辑也注重理论逻辑，始终有全局性的宏观文化参照，以此阐释词体的个性及其地位，是本书中最富有创新性和学术含金量的部分。

其三，既然是“史”，就应该呈现出纵向的历史继承、发展和横向的立体与多面。词史在某种意义上实为流派史，在纵向方面，邓先生尤其注重流派的传承与变化发展，书中对于辛派词发生、发展的梳理清晰而整体，又能避免某些平铺直叙、罗列现象的“静态”写法，而是抓住内在的流派脉络，使其处于一种“运动”的状态中，就是很好的一例。

就横向来而言，本书虽为唐宋词的艺术专史，却力图兼顾其他，有意于在“批评之学”的基础上写出词学与音乐、绘画等相关艺术领域构成的立体之“史”。

首先，词学与音乐。由于词乐不存，调谱之学又治之极难，因而虽然词与音乐关系密切，但一般词史著作也都绕道而行。本书迎难而上，力图勾勒出词体与音乐的关系，在很多地方都颇有创见。如词的起源，大抵离不开与音乐的关系。一般文学史以及词史著作都倾向于词起源于燕乐，而燕乐虽起于隋，词却在盛唐才于民间孕育生长起来，再经中晚唐士人的努力，才逐步成熟和定型。本书作者认同这种观点，但注重更加细化，在界定唐代燕乐具体内涵的基础上，认为唐五代曲子词起源于燕乐中的教坊曲（开元年间），力图解决“词为倚声”所“倚”何“声”的问题，可备一说。

再如姜夔词是最能从实证上体现词的音乐文学性质的。其乐论及词的题序，能使人探讨其如何做到文学与音乐的高度结合，从而体现出风雅的特点。故在分析姜词的艺术特点之前，作者对其音乐思想及词的创调原则进行了充分的展开论述，总结了姜夔重“和”以求合，反胡乐倡雅乐，明俗乐而求之雅，又提倡复古，上追周乐的音乐思想，认为其先词后曲的创作原则，即率意为词，然后协律的态度，不仅使姜夔的自度曲在音乐史上占据重要的一席，这样的缘情而作更是具有文学与音乐双重意义的真正创造，是对词的创作传统的很大突破。

其次是词学与绘画。邓先生曾致力于古代诗画比较研究，出版过相关著述多种，对于词与绘画艺术之间的关系自有独到的体味。如对于温庭筠词创造的艺术世界，邓先生便认为与唐代仕女图有莫大关系。唐人的绘画成就很高，其中的人物画以服务于政教和宗教为主，阎立本和吴道子分为这两类的代表。而到了盛唐时期，肖像画渐多，且出现了“绮罗人物”这样的新画种，流传至今的有《挥扇仕女图》《簪花仕女图》等。温庭筠生于晚唐，能见到的仕女图必多，其《菩萨蛮》组词得到仕女画擅作群像的启发，是情理之中的事。单从组织形象来看，作者提炼了三点绘画影响温词的地方：主于印象、重在直觉、成于联想。正是由于温飞卿沟通了词画之界，化景物为情思，以特殊的观物法侧重于表现感觉效果，以主于写印象来造境达意，这也就解释了为何后人在欣赏温词时难于理解。总之，作者认为到了温庭筠，词开始渐变为注重描绘，着力于细节，沉绵深挚，风格凄迷要眇，这都是始自于其以仕女画入词，也是较富新意的见解。

到了宋代，自文人画理论兴起之后，画家重神似超过形似，神似成为评画的主要标准。这种重精神、重情景交融的倾向，说明了宋代审美观念的变迁，偏离儒家“言志”传统而突出抒情主体的审美理想。文艺自古便相通，因而绘画领域的这种倾向与宋词的艺术发展是相互渗透的。作为文人画论的主要倡导者欧阳修、苏轼，他们的词作或含蓄不尽，疏隽深婉，或寓意高远、运笔空灵，应该均可从各自绘画理论中略窥一二。

邓先生曾在其《唐宋词美学》一书中提出词体具有内倾性的特点，这个观点改变了传统的以静态总结词体特征的说法，如狭深、要眇宜修等，而具有一种向心绪挖掘的动态性。词的内倾性，其实反映出文化的时代特点。词起于盛唐，盛于中唐，而中唐正是唐型文化向宋型文化转变的起始期，内倾性已经有所表现。因而本书的论述重点在于唐宋文化与词之间的关系。内倾性是宋代文化的主要特点，理学之重在“内圣”而非“外王”也是题中之意，只是词的内倾当重在“心绪”，无论是温庭筠“男子作闺音”的类型化“怨”，还是始于刘禹锡、白居易而发扬于晏、欧的“闲情”，莫不如此。这与传统诗歌中的“言志”指向政教、事功意识是截然不同的，这才是“内倾”之重点。这样一部大部头的词史专著，书中创见是非常多的，笔者选择文化学的观照视角作为本书最有价值之处，正是出于对作者之词体“内倾”观点的认同。

（原载《词学》2011年第2期，作者单位：清华大学中文系）

把词当作艺术品来研究(2012.1)

王兆鹏　汪超

20世纪的中国词学史，先后出现过两个辉煌时期，一个是三四十年代，一个是八九十年代。这两个时期，都涌现出了一批杰出的学者和一批标志性的著作。三四十年代的词坛，造就了以夏承焘、唐圭璋、龙榆生三位大师为代表的学者群；八九十年代的词学界，则活跃着以施议对、杨海明、邓乔彬、刘扬忠等为代表的词学团队。施、杨、邓、刘四位，都出生在四十年代，同在八十年代初出山，词学研究的热情、实力、成果和影响都旗鼓相当，故学界并称之为“词学四友”，又称“词坛四杰”。三位大师中，夏先生的《唐宋词人年谱》，唐先生的《全宋词》和《词话丛编》，龙先生的《龙榆生词学论文集》，都已成为词学研究的经典文本。四杰也各有开创性的著作：施议对的《词与音乐的关系研究》、邓乔彬的《唐宋词美学》)、杨海明的《唐宋词史》、刘扬忠的《唐宋词流派史》，都是词学研究绕不过的名山之作。

四杰如今已年过花甲，接近古稀，但宝刀不老，依然是词学界的活跃作者。尤为人瞩目的是，邓乔彬积数年之功，推出了128万字的鸿篇巨制《唐宋词艺术发展史》，其治学精神的坚韧与执着，确实令人敬佩。这不仅是百年来词学界个人著述中篇幅最大的一部理论阐释性著作，标志着词学研究者思维的深度和密度达到了一个全新的水平，也是第一部系统研究词体词作艺术发展史的著作，标志着词学研究向本体方向的回归。

作为四杰之一，邓乔彬此书比杨海明的《唐宋词史》、刘扬忠的《唐宋词流派史》晚出了一二十年，他自己感觉有些“惭愧”（《自序》）。不过在我们看来，这部书在当下的学术语境中出版，却有着回归本体、转向导航的学理意义。如果说杨海明的《唐宋词史》是第一部把词当作美文来研究的词史，那么，邓乔彬此书是第一部把词当作艺术品来研究的词史。

20世纪以来，词学研究跟整个中国古代文学研究一样，取得了丰硕的成果。在如山的成果面前，学界普遍承受着创新与突破的焦虑和压力。受整个学术思潮的推动，也是出于寻求自我突破的内在需求，整个文学研究都拼命地向“外”突围和扩张，将注意力转向文学外部问题的研究，无论是十分热络的文学文化学研究，还是文学传播接受研究，都属于文学外部的研究。而文学的本体问题、作品的内部结构和表现艺术，却遭遇着前所未有的集体轻忽——实际上是无法突破的无奈选择。研究文学作品内部结构和艺术方式的越来越少。正是在这样的语境中，邓乔彬将词史研究的注意力转向词体艺术系统的研究，回归到词作文本的研究，无疑具有重新调整学术航向的导引作用。对此，邓乔彬有着明确的理论自觉："本书意在弥补学术界对唐宋词艺术体系研究的不足，拟将其置于我国古代诗歌发展的流程中，作动态性的观照。"（《自序》）毕竟文学史不仅是社会生活史、人类心灵史，更是艺术表现史、审美创造史。已有的文学史著作习惯于把文学史当作社会生活反映史、心灵呈现史来认识，很少把文学史当作艺术表现史、审美创造史来书写。就百年来中国古代文学和词学研究而言，在作家生平、思想、心理、性格和作品的文献整理、题材内容分析方面，取得了重大的进展和突破，但文学的艺术研究却是个薄弱环节，方法既不多，进展也不大。除了套用外来文学理论方法之外，还没有形成源自中国本土文学创作实践的研究文学艺术的理论体系和方法。程千帆先生在上世纪八十年代提倡"文学的理论研究"，而不仅仅是停留在"文学理论的研究"，常作为话题被人提起。我觉得，在程先生命题的基础上，现在应该补充和强调一点，就是提倡"文学的艺术研究"，以加强文学艺术技巧方法的研究。可以说，邓乔彬的《唐宋词艺术发展史》为"文学的艺术研究"提供了一个可资借鉴的样本，将唐宋词的艺术研究向前推进了一大步。

从百年来现代文学史学的宏观视野来看，邓乔彬此书实现了文学史书写重心的一次战略转移，即由对文学内容层面的关注转向对文学艺术形式层面的关注。过往文学史、词史书写的重心，是对创作主体的评介和对作品文本内容的分析，而邓著是明确而自觉地将词体艺术形式和艺术方法的探讨作为词史书写的第一要务。他意识到："作为文艺作品，唐宋词除了可作为社会史、心灵史来认识，以及自身所具有的审美价值外，尚应注重其艺术手法、形式本身的发展史；而词不仅是广义的诗歌的一种，又是倚声而歌的歌词，因此，尤应关注其与音乐的关系。"

的确，这部《唐宋词艺术发展史》十分注重探讨词体形式特征的形成和演变。词体的形式特征，包括词乐、词调、词律、词韵和词体等方面。以往的词史，对词体形式层面的问题，不能说没有顾及，但不是关注的重心所在，往往是浮光掠影，点到为止。而邓著则把探讨词体艺术、形式及其发展变化放在了第一位。他将清朝以来以律谱之学为代表的词的形式研究赋予现代意义，把词谱、音律、词韵、声调与词史、批评之学有机融合，梳理出一条比较清晰的唐宋词音乐、体式发展演进的脉络。

邓著的主要贡献，在于全面系统地探讨了唐宋词艺术的形成、发展和演变的历程，既有宏观发展态势的描述，也有个体词人微观的透视；有时段的概述，更有重点的分析。唐宋词史上数十位词人各有何艺术特色、有何艺术贡献，都予以透彻分析。从书中我们可以看到，敦煌曲子词体现出词初起时的特点：格律甚宽、同调异体，语言质朴、长于叙事、铺排，抒情直切又工于比兴，多联章体、代言体与戏剧性。文人词兴盛后，逐渐由广而全走入狭而深的境界，以表现艳情、闲情为主。到了北宋，苏轼因党争之累而抒发性情，因词的诗化而离异“倚声”特质。周邦彦崛起词坛，注重法度技巧，注重艺术结构的精妙变化，变自然美为人工美，从而开启以人工见长的新时代。南宋辛弃疾将诗人之词变为豪杰之词后，风雅词派又使词回到了重视音律的道路，着力于提高艺术性。邓著充分展示了唐宋词由自然天成到人工琢炼的艺术进程。

邓著最见创意的是以文化转换看待词的题材与艺术之变。作者不是单纯地就艺术论艺术，而注意将唐宋词置于广阔的文化视野中，探讨唐宋词艺术发展变化的文化动因，使人既知其然又知其所以然。文学文化学的研究，是近些年的热点之一，随着研究的深入，它大大拓展了古代文学研究的视野，取得了不菲的成绩，但有的文学文化学研究，往往离开了文学本身，不是站在文学的立场解决文学的问题，而是用文学的材料去证明文化问题。这就是学者戏称的“文学研究为文化研究打工”。文学研究者帮文化研究者打工，也未必不可，但既然是文学的文化学研究，当然应该以文学为本位，让文化学研究为文学研究服务。这方面，邓乔彬又做出了有益的探讨和成功的示范。他视文化精神、文化品格为文学艺术变化的动力因素，以文化的变迁、转换为枢纽，串联起词史艺术演进的走向。

邓著厚重大气，视野宏阔，但大气与精细往往不易统一。书中对重点词人十分用力，但对一些小词人似着力不多，往往是举例式的，列举一些词作、引述一些评论并稍作按断诠释了事，新意有待提升，拖累了全书的深度和精度。细节上，词的标点不甚统一，第一章第三节所引敦煌词，句句用句号，不分用韵与否，似不合常规。而其他引录的原词，或依用韵标点（凡韵脚皆用句号），或依词意标点（用韵处不用句号），也不统一。少量词人生卒年和籍贯的标注，也有不准确的地方。此类小疵，无伤大雅，再版时改进完善即可。我们希望后来者能以本书为起点，推出体例结构、言说方式、话语系统更具创意的新词史，将唐宋词的艺术研究推进到另一个新的高度。

（原载《中华读书报》2012年1月18日第11版，作者单位：武汉大学文学院）

艺术史视野中的唐宋词
——评《唐宋词艺术发展史》(2012.1)

郑平

摘要：新近出版的词学专著《唐宋词艺术发展史》将词置于广阔的文化背景中去探讨其艺术演变，对唐宋词艺术给予系统考察，对唐宋词艺术研究有着总结集成的意义。该书特色在于：回归艺术本位，放眼文化视域，阐发艺术规律。它表现出作者学科融通的治学风格。

关键词：《唐宋词艺术发展史》；唐宋词；艺术发展史；文化；融通

近年来，在中国古代文学的研究领域中，唐宋词研究渐成“显学”，学者蜂聚，著述如林，欲寻开拓，实属不易。然而，词学家邓乔彬先生新近出版的词学专著《唐宋词艺术发展史》却能令人耳目一新。作者将词置于唐宋时代广阔的文化背景中去探讨其艺术演变史，对于唐宋词艺术进行了一次全面系统的考察。这部长达百余万字的著作，内容丰厚，文献充实，视角独特，新见迭出，对于唐宋词艺术的研究，有着总结性的意义。其规模之宏大，探求之深入，为此前词艺术史研究所未有，是近年来词学研究领域的一项重大成果，具有很高的学术价值。这部著作特色鲜明，归纳起来，主要有如下几个方面。

一、词学研究的艺术本位回归

这部专著以唐宋词艺术为研究对象，体现了一种词学研究回归艺术本位的思路。近来学界日益浮躁，有些治词者中心过度偏移，或泛谈文化，或空论思想，而忽略了对词体艺术本身的分析，实有避难就易之嫌。作者不趋风潮，不避艰难，选择以词的艺术为研究对象，其独立创造的研究精神十分可贵。

词学发展至今，已积累了数量可观的成果。仅就词史而言，就有多部颇有影响的通史、断代史和流派史著作，如杨海明的《唐宋词史》、严迪昌的《清词史》、刘扬忠的《唐宋词流派史》等。但是这些著作主要着眼于词文学的总体发展进程，虽也涉及词体艺术的发展，但只是把它作为作品创作特色的一个方面加以观照，缺少一以贯之的整体性系统性的研究。而邓著专以词的艺术发展为对象，对唐宋不同时期词的艺术特色和成就进行探讨，无疑是一个宏大的创新性工程。

词体在中国文化史上，首先是作为一种艺术样式出现的。早期它作为燕乐歌词，实为燕乐艺术的一部分。经过不断的演化，词的文学性逐渐增强，获得了独立的审美价值，以致最后脱离了音乐，但是作为一种歌诗在文学史上仍具有独特的艺术个性。此外，词体艺术的发展受到社会多方面因素的规定和影响，特别是人们的词学观念和社会审美情趣，还有词体自身的文化功能的变化等，这些都关系着词体艺术形态的形成。因此，系统全面地从艺术创造的角度去研究唐宋

词，无疑能更进一步接近词体形态嬗变及词史进程中诸多问题的本质。从这个意义上讲，对于唐宋词的艺术观照应当始终是词学研究的本位所在，这部著作正是作者在研究中力求回归艺术本位思路的实践。

全书按时间顺序论述了唐五代和两宋词的艺术发展史。在唐五代这部分中，作者从音乐艺术入手，研究了唐代的燕乐杂言歌词与民间曲子词的关系。还阐明了敦煌曲子词的艺术特色，唐代文人词具有奠基性质的诸多艺术创造性，花间词和南唐词的两种不同的艺术走向。在两宋部分中，作者按历史时期阐述了北宋词的艺术多元化、艺术突破性以及艺术分化趋势。又阐释了南宋词的艺术新变、艺术集成，以及艺术独创性。总之，所述内容以艺术发展为主线，着眼于艺术特征及其变化，从典型作家到主要流派，再到整个社会的文艺风貌，即连点成线，连线成面，系统分析了唐宋词的艺术风貌和演变成因。

对于词体形成过程，该书正是循着音乐艺术与诗歌艺术不断演进交汇的线索来展开论述的。作者先指出诗之各体并行这一事实，进而从宏观发展的角度来考察古代歌诗演化的轨迹，指出从古歌谣到诗经、楚辞再到汉乐府，是一个从杂言到齐言再到杂言的转换周期；从汉文人诗、唐近体诗到宋词、元曲，是从齐言到杂言的又一个转换周期。由此可见，唐宋词以杂言体出现在后一转换周期的转折点上，在诗史上有着特殊意义。通过对于古代歌诗演进过程及转化关捩的梳理，作者从发生学角度论明了词体作为一种艺术形态的生成的动因与过程。

该书在论述具体的词人创作时，也是将关注点集中在其艺术创造性原由的探求上。比如大量使用慢词被认为是柳永词的重要开拓，但他为什么要使用并且可能使用慢曲子填词呢？对此一向少有人作具体探究。作者不满足于对这一事实的描述，着眼于当时燕乐的发展来考察慢曲兴起与慢词盛行的关系。他引用沈曾植论词之变与乐之变关系的话，指出燕乐至宋节奏已有变化，乐器已以笛子为主，笛声迟缓，适于慢词，此为其词多长调之音乐原因。艺术史的视角，使我们对词体发展过程的许多问题看得清楚明了。

该书回归艺术本位的努力，填补了前人相关研究的空缺，为唐宋词研究以至整个词史的研究提供了一个成功范例。

二、艺术与文化坐标中的唐宋词观照

该书的研究方法值得关注。它将词体作为一个综合性艺术的产物，置之于整个艺术体系乃至大文化背景上去做综合性的考察，从而使唐宋词的艺术特性在艺术与文化的坐标上得以更清晰的显现和更准确的定位。

一直以来，各家治词皆各有所重，各种著述亦务专求深。而这部著作在对研

究对象深入探索的同时，将观察视野尽量向广阔的文化领域拓展。词属于文学，文学属于艺术，艺术属于文化，经过逐层延展，其研究视域得到了充分开拓，最终得以在传统文化这个大的背景之下考察词的艺术生态和变迁。基于这种广阔的视域，作者的论述力求全面和系统，以多维度构建词体的立体世界，于是便形成了该书最为强烈的特色—综合性。这种综合性表现于两个方面：一方面是横向的学科融合；另一方面是纵向的古今贯通。

先看其空间上的跨学科性。在论述词的艺术的过程中，作者广泛地运用了其他艺术形式的知识和理论，包括美术和音乐。

结合画的艺术论述词的艺术，对温庭筠词艺术创造的分析部分就是一例。作者结合前人评论表达了自己的理解：温词实应结合以绘画论之，因它有将离妇怨女化为画屏仕女图的特点。还进一步指出，唐人绘画成就甚高，其中的人物画至盛唐逐渐增多。温为晚唐人，所见必多，其丰富的艺术兴趣使之留意于此并得到启发，于是得以施之于女性题材的曲子词创作，表现出某些个性特征。因此，《菩萨蛮》组词得到画屏仕女图的启发，应是情理中事。这组词正是像仕女群像图一样，用多个单幅组成群像，可谓“以画为词”。

结合音乐艺术论词体艺术的例子可举作者对姜夔词艺术的阐释。作者以《姜夔的音乐思想与创调原则》为题列专节论述白石词的艺术创作性。他分别从“周制可举，胡部不可杂”“深明俗乐，求和雅乐”以及“率意为词，然后协律”三个方面，以丰富的文献资料说明了作者的创调原则及用乐特点，进而实证了词体的音乐文学特性，同时，从其音乐精神和实践上，探讨如何做到文学与音乐高度结合，以体现风雅之质。词在唐宋时代是倚声之文，这一特点决定了它与音乐的密切关系，因此论词不可离乐。作者有意于兼顾图谱、音律、声调和词韵等诸多音乐因素，以期对词的艺术本质作出更为深入的理解，取得了应有的成效。

此外，该著的跨学科性也表现于对诸如历史、文献学及文艺美学和文化学等学科理论及知识的引入与借鉴。总之，作者将唐宋词作为一个艺术整体，置之于当时文化与艺术的坐标上，进行多角度的系统观照，对于认识词的艺术特质提出了许多富于启发性的观点，构建了一个全面的基于艺术创造的唐宋词观照平台。

该书研究方法的综合性还体现为时间维度上的古今贯通，即历史的动态性的考察。其视野并未局限于唐宋时代，而是将研究对象置于整个中国文学艺术发展的长河中去考察它的阶段性特征。如在探讨词乐关系时，作者坚持将词体作为古代诗歌史中的一个环节，考察音乐对于词体形态的作用与影响，从齐言与杂言的转换、雅乐与俗乐的更替和诗与乐的互动等三个方面来论述曲子词这一艺术形式出现的历史文化条件与契机，由此确立词体在文艺史上的地位。对此作者概述道：

> 唐代的歌诗以齐言的近体诗为主，在倚声而唱中，因不尽其变而求变，

使得长短句的曲子词应运而生；隋朝燕乐始兴，唐代继续发展，曲子词所倚之声即这一新生之俗乐，因此，作宏观的关照，曲子词是在雅俗乐的兴替中伴随新兴俗乐而生的；在曲子词的兴起与发展过程中，先是隋朝之燕乐始兴而有曲子，到唐玄宗时教坊曲大盛，安史之乱后，教坊衰而官私妓乐盛，在酒筵娱乐中开始了曲子词的文人化创作；北宋以后，词乐渐亡，长短句之词型制成熟，但若用王重民的话来说，就是"特曲子既成为文士摛藻之一体"，此即在词的运行流程中诗乐关系的简单表述。[1]9

在作者历时性的观照视野中，词体始终是一种变动着的艺术形态，因而在各个不同的历史阶段便呈现出不同的艺术特质与风貌。这种看法，较之将词体作为一种文化固化物去孤立地探讨它的艺术性质，要通脱得多。

通古今的综合性还体现在文献资料的丰富性和广泛性上。这部著作结构宏伟，有六十余节，巨大的容量，提供了充分的论证空间，同时也提出了知识储备与文字驾驭的挑战。作者古今中外广征博引，丰赡的文献资料和作者对材料的谙熟，为理论探讨奠定了基础。无论是对词史的描述，还是对词体发生背景的分析，都充分运用文献材料，寓论于述，有机融合个人新见。

三、艺术特质与规律的执著追索

作为一部词的艺术发展史，其任务不仅在于描述词的艺术风貌和演进过程，还应对其艺术特质和发展规律有所发现并提出合理解释。

著者力求通过对文献的考察，艺术现象的剖解，来达到对于词艺术特质的认识，同时去探寻背后具有决定意义的动因。为此，作者始终关注唐宋词的艺术发展走向和主要影响因素。在作者看来，唐宋词艺术发展的潜在动因是文化的变迁，这是全书一以贯之的立论基点和基本线索。该书全面深入考察唐宋词的艺术嬗变状况，包括艺术形式、表现手法、创作风格等各个方面，坚持将文化演变视为文学演变的主要动因，将文化的发展视为词体艺术转换的枢纽。

针对唐宋词发展的各个历史阶段，作者特别注意当时词体生存的文化环境的差异：在唐五代时期，宫廷文化引发了文人之词的兴起，进士文化促成了词的繁盛，边塞文化与民间多元文化使得敦煌曲子词与文人词明显有别，西蜀与南唐因为不同的宫廷文化背景而词风有异；在两宋时期，北宋士大夫文化与市井文化的分歧，导致了雅俗审美趋向不同的创作，苏轼的以诗为词是前者于词体变革的体现，是士大夫之词的最终完成，靖康之变的民族文化劫难引发了南渡词的复归雅正潮流，文化的集成和南北的融合使得辛弃疾成为词的集大成者，江湖文化是风雅一派的生成基础，而临安吟社文化则是宋末风雅之词的生存土壤。作者高屋建瓴，将不同历史时期的词体艺术特质与其生成的文化土壤相联系，对进一步探讨词体艺术发展的实质有着重要的启示意义。

在论述特定时期的词体艺术特征时，作者同样遵循从文化出发的原则。对于多元文化与中唐词的关系，作者认为：长安文化是盛唐文化的核心，前伸即边塞文化，后退即隐逸文化。词也可用多元文化来观照，长安文化由多个文化群落组成，其中的宫廷文化处于重要地位，是词的主导文化，而边塞文化与隐逸文化也在词中有所体现。而在论述晚唐文人词与进士文化的章节里，作者作了如此总结：

> 随着“儒林”传统向“文苑”精神的倾斜转化，使得进士阶层在思想及行为上见于“无行”“轻薄”，尤其体现在与歌伎制度相关的婚外情上。而这就是晚唐直至五代的词生成和发展的主要文化背景与动因，也决定了晚唐五代的词香而软的主体艺术风格。[1]93

作者的艺术见地除了见于对总体的把握，也见于对一些重要问题的探幽发微。如作者从音乐艺术的角度论述了苏轼对士大夫之词的完成，依据是苏词对歌妓乐人的偏离以至背离。主要有以下几点理由：第一，对词“独重女音”的背离。第二，将“男子作闺音”变为自我抒情。第三，在雅词与俗词的对立中，寻找到女音的发展择向。[1]360这本是一个老生常谈的问题，但作者不拾人牙慧，而是根据其思路力求作出更进一步的阐释，这种探求与发现更加接近词的艺术本质。

综上所述，这部长编大作对唐宋词的艺术发展和艺术特质所进行的系统探究，弥补了长期以来学界对唐宋词艺术体系研究的不足，具有重要的文学史和艺术史价值。对于词艺术史的研究具有重要推动意义。

参考文献：
[1]邓乔彬．唐宋词艺术发展史[M]．石家庄:河北人民出版社,2010．

（原载《暨南学报（哲学社会科学版）》2012年第1期，作者单位：韶关学院文学院）

《唐宋词艺术发展史》入选新闻出版总署第三届"'三个一百'原创出版工程"(2012.2)

内容提要：

本书以文化的转换为背景，对唐宋词的艺术发展史做了详尽考察，重点论述了唐代文人词与敦煌曲子词的雅俗分流，展现了五百多年间唐宋词的面貌，清晰地论述了唐宋词艺术演变的历史进程。该书既是第一部研究唐宋词艺术专门史著作，也是迄今为止篇幅最大的词史专著。

专家评语：

本书体现出文艺学、文献学与文化学三结合的特点，为古代文学研究树立了方法论的榜样；注重调谱、声律与文学的结合，给传统词学研究赋予了现代意义。篇幅宏大，结构合理，是词学研究的里程碑式著作。

——中国宋代文学研究会会长、复旦大学中文系教授　王水照

本书依据坚实、可靠的文献基础，又借助现代的文艺学、美学理论，以之"内化"而构成严密体系，尤其是运用了文化观照的方法，其文献学、文艺学与文化学三结合的研究法，昭示了古代文学研究的方向。

——中国社会科学院文学所原所长、上海大学教授　董乃斌

本书不仅是百年来词学界个人著述中篇幅最大的一部理论阐释性著作，标志着词学研究者思维的深度和密度达到了一个全新的水平，也是第一部系统研究词体词作艺术发展史的著作，标志着词学研究向本体方向的回归。

——中国词学研究会会长、武汉大学教授　王兆鹏

（原载《社会科学论坛》2012年第2期）

一部厚重、恢弘的唐宋词艺术史著

——评邓乔彬《唐宋词艺术发展史》(2013.9)

董军平 刘锋焘

词作为一种独立的文学艺术形式，因其具有独特的艺术魅力和本质特征而为人们喜欢，对唐宋词的各项研究成果丰硕，研究领域和视野也在不断拓宽，但与词（曲）史的研究相比，艺术史的研究尚留有遗憾，个案的研究、静态的分析占据了唐宋词艺术研究的绝大空间而始终没有突破传统的轩轾，邓乔彬先生《唐宋词艺术发展史》（河北人民出版社2010年5月版）的问世，使唐宋词史研究的领域不再留有缺憾。

首先，填补唐宋词史研究领域的空白。

词经历了唐五代的发展、变化而终大盛于宋，成就了“一代之文学”的辉煌，也最终形成了一门独立的学科——词学。与诗歌等传统文学艺术形式相同，人们对词这一新兴的文体形式的研究在其初创阶段就已经开始，这其中就包括词的艺术的研究，但对唐宋词艺术的探讨始终停留在局部的范围内。也就是说，唐宋词艺术的研究在局部的考察已经相当完善和充分，但在整体的把握上却留有遗憾。

自上世纪80年代以来，随着文学批评意识的变化，对传统文学理论的再度重视和认识，西方文艺思潮和批评方法的借鉴、引入和应用，对词体文学艺术的宏观把握逐渐受到重视，其成果亦很斐然，大体上有三个维度，即结构研究、修辞研究和美学意蕴探讨。如赵仁珪先生的《宋词结构的发展》等，就从结构方面对唐宋词艺术进行了必要的探讨。杨海明先生的《唐宋词风格论》、刘扬忠先生的《唐宋词流派史》都打破了传统的以时间为序排列作家作品的手法，强化了宏观和整体地叙述。新世纪以来，关于唐宋词艺术研究的成果如周云龙先生《倚声艺术新论》、张廷杰先生《宋词艺术论》、祁光禄先生《词艺术研究》等论著就相继问世，且都试图从整体上来把握唐宋词的艺术风貌。虽然说成果丰硕，但总体来看，唐宋词的艺术研究始终在局部范围内进行，或者说论者的视野还是集中在词体文学艺术的外围、客观因素上，而始终未能向纵深方向发展和延伸。从词史的角度来看，各类通史、断代史、阶段史、流派史、嬗变史、美学史、接受史等亦相继出现，各论著都能从不同的视角来揭示词这一文学艺术形式的发展和演变过程，词这一文体的发展历史渐渐趋清晰和明朗，且部分成果成为词学研究中的经典和后学者必读之教程。在一定意义上，词这一文体形式已经拥有了自己“不同”而又“趋同”的历史。但有些写出了历史，却没有写出文学；有些写出了文学，却没有写出历史，而词体文学的艺术在各类史性著作中始终没能成为其关注的重点。

因此，邓乔彬先生《唐宋词艺术发展史》的问世，就具有了重要的意义。是书在前人研究成果的基础上，结合自己治词的心得，对唐宋词艺术的发展在横向比较的基础上，又向纵深方面进行了延伸。从宏观的角度，将文献学、文艺学、文化学与史学相结合，全面勾勒了唐宋词艺术发展的进程，立体化地揭示了唐宋词艺术发展的历史，既写出了文学，又体现了历史，对词这一文学艺术形式在唐宋阶段的艺术存在进行了生态还原，建构起唐宋词艺术的专门史，从而填补唐宋词研究领域的空白，也使得唐宋词的研究能够进一步地走向深入和细致。

其次，文化视野下唐宋词艺术的生态还原。

作为唐宋词艺术发展的专史，是著以文化的发展、转换理论作为枢纽，来观照词的思想内容、表现手法，到艺术形式、创作风格、词人流派的主要变化，并将文化的发展、转换理论看作是词体艺术发展变化的主要的发展动因。这是支撑全书的核心，也是结构全书的理论基础，是文化视野下的唐宋词艺术发展史，对唐宋词艺术进行了生态还原。也就是说是书并不是单纯地谈论艺术风格和艺术技巧，也不是词人、词作分析、评论的简单叠加和归纳，而是从文化发展的背景和视野出发，来探讨唐宋词艺术发展和变化，使人们在欣赏艺术的同时亦能知道此钟艺术的形成过程。

虽然说，词的文化学研究在20世纪80年代就已经展开，但正如沈家庄《宋词的文化定位》所言："当时的研究，尚属浅表层次的文化阐释；或者将词人置于大文化背景分析其人品词品；或者从社会文化机制的考索入手分析词人创作个性的形成及文化个性的特征；或由特殊的社会文化现象洞察时代风尚对词作群体风格形成的影响等。"近些年来，随着一批研究成果的不断出现，词学的文化学研究已走向规范、成熟和深入，新的视角不仅拓宽了研究的范围，更扩展了研究的思路，也成为唐宋词研究新的"增长点"。当然，文化是一个开放的体系，内涵广泛，且具有时代性，不同的历史时期，其文化有着显著的差别。因此，论者从文化的发展和转换出发，将政治文化、科举文化、边塞文化、市井文化、贬谪文化、饮食文化、地域文化、宗教文化等各种文化形态融会贯通，形成了自己的理论体系，提出了具有建设性的词学观点。一，宫廷文化引发了盛中唐文人词之起；二，晚唐词的艺术走向则与进士文化密切相关；三，北宋前期士大夫文化的形成与特点是前期词艺术向多元多向发展的内因；四，关于南宋阶段词的雅化趋势，则从靖康的民族文化劫难起，即"靖康之难"引发了南渡词之变，坚持这一文化使南宋词"复雅"成为潮流，文化集成、南北综融是辛弃疾成为伟大词人的主要标识；五，江湖文化是风雅词派的生成基础，临安吟社文化则是宋季风雅词的生存土壤等等。这些具有创新观点或理念的提出，既是现有研究成果的深化和延伸，也是对唐宋词艺术的生态还原。

第三，全书内容丰富,体制宏大，结构严整有序。

作为唐宋词体文学艺术的专门史，是书规模宏大，内容丰富，结构严整有序。

词从最初的“倚声”之作到两宋时的蔚为大观，并遮掩了宋代诗文的光芒而成为宋代文学的“代言人”，其发展进程与时代变迁几乎是同步的，因为“要了解一件艺术品，一个艺术家，一群艺术家，必须正面地设想他们所属的时代的精神和风俗概况。这是艺术品最后的解释，也是决定一切的基本原因。这一点已经由经验证实；只要翻看一下艺术史上各个重要的时代，就可以看到某种艺术是和某些时代精神与风俗情况同时出现，同时消灭的。”（丹纳《艺术哲学》）因此，全书在对唐宋词艺术的发展进行描述的过程中，依照历史的发展、演替的进程来进行，有着丰富的内容。

是书首先厘清了词与其所依附的音乐的关系，因为“词兴于唐、盛于宋，是一种与音乐相结合可以歌唱的新兴抒情诗体。从历史发展的观点看，词因为合乐之需要而兴盛，又因为与音乐脱离、失去音乐的凭借，而蜕变，而逐渐丧失其独占乐坛的地位；词的整个发展演变过程，始终受到音乐的制约与影响。词或称‘乐府’‘乐章’，或‘倚声’，是一种音乐化的文学样式。”（施议对《词与音乐关系研究》）虽然词与音乐有着紧密的关系，但词作为独立的文体存在，它的发展演变，既有独特的艺术美感和本质特征，又有自身的内部规律，也与政治、经济、哲学、宗教等文化因素的影响息息相关，因此，作者在厘清词与音乐的关系的基础上，沿着历史发展的轨迹，回归词体文学本位，从“敦煌民间词”“唐代文人词的艺术奠基”“花间与南唐不同的艺术走向”“北宋前期艺术的多元发展”“北宋中期的守成与苏轼的开拓”“北宋后期词艺术的发展与集成”“南渡词艺术的因革变化”“辛弃疾及辛派词人的艺术表现”“风雅词派与艺术独创”“宋季风雅词的艺术总结以及辛派的嗣响”等十个方面对唐宋词这一文体艺术的发展进行了全景式、立体化的观照。同时又以文人词作的艺术风格为纽带，将词这一文学艺术和其所具有的艺术精神和存在融于其中，内容丰富。

其次，同而不同的文体要求。作为唐宋词艺术发展的专门史，它的写作要求不同于词体文学发展史的写作要求，该书紧紧围绕词这一文体本身的结构特点来展开，而对词体文学的生成、发展过程以及影响词这一文学艺术形式的各种外部因素都进行了粗线条的勾勒和描述，同时对词所反映的社会生活以及它所蕴涵的如喜、怒、哀、怨、悲等情感体验也进行了适度的说明，而将重点转移至词体文学的内部结构和表现出来的艺术张力以及这一艺术对后世的影响上来，这也是该书有别于其他史类著特点。是为不同。而文学作品和其艺术表现的胶合点是创作主体，即词人，因此，综论唐宋词之艺术，说到底还是从词人词作来论，这与其他史类著作又是趋同的。当然，唐宋时期，词人和词作众多，且艺术特色又不尽相同，因此，不可能作到面面俱到，在论述的过程中，论者在全面的基础上，又重点突出，既有面的宽度，又有点的厚度，点面结合；既有横向的发展，又有纵向的延伸，对在唐宋词发展史上具有巨大贡献和里程碑意义的词人以及他们词的艺术特点进行重点分析，如柳永、苏轼、周邦彦、辛弃疾、姜夔、吴文英等；同时又能兼顾在艺术表现上又个性和特色词人词作，如王建、寇准、韩琦、刘潜、李冠、陈亚、司马光等。从这个意义上说，是书是又一部唐宋词人艺术的集体展现和检阅，是唐宋词艺术的集大成。

复次，学科交叉，立体呈现。分析、论证、描述、总结词体文学的艺术和其发展、完善的进程，这本身就是一个审美和批评的过程，单纯的、静态的线性无法深入到词体文学艺术发展的内核。因此从方法论的角度来看，全书在论证过程中注重多学科的交叉与结合，即文献学、文艺学、文化学相结合；历史与文学、文学与音乐、传统批评与现代理论、古与今、词内与词外、旧学与新知相结合，从而构成宏大的、立体网状结构。

第四，构建起客观、公允、科学的评价体系。

艺术评价的问题，是艺术史写作的重点，也是难点，建立起客观公正的评价体系就更难，因为标准难以统一。如宋时的李清照主“音律”，倡本色；张炎则主“清空”“雅正”；沈义父立“四标准”，即音律协、下字雅、用字隐（“不可太露”）和发意婉（“不可太高”）；至晚清代的词学家各有专长，万树主图谱，凌廷堪、方成培主音律，戈载主词韵，张宗橚主词史，朱孝臧主校勘等。老一辈词学家如王国维、俞陛云、俞平伯、龙榆生、刘永济、唐圭璋等在治词的过程中，亦各有侧重。因此，对词艺术的评价也就不同。现代的词家、学者和研究者，对词这一文学艺术形式的艺术进行研究时也各有其重点，且显得较为集中和细致，以个体、群体、时区段词的艺术表现为主来进行。因此，该书作为唐宋词艺术发展的专门史，作者在传统观念的基础上，对词人词作的艺术进行分析和评论的过程中，最大限度地搜集古今的评论资料，汲取词学家所见，并己之见相统，构建起较为客观、公正的评价体系，可以说“钩沉古今，博采众议，以己见相统”，不仅打破了传统的轩轾和藩篱，且持论公允，见解独到，观点新颖。如对晁补之词艺术的认识和评价，王灼、毛晋、冯煦、陈廷焯、黄苏、张德瀛、刘熙载等历代的词论家，从不同的角度对其词进行了评说，且都很恰切。然论者在这里对晁补之词的艺术却用“神姿高秀，沉咽雄邈”来概括。“神姿高秀”为《四库全书总目》对晁补之词艺术的认识，“沉咽”和“雄邈”则分别为冯煦和张德瀛对其词艺术的评价。论者在对晁补之词的艺术进行全面分析地基础上，综合前人的评价，以自己的判断来对对晁补之词的艺术给出了评价，既准确，又新颖，令人耳目一新。

在对词人评价中的过程中，体现出全面的词学观和发展的史学观，即对具体词人词作艺术评价时，既能肯定和褒扬其长处，又能指出其不足，体现出全面的词史观，如对柳永、苏轼、黄庭坚、姜夔等词人词作进行艺术分析的过程中，既肯定其积极的贡献，又能指摘出其艺术的不足，辨证统一。以苏轼来说，论者在肯定其在词学发展史上的贡献的同时，也指出了苏轼词“也有些过直过率的地方，部分作品言理太多，或缺少情味，有些乃在作文字游戏”，同时认为“苏轼士大夫之词既是对词的发展，也是对词的特质的消蚀”。既有肯定，也含有委婉的批评，不同以往对苏轼的全面肯定而鲜及其词的不足与消极层面。苏轼如此，其他词人词作亦如是。与此同时，论者还能就词人词作的艺术表现在艺术史中的作用和地位给出恰当的评介。换言之，本书不仅仅是对唐宋词的艺术发展进行梳理与整合，同时也明确了词人词作在艺术史中的序位，即便是二三流的词家，也能很恰当地给出历史定位。当然，对一些词人词作在艺术史乃至文学史中的地位难免有拔高之嫌，且缺乏必要的说明和论证，如王建、范仲淹、寇准、司马光、朱敦儒等人的词作艺术，论者通过对他们个别词作艺术进行个性进行分析，并认为他们的词作在艺术上具有某种“开创”性，但缺乏必要的论证和说明，此为全书的一点瑕疵。

由于全书品评词人词作众多，主要参考文献有465种之多，文下注释条目有3035之众，且每条每目的注解详尽、准确。因此，该书不仅是唐宋词人艺术的集体展示和唐宋词艺术的集大成，同时具有极强的史料和文献价值，可作工具之资。

（原载《湖北师范学院》2013年第5期，作者单位：陕西师范大学文学院）

宫廷文化与词

——读《唐宋词艺术发展史》一得(2013)

金国正

现代人的生活，离皇家、宫廷之类的字眼是远而又远的了，但又似乎无处不在：衣食住行，稍得沾染就顿显不凡、身价倍增。在艺术拍卖行里，皇室藏品几乎就是高价的天然理由。——我们现代人看来还是不乏浓厚的宫廷情结。真正的艺术可不能这么势利，郭庆祥先生就抨击迷信乾隆藏品的风气，说得很在理。值得一提的是，历史上的艺术活动又确实和宫廷有着千丝万缕的关系：倡导、赞助、践行……一旦还原到具体的历史情境中，宫廷与艺术的关系就不那么简单了。我们熟知的唐宋词，又会与宫廷有怎样的瓜葛呢?

邓乔彬先生近著《唐宋词艺术发展史》(河北人民出版社2010年5月出版)指出一个词的发生学上的重要事实：唐宋文人词的兴起是由宫廷文化引发的。所谓“文人词”，即欧阳炯在《花间集序》里提到的“诗客曲子词”，具有音乐和言情两个方面的属性。从音乐方面说，研治词学的人都知道教坊曲在唐宋词的发展史上所占的重要地位。教坊是唐代宫廷的音乐机构，唐玄宗曾对教坊俗乐的发展投注了极大热情，从而“使儒家乐教之‘雅’急转质变为逞欲耳目之‘俗’”，“好俗恶雅风气由宫室首倡，渐次接染士族耳目，使俗乐歌舞响彻朝堂内外，更弥漫于坊间巷陌。”唐宋词初起时所依托的俗乐得宫廷推动而风生水起，为文人词的全面兴盛奠定了坚实的基础。从言情方面说，最早的文人词总集《花间集》的核心题旨是“艳情”，它所承接的不是古典诗学的言志传统，而是梁陈以来的宫体诗“艳语”传统，从诗学里流放出来的“艳情”由唐宋词来接棒，宫廷文化的影子挥之不去。在唐词里的显著表现，是唐玄宗的《好时光》和供奉翰林的李白所作之词。我们在邓先生的著作里可以看到，宫廷文化是深深地渗入唐词的创作精神和作品旨趣之中了。

其实，宫廷文化对唐宋文人词的影响还可以放在词史更宏阔的背景中来探讨。作为声乐享受的一部分，歌词创作颇不乏帝王的参与，而他们对音乐、文学的兴趣和擅长，又直接推动了歌词创作的兴盛。在古典文学的苑囿里，帝王及其宫廷文化极少有能像在词的领域里那样大放光芒的。诚然，由文学侍从之臣创作的赋体文章是有浓厚的宫廷文化背景的，但帝王本身少有染指，而且作为“盛德之形容”的赋文也以巍巍乎在上的姿态而少一份民间情怀。至于南朝宫体诗，无疑是宫廷文化的产物，但其在诗史上的名声却不那么响亮。宫廷文化的参与能在文学史上蔚为大观的体式恐怕只有词了！唐宋词之由宫廷文化成就处，大约可从以下三端论：

首先，以“高度”而论，在词史高高下下的峰峦中，有那么一两处高峰是由帝王和宫廷成就的。五代时期的两大词学中心一在南唐、一在西蜀。而西蜀中前后蜀的两代后主王衍和孟昶，俱好小词，围绕着他们的文人承袭宫体余风，以燕乐新声谱写出“诗客曲子词”，所谓“绮筵公子，绣幌佳人，递叶叶之花笺，文抽丽锦；举纤纤之玉指，拍按香檀。不无清绝之辞，用助娇娆之态”。《花间集》堪称词史上的第一座高峰，宫廷环境和帝王趣味在一定程度上为其提供了丰厚的成长土壤。至于南唐，两代君王——中主李璟和后主李煜俱为词家巨擘，尤其是李煜，堪称“千古词帝”，其词精妙瑰丽、秀逸绝伦，为词中上上之品。就词史意义而言，其词对扩大词的表现领域、深化词的内涵意蕴、拓展词的性情书写，有着特出而巨大的贡献。后世尚有宋徽宗，以艺能著称，小词也称一绝，王国维将其所作《燕山亭》词与后主词并提，“所谓以血书者也”。历代帝王好文学者不少，而能够以文学立者往往不立于诗文而立于词，这一点实堪为文学史家所玩味。

其次，从某种意义上说，宫廷文化背景甚至影响了词的体制格局和最终面貌——我们可称之为词的“体度”。词坛向以富艳、绮怨、哀婉为词之正格，其中隐约可见宫廷里的享乐文化对流行歌词的影响。《花间集》是奠定词的主体风格的首部词选集，那种对柔婉纤细乃至香艳的美感的追求，固然有文人的末世哀感，然而也恰与宫廷氛围及趣味相应。前蜀后主王衍有《醉妆词》：“者边走，那边走，只是寻花柳。那边走，者边走，莫厌金杯酒。”词不佳，却是王衍及其宫廷文人及时行乐的自供状，而此种末世的狂欢内蕴的生命感触，在后世晏殊、欧阳修以及苏轼等大词人那里获得崭新的演绎。另外，在古典诗学理论中有“诗穷而后工”之说，然而唐宋词则又有“词宜富贵”之说。词的“富贵气”表现是全方位的，既在金玉锦绣的字面，也在富丽堂皇的生活画面，更在雍容华贵的娴雅气度。与其说这是单纯的士大夫享乐习气所致，不如说是宫廷趣味与士夫习气互动的结果。晏殊对自己言富贵而能够遗貌取神的词作颇为自得，而看不起柳永的“词语尘下”，则更加入了士大夫的闲雅之致。有一则词坛掌故言及皇帝和下层文士的审美趣尚之不同：南宋孝宗时期的太学生俞国宝醉游西湖，留下一词：“一春长费买花钱，日日醉湖边。玉骢惯识西湖路，骄嘶过、沽酒楼前。红杏香中箫鼓，绿杨阴里秋千。暖风十里丽人天，花压鬓云偏。画船载取春归去，馀情付、湖水湖烟。明日重携残酒，来寻陌上花钿。”词写西湖游乐景象，正是“暖风熏得游人醉”，很合乎“主流”意识，因此太上皇赵构特别欣赏，但对于末句却有微词，认为“未免儒酸”，大笔一挥，将“明日重携残酒”句改为“明日重扶残醉”，两字之异，富贵气大增。这是宫廷趣味压倒了书生意气的一则佳例，而词人们对此津津乐道，乃是因为其深中词的特有“体度”。文人词重女音、尚婉媚、放悲声，它的“出身”与宫廷有着千丝万缕的关系，其发展之路就烙上了宫廷文化的印迹，不那么轻易可以洗脱。

唐宋时代的词相当于今日的流行歌曲，其“热度”经久不息自无异言，而这种“热度”还可能受宫廷文化的左右。所谓“城中好高髻，四方高一尺；城中好广眉，四方且半额；城中好大袖，四方全匹帛”，或者“吴王好剑客，百姓多创瘢；楚王好细腰，宫中多饿死”，总之是上行下效，上有所好，下必甚焉。如唐宣宗爱《菩萨蛮》曲，丞相令狐绹假温庭筠之手以进；宋仁宗颇好柳永词，宴乐时每令侍从歌之。这些例证固然可以说明温柳之词影响深远，以至于上达天听；但从反面说也可以是帝王的喜好推动了温柳之词在更大范围的传播。邓先生在《唐宋词艺术发展史》中已经指出，五代时前后蜀的王衍和孟昶、南唐二主都对词作产生了很强的导引作用。即如南宋寿词的兴旺，也与宫廷关联颇切。南宋孝宗朝几乎一直笼罩在高宗赵构的阴影之下，宋高宗的生日为“天申节”，孝宗奉之极谨，“一时盛事，莫大于庆寿之典。”寿词创作臻于高峰，以至于成为一种新的社会风气，上至朝廷官员下至庶民百姓竞相以词为寿，寿词几乎成为一种新的应用文体。就调而言，词调中有专为庆寿的《长寿仙》《大椿》《庆寿光》等；就类而言，一些词人别集专列“贺生辰”“寿词”等，如赵长卿《惜香乐府》、陈允平《日湖渔唱》，而《草堂诗馀》中也将寿词归为一类。寿词创作已经成为实用的“羔雁之具”，后人仿效既多，复增经验之谈，在一些词学专著中往往有谈寿词创作的甘苦之言。

我们从唐宋词的发展史中看到宫廷文化在文学领域难得地占领了一席重要之地。此其故非他，或是因为凡玩好之物，宫廷文化总会将之发挥得淋漓尽致吧！当唐宋词还是一种流行和玩好之物时，它自然会受到宫廷的青睐和推扬。《唐宋词艺术发展史》对此的描述和概括启人神思，而作为一部煌煌百万言的专著，对词人词作以及词史的艺术体察之精确处所在多有，正要读者平心静气去含玩咀赏呢！

（原载《邓乔彬教授七十华诞纪念文集》，安徽师范大学出版社2013年，作者单位：华东政法大学人文学院）

邓师新著《唐宋词艺术发展史》简评(2013)

周韬

二十世纪词学研究的框架体系，早在1934年就由龙榆生先生于《词学季刊》第1卷第4号上发表的《研究词学之商榷》一文加以界定。彼即“推求各曲调表情之缓急悲欢”的词与音乐关系第一义，廓清“词体之渊源流变”的文体变化第二义，考究“各作者利病得失之由”的文学批评第三义，总称词学“三义”。自后词学研究莫不涵蕴于内，而各家治词又往往分治其中一二。能兼治“三义”者夏承焘先生一人而已。惜没有论证“三义”如何在相同历史时空维度下对词的艺术发展规律进行多元因素综合作用的专著问世，是百年词学研究最大的缺憾。

改革开放后，词学早已与诗学分疆而治，成为一门“显学”，并在文献整理与文学批评、知人论世与风格嬗变等研究方面取得了丰硕的成果。如此涵养三十余年，乃有邓乔彬教授新著《唐宋词艺术发展史》推出，始得将推究文乐离合、考察词体源变、探讨利病得失之文化成因的词学“三义”熔铸贯通，成为词学研究集大成之作。

吴梅先生指出：“一代之文学，每与一代之乐相表里”。声辞相从的文乐离合关系是我国韵文学终始不变的文化内核。邓著准确把握并围绕构架这一核心问题的两大艺术形式——文学的齐言与杂言、音乐的雅正与流俗——展开论证：由诗的弦歌谈起，上溯《诗经》《楚辞》，下迄宋词元曲，指出从齐言向杂言、由歌诗而词曲的转化是文体的发展与进步，雅乐和俗乐的交相兴替是曲子词生成与繁盛的文化成因，而以雅化俗的文士风尚一面推尊着词体，一面剥离着长短句词与生俱来的香艳尘俗，最终远离了其赖以孳生的俗乐环境，成为专为“文士摛藻”而备的案头雅（哑）文学。

最早的词体样式如何？邓著不仅以敦煌曲子词作答，更从文化内涵的高度对其进行考察：一论敦煌传辞是唐人边塞文化的产物。透过征夫思妇之怨，辨析其与唐人边塞诗在文艺、文化上的相类本质，即以“怨刺”为主要表现形式的“言志”倾向；回顾民族融合视角，发掘早期词作在反映晚唐边塞民众回归中土、驱逐吐蕃、收复河西等方面的历史考鉴价值。二论敦煌词的爱情、婚恋与女性主题，观照爱情题材入敦煌曲子词的文学命题“迁移”现象，将其还原至唐代胡汉文化相与浸润之历史环境下，与先秦以来儒家解经道统和维系伦理纲常的政治需要所催化的前朝诗歌之“雅正”形成鲜明对比，从根本上解决了“诗言志”“词言情”何以得致的悬疑。三论社会生活与多元文化在敦煌曲子词中的透射，点出词的内容在早期形成阶段雅俗间杂，举凡仕宦功名之羁縻，归隐弃世之得失，商旅行役之哀乐，贩夫走卒之劳顿，无一不足，并非专事文人“陶写”之具。四论敦煌曲子词的抒情直切和长于比兴，与文人词男子作“闺音”的寄托相异趣。五论其戏剧代言性质，强调传辞颇富表演性的艺术特色，并认为这是敦煌词与文人词的最大区别。提要五条文化纲领如廓清人之五官，早期词体面目及其发生环境信实可据。

词体怎样发展变化？邓著由俞平伯先生提出的“两条路线”立论，对应敦煌文人词的“广而且深（广深）”，指出盛中唐词至晚唐五代入文人之手后，受其文化品位影响“深而不广（狭深）”：以集中反映宫中生活的盛唐宫廷文化为核心，前伸为边塞文化，后退为隐逸文化，还原中唐文化的多元内涵；以士大夫文化“达则兼济天下”和“穷则独善其身”的人生态度解释刘禹锡、白居易“闲适”而“感伤”的诗词为文人词于爱情之外又添入“闲情”主题的文化根源；以诗赋取士造成儒学让位于文学、“儒林”传统式微而“文苑”精神抬升的价值趋向，论断“无行”“轻薄”等唐代进士文化的副产品恰正是词的抒写题材由广转狭直至专务艳情的关键契机，印证温、韦、李、杜渐入《香奁》，遂启《花间》词端的文学必然。

词体为何兴盛于宋？邓著以文化转换角度看待词的发展变化的观点：从艳情、到“闲情”，士大夫文化从阻碍、斫伤词的发展，到借机生长，开出新题材、新天地；而党争的“飘零官路，荏苒年华”，则使“性情”入于词，再拓一境，以诗为词虽使词渐失“倚声”特质，却在文学上前进了一步，完成了“代胜”之业。

邓著以为，宋代“广为开科取士，门阀不复存在，文人、学者、高官三位一体，士大夫成为了政治文化的主导”是其根本原因所在：宋代士大夫文化的兴盛，是对前朝进士文化“无行”“轻薄”弊端所引发的政治腐败的否定，是主流文化价值观念向儒学传统本位的回归。内圣外王的大人君子人格取代了专主辞采的文士风尚，弘毅重道的淑世精神配合果敢勇略的品行，为士大夫阶层指定向上之路，也注定了花间艳科被视作末流小词、遭逢斫伤或贬抑的命运。虽有抒写艳情似为花间续余，实则以文人摛藻之能为市井文化代言的柳永词传唱一时，“大得声称于世”，但宋人多以其知音识曲，兼得铺叙展衍以发展慢词的创调之才为然，对其逞才艳欲、纵情声色的词风绝难苟同。在苏轼以文坛领袖地位洗革词风，“新天下耳目”之前，只有以晏殊、欧阳修等为代表的“闲情”一脉，因继承发扬刘白闲适而感伤的艺术特色，“为词找到了士大夫休闲享乐文化的生长点”。若非苏轼“以诗为词”着力雅化、推尊词体，变“男子作闺音”为士大夫的自我抒情，于《花间》“爱情”、晏欧“闲情”之外别开抒写士大夫“性情”的新天地，北宋中后期词体极有可能因题材狭深而渐至萎缩，甚至为士大夫文化所淘汰，宋词也就不可能成为“代胜”之文学。唐五代《花间》作家完成了由伶工词到文人词的转变，苏轼则完成了由文人词到士大夫词的飞跃，为词在宋代的兴盛奠定了文化基础。至此词体终得脱籍于“诗余”，跻身文苑正统且“别是一家”，避免了如齐梁宫体诗昙花一现般迅速衰落的命运。

继论证苏轼及黄庭坚、秦观等苏门四学士、六君子等以之在北宋文坛的导引作用为歌词打通符合士大夫阶层审美旨趣的向上之路，从而推尊了词体，奠定了词体尚雅的艺术发展道路后，邓著将目光投向了贺铸和周邦彦，并认为：贺铸《东山词》在继承苏轼“以诗为词”的雅化道路上，走得更深更远——不但“幽洁如屈（原）、宋（玉）”，为宋词开拓出兼具“骚情”“雅意”的风格与题材，甚而能实现“沉郁”之立意和“飞舞”之笔势的完美结合，实为周（邦彦）、吴（文英）之滥觞。而作为北宋词之具有集成意义者，周邦彦以其“妙解音律”之能，制谱创调，为词的文体多进新声；开长短句自度曲风气，嗣响南宋词坛终始。在技法上，清真词以“穷极工巧”的“体物”手段“言情”，其“以赋为词”的手段较之柳永的平铺直叙更见详略剪裁得当，能收纵、递进、层深、往复，营构出离合繁杂、错落多变的意象。

至此，邓著总结了自曲子词入文人手至北宋，对词的艺术发展史影响举足轻重的几位作手对词体发展的贡献，提炼出“遵体”与“破体”“以何为词”的艺术发展规律：作为《花间》代表的温庭筠是“借助于文学之外”的“以画为词”，北宋初期的柳永则是“在文学之内”的“以赋为词”，此二人又因为重视“词的倚声特质”，被归结为“‘遵体’兼‘破体’的改革、发展”；北宋中期的苏轼“则是以诗为词”，对词的艺术发展“重在破体”，赋予词“以诗为‘体’的特点”，而贺铸“在艺术上汲取了《楚辞》及乐府诗的表现特色”，进一步丰富了“以诗为词”的艺术表现手法；北宋后期的周邦彦创制新调与提炼赋体并举，词的艺术发展道路遂向“遵体”兼“破体”之“本色”“当行”正格回归。

论及渐转精深的南宋词，邓著提出“结合和战形势”与相关“流派风格”进行划分，淡化历史阶段而凸显流派特点。具体而论为“南渡词”“愤激悲凉”的辛派词、“风雅”词派、格律“精能”之至而“亡国之音哀以思”的浙江词以及悲愤苍劲的江西词。论南渡词着重于文学题材和音乐上的“破体”，点出其“援大事入词”“近于诗之‘言志’”的“诗化”倾向，辨析“靖康事变，大晟乐不传”致使“与音乐密切相关的词遂有了脱离音乐的可能”是南渡词“诗化”的音乐原因；谈辛派词侧重其“陶写”之用，指出辛词对接续苏轼“以诗为词”“在以婉约为正的词史上‘别立一宗’”的贡献；而以“晋宋风度”许姜夔在音乐和文学艺术上的双重复雅，以“曲折”“隐蔽”“言在此而意在彼”的寄托手法及象征手段分析吴文英词的“潜气内转”，用“染多于点”“勾勒工妙”具象其“空际转身”，不落前人窠臼，为“风雅”词派的艺术规律把脉精准。至于宋季风雅词的艺术总结与辛派词的嗣响论，则紧扣“吟社”文化这一迭代之际文士创作的集群特质，突出勾勒季世文章或因避世独善其身转而追求技巧上的极致，或因舍身赴难无力回天激发悲壮沉郁之慨然浩叹的文艺之必然。

综观邓著，持论公允，征引赅博，文史并重，考据翔实。立足宏观文化观照，重视客观历史还原，极尽精审地考察了唐宋词艺术发展过程中文乐之离合、“遵体”与“破体”、复雅和流俗等对立统一的艺术嬗变规律。

洋洋巨著百二十万馀言，正如其自序所深憾者有二：一是涉及音乐的内容，难以彻底、专业地研究；一是对于作家的评论，难于得失兼顾。然而作为专论唐宋词艺术发展变化之史，较之前各家词史而言，邓著于词学研究的贡献，在于其更加侧重对“体制内”问题的阐发。然而，从学术体系的构建来看，严格意义上、纯粹的词之“体制”史，实不易于与文献学、文艺学、文化学立体结构之艺术发展史并存于一书。因此，邓著虽略未臻于完美，而尚待有新建构的、详尽的体制史诞生，但其问世，无疑标志着首部融合提炼、融汇贯通百年词学研究成果之综合性词学巨著的隆重降生。

（原载《邓乔彬教授七十华诞纪念文集》，安徽师范大学出版社2013年，作者单位：湖北民族学院文学与传媒学院）

学术文集

《邓乔彬学术文集》首发式(2013年)

会后合影

广东卫视·午间新闻报道

邓乔彬教授七十华诞庆祝会暨学术文集首发式议程

时间：

2013年10月6日9：30—11：30

地点：

暨南大学文学院二楼中文系学术报告厅

主持人：

张海沙教授

议程：

1. 主持人张海沙教授宣布会议开始，介绍与会嘉宾、领导
2. 暨南大学副校长饶敏讲话
3. 文学院副院长、古代文学学科带头人程国赋教授讲话
4. 邓乔彬教授向文学院捐赠学术文集
5. 彭国忠：邓乔彬先生的诗词学研究
6. 何平华：邓乔彬先生的绘画学研究
7. 李俊：邓乔彬先生的学者研究
8. 华南师范大学戴伟华教授赠送书法作品
9. 徐国荣教授朗诵《邓乔彬教授七十寿序》
10. 中山大学彭玉平教授贺词
11. 学生代表赵晓岚教授讲话
12. 学生代表夏令伟、段芯芯、唐何花向老师献花、礼品
13. 邓乔彬教授讲话
14. 自由发言
15. 与会代表与邓乔彬教授合影

主持人致辞

张海沙

尊敬的邓乔彬先生、尊敬的饶敏副校长、尊敬的各位来宾：

邓乔彬教授七十华诞庆祝会暨学术文集首发式庆典正式开始。(掌声)

时维九月，序属三秋。看赤橙黄绿，装扮无限江山；论诗词书画，成就一代宗师。年届七十，树桃李芝兰遍天下；著述百万，驱文史哲思于笔端。今天，我们在暨南大学文学院来见证一个光辉的时刻，在暨南大学文学院八十多年的办学历史中，先后有陈中凡、周谷城、沈从文、钱锺书等等一大批鸿彦硕学执教于此，流光溢彩，云蒸霞蔚。今天，我们又欣逢一件文学院、古代文学学科的盛事，我们邓乔彬教授学术文集于今天首发，能参与这一件盛事，我们感到无尚的荣幸。受古代文学学科同仁的委托，我来做这一次庆祝会的主持。

请允许我来介绍参加庆典的嘉宾和领导。欢迎邓乔彬教授的学生群体，从全国各地赶来暨南大学的各个不同时期的学生们，欢迎你们！（掌声）你们是各个岗位的中坚、骨干，或者正在成为各个岗位的中坚、骨干，这次活动是你们发起的，你们带着对老师的尊敬和祝福来到这里，同时我们也看到你们是带着对老师文风、师风的传承的愿望来到这里，你们辛苦了，谢谢你们！（掌声）

现在我要介绍：暨南大学副校长、暨大的女性的楷模，饶敏先生（掌声），欢迎您！暨南大学文学院副院长、古代文学学科带头人程国赋教授（掌声）。华南师范大学古代文学学科带头人、唐代文学学会副会长戴伟华教授（掌声），欢迎！暨南大学文学院党委书记邱向欢先生（掌声），欢迎！暨南大学出版社总编辑史小军先生（掌声），欢迎！他也属于我们暨南大学古代文学学科。暨南大学中文系总支书记倪列怀先生（掌声），欢迎！暨南大学中文系总支副书记林文旭先生（掌声），欢迎！广东广播电视大学文化产业系主任蓝天先生（掌声），欢迎！还有我们古代文学学科的教研室主任何志军先生，还有我们的同仁，这里就不一一介绍了。(掌声、笑声)

现在让我们用热烈的掌声欢迎暨南大学副校长饶敏先生讲话，欢迎！(掌声)

致　辞

暨南大学副校长　饶敏

非常高兴能够参加今天邓乔彬教授七十华诞和学术文集首发仪式这一盛事。

首先代表胡军校长和蒋述卓书记、代表我们学校领导班子对邓乔彬教授的七十华诞和文集的首发仪式表示热烈祝贺!（掌声）

刚才和邓乔彬教授交流的时候谈到，在校领导当中，算我与邓教授比较有渊源，因为我在2002年和蒋书记，还有当时时任系主任的费勇教授一起到华东师大拜见当时华东师大的书记商讨借调邓乔彬教授和调邓乔彬教授到暨南大学一事。从时间上算，邓乔彬教授从2002年10月份借调暨南大学，2003年12月份正式办理调动手续，到我们暨大上班。时光飞逝，转眼十个年头过去了，邓乔彬教授为暨南大学所做的成就，大家都有目共睹。在这里，感谢邓教授为暨南大学所作的一切，谢谢邓教授!（掌声）

邓教授做的成绩很多，我这里说两个事情，一是邓乔彬教授来了以后，作为带头人，为中文系取得了古代文学博士点，这个博士点的取得为中文学科最后拿到中国语言文学一级学科奠定了坚实的基础。二是从我分管工会来讲，我们学校教学大楼前的《师德铭》和《学子铭》，就是邓教授撰写的。

我也非常感叹，在我第一次见到邓教授的时候，我就觉得他像一棵挺拔的青松，十多年过去了，邓教授还是那么年轻、那么帅气，而且为人非常谦和。刚才张海沙教授把邓教授和我们建校以来的很多大师都一一并列在一起，在我心目当中，邓教授也是一代宗师。他更是师德润物，润物无声，“桃李不言，下自成蹊”，今天来自全国各地的邓教授的学生欢聚一堂，也说明了我们邓教授在我和你们学生心目当中的地位和形象。

最后，送上我最真诚的祝福，祝邓教授春晖永驻！也祝在座嘉宾老师身体健康，万事如意!（掌声）

（按，录自发言视频）

致 辞

暨南大学文学院副院长 程国赋

各位老师、各位同学：

上午好！

今天很高兴参加邓乔彬文集的首发仪式。王列耀院长本来要过来，后来他临时有事外出，不能前来参加这次活动，他给我专门打电话，委托我代他致意。今天，借这个机会，我代表文学院、代表王院长、代表暨南大学中国古代文学学科，向邓乔彬文集的出版表示热烈的祝贺，对邓先生多年来为学院、为古代文学学科做出的突出贡献表示衷心的感谢！

暨南大学中国古代文学学科走到今天，经历了几代人的努力。1978年，暨大复办以后，中文学科经历了不平凡的发展历程。就古代文学学科而言，经过郑孟彤、艾治平、洪柏昭、李文初、王景霓等多位老一代学者的努力，古代文学学科于1983年获得硕士学位授予权，成为中文学科整体之中一个重要的组成部分。

后来由于老一辈学者的退休，古代文学研究队伍出现后继乏人的局面，学科的发展面临挑战，这突出地表现在博士点的申报上。上世纪90年代中后期，当时魏中林教授担任文学院院长，在魏老师的领导下，组织古代文学博士点的申报工作。我记得有一天晚上在魏老师办公室，大家一起熬通宵准备材料，给我的印象很深。

2002年，邓先生从华东师范大学调到暨大中文系，担任暨南大学特聘教授、古代文学学科负责人，在邓先生领衔下，我们于2003年获得古代文学博士点，这是当时我们中文学科三个博士点之一，这个博士点的获得具有重要意义，它为后来暨大中文学科成功申报一级学科博士点、成功申报国家重点学科、成功申报广东省一级重点学科打下了很好的基础。

邓先生到暨大以后，不仅自己严谨治学，培养大量人才，同时，为古代文学学科的发展付出辛勤劳动。他主持省精品课程“中国古代文学”，主编“暨南国学丛书”，组织古代文学学术队伍，关心青年教师的成长，可以说，古代文学学科的发展凝聚了邓先生大量心血。

今天，邓乔彬文集的出版，成为古代文学学科的一件大事，成为古代文学学科的一项标志性成果。相信文集的出版，将有力推动暨大中文学科的进一步发展。

最后，祝在座的各位身体健康、工作顺利、一切如意！

谢谢大家！

贺邓乔彬先生七十华诞联

戴伟华（华南师范大学教授）

才高八斗，盛名江左。
学富五车，载誉岭南。

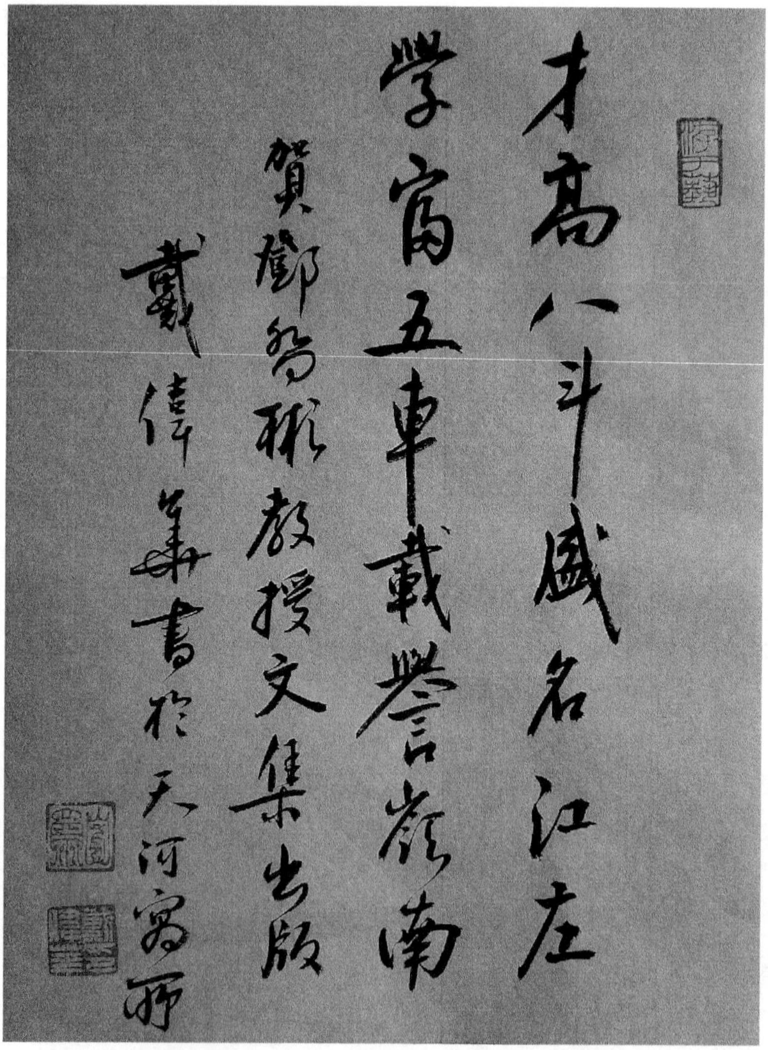

画堂春·寿邓公乔彬先生七十华诞

彭玉平（中山大学中文系主任）

岭南词掌数乔公。诗词书画兼通。当年一跃健如龙。身影如风。
岁月流沙倜傥。才情翰墨纤秾。而今闲坐话青葱。且付从容。

附注：邓先生以词学名世，但研究诗歌与绘画也饶有名声，曾著《中国绘画思想史》。大学时是上海市高校跳高纪录创造者。大学毕业曾远赴甘肃工作，“流沙”云云即指此。六十以后南下广州，尝有两年著八十万字的惊人纪录，是谓《唐宋词艺术发展史》，“才情”云云，感喟于此。

参加邓乔彬先生七十寿诞庆祝会及文集首发式随感

史小军（暨南大学图书馆馆长）

10月6日上午，我们学科点带头人邓乔彬先生的70寿诞及12卷文集发布会在中文系会议室举行。前一天的晚上9点钟，我还在出版社加班，收到了邓老师弟子程刚博士的电话邀请，我欣然答应，因为我曾担任古代文学教研室主任、支部书记及中国语言文学研究所副所长，在学科建设及支部活动方面与邓老师多有交流，深受启发。那年我曾组织策划教工第二支部及学科点党员同志开展了“南粤名人故里行”活动，参观了康有为、梁启超、孙中山故居。当天还在邓老师的带领下寻访了他在珠海的旧居，老先生颇为高兴。这是一次将文化参访与学科特色紧密结合的支部活动，加强了教研室的团结和凝聚力，收到了良好的效果。2003年古代文学博士点申报，邓老师亲自挂帅，教研室同仁群策群力，终于获得成功。2009年在中国语言文学一级学科博士点申报中，作为分管系科研和研究生工作的副所长及“211”项目总秘书，我具体负责申报材料的撰写工作，曾多次向邓老师请教相关问题，获益良多。因为在学科建设工作中表现突出，支部活动有声有色，古代文学教研室支部（中文系教工第二党支部）还获得了2009年“暨南大学先进基层党组织”，全校只有12个基层党组织获此殊荣，作为领头羊的邓老师功不可没。可以说，邓老师对学科点、对我本人及暨南大学出版社都有莫大的支持和帮助。寿诞庆祝会上，我代表出版社向邓老师敬献鲜花一束，感谢他对我及出版社工作的支持，祝福他老人家福如东海，寿比南山，学术之树常青！

记得2010年我刚从中文系调到出版社任总编辑时就曾谋划出版邓老师文集事宜，恰好当时接手《少儿国学读本》的修订工作，便邀请邓老师作为两位学术指导之一。邓老师接到邀请后书面提出了很多具体切实的建议，并参加了出版社组织的书稿修订会。后来这部一套六本的少儿读物曾在北京京西宾馆举行首发式，首印2万套很快售罄，不少学校多年来一直都在使用。邓老师的文集初稿在2012年便发给我，其中《中国绘画思想史》《唐宋词艺术发展史》分别获得中国图书奖和“三个一百”原创图书奖，质量之高自不待言。我非常期待能够与邓老师在出版上有一次完美的合作，如果文集能顺利付梓将是出版社的荣光。可惜后来由于种种原因未能如愿，令人遗憾。好在安徽师大出版社非常有眼光，也有气魄，12卷文集装帧印制得也非常精美，邓老师很满意。

参加邓老师70寿诞庆祝会及文集首发式有以下几点感想，随手记下：

1.邓老师为人谦和，为学严谨，视野开阔，笔耕不辍，退休后还坚持写作几百万字论著，我等正值壮年却虚度时光，学问不大但脾气不小，惭愧之意与敬仰之情油然而生！

2. 邓老师著作等身，桃李满天下。他对学生视如己出，学生也常有反哺之情。其中两位湘籍美女学生对邓老师关心有加，她们都先后走上“百家讲坛”，学界多有美谈。寿诞当天再次见识了她们的风采，即兴发言，情采斐然，举手投足，恰到好处！邓老师能在有生之年完成750多万字的论著，众多弟子的帮助、交流、切磋、慰藉功不可没。

3. 尊师重教活动应当大力提倡。为年长的前辈举行古稀之后的逢五、逢十祝寿活动是我们教研室的惯例，因为尊师重教也是我们教研室的传统。前辈学者对年轻的同行都给予了莫大的关怀。我1996年刚到暨大时算是中文系最年轻的教师，当然也是最年轻的博士。在中文系年终联欢晚会上安排最年长的教师戴植秋教授向最年轻的教师我送上一束鲜花以示鼓励。教研室的前辈对我更是格外关爱。洪柏昭教授、王景霓教授、李文初教授三位前辈在我1996年刚报到时一定要请我去天河岗顶酒店喝早茶，教研室同事魏中林兄和张海沙师姐作陪，这种温暖多年来一直能够被深切地感受到。尊老爱幼成为中文系的传统，李文初老师荣退时由我组织教研室全体老师举办了一个简单的欢送会。后来每逢教研室老前辈退休或70、80寿诞时我们都要搞茶话会或庆贺酒会，今天邓老师的70寿诞庆祝会就是这一作法的延续。可惜洪柏昭老师已经驾鹤西去，令人唏嘘不已。

补记：上文是2013年10月6日参加邓乔彬先生70寿诞及文集首发式后的随手所记，上传于我的QQ日志中。世事无常，短短的几年间，李文初老师和邓乔彬老师相继仙逝。得知在邓老师逝世1周年之际弟子们要编写纪念文集，便将5年前的文字稍事修改以寄哀思。邓老师温厚和婉，博学睿智，又多才多艺，幽默风趣。因与邓老师同住明湖边上，来往较多。或一起开会答辩，或一同出游，每逢聚会之时，必有解颐之处。至今思之，不由潸然泪下。邓老师去世后，师母又遵嘱将邓老师藏书2316册捐赠学校图书馆，泽被后学，我和图书馆同仁当即决定设专架予以收藏，以铭其恩。今日自知笨拙文笔不能记其一二，唯有点滴回忆永留心中。先生为人，文质彬彬，南有乔木，郁郁葱葱！

2019年2月27日深夜

邓公乔彬教授七十寿序

徐国荣（暨南大学文学院教授）

夫从欲之年，孔圣乃修《春秋》；虽古稀之叹，少陵亦作诗史。士求三立，古今所同。惟时有盛衰，代有陵替，古人所贱，今或宝矣；古人所贵，今或弃焉。然国之所立，系于国士之风；学之所承，倚乎学人之雅。惟德者有言，仁者必寿。若曰不然，观夫邓公之述作，庶几知其微矣。

邓公乔彬教授，长于岭南，钟海边苍茫之气[1]；学于江东，续沪上倚声之风[2]。幼蒙庭训，习乎六艺之五[3]；长承师法，娴于四科之三[4]。然其始学也，先为理科，兼长体育，尤擅跳高，曾冠上海高校十五载，博学界美谈五十年后乃从文，遂吹梅边柳笛，赏云间雾霭[5]。曾赴皖中，名为"四清"，实乃百废。又值国中纷扰，杏坛凋零，以身兼才艺而西迁，躬耕于垄上，表演于乡下[6]。迨尘埃涤净，虽黄河之清可俟，长江之水已流。然志士之志也，不为羡鱼，乃在结网，遂惜寸阴，补前阙，纵横史文，徜徉画论[7]。梦窗草窗，小山后山，赏豪放之高远，析婉约之风流。叹四品之逸神，悟六法之气韵；咀嚼"绘事微言"，品味"林泉高致"[8]。闻学者之一多，体画诗之有无[9]。撰述之余，不忘教职之本，谨守为师之道。手植蕙兰，衣被桃李。国忠挺立于华东，柏岭秀出于皖南，李俊展其俊才，王嘉畅其嘉论，更有湘中二姝，晓岚蜚声于央视，盛誉远播，杨雨耀美于学坛，艳名高扬[10]。春兰秋菊，各自芬芳。邓公捋须，何其乐哉!

金秋胜日，邓门雅集，无兰亭之翠竹，有明湖之清流[11]。后生某某，虽不列门墙，然常聆教诲，亲承音旨，作此小记，聊代美酒，以为祝辞。是为序。

2013年初秋于暨南园

注：

[1]邓公生于重庆，长于珠海，今海边老屋犹存。

[2]邓公在华东师范大学学词于万云骏先生，故云。

[3]六艺者，六经也，实传五经，故云"六艺之五"。

[4]孔门四科，德行、言语、政事、文学，除"政事"外，邓公擅其三，故云。

[5]邓公学词于万云骏先生，万为吴梅之弟子，故以此戏题。唐突前贤，罪过!

[6]邓公曾在安徽滁州、甘肃学工学农数年。

[7]邓公治学路径颇广，在古代文学学术史、古代画论、文学史等方面均有成就。

[8]明代唐志契撰有《绘事微言》，宋代郭熙、郭思撰有《林泉高致》，故此处

用以双关。

[9]邓公在学术史与诗画比较方面多有成就,撰有《学者闻一多》《有声画与无声诗》《吴梅研究》等著作,故云。

[10]邓公弟子众多,皆有所成,上所列者,彭国忠在华东师大,杨柏岭在安徽师大,李俊在广东教院,王嘉在广东画院,赵晓岚、杨雨执教于湖南高校。其他如王晓东、程刚等不一而足,不能尽列。抱歉!

[11]邓公所居,门对明湖。清流者,清澈之流也,亦以双关喻人品之高洁。

试论邓乔彬先生的诗词学研究

彭国忠（华东师范大学中文系）

目前学术界公认最有实力、成果最为丰富的中国古代文学研究者，无疑是上个世纪四十年代出生的一批学者。在这批学者中，有的以研究诗学著称，有的以研究词学闻名，有的以研究曲学享誉，而兼善诗学、词学、曲学，为数已经不多；如果再扩大范围，诗学、词学尚不足以限囿者，其数则屈指可毕。邓乔彬先生正是这为数甚少、成果甚多学者中非常突出的一位。限于我个人的学术水平和能力，我这里只能简单而肤浅地说一说邓老师的诗学、词学研究。在我看来，邓老师的诗学、词学研究，有这样几个特点。

第一，大文化观照下的宏通视野。2013年7月13日《信息时报》在介绍邓老师时，第一部分标题即是“跨越诗词曲画的文化研究”，这是就邓老师学术研究的门类而言。但究其实，邓老师进行的不是文化研究，而是以文化观照为学术视野，把诗词等学术类别放在中国文化甚至世界文化的长河中，找到一个合理的坐标，重新定位，以揭示出其本来面目和独特属性。收在《文集》中的“文化与诗”“进士文化与唐诗”两个专题中的二十余篇论文，诸如“农业文化与诗经的史诗及饥者劳者之歌”“长安文化与王维诗”“西域风光和壁画对唐人边塞诗与变文的影响”“论汉语的语法、修辞特点与古代诗歌的民族特征”“进士文化与唐诗”“贵族文化、进士文化与唐诗”“进士、歌妓与唐诗、宋词”“进士风与晚唐词”……还有这两个专题之外的“先秦诸子的地域特征”“先秦历史散文的文化特性”“董仲舒天人感应论对文学的积极影响”“宋代文学的文化学研究”等等，从中国文化的本质属性、地域文化、异域（西域）文化、阶层（进士）文化、中国语言等角度，重新考察中国文学特别是诗歌，使《诗经》的史诗、王维诗歌、唐代边塞诗和变文，乃至先秦散文、诸子散文、晋宋山水诗、晚唐词等，都得到新的阐释，令人耳目一新。如借鉴黑格尔“地理是历史”的观点，和丹纳的“精神气候”概念，来观照唐代的边塞诗和变文，结合大量的历史背景和诗文作品，揭示出唐人的边塞诗和变文与西域自然风光和佛教之间的必然关系，并明确指出我国古代以单幅作品的绘画正是受到佛教连环画时空观的影响，进而革命性地改变了我国传统的绘画。又如晚唐艳情诗文学价值不高，但是邓老师从进士文化与士大夫文化角度指出，由于“随着儒学和文学地位的倒转，习其业的儒生与文士的社会承认度也随之而变，造成了唐代文化从制度进而到思想、行为层面的改变，儒林传统向文苑精神倾斜、转化，使得统治阶级的新成员——进士阶层，在思想道德、出处大节上形成了一系列被视作‘无行’‘轻薄’的特点”。这一论述揭示了晚唐文学轻艳的历史文化背景，从文学史的角度揭示了这一类文学作品产生的必然根源和合理性，从而为公允地评价这一类文学提供了新的视角。学术研究以远见卓识为第一要义，远见就是指要视野宏通，要高瞻远瞩，要看出一个文学现象背后的东西，看到与它同类型、相类似的许多现象，看到这个现象的本质，这样才能不局限在一个险隘的范围里固步自封，而沾沾自喜。但文化毕竟又是个无比宽泛而无比泛滥的范畴，文化观照很容易使人迷失在五色炫目、空洞虚无中而一无所得，无所依归。邓老师诗词学研究的文化观照，实际是诗词曲画等不同类别自观互照、交相融通后形成的一种学术眼光，一种超越具体门类而通于各门类，更具有穿透力的学术识力。所以，它给人的是实实在在的启发、沉甸甸的收获。至今仍然清晰记得当年听邓老师讲授“古代文艺的文化观照”这门课时的感受，犹如触电一般，犹如在漫漫的文化旅行中，刹那间获得心灵的惊悚、震撼。

第二，精深广博的学术见解。如果说文化视野更多地体现在邓老师的诗学研究上，属于远见，那么，邓老师的词学研究，更多地呈现出精深的特点，可谓卓识纷呈。邓老师的词学研究，可分为三部分，一是一些重大词学现象的研究，包括《文学、音乐的辩证发展与词体的生成》《盛中唐词的文化之变》《进士风与晚唐词》《词的由中唐至宋初之变与文化转换》《士大夫文化与北宋前期词》，等等，都具有前言文化诗学研究那样的宏观视野，而《论北宋中期词的变化》《宋徽宗朝的大晟词与谐谑词》《宋孝宗前期词坛纵论》《论南宋风雅词派在词的美学进程中的意义》《唐宋词的伤春主题及原型意义》《论宋词中的“骚”“辩”之旨》《论豪放词》《宋代的俗词》等，研究词体起源、词与音乐的关系、唐宋词的发展变化，从美学的探究到文化的观照，贯穿着“通变”的精神。二是词人词作研究。这方面的成果有《飞卿词艺术平议》《风云气少　儿女情多——温庭筠词浅尝》《简论东坡乐府》《秦观“词心”析论》《论李之仪的当涂词》《驿骑苏秦间——陆游词风格及成因浅议》《论姜夔词的清空——姜词艺术析论之一》《论姜夔词的骚雅——姜词艺术析论之二》《梦窗词艺术初论》《周密及其〈绝妙好词〉》《浅论姜张词风之异同》《论碧山词的寄托》《〈弹指词〉浅尝》，等等，合起来几乎是一部小型词史。这些研究，关注的是具体词人，在深度上力求突破，如在历代对秦观的评价中，邓老师独拈冯煦“词心”之评，谓冯煦称秦观为“古之伤心人”，因为他不同于同遭党祸的苏轼、黄庭坚，不能像他们那样以庄禅修养化解烦恼，而正是这种不够豁达的人生态度，使他成为“情种”，具备他人难有的“词心”，他的迁贬之词多系“万不得已”的失意之情的倾诉；他的爱情词有不少是“将身世之感，打并入艳情”，二者酝酿交融，感人尤深。但邓老师的词人研究，往往能从具体研究对象上升到词学现象、词史的还原。他从常州词派理论家周济宋四家之说，所谓“问途碧山”，历稼轩、梦窗，最终“还清真之浑化”入手，对南宋风雅派词人姜夔、吴文英、王沂孙进行重新认识与阐释，并上追张惠言所重的温庭筠。三是词学理论研究。包括写入《中国词学批评史》中的《张炎〈词源〉的雅化理论》《沈义父〈乐府指迷〉的作法技巧理论》《诗化理论在南宋的发展》《郭麐〈词品〉析论》《论刘熙载的〈艺概·词概〉》《论况周颐的“重、拙、大”说》《传统词学批评的终结与新变——论王国维的〈人间词话〉》《〈人间词话〉境界说给词学批评的启示》《王国维的〈人间词话〉》《〈人间词话〉的境界说》，还有对当代词学家吴世昌、叶嘉莹的研究：《词坛拨乱反正的功臣——对吴世昌反对论词“二分法”及重新评价苏轼词的体会》《论吴世昌先生的词史观》《叶嘉莹词学研究的“兴发感动”说》，我也把它们看作词学理论研究。这部分研究，除了郭麐、刘熙载等少数研究对象外，也都在纵向深入的同时，具有横向打通的视野，如张炎《词源》的雅化理论、沈义父《乐府指迷》的作法技巧理论、南宋的诗化理论、王国维《人间词话》对传统词学批评的终结与新变，等等。

第三，自成学术体系。追随邓老师这么多年，我深知邓老师一直反对有人说他有什么学术体系，但认真阅读、反复思考邓老师的诗词学研究之后，我还是要提出这个问题。在我看来，体系的建构，是一个成熟学者在长期的学术研究中，在对不同对象、不同问题的思考中，所体现出的一以贯之的独特的学术风格和学术品性。我对邓老师诗词学研究体系的认识，大体包括三个方面。一是跨学科的宏观格局。邓老师的诗词学研究，是一种跨学科的研究。他研究中国传统诗学，固然是文化诗学的的取经，他这在前面已经说过，但要特别强调的是，他的跨学科，不只是古典范畴内从诗学到绘画，从曲学到词学这个跨学科，还有打通中外、融汇古今的跨学科。他有《从荷马史诗与西周史诗谈中西文学》《荷马史诗与西周史诗》《酒中有深味——陶渊明〈饮酒〉与莪默·伽亚谟〈鲁拜集〉》《龚自珍与雪莱》《阳刚、阴柔与崇高、优美》《王国维“境界”与叔本华“理念”谈片》等重要成果，这是中外文化、中外文学的打通；还有《现代新诗与古典诗词》这样古典与现代，中国与西方一起打通的研究实践。在这部开创性的著作中，具体论述了中国现代新诗对欧洲象征诗派及其他外国诗歌的摹仿，新诗对古典诗歌的搬用、化用及回归的途径，新诗的意象类型与诗词传统，新诗的体式建构与中外诗歌资源，新诗人尝试本土与学习外国的途径，新诗体式所受诗词散曲的影响，现代新诗的语言策略与唐宋诗词的关系，包括对唐宋诗词的借鉴，与唐宋诗词的炼字炼意，语言的个性化与唐宋诗词，以及新诗的修辞策略与唐宋诗词的关系，等等。邓老师认为做学问要有大师的格局，我想，打通古今，汇融中西，是不是一种大师式的学术格局呢？二是史的构建。史的意识和史的构建，是衡量有无学术体系的一个重要权度。邓老师研究词学，小到具体词人的研究，中到词学现象、词学理论的发展演变，大到词艺术发展史的直接建构，都体现出鲜明的史的意识。小、中词史，前面已有所交代，还有《唐宋词美学》《宋词与人生》，也有史的意识在内。这里着重谈一谈词史的直接构建，那就是《唐宋词艺术发展史》。这部耗费老师多年心血、代表其词学最高成就、篇幅超过百万字的巨著，第一次从词艺术的角度，梳理、构建了唐宋词史，把它由素朴到声色大开，有师承继受有发展创辟的过程，清晰地梳理出来，像这样体兼声律和创作、技法与技巧、审美与批评的词艺术史，一部书而兼含词史、词学批评史、词艺术史，用“体大思精”来概括，一点都不过分，它是否后无来者不敢说，前无古人则可以肯定。其中，将“花间”分为前后两期、三组词人分论，区分南唐与西蜀为两种宫廷文化，论南宋风雅词派形成的文化基础，是江浙地区的“民物康阜”，士人追求寄兴适情，才子崇尚晋人风雅，因地狭人稠，为官不易，造成了江湖文化，以隐逸或游谒为生存方式，等等，本是邓老师脍炙人口的观点。三是理论创作、批评与文献并重。批评、理论的功底与成就，在邓老师的诗词学研究中，应该是有目共睹的事实。我从最早认识邓老师的时候起，就一直把他当作一个理论家，中间曾一度怀疑过自己是不是误读老师了；在认真思考过后，我坚持自己的判断。理论，不只是那种提出理论、分析理论的人才具有的，在研究中娴熟、创造性地利用理论，从大量材料中抽绎出理论，从具象作品中提炼出理论，都是理论。这在邓老师的诗词学研究中，体现得很充分，无需多说。而将创作、将文献纳入邓老师诗词学研究体系中，恐怕会招致反对。其实，文献与考证不能画等号，许多人误解文献只是找找资料，考证人的生卒年、家族交游，补充集外遗文佚诗什么的，这只是小文献，小考证；文献也可以是史实的发现和补充，考证也可以是理论链条的衔接和弥缝。记得当年为考博而苦读《中国词学批评史》，读到邓老师撰写的部分时，我就有一个感觉：谁说邓老师不重视文献？前年读《唐宋词艺术发展史》，更为引证的丰富而赞叹。而创作与研究也存在密切而微妙的关系。在论述温庭筠词艺术时，邓老师指出：温庭筠为倚声之祖，其词多为文字的仕女图，貌似雕缋满眼、境余于意，其实是强化诱情因素，主于印象、重在直觉、成于联想，我在想：这些精到的分析，前人有过类似的表述，但感觉不似这般熨帖，这里面有没有邓老师自己词创作的直觉经验在？邓老师研究唐宋词艺术发展史的原初动因，有没有词创作的引发？邓老师对诗与绘画进行比较研究，在钱钟书先生的相关论述外，有没有诗歌创作、绘画创作的经验指导？毕竟，邓老师的诗学、词学研究，诗画比较研究，所涉及的诗、词、绘画，都是实践性很强的艺术门类，不具备诗词创作经验，倒是恐怕难以建构出什么体系的。当然，以上说法能否成立，还有待进一步研究。

邓乔彬先生的绘画学研究

何平华（华东师范大学新闻系）

我首先以个人名义祝邓先生健康长寿，学术之树永远长青，摆在面前的这么多卷文集，便是很好的证明。其次，非常感谢各位领导、专家、同门的到来，抽出宝贵时间，听取我的几点感想。我和刚才彭教授讲的不一样，他主要讲的是邓先生诗词学这一块，这一块占二分之一，剩下的二分之一主要便是画学、绘画思想研究。我非常认同彭教授的看法，如同法国大文豪伏尔泰，邓先生也是一位近似百科全书式的学者，他的学术领域、学术视野和学术研究方法，在各个方面均被打通。邓先生的绘画思想研究成就，我个人总结了四个方面：

一是邓先生的绘画思想史研究，尤其是中国绘画思想通史方面的研究，从其所取得的成果而言，目前的中国还无人能出其右，不可逾越的。各位知道，尽管绘画史的研究，民国时期已经开始，如郑午昌以及前中国美术学院院长、现中央美院院长潘公凯写的中国绘画史，还有其他一些作者写的。但我认为，邓先生的这本绘画思想史写作是总结式、通史式写法，这本著作还获得中国图书奖。为什么说这是总结式、通史式著作，我以为有三个特点：

首先是研究视野的综合性。从民国时期的绘画史到现当代其他作者的绘画史研究，大部分都是从专业作者角度，也就是从画家自身的专业视野出发，来看绘画发展史，但邓先生却是从文化学、文学更广阔的视野来看待绘画现象，从政治学、经济学、文学、哲学及综合艺术背景下，来观照中国绘画，多层次多重研究视野，这是其一。

其次是研究方法的现代性。与民国学者及现当代学者研究方法比，邓先生明显地运用现代意识、现代观点、现代方法。我就不展开说了，大家之后可以仔细去阅读，体会。

其三是研究对象的交叉性。也就是说，邓先生将绘画、诗歌、词学、曲学、书法等放置在一起，予以综合研究，我个人觉得非常了不起，这需要多学科背景。邓先生多才多艺，我是到华东师大求学以后才知晓，所以才萌发了报考诗画比较这一博士研究方向。

以上是表现在《中国绘画思想史》这本著作中的三个特点。结合我的个人看法，例如儒家思想中的“比德”说，我最早是从80年代李泽厚先生著述中才了解，邓先生则做了系统阐发，从艺术发生学角度，从先秦开始一直到民国，他做了很多系统性延伸，发挥，整理，这个对我个人的研究非常有帮助。我的博士学位论文是研究清初四僧之一的八大山人，在邓先生观点影响下，我写了一篇八大山人绘画与比兴修辞关系论文，论文分上下两篇，后来发表在北京专业期刊《荣宝斋》上，这是一个小众期刊，但业内很权威。其编辑认为这篇文章写得扎实，但文章核心观点是结合邓先生的相关论述而来的。

二是邓先生将古代文艺理论中的比较影响研究方法，推向深入。比较研究法是从西方引入到国内，以前更多运用在其他文学批评中。具体来说，这就是诗画比较研究法，这就回到刚才说到的邓先生研究方法上的现代性问题。诗画比较研究，我以为邓先生是目前国内在这方面做得最系统最扎实最好的学者，主要体现在《有声画与无声诗》这部专著中。这部90年代初的著作不是很厚，我的了解，到目前为止，在古代诗画比较研究上，这是唯一专著。这体现了中国古代文艺理论研究方法，尤其是绘画思想研究上的创新性。这部著作对我的学术影响也很大，我不具体阐述了。

三是通史研究与断代研究的有机结合上。如果说通史研究是全景研究的话，那么《宋代绘画研究》便是中景研究，这本书分北宋和南宋两部分，体现了断代绘画史研究的最高成就。尤其体现在苏轼研究上，将苏轼作为专章研究，因为苏轼具有代表性，中国文人画是大宗，是主流，至少古典时期是如此，而苏轼则是文人画及其理论的倡导者，奠基者。邓先生重视宋代绘画研究，对相关理论、概念的梳理与归纳具有筚路蓝缕之功。我知道邓先生的博士王韶华、现在是中国传媒大学的老师，在邓先生指导下，便专门以苏轼绘画为研究对象。这个对我个人的影响也大，比方说，关于“愤书说”，我对八大山人的绘画研究便结合中国楚骚传统来论述，邓先生关于辛弃疾词的研究，我就深受启发，援引了其中不少观点和论断。

四是邓先生绘画研究提出系列重要命题和观点，尤其体现在后发表的系列论文中。特别是对民国时期知名画家如黄宾虹的研究，以及对相关命题如文人画“写意”理论的梳理，对“气韵生动”的解说，对中国画“写”字这个概念从发生学角度的诠释。他在黄宾虹“道咸中兴”说系列论文中，对有关概念进行了重新梳理和阐释。

总之，邓先生的中国绘画思想史研究，我用几个概念来概括：全景，就是中国绘画融通式的研究；中景，就是断代绘画研究，如宋代绘画研究；特写，聚焦某一个观点，某一个命题，某一个概念。是既见树木又见森林的研究法，邓先生著作浩繁，我还无法全部通览，希望日后再仔细研读。作为学生，今天当着邓先生的面，来点评他的著作及其思想，非常惶恐，谢谢邓先生！谢谢大家！

邓乔彬先生的学者研究

李俊（广东第二师范学院）

尊敬的各位老师、师兄师姐们：

大家上午好！我是邓乔彬老师2008级博士生李俊，攻读方向为“二十世纪古代文学学术史”。今天，我们欢聚在这里庆祝邓老师的学术文集出版并首发，看到这沉甸甸的一排作品，我既感到由衷地高兴，又觉得深深地愧疚：为老师的心血结集出版而高兴——这对我们学术史研究者来说该是多大的方便啊！另一方面又为自己毕业后无所建树而感到羞愧——老师年已七十还如此勤勉于学，我们还有什么理由怠惰不前呢？

“二十世纪古代文学学术史”是邓老师来到暨南大学后新开设的博士生研究方向，它以二十世纪学术转型为契机，探索传统与新变在古代文学研究领域的发展。老师认为，20世纪是学术研究由传统的通人通儒之学向专门之学转变的时期，中国传统的文学与文学研究经此转变，开始进入现代意义上分门别类的专门研究。老师希望首先通过“研究者的研究”，梳理出学术转型的脉络与传承路径，看似研究者的个案分析，实际着眼的是学术思潮的变迁。他期待每个博士生选取一名近代学者作为研究对象，一段时间的积累后，能对20世纪在古代文学研究领域做出重要贡献的学者有个系统整体的把握，在此基础上形成真正的“20世纪古代文学学术史”。

当然，很多研究者也已注意到20世纪这个研究段的特殊性，并逐渐将研究视野聚焦于此。目前学界的研究实践主要有两种路径，一种是以近代学者的个案研究来勾勒出中国文学的现代化进程，如王瑶、陈平原主编的《中国文学研究现代化进程》及《二编》二书；另一种是以文体为经，关注古代文学各文体是如何从传统走到新变的。如黄霖主编的《20世纪中国古代文学研究史》。但学界普遍认为，在学者研究还没有取得突破性的完整成果时大谈“重写文学史”，多少有点过于仓促，其结果免不了会流于表面。这也证明了邓老师的一贯主张：二十世纪学术史研究非常必要，但应该通过对此阶段有过独特贡献或产生过深远影响的学者先开展深入的个案研究，等个案研究做得相对成熟，再撰写总的“研究史”不迟。

实际上，邓老师最早涉足古代文学研究，就是从学术史研究领域开始的。他的硕士论文《吴梅研究》，开始于1979年，至1990年正式出版，可说是国内第一部学术史视角下的学者研究著作。《吴梅研究》最终出版20万字，在当时尚未出版《吴梅全集》及相应研究资料的时代，邓老师以手抄八十万字的笔记、笔录200

万字直接或间接材料的功力，形成基础扎实、论证有力的《吴梅研究》。与此前的学者评传相比，邓老师不是孤立的就吴梅论吴梅，而是在全面把握吴梅一生创作与研究成果的基础上，结合吴梅所处的时代及新旧文学创作态势，对其文学成就、学术贡献、历史定位，作出了确切评价，对其学术传承，也作了真正梳理。

《吴梅研究》之后，邓老师转治词学，颇得学界认可，其后兴趣又转往文化学、文艺学，尤其对于诗画比较著力较多，直至2001年，才出版了真正的学术史研究专著《学者闻一多》。二十年后再做学者研究，其思路与方法已有了深厚的积累，研究思想也趋于成熟和理性。他能从闻一多的课题、成就与方法中，言简意赅地发掘出闻一多神话、诗经、楚辞、唐诗等研究的创新之处，尤其善于从文化发现的角度肯定闻一多研究方法与成果的独特性。他认为闻一多是"在世界文学中定中国文学之地位，在整个文化中定中国文学之要点。"同样，作为像闻一多一样多才多艺的研究者，邓老师不仅对闻一多潜心研究的领域能心心相印，而且真正做到了"在中国文学史中定闻一多之价值，在学者研究史中定闻一多之地位"。

邓老师很欣赏钱穆在《现代中国学术论衡·序》里说的"中国重和合，西方重分别"之语。他的学者研究，从来不是孤立的"分别研究"，而是打通各领域的"和合"研究。他一向教导我们，研究古代文学，应具备文化学的眼光，重视交叉研究，又不能偏离太甚，其研究的出发点始终应该仍是"文学"。"20世纪古代文学学术史"的研究对象就是处于研究转型期的近代学者，堪称"通儒"的以章太炎为始，以钱穆为结，另外就是各专门之学的卓有成就者。这批学人大多像闻一多、朱自清那样，既是学者、作家，又是民主活动家。关注一个人，不应该仅仅关注他本身，而要关注他的师友、弟子以及学术渊源，也不应该仅仅关注他的古代文学研究，而应该全面考察他的整体成就。他主张我们自己读书，现在的信息获得太过容易，但原创性不如以前，因此他希望我们的观点应该从个人的读书心得中得出，尤其是说明观点的材料，必须亲历亲为。要求我们广读书，不局限于自己的研究对象，养成做读书笔记的习惯，读书时多加进个人的心得，研究的结论要不尚空谈，经得起时间的考验。

今天，摆在我们面前这一摞厚厚的学术文集，就是邓老师经得起时间考验的成果。我们期待，有《吴梅研究》和《学者闻一多》的经典示范，二十世纪学术史的学者研究必将后继有人，成为一门显学。

邓师著作结集出版感言

陈建穰（广东省环境保护职业技术学校）

丁亥秋，余入临风门攻诗画比较之学，与邓师结师生缘。先生祖籍中山，然南人北相，身既高，形亦伟，沪上诗人徐芳以美男子称之。

壬午岁，先生应请，由沪南归，莅暨南园，创古代文学博士点。选强择优，内引外联，筚路蓝缕，启山林，泽后学，居功甚伟。程师国赋曾戏言："邓先生是真博导，余等只是导博。"谐语中寓尊崇意。

先生为学，既专且博，余昔曾称先生为"三史通人"。"三史"也者，曰诗词画三科也。先生早岁专治诗词之学，学问既博，取精用闳，著述颇丰。十年前兼治绘画思想史，所获亦夥，用功数年，成《中国绘画思想史》，凡一百四十余万言，皇皇巨著，傲视同侪，殊为不易。盖绘事一道，由野而工，由匠而文，数千年间，代不乏名手，然实践与理论并著者，屈指可数。时至今日，二者分道益著矣，善画者不言（理论），善言者不画，技与言虽未成水火，然各司其职乃至分道扬镳几已成事实，故今日之画界多为"行家"（画艺精妙者）不善言表，"戾家"（画功不足者）之论难中肯綮，或内秀而言拙，或隔靴而搔痒，本同木之双葩，实同株而异芳，良可叹也。先生早岁曾习绘事，于绘画有实践之力，以哲思加美学视野，集吾国数千年绘画史料，条分缕析，高屋建瓴，成此一书，学人称便，功莫大焉。余昔曾言，先生此册既出，十年内难有逾越者。吾言非虚，乃道实情者也。盖当今之世，沽名钓誉者有之，急功近利者有之，巧取豪夺者有之，虚张声势者有之，独愿坐十年冷板凳者少。故先生于吾国绘画思想史始创之功甚巨，此书于当世绘画理论之意义尤著。先生之名，亦可借此一册以永传。

先生于学问之外，亦多有建树。甲辰年，破沪上高校男子跳高记录，且连续称雄海上高校十有五载，为国内文科教授所仅见。先生擅摹声，举凡湘甘陕鲁南北诸方言，多有所会，每于宴聚之际，偶一摹仿，惟妙惟肖，技惊四座。余虽中文出身，且读师范，然国粤语发音皆不正，学生每以听吾语为苦，比之先生，不胜汗颜。

先生爱徒如子，凡门生学业工作婚姻诸事，先生与师母皆时相过问并予指点或帮忙，故诸同门皆视先生与师母如父母。

丁亥年前，余逡巡于先生之门而未入；壬辰岁冬，余尚徘徊于先生门下而未出。今值先生著作结集重刊之际，聊草数语以为志。

学术文集目录

《邓乔彬学术文集》(十二卷)目录

按:“存目”论文,多已收入相关论著(具体篇目,参见学术文集相应卷次)。

第1卷　文化与文艺

论著

《古代文艺的文化观照》

论文

《古代文化与古代文学》

《中国哲学与古典文学》

《先秦诸子的地域文化特性》

《简论先秦历史散文的文化特性》

《董仲舒天人感应论对文学的积极影响》

《宋代文学的雅俗变化及成因》

《宋代文学的文化学研究》

存目

第2卷　比较诗学

论著

《有声画与无声诗》

比较诗学论文

《诗画与虚实——论我国诗画批评标准的成因》

《从荷马史诗与西周史诗谈中西文学》

《荷马史诗与西周史诗》

《酒中有深味——陶渊明〈饮酒〉和莪默·伽亚谟〈鲁拜集〉》

《龚自珍与雪莱》

《王国维“境界”与叔本华“理念”谈片》

《阳刚、阴柔与崇高、优美》

现代新诗与古典诗词

《意象与意境》
《声韵与体式》
《语言与修辞》

论文存目

第3卷　文化诗学

文化与诗

《农业文化与〈诗经〉的史诗及饥者劳者之歌》
《论汉魏六朝诗歌对人生本体的探求》
《陶谢与宗王：晋宋山水诗画的艺术精神》
《晋宋之交山水诗画的文化、哲学意义》
《长安文化与王维诗》
《西域风光和壁画对唐人边塞诗与变文的影响》
《“桂林山水甲天下”的文化意蕴》
《作歌告哀与诫世示后——我国前期诗画功能简论》
《从言意之辨到境生象外——论庄、玄、禅对古代诗论的影响》
《论禅宗向诗歌的渗透》
《玄学、佛学与山水之趣》
《论汉语的语法、修辞特点与古代诗歌的民族特征》

进士文化与唐诗

《进士文化与唐诗》
《进士文化与诗可以兴》
《进士文化与诗可以观》
《进士文化与诗可以群》
《进士文化与诗可以怨》
《从“考见得失”论唐代的“诗可以观”》
《唐人的游观、怀古诗》
《唐诗的咏史与观政》
《唐人的怨诗》
《刺政、舒愤与唐代怨诗》
《贵族文化、进士文化与唐诗》
《进士、歌妓与唐诗、宋词》

诗歌美学

《浅析〈古诗十九首〉的美学思想》
《“篇不可句摘，句不可字求”——略谈〈古诗十九首〉的整体美》

第4、5卷　唐宋词艺术发展史（上、下）

第6卷　词学三著

第7卷　词学论文集

按：本卷中有20篇论文曾结集为《词学廿论》（上海古籍出版社2005年）出版。

词学总论

《文学、音乐的辩证发展与词体的生成》
《盛中唐词的文化之变》
《进士风与晚唐词》
《词的由中唐至宋初之变与文化转换》
《士大夫文化与北宋前期词》
《论北宋中期词的变化》
《宋徽宗朝的大晟词与谐谑词》
《宋孝宗前期词坛纵论》
《论南宋风雅词派在词的美学进程中的意义》
《唐宋词的伤春主题及原型意义》
《论宋词中的“骚”“辩”之旨》
《论豪放词》
《宋代的俗词》

词人词作论

《飞卿词艺术平议》
《风云气少 儿女情多——温庭筠词浅尝》
《东坡词简论》
《秦观“词心”析论》
《简论李之仪的当涂词》
《驿骑苏秦间——陆游词风格及成因浅议》
《论姜夔词的清空——姜词艺术析论之一》
《论姜夔词的骚雅——姜词艺术析论之二》
《梦窗词艺术初论》
《浅论姜、张词风之异同》
《周密及其〈绝妙好词〉》
《论碧山词的寄托》
《〈弹指词〉浅尝》

词论研究

《张炎〈词源〉的雅化理论》
《沈义父〈乐府指迷〉的作法技巧理论》
《诗化理论在南宋的发展》
《郭麐〈词品〉析论》
《论刘熙载的〈艺概·词概〉》
《况周颐的词心、词境论及“重、拙、大”说》

《传统词学批评的终结与新变——论王国维的〈人间词话〉》
《〈人间词话〉境界说给词学批评的启示》
《王国维的〈人间词话〉》
《〈人间词话〉的境界说》
其他
《词坛拨乱反正的功臣——对吴世昌先生反对论词“二分法”及重新评价苏轼词的体会》
《吴世昌先生的词史观》
《叶嘉莹词学研究的“兴发感动”说》
《首届词学讨论会召开》
《第二次词学讨论会纪要》
《更新观念以求突破——第二次词学讨论会述评》
《话题选择与阐释思路——邓乔彬教授词学访谈录》
《〈唐宋词的形式与艺术发展史〉的自我鉴定》
存目

第8、9卷　中国绘画思想史（上、下）

论著
《中国绘画思想史》

第10卷　宋画与画论

论著
《宋代绘画研究》
论文
《文人画写意性理论的发展》
《我国绘画的题材消长及功能演变》
《论气韵生动》
《论中国画的“写”》
《赵孟頫与元四家之变》
《也论黄宾虹的道咸中兴说》
《德与艺　艺与文——邓乔彬教授访谈》
存目

第11卷　学者研究

论著

《吴梅研究》
《学者闻一多》
论文
《吴梅评传》
《传统与现代的完美结合——闻一多古代文学研究方法给我们的启示》
存目

第12卷 杂缀集

第一部分 画论提要(按:具体篇目参见学术文集第12卷)
第二部分 古文提要
《唐文提要》
《宋文提要》
《元文提要》
《明文提要》
第三部分 序跋后记
《姜夔与南宋文化》序
《宋词的女性意识》序
《元祐词坛研究》序
《中国古代文学研究新视野》序
《八大画风与楚骚精神》序
《晚清民初词学思想建构》序
《暨南国学丛书》序
《艺术与美十讲》序
《传播学视野下的宋词生态》序
《唐宋词审美文化阐释》序
《唐代商业文明与文学》序
《休闲文化与唐宋词》序
《第五届宋代文学国际研讨会论文集》后记
《中国绘画思想史》后记
《唐宋词美学》重印后记
《词学廿论》自序
《词学廿论》后记
《吴梅学记》前言
第四部分 学习笔谈
《汉代文学作品概述》

《宋元明清文学史复习导引》
《我与改革开放20周年征文：知今是而昨非》
《治学谈：学术研究的定位与个性》
《为本科生开讲座的体会》
《“了解之同情”与秦观之论古人》

第五部分　发言讲座

《2009年上海词学会的学术总结》
《关于暨南精神讨论的发言》
《暨南精神与校训》
《在艾治平先生八十华诞庆祝宴上的讲话》
《关于〈大学语文〉（中华文化版）的编写思路》
《关于成语、古语的错用及语言的规范化问题》
《古代文学研究方法漫谈》

第六部分　作品赏析

《秋水伊人，深情绵邈——读〈蒹葭〉》
《怨愤的弃妇诗——〈诗·卫风·氓〉分析》
《深深的思妇之愁——读〈诗·王风·君子于役〉》
《空中送情，知向谁是——浅析〈西北有高楼〉》
《读〈涉江采芙蓉〉》
《〈焦仲卿妻〉分析》
《幽燕老将，气韵沉雄——读曹操〈短歌行〉》
《〈赠白马王彪〉的抒情艺术》
《析高适〈燕歌行〉》
《〈逍遥游〉解读》
《〈韩非子〉的思想与艺术》
《〈论贵粟疏〉浅析》
《柳永〈雨霖铃〉分析》
《图将好景入华章——柳永〈望海潮〉简析》
《骏发踔厉，痛快淋漓——读张孝祥〈水调歌头〉》
《正壮士悲歌未彻——从〈贺新郎〉看辛弃疾词的特色》
《忧危怨愤之语，沉郁顿宕之篇——辛弃疾〈摸鱼儿〉浅尝》
《蔑视世俗的宣言，反抗性格的自供状——读关汉卿［南吕一枝花］（不伏老）》
《枯藤笔树写秋思，不许旁人赘一词——读马致远〈天净沙·秋思〉》
《雨湿寒梢，泪染龙袍——读白朴〈梧桐雨〉第四折赏析》
《禁锢与觉醒——〈牡丹亭·闺塾·惊梦〉简析》

第七部分 鉴赏辞典、文集

《诗经赏析集》
《古诗海》
《三李诗鉴赏辞典》
《古文鉴赏辞典》
《古文鉴赏大辞典》
《中国游记鉴赏辞典》
《唐宋词鉴赏辞典》(江苏古籍版)
《唐宋词鉴赏辞典》(上海辞书版)
《金元明清词鉴赏辞典》
《词林观止》
《历代小令词精华》
《辛弃疾词鉴赏》
《姜夔诗词赏析集》
《元曲鉴赏辞典》
《爱国诗词鉴赏辞典》
《古代爱情诗词鉴赏辞典》
《古典离别诗词欣赏》
《历代名篇赏析集成》
《中国文学名篇鉴赏辞典》

附录 作者分年度著作、论文、文章目录

附:《邓乔彬教授七十华诞纪念文集》目录

学术文集书评

在融贯中深化的人文研究
——《邓乔彬学术文集》四人谈

编者按：暨南大学邓乔彬教授去年8月结集出版了12卷学术文集，融贯中国古代人文学科多个领域，在较宽广的历史文化视野下探讨传统文艺学科的具体问题，使研究有所拓展，有所深入，得出不少精当见解，为学界关注，认为其研究方法值得借鉴。这里从不同论述角度择出中肯者，以概其说。

于体制内外与移位变体中独辟词学蹊径

王兆鹏

被学界称许为“词坛四杰”的施议对、杨海明、邓乔彬、刘扬忠，不断给人以惊喜和震撼。先是杨海明推出8册12卷本的《杨海明词学文集》（江苏大学出版社2010年版），邓乔彬继之结集出版了12巨册的《邓乔彬学术文集》（安徽师范大学出版社2013年版），其中词学论著4册。这两部丰碑式的文集，不仅铭刻着两位词学大家的学术贡献、学术风范，也彰显着上世纪80年代以来整个词学研究的学术进步和学术水平。

词坛四杰的治学路径、方法各异，但治学志趣、取向却颇有相同点，都关注词史的撰著。施议对注重探讨词与音乐的关系史，其名著《词与音乐关系研究》（1985），虽不以“史”名书，但实有体制史的特质，其《今词达变》的《百年词通论》（1999），更是直接讨论“近百年来词的发展史”；杨海明的《唐宋词史》（1987），是20世纪第一部唐宋词流变史；刘扬忠的《唐宋词流派史》（1999），则是第一部唐宋词流派的更迭兴替史。邓乔彬的《唐宋词艺术发展史》（2010），问世较晚，但体量最大，达127万字，为工具书之外篇幅最大的词学著作。

《唐宋词艺术发展史》在施著重体制、杨著重词心、刘著重流派的基础上，而另辟蹊径，专从艺术上全面系统地研究唐宋词的递嬗演变。《自序》说：“本书意在弥补学术界对唐宋词艺术体系研究的不足，拟将其置于我国古代诗歌发展的流程中，作动态性的观照。”他所构建的唐宋词艺术体系，包括词乐、词调、词律、词韵、词体、词语、词法、词艺、词境、词风等层面。著者深知：“作为文艺作品，唐宋词除了可作为社会史、心灵史来认识，以及自身所具有的审美价值外，尚应注重其艺术手法、形式本身的发展史；而词不仅是广义的诗歌的一种，又是倚声而歌的歌词，因此，尤应关注其与音乐的关系。”过往的词史、文学史，虽不乏对词乐、词体、词调发展的探讨，但只是浅尝辄止。邓著则紧扣“艺术发展”，梳理出一条颇为清晰的唐宋词音乐、体式发展演进的脉络。他借讨论教坊曲与词调的关系、选词以配乐的创作原则阐发唐代燕乐杂言歌辞之兴起；由音乐传承论述五代西蜀与南唐歌词创作之繁盛；以柳永变教坊曲为词调的贡献，考察一时风气之变迁。又借周邦彦为首的大晟词人、姜夔为首的风雅词人之音乐思想、音乐活动，分别论述了北宋末及南宋中后期的词乐发展演化。词乐散佚，今人无从得知古人如何唱词，因此作者大量引证传世文献，兼采出土文物。如第三章第一节在分析五代歌词繁盛的《雅乐之衰　燕乐之传》时就引王建墓出土的石刻乐舞伎像，配合段安节《乐府杂录》等传世文献材料证明西蜀的“宫廷乐队，也是燕乐的演奏队伍”（第134页）。尽管受史料限制，难以复原词乐在唐宋词艺术发展中的全貌，但通过解决具体问题，该书还是串起了一条唐宋词史中清晰的词乐发展路线。有关唐宋词的体式，一般词史研究著作付诸阙如，但词之体式是词体艺术形式的重要组成部分。邓著对词的体式论述多在不同章节中随文点明其发展变化。如联章体，作者在谈敦煌曲子词的篇章特点时，特别注意到联章体的形式，并广引前贤之说阐述这种体式与叙事、铺陈的密切关系。在论述和凝词艺时，说“温庭筠《菩萨蛮》似是单幅仕女图的组画，所画偏在静态。而和凝《江城子》五首，却是动态的故事性连环画”（第170页）。书中屡屡涉笔点破联章体组词的发展，如说：“自欧阳修以来，组词之作渐多，从秦观到赵令畤、惠洪，所作都有自己的特点，可见此类形式在得到较多尝试同时，其艺术上的开拓也逐渐见多。”（第445页）因体例限制，书中对体式的讨论零星分布，但并不影响读者经由其论述勾勒出该体式的演进路线图。对词调的演进，作者也颇用力，柳永、周邦彦和姜夔等人的创调之功，既详细描述，又列表说明，观点虽非首创，但在词史中详论词调的形成与演变，却是“得胜头回”。

邓著致力于系统探讨唐宋词艺术形成、发展和演变的同时，还从“破体”“移位”的角度，努力寻绎出唐宋词人不断借鉴融合其他文体、艺术门类的表现手法来实现词体艺术创新、艺术进步的发展路向：温庭筠以画为词，成为文字仕女图；柳永以赋为词，善于铺叙，又因口语、俚俗而开金元北曲之先；苏轼以诗为词，去“倚声”特质而文与歌分；黄庭坚既得苏轼风貌，又如己诗之瘦健精险，其俚艳俳狎之词，被视为北曲先声；周邦彦复以六朝小赋与中晚唐诗入词，风格富艳精工；辛弃疾则以文为词，发不平之鸣，似韩愈的“气盛言宜”，有雄深雅健之概，又抒忧娱悲、解嘲谐谑，变温婉成悲凉；而姜夔又以诗法为词，兼得晚唐诗的风神与江西派的瘦硬；吴文英学中晚唐诗，芬菲铿丽、仙思鬼境，被拟为词中的玉溪、长吉。从温庭筠的以画为词、柳永的以赋为词、苏轼的以诗为词、到周邦彦以赋法诗语入词，辛弃疾的以文为词，姜夔的以诗法为词，构成了唐宋词在艺术表现方法方面不断寻求突破、创新融合的主旋律。

邓著既注意从体制内探讨词体艺术的发展演进，也注重从体制外阐述唐宋词艺术发展演变的文化动因。他以文献学、文艺学、文化学三结合（尤其重在文化学）的方法，从体制外到体制内全方位地将词作为艺术品来研究，颇有别于杨海明的词体文学研究。就分体文学史来说，体现出文学史书写方式的创新。

文学文化学的研究是近些年的热点之一，取得了不菲的成绩。但有的文学文化学研究，往往离开了文学本身，不是站在文学的立场解决文学的问题，而是用文学的材料去证明文化问题。邓乔彬曾经用力于文化学研究，但他不是为文化学而研究文化学，而是为文学而研究文化学，让文化学为文学所用，他的专著《古代文艺的文化观照》和进士与诗学系列论文就可见其研究文化学的用意与理路。邓乔彬把文化学的研究成果运用到文学研究中来，不是现象上的关联类比，也不是把文化作为文学发展的普泛背景来看待，而是把文化精神、文化品格视作文学艺术变化的动力因素，以文化的变迁、转换为枢纽，串联起词史艺术演进的走向。“引言”明确指出：“对于唐宋词的艺术发展而言，主要的影响因素还在于文化的转换变迁。”书中有序揭示：盛唐文人词之所以兴起，是盛唐宫廷文化所催生。晚唐词之兴盛，是晚唐进士文化所促成，因为“晚唐进士文化由立足‘独善’更转向了恣意率情、浪漫不检，真正形成了‘轻薄’与‘无行’的群体性品格”。“进士轻薄，诗词在向‘缘情’转变同时，也发生了道德性的改变。”（第80页）进士文化中这种立场与精神的转变，“就是晚唐直至五代词生成、发展的主要文化背景与动因，也决定了晚唐五代词香而软的主体艺术风格。”（第93页）西蜀与南唐词风相异，则是由于不同的宫廷文化所造成：“西蜀的宫廷带有暴发户色彩，偏在‘俗’，而南唐则有较深的人文底蕴，不失为‘雅’；前者的宫廷所好是享乐的女乐文化，后者的宫廷似更近于文人文化”。“与之相关，西蜀对偏安颇为自信，所以花间词对眼前的一切多有沉迷，津津乐道；而南唐对国家前景颇多忧虑”，“较之前者的享乐意识，是更多忧患意识。”（第181页）这表明，同一类型的文化对词的影响虽有相同之处，但因产生的“文化动力场”有别又呈现出不同的特色。宋初半个世纪，词坛之所以沉寂不振，是受着当时士大夫文化的制约。北宋士大夫文化着力于道德、气节的重建，根本否定进士文化的轻薄无行，“内圣”“外王”的结合，事功意识与感情自律，也排斥曲子词的主流题材（根于男女之情的伤春恨别之类），故宋初士大夫对词的创作热情不高。至于宋词后来雅俗的分流，是士大夫文化与市井文化所致；北宋中后期词风改变，又是贬谪文化使然；南渡词风之遽变，缘于靖康之乱的民族文化劫难；文化集成、南北综融是辛弃疾成为伟大词人的根本原因；以隐逸或游谒为生存方式所造成的江湖文化，是风雅词派生成的基础；临安吟社文化是宋季风雅词的生存土壤，理学文化则造就了宋末江西词派的风骨与血性。唐宋词风词艺的每次变迁，都可以从文化的变异和浸染中得到合理的解释。

邓乔彬的其他词学著作，也多具开拓性。如《唐宋词美学》，是第一部从美学角度研究唐宋词的专著；参撰的《中国词学批评史》也是第一部词学批评史，其中作者所撰有关诗化、雅化理论以及刘熙载、况周颐的词学批评，尤多创见，引发了后继者的全面研究；《宋词与人生》虽是普及性著作，但写出了宋词对人生的展现与感悟，体现出"文学是人学"的精神。第七卷论文，既有宏观的纵览，也有微观的词人词作研究，在在体现出作者对词学研究的深度与广度。

邓乔彬的词学研究路向，是从文艺美学研究出发，最终归结到文化学的研究，《唐宋词艺术发展史》就是其文化观照下的"总账式"艺术研究的硕果。文献学、文艺学和文化学三结合，是其"家法"，这种独特的治学方法、治学理路颇值得探讨和总结。

（作者单位：湖北第二师范学院文学院、武汉大学）

于艺文通解与文化融合中深化比较诗学

戴伟华

文集第2、3卷分别是比较诗学与文化诗学，体现出作者的研究从文艺学到文化学之进展、深入的学术理路。邓著不走传统诗学研究路子，力图寻找新的学术增长点，运用了跨学科的比较研究方法。第2卷就钱锺书《旧文四篇》（后增益为《七缀集》）中的《中国诗与中国画》《读〈拉奥孔〉》二文）所提出的问题，写成了全面比较中国古代诗画的25万字专著《有声画与无声诗》，这是我国第一部打通艺（画）文（诗）、全面比较二者异同的专著，有论者称之为"中国的《拉奥孔》"，并认为作者"在其基础上就许多问题进行了新的生发。"（若冰《进入新境地：诗画比较研究》，《文学遗产》1995年第1期）。《有声画与无声诗》的主要内容是关于中国绘画史与诗歌史在交错发展过程中若干方面的阐述。邓先生充分利用平行比较法，以丰富的文献作支撑，对诗画问题做了深入而全面的阐述。在中国古代诗画异与同的两条主线下层层递进，其中又涵盖着各个不同的主题，如"人生与自然、儒学与道释、言志与畅神、虚与实、有声画与无声诗"等，双线平行发展，使中国诗与中国画相映成趣、相得益彰。

邓先生注重在宏观的学术视野下解决关于中国画与中国诗的具体问题，将中国古代诗与画的比较放在历史长河中研究，充分考察中国古代诗画在发展过程中的异同。如《言志与畅神》一章，描述了诗画两千多年的发展演变，结合大量有关诗画的美学思想史的资料，梳理出经历了三次引申仍然屹立、坚持的以“言志”为主的诗歌社会功能，以及经礼教化、宗教化，最终形成以“畅神”为中心的绘画社会功能。立足高远而论述明晰，展现出独立的学术品格、宏大的学术气魄。

此外，邓乔彬先生较明晰地展现出不同时期中国画与中国诗的运动段落。如《人生与自然》一章，将中国绘画史与中国诗歌史分为三个时期：早期诗歌“饥者歌其食，劳者歌其事”，绘画“图画天地，品类群生”；中期诗歌虽有游仙、山水之盛，但所写仍多在人世与人情，而绘画则转为以宗教题材为主；后期更呈现出表现对象的分流。于此，描绘出不同时期诗画关注的对象不同：诗歌始终立足人生（民生与民族），而绘画则走向自然（山水与花鸟）。全书虽有为论述方便而取舍、论证略见主观之处，但整体而言，其开拓、深入之功显见。尚有1篇《诗画与虚实》（为《有声画与无声诗》的准备）及6篇中西诗歌、诗论比较，都有不同指向和建树。邓先生从中国画与中国诗的平行比较，延展到中外诗学比较，有效地贯穿中西方文学理论，从文学比较到诗人比较，拓展了中西方文学的比较领域。

这部专著还体现了逻辑结构与历史结构的辩证统一，使中国诗与中国画发展的结构与关系更加清晰。在表现对象——思想基础——社会功能的结构中，体现出论题之间严谨的内在逻辑关系。在每一个论题的阐述中，把握住历史发展脉络中关键的因素，以丰富的材料来展现中国诗画的历时性发展过程。如《言意之辨与形神之鉴》一文，细致地论述了玄学的言意之辨与形神之鉴渗透到诗画领域后所产生的不同影响，分别说明了诗之简约、含蓄与画之神似、气韵的内在理路和各自特征。

如果第2卷分前后两部分来看，则前者重在空间，跨越文学与艺术，或跨越中西，是平行比较的比较诗学；后者则是立足于时间的影响比较诗学，是对唐宋诗词影响中国现代新诗的研究.这对突破学科分科所形成的鸿沟，沟通古代文学与现代文学的研究，应是有益的探索，是具有科学性、实证性的研究。邓先生在探讨现代新诗的影响时，不仅关注到外来文学的影响，更是充分考虑了民族文学主体性的成分，体现出对现代新诗的系统而深入的思考。尤其在《意象与意境》一章中，从文化发展过程中影响发生的文化机制的角度，较全面地刻画出现代新诗由外向内转的发展轨迹，并将落脚点放在古典诗词的影响上，展现出现代新诗中的古典成分，有利于对现代新诗本质的整体性研究。

第3卷是对古代诗歌的文化学研究。文化诗学是一个较新的概念，个人以为，与其耗费过多精力用于概念的划定和研判、推演，不如对具体对象做出合于文化诗学内涵的研究，以之确立目标，渐成坚实的新学。邓先生重视文化发展中的人文维度，将诗学问题、文学艺术问题纳入文化范围来考察，此卷是文学研究趋于深入和完善的表现和典范。若谓第2卷重在文艺学的研究，此卷则是真正重在对古代诗歌作文化学的研究，其中前两组论文更见名实相副，即文化与诗，进士文化与唐诗两个专题。

第1组论文覆盖面较广，从《诗经》直到唐宋，时段较长，皆取文化论析的方法对研究对象作出评析、论断，提出了许多新观点，颇能启人心智。如《农业文化与〈诗经〉的史诗及饥者劳者之歌》一文，角度新颖，思维开阔，视野广博。将西周史诗与西方的荷马史诗进行对比，揭示了前人所未发的两者之不同，即农业文化精神影响下《诗经》所推崇的勤劳精神，而西方则崇尚流血的英雄主义，也由此关注到根源于农业文化的厌战、反战情绪一直贯注到历代诗歌之中。《陶谢与宗王：晋宋山水诗画的艺术精神》与《晋宋之交山水诗画的文化、哲学意义》两篇，分别从艺术精神、文化、哲学意义三个维度来探讨晋宋山水诗画，认为晋宋之际诗与画同时从人际社会向山水自然转移的这种现象，并非儒学退步，而是玄学、佛学及新思想内化于文艺而推动其新发展的必然结果。文化诗学的特色在《长安文化与王维诗》中尽显神采，其中深入分析了王维在当时评价甚高、李杜之所负时誉不及王维之原因，道出了盛唐儒林精神改造文苑传统的时代背景及文化诉求。主流文化、帝都文化即制度文化是影响选诗的道德标准，也是王维在当时决胜李杜之关键。邓先生擅长微观问题与文化关系的宏观勾稽，亦擅长宏观问题的微观把握。涉及庄学、玄学、禅宗与诗歌、诗论、诗歌题材的《从言意之辩到境生象外——论庄、玄、禅对古代诗论的影响》《论禅宗向诗歌的渗透》《玄学、佛学与山水之趣》三篇，将文化与诗学熔为一炉，上溯先秦庄学，下至魏晋玄学，再到唐之禅宗，从文化之广角来探讨和揭示诗学演进之规律。

第2组则为进士文化与唐诗的专题研究，是继程千帆、傅璇琮之后，再度关注科举与唐诗的论题，是入于内部的文化论析，不同于一般的文化背景交代，为唐诗研究选取了一个特定视角，提出了新的看法。历年来对唐诗繁荣原因之研究不胜枚举，若谓前人之论著是注意到了唐代诗歌的发达与科举制度是否有关，那么邓著所取角度是将科举、进士制上升为进士文化，作出定义，从进士文化这一特定论题，就历史、政治、制度、伦理、道德、行为、习俗等文化的具体内容与唐诗的互动、影响，做出了既是实证、又是理论的研究，与前人及时贤相较，显见其不同。尤其从传统的功能论上论述进士文化与唐诗的兴观群怨，及相关问题，更具有一定的发覆以至翻案意义。如《进士文化与唐诗》是这一问题的总论，文章认为进士文化改变了传统的道德观，并影响了后来的文学创作。将这一问题进一步深化的是《进士文化与诗可以兴》《进士文化与诗可以观》《进士文化与诗可以群》《进士文化与诗可以怨》4篇，从孔子“《诗》可以兴，可以观，可以群，可以怨”（《论语·阳货》）这一中国文学批评史之源头出发，对进士文学与文化做了功能论述。分析细微，论据充分。对材料的整合梳理程度，可见学养功力之深；对问题现象与原因的探究，可见逻辑推理能力之强。特别是在此基础上提出了新见。如“诗可以兴”，邓先生认为唐人以“振奋之心”“勉进之行”突破传统的“中道”，发扬文苑精神，一改儒林传统，重情性不重德行，诗歌创作表现为极情尽致，乐而淫、哀而伤。进士文化使诗人发展了“观”的游览之义，“诗可以观”之传统到唐代得以恢复和发扬。唐代“诗可以群”在延续并改变了上层群而诗的同时，更提升了下层的群而歌。“诗可以怨”方面，进士文化多方面因素的作用，促使了不同题材怨诗的产生等。纵观进士文化与唐诗的兴观群怨的阐发，其不拘一格的学术路径与突破传统的学术眼光是值得我们学习的。由此进一步引申发挥的相关5篇论文，《从“考见得失”论唐代的“诗可以观”》《唐人的游观、怀古诗》《唐诗的咏史与观政》《唐人的怨诗》《刺政、舒愤与唐代怨诗》，在诗歌的观政、唐代的怨诗等方面论述也颇有参考价值。邓先生以其独特的学术眼光、学养功力及学术品格为文化诗学研究做出了重要贡献，尤其在西方学者所提倡文化诗学的“价值阅读”问题上，提供了可贵的成果。

（作者单位：华南师范大学文学院）

画外广视画内精准的古代画论研究

杨明

文集中相当一部分内容是关于我国古代画论的研究，包括《有声画与无声诗》《中国绘画思想史》《宋代绘画研究》三部专著和若干单篇论文。乔彬教授对古代画论的研究，具有填补学术空白的开创性意义。绘画思想、理论的研究，虽“五四”前已有邓实、黄宾虹所编《美术丛书》，“五四”后又有余绍宋《书画书录解题》，此后还有于安澜《画论丛刊》、俞剑华《中国画论类编》等著问世，但基本都是文献的整理，是为写作中国绘画史、绘画思想（理论）史的准备。半个多世纪以来，虽断代、个案的绘画理论研究著作甚多，但直到乔彬百万字的《中国绘画思想史》问世，才是第一部研究中国古近代绘画思想的真正专史、通史，此著实具有开创和奠基的意义。它所运用的创作和理论打成一片的研究思路、方法，使人想起著名学者罗宗强所开拓的中国文学思想史的研究路数。邓著最大的特点，也是其优点，在于具有宏通的文化史眼光，将画论置于广阔的历史背景上加以观照和分析，充分注意画论与各时代的绘画创作、与当时的政治社会条件、学术潮流、文人画家的生活状态及思想倾向之间的关系。这样的写法，作者必须对漫长历史跨度内有关的方方面面都了然于胸，观察深入，感觉敏锐，才可能做到。

《中国绘画思想史》论魏晋南北朝的绘画题材以及创作思想的转变，提出这种转变与人性觉醒、艺术自觉有密切关系。所谓人性觉醒，应该有具体内容。曾有论述认为汉末以来，文学作品中的一个重要主题，乃是对生命的珍视、对生命短促的忧叹，例如《古诗十九首》中反复出现的“生年不满百，常怀千岁忧”“奄忽随物化，荣名以为宝”“不如饮美酒，被服纨与素”那样的音调，那便体现了人性的觉醒。至于屈原的“汩余若将不及兮，恐年岁之不吾与，……惟草木之零落兮，恐美人之迟暮”，则更是清醒地意识到要抓住有限的时光和生命有所作为。这些可不可以说是对于人的生命自觉呢？还有，秦皇、汉武的求神仙、求长生不老之术，也算是一种觉醒吗？乔彬论人性觉醒，从另一方面切入。他认为魏晋绘画树立起人的主题，高扬人的主体精神。魏晋绘画中的人物形象，不再如汉代故事画那样，只是艺术符号，为宣扬伦理或展示人物的地位、排场服务，而是展现人的风度、个性、精神、人格，摆脱了功利的目的，把人本身当作审美的对象。山水画的出现也一样，表明山水成为了审美对象，在山水中寄托了人的审美情趣和理想。一句话，从魏晋绘画题材的改变以及其中所透露的创作思想，可以看出审美意识的觉醒和高扬，——这便是人性觉醒的重要表现。乔彬教授还举了两个很有意思的例子：嵇康临刑之际，慨叹的是《广陵散》从此绝矣；陆机被害之时，神色从容，却叹惋华亭鹤唳不复可闻。他们所执着的，不是荣华富贵、物质享受，而是精神世界中的美好事物；他们所悲哀的，是美的消逝、毁灭。这样对待死亡，体现了一种审美人生态度。用审美意识的觉醒和高扬，解释人性的觉醒，我以为是非常正确的。乔彬以此作为论述魏晋绘画的依据，抓得很准。魏晋南北朝是文学自觉的时代；他有力地论证了那也是绘画自觉的时代。什么是自觉？就是美的自觉，就是摆脱功利而发扬审美。

《中国绘画思想史》论谢赫《古画品录》，说谢赫将顾恺之置于第三品，招致后人强烈不满。乔彬在这里没有简单地判断谢氏品评的当与不当，而是将这一品评放在画论史中考察，看出由东晋到齐、梁画学思想的变化；并且指出，此种变化是绘画题材嬗变的反映，而且与诗文领域的新变相一致，反映了文艺审美观的变化。从题材说，东晋绘画重在表现士人超然物外的高情远致，齐、梁时则对于美女的娇媚、服饰的华丽等甚感兴趣。这无疑与梁代萧纲为代表的宫体诗的兴起属于同一潮流。谢赫本人所作，“丽服靓妆，随时变改，直眉曲鬓，与世事新”（《续画品》），便是以此类题材为其特点的。从创作手法说，便是特别重视“形似”，重视细部的刻画。这也体现了一种新的美学趣味，而且这种趣味的出现，还在宫体之前。乔彬指出：“自刘宋以来，文艺风气渐变。”这是十分正确的。就绘画而言，描绘眼前的人物（或是动物、花卉），较之表现深远或阔大的山水，是更容易将此种趣味体现得淋漓尽致的。既然文艺风气变化了，画学思想变化了，品评标准也就会有所改变。乔彬教授说，顾恺之虽然提出“以形写神”，也能肯定画中形的美好，但其实偏于重神而略形，形只是被当做表现神的手段。而神之中又特别重视那种士大夫高远飘逸的神气，是偏于静的。对于形的细部，则只重视“传神阿堵”即点睛之术。谢赫则颇有不同。谢赫的“气韵生动”，除了传神之外，实际上还欣赏描绘对象的种种动态。对于形，谢赫注重细部描绘，故盛赞顾骏之“精微谨细，有过往哲”。他本人的作品，便是“意在切似”，而且特别重视细部描绘，因此姚最说：“别体细微，多自赫始”。可以说在细部描绘上，他是一位开风气的人物。总之，从顾恺之到谢赫，反映了审美趣味的改变，“其文化背景是魏晋士人风范向齐梁世俗情趣的转变。”乔彬的论述既开阔又具体细致，是很有说服力的。

乔彬总是将画论与画作联系起来进行论述。比如从谢赫的例子，我们看到画作与画论、绘画思想相一致的一面。而有时也有不一致的一面。《中国绘画思想史》论述宗炳的山水画论时，强调其中的形而上的因素。宗炳是从山水体道、“媚道”以及“神”栖于“形”而“感类”的角度谈山水之美和山水画的创作与欣赏的，很有哲学意味，很耐人寻味。乔彬指出，宗炳的“《画山水论》第一次将形神论引入山水画理论，不但对后来宋代的山水画论产生了影响，而且这一推扩使形神论在造型艺术领域具有了普遍性的意义”，给予很高的评价。而同时他又指出，宗炳的时代，“山水画还较稚拙”。他充分注意到张彦远的评语：“群峰之势，若钿饰犀栉。或水不容泛，或人大于山。率皆附以树石，映带其地。列植之状，则若伸臂布指。”一般而言，理论可能落后于创作；而宗炳的情况，却似乎是理论高于创作。为什么会这样？乔彬着重强调了玄、佛思想对于宗炳的影响。宗炳的画论，是一位酷爱山水之美、又深受玄佛熏陶的画家的夫子自道。这样看来，上述的矛盾也就不难理解了。乔彬以文化观照的目光，从事实出发，故能洞察创作与理论的复杂关系，充分展示历史真相，并做出合理解释。

邓著《有声画与无声诗》是诗画比较的专著，解决了著名论文《中国诗与中国画》《读〈拉奥孔〉》提出的“钱锺书之问”，两篇书评分别名为“进入新境地”及“比较领域的开掘与拓展”（《文学遗产》1995年1期、《中国比较文学》1994年1期），可知对其评价、判断。《宋代绘画研究》则是以绘画文化研究法写就的文化画学著作，亦史、亦论、亦评，全书以形于技、游于艺、志于道为逻辑结构，画内与画外都论述周详、精准（《中华读书报》2010年3月10日书评）。其他研究古代画论的论文，或宏观纵览，或为个案研究，也多是发人所未发，颇能启人心智。有人认为，在画论结合文论研究上取得较大成绩的是宗白华、伍蠡甫、张少康、邓乔彬四人（金安辉、李龙镇《中国古代文论与画论研究综述》，《廊坊师院学报》2005年第4期），以《邓乔彬学术文集》第2、8、9、10卷观之，此说甚当。

（作者单位：复旦大学中文系）

达畅神境界之学者研究

彭玉平

邓乔彬先生在当代学界以博学多能驰名。作为学者，他的博学多识固然毋庸赘言；而其在诗词画方面兼擅多能，则为其学术增添了灵性和神韵。昔宗炳《画山水序》论山水画有“畅神”之说，学术研究其实也颇类似。一个优秀的学者，如果在学有专精之外，贯通多方，则其左右采择也必广，交相旁通也必畅，自更能得学术畅神之境界。我认为邓乔彬先生的学术无愧于“畅神”二字。

文集第11卷收录了他的两本学者研究专著：《吴梅研究》与《学者闻一多》。前者是邓先生在1981年硕士论文的基础上修订而成，初版于1990年；后者则由邓先生与其高足赵晓岚教授合著，2001年出版。两种著作合为一编，可见其锐敏的学术史眼光。我一直认为，学者研究比一般的专题研究具有更大的开放性和涵摄力，因为学者本身的才性与学术往往融通为一，带着一般专题研究难以拥有的灵动特性。尤其是邓先生研究的吴梅与闻一多，都是才思奇发、逸兴湍飞之人。邓著也因此带着特殊的才情和识力。

在民国学术界，吴梅是声名卓著的人物。虽然也有学者认为其经史大义及古今学术源流、文章派别无不融会贯通，但论其学术影响，终在词曲方面。民国学术承前启后，带着鲜明的新旧转变痕迹，而这种痕迹在吴梅身上尤为浓重。邓先生研究吴梅，就以这种新旧时代转折为其基本切入点，因为把握了学术的时代背景，所以邓先生裁断其理论，评骘其创作，自然能中其款曲。当然，像吴梅这样的大家，一本专著很难穷尽其所有领域，所以邓著将重点放在其戏曲创作论、戏曲史观等方面。这种研究路径与吴梅本身既能随时将马致远、关汉卿杂剧“曼声讴唱”有关，也与吴梅精研究戏曲理论批评有关。万云骏先生在该书序言中突出了邓著“全面”评析与对吴梅地位评定方面，这自是不易之论。书中将王国维与吴梅比较的地方最见邓先生的学识。虽然钱基博《现代中国文学史》已经将王国维与吴梅作了初步比较，认为王治曲学才三年，而吴则劬以毕生；王赏其文学，论其历史，吴则发其条例，析其声律。故论其地位，吴梅才堪称曲学大师，是传统曲学的集大成者。但钱基博的声音并没有衍为此后学术史的主流。在20世纪词曲史的研究中，王国维其实占据了更重要的位置，相形之下，吴梅的地位就不免被遮蔽了很多。但在戏曲史学术界，倒一直是平说王、吴二位的，如钱基博《现代中国文学史》将王国维与吴梅作为“并世之治词以进于剧曲者”，浦江清也将两人并列为戏曲学“最有研究者”。但两人之间，用力方向实有不同。王国维更多地侧重在源流追寻与考证并建构戏曲史学的体系上，而吴梅会填词，会写戏，会订谱，收藏戏曲文本极为丰富，对古今戏剧博览详核，所以其研究更多地集中在戏曲本体的研究上。

关于王国维戏曲史观的合理成分，学界多有关注，但邓著特别提及王国维能从中外文化关系史的角度，看到乐曲、戏剧所受到的外来影响，特别是汉族与少数民族文化之间互相吸收与融合的过程，这在当时显得眼光独具。但邓著更值得注意的地方，是在充分肯定王国维戏曲研究成就的同时，直陈其不足，并认为这些遗存的不足由吴梅有意无意地、部分或全部地加以弥补、纠正，以此而自然衍成民国戏曲研究的流脉。王国维的《宋元戏曲考》从繁杂的戏曲史料中，梳理戏曲的源流和发展，从中表达自己的戏曲史观。在这方面吴梅自有不足。但吴梅注重从社会、政治、文化方面进行横向考察，注重戏曲本身的特征，在文学性之外，兼重舞台性、音乐性，这却是王国维有所忽略的。如王国维肯定元杂剧，除了其悲剧性，主要乃是对于其语言自然而有意境方面的评说，对元杂剧的结构则不免批评过甚。吴梅因为深刻地了解戏剧的舞台性特点，所以不仅更重视戏剧结构，更从“了解之同情”的角度对元杂剧的结构予以较高评价，因为能切合到对当时的历史文化语境，所以其观点要更具合理性。

《学者闻一多》从“学者”角度来研究闻一多在文学史和学术史上的成就与地位。作为民主斗士的闻一多虽然在20世纪并不寂寞，但其作为诗人学者方面的贡献却一直未能得到应有的重视。其实《闻一多全集》收录的众多文学研究论著，不仅时代跨越广阔，他从唐诗研究发端，上及神话与先秦典籍，下至汉乐府等，纵横驰骋；而且在诸如文学史的发展与分期、重要作家作品的分析中，都有一批重量级而且影响广泛的成果。而且与吴梅相比，闻一多的学术研究带着新的方法论意义。他与传统通人通儒之学路径不同，也非以朴学方式细究深探，而是以古代文学为本体，从更广泛的社会文化学角度融合传统与现代、中国与西方，视野宏阔，理论灵活。他从图腾学说来研究神话，从对生殖崇拜到鸟兽草木的研究而切入对《诗经》的研究，从楚地巫文化的发达切入对楚辞特别是其中神仙思想的研究，从历史文化的宏观角度切入到唐诗的研究，对唐诗的发展流变及其重要诗人都有许多重要发覆。总体而言，闻一多的学术研究不离乎学术史，却又将相关学术史往前做了重要推进，并在一定程度上带有对传统学术的颠覆性。邓著在充分梳理学术史的基础上，着重从社会文化学的角度探绎闻一多的学术特色，故能得其精义。邓先生的闻一多情结历时弥久，在少年时代即服膺其新诗严整的形式，对闻一多学过西洋画、精心治印的经历更是心有戚戚。因为邓先生也素具诗词、绘画、篆刻等才，并先后著有《中国绘画思想史》《有声画与无声诗》《宋代绘画研究》等，不仅通其源流，而且探其根本。这种在诗画方面相似的兴趣拉近了两人的距离。所以此书虽被邓先生戏称为“命题作文”，但实是冥冥中的一种隔世相会。

晚清民国文学与学术史的研究现在已蔚成显学。但在邓著撰成之时，这一领域尚颇为冷清，现代文学史中古典文体的缺席几乎成了惯例。由邓著而连类想到，研究20世纪文学史，旧式的文人与旧式的文体理应受到更多的关注。这原因一方面是没有旧式的文学，新的文学便也失去了参照的对象，新与旧本来就是相对的概念；另一方面就是新旧文学本身就是同生共存在现代的时空中，如果没有对旧文学、旧文体的关注，则所谓“现代”文学注定是不完整。而民国学术史作为传统学术史的新变，其对现代学术范式、观念的影响也是脉息可闻。邓先生在暨南大学开列了“二十世纪古代文学学术史”的博士生研究方向，是有意于从个案研究开始，累积而为系列的学者研究，为书写二十世纪古代文学学术史作准备。此前所带的博士生已有分别以朱自清、郑振铎研究为题者，可惜因年龄原因，邓先生不再招生。但对二十世纪学术大家的研究及学术史的研究想来会在相当长的一个时间内成为学术的热点所在。

学者研究本无所谓固定的范式，因为学术研究应该根据研究对象的不同而适时调整研究范式。邓先生对旧式文人吴梅的研究便相对传统，因为吴梅虽然也带着一定的新变色彩，毕竟体沿旧制，主要停留在传统治学的范围；而对于新式学者闻一多的研究，邓先生则在方式上带着更多现代的色彩。学者研究与一般专题研究当然会有相通的地方，但因为前者立足于学者本身，研究者与被研究者之间心与心的对接，就显得特别重要。读邓先生两种学者研究著作，我深深觉得邓先生除了对吴梅与闻一多两位的文学与学术业绩能厘其类别、述其历史、裁断精审之外，与吴梅、闻一多两位学者之间，也达到了既入乎其中又出乎其外的自如地步，其心灵之契合也有不可形容者在。这种自然、随性却精准有度的学术，才是我心向往之的学术畅神境界。

（作者单位：中山大学中文系）

（原载《学术研究》2014年第7期）

高度、宽度与力度
——《邓乔彬学术文集》读后

曹旭

邓乔彬教授是“文革”结束后的首届研究生，从改革开放时期踏上古代文学研究的道路，迄今30多年，在70周岁的2013年，出版了个人12卷的学术文集。不仅见证了他本人的努力，也体现了这一代学者的成就，还让人增强了对于选择研究道路和运用研究方法的信心。承赐邓先生的文集，读后感触良多，此处最想表达的是对上说第三点的体会。

新时期的古代文学研究开始之时，人们小心翼翼地从“封资修”的桎梏中挣扎而出，仅是借助于毛泽东给陈毅谈形象思维的一封信，欲以“尚方宝剑”斩破罗网，在荆棘丛中开辟道路。随着一系列的拨乱反正，价值观也随之发生了变化，以前仅以现实主义、人民性“两把尺子”相衡相取的古代文学，也先后经历了美学热、方法热、比较文学、话语对接、宏观研究等一波波潮流。到九十年代，随着“异化”“人学”等思想的退缩，文化与国学渐热，古代文学研究多以宏观研究为空疏，以新老三论等方法为不合，转而返璞归真，重视文献、考据，一时大有回到乾嘉之势。邓乔彬也经历了以上的过程，也多少随着各“热”而热过，且有一定实绩。属于比较文学研究的，是他参加了《比较文学三百篇》的编撰，也发表过中西诗歌与诗学平行比较的论文，还出版了古代诗画比较研究的专著《有声画与无声诗》；属于美学研究的有专著《唐宋词美学》及论述汉赋、古诗十九首等多篇论文，其词学论文亦多为结合鉴赏的文艺美学研究。但是，从他的文集可以看出他的研究道路和研究方法终于确立在文化学之上，新世纪以来出版的几部大著作昭昭具在，是成功的见证。

上世纪六十年代和“文革”时期，“以论带史”的“研究”一如文学创作的“主题先行”，新时期以来，这种方法、风气自遭摒弃，古代文学的研究多如程千帆先生所倡，是文献学与文艺学结合的研究。邓乔彬虽未专治文献，但他为撰写《吴梅研究》，不仅努力搜寻吴梅的著作，还做了近百万字的戏曲、曲论、词学资料以备用。数年后写《有声画与无声诗》，也是竭力搜集相关的文献资料。一直到新世纪出版的两部百万字的《中国绘画思想史》和《唐宋词艺术发展史》，以及近五十万字的《宋代绘画研究》，都见出了对搜集、辨析及运用文献的重视。不作无根之谈，不发炎炎空论，应是邓乔彬教授治学的特点，也是他的学术品格的显现。但是，如他自己所说，因自己的才识学三者不等而又以识见相对较高，因而他的治学多重在理论的阐释、建构，故而他前期的论著多为文艺学的研究。著作如《吴梅研究》《有声画与无声诗》《唐宋词美学》《中国词学批评史》，词学论文如《论姜夔词的清空》《论姜夔词的骚雅》《梦窗词艺术初论》《飞卿词艺术平议》《论南宋风雅词派在词的美学进程中的意义》等，诗学论文如《浅析古诗十九首的美学思想》《何谓杜诗之实》等均是。而在对古代文学作文艺学研究同时，他也探讨了方法论问题，如《古典文学研究的拓展深入与观念方法问题》一文，提出了破除机械的反映论、清除庸俗社会学影响，将传统的“知人”的道德批评转为恩格斯所说的“美学和历史”的批评，以综合性、整体性体现出宏观研究的眼光等四条建议，尤其提出了古代文学宏观研究中对文学与文化关系研究的重要性。随即就看到了他的研究在文献学结合文艺学的基础上，加重了对文化学的研究，将二维结构发展为三维结构，且更加凸显后者，从八十年代后期起，由论文而著作，呈现出一系列成果。

据邓乔彬本人在文集的总序中所说，由于他受命创办华东师大第一个文科硕士生的复合型专业“中国文化建设”，因授课和指导论文之需，对文化学、文化史的论著阅读、领会甚多。他先行发表了探究古代思想、哲学、宗教对文学、艺术影响的《从言意之辨到境生象外——论庄、玄、禅对古代诗论的影响》，《陶谢与宗王——晋宋山水诗画的艺术精神》，《论禅宗向诗歌的渗透》，《晋宋之交山水诗画的文化哲学意义》等文；专著《有声画与无声诗》虽主要是比较文学、文艺学的研究，然而亦有文化学的参与，是以文化学研究为主要方法的此后一系列著作的尝试。然后，又写成了《古代文艺的文化观照》前身的讲稿，在中文、哲学两系的不同层次学生中讲授多年。是这一“闭关”“练武”，顺应了潮流，使他在后来的研究中多用文化学的方法，渐进得心应手的“内化”之境，遂有新世纪之后的多部著作问世，使文献学、文艺学、文化学三元结构的研究成果更为成熟。按时间的顺序言，先后出版的是《学者闻一多》（2001年，文集第11卷）、《中国绘画思想史》（2001年，2011年再版，文集第8、9卷）、《古代文艺的文化观照》（2003年，文集第1卷）、《宋代绘画研究》（2006年，文集第10卷）、《唐宋词艺术发展史》（2010年，文集第4、5卷）。以上五种著作总字数约380万，均获政府奖或学会奖，可见出学界的重视、认可。

与赵晓岚合著的《学者闻一多》，既是闻一多的学术评传，也是选择这一位学术大师，以对民国时期运用文化人类学研究古代文学作出的学术评价、总结，能获得第二届闻一多研究一等奖，可见其学术水平。《中国绘画思想史》是邓乔彬继续跨界之作，如该书自序所说：“是力求从文化史、思想史的角度观照画论与绘画思想的发展。全书注重各朝或不同时期的政治、经济、尤其是文化、思想、观念意识、审美风尚的变化，力图寻找它们对画论的影响，描述其印迹，既见‘树木’又见‘森林’，在个案研究的基础上处理好微观、中观与宏观的关系，这样，就能真正见出‘史’的流变及其发展变化的内在动因。”不仅是国内第一部绘画思想史，填补了该领域的研究空白，也得学界好评，获得了第13届中国图书奖。《古代文艺的文化观照》属于宏观性的研究，该书上编六章从横向的地理、经济、政治、哲学、宗教、语言文字等六方面，阐述了它们同中国古代文艺间的互动互足关系，揭示出中国文艺的基本精神与民族特性；下编六章从纵向论述了从原始时期直到近代数千年间文化的转换变化，及其与文艺各种形式之间的关系及演变、兴衰史。至《宋代绘画研究》一书，已能见出邓乔彬极为娴熟地运用文化学的研究法，具体是由“绘画文化”的对象选择到“文化画学”的阐释路径：一是从宋代社会形态到精神形态的文化环境，二是从宋代社会结构到画院建设的文化制度，三是从宋代画家身份到修养的文化主体，四是从宋代绘画理论到思想的文化画学。（参见杨柏岭《绘画文化与文化画学——评邓乔彬教授的〈宋代绘画研究〉》，《暨南学报》2008年第3期）以上二著分获广东省首届、第三届哲社优秀成果三等、二等奖。

篇幅达127万字的《唐宋词艺术发展史》体现了邓乔彬运用文化学研究所达到的新成就，此书将唐宋词在艺术上的发展同文化的转换密切联系起来，行进之轨迹清晰可见。如盛唐宫廷文化与词之兴，中唐士大夫享乐休闲文化与词之闲情，晚唐进士文化与词之“闺音”及艳情，以边塞文化为主的多元文化与敦煌曲子词的多姿多彩，不同的宫廷文化形成西蜀与南唐不同的词风；北宋士大夫文化与市井文化使晏欧、柳永有雅俗之别，政党政治文化与苏轼的以诗为词及苏门词风之变，宋徽宗追求丰亨豫大与大晟词的歌功颂谀，南渡词如“变风变雅”缘于民族文化的劫难，南北文化的综融与稼轩风，江湖文化与风雅派，宋季临安的会社文化与江西的理学文化导致浙江、江西词派之别。“从百年来现代文学史学的宏观视野来看，邓乔彬此书实现了文学史书写重心的一次战略转移”，一个重要原因在于不是“文学研究为文化研究打工”，而是“视文化精神、文化品格为文学艺术变化的动力因素，以文化的变迁、转换为枢纽，串联起词史艺术演进的走向”，为让文化学研究为文学研究服务“做出了有益的探讨和成功的示范”（以上见王兆鹏、汪超《把词当作艺术品来研究》，《中华读书报》2012年1月18日）。此书能成为“一部具有集大成性质的唐宋词史”（路成文书评题目），“填补唐宋词基础性研究的空缺”（吴惠娟书评题目，《文汇读书周报》2011年9月16日），这一“唐宋词艺术的‘总账式’研究”（欧明俊书评题目），遂获教育部第六届人文社科优秀成果二等奖。

从研究历程、方法而言，邓乔彬主要是从文艺学走向与文化学的结合。此外还应指出，他的研究表现出“文学的理论研究”与“文学理论的研究”相结合的格局。就前者言，他最显见的长处是对于研究对象的理论阐释。如对唐宋词的风雅词派、骚辩之旨、诗化与诗余及豪放、婉约、清空、质实、骚雅、潜气内转、空际转身，以及词论中的词心、词境、重拙大、寄托与出入等，都有独特的阐释，他既是研究词学范畴较早的学者，其理论阐释也多能为人所认同，并引发了词学界的继作阐释研究。他的诗学与其他文学研究，也是长于理论的阐发。如论西周史诗与荷马史诗精神之别，论先秦的历史散文的实用资治性、道德伦理性、历史与文学性，论诸子散文的南北与虚实之别。论长安文化与王维诗，既全面阐释了长安文化的概念，又分析了王维"文宗"地位的确立具有儒林精神改造文苑传统的背景。尤其是论述进士文化与唐诗的论文，不仅具有发覆的意义，且在理论上的阐发非常深细，令人信服。至于"文学理论的研究"，不仅有论董仲舒天人感应论对文学的积极影响，尤其论进士文化与唐诗的兴观群怨的系列论文，理论上创获甚多。如认为"兴"的"感发志意"成为唐诗的基础，唐人以"振奋之心""勉进之行"突破了传统的"中道"，重情性不重德行，诗歌创作表现为极情尽致，乐而淫、哀而伤。唐诗之可"观"，既发展了观政功能，"观志"之义也得以发扬，观而能写，提高了诗歌的艺术表现力，扩大了唐诗的游赏性题材，造就了诗人观察民情风俗的直接性、真切感。而唐代"诗可以群"，在延续并改变了上层的群而诗同时，更提升了下层的群而歌，韩孟诗人群具有群歌而怨的精神，中唐讽喻诗旨在表民怨、革弊政，具诤谏性质，新进士的曲江游赏和诗歌活动，对贵族游宴诗有所突破。以上论析，将古老的兴观群怨说阐发出许多新意。至于前面提到的他的多部专著，多为"文学理论的研究"所支撑的论著，与"文学的理论研究"合为一体；参撰的《中国词学批评史》及独著《中国绘画思想史》，则更是纯粹的理论研究。

由理论问题又可带出学术与思想的关系。作为古代文学与艺术研究，传统的实证性方法是非常重要的。清代学术之所以弃以求义理见长的宋学，而上追以训诂为长的汉学，其重要原因就在于求实证。乾嘉学术有"逃避"的背景及窄而深之弊，但重视文献、考据的朴学治学方法，影响了晚清以至近代的学术和学者。即使五四时期对旧文化冲击极大，民国学术仍无悖于前贤的治学精神、方法。但是，在60多年前，传统学术遭到批判而被遗弃，对古代文学的研究似仅剩价值的评判，如前所说的只以"两把尺子"丈量。而改革开放以来，在长期闭关锁国之后，学者们再度"求新声于异邦"，除了方法热，则是"思想"热。而九十年代后，不可讳言，知识界似乎面临着一场信仰危机，学术也走上了向内的道路，理论的兴趣渐消，追求"纯学术"成风。王元化不满于思想与学术的截然分开，尤其对"学术压思想"不以为然，遂于1995年10月在《学术集林》卷五编后记提出："今天应该多一些有学术的思想和有思想的学术。"邓乔彬所作的研究虽与哲学、思想、政治学说甚远，但他不做纯粹的考证、笺注、年谱之类传统的古代文学学问，这除了自身知识结构和兴趣特长的原因之外，亦与他对思想与学术二者关系的认识有关。他虽不专门做文献学的学问，但他的论著都有丰富、可靠的文献基础、依据，所作的"辨章学术"与"考镜源流"密不可分，能坚守"根柢无易其故，裁断必出己意”的原则。他的论著虽以古近代为研究对象，却又多见理论、思想（或直接名之为“思想”，如绘画思想史），是思想与学术的并存、互补、互足。可以认为，他虽未明确宣称自己所做的就是“有学术的思想”与“有思想的学术”，而实际上却是向这一方向努力的，是两者的结合。他善于从散漫的、点悟式的文艺批评中发掘出“思想”，篇幅不大的论著如此，百万字的《中国绘画思想史》《唐宋词艺术发展史》亦如此。

邓乔彬教授20岁时曾创造上海高校的跳高纪录，并保持15年之久，青年时期有多般爱好，可谓兼具高度和宽度。中年后全力治学30多年，12卷论著的结集令人再次看到了他的高度和宽度。而他从文艺学到文化学的古代文艺研究，尤见理论的建树，则又可见具有的力度。当前的学界，学者们多治一业而务为专家，传统的通人、通儒之学已不复见。邓乔彬的研究或可以给我们启示：精专与兼通是可以做到的，也应该努力去做的。

（作者单位：上海师范大学）

大文化观照下的诗学、词学与画学
——《邓乔彬学术文集》评介

孙维城 谷卿

已入古稀之年的暨南大学邓乔彬教授，最近出版了他的十二卷学术文集，令人瞩目。《邓乔彬学术文集》由文艺学、诗学、词学、画学、学者研究等多个板块组成，体现出作者大致十年一变的研究经历，从中可见邓先生用三十多年所建立的理论体系，见证了从文艺学研究到文化学研究的路径与过程。

文集十二卷是：第一卷《文化与文艺》，收入《古代文艺的文化观照》及数篇论文。第二卷《比较诗学》，收《有声画与无声诗》及数篇专题论文，涉古代诗画与中西诗学比较，而《现代新诗与古典诗词》则属影响比较研究。第三卷为《文化诗学》，收四组论文，前两组是“文化与诗”和“进士文化与唐诗”，显为诗歌的文化学研究。第四卷、五卷《唐宋词艺术发展史》。第六卷《词学三著》，收《唐宋词美学》《宋词与人生》及《爱国词人辛弃疾》。第七卷《词学论文集》。第八卷、第九卷《中国绘画思想史》。第十卷《宋画与画论》，收《宋代绘画研究》及论文数篇。第十一卷《学者研究》，收《吴梅研究》与《学者闻一多》二著。第十二卷《杂缀集》，收多种零散的论著。文集的结集未按论著出版、发表的时间为序，其内容的编排实具深心。邓先生之所以将《文化与文艺》作为第一卷，是意在以此为总论，覆盖全部，力图体现出研究古代文学艺术、打通二者的主要方法是文化学的研究方法。可以认为，邓先生的研究成果能概括为大文化背景下、以诗学、词学、画学为主的古代文学与艺术研究，即使是学者研究，也从曲学家吴梅到以文化人类学为主要研究法的闻一多。所以，邓先生的研究是在大文化的观照下进行的，是上世纪八、九十年代以来学界提倡文化学方法的成功实践。

一、覆盖全体的文化与文艺关系研究

《古代文艺的文化观照》及相关论文，被邓先生作为文集的第一卷，实具深心，无论是内容还是方法，都具有引导、覆盖文集全体之势。此书尤重文化的地理因素，认为地理是历史的基础，为此将中国的地理特征与世界上古主要文明发源地比较，论述了地理环境决定中国古代的农业文化属性，进而至政治体制、国家统一，所见与史学家钱穆《中国文化史导论》、黄仁宇《赫逊河畔谈中国历史》有异曲同工之妙。

邓先生对中国古代文化及其优缺点也具有全面的大局观。他指出，中国的农业经济从劳动对象和主体两方面影响了文艺，形成了情景交融、阴阳刚柔与传神

写意等若干民族特征；而中国的封建政治对文艺的主要影响，则体现在为封建政治服务的功能论，文艺的伦理教谕与道德批评上，文艺家对封建政治的矛盾态度，则使文艺分化为主于“性理”或主于现实的文艺，以及为君与为民的文艺，造成多元现象。在农业文明为主的中国，文化的两大突出特征是“天人合一”以及“忧患与乐感并存”，由于农耕生活决定于自然条件，天地的意志影响到万事万物的成败生死，于是人们意图让一切事物尽量符合天命而获得长久与永生。天人合一的大概念又衍生出两个子观念，即万物有灵和不同的文化形式间呈现为精神相通相融的状态，邓先生著作中所举诸例可资印证。中国文化因为在贫瘠广大的地面产生，因此有不断延伸拓展的刺激，这种可持续发展就来自于一种危机、忧患意识，对于天命难测的焦虑，对于神秘事物的畏惧，对于今生来世的担忧，在中国文化史和文学艺术史上不断重现、不断表现。与忧患意识并存的，则是和谐欢乐的乐感文化，它们的辩证存在并不矛盾，正是由于人们对不可知的世界充满了忧虑，一旦取得或大或小的胜利和成就，必然欢乐无比。此外，农业文明的耕作劳动，让人们感知到自然力量的强大之外，也最能让人们体悟到自然之美，中国诗歌天然地呈现出绘画的意味，正是自然的写照。自给自足的自然经济，让人们很容易产生恬静安详的快慰，孔子的政治理想实际上就是让所有人包括自己安居乐业。

《古代文艺的文化观照》不仅深刻分析了中国文化传统的源头、文化型式的塑成、文化基因的构造，地理、经济、政治对文化的主要影响，还寻找、描述了哲学、宗教、语言同美学思想、文学艺术的诸般关系。书中从很多具体问题出发，论述了中国古代哲学和文艺美学的关系；佛道两教纵向的历史发展及其对诗歌、散文、小说、变文、戏剧、音乐、绘画、雕塑的横向影响；由于汉语的独特性，对于汉语的词汇、语法、修辞等是如何决定汉文学、尤其是诗歌的民族特征，以及汉字与书法艺术的关系等，都有详细的、令人信服的见解。

《古代文艺的文化观照》的下编论述了文艺的历史发展及其与文化的关系。主要论题是我国原始文艺（图腾艺术、神话与传说）及其文化内涵；先秦文艺的特点与文化背景，在与古希腊的对照中确立自身的特点与地位；就秦汉以后的文化变迁与文艺发展，总结出主要的规律。魏晋的文艺自觉与人的主题之确立，使得纯文艺及相关理论为之发展，而胡汉文化又造就了文艺的南北不同的风貌；唐、宋两代文化高度成熟，由唐而宋发生了从广纳外来到固守传统的变化，形成了包容性与内倾性之别，唐代文艺全面繁盛，而宋文化的士大夫化和平民化，使得文艺形成了从雅俗分流到两者结合的追求。元、明、清文化的变化，使文艺也发生了相应的转型，书中最后一章不仅勾画出三朝作为晚期的文明发展态势，更点出其间主要区别：元代儒生在民族歧视中，实现了以柔克刚、用夏变夷的文化反征服；明从文化专制到王李之学对封建秩序的挣脱，形成了文艺思潮之变，一度的复古、拟古，变而为后期的追求性灵；清经历了从感伤主义到经世思潮之变，文化和文艺的集成使之烂熟而式微，进入到近代则发生了显著变化。

纵观当今学术界，个案的研究日趋丰富，相较而言，邓先生这样宏观的研究著作较少，而这却是很必要的。我们认为，若无宏观的、入而出之的视野，难免会有“只见树木不见森林”之弊。如何综合诸多学科进行交叉性、跨领域的研究，如何避免研究对各个对象内在关系揭示的不足，是值得我们思考和解决的问题，《古代文艺的文化观照》在理论及实践上给了我们很多启示。

二、从比较诗学到文化诗学

文集的第二卷《比较诗学》收录了《有声画与无声诗》《现代新诗与古典诗词》及多篇论文。

看待诗歌与绘画，中西确有不同。西方力图拉开诗歌与绘画的距离，而中国则多有融合二者、视之为姊妹艺术之见。鉴于此，邓先生从钱锺书先生的著名论文《中国诗与中国画》《读〈拉奥孔〉》出发，写出了我国首部诗画比较的专著《有声画与无声诗》。此著八章，邓先生自己概括为前四章论诗画之异，后四章论诗画之同。邓先生认为，诗画之异有四：第一，诗与画的表现对象经历代发展，分流渐显，早期诗歌“饥者歌其食，劳者歌其事”，绘画“图画天地，品类群生”，中期诗歌仍多在人世与人情，绘画则转为宗教题材，后期诗歌始终关注人生，而绘画则主要走向自然(山水与花鸟)。第二，诗画的思想基础有儒家与道释的不同：先秦两汉儒家重《诗》而道家不重、却有论画之见，孔孟的人道和人格精神，对历代诗人、诗作产生了巨大影响，而庄子的“无情”“无己”“心斋”“坐忘”却成为后代绘画的内在精神。第三，对诗画社会功能的认识，也历经两千多年发展演变而导致不同：先秦确立的“诗言志”“兴观群怨”虽经三次延伸、变化，但仍一以贯之；而绘画则从孔子的“明镜察形”“往古知今”说延续于王延寿的“诫世示后”，一变于中古宗教画的“益仁智之善性”，二变于山水、花鸟画的“畅神”。第四，历史确立了杜甫的“诗圣”地位，而文人画则以王维为尊，以杜甫诗风衡诗在于实，以王维画风论画则在于虚，实与虚成为诗画批评的不同标准，二者实是儒家和道家思想的不同追求。后四章论诗画之同，尤有新见。第一，有声画与无声诗应指诗画的山水、静物，体现出二者美学特征的融合；诗画的融合又表现为时间艺术的空间感和空间艺术的时间性，诗的收空于时与画的寓时于空，诗的空间假借与画的时间凝缩。第二，诗画虽有时、空艺术之异，在形象营造上却有趋同之势：出于庄学、玄学的言意之辨与形神之鉴，造就了诗画创作的共同原则。庄、玄的得意忘言，成为诗的析词尚简、以少概多、以小见大，禅宗的不立文字则见于诗的简约与含蓄、以景见情、象外见意。第三，“诗中有画”是视境鲜明，重神韵、情趣，非形所能尽而出之以意；“画中有诗”是有感情、思想喻托，以神相会，从节奏体验。求得诗中画意要由入而出，变实为虚，以动写静；实现画中诗情是从“物化”到“化物”，由工入写，拟容取心，别构灵奇。第四，明末清初所倡的南宗画与神韵诗，标志着诗画的会通。南北宗论的合理性是：禅宗分宗和山水画分派都在唐代，二者地位及兴衰史相似，南宗禅“自开宝藏”“随缘任运”分别与南宗画重主观发抒，倡自然天趣相对应。南宗禅的方法论也影响了南宗画：如“不立文字”与轻形似，“直了见性”的“顿”教与南宗画的“根于性”。南宗画与神韵诗的共性则是：借物写心与抒发情性，形似为末与意在言外，虚静得雅韵与伫兴成天然。

历来虽然有很多论诗画关系的文章，但多数只是就画论画、就诗论诗，或是将二者作一些简单的比较，邓先生的研究则有着属于个人印记的方式，在宗白华、伍蠡甫、钱锺书等前辈论著的基础上，构建了全面又全新的理论体系，是对诗画比较之学的一大发展，昭示出从文艺学走向文化学的研究方法之进，可以予人颇多启发。

《现代新诗与古典诗词》是比较诗学的影响比较研究。由于我国的近代特别短促，从鸦片战争到五四运动仅八十年，进入现代后的文学形式转换显得异常匆忙，因此，在五四以来的新诗创作中，一直充满了探索，应该说，相对成功的新诗是离不了民族传统的涵养的。邓先生对这一论题作了三章论述。第一章论意象与意境：描述了新诗对欧洲象征诗派及其他外国诗歌的摹仿，以及由外转内的变化，所经由的对古典诗歌的搬用、化用及回归的途径；进而分析了新诗的意象类型与诗词传统的关系；再从创作与理论论述新诗意境的失落与追寻，缕析出新诗意境的各种类型。第二章论新诗的声韵与体式及其所受古典诗词的影响：因新诗与旧体的最大不同是诗乐相离，为建立民族形式，诗人、论家对声韵作了许多探讨，有诸多建构；新诗的体式取资于中外诗歌资源，有多种途径；而新诗的“三美”（即闻一多所说的音乐美、绘画美与建筑美），则与旧体诗词的音韵、格律大有关系，尤见于诗词对遣词造句、设色选声的追求，对奇偶相生规律的运用，对于对仗工整的推敲等；虽新诗的语言、形式都与旧体诗词显著不同，但其不同体式仍可见分别受到诗、词、曲的影响，在题旨、意境和风神上都留下了印迹。第三章论语言与修辞：先论古代汉语与现代汉语的同一性和异质性，次论白话的多种尝试及理论的多方探讨，再从两方面论新诗人在语言转换期的努力探索；然后论新诗的语言、修辞策略同唐宋诗词的关系，详举例证，在比较中有条不紊地展现出古典诗词对新诗的全面影响。

文集的第三卷《文化诗学》包括四部分内容：文化与诗、进士文化与唐诗、诗歌美学、曲学与其他。前两个专题各有12篇论文，第一个专题谈的是文化与各代、各体诗歌的关系，第二个专题则专论唐代的主流文化同诗歌的关系，皆体现出邓先生对民族诗歌进行文化观照的本心。

第一个专题的论文，如《农业文化与诗经的史诗及饥者劳者之歌》《论汉魏六朝诗歌对人生本体的探求》等是对各时代文化与诗歌关系的探究；而《从言意之辨到境生象外——论庄、玄、禅对古代诗论的影响》等，则涉及庄学、玄学、禅宗对诗歌、诗论的影响，皆有许多创见。论述唐代诗歌的二文，尤能给人以启发：《长安文化与王维诗》剖析了王维被誉为"文宗"，是因不但表现了长安文化，还符合这一处于主流地位的帝都文化的若干因素，而李白在长安文化之外，杜甫在盛唐长安文化之后，故时誉下于王维。《西域风光和壁画对唐人边塞诗与变文的影响》涉诸多文艺范畴，且将纸上文献与实景、壁画相对照，既是二重证据法的运用，又是交叉研究的体现，论述变文与佛教壁画的关系创见尤多。

第二个专题论进士文化与唐诗，在程千帆、傅璇琮的研究基础上有新的发展。北宋士人反思晚唐五代历史，对进士的失节趋利多有谴责，而诗论家亦多以唐代进士的诗或为应制，或是狭邪宴游，似乎没有多少正面的东西，与唐诗的繁荣并无多大关系。邓先生转换角度，从进士文化的高度，对此予以新的认识和论证。认为文人通过进士及第登上仕途，激起了参政的热情，于诗歌的兴观群怨大有新意。诗人关注社会、人生，改变了六朝的迂诞浮华、"不涉世务"，同时也恢复和发展了诗歌的现实主义传统；士人在建立起强烈的社会责任感同时，也焕发出蓬勃振奋的精神，树立起健康的心态和足够的自信心，并影响了诗歌创作，使之具有健康向上的生命力和雄阔壮伟的气象；唐代进士"露才扬己""轻薄无行"，改变了传统的道德观，但是，德消而情长，对唐诗的抒情性发展又有积极作用。12篇论文颇多发覆之见，给人以耳目一新之感。

从比较诗学到文化诗学是邓先生诗学研究的两个阶段，也体现出在研究方法上从文艺学到文化学的发展。

三、从文艺美学到文化学研究的词学

邓先生打通各代或古今，跨越文艺各体，以大文化相统相观，在多个研究领域皆有不俗的成果，这在当今学术界是少有的。但他开玩笑说：似乎只有词学界还将他看做"自己人"，这应与他的学术道路有关。他先治词曲之学而以词为主，再跨界到诗、画之学及文化学，终又以词学作为自己治学的回归之路。

邓先生是词学大家，在词界的同龄人中与施议对、杨海明、刘扬忠并称"四杰"（王兆鹏语），他的研究涉诸多方面而以唐宋词和词学批评为主，结集为四卷，占"文集"全部篇幅的三分之一。词学论文一集共收47篇，《论姜夔词的清空》《论姜夔词的骚雅》二文，分别发表于1982年《文学遗产》及1984年《文学评论丛刊》。当时词学研究还处于新时期的起始阶段，邓先生也刚研究生毕业，二文见证了先生学术起点之高，而笔者之一（孙维城）当时正在学习阶段，还记得捧读这两篇文章的激动心情。因此时词学界的主流还是尊豪放、抑婉约，论清空、骚雅是全新的领域。这两篇论文精准而具体，富于创见，到今天仍为学界所认同，还是权威的论述。而邓先生新世纪以来发表的论宋词的骚辩之旨，论进士风与晚唐词等文，也得到了词学界的重视与好评。

邓先生与他的同门师兄弟在1994年出版了《中国词学批评史》，这是学界的第一部，到今天还具有不可替代的理论价值。邓先生撰写了其中六个章节，前三章基本勾勒出了南宋的词学理论，后三章总结了清末民初最重要的词学理论，涉张炎、沈义父、刘熙载、况周颐、王国维等词论大家。王国维《人间词话》一直是研究的热门，但况周颐的《蕙风词话》却鲜有人论及，当时只有笔者之一（孙维城）的《况周颐与〈蕙风词话〉研究》与张利群的《况周颐〈蕙风词话〉研究》两本小册子及一些论文，却因人微言轻，不受重视。《中国词学批评史》一出，邓先生的况周颐词论研究立即得到学界关注，推动了《蕙风词话》的研究，使之成为了今天的热门，先生可谓功不可没。而刘熙载的《艺概·词概》，当时几乎无人注意，没有人与之同《蕙风词话》、尤其是《人间词话》相提并论，由此亦可见邓先生的先见卓识。

文集第五卷收《唐宋词美学》《宋词与人生》《爱国词人辛弃疾》三著。唐宋词的美学研究虽早有零散之见，但邓先生的《唐宋词美学》开辟了一种古代文体的专题美学研究，却是词学界的首创。此书六章，分论唐宋词的审美对象、题旨原型、艺术境界、审美意识、艺术传达、美学接受。第一章将唐宋词定义为内倾型的心绪文学，并从主客两端论心灵与物质世界的审美；第二章论伤春伤别为唐宋词的感情原型，而“芳草美人”则是政治原型；第三章认为唐宋词的艺术境界以狭而深为特征，为阴柔美之极致，是悲剧性的精品，并分析其成因。第四、五章以“情真体正”论词人审美意识的非功利性与非道德性，并论及审美意识的个性差异与时代差异。后二章论从审美感受到艺术传达的过程，再归纳艺术传达的一般特点和特殊途径；论美学接受的感情基础与文化时态，总结了接受的过程及审美感受，提出应对词中的寄托作政治解读。此书不仅将美学的基本原理与唐宋词的创作实践贴切结合，对重要的论题作出启人心智的阐发，而且行文优美，可读性强。

《宋词与人生》全书分爱情、闲情、雅趣、性情、济世之志及其失落、羁旅行役、民族灾难与流落之悲、节序与习俗、咏物九个专题，共一百篇文章，各篇既单独成文又连为一体。书中结合宋词所写的人生体悟、感情世界及多姿多彩的生活，力求还原当时的文化生态，同时又表达了自己的人生感触。既有对于古代事物、理念、感情的历史唯物主义解读，亦有贴近古人、力求理解的叙说。如以恩格斯的爱情观看待文人学士的婚外情，不以闲情为“无病呻吟”，用生命意识观照人生如寄、叹老嗟卑、及时行乐；还多方面结合具体词人、词作，形象化地理解古人的性格、情怀、思想、操守，解释词人如何处理名利、事功、仕途经济、人生忧患，赞赏坦荡、旷达、狷洁、随遇而安及解脱之道；书中既展现了羁旅行役、节序习俗等常态化生活，又勾勒出民族灾难、流落之悲；对于咏物之作，则从比兴寄托的角度作了通俗化的解读。全书平平说出、娓娓道来，既论古又言今，亦议论亦抒情，颇能引人入胜。

在多年的跨界研究之后，邓先生回归词学，在2010年出版了百多万字的皇皇巨著《唐宋词艺术发展史》，手眼自非当年，气象更是开阔。此书有三个主要特点：第一，结合唐宋词与音乐作深入探究，而非单纯的文学研究；第二，从文化学角度对唐宋词作整体研究；第三，文献学、文艺学、文化学三结合的方法。

从文化角度论述诗词绘画，是邓先生学术研究的基本特点，而《唐宋词艺术发展史》更是邓先生文化学研究方法的成功实践。全书120多万字，分十章，从敦煌曲子词开始，到宋季风雅词结束，每一章基本皆以文化转换为枢纽而论述词的艺术发展，对其文化内涵的阐述都占了重要的位置。第一章对燕乐之起作了文化的探究，同时梳理了敦煌曲子词的不同文化内涵。第二章论盛唐的宫廷文化催生了盛唐词，中唐多元文化产生多种题材的词，刘白词与士大夫文化关系密切，而以温韦为代表的晚唐文人词则可看到进士文化的影响。第三章论花间与南唐词体现了不同的宫廷文化。第四章论北宋士大夫文化的形成及以晏欧为代表的士大夫词，渗透市井文化的柳永词以“骫骳从俗”为最大特点。第五章论北宋中期因变法发展出的政党政治影响了士大夫文化，及对此期词的三点影响，苏轼“以诗为词”，标志着“士大夫之词”的完成；秦观独到的“词心”是受累于党争文化所成。第六章论北宋后期（徽宗朝）词的发展与集成，重点论述了贺铸和周邦彦，论及党争之变、“丰亨豫大”、审美文化与词的关系。第七章论南渡词，认为靖康事变的汉文化之劫促使了词之变，高宗“中兴”则有词坛“复雅”之倡，具恢复文化正统的背景，供奉之作则是新的宫廷文化所生。第八章论辛弃疾和辛派词，认为稼轩词综融南北、兼具情、志，是文化集成的体现，辛派词也具有相近的文化成因。第九章论南宋风雅词派，认为江湖文化及隐逸、游谒的生存方式，是姜夔、史达祖、吴文英的共同基础，姜夔词乐尚雅而反胡，有独特的文化意义。第十章论宋季风雅词及辛派嗣响，风雅派延续在浙江词人的创作中，前期多为吟社文化产物，后期多见国亡而文化剧变之时的“哀以思”；而江西词人群则是辛派的继承者，具有理学文化的背景、色彩。

此书虽达百多万字，而从文化转换、盛衰的角度观照词的艺术发展、演变，则把握甚当，较之于仅从体制内的描述、论析，更能揭示文艺形式变化的文化动力；且能在完成对唐宋词艺术史的论述中，对每一时期艺术主流的变化，都谈出了不同的特点，论析不同文化对每一时期词的内外影响与形式规范，既实事求是，又令人信服。

文化是包容性极大、内涵极丰富的概念，我们选择与词关系密切的音乐来谈谈。一般文学史及词史著作，对于词的音乐特点，多取绕道而行的办法，在书的开头论雅乐与燕乐，然后就不再提及。《唐宋词艺术发展史》却是力图勾勒出词与音乐的具体关系，在有关章节展开论述：既论唐代燕乐杂言歌辞之起，教坊曲与词调的关系，“选词以配乐”，“非由乐以定词”的创作原则；又从雅乐衰而燕乐传的特定角度论五代歌词繁盛之由；柳永是慢词的创调名家，在变教坊曲为词调中起了很大作用；周邦彦知音律、善制曲，创调甚多；姜夔尚雅乐而反胡乐，明俗乐而求之雅，先词后曲，回归“声依永”原则，坚持主体抒情，改变了以词就曲的定法。这样，在整个词史的论述过程中，同时贯彻了一条词体与音乐关系的线索。书中曾引沈曾植一段话，分析词乐之变，以及柳永词与音乐的联系，正确解释了词史变化的诸多问题。可据此总结出以下几点：其一，五代词的“促数”，北宋盛时的“啴缓”都由燕乐音节的变化造成。其二，“促数”在于羯鼓节奏，“啴缓”在于玉笛节奏，可见宋初与五代音乐的差别。其三，柳永词与笛的“啴缓”有关，适合于慢词，故慢词在柳永时兴盛。第四，北宋后期周邦彦词转向“平整”。从五代的“促数”到北宋初的“啴缓”，再到北宋后期的“平整”，音乐变化对词体的影响十分清晰。

综上，邓先生的词学研究也是在经历了文艺美学、社会学的研究后，进而在大文化的背景下对词学的全面而精深的研究。从作家作品、风格流派、美学与批评、词学理论、词学史，直到以文化学相观照的唐宋词艺术史，构成了微观、中观与宏观相结合的格局。因有如此宏大、全面、精深的词学研究，词学界怎能不把先生当做“自己人”呢！

四、文化与画学

邓乔彬先生以诗词研究为主，又延伸到艺术领域，旁及绘画及其理论研究，有独著《中国绘画思想史》和《宋代绘画研究》。前者初版于2001年，十年后增订再版，这次收入文集成第八、九卷，后者则成为第十卷的主体。

作为第一部系统研究中国古代绘画理论和思想的通史，《中国绘画思想史》以百多万字的篇幅不仅填补了该领域的学术空白，更揭示了中国传统文化和民族审美的特点及价值取向。历代绘画理论和画评、画跋、题画诗遗存很多，但一直缺乏系统的整理和研究。邓先生通过建立一个“绘画思想史”的体系，将上述与绘画有关的历代文献作了梳理、考察，并用历史逻辑和艺术哲学将这个体系“激活”，使之成为一个开放的空间。读者通过阅读此书，既能认知中国绘画思想史的发展，又能了解传统中国艺术批评的形式、方法、习惯，还能体会古典绘画的价值取向和审美趣味，对艺术精神的实质有所感悟。我们认为，邓先生的“历史话语”在此著中主要表现为空间性和时间性两个方面，比如他将楚汉作为一节来论述，将其从早期混沌的“艺术场”中单独抽离出来，这显然是由于看到了楚汉特殊的文化内容和形式，绘画作为其表现之一，能够帮助我们更好地认识这种地域性的文化思想合生态。又如书中论述清代中晚期“古典绘画思想的终结”，是将其放置在十九世纪社会与绘画史皆处于深刻变革的历史语境中进行考量的，因此施以一种宏观的视角，既省去了以政治年代为经叙述的繁杂和不便，又自然而然地昭示出绘画思想发展的潜隐线索，同时也使读者得以详略得当地认识美术史的行进与变迁。

也许邓先生在写完绘画思想的通史后，觉得很有必要关注与文学关系最为密切的宋代绘画，故而于2006年出版了《宋代绘画研究》。从中我们可以看出邓先生对宋代绘画在画史上应有的地位有着明晰的认知；两宋之际和宋元之交绘画的抒情化转向，分别被概括为“文学化”和“文人画的变化转型”；其背后的人文精神与绘画思想的内涵及其转变也被剖析得甚为深入。邓先生认为，欧阳修和苏轼先后领导的诗文革新运动造就了北宋新时期的人文精神，影响及于绘画，使之从“技”上升到“艺”，再进而为“道”，道德和理趣进入了绘画领域，而立意则向“山林者之乐”转移。邓先生虽然专论宋代绘画的特质，但因其视角广阔，故而既能将之放置于历时的绘画史中寻到坐标点，又能运用共时的其他艺术门类思想与技巧与之互释，所论深刻可信自不待言。邓先生论画是在细致研究图画文本的基础上，掺入了技巧分析和美学鉴赏，详细观察研究，得出的结论与成说不同，很有独得之见，令人信服。

《邓乔彬文集》第十一卷是《学者研究》，含《吴梅研究》《学者闻一多》二著。前者是对近现代曲学大师吴梅所作的学术与创作评传，为学界的第一部，仅其首创的意义、价值就不待言。后者是对闻一多作为学者的“研究之研究”，由于闻一多研究古典文学的范围从史前直至唐代，且是我国最早运用文化人类学研究古代文学的学者之一，而当代学者治学多有断代或方法之限，故对其学术作全面的铨衡不是易事。邓乔彬先生治学范围广，且对文化学浸淫较久，故能写出此书，而《学者闻一多》的出版实也有首创之功。限于篇幅，对于上述二著就不作详论了。

当前的学界，或因时（分段如文学史）或因体（文体）或因人而治学，力图打通者较少。邓先生的文集则可见他的治学既是横向（诗、词，文学与绘画，学者研究）的打通，又是纵向（文化与文艺、绘画思想史研究覆盖从先秦到近代，诗学研究从先秦到明清）的打通。而断代的研究则有《唐宋词艺术发展史》与《宋代绘画研究》等。邓先生的学术经历、思路、成就大致通过他的学术文集展现出来了，而可能未展现、或者说需要我们自己感悟领会的，是他充沛的才情和玲珑的艺术慧心。现在从事古代文学与传统文化研究的学者越来越多，但兼有才情和慧心者并不多见，如果学术界多一些像邓先生这样善于感发、精于体悟、严于论证的学者，那将是学术之幸、文化之幸。

（原载《中国韵文学刊》2014年第3期，作者单位：安庆师范学院文学院、暨南大学文学院）

现当代学术史视域下邓乔彬的古代文学与画学研究

杨柏岭

摘要：新时期以来我国古代文学艺术领域学术成就颇值得总结，邓乔彬教授便是此领域取得重要贡献的学者之一。在治学风气不断变化中，他在顺应时代学术精神的同时，从解决学术之“惑”出发，坚守自己的特点，不断拓展领域，形成了“求通尊专”的治学风格；虽以古代文学、画学为研究对象，但始终接续现代学术的思考起点，传承现代学术精神；在时代学术潮流与个性优长的双向作用中，围绕古代文艺与文化史的关系，不断探索并拓展对古代文学、画学的比较诗学、文化学研究路径，并始终以真善美为旨归，坚守民族文化本位，以一己之力撰写多部通史、断代史专著，对古代文艺学研究贡献卓著。

关键词：邓乔彬；学术史；古代文学；古代画学；文化学；史学构建

自1978年12月中共十一届三中全会召开，随着真理标准大讨论，思想禁锢渐解，我国进入改革开放的新时期。回顾与总结新时期以来我国的学术成就，对探求在“中国民族伟大复兴”时代精神指引下的学术研究之路意义极大。著名学者邓乔彬教授①正可谓新时期中国古代文学与艺术研究的代表人物之一。他是1967年毕业的大学生，任中学教师多年，1978年考取为华东师大中文系古代文学研究生（词曲方向），开始了人生的新征程，毕业后先后在华东师大与暨南大学中文系工作。2013年8月，《邓乔彬学术文集》12卷出版②，成为他迄今为止学术研究的总结。35年来，他持续精进，笔耕不辍，始终以中国古代文艺为研究对象，通过比较诗学、文化观照等方法，承接中国现代学术研究之精神，求索中国文艺思想、美学品格与民族特色，充分展示了新时期一代学人的识见、功力、品质与气魄。

求“通”而尊“专”：不断精进下的治学风格

中国自古以来，便有“三立”之人生目标。虽说“太上立德，其次立功，其次立言”，然“立德”是根本，系普遍要求，与社会分工无关；“立功”与分工相对密切，然武可立军功，文亦可铭钟鼎而“立书生之勋”③；至于“立言”，似为文士所主攻，然亦非职业所能限。随着现代社会分工日渐细密，“立言”这最次的

---

①邓乔彬，男，广东珠海人，在华东师范大学先后学习9年，工作22年，现为暨南大学文学院教授，博士生导师，当代著名古代文学、文艺理论研究家，出版学术专著12部，主编古籍选注本、点校本4部，主编、参编各类工具书、教材近20部，发表学术论文近200篇，各类文章约150篇。

②邓乔彬．邓乔彬学术文集[M]．芜湖：安徽师范大学出版社，2013.

③曾国藩．与左宗棠[M]//曾国藩．曾国藩全集·书信（1）．殷绍基等，整理．长沙：岳麓书社，1990：178.

“不朽之业”在知识分子所拥有之下又渐趋归为部分职业所独有。于是，由人生兴趣与目标而选择职业，又因职业而再树人生目标与兴趣，成为现代知识分子充满悖论的人生抉择之规律。1943年出生的邓乔彬先生及其这一代知识分子更是尝尽这种抉择的迷惘与欣喜。他于1956年入华东师大附中，初步确立“志于学”之志向，而逐渐以文哲、史地与艺术为所好。高中毕业前，因“看到了历年对《红楼梦》研究、对胡适思想、对诸多文艺现象和人物的批判，深感‘文科危险’”，加之有到高校或科研单位工作的向往，且有为创作科幻小说作学术准备之想，高考选择了理科，考入了华东师大物理系。然入读一年，深感这种弃长取短选择的痛苦，决定破釜沉舟、“舍命”一搏，终得以转入中文系就读，并“开始酝酿学习与体育双优的计划[①]，期待毕业后能走上高校教学和文学研究的道路”。但是，在中文系仅读了一年，1964年秋即被命至安徽农村参加“四清”运动。1966年回校不久，“文革”发生，自是不能读书，1967年毕业，推迟一年分配工作，先在江苏南通东方红军垦农场接受解放军的“再教育”，继而到甘肃永登水泥厂工作，接受工人阶级的“再教育”，先当三班倒的生产岗位工人，后任该厂职工子弟小学、中学军体课、语文课教师。直至“而立”之后的第五年，随着1977年恢复高考消息到来，才感到“‘志于学’的时代终于来临了”，1978年秋终于成为“文革”后首届研究生，得以从中年开始“志于学”。研究生三年，是他真正的读书期，重获“志于学”机会，激起了学习热情，“尽废以前所好，停止了体育锻炼，渐入学术之门”，而1981年毕业留校，既是他学术研究的继续，又是逐渐开拓的起始。[②]

可见，“志于学”是邓先生众多兴趣、特长中一以贯之的信念，而选择高校或科研单位作为自己职业，又是在现代社会分工制度下的最佳选择。尽管历经蹉跎岁月之痛，但时值而立之年，于新时期终以高校教师身份“志于学”，则无疑具有了丰富的象征意义。在这一点上，我们在感喟历史、咀嚼一代知识分子命运的同时，实在为邓先生这批学者能合兴趣、特长、理想与职业为一体的人生征途而高兴。不过，新时期以来，经过商品经济浪潮冲洗（部分学者“下海”）、学而优则仕的吸引（部分学者“职务崇拜”）、职称制度的功利化（部分学者“唯职称”）以及大众文化的轰炸（部分学者“娱乐化”），而能坚守志于学的立言不朽之业者，方可谓真学者。其实，邓先生少年至青年时代兴趣颇广，特长极多，除了体育，尚喜好诗文写作、绘画、篆刻、剧本与舞美创作乃至模型制作，然中年后则以全部精力用于科研、教学，“喜谈政治而无作为，关注历史而不著述”，甚至时有被邀而偶作方言模仿秀，但“性格外柔内刚”的他“处穷而不愿降身屈志，处卑而力抑艳羡之情”，[③]始终坚定其志于学之心。正如邓先生自言，自研究生毕

①邓乔彬先生在1964年春以1米92打破1米86的上海高校跳高纪录，距当年所定新的运动健将标准仅3厘米。此项纪录保持15年之久。

②以上有关邓乔彬先生的经历，可参见《邓乔彬学术文集·总序》，载《邓乔彬学术文集》各卷首页。

③邓乔彬．自传[M]//王嘉，主编．邓乔彬教授七十华诞纪念文集．芜湖：安徽师范大学出版社，2013：5.

业，留校工作后，“对于人生之途自无所‘惑’，而对学术问题则‘惑’者甚多，因之而兴趣渐广”[①]，充分发挥其文艺兴趣广博的特点，将创作之兴趣变为研究之兴趣，不断扩展领域，终成其“求通尊专”的治学路径与个性。

关于治学求“通人”或“专家”的问题，钱穆有过评述：“文化异，斯学术亦异。中国重和合，西方重分别。民国以来，中国学术界分门别类，务为专家，与中国传统通人通儒之学大相违异。循至通读古籍，格不相入。此其影响将来学术之发展实大，不可不加以讨论。”[②]虽说“通人通儒”与“务为专家”存有“讲会通”与“讲专门”之别，但不以系列专门学问为基石，无从谈会通；反之亦然，若无以会通精神为纵贯线，则专门之学何从深究？钱穆所忧虑的正是后者，即在学科分类日渐细密的学术专业化“在坚实精进的同时，则有可能对人类知识的完整性实行阉割”[③]的现象。新时期以来的古代文艺研究，前十余年在老一辈学者多走专门分析之学的同时，新崛起的一批学人在方法热、文化热、比较热、美学热等时代风气下多热衷于宏观的会通研究；随着职称评审、学位授予相关制度的推进，以及传统文化复苏热等因素的影响，20世纪90年代中后期以来，在合理地摒弃空疏之学同时，重实证、重文献渐成新风气，颇有“回到乾嘉”的趋势[④]；近年来，“博导务为专家”“博士不博”以及“学术论文八股”等现象仍在延续，与此同时，成为“通人通儒”的中国学术精神的复兴愿望似乎也正在滋长。

邓先生“求通尊专”的治学路径，显然受到了改革开放初期学术风气及时代精神的影响。30余年来，他持续拓展领域，在新时期思想禁锢渐解后，力图渐解诸多学术之“惑”，先后涉足曲学、词学、比较诗学、画学、文化诗学、学术史等诸多领域，且各领域无不“通”“专”结合，如曲学中的吴梅研究、词学中的辛弃疾及姜夔等词家研究、比较诗学中的诗画关系研究、画学中的宋画与画论研究、文化诗学中的古代文艺与文化关系史研究、学术史中的学者闻一多研究等，均可谓邓先生的专门之学。除了不断“在紧邻学科间比较、探索”[⑤]以求文艺各类样式的会通，其“求通尊专”更为鲜明的特点还在于始终以开阔的学术视野，突破孤立的研究，以比较诗学、文化观照、思想史分析、学术史建构等多学科结合的研究方法，求索中国古代文艺的美学价值、民族特色、文化品质等研究目的。这一追求随着时间的推演，历经其重比较、重美学、重文化、重思想等治学兴趣变化的过程，由隐而显，尽显“求通尊专”研究路数的气魄。以画学研究为例，从20世纪80年代《我国绘画的题材消长及功能演变》（《美术史论》1989年第2期）一篇犹如绘画理论简史长文，经过90年代初出版的《有声画与无声诗》诗画比较研

①邓乔彬.邓乔彬学术文集·总序[M].芜湖：安徽师范大学出版社，2013.

②钱穆.现在中国学术论衡·序[M].上沙：岳麓书社，1986：1.

③杨义.通向大文学观[M].合肥：安徽教育出版社，2006：83.

④邓乔彬.治学谈：学术研究的定位与个性[N].华东师范大学校报，1999-03-19(2).

⑤徐中玉.序[M]//邓乔彬.有声画与无声诗.上海：上海社会科学院出版社，1993.

究，至本世纪初终成百余万字的长轴画卷《中国绘画思想史》；以词学为例，从20世纪80年代初发表的《论姜夔词的清空》（《文学遗产》1982年第1期）、《论姜夔词的骚雅》（《文学评论丛刊》第22期，中国社会科学出版社1984年出版）等文，从范畴入手，探索词学美学价值与文化品位，历经《中国词学批评史》《唐宋词美学》《宋词与人生》以及多个词集注释本，终成又一部近130万字的鸿篇巨制《唐宋词艺术发展史》。

一代有一代之学，在此学术风气下亦可曰代有学人，然同代学人中又是百态千姿的。邓先生曾多次谈到历代学者以及他自己的治学方法。他有感20世纪以来在以“喜专治一业，为‘窄而深’”研究成为名家而独领风骚时指出：“倘然都走这一条道路，又岂非使玫瑰花和紫罗兰散放‘雷同’的香气？为此，我为自己确立的研究个性是力求在归返于通人之学中体现。随着学术向精深的发展，‘专’自不易，遑论求‘通’？但是，材质所限，非风会之所能拘，‘通’虽不能至，予却心向往之”。先生所谓“材质所限”，主要指“就我自己而言，识强于才，才高于学，编辞典、搞笺注之类虽非不能，却因重在‘学’而非我所长，因此，我将研究的主攻方向放在与‘识’相关的理论建构上。”[①]关于这一点，他在《为本科生开讲座的体会》一文中有最直接、最形象的说明：“我很信奉科研是教学的基础一说……始终在科研上不敢懈怠……能不断在深化中开拓研究领域，不少人‘一生只打一口深井’，我却打了好几口井。”“研究属于‘打井’，以深度为追求，故应在‘深水区’，且应是‘陌生’的‘泳池’。如果将人家已经研究过的问题当作未开发领域，将人家已有的成果当作自己所得，若不是故意窃取就实在是无知。”[②]此番“打了好几口井”的比喻，回应的正是而立之年真正志于学时的众多学术问题之“惑”。这些“惑”，既指研究领域的不断扩展，也指研究方法与目标的层深递进；同时，结合邓先生的治学历程，“这好几口井”呈现为“先后打”“同时打”及“再次打”的特点，于是多井并打，亦多井同时“汲水”，自然喷涌而出，汇成巨流。

因邓先生早年以治词曲为主，于是学界多视他为词学专家。其实，先生无意于这种专门之学，尤其是那种因“专”而“狭”的门径。由此，笔者联想到严迪昌与王兆鹏二位先生的一段对话：王先生曾将20世纪词学宗师们的治学特色概括为“专、精、大”，严先生认为此番概括“很精要”之后补充道：“‘专’，从成果现象看，宗师们主要成就在词的研究上，但事实是宗师们一生并非只是专精于词学……事实是，历史上的词人并非如今天分工细狭的犹如专业户式的作家……要整体把握他们各自的心态，把握他们共时性群体生态，或叫原生态，以及作品表现形态，是必须有个宽博的研究视野空间的。不要把‘专’变成狭。”“‘大’，我

---

①邓乔彬．治学谈：学术研究的定位与个性[N]．华东师范大学校报，1999-03-19(2)．

②邓乔彬．为本科生开讲座的体会[M]//邓乔彬学术文集：第12卷．芜湖：安徽师范大学出版，2013：180-181．

想也是整体性表现。宗师们的‘大’也与博通有关，与词史整体性认识和把握有关。”[①]以此来观邓先生治学（即便是他的词学研究）特点，是极为恰当的。治学而为“通人、通儒”，既是中国古代学术的特点，也是古代学人的理想，近现代以来虽不乏梁启超、王国维、闻一多等既是“通人”也是“专家”这类开创新风的学者，但纵观百年余来的重要学者，“务为专家”在一定范围内还是代表了学术界的一种风气。笔者以为，在中国学术复兴之路上，“务为专家”很重要，但应当更需要“通人、通儒”。

古代对象与现代起点：“接着讲”的学术史之思

在治学目标之尺度上，司马迁《报任安书》自言“亦欲以究天人之际，通古今之变，成一家之言”的著史要求，无疑是中国学人的至高典范。不过，如何践行这种具有历史哲学尺度的治学目标，在具体的治学活动中还是形成了不同的路径。20世纪30年代末，冯友兰在《新理学》开篇谈到“新理学”之“新”时指出：“我们是‘接著’宋明以来底理学讲底，而不是‘照著’宋明以来底理学讲底。”[②]此论涉及治学“照着讲”与“接着讲”两种治学路径，主流看法是前者为哲学史家的工作，重在数典与继承；后者为哲学家的工作，重在延续与创新。其实，任何一门学术均需“照着讲”与“接着讲”二者之统一，处理好“旧学”与“新知”之间的辩证关系。在尊重历史面貌的本真还原的前提下，“接着”学术史来讲，这就是接近“通古今之变”了。同时，“照着”与“接着”二者是难以达到均衡的：“照着讲”尤重学问，而“接着讲”尤见思想与识力，均对学人提出了高要求，但学问、思想与识见皆高，可谓罕有其人。20世纪90年代初，李泽厚针对“王国维、陈寅恪被抬上天，陈独秀、胡适、鲁迅则‘退居二线’”的现象，感叹“90年代大陆学术时尚之一是思想家淡出，学问家凸显”。[③]与此同时，王元化不满意这种思想与学术截然分开以及“学术压思想”的意见，于1995年10月在《学术集林》卷五编后记提出：“今天应该多一些有学术的思想和有思想的学术。”虽说李泽厚于2010年接受访谈时指出“我的说法却被误读，以为我反对搞学问”，并认为王元化的“讲法意义不大”，因为真正的思想家均以学问作根底，而学问家必有一定的思想，[④]但笔者以为王元化先生的意见更为辩证，亦更具有学术研究的指导价值。思想与学术的辩证统一，既统摄了中国传统重“我注六经”的汉学与重“六经注我”的宋学之间的考证与义理之争，又从方法论角度呼应了我国学界马克思主义哲学对历史和逻辑相统一的追求，同时对冯友兰“照着讲”与“接着讲”

①严迪昌，刘扬忠，钟振振，王兆鹏．传承、建构、展望——关于二十世纪词学研究的对话[J]．文学遗产，1999(3).

②冯友兰．贞元六书：上卷[M]．上海：华东师范大学出版社，1996：5.

③李泽厚．走我自己的路[M]．新订版．台北：三民书局，1996：683.

④张明扬．李泽厚再谈思想与学问[EB/OL]．(2010-10-24)[2014-02-09].http://www.dfdaily.com/html/1170/2010/10/24/529177.shtml.

治学路径的目标说明具有启示意义。

之所以叙说这么多，是因为在笔者看来，近现代以来伴随着“西学东渐”的历史演进及中国社会的道路选择，中国学人面对的是前所未有的中西之辨、古今之争，包括文学、艺术在内的学术研究的“转换”或“转型”的需要，迫使不同阶段的现代学人们必须考虑“照着什么讲”及“接着什么讲”的话题。惟能识见于此，方能真正做出如王元化先生所说的“有学术的思想和有思想的学术”。当然，历史永远是复杂的，恰如新时期崛起的一代学人，因“文革”隔断、在重获研究机会后，在“接着讲”方面也呈分流之势。就中国古典文艺研究领域而言，或是就史论史，接着中国传统文艺学讲；或是以西论中，接着西方某种文艺学讲；或是以“马”统中，接着马克思主义文艺学讲……在这泾渭分明的走势中，更多的则是会通和合，综合运用。笔者以为邓先生也具有这样的特点，但更为鲜明的特点在于他的接续现代学术史之意识。就先生研究对象来说，除了对现代学人如王国维、吴梅、闻一多乃至当代吴世昌、叶嘉莹等词学家予以专门研究，其关注的主要是中国古典文学与艺术，即便是研究现当代学人，也是他们的古典文学的“研究之研究”。但面对古典文、艺这样的对象，先生从话题的选择到阐释的思路，均有“接着”近现代学术史“讲”的自觉意识。

邓先生始治词曲而首选吴梅，自与其是吴梅再传弟子这个师承渊源有关，而更为重要的是出于如下考虑：正如浦江清《悼吴瞿安先生》一文所说的“近世对于戏曲一门学问，最有研究者推王静安先生与吴先生两人”，“但在戏曲本身之研究，还当推瞿安先生独步”①,然而因吴梅被部分论者视为“旧式文人”，加之其“后半生是纯粹学人”，基本上与政治活动无涉，且又处于新旧文学活动的交接时期，故而在以新文学为主线的现代文学史上，包括吴梅在内的古典文学研究与创作者并未引起重视，甚至颇多贬抑。对此，邓先生反思道：“五四运动固然是近现代文学的分界线，但这一界限难道真能将两个时代和众多人物截然分开？此时，报刊上已时见加强近代文学研究的呼吁，我愈加感到，完整的近代文学研究应该包括‘五四’前后的旧文体及其作者的研究，故更加坚定了将《吴梅研究》作为词曲专业硕士论文的决心。”②进而在实际研究中，邓先生亦是承接了近现代古典文艺发展方向及研究趋向，走有思想的学术之路，“并非全面叙述并评价吴梅先生校订古剧本及整理曲律的工作，亦非将吴先生在制曲、谱曲、度曲等方面的成就，去与古人或同代人相比较，而是从吴先生的体沿旧制但时有新见的著作中，去发现吴先生在戏曲美学思想、戏曲创作论、戏曲史观、戏曲批评等诸多领域中的真知灼见和体味至深之处”③。

研究吴梅之同时，邓先生亦始治词。阅读他上个世纪80年初期治词的成果有

①浦江清.悼吴瞿安先生[J].戏曲月辑,1942(3).

②邓乔彬.吴梅研究·后记[M].上海:华东师范大学出版社,1990:242.

③万云骏.序[M]//邓乔彬.吴梅研究.上海:华东师范大学出版社,1990.

个明显特征，即由南宋风雅词派（如姜夔、吴文英、王沂孙等）、经豪放派词家辛弃疾，上追至唐五代温庭筠。关于这个规律，乃是改革开放之初，词学研究冲破思想禁锢的一个标志性问题。即针对新中国成立以来简单地“以豪放、婉约划线”“言必称苏、辛，论必批柳、周”这种人云亦云的不正常现象，而重新评价豪放、婉约词。而先生“在阅读诸多词话后，始知婉约词本属当行，与豪放词有正、变之别”①，但何以不直接从唐五代北宋婉约词入手，而由南宋上追唐五代？周济曾提出“问途碧山，历稼轩、梦窗，以还清真之浑化”，而温庭筠亦为稍早的张惠言所重。可惜的是，常州派这个几成清末民初最时尚的治词路数，亦在现代新文学潮流中式微，而邓先生所接续的正是这个传统。80年代后期以后，邓先生词学研究之气象日趋恢宏阔大，研究领域从唐宋至近代，研究方式从辞典、校注到评论，研究方法从文艺学、美学到文化学，这些无不与学术潮流的时代演变相关，但如此不断拓展，笔者以为还与先生试图接续并深化龙榆生提出的现代词学体系有莫大关系。1934年，龙榆生《研究词学之商榷》（载《词学季刊》第一卷第四号）一文中，将填词与词学分开，并对词学下过一个定义：“推求各曲调表情之缓急悲欢，与词体之渊源流变，乃至各作者利病得失之所由，谓之词学。”并列举三百年来词学成绩“彰彰可纪者”的图谱、音律、词韵、词史、校勘诸学的代表，进而主张另创声调、批评、目录之学。面对这一宏大的“词学”体系，邓先生屡屡提及并积极地予以回应与探索。在肯定龙榆生所阐发的“‘三义’与‘八学’的相互发明、补充，可谓迄今为止最为完善的词学概念，而词学也确是一项不小的系统工程”②的同时，认识到作为词学的子系统尤其是图谱、音律之学，因为唱法失传以及研究者素养不足等原因，其建设并未完成。于是，在遗憾之余，惟有发挥自己的特长，从龙榆生所提出的“批评之学”予以发展、突破。由此，他先是承继王国维《人间词话》为传统的词学批评另辟出美学批评的研究路径，撰写了《唐宋词美学》，践行“一直有着对唐宋词作一全局性美学研究之念”（《唐宋词美学·结语》），接着综合前者，又接续现代学者尤其是闻一多从文化人类学研究古典文艺的精神，撰写了具有学术集成性质的巨著《唐宋词艺术发展史》。

邓先生的画学及诗画比较研究亦开始于上世纪80年代。这与先生从少年时代起就爱上了写诗和画画的兴趣有关，又随着近“不惑”之年、理性思索增多，兴趣转移到传统诗画理论。不过，真正开启先生诗画比较研究新起点的，则是“在读到钱锺书先生《旧文四篇》之后，为其中的《中国诗与中国画》《读〈拉奥孔〉》所深深折服，遂有了对中国古代诗画作一全面比较的念头”，同时因“诗论原已有较多接触，重点就转向了画论”。③从诗画比较理论本身而言，钱锺书《中

①邓乔彬.邓乔彬学术文集:第12卷·提要[M].芜湖:安徽师范大学出版社,2013.

②邓乔彬.《人间词话》境界说给词学批评的启示[J].词学:第8辑.上海:华东师范大学出版社,1990.

③邓乔彬.有声画与无声诗·后记[M].上海:上海社会科学院出版社,1993.

国诗与中国画》等文指出诗和画“性能和领域的异同，是美学上的重要理论问题”，但他探讨的“只是历史上具体的文艺鉴赏和评判”，“不是一篇文艺批评，而是文艺批评史上一个问题的澄清揭示”，并希望这一问题能得到“真正的、不是装模作样的解释”[①]，由此也就留下中国诗画异同何以如此的原因探究话题。对此，邓先生私下里曾喻称这是现代诗画研究史上的“钱锺书之问”，其专著《有声画与无声诗》便是由此而著，试图澄清钱锺书所留下的这一话题：从诗重人生与画重自然的表现对象分流、诗根于儒学与画近于道释的思想基础界定、诗主言志与画主畅神的社会功能演变、诗偏实与画偏虚的主体风格的确立，解释了诗画之异的中国文化传统的根源；从有声画与无声诗的美学特征融合、言意之辨与形神之鉴的形象营造的趋同、诗情与画意的艺术表现的互补、南宗画与神韵诗的相通，探索了诗画同理的文化传统依据。进而，若从这种古今中外的比较研究意识与研究方式上说，钱锺书可谓现代比较文艺学的前驱，而邓先生关于诗画异同原因的进一步的深究，则是中国近代以来，跳出中国传统“华夷之辨”“以夏变夷”等观念旧框框，而放眼看世界、学理分析中西学术传统的延续反映。这同样是一种“接着”现代中国学术精神“讲”的典型学案。对此，徐中玉先生在《有声画与无声诗·序言》中有过如此分析：正由于“人们从闭关锁国、自我拘禁的状态脱出以后”，才能“从世界各地人民的精神文明创造成果中发现许多不谋而合、不约而同的精华的原因”。

至于邓先生的古典文艺的美学研究、文化学研究以及中国文艺与文化关系史、中国绘画及中国绘画思想史等领域的研究，亦无一不是如此。陈寅恪先生在《陈垣敦煌劫余录序》中指出：“一时代之学术,必有其新材料与新问题。取用此材料，以研求问题，则为此时代学术之新潮流。”[②]对此，邓先生感同身受：“可见，‘问题意识’和材料发现对于进行学术研究是何等的重要！”[③]也许有人会说，“一切历史都是当代史”，历史研究中的旧学与新知双向互动关系是普遍存在的。其实，这只能是一种笼统抽象的说法。正如笔者前文所言，“接着什么讲”的治学路径对近现代以来中国学术意义非凡，无论从“拿来主义”“古为今用”“继承与创新”还是“转换”“转型”，无一不是对问题的积极回应。那种以还原历史为口号，而实则仅仅就史论史，照着历史讲的治学路数，很难从学术层面呼应新时代的“问题意识”，也很难真正做到学术与思想的兼顾，更无法寻求对原典的创造性诠释、学术史的推进以及理论形态的发展自新。

由比较诗学到文化观照：学术视野的时代扩展

纵观20世纪以来的中国文学与艺术学学术史、或现代意义的文艺学学术史，

①钱锺书.中国诗与中国画[M]//旧文四篇.上海：上海古籍出版社，1979.

②陈寅恪.陈寅恪史学论文选集[M].上海：上海古籍出版社，1992：503.

③邓乔彬.古代文学研究二重、三重证据法及其他[J].洛阳大学学报，2004(1).

比较诗学及文化诗学的研究视野与方法，无疑是现当代学术的重要一翼。从某种意义上说，这种跨文化的眼光和视野是中国学界历经被动接纳“西学东渐”、主动寻求“中学话语”独立价值、乃至走向世界的必然之途。正因为基于这份中西格义、参古望今的时代与历史责任，与比较诗学研究范式在西方的发育和生长相对缓慢不同，“中国学人在理论思考和研究实践方面都卓有成效”：可以说，20世纪上半叶，堪称文艺学领域经典之作的往往就是那些比较诗学及文化诗学方面的成果。如从王国维《红楼梦研究》(1904)、《人间词话》(1908)、鲁迅《摩罗诗力说》(1908)到朱光潜《诗论》(1942)、钱锺书《谈艺录》(1948)等。新中国成立后的前30年，在极左文艺思潮占统治地位的氛围中，内地比较诗学及跨文化意义上的文艺研究几近销声匿迹；但海外和港台的华人学术界却承继了现代以来中国学人的研究传统，在比较诗学及文化诗学方面大放异彩。新时期以来，在改革开放时代精神的感召与催化下，内陆比较诗学研究在接续现代传统、吸纳海外和港台成果及时代新资源的基础上，进入了多元化发展的快车道①。如在上个世纪80年代初期，王元化先生便倡导“从文化史的角度来研究文学”主张，并明确指出：“我相信，如果我们这样去做，对一些长期晦暗不明、争论不清的问题可以理出一点头绪，甚至有所突破；对一些似成定论的问题也可能作出新的估价，取得新的认识。”②

在此学术氛围中，对新时期以来这种研究跨文化的比较诗学及文化诗学研究方法及发展方向，邓先生亦始终予以深度关注着。上世纪80年代，针对机械反映论、庸俗社会学在文学研究中的表现，以及因新方法论的输入带来的“人们开始普遍认识到整体性”的潮流，邓先生撰文指出“在古代文学的宏观研究中，文学与文化的关系的研究，就显得非常重要”③。同时，针对当时较为沉闷的古典文学研究领域，在缕述了古代文学研究方法史后，提出四个方面建议：“第一，破除机械的反映论，清除庸俗社会学影响。”“第二，应将传统的‘知人’的道德批评，转为恩格斯所说的‘美学和历史的观点’来进行批评。”“第三，针对传统研究方法侧重于微观的特点，应建立系统论、控制论的观念，以综合性、整体性体现出宏观研究的眼光。”“第四，对不同门类、形式的作品，不妨运用不同的方法，创造研究的新局面。”④90年代初，结合王国维《人间词话》境界说给词学批评的启示，认为《人间词话》实现了观念的突破，“是在‘西学东渐’的背景下，学习和汲取西方理论的结果”“是民族传统的批评同西方哲学、美学的融会结合”。这告诉我们：“古典文学虽有学科的特殊性，但同样应该并可以将眼光转向西方，积极地学习和汲取”“向西方汲取并非丢弃民族的精粹，观念与方法的转换决非‘名词

①陈跃红.中国比较诗学六十年(1949—2009)[J].汉语言文学研究,2010(1).

②王元化.关于当前文学研究中的两个问题[J].安徽师范大学学报:哲学社会科学版,1986(3).

③邓乔彬.古代文化与古代文学[J].语文导报,1987(1).

④邓乔彬.古典文学研究的拓展深入与观念方法问题[J].中国文学研究,1987(4).

换班’，这种汲取应该‘着盐于水’，遗貌取神。”①本世纪初，邓先生进而反思了上世纪80年代学术界的方法热、90年代古典文学界的多学科研究及宏观研究等现象，在认为诸如“新三论、老三论等自然科学方法很难真正贴切、深入地进入文学尤其是古代文学研究领地”等问题之后，依旧感到“古典文学是有其学科的特殊性，而传统的学科如何跟上现代的步伐，也是不得不考虑的问题”。进而通过分析诸如王国维提出“二重证据法”以及叶舒宪等人尝试运用的“三重证据法”等之后，指出本着梁启超、王国维、鲁迅、闻一多、郑振铎、陈寅恪等前辈大师给我们的启示，“沿着文化学的研究路子，应该说还是可以在古代文学的研究中有所创造，有所建树的”。②尤其是结合对闻一多对古代文学的文化学研究的深入探讨，深为闻一多“文学史为整个文化史中之一环！故研究某时期之文学史，同时必需顾及此期中其他诸文化部门之种种现象”③之论所折服，认为处于“五四”更新期之后，属于学术转型时期的闻一多的古代文学研究，在走出了晚清“体用”之说后，“在方法论上将传统与现代、中国与西方结合得非常完美”，体现了陈寅恪总结王国维所说的“取地下之实物与纸上之遗文互相释证；取异族之故书与吾国之旧籍互相补正；取外来之观念与固有之材料互相参证”（见陈寅恪《静安遗书序》）的治学方法，尤其在后者创获更多。④陈寅恪先生的“文史互证法，现在已成了一种典范。闻先生的传统的笺释学与现代的文化学相结合的方法，则是另一种典范。”⑤此外，邓先生于2008年又发表《宋代文学的文化学研究》（《学术研究》2008年第5期）一文，以宋代文学为例，更为系统地提出了古典文学的文化学研究的展望，希望通过文化学研究，在古典文学研究中恢复“中国重和合”的文化精神。

邓先生在积极思考的同时，更是亲身践行，探索古代文艺的文化学研究之路。在笔者看来，邓先生关于古代文艺的文化学研究不仅彰显着他的学术个性，而且因其研究成果亦堪称新时期古典文艺研究界的重镇。就其研究历程，大体可分为四个阶段：其一，诗学平行比较阶段（20世纪80年代），重点通过中西文学比较、诗画比较等呈现古代文艺的文化学之思。这时期继首篇比较诗学论文《诗画与虚实——论我国诗画批评标准的成因》（《古代文学理论研究》第九辑，1984年），又发表《从荷马史诗与西周史诗谈中西文学》（《华东师范大学学报》1986年第6期）等文，继而参编《比较文学三百题》（智量主编，上海文艺出版社1990年版）、独撰《有声画与无声诗》（25万字）。后者可谓这时期的代表性成果，虽由

①邓乔彬.《人间词话》境界说给词学批评的启示[J].词学：第8辑.上海：华东师范大学出版社，1990.

②邓乔彬.古代文学研究二重、三重证据法及其他[J].洛阳大学学报，2004(1).

③闻一多.致梅贻琦信[M]//闻一多全集.武汉：湖北人民出版社，1993：368.

④邓乔彬，赵晓岚.传统与现代的完美结合——闻一多古代文学研究方法给我们的启示[J].江汉论坛，2006(11).

⑤袁晓薇，袁茹.中国诗学研究座谈纪要[J].安徽师范大学学报：人文社科版，2000(3).

上海社会科学院出版社1993年出版，但实则在1987年前已成稿，并自此年在华师大中文系为本科生开设这门选修课，“听者甚众，并连续几年保持着较高的选课率”①。其二，文化诗学扩展阶段（20世纪90年代），重点通过文艺与文化学史关系的讨论，既向中国文化学史精进，又由诗词曲赋向绘画等文艺领域拓展。这方面代表性成果就是《古代文艺的文化观照》（上海教育出版社2003年版，35万字）与《中国绘画思想史》（贵州人民出版社2001年版，99.8万字；2011年再版插图本，140万字）。邓先生此时热衷文艺与文化关系研究，乃系受到当时文化热的学术风尚影响的结果。上个世纪80年代末，在文化热及复合型人才培养的时代诉求中，华东师大文科第一个复合型硕士专业筹建，邓先生受命参与其中并指导“中国文化建设”方向。出于授课的需要，邓先生自1991年撰写了《中国文化与文艺》讲稿，进而拓展到本科选修课、硕博专业课，前后十余年，历经多次修改终成专著《古代文艺的文化观照》。自1994年撰写，历经4年而成的《中国绘画思想史》，在笔者看来，这是一部在中国文化史背景下的绘画思想史，其一大特色便在于探寻各朝或不同时期的政治、经济尤其是文化、思想、观念意识、审美风尚的变化对画论的影响，以及绘画思想历史流变中的文化内在原因。其三，古代文艺的文化学研究方法的深化阶段（20世纪90年代末），重点通过对闻一多从文化人类学研究古典文学的“研究之研究”，系统梳理了古典文艺的文化学研究的方法，代表性成果就是与赵晓岚合著的《学者闻一多》（学林出版社2001版，31.9万字）。虽说邓先生研读闻一多始于90年代初，但真正集中思考则在1999年。此时，挟前期“文艺与文化学史关系”系列研究之余势，在充分展示出闻一多学术研究成果的同时，有述有评，述评结合，“确实出诸著者对闻一多学术研究的理性思考和深切体认”，而“时有精彩之论”②。其四，中国古代文艺的文化学研究方法的内化提升阶段（21世纪以来），重点从中国文化体制、制度、类型等层面具体研究各类文艺的特征及其演变规律，充分展示了古代文艺的文化学研究的价值，提出了一系列引人深思的观点与结论。由此，邓先生“志于学”亦进入其鼎盛期。这时期除了《宋词与人生》（上海古籍出版社2001年版，19.9万字）这样带有文化普及性的著作，还有如《宋代绘画研究》（河南大学出版社2006年版，49万字）、《唐宋词艺术发展史》（河北人民出版社2010年版，127.5万字）这类具有里程碑式的学术成果，更有以《长安文化与王维诗》（《文学评论》2001年第4期）、《董仲舒天人感应论对文学的积极影响》（《文艺理论研究》2004年第2期）等为代表的文化与诗学关系的专题论文；以《进士文化与唐诗》（《中国文化研究》2006年第3期）、《进士风与晚唐词》（《文学遗产》2009年第2期）等为代表的进士文化与唐宋诗词之总论专题；以《进士文化与诗可以兴》（《文艺研究》

①邓乔彬.有声画与无声诗·后记[M].上海：上海社会科学院出版社，1993.

②郭豫适.治学独多创造——《学者闻一多》序[J].中华文化论坛，2001(3).

2007年第4期)、《进士文化与诗可以观》(《学术研究》2006年第11期)、《进士文化与诗可以群》(《文学评论》2006年第4期)、《进士文化与诗可以怨》(《文艺理论研究》2007年第4期)等为代表的进士文化与唐诗功能之分论专题……这几组高质量、高档次的学术论文可谓推动古代文艺之文化学研究的成功范例。

在前辈学人中,闻一多先生曾以综观世界的眼光观照了中国古代文学的开始,"又立足于民族文化与文学的本位、下了极其准确的断语":"文化定型了,文学也定型了。"①闻一多这种"从世界文学看中国,从文化看文学"②的研究范式在邓先生古代文艺研究中有着鲜明的体现。笔者以为,从文化属性无法切实界说文艺属性,然作为民族文化的子系统,文艺的宏观特征隶属于文化特征,则是无可争辩的事实。数年前,笔者在阅读邓先生《宋代绘画研究》等论著时,曾就邓先生绘画理论研究,提出过"绘画文化与文化画学"两个概念③,此次再次学习邓先生论著,依然坚信了当初的判断。可以说,在中国古典文艺研究领域,邓先生的研究已形成了自己的路数与风格。在一定意义上,与其说先生关注的是诗词曲赋绘画等文学艺术及其理论的具体话题,还不如说先生更感兴趣的是文艺与文化史之关系,甚或说是文化史中的文艺对象。总体上说,先生笔下的文艺对象实则是拓展了的"词学文化""绘画文化""文艺文化",这种"文化"了的文艺对象才可谓先生学术研究兴趣之所在。可以说,先生始终在落实着文化传统—文艺对象—文艺思想—中国文化精神这个追问思路:既从文化定型文艺,又从文艺反观文化,在双向互动中,探求中国文化与文艺各自及互动的传统及演变规律。而此番阐释路径,笔者以为又具有"文化画学""文化词学"等理论建构意味。由此,"文艺文化学"与"文化文艺学"是一个问题的两个方面,前者重在考察文化史背景中的文艺,后者重在通过各类文艺形式追问其中的人文精神、传统文化的价值以及民族的与世界的关系等。

以邓先生的《宋代绘画研究》为例,即极为娴熟地运用由"绘画文化"的对象选择到"文化画学"的阐释路径。概括而言,一是从宋代社会形态到精神形态的文化环境,二是从宋代社会结构到画院建设的文化制度,三是从宋代画家身分到修养的文化主体,④四是从宋代绘画理论到思想的文化画学。此番研究从宏观、中观到微观,而微观中又力透时代精神与文化传统。邓先生在《宋代文学的文化学研究》一文中,就谈论过此番研究的心得与展望:"若要深化对宋代文学的文化学研究,对宋史观与宋型文化,当结合起来研究,且要有认识上的深化",同时亦"期待着能超越重在制度文化层面、确乎就科举与文学作全面文化考论的专著问

①闻一多.文学的历史动向[M]//闻一多全集:第10卷.武汉:湖北人民出版社,1993:17.

②邓乔彬.农业文化与《诗经》的史诗及饥者劳者之歌[J].南阳师范学院学报,2003(1).

③杨柏岭.绘画文化与文化画学——评邓乔彬教授的《宋代绘画研究》[J].暨南学报:哲学社会科学版,2008(3).

④杨柏岭.绘画文化与文化画学——评邓乔彬教授的《宋代绘画研究》[J].暨南学报:哲学社会科学版,2008(3).

世”等①。事实亦如此，先生对每个层面从不泛泛而谈，除了微观的具体论析，如宏观层面上尤重对各时期文化特征、类型及其对文艺影响的深度挖掘，像先生多次对“唐型文化”“宋型文化”的总结以及《宋代绘画研究》对北宋人文精神及其对绘画思想的影响的论述，均极为深刻，启人深思；中观层面在重视各类社会文化制度及其对文艺的影响（如画院建设之于绘画思想）的同时，又从进士文化、士大夫文化等角度予以深化解读唐诗学、唐宋词等，均是文艺的文化学研究的深入之举。

同时，邓先生对古典文艺的文化学观照，带给学界诸多新见与突破。譬如李泽厚先生曾批评以忧患意识概括中国文化的现象，而提出“不如用‘乐感文化’为更恰当”的观点。针对此，邓先生进而反思云：“此说固然有理，但我个人认为对中国文化作‘一元’的论定，未免有些简单化……相对说来，‘忧患’与‘乐感’似乎可看成是中国文化的二元耦合。”“这就是根源于农业经济的中国文艺的二元耦合。”“应该说，忧患意识是笼罩、贯串在中国文艺之上、之中的。但相对说来，多集中在文学上，而艺术中较少。”因为“中国诗画的思想基础分别在儒与道，构成互补”，等等②。这些均是经过全面考察中国诗画的历史文化依据后提出的真知灼见。又如，历代对于王维诗的研究已经不少，若想有新的开拓诚为不易。陈寅恪先生在《唐代政治史述论稿》中提出了长安文化区的概念，但因其所论的是政治史，亦偏重在政治地缘上运用这个概念。邓先生借此来确定长安文化的内涵，并以之观照王维诗。通过考察长安文化的物质、精神与制度层面（包括帝都的城市建筑、宫殿园苑、宴游生活、思想宗教、交游送别、升迁贬谪、节序风物等一系列活动）以及长安周围的“地理山川”，指出王维以文词科举进身进士，进入长安文化中心。其中，长安文化中的帝都文化主要方面都呈现在王维诗中，边塞文化与隐逸文化作为长安文化进与退的代表，也在王维诗中得到很好体现；同时，唐代宗手敕王维“天下文宗”地位，可谓“是长安文化对王维的高度肯定”，“从殷璠、高仲武评选王维诗，在艺术标准外兼以道德相取，可以看出帝都文化对王维性格的塑造”；进而，“如果将长安文化定义为玄宗时代的京都文化，那么，李白是在长安文化之外，杜甫是在长安文化之后，他们之未得王维的‘文宗’地位，应是历史的必然。”③诸如此类的新见不仅是对王维诗研究的深入，而且对唐诗史乃至中国诗史的研究均有启发性，而这正是先生从文化学角度思考文艺与文化史关系的结果。笔者以为，或许正因为如此，《唐代文学研究年鉴2002》“一年论文摘要”收录了此文④。

又如邓先生从“进士文化”探讨唐诗学，以及从“进士文化”“士大夫文化”

①邓乔彬，昌庆志.宋代文学的文化学研究[J].学术研究，2008(3).
②邓乔彬.古代文艺的文化观照[M].上海：上海教育出版社，2003：76–79.
③邓乔彬.长安文化与王维诗[J].文学评论，2001(4).
④傅璇琮.唐代文学研究年鉴2002[M].桂林：广西师范大学出版社，2003：123–127.

分析唐宋词学，更是以系列论文形式展示了文化学视野带给古代文学研究的冲击力。通过与六朝贵族文化相较，邓先生指出唐代进士文化除了“诗人重视现实、人生和‘世务’”“强烈的社会责任感”“蓬勃振奋的精神”“健康的心态和足够的自信心”及其“影响了诗歌创作，使之具有健康向上的生命力和雄阔壮伟的气象”，需要注意的还有进士制度使士人的传统道德观发生了改变，“露才扬己”“轻薄无行”以至于“德消情长”，唐诗普遍的抒情性正与此息息相关。[①]基于对唐代进士文化及其对士风影响的深入研究，邓先生从“兴、观、群、怨”的角度系统研究了唐诗学精神，可谓新见迭出。兹以论“兴”为例，略作说明。通过考察进士科所行的诗赋取士以及唐代诗人“感发志意”的特殊性，指出：“正是有违于儒家传统的中道，而向极情尽致发展，使得唐诗以强烈的抒情性见长，而非后来的宋诗之以理趣见胜。”“唐人‘兴于诗’之侧重‘外王’，在相对忽略‘内圣’而突破‘成于礼’的同时，收到了情长而诗盛的特殊效果，从某种意义上，这应是造就唐诗成为‘一代之文学’的主要成因。”[②]

至此，正如邓先生谈到宋代文学研究的现状时所说：“研究宋代文学不能是单纯的、孤立的文学研究，宋代文学的文化学研究应与思想史、哲学史、制度史作更广泛的结合，应注意文学与学术、艺术的关系，应具有宏观的理论视野与延伸的学术眼光。”[③]宋代文学研究如此，其他时代与文艺研究亦是如此。多年来，邓先生正是秉承这一学术理路，凭借他的深厚的古典文艺、文艺学和文化学的基础，立足于中国古典文艺史，承接中国近现代以来学术传承，从世界文艺看中国，从文化看文艺，由比较诗学进而“内化”为文艺、历史、文化的综合研究方法。这种宏观的理论视野与延伸的学术眼光，可以说贯串在邓先生整个古典文艺学研究范围和过程中。这既是邓先生治学特色的体现，也是他对新时期文学、艺术学研究界的一大贡献。

以真美善为旨归的民族本位：古典文学、画学的历史构筑

邓先生治学求“通”，除了研究领域的持续拓展、思考起点接续现代学术的问题意识、学术视野的比较诗学与文化学观照，又一个显著的特点就是在文艺与文化关系的讨论中，始终在文艺的世界性眼光下，以民族性为本位，关注各类文艺的本性、艺术思想的内在逻辑及美学价值的建构，并由内化的“通古今之变”的学思模式呈现为古代文学理论批评史、绘画思想史、艺术发展史等外化形式。可以说，这正是在文艺研究中，破除机械的反映论，清除庸俗唯物史观的影响，将中国传统的“知人”的道德批评、“本末”“源流”哲思方式转为恩格斯所说的“美学和历史的观点”来进行批评，进而拓展为文艺学、艺术学、文化学等综合观

①邓乔彬.进士文化与唐诗[J].中国文化研究,2006(3).

②邓乔彬,进士文化与诗可以兴[J].文艺研究,2007(4).

③邓乔彬,昌庆志.宋代文学的文化学研究[J].学术研究,2008(3).

照的结果。于是在邓先生的学术成果中，我们见到的是追求文化与文艺的融合、历史与逻辑的结合、艺术与审美的交织、鸟瞰与缕析的照映，在富有思想的分析与批评中，灌注着强烈的历史感与民族情怀。

笔者以为，邓先生关于文艺与美学关系的思考大致历经了三个阶段：一是20世纪80年代的偏重美学方法论。这时期在“鉴赏热”“美学热”等时代风潮影响下，邓先生在各种鉴赏辞典、书籍及刊物中，发表诗、词、曲、文赏析文章百余篇，除了《吴梅研究》中专论“吴梅的戏曲美学”外，还从美学角度研究了词、赋、诗及绘画，代表性论文如《论姜夔词的清空》《论姜夔词的骚雅》《论南宋风雅词派在词的美学进程中的意义》《诗画与虚实》《诗的空间假借与画的时间凝缩》《汉赋的美学特征》等。二是自80年代末至本世纪初，走向古典文艺美学理论体系的学科建设。这时期除了《有声画与无声诗》等论著，最具代表性的就是专著《唐宋词美学》（齐鲁书社1993年版，2004年第2版，18.3万字）。全书六章，按照审美客体、审美主体以及作者与读者间审美互动的次序，分论唐宋词的审美对象、题旨原型、艺术境界、审美意识、艺术传达、美学接受，清晰地搭建了唐宋词美学的逻辑体系，而书中将唐宋词审美对象定义为内倾型的心绪文学、将伤春与伤别作为唐宋词的感情原型，认为狭而深的唐宋词艺术境界是悲剧性的精品等诸多见解，都令人耳目一新。三是本世纪以来，渐次转向将审美视为文艺与文化之中介的美学思想内化的阶段。此时，邓先生著文虽很少冠以“美学”“审美”之名，但无论是鸟瞰各时期文化特征时尤重审美风尚，缕析各时期绘画、诗词等文艺理论史演变时尤重艺术风格，还是论述文艺经典话语时尤重艺术思想价值，无不渗透着先生深厚的美学功底与意识。

就新时期中国古典文艺学研究而言，美学维度可谓一个重要的开拓领域。邓先生在此方面的孜孜以求及贡献得到了学界的广泛赞誉。邓先生是成名较早的词学家，早在1990年学苑出版社出版的《唐宋词百科大辞典》收录国内从古至今词学研究家约120人，但出生于上世纪40年代的只有4人（除了邓先生，还有施议对、杨海明、刘扬忠）。其中，邓先生在词学美学方面的开拓之功便是大家首肯之处。如早在上世纪80年代中期，刘扬忠先生在《关于姜夔、吴文英及所谓“格律派”》一文中，便认为在新时期新涌现的白石词研究论文中，“更有意义的是，白石词的审美价值与艺术独创性开始得到了周密而系统的探讨与论证”，比如邓先生《论姜夔词的清空》《论姜夔词的骚雅》二文便“对姜词的意境、风格特征与艺术表现手段进行了探本穷源的系统阐述”①。后来，欧明俊教授又从20世纪词学范畴研究史出发，认为直至80年代以来，词学范畴研究方渐被重视，而上述邓先生关于姜夔词清空、骚雅的研究论文则“是拓荒之作”。②至于先生《唐宋词美学》，读

①刘扬忠.宋词研究之路[M].天津:天津教育出版社,1989:99.

②欧明俊.词学思辨录[M].北京:人民出版社,2011:78.

者们更是充分肯定了该著在研究方法开拓与唐宋词美学风貌构建上的贡献。如沈家庄教授便指出：新时期以来，“词学研究的现代化进程明显地更新着格局，千年传统词学终于挣脱经学和文章学及后来庸俗社会学的桎梏，焕发出新时代的光彩”，其中邓乔彬的《唐宋词美学》就是“引人注目”的一部[①]。又如张幼良教授在讨论新时期唐宋词研究方法的多样化时，便指出在尝试新方法且形成了各具特色的研究风格中，邓先生的唐宋词研究风格就是“艺术美学批评”的代表之一[②]，进而认为《唐宋词美学》开启的美学与文化学相融合的治学方法，“从中国文学的文化基因和美学因子的溯源开始，探求词文学美感形态的特质和表现，揭示其悲剧性内美的存在状态及原型意味”。[③]正如前文所言，邓先生这种文化学视野下的艺术美学批评方法，在本世纪以后更以纵深性的力度内化于中国绘画思想史、唐诗学、唐宋词艺术发展史的研究中。笔者坚信这些成果必将带给读者更多的启示，引发更多人的思考。

伴随着近现代“三千年未有之大变局”，中国传统知识谱系几度遭遇断裂和价值重估之境遇。美学作为一门源于西方的学科建构与学理体系，现代中国美学建设之路更是高度彰显着中与西、古与今、传统与现代的紧张关系。于是，那些从事中国古代文艺美学批评的学者，大多十分关注中西文艺的同质与异质、文艺的“世界性”与“民族性”等话题，便是这个原因。当然，这其中又呈现出几种类型或发展阶段，仅就为寻觅中国文艺美学独特品格而探究中外美学传统“异质性”内涵而言，研究路径亦有不同：立足民族历史依据，而以西方文艺美学传统为参照的本色把握；基于西方文艺美学“他者”预设，而对中国文艺美学传统的“解读”，等。在此，笔者无意讨论这些路径的是非曲直，亦如邓先生的比较诗学、文化诗学以及艺术美学批评研究，很少去参与那些中西所谓概念、范畴之间的争论，而始终以民族历史依据为本位，将心力用于探寻中西各民族文艺的文化传统、基本精神与独特品格，尤其是华夏民族文艺思想的提炼、总结与推广之上。对此，邓先生在总结现代中国学人治学精神时，便经常指出，如前文已说的王国维《人间词话》“是‘西学东渐’背景下的产物，但绝非‘全盘西化’，它是民族传统的批评同西方哲学、美学的融会结合”，认为我们现在这个时代“文学研究向西方汲取是必然的、必要的，中西‘互相推助’一定能展示美好的前景”，但“向西方汲取并非丢弃民族的精粹”，“这种汲取应该‘着盐于水’，遗貌取神”[④]。又如，闻一多那句体现其文化学研究方法的著名断语“文化定型了，文学也定型了”，就是他以综观世界的眼光，“又立足于民族文化与文学的本位”所下的准确

①沈家庄.宋词的文化定位[M].长沙：湖南人民出版社，2005：11.
②张幼良.当代视野下的唐宋词研究论纲[M].兰州：兰州大学出版社，2006：86.
③张幼良.当代唐宋词研究的总体特点和成果检视[J].苏州大学学报，2006(6).
④邓乔彬.《人间词话》境界说给词学批评的启示[J].词学：第8辑.上海：华东师范大学出版社，1990.

结论①。其实，邓先生治学亦如此。此处以邓先生典型的中西比较诗学研究成果《有声画与无声诗》为例予以说明。若冰先生曾从邓著在诗画美学特征上“论述诗画的时空关系”“所采取的诗画两条线并行论述的结构方式”等方面受到莱辛《拉奥孔》启发的角度，评价该著为“中国的《拉奥孔》”②。针对此评，邓先生后来回应道：“虽或过誉，但也确是点出了构建中国古代诗画比较理论体系，揭示民族特色的意旨。”③可见，邓先生已将关键词从“《拉奥孔》”转向了“中国”，足以看出其立足于民族文化与文艺本位的治学用心。陈博涵博士曾以“诗画关系研究坚持本位还是出位”为题，回顾与反思了20世纪80年代以来“诗中有画”“画中有诗”的研究史，就诗画比较尤其是在“诗画一律”问题上诸多含混而出位的研究现象，便肯定了邓著立足于中国诗画的思想基础分析诗画差异的研究所得，认为邓著观点鲜明，“堪称典范”④。

邓先生这种不忘民族文化与文艺本位的治学态度，正是他求真求善求美的学术精神的反映。因此，在提炼与总结中国文学、艺术乃至文化基本特征时，邓先生多从“真善美”这永恒旨归关注它们各自的表现与发展走向。如他的《汉赋的美学特征》一文便从中国文艺的美学思想史演进中界说了汉赋的特点：既“将诗骚的重在内心情志的感发，变为对外部世界的赞美”，又将“比德”的比兴“关注社会以求‘善’，变为关注自然以求‘美’”，从而“表现出对客体美的追求”；同时，汉赋这“追求客体美的美学观”走向又“教会了后人对诗歌描写外境的重视”，从而在为后来“心入于境，境回于心，意境浑融的诗歌”的发展中，扮演了不可缺少的中介作用⑤。因此，笔者以为若忽视这一思路，而仅据邓先生关于汉赋美学“主体向客体的辐射”特征的认识，而将其视为汉赋“客体美说”的代表人物⑥，还是未能把握邓先生的初衷。这一特点亦反映在邓先生《论南宋风雅词派在词的美学进程中的意义》一文里。该文指出，就我国文艺发展而言，孔子所说的“尽善尽美”对文艺提出了最高要求，就词来说，“如果说唐五代词追求的是‘纯美’，北宋渐变为‘美’‘真’结合，至辛弃疾达到了思想与艺术高度结合的顶点，那么，姜夔以下，则转而以‘美’‘善’结合为特征”。⑦邓先生治学而求真善美，经过对闻一多的深入研究，更是有了理论认识上的深度自觉。闻一多谈到《诗经》时曾自言：“如果与那求善的古人相对照……（闻一多）用‘诗’的眼光

---

①邓乔彬.农业文化与《诗经》的史诗及饥者劳者之歌[J].南阳师范学院学报，2003(1).

②若冰.进入新境地：诗画比较研究——评邓乔彬著《有声画与无声诗》[J].文学遗产，1995(1).

③邓乔彬.邓乔彬学术文集·总序[M].芜湖：安徽师范大学出版社，2013：4.

④陈博涵.诗画关系研究坚持本位还是出位——20世纪80年代以来“诗中有画”“画中有诗”研究回顾与反思[J].蒋寅，张伯伟，主编.中国诗学：第15辑.北京：人民文学出版社，2011：241.

⑤邓乔彬.汉赋的美学特征[J].汉赋的美学特征.文史知识，1889：4.

⑥阮忠.汉赋研究综述[J]//汉赋艺术论.上海：华中师范大学出版社，2008：270.

⑦邓乔彬.论南宋风雅词派在词的美学进程中的意义[J].华东师大学报，1984(2).

读《诗经》，是求真求美，亦无不可。”[①]对此，邓先生解释云：“这‘真’，是文化的、历史的还原；这‘美’，是‘诗’的感悟与研究，而非‘经’的‘圣人’之‘点化’。”但是，“表面看来，闻先生似将自己的求真求美，置于古人的求善之对立面……实际上并非如此。相较而言，美与善的关系应比美与真的关系更为直接和紧密”，尤其在中国文化与文学传统中，“美应以善为前提”，“求得了真与美，也就合于善”，“所以闻一多所做的古典文学研究，应是求真、求美、求善，三者合一，是他毕生的追求”。这不仅是他的学术追求而言，也是他的人生追求。[②]

从某种意义上说，作为一名高校教师，邓先生这种不忘民族文化与文艺本位的求真、求美、求善的治学态度，还源自“传道、授业、解惑”的师者之责。笔者以为，这就是学者最大的“善”。邓先生曾明确说过：“在当前世界经济一体化的潮流中，如何继承我们优秀的传统文化，如何处理好‘世界的’与‘民族的’关系，应该成为我们教师的思考课题。”[③]于是，阅读邓先生论著，一个强烈的感受便是这份文化传承与创新的激情关怀。像“汉语的文学与汉字的艺术，将在‘世界的’与‘民族的’关系中认清与确立自我，永远不会失落自己的辉煌”，“倘这样看，中国的情理和谐、美善相兼仍可以为世界文艺的价值追寻提供某种启示，当然，内涵是可以不同的”，诸如此类的话或思想，屡见于邓先生笔端。可以说，正是“志于学”时的众多学术之“惑”、治学求“通”的志向以及民族文化传承与创新的责任，给邓先生带来了无穷的学术研究的动力，也直接影响了他以“历史与逻辑结合”为长的学思方式以及多以史学架构为主的著述特色。

在当今古典文艺研究界，以一己之力独撰数部涉及多个领域的“断代史”“通史”论著的学者，可以说并不多见。而邓先生不仅有数部鸿篇巨制、长卷大轴呈现给学界，而且每部都具有开拓性或纵深性的价值。其中，中国学界第一部“具有完整系统性的诗画比较专著”[④]《有声画与无声诗》、较早建构唐宋词美学新体系的《唐宋词美学》及《宋词与人生》等著作，是以理论逻辑为纲而以历史逻辑为缕述方式。而“堪称绘画领域能填补空缺的第一部大篇幅著作”[⑤]的《中国绘画思想史》，则是历史逻辑为纲而以理论逻辑为论析方式。该著逐次梳理和评析了从先秦至明清各朝代具有代表性的画论，始终贯彻作者擅长的文艺学、美学、文化学相结合的研究方法，在清晰的脉络中，以其公允的分析，全面而客观地揭示了几千年国画理论之流变。较早全面系统地论述中国古代文艺与文化史关系的《古代文艺的文化观照》，上编从理论逻辑的空间维度做横向联系研究，分别阐述了中国古代的哲学学术、宗教思想、语言文字、封建政治、农业经济、地理环境等六

①闻一多.闻一多全集：第3卷[M].武汉：湖北人民出版社，1993：215.
②邓乔彬，赵晓岚.学者闻一多[M].上海：学林出版社,2001：11-12.
③邓乔彬.古代文艺的文化观照·后记[M].上海：上海教育出版社,2003.
④若冰.进入新境地：诗画比较研究——评邓乔彬著《有声画与无声诗》[J].文学遗产，1995(1).
⑤参见邓乔彬.邓乔彬学术文集：第九卷[M].芜湖：安徽师范大学出版社,2013：493、495.

个方面与古代文艺之间的互动关系，揭示出中国文艺的基本精神与民族特性；下编六章从历史逻辑的时间维度做纵向联系研究，依次从先秦至近代，缕述了中国文化与文艺关系演变的历史进程及成因。《宋代绘画研究》与《唐宋词艺术发展史》可谓中国文艺的分体断代史论著，充分反映了邓先生在贯通中国古代文艺史中而尤专研唐宋文学、艺术、文化的特长。虽说此类断代文艺史尤其是“唐宋词史”，学界已出版多部有影响的著作，但正如王兆鹏教授谈到20世纪词学史时曾说：“词史专著的出版，是硬件建设；新的词史观的形成，则是软件创建。”[①]撰写这两部著作正是邓先生多次系统深入思考中国文艺思想史之后，而又是他的艺术美学批评、文化学观照研究方法运用成熟的时期，因而其拓展性与纵深性均令学者为之一振。如《唐宋词艺术发展史》自2010年5月出版以来，已见于学术期刊和报纸的书评便有10篇之多，其中吴惠娟发表在《文汇读书周报》的书评，更被50多家网站转载。这些评论均高度认同这部著作基于文化学、艺术史等视野下的阐释思路，以及对唐宋词艺术演变所下的诸多新的论断，认为该著“弥补了学界对唐宋词艺术体系研究的不足”，在回归“古代诗词研究‘文学本位’、‘艺术本位’、‘审美本位’”的基础上，将唐宋词置于中国古代文艺与文化关系史的发展流程中考察的立体之“史”，就龙榆生所下的词学定义而言，“为所有词史著作之最详者”[②]，“堪称是一部唐宋词史研究的集大成之作”[③]。

其实，不仅是论著，邓先生的学术论文同样亦呈现出一种广阔的学术视野以及对史料执一驭万的统摄能力。对于这种史学架构的著述方式，邓先生心得颇丰。譬如他在《中国绘画思想史·自序》中便云：“首先，不就事论事，也避免傅抱石所批评的‘串账式’写法，而是力求从文化史、思想史的角度观照画论与绘画思想的发展。全书注重各朝或不同时期的政治、经济、尤其是文化、思想、观念意识、审美风尚的变化，力图寻找它们对画论的影响，描述其印迹，既见‘树木’又见‘森林’，在个案研究的基础上处理好微观、中观与宏观的关系，这样，就能真正见出‘史’的流变及其发展变化的内在动因。”因此，笔者阅读邓先生著作，在如何思考、如何著述上深受启发。此处列举几点，以便阅读者关注（各点仅举一例）：其一，擅长揭示中国文艺的基本精神及各时期的基本特征。如《古代文艺的文化观照》第九章及《中国韵文发展规律臆说》（《中国韵文学刊》1987年创刊号）所总结的中国文艺发展规律的八个方面（儒道相济律、情理互制律、内外交融律、雅俗循环律、文乐离合律、齐杂更替律、南北易位律、代有所胜律）。其二，擅长遵循各类文艺自身规律，从思想史、文化史等角度观照文艺思想的发展。对此，邓先生明确指出：“在中国古代史的进程中，以往都习惯于按照朝代的

---

①严迪昌，刘扬忠，钟振振，王兆鹏.传承、建构、展望——关于二十世纪词学研究的对话[J].文学遗产，1999(3).

②欧明俊.唐宋词艺术的“总账式”研究——邓乔彬先生《唐宋词艺术发展史》读后[J].中国韵文学刊，2011(4).

③路成文.一部具有集大成性质的唐宋词史——评邓乔彬先生《唐宋词艺术发展史》[J].聊城大学学报，2011(4).

更替来分段，思想史、哲学史、文学史的写法往往都是如此，这当然有其合理性。但是，封建王朝的政权更迭并不等于文化的更替，广义文化的分期应有自己的标准和规律。”（《古代文艺的文化观照·引言》）。其三，擅长避免迷失于个案之中，而从不同时期的政治、经济尤其是文化、思想、审美风尚的变化等角度，寻求文艺发展的内在原因及历史依据。如《唐宋词艺术发展史》便依此提出了一系列新见：宫廷文化引发了文人词之起，进士文化促使了词之盛，边塞文化与民间多元文化使敦煌曲子词显著区别于文人词，西蜀与南唐因不同的宫廷文化背景而使词风相异，北宋士大夫文化与市井文化分别导致晏欧词与柳永词的雅、俗发展，苏轼的以诗为词是前者于词体变革的体现，故而是‘士大夫之词’的完成，靖康的民族文化劫难引发了南渡词之变，坚持这一文化使南宋词‘复雅’成为潮流，文化集成、南北综融是辛弃疾成为伟大词人的主要标识，江湖文化是风雅词派的生成基础，临安吟社文化则是宋季风雅词的生存土壤（《唐宋词艺术发展史·自序》）。其四，擅长从比较诗学尤其是从历史演变的角度提出与表述核心论点。这一点在邓先生论著中有着突出的表现，充分展示了邓先生的治学特点，如其进士文化与唐诗学等系列论文就是成功范例。

结语

笔者自读博士、做博士后，先后问学邓先生近6年，数年前曾问及先生“治学之用心”，先生答曰：“我并无自觉的‘治学用心’，多是顺其自然、用己之长、避己所短而已。”①当时并不能深入体会先生所言“顺其自然”之所指，如今随着自己年齿增长，加之近几年在学报工作，阅读文章、接触作者增多，渐次明白了先生所言“顺其自然”的奥义。对先生而言，这正是他而立之年定下“志于学”人生方向后的一种坦然心态，也是他以“用己之长、避己所短”呼应时代学术精神的自然选择。而正是在这种坦然与自然中，先生始终怀着对学术的敬畏之心，向往并坚持以学术立言的信念，不以考核重论文、且重刊物档次为目标，期待并追求着史学家的穿透能力、理论家的学术识见、教育者的文化传承与创新的责任及思想家的裁判素养。面对邓先生学术文集12卷750余万字，本篇评传既无法全面承载，也不可能深入总结邓先生的学术成就与贡献，故仅从治学精神与方法层面记录自己的读后感。笔者试想，总结并评论如邓先生这批新时期以来的学者，在当今以“浏览”取代“阅读”、以“娱乐”代替“思考”、以“消费”遮蔽“担当”的图像社会的时代中，也许并非不合时宜之文。故而将感受与体会撰写成文，以求方家批评。

（原载《天中学刊》2014年第3期，作者单位：安徽师范大学文学院）

①杨柏岭.话题选择与阐释思路——邓乔彬教授词学访谈录[J].南阳师范学院学报,2007(1).

试论邓乔彬先生建构古代文艺研究之“中国气派”的理论与实践

符继成

摘要：“中国气派”是毛泽东文艺思想的重要内容之一，也是我党在十七届六中全会中对哲学社会科学提出的明确要求。中国古代文艺研究作为哲学社会科学的一个组成部分，如何构建“中国气派”是当前必须要思考的一个重要问题。邓乔彬先生的治学理论与实践为此提供了有益的启示：一是继承和发扬具有中国文化特色的“通人通儒之学”；二是以世界性的眼光发现和总结中国古代文艺的民族特色；三是以传统与现代相结合的研究方法推动学术的发展与创新。

关键词：中国气派；古代文艺；学术研究；邓乔彬

“中国气派”是毛泽东文艺思想的重要内容之一，也是我党对于哲学社会科学建设的重要要求。2011年，党的十七届六中全会《中共中央关于深化文化体制改革、推动社会主义文化大发展大繁荣若干重大问题的决定》明确提出，要“结合我国实际和时代特点，建设具有中国特色、中国风格、中国气派的哲学社会科学”[1]。古代文艺研究作为哲学社会科学的一个组成部分，如何打造出“中国气派”，无疑为本领域研究者当前应认真思考的问题之一。对于这一论题，目前尚未见有人作专门而系统的探讨，不过，自上世纪八十年代以来，有些学者已经在其治学理论和实践中体现了构建“中国气派”的自觉追求，其中，曾先后任教于华东师范大学和暨南大学的邓乔彬先生便是杰出代表之一。邓先生生于上世纪四十年代，1978年考上了文革后首届古代文学硕士研究生，此后即专心致力于古代文艺方面的研究，笔耕不辍数十年，成果丰硕，多次荣获省部级哲学社会科学优秀成果奖、中国图书奖等荣誉，近期又出版了十二大册的《邓乔彬学术文集》[2]，广受学界瞩目。因此，本文以邓先生的学术研究为个案，对古代文艺研究之“中国气派”的建构问题试加论析。

一

国学大师钱穆在《现代中国学术论衡·序》中曾言：“文化异，斯学术亦异。中国重和合，西方重分别。民国以来，中国学术界分门别类，务为专家，与中国传统通人通儒之学大相违异。”[3]钱穆先生所论虽为中西学术之别，实际上也道出了古代文艺研究之“中国气派”应具备的一个重要特征，即与“重和合”之中国传统文化相一致的“通”。中国古代文艺产生于中国的自然环境和社会环境中，反映着中华民族的精神生活与物质生活，各种门类间有着千丝万缕的联系和共同的文化内核。因此，对它的研究，尽管可以采取西学的方式，“分门别类，务为专家”，但终究以传统的“通人通儒之学”更能体现中国文化之本色，更能展示“民族的就是世界的”这一“中国气派”之精神内涵。

邓乔彬先生在古代文艺研究中的治学理论和实践，正是以“通”为明确的追求和显著的特色。他在《治学谈：学术研究的定位与个性》中说：“我为自己确立的研究个性是力求在归返于通人之学中体现。随着学术向精深的发展，‘专’自不易，遑论求‘通’？但是，材质所限，非风会之所能拘，‘通’虽不能至，予却心向往之。”[4]综观其学术生涯，邓先生对于传统的“通人通儒之学”的继承和发扬，主要表现以下几个方面：

一是对各种文艺门类的“博通”。邓先生爱好广泛，以博学多能驰名学界。其治学自词曲始，在上世纪八十年代即以词学名家，但他不满足于“一生只打一口深井”，而是根据自己的学术兴趣，在深化原有研究的同时不断开拓新的领域，“打了好几口井”[5]，词曲之外，诗、画、文、赋等诸多文艺门类及学术史研究均有涉猎，形成了一个宏通博大、包罗丰富的研究体系，其中用力最勤、创获最多、影响最大的，主要在四个领域，即诗学、词学、画学以及学术史。诗学研究方面，有专著《有声画与无声诗》，书稿《现代新诗与古典诗词》以及“文化与诗”“进士文化与唐诗”等方面的论文数十篇；词学研究方面，有第一部从美学角度全面研究唐宋词的专著《唐宋词美学》，第一部词学批评通史《中国词学批评史》（参撰），对唐宋词艺术进行“‘总账式’研究”[6]的《唐宋词艺术发展史》，此外，还有《爱国词人辛弃疾》《宋词与人生》等普及性著作和一批论文；画学研究方面，有第一部研究中国古代绘画思想的通史《中国绘画思想史》，以及断代绘画史《宋代绘画研究》；学术史研究方面，有二十世纪学术史研究的第一部专著《吴梅研究》，以及获第二届“闻一多奖”一等奖的专著《学者闻一多》（与赵晓岚合撰）等。其他方面，也各有代表性的论著。

二是文学与艺术的“融通”。邓先生不仅博学多能，在诸多文艺门类的研究中都有所创辟，而且能融而通之，互相参照，互相生发，在纵向或横向的比较中对论题进行富有新意的阐释。比如在《唐宋词美学》中，每一个专题，几乎都是一个小型的“通论”，所举的作品贯通了整个唐宋词史，且经常以诗、文、画之美学特征和流变为参照，在比较之中确定其独具个性的美学价值，“‘不惮其烦’地切磋琢磨，非捕捉到曲折精致的、有时是转瞬即逝的具有鲜明个性的活的形象不止”[7]。而《有声画与无声诗》则打通了艺与文的界限，对我国诗与画的异同进行了全面的比较：前四章，从表现对象、思想基础、社会功能、主体风格四个方面论中国古代诗画之异；后四章，从美学特征的融合、形象营造的趋同、艺术表现的互补、后期创作的相通四个方面论诗画之同。由此，建构了一个严谨的中国古代诗画比较理论体系，将诗与画的比较研究推进到了一个新的境地。

三是文艺与文化的“联通”。邓先生的古代文艺研究，除了在诸种文艺内部求“通”，还有一大特色，即关注文艺与文化的“通”，把文化史、思想史与文艺发展史联系起来，以文化的眼光观照文艺的发生、发展与种种流变。《有声画与无声诗》《中国绘画思想史》《宋代绘画研究》《唐宋词艺术发展史》等专著以及“进士文化与唐诗”等系列论文，均可见出这种特色。而作于二十世纪九十年代的专著《古代文艺的文化观照》，则为这种文艺与文化的“联通”总纲。在该著中，邓先生以高屋建瓴的眼光，对中国古代文艺与文化的关系及其发展态势进行了全局性的观照与通览性的论述：全书十二章，前六章从横向的维度论中国的地理环境、农业经济、封建政治、哲学、宗教、语言等文化因素影响于文艺而形成民族特征和美学特性；后六章以时间先后为序，纵论从原始社会到清代的文化变迁和文艺发展规律、态势。一册在手，中国文化和文艺的主要现象、特点、发展历程、发展规律以及它们之间的联系，即可大致了然于胸，而邓先生在诗学、词学、画学、学术史等研究中的诸多论题及其基本观点，亦可于其中寻绎出或明或暗的踪迹。这种“联通”，不仅使对某类文艺的研究超越了浅层的内容、形式分析，走向了更为本质的思想、文化层，而且也使邓先生各个方面的研究都统一于“文化”这一主帅之下，多而不散，呈现出一种整体感。

以上三个方面的“通”，既彰显了邓先生力求“归返于通人之学”的学术个性，而古代文艺研究的“中国气派”，亦在其对传统治学方式的追求中打下了良好的基础。

二

构建古代文艺研究的“中国气派”，除了需继承和发扬传统的“通人通儒之学”，还需兼具世界性的眼光和民族本位的意识，以“拿来主义”“西为中用”的态度，在世界文艺史、文化史中准确定位中国古代文艺的坐标，揭示其民族特色和文化价值。

要在古代文艺研究中树立“中国气派”，那么坚持民族本位，着力发掘其中的民族特色自是应有之义。然而，如果没有世界性的眼光，缺乏参照的体系，那么我们对中国古代文艺的民族特性及其独特价值的认识，又很容易陷入蒙昧不清、定位不准，甚至糟粕与精华不分的泥沼。这显然又不利于“中国气派”的建设。对于这一点，近代多位学贯中西的大学者都有明确的认识和成功的实践。王国维曾言：“异日发明光大我国之学术者，必在兼通世界学术之人，而不在一孔之陋儒。”[8]他的《人间词话》，即以产生于玄学、佛学基础之上的形神、意境、兴趣、神韵诸说为基础，参以叔本华的理念说而成。闻一多在论战后新时代文学学科的建设时也说：“我们要放大眼光，建设本国文学的研究与批评”，“要批判的接受，有计划的介绍，要中西兼通”[9]。而他的研究也实践了这一理论认识，比如对中国文学史的研究，其主导思想便是“将艺术各部门及中外艺术进行比较，以求要点，即在世界文学中定中国文学之地位，和在整个文化中定中国文学之要点”[10]。

邓乔彬先生对王国维和闻一多均有研究，从中我们可以看到，他对于古代文艺研究应兼具世界性眼光和民族本位意识有着充分的理论自觉。在论文《〈人间词话〉境界说给词学批评的启示》中，他指出：“《人间词话》实现了观念的突破，是在‘西学东渐’的背景下，学习和汲取西方理论的结果。这告诉我们：古典文学虽有学科的特殊性，但同样应该并可以将眼光转向西方，积极地学习和汲取。”但是，“向西方汲取并非丢弃民族的精粹，观念和方法的转换决非‘名词换班’，这种汲取应该‘着盐于水’，遗貌得神。”他认为：“从某种意义上说，我们现在这个时代与王国维的时代有一定的相似性，文学研究向西方汲取是必然的、必要的，中西‘互相推助’一定能展示美好的前景。”[11]而在《学者闻一多》一书中，他对闻一多在“本位文化”的基础上汲取西方理论精髓的特点，以及“在世界文学中定位中国文学之地位”等独到的文学史观，都十分赞赏，花了不少篇幅进行评述。

由于一方面主张“将眼光转向西方，积极地学习和汲取”，一方面又坚持民族本位，继承民族文化中的精粹，邓乔彬先生的古代文艺研究虽时见关于西方文艺现象、理论、概念的阐述或运用，但对文艺现象中民族精神、民族特色的发现和总结始终为其主要目标之一。在邓先生的论著中，不仅有《从荷马史诗与西周史诗谈中西文学》《酒中有深味——陶渊明〈饮酒〉和莪默·伽亚谟〈鲁拜集〉》《龚自珍与雪莱》等一些对中西文学进行平行比较的论文，而且还有多部著作或书稿展示了先生“西为中用”，以世界性的眼光观照中国古代文艺的治学理路。如《有声画与无声诗》的写作，明显受到西方论诗画界限的美学名著《拉奥孔》的影响，在观点和总体思路上都有一些相近或借鉴之处，故有论者称其为“中国的《拉奥孔》”[12]。但是，它的本质又是“中国的”，所论述的主要观点来自作者对中国诗画历史资料的爬罗剔抉，在《拉奥孔》的基础上多有新的生发，并且“作者没有停留在一般诗画资料的比较上，而是从中国古代思想文化的多个向度上来揭示中国诗画既成特质的基因”[13]，因此又可以说是一部中国诗画比较思想史的专著，有着中华民族的精神烙印。《中国绘画思想史》为《有声画与无声诗》的研究在画学方面的延伸，其中的一些观点也来自西方论著的启发。比如在论原始绘画及其创作思想时，邓先生以西方学者关于巫术和原始宗教等方面的论述为参照，对彩陶的象形纹饰这一“始祖鸟”进行解剖，找到了其中所蕴涵的中国艺术精神的滥觞。然而，该著的“中国气派”也非常明显，“作者不囿于对画论作孤立的罗列，而是将其融入画家所处时代的政治、经济、文化、审美风尚中进行把握，强调中国哲学、美学、文化传统、时代变迁对画家人格与技巧所产生的必然影响，从而使得本书具有鲜明的时代风格和浓郁的民族特色”[14]。又如《唐宋词美学》一书的撰写，缘起于邓先生对王国维在《人间词话》中以融贯中西的眼光和学识进行词的美学批评的欣赏。为此，邓先生阅读了大量的中西方美学论著，但书中对于西方美学理论的汲取，却如他自己所倡导的，是“着盐于水”，“遗貌取神”，虽可于框架、论题设置以及具体的论述中见其影响，但直接引述的不多，主要是以中国传统文学批评中的概念、范畴及相关资料作为立论的依据。而在邓先生的学术研究中具有总纲性质的《古代文艺的文化观照》一书，更是充分体现了邓先生世界性的眼光和民族本位意识所造就的“中国气派”。其中的论述，每以世界的文化或文艺发展历史及特点作为背景或参照。比如第一章论中国的地理环境与农业文化的关系时，即从最早的世界文化与中国文化说起，比较了古代中国与埃及、西亚、印度、希腊、罗马在文化属性上的差异，分析了中国农业文化长期延续的地理原因，与海洋文化的不同以及中国文化的优缺点等。其后许多章节的论述也大抵如此，在与世界文化和文艺的比较中总结归纳民族特征。在后记中，邓先生更是明确地指出，该书的写作原因之一，是“要尽一个义务”，是因为“在当前世界经济一体化潮流中，如何继承我们优秀的传统文化，如何处理好‘世界的’与‘民族的’关系，应该成为我们教师的思考课题”[15]。由此，我们更可以看出邓先生对于古代文艺研究的“中国气派”的高度重视和自觉担当。

三

与发扬“通人之学”和用世界性眼光发掘民族特色的要求相适应，建构古代文艺研究的“中国气派”，应在方法上注意传统与现代的结合。这一点，也是学术发展和创新的必然道路。古代文艺研究的对象虽然是在古代，但研究者和受众是在今天、在未来，参与的是当代的文化建设，因此在尊重传统的基础上，应该与时俱进，用新方法，有新发现。在这方面，邓乔彬先生同样为我们提供了成功的经验和有益的启示。

邓先生曾说：“学术研究的基本素质无异于‘彩电’三原色，学、识、才缺一不可。就我自己而言，识强于才，才高于学，编辞典、搞笺注之类虽非不能，却因重在‘学’而非我所长，因此，我将研究的主攻方向放在与‘识’相关的理论建构上。”[16]在进行“与‘识’相关的理论建构”的过程中，邓先生明确地意识到：“古典文学是有其学科的特殊性，而传统的学科如何跟上现代的步伐，也是不得不考虑的问题。”[17]为了解答这一问题，邓先生在研究方法上不断探索，既注重符合传统学科的特点和自己的研究个性，又力求具有现代性，能推动学术的发展与创新。总的来看，其研究方法的运用可分为前后两期：二十世纪九十年代以前，主要用的是文献学加文艺学的方法；九十年代之后，则是文献学、文艺学与文化学三者的结合。综而言之，邓先生的学术之厦，以文献学筑基，以文艺学赋形，以文化学成就了恢弘的气象。

在古代文艺的传统研究中，文献学的功底非常重要。邓先生虽无文献学方面的著作，但他十分重视文献的作用，认为“研究方法无论怎么变化，万变不离其宗，文献作为研究的基础，是永远不会变的。”[18]又常引古人之语教导学生：“有才而无学，是绝代佳人唱莲花落。有学而无才，是长安乞儿着宫锦袍。”这里所谓的“学”，即由读万卷书而来。他读研时为写《吴梅研究》，通览了《中国古典戏曲论著集成》和《新曲苑》，对与吴梅同时的王国维、姚华等人的著作也作了深入研究，还浏览了《元曲选》《六十种曲》等，直接与间接的笔录材料达百万字。八十年代中期时作《爱国词人辛弃疾》，书只不过是五六万字的小册子，邓先生却为之准备了大量资料，以致写成之后还意犹未已，准备再写一本专著《苏辛词比较研究》。九十年代为作《中国绘画思想史》，他仔细研读了历代画论，并为其中的60种画论著作撰写了10余万字的提要。2000年后为写《唐宋词艺术发展史》，尽管先生已有多年的积累，但仍然让学生帮忙搜集了近50万字的资料。撰成后该著主要参考文献达465种，注释有3000多条，每条注释均详尽、准确，故有学者认为“该书不仅是唐宋词人艺术的集体展示和唐宋词艺术的集大成，同时具有极强的史料和文献价值，可作工具之资。”[19]由此可见，邓先生虽自谦学不及才，才不如识，但他的才与识，其实都有学为根底。

在文献学的基础上，重在以今释古的文艺美学研究成为邓先生学术生涯初期的“常规武器”。这种运用文艺美学进行理论阐释的研究方法，为先生在上个世纪八十年代带来的收获是《吴梅研究》《中国词学批评史》《唐宋词美学》等专著以及《论姜夔词的清空》《论姜夔词的骚雅》《梦窗词艺术初论》《飞卿词艺术平议》《论南宋风雅词派在词的美学进程中的意义》等一批颇有影响的词学论文，初步奠定了先生在词学界的地位。另有一些诗学论文如《浅析古诗十九首的美学思想》《何谓杜诗之实》等，也属于文艺美学研究的成果。

在八十年代，中国学术界出现了方法热，一系列具有现代性的研究方法被引入古代文艺的研究中。邓先生以开放的态度和审慎的眼光对待这种方法热，在对古代文学作文艺学研究同时，开始关注文学与文化的关系研究。1987年，他撰文指出：古代文学研究不仅应破除机械的反映论、清除庸俗社会学影响，将传统“知人”的道德批评转为恩格斯所说的“美学和历史”的批评，而且应以综合性、整体性体现出宏观研究的眼光，针对不同门类、形式的作品，运用不同的方法，创造研究的新局面。而中国文化特性对于文学的影响，则是一个引人注目的事实。[20]由于有着这样的理论认识，文化学的研究方法便加入到了邓先生的“武器库”中，使他逐步走上了文献学、文艺学、文化学相结合的治学路径，而《有声画与无声诗》则是这种结合的尝试所产生的第一个重要成果。1988年，邓先生受命参与华东师大名为“中国文化建设”的复合型硕士专业的筹建工作，承担相关的授课任务。因此，他花了大量时间阅读文化学、文化史著作，结合我国古代的文学与艺术，于1991年写成了名为《中国文化与文艺》的讲稿，后来在此基础上改定为《古代文艺的文化观照》。从此，文艺的文化学研究成为他治学的重心，文献学、文艺学与文化学相结合的研究方法成为他的“家法”。在《古代文艺的文化观照》这一“屋顶”之下，邓先生秉持“家法”，从心所欲而不逾矩，自由出入于诗学、画学、词学以及学者研究等领域，创造出“进士文化与唐诗”系列论文、《中国绘画思想史》《宋代绘画研究》《宋词与人生》《唐宋词艺术发展史》《学者闻一多》等众多重要成果，使八十年代已初具雏形的学术之厦日益宏伟。

在探索、运用传统和现代相结合的方法进行学术研究的过程中，求“新”是邓先生一以贯之的基本原则。他在谈自己的词学研究时说：“我所写的词学论文很少，却能把握一个原则：要写就写出新的题目，或有新的涵义，决不做低水平的重复。”[21]邓先生关于姜夔的“清空”与“骚雅”、秦观的“词心”、顾贞观的《弹指词》、唐宋词的伤春主题及其原型意义、宋词中的“骚”“辩”之旨等论文，都体现了这种学术追求，或发人所未发，或提出与主流观点不同的看法，“多具有原创性，至少在当时是属于立论较早的”[22]。而对于李煜、李清照这样的大词人，因研究论著众多，邓先生不想拾人唾余，便终未有作。在诗学研究中，邓先生亦贯彻了求“新”的理念。比如在论文《长安文化与王维诗》中，他另辟蹊径，从王维的“文宗”地位与长安文化之关系立论，揭示了用儒林精神改造文苑传统的时代背景及文化趋向，对李、杜所负时誉不及王维的深层原因给出了合理的解释，解决了盛唐诗人研究中的一个重要问题。而发表于2000年以后的《进士文化与诗可以兴》《进士文化与诗可以观》《进士文化与诗可以群》《进士文化与诗可以怨》等系列论文，则从孔子“兴观群怨”（《论语·阳货》）的诗歌功能论出发，对进士文化与唐诗的繁荣原因、美学特性等方面的关系进行了深入细致的阐释，其中新见迭出，堪称二十一世纪唐诗研究的一大突破。邓先生的专著也非常注意选题或立意的新颖性，这从前述多部具有“第一”或“首创”性质的著作即可得到证明。其中的《唐宋词艺术发展史》，是他在古代文化与文艺研究领域涵泳积淀数十年之所得。该著所论的对象虽然早成热点，但邓先生全面调动自己在文化学、文化史、文艺美学和古代文论方面的学术积累，将它们“内化”成严密的理论体系，去描述唐宋词艺术的发展、演进过程，提出了一系列颇有新意的重要观点，如：“宫廷文化引发了文人词之起，进士文化促使了词之盛，边塞文化与民间多元文化使敦煌曲子词显著区别于文人词，西蜀与南唐因不同的宫廷文化背景而使词风相异，北宋士大夫文化与市井文化分别导致晏欧词与柳永词的雅、俗发展，苏轼的以诗为词是前者于词体变革的体现，故而是‘士大夫之词’的完成，靖康的民族文化劫难引发了南渡词之变，坚持这一文化使南宋词‘复雅’成为潮流，文化集成、南北综融是辛弃疾成为伟大词人的主要标识，江湖文化是风雅词派的生成基础，临安吟社文化则是宋季风雅词的生存土壤”[23]等。这本著作之所以为学界交口称赞，除了因其“集大成”“算总账”之“通”，也与邓先生在这方面精深而新颖的论析不无关系。

概言之，古代文艺研究的“中国气派”之构建，需要以具有中国文化特色的“通人通儒之学”为基础，需要以世界性的眼光去发现和总结蕴藏于中国文艺中的民族精神，需要以传统与现代相结合的方法去追求新变。邓乔彬先生的学术研究在上述各方面都有突出表现，既具宏观体系的高度、宽度，又有内在思想的力度、深度，为建构“中国气派”的理论探索提供了一个绝好的范例。

[参考文献]

[1] 中共中央关于深化文化体制改革、推动社会主义文化大发展大繁荣若干重大问题的决定[N].人民日报，2011-10-26(01).

[2]邓乔彬.邓乔彬学术文集[M].芜湖：安徽师范大学出版社，2013.

[3]钱穆.现代中国学术论衡·序[M].长沙：岳麓书社，1986:1.

[4][16]邓乔彬.治学谈：学术研究的定位与个性[G]//邓乔彬学术文集.第十二卷.芜湖：安徽师范大学出版社，2013:179.

[5]邓乔彬. 为本科生开讲座的体会[G]//邓乔彬学术文集.第十二卷.芜湖：安徽师范大学出版社，2013:180.

[6]欧明俊.唐宋词艺术的“总账式”研究——邓乔彬先生《唐宋词艺术发展史》读后[J].中国韵文学刊，2011(4).

[7]万云骏.唐宋词美学·序[G]//邓乔彬学术文集.第六卷.芜湖：安徽师范大学出版社，2013:3.

[8]王国维.奏定经学科大学文学科大学章程书后[J].教育世界，1906(2).

[9]闻一多.调整大学文学院中国文学外国语文学二系机构刍议[G]//闻一多全集.第2卷.武汉：湖北人民出版社，1993:440.

[10]闻一多.中国上古文学[G]//闻一多全集.第10卷.武汉：湖北人民出版社，1993:37.

[11]邓乔彬.《人间词话》境界说给词学批评的启示[G]//邓乔彬学术文集.第七卷.芜湖：安徽师范大学出版社，2013:419-423.

[12][13]若冰. 进入新境地：诗画比较研究——评邓乔彬著《有声画与无声诗》[J].文学遗产，1995(1).

[14]龚璐.第13届中国图书奖推荐书[G]//邓乔彬学术文集.第九卷.芜湖：安徽师范大学出版社，2013:495.

[15]邓乔彬.古代文艺的文化观照·后记[G]//邓乔彬学术文集.第一卷.芜湖：安徽师范大学出版社，2013:319.

[17]邓乔彬.古代文学研究二重、三重证据法及其他[J].洛阳大学学报，2004

(1).

[18]邓乔彬.古代文学研究方法漫谈[G]//邓乔彬学术文集.第十二卷.芜湖:安徽师范大学出版社,2013:205.

[19]董军平、刘锋焘.一部厚重、恢弘的唐宋词艺术史著——评邓乔彬《唐宋词艺术发展史》[J].湖北师范学院学报,2013(5).

[20]邓乔彬.古典文学研究的拓展深入与观念方法问题[J].中国文学研究,1987(4).

[21]话题选择与阐释思路——邓乔彬教授词学访谈录[J].南阳师范学院学报,2007(1).

[22]邓乔彬.词学廿论·自序[G]//邓乔彬学术文集.第十二卷.芜湖:安徽师范大学出版社,2013:163.

[23]邓乔彬.唐宋词艺术发展史·自序[G]//邓乔彬学术文集.第四卷.芜湖:安徽师范大学出版社,2013:2.

(原载《中国文学研究》2015年第1期，作者单位：湘潭大学文学与新闻学院)

融通艺文成一家
——邓乔彬治学述略

符继成

邓乔彬于1943年出生，1978年考取华东师范大学中文系研究生，1981年毕业后留校任教，2003年调入暨南大学任古代文学学科带头人、特聘教授。在40年的学术生涯中，他不媚世、不虚饰、不颂谀，埋首书斋，笔耕不辍，撰写了750余万字的论文、著作，多次荣获中国图书奖、省部级哲学社会科学优秀成果奖等荣誉，在学界产生了广泛影响。

邓乔彬的中国古代文艺研究，走的是传统“通人通儒之学”的路径，主张文献学、文艺学与文化学的方法相结合，打通文学艺术各门类之间的壁垒。因此，他不仅文、史、哲兼通，而且于文艺方面也不只专精一门，诗、词、曲、赋、文、乐、画及相关的学术史等，均有成就且能融会贯通。大略而言，其用力最勤、创获最多、影响最大的，为文化与文艺的宏观关系研究、诗学研究、词学研究、画学研究和学术史研究五个方面，它们构成了邓乔彬“学术之厦”的“屋顶”和“支柱”。

文化与文艺的宏观关系研究是邓乔彬“学术之厦”的“屋顶”，代表作为《古代文艺的文化观照》。该书成于20世纪90年代，其时先生的学术生涯处于中期，阅历识见既高，学术积淀亦厚，研究个性也已成熟，因此无论从内容还是方法来说，它都有承前启后、笼罩全体之势，可视为先生学术研究的总纲。在该书中，作者高屋建瓴，对中国古代文艺与文化的关系及其发展态势进行了全局性的观照与探讨：先从横向的维度论中国的地理环境、农业经济、封建政治、哲学、宗教、语言等文化因素影响于文艺而形成民族特征和美学特性；又以时间先后为序，纵论从原始社会到清代的文化变迁和文艺发展规律、态势。通过此书可通览中国文化和文艺的主要现象、特点、发展历程、发展规律以及它们之间的联系，寻绎出邓先生在诗学、词学、画学、学术史等方面的诸多论题及其基本观点。

“屋顶”之下，支撑邓乔彬“学术之厦”的第一根“支柱”为词学研究。这一领域的研究贯穿了他学术生涯的始终，成果丰硕。早在20世纪80年代，他即以研治词学驰名学界，与施议对、杨海明、刘扬忠三位学者并称“词坛四杰”。他在这方面论著颇多。读研时，便有《论姜夔词的清空》《论姜夔词的骚雅》等论文在《文学遗产》等业内权威期刊发表。之后，他参撰了第一部词学批评通史《中国词学批评史》，写作了第一部从美学角度全面研究唐宋词的专著《唐宋词美学》。此外，还撰写了《爱国词人辛弃疾》和《宋词与人生》等普及性著作，以及一系列词人词作、词学理论方面的论文。2007年，他又完成了近130万字的巨著《唐宋词艺术发展史》。该书被评为中国社科基金项目优秀成果，代表了邓乔彬词学研究的最高成就。评审专家谓其“篇幅宏大、内容丰富，对唐宋词的艺术发展史作了全景式的描绘和深入细致的论析，是一部富有创新性和学术含金量的力作”。该书构建了由词乐、词调、词律、词韵、词体、词语、词法、词艺、词境、词风等层面组成的唐宋词艺术体系，并将其置于我国古代诗歌发展的流程中，以文化的变迁转换为动因，观察、描述其发展演变过程。该书出版之后，颇获好评，有学者认为它“体现出文学史书写方式的创新”，为“具有集大成性质的唐宋词史”，是对“唐宋词艺术的‘总账式’研究”。2013年，该书获教育部第六届人文社科优秀成果二等奖。

邓乔彬“学术之厦”的第二根“支柱”来自其诗学研究，代表作有专著《有声画与无声诗》、书稿《现代新诗与古典诗词》以及“文化与诗”“进士文化与唐诗”等方面的论文20余篇。《有声画与无声诗》为邓先生首部实践其打通艺、文界限主张的专著，也是中国第一部全面比较诗画异同的著作。它从表现对象、思想基础、社会功能、主体风格四个方面论中国古代诗画之异，从美学特征的融合、形象营造的趋同、艺术表现的互补、后期创作的相通论诗画之同，建构了一个严谨的中国古代诗画比较理论体系。《现代新诗与古典诗词》为影响较大的诗学论稿，内容涉及古今中外，重在探讨中国古典诗词对于现代新诗的影响，实现古代文学与现代文学研究之间的打通。而“文化与诗”和“进士文化与唐诗”两组系列论文则采用“文化观照”的方法，从文化背景、内涵、历史等方面对诗、画、文及相关理论进行探讨，其中多篇论文发表于《文学评论》《文艺研究》等权威期刊并为人大复印报刊资料转载。

第三根“支柱”为画学研究。代表作除横跨诗画两界的专著《有声画与无声诗》外，另有《中国绘画思想史》《宋代绘画研究》两本专著及一些论文。《中国绘画思想史》作于20世纪90年代，是第一部研究中国古代绘画思想的通史，填补了这一领域的学术空白。该书篇幅达140万字，大致以历史朝代为纵线，从文化史、思想史的角度切入，论述了从先秦到清代19世纪的绘画思想。其中既有宏观之史的描述，也有中观专题、微观个案的论析，全景式地展现了各个历史时期的政治、经济、文化、思想、审美风尚的变化及其对中国绘画理论的影响。在2002年的第十三届中国图书奖评选中，该书从全国千余种著作中脱颖而出并获奖。2015年，该书获得“国家社科基金中华学术外译项目”立项，被翻译成英文，在美国学者出版社出版。另一本画学专著《宋代绘画研究》作于2002年，有近50万字，为宋代绘画的断代史。先生以其多年的画学研究底蕴，熟练地运用“文化画学”的阐释方法，对宋代绘画发展的文化环境与变化之势，唐五代到北宋绘画思想的转变，南北宋的主要绘画理论及绘画创作，辽、金、西夏和大理的绘画等论题作出了精准周详的论述。该书出版后，荣获广东省哲社优秀成果二等奖。

第四根“支柱”是属于学术史范畴的学者研究，代表作为《吴梅研究》及与赵晓岚合撰的《学者闻一多》。《吴梅研究》系邓乔彬在硕士学位论文的基础上修改而成，为20世纪学术史研究的第一部专著。在该书中，邓乔彬结合历史背景，首次较为全面地探讨了近代词曲大师吴梅的研究成果和创作成就，并对其旧戏曲创作的结穴者和新曲学研究的开山者的地位给予了客观公正的评价。《学者闻一多》一书撰成于1999年，其研究对象闻一多向来以民主斗士和诗人的身份而闻名，而他在古代文学研究领域的卓著成就则往往为前者所掩盖或淡化。邓乔彬独具只眼，以闻氏的学者身份为关注中心，对其古代文学研究作文化的观照，全面评述了其学术研究的内容、贡献、思想、方法、历史地位和影响，对于现代学术史的完善有相当重要的意义。

由以上五个方面建构起来的“学术之厦”，“门户”众多而又彼此相通。数十年来，邓乔彬以此为“家”，优游其间，既有思接千载、视通万里的宏观判断，又有苦心搜求、洞幽达微的精深之见。比如在《古代文艺的文化观照》中，他把秦汉以后的文化变迁和文艺发展规律，从时间与空间结合的角度，归纳为内外交融、雅俗循环、南北易位、代有所胜，从内容之变的角度，归纳为儒道相济、情理互制、天人合一、古今并出，两千余年的文化和文艺变迁大势，32字即基本道尽，显示出大气包举的学术眼光。而在专著《唐宋词美学》中，他将每一个专题几乎都写成了小型的“通论”，经常以诗、文、画之美学特征和流变为参照，在比较之中确定唐宋词独具个性的美学价值，“‘不惮其烦’地切磋琢磨，非捕捉到曲折精致的、有时是转瞬即逝的具有鲜明个性的活的形象不止”。贯通于他所有研究中的中国文化精神、意脉，使他的学术体系具有了一种融通博大的“中国气派”。值得特别注意的是，邓乔彬治学虽然立足于民族本位，崇尚传统的“通人通儒”之学，但又兼具世界性的眼光。他认为：“古典文学虽有学科的特殊性，但同样应该并可以将眼光转向西方，积极地学习和汲取”，“文学研究向西方汲取是必然的、必要的，中西‘互相推助’一定能展示美好的前景。”因此，在他的论著中，又常可看到对西方文艺现象、理论、概念的阐述、借鉴与运用，从而形成了一种中西会通的特色。

邓乔彬曾规划，要响应“为祖国健康工作五十年”的口号，争取工作到85岁，再完成《进士文化与唐诗》《中国诗歌艺术思想史》《中国韵文学概论》，以及力图构建新体系、体现“一代之所胜”的《中国文化史纲》等著作。到那时，他倾注毕生心血、一字字码起来的学术之厦想必更加巍峨壮观。可惜天不假年，他于2018年1月30日离开我们，我们只能从现在已达12册的《邓乔彬学术文集》中摹想其规模形容了。

邓乔彬曾对学生说：“我希望你们研究的结论是得自自己读书的发现，不尚空谈，经得起时间的考验。”这一点，当然也是他自己在研究工作中一贯的原则与追求。笔者相信，他穷毕生心血，为古代文艺理论研究领域的后辈学人留下的这些宝贵的学术遗产，应该是“经得起时间的考验”的。

（原载《中国社会科学报》2018年6月21日第6版“学林”，作者单位：湘潭大学文学与新闻学院）

学术追忆

讣告与新闻

上海告别式

（门弟子　陈亚奇摄）

来仪鸿渐沪上陇西岭南三轮播迁远游无非覃思修慎博今古

启路崧高诗心词旨画意四大更始通观尽是典论先行归去来

（门弟子　周韬撰）

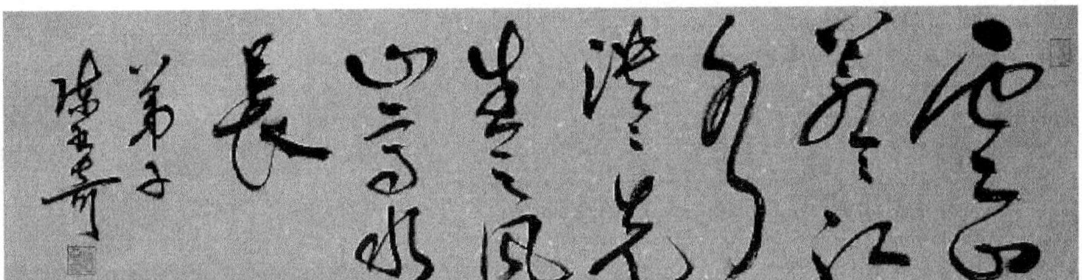

（门弟子 陈亚奇书）

沉痛悼念中文系特聘教授、博士生导师邓乔彬先生

暨南大学讣告

中国共产党党员、著名文艺理论家、教育家、当代著名古代文学研究专家、暨南大学文学院特聘教授、博士生导师邓乔彬先生，因病医治无效，于2018年1月30日8时47分在上海逝世，享年75岁。

邓乔彬先生，广东珠海（原属中山）人。1981年至2002年在华东师范大学中文系工作，1996年获国务院颁发的政府特殊津贴证书；2002年调至暨南大学文学院工作，担任古代文学学科带头人，被评聘为特聘教授（一级），2012年被国务院侨办评定为二级教授。

邓乔彬先生多才多艺，孜孜勤勉，沉潜治学，坚持通人通儒之学，融通古今中西，以民族性为本位，追求具有“中国特色”“中国风格”“中国气派”的哲学社会科学研究范式，不断拓展学术研究领域，在比较诗学、文化诗学、词学及词学批评、中国古代画论与绘画，二十世纪古代文学学术史等多个领域均做出了卓越的贡献。他以一己之力撰写了《中国绘画思想史》《唐宋词艺术发展史》等多部中国文艺的通史、断代史专著，其中有七种专著获得教育部以及省级以上政府奖或全国性学会奖。在《文学评论》《文学遗产》《文艺研究》等重要刊物发表论文数百篇。2013年出版个人论著合集《邓乔彬学术文集》十二卷近八百万字。邓乔彬先生热爱教育事业，深受学生欢迎，获得华东师范大学教学华为奖、宝钢优秀教师奖、广东省南粤优秀教师称号等多项教学奖。曾担任中国宋代文学学会副会长、中国韵文学会常务理事、《词学》主编等社会职务。

邓乔彬教授的逝世是文艺理论研究界、古典文学研究界的重大损失。

邓乔彬教授遗体告别仪式定于2018年2月3日10时30分在上海市西宝兴殡仪馆四楼福园厅举行。联系人：彭国忠，电话……（上海）；赵明，电话……（上海）；程刚，电话……（广州）；何志军，电话……（广州）。

特此讣告。

沉痛悼念邓乔彬教授，先生千古！

暨南大学邓乔彬教授治丧工作小组

2018年1月30日

笔耕四十载文集十二卷，著名词学家邓乔彬先生去世

澎湃新闻

2018年1月30日上午，学者邓乔彬教授在上海市第四人民医院医治无效去世，终年75岁。

邓乔彬先生，广东珠海（原中山）人，1943年10月18日出生于重庆，1947年随父母移居上海。1962年考入华东师范大学物理系，次年转入中文系，期间于1964年到安徽全椒、定远县参加“四清”运动，1967年于华东师范大学中文系毕业，1968年被分配到甘肃永登水泥厂当工人，后调入该厂职工子弟小学任体育教师、语文教师。1978年考取华东师范大学中文系研究生，师从吴梅先生弟子万云骏，以词曲为主攻方向，1981年毕业留校工作，1994年担任教授，1995年被评为博士生导师。2003年调入暨南大学，担任古代文学学科带头人。在两校先后招收中国哲学史（中国文化建设）、中国文学批评史、唐宋词与词学批评、中国古代诗画比较、二十世纪古代文学学术史、唐宋文学与韵文学等方向硕士生、博士生数十名。

邓乔彬教授从事学术研究四十年，以诗词研究为主，兼及绘画、文化及相关理论，先后出版《吴梅研究》《唐宋词美学》《中国词学批评史》（合著）、《词学廿论》《唐宋词艺术发展史》《有声画与无声诗》《学者闻一多》（合著）、《中国绘画思想史》等专著，编著有《爱国词人辛弃疾》《豪放词萃》《绝妙好词译注》《宋词与人生》等。担任《词学》主编，《中国韵文学刊》《中华词学》《宋代文学研究年鉴》编委，《中国词学大词典》编委，《全宋词评注》副主编，《近代文学大系·文学理论集》副主编，兼任中国宋代文学学会副会长、中国韵文学会常务理事、中国古代文学理论学会理事、秦观研究会副会长、李清照辛弃疾学会常务理事、中国词学会学术委员、广州市语言文学学会顾问。

邓乔彬教授学术贡献特出，著述等身，先后在《文学评论》《文艺研究》《文学遗产》《文艺理论研究》《学术月刊》《学术研究》《文史哲》等刊物发表论文180余篇，在多种鉴赏词典及报刊发表鉴赏文章与学术短论170余篇。论文多次获得上海市哲学社会科学优秀成果奖，专著《中国绘画思想史》获上海市哲学社会科学优秀成果三等奖、第十三届中国图书奖；专著《古代文艺的文化观照》获广东省首届哲学社会科学优秀成果三等奖；专著《宋代绘画研究》获广东省第三届哲学社会科学优秀成果二等奖；专著《唐宋词艺术发展史》入选第三届“三个一百”出版工程，获第二十六届北方十五省市自治区哲学社会科学优秀图书奖，教育部

第六届人文社会科学优秀成果二等奖；《唐宋词美学》获第二届夏承焘词学奖二等奖，《中国词学批评史》获上海市高校普通教材二等奖、第三届夏承焘词学奖一等奖；专著《学者闻一多》获第二届闻一多研究优秀成果奖。他的学术成果，结集为《邓乔彬学术文集》十二卷出版。

邓乔彬教授热爱教育事业，深受学生欢迎。曾获得华东师范大学校、系两级本科教学优秀奖，宝钢优秀教师奖，研究生教学华为奖；调入广东后，获得南粤优秀教师称号。

邓乔彬教授为人热情、开朗、风趣，兴趣广泛，学术研究之余，爱好诗词创作、绘画、篆刻等。少年青年时代喜爱田径及球类运动，曾经保持上海市高校跳高纪录十五年。

2018-01-30

邓乔彬先生生平简介

《中国韵文学刊》

暨南大学文学院教授、博士生导师邓乔彬先生，因病医治无效，于2018年1月30日8时47分在上海去世，享年75岁。

邓乔彬先生1943年10月18日生于重庆，1947年随父母移居上海，1956年考入华东师大一附中。1962年考入华东师范大学物理系，1963年转入中文系学习。1967年毕业，1968年被分配至甘肃永登水泥厂工作，1972年进入该厂子弟学校任教。1978年考取华东师范大学中文系研究生，师从万云骏先生、马兴荣先生学习词曲，1981年毕业后留校任教。先后任助教、讲师（1983年）、副教授（1988年）、教授（1994年）。1989年评定为硕士生导师，1995年评定为博士生导师。1996年获颁政府特殊津贴证书。2002年从华东师范大学引进至暨南大学，担任特聘教授、古代文学学科带头人。于2008年12月31日退休。2012年评定为二级教授。曾兼任中国宋代文学学会副会长、中国韵文学会常务理事、中国古代文学理论学会理事、秦观研究会副会长、李清照辛弃疾学会常务理事、中国词学会学术委员、广州市语言文学学会顾问；《词学》主编，《中国韵文学刊》《中华词学》《宋代文学研究年鉴》编委等。

邓乔彬先生孜孜勤勉，沉潜治学，坚持传统的通人通儒之学，始终以开阔的学术视野，突破孤立的研究，在比较诗学、文化诗学、词学研究、绘画研究、学者研究等多个领域的通贯研究中作出了卓越的贡献。他的研究立足高远而论述明晰，在文艺的世界性眼光下，以民族性为本位，是具有“中国特色”“中国风格”“中国气派”的哲学社会科学研究范式。他以一己之力撰写了《中国绘画思想史》《唐宋词艺术发展史》等多部中国文艺的通史、断代史专著。在《文学评论》《文学遗产》《文艺研究》等重要刊物发表论文百余篇。2013年出版个人论著合集《邓乔彬学术文集》12卷近八百万字。论著曾先后获得上海市哲学社会科学优秀成果奖、第十三届中国图书奖、广东省哲学社会科学优秀成果奖、第二十六届北方十五省、市、自治区哲学社会科学优秀图书奖、教育部第六届高等学校科学研究优秀成果奖等。

泰山其颓，哲人其萎。邓乔彬先生已经离开我们，但他的学术著作必将沾溉后人，他的高风亮节必将德音永存。

暨南大学文学院

2018年3月4日

（原载《中国韵文学刊》2018年第1期）

告别仪式

一、邓乔彬先生告别仪式现在开始

二、司仪宣读讣告

三、参加告别仪式的有邓乔彬先生生前工作过的暨南大学、华东师范大学的领导、同事，同学，好友，亲属，以及来自全国各地的门下弟子们。

四、全体默哀3分钟。(奏哀乐）行三鞠躬礼。

五、邓乔彬先生生前工作过的暨南大学文学院院长程国赋教授致悼词。

六、邓乔彬先生生前工作过的华东师范大学中文系党委副书记王志同志读唁电

七、邓乔彬先生在华东师范大学工作期间指导的学生代表彭国忠博士追思

八、邓乔彬先生在暨南大学工作期间指导的学生代表周韬博士追思

九、邓乔彬先生逝世后，送花圈、花篮、挽联、挽诗、唁电的单位和个人(名单见后)。

致悼词

暨南大学文学院院长　程国赋

今天，我们怀着十分悲痛的心情，在这里沉痛悼念我国著名的文艺理论家、中国古代文学研究专家、暨南大学文学院特聘教授、博士生导师邓乔彬教授。

邓乔彬教授因病医治无效，于2018年1月30日上午8时47分在上海逝世，享年75岁。

邓乔彬教授，广东珠海人，1943年10月18日生于重庆，1947年随父母移居上海，1962年考入华东师范大学物理系，1963年转入中文系学习。1967年毕业，1978年考取华东师范大学中文系研究生，1981年毕业后留校任教。先后任助教、讲师、副教授，1989年评为硕士生导师，1994年评为教授，1995年被评为博士生导师。

2002年，邓乔彬教授作为重要的学科带头人，从华东师范大学被引进至广州暨南大学，担任中国古代文学学科带头人，被评为一级特聘教授。在邓乔彬教授的带领下，暨南大学古代文学学科于2003年获得博士学位授予权。在暨南大学工作的16年间，邓乔彬教授担任古代文学学科带头人，他为暨大中国语言文学学科尤其是古代文学的学科建设、人才培养和学术研究做出了重要的、不可磨灭的贡献。

邓乔彬教授一生沉潜治学，孜孜勤勉，著作等身。先生的学术研究坚持传统的通人通儒之学，始终以开阔的学术视野，突破孤立的研究，在比较诗学、文化诗学、词学研究、绘画研究、学术史研究等多个领域的通贯研究中做出卓越的贡献。先后出版《有声画与无声诗》《唐宋词美学》《中国绘画思想史》《宋代绘画研究》《唐宋词艺术发展史》等学术著作。2013年，出版个人论著合集《邓乔彬学术文集》，12卷750万字。先生在暨南大学工作期间完成的《唐宋词艺术发展史》被誉为词学界“总账式的研究”，“具有集大成的性质”。先生的《中国绘画思想史》已被列入学术著作外译项目，正在翻译，遗憾的是，先生再也见不到这部著作的出版了！

邓乔彬教授曾担任中国宋代文学学会副会长、中国韵文学会常务理事、《词学》主编等社会职务。曾获得教育部高等学校科学研究优秀成果奖二等奖、上海市哲学社会科学优秀成果奖、第十三届中国图书奖、广东省哲学社会科学优秀成果奖等科研奖励，获得国务院表彰并颁发政府特殊津贴证书，被授予南粤优秀教师称号。

邓乔彬教授学为人师，行为世范。他待人平易友善，行事敛抑低调。以“文、行、忠、信”为做人信条、为师之道。“忠信笃敬，身正风清。宁静淡泊，意远志明。”这是邓乔彬教授为暨南大学撰写的《师德铭》中的句子，也是他的为人、为学、为师的写照。他在华东师范大学中文系和暨南大学文学院中文系工作期间，培养了大量优秀人才，其中很多人已成为所在单位的学科带头人或学术骨干，在中国古代文学、艺术学等多个领域的教学、科研领域发挥重要作用。

邓乔彬教授生病住院期间以及逝世之后，华东师范大学的领导、同事、朋友和学生、暨南大学校领导、相关部处、文学院以及所属系所领导，邓乔彬教授生前亲朋好友、同事、学界友人、学生等都多次前往医院及家里进行探视和慰问，带去了他们对先生及其家属深深的关切和祝福！

泰山其颓，哲人其萎。邓乔彬教授的逝世，是暨南大学的重大损失，也是中国古典文学研究界的重大损失，是学术界和教育界的重大损失。他永别了他深爱的学术事业、教育事业。邓乔彬教授虽然永远离开了我们，但他的学术著作、他的学术精神必将传之后世，他的高风亮节必将德音永存，他的精神将激励我们为高等教育事业努力工作、奋斗不懈！

邓乔彬教授的英名和风范，将永载暨南大学史册！

斯人已逝，风范长存！

邓乔彬教授永垂不朽！

致唁电

华东师范大学中文系副书记　王志

尊敬的邓乔彬先生家属及暨南大学邓乔彬先生治丧工作小组：

惊悉邓乔彬先生不幸去世，华东师范大学中文系全体同仁不胜震惊悲痛。邓乔彬先生是中国古代文学研究著名专家，治学严谨勤勉，融贯古今中西，在词学、文艺理论、文化诗学、画学等多个领域卓有建树，著作等身，堪称通人。他的去世，是学术界一大损失。

邓乔彬先生曾在我系工作二十年，培养了一大批优秀学生，为华东师范大学学科发展做出了重要贡献。在此，我们深表谢忱，并向邓乔彬先生的家属致以亲切慰问。

邓乔彬先生千古！

华东师范大学中文系

二〇一八年一月三十一日

致悼词

学生代表 周韬

各位恩师亲属、恩师生前学界好友、各位同门：

13年前的那个暖冬，我在繁花似锦的羊城自拟《为己延师文》，不揣冒昧、不自量力地向名满学界的邓师乔彬大人投赠，始开有志于学的眼界；13年后的这个寒冬，我在鲜花环簇的恩师灵前拟哭途穷，朔风栗烈、以阴雨雪的沪上，载不起邓门弟子对先生的长哭伤悼与沉痛怀思。

恩师，我们想念您温而厉的教诲。难忘您雅量高致的讲学风范：目光似滋兰树蕙般温婉，神色是不怒自威的敬畏，灼见如春江潮水之入海。师恩如山，仰莫能参！

恩师，我们向往您恭而安的器识。最忆临风引觞少长咸集的岁月，您微微上扬的唇角漾开如切如磋的宽容弧线，妙语连珠的评点导引亦庄亦谐的恣意欢谑。春风桃李沉醉间，刹那已过十三年，再回头竟已成百年！

有恩师的日子天淡云闲，有恩师的日子勇猛精进，有恩师的日子，邓门千金举趾、骐骥相跻、麟龙继起、维乔维梓。光阴弹指、白驹过隙，萍聚萍散、肃肃宵征的我们蓦然惊觉，灯火阑珊处恩师坚毅弘忍的守护倏迫远逝，邓门一朝失怙、遭逢剧变，痛何如哉！

恩师，还记得您十二卷文集付梓之后要遍历门下弟子所在山川风土的约定吗？还记得您飞花传令、力邀弟子诗文唱和的期许吗？还记得您与心爱的金石绘画再续前缘的心心念念吗？还记得让我陪您再去剧院看戏的许诺吗？往事历历在目，恩师言犹在耳，哪怕抱恙沉疴，您也从未放弃过对旷达超迈人生的孜孜以求。犹忆中秋夜与您一道守着窗儿，终于等到云开月明佳节共赏的一刻，使我坚信您终能渡过难关，邓门再展欢颜。在我即将去沪返鄂前夕，您就像送女儿远行的慈父，不顾白日在家接待同学的劳累病体，端坐沙发依依惜别直至夜半。天方荐瘥，恩师何辜，自此一别，竟成永诀！最是临终失语，不能一言！恩师，您答应过我永不言弃，然而天妒斯哲，忍造阴阳，恩师高义，至于隔绝！岂长年之不假，更天地其同悲！

恩师的一生，是士亦何尝得安的一生。一旦稍安，遽作远游！凡我师门，哀恸困顿，迁延无已，况复冷雨凄风，肝肠摧断！这次第，怎一个愁字了得！

敬献花圈、花篮的集体、个人

集　体

暨南大学
暨南大学组织部
暨南大学人力资源开发与管理处
暨南大学离退休工作处
暨南大学文学院
暨南大学中文系
暨南大学文学院古代文学教研室
暨南大学文学院古代汉语教研室
暨南大学文学院现当代文学教研室
暨南大学文学院语言学教研室
暨南大学文学院文艺理论教研室
暨南大学文学院大学写作教研室
暨南大学文学院大学语文教研室
暨南大学文学院戏剧影视文学教研室

华东师范大学中文系
华东师范大学广告学系
华东师范大学古代文学学科

中山大学中文系
中南大学文学与新闻传播学院
湖南师范大学古代文学学科
同济大学建筑与城市规划学院美术学科组
安徽师范大学新闻与传播学院
安徽师范大学文学院
上海师范大学人文与传播学院
上海大学文学院
杭州师范大学人文学院
五邑大学文学院
上海古籍出版社

河北人民出版社
上海交通大学出版社
安徽师范大学出版社

中国词学研究会
中国古代文学理论学会
中国李清照辛弃疾学会
中国韵文学会、中国韵文学刊编辑部
《词学》编辑部
《新宋学》编辑部
南京大学《全清词》编纂研究室

个　人

广东省教育厅党组副书记、副厅长魏中林教授
暨南大学校长胡军教授
暨南大学党委书记林如鹏教授
暨南大学副校长饶敏教授
暨南大学副书记夏泉教授
暨南大学文学院蒋述卓教授
暨南大学文学院院长程国赋教授
暨南大学文学院书记邱向欢老师
暨南大学图书馆馆长史小军教授
暨南大学艺术学院曹宝麟教授
暨南大学艺术学院陈志平教授
暨南大学中文系系主任赵静蓉教授
暨南大学中文系党委书记盛永生副教授
暨南大学中文系副主任朱巧云副教授
暨南大学中文系副书记林文旭老师
暨南大学文学院邵敬敏教授
暨南大学文学院赵维江教授
暨南大学文学院张海沙教授
暨南大学文学院徐国荣教授
暨南大学文学院王进驹教授
暨南大学文学院刘绍瑾教授
暨南大学文学院闫华教授

暨南大学文学院傅莹教授
暨南大学文学院熊焰教授
暨南大学文学院倪列怀副教授
暨南大学文学院郑少青老师
暨南大学文学院何志军老师
暨南大学文学院张振谦副教授
暨南大学文学院蔡亚平副教授
暨南大学文学院曾肖副教授
暨南大学文学院宋小克老师
暨南大学文学院刘卫宁老师
暨南大学2010级古代文学博士李奎、马国华、郑平、陈如碧（现分别任职于山西师范大学、广州航海学院、韶关学院、东莞理工学院城市学院）

华东师范大学中文系1962级全体同学
上海音乐学院党委书记、院长林在勇教授
华东师范大学中文系萧华荣教授
华东师范大学中文系方智范教授
华东师范大学中文系洪本健教授
华东师范大学中文系赵山林教授
华东师范大学思勉人文高等研究院院长谭帆教授
华东师范大学中文系主任朱国华教授
华东师范大学图书馆馆长胡晓明教授
《词学》主编、华东师范大学中文系朱惠国教授
华东师范大学中文系李舜华教授
华东师范大学思勉人文高等研究院副院长方笑一教授
华东师范大学思勉人文高等研究院倪春军教授
华东师范大学中文系博士生周丹丹、孙车龙、凌念懿

宋代文学学会原会长、复旦大学王水照教授
唐代文学学会会长、复旦大学陈尚君教授
香港浸会大学中文系主任张宏生教授
澳门大学施议对教授
中山大学中文系吴承学教授
中山大学中文系主任彭玉平教授
中山大学中文系张海鸥教授
中国艺术研究院赵伯陶教授

江苏师范大学文学院李昌集教授
苏州大学文学院杨海明教授
广州大学人文学院戴伟华教授
中国词学研究会会长、中南民族大学王兆鹏教授
上海大学吴惠娟教授
上海大学姚蓉教授
华南师范大学陈建森、暨南大学莫嘉丽伉俪
华南师范大学邓裕华教授
南方科技大学党委副书记李凤亮教授
广东财经大学人文与传播学院中文系张琼教授
曲阜师范大学《齐鲁学刊》张玉璞教授
佛山科学技术学院崔向荣教授
福建师范大学文学院欧明俊教授
济南大学文学院崔海正教授
武汉大学文学院陈水云教授
吉林大学中文系王昊教授
安徽师范大学文学院叶帮义教授
上海交通大学出版社冯勤教授
浙江大学宁波理工学院陈雪军教授
杭州师范大学钟明奇教授
华中科技大学路成文教授
广东第二师范学院熊国华教授
湘潭大学符继成副教授
湖南师范大学文学院胡海义副教授

邓门弟子

按：以入门先后为次。

陈亚奇 （中国工商银行闵行支行）
郭　梅 （杭州师范大学）
李　华 （上海海洋大学）
赵　明 （上海虹口区委宣传部）
郭毅玲 （Diplomatic Language Services,USA）
杨　雨 （中南大学）
段学俭 （学林出版社）

黄　凌　（广东省公安厅）
彭国忠　（华东师范大学）
刘荣平　（厦门大学）
王韶华　（中国传媒大学艺术研究院）
赵晓岚　（湖南师范大学）
杨柏岭　（安徽师范大学）
胡　炜　（同济大学）
何平华　（华东师范大学）
仲冬梅　（海南大学）
陈福升　（海关总署政治部）
汪　涤　（华东师范大学）
吴思增　（华东理工大学）
金国正　（华东政法大学）
王　毅　（上海社会科学院）
高翠元　（华东交通大学）
滕志朋　（广西财经学院）
王晓霞　（河南许昌学院）
谢珊珊　（五邑大学）
昌庆志　（广东财经大学）
张秋娟
张远秀　（电子科技大学中山学院）
周　韬　（湖北民族学院）
宫洪涛　（中国电影家协会）
王蓓蓓　（河南平顶山学院）
张志宁　（中国邮政集团公司阳江市分公司）
王晓东　（广东金融学院）
夏令伟　（中山大学）
陈永娟　（广东环境保护工程职业学院）
王腾飞　（国家统计局河南调查总队）
陈建穰　（广东省环境保护职业技术学校）
余卫星　（广州市天河区体育东路小学）
吴贤璋　（广东省储备粮管理总公司）
李　俊、付伟夫妇　（广州城市职业学院、浙江大学）
李杰荣　（广东第二师范学院）
刘兴晖　（广东第二师范学院）

段芯芯 （珠海市香洲区吉莲小学）
唐何花 （暨南大学）
王　嘉 （广东美术馆）
许　然 （香港中乐团）
张进萍 （澳门理工学院）
程　刚 （暨南大学）

唁电

按：以收到先后为次。

暨南大学邓乔彬教授治丧工作小组并转师母：

惊闻邓乔彬老师去世噩耗，万分悲恸！邓老师是我十分崇敬的词学大家，从上大学本科以来，一直拜读大著，深受教益。邓老师是我研究生复试和毕业论文答辩的老师，我有幸一直得到他的关爱和提携，多次来信鼓励鞭策，两次会上同居一室，耳提面命，多次馈赠宏著，开启茅塞，我一直心存感激。而今痛失良师，曷胜怆然！邓老师学问博大精深，堪称典范，开启法门，必将与天地同久，共日月永光！

哲人其萎，风范长存！邓老师安息吧！

敬希师母节哀保重！

学生　福建师范大学文学院欧明俊叩

2018年1月30日

暨南大学邓乔彬先生治丧委员会暨程国赋院长：

惊悉邓乔彬先生逝世，我们万分悲痛。

邓先生是我国著名的词学专家，为我国当代词学研究和词学理论建设做出了巨大贡献。邓先生生前积极支持、指导我院学科建设与学术研究，其道德风范，学术文章，久为学界所敬仰。他一生教书育人，培养了许多学术人才。邓先生的逝世是我国古典文学学术事业的巨大损失！

谨致沉痛哀悼，并请先生家属节哀顺变，善自珍摄！

安庆师范大学文学院

2018年1月30日

邓乔彬教授治丧委员会：

惊闻邓先生于今晨仙逝，哲人其萎，悲痛莫名！

先生一生志于学术，著作等身，影响深远，数十年间，执教鞭于华东师范大学、暨南大学等著名学府，主持《词学》等重要学术刊物，培育英才奖掖后进无数，桃李满天下，是中国古代文学界最受尊敬的前辈学者之一。我们受先生沾溉久矣，获益甚多，先生不幸逝世，既使我们痛失良师，也是中国古典文学研究界的重大损失。我们沉痛悼念先生，深切缅怀先生！并望师母节哀珍摄！

安庆师范大学教授孙维城
中国社科院文学所博士后谷卿
2018年1月30日

暨南大学邓乔彬教授治丧工作小组：

惊悉贵校特聘教授邓乔彬先生因病不幸逝世，至感悲痛！谨致深切哀悼。

邓乔彬先生是我国当代著名的文艺理论家、古典文学研究大家，在中国古代文艺研究尤其是在词学研究、中国画学研究、中国古代文艺与文化关系研究等领域，成就卓著。邓先生也是安徽师范大学出版社的老作者、老朋友，他的学术成果结集《邓乔彬学术文集》十二卷由我社出版发行。

邓先生卓越的学术成就与崇高的人格精神，嘉惠学林，影响深远。他的离去，是中国学术事业和教育事业的重大损失！

邓乔彬先生千古！

安徽师范大学出版社
二〇一八年一月三十日

暨南大学邓乔彬先生治丧小组并程国赋院长：

惊悉邓乔彬先生因病逝世，安徽师范大学文学院全体同仁深感悲痛。邓先生乃文艺理论与古代文学界学术名家，在词学与词学批评、古代诗画比较等领域贡献突出，毕生致力于文学研究与教育事业，桃李满天下，著述等身，沾溉学林，影响深远。

邓先生学高为师，行为世范，他的逝世是中国学术界的重大损失。谨致以诚挚的悼念！邓先生千古！

安徽师范大学文学院
二〇一八年一月三十日

邓乔彬教授治丧工作小组并转其亲属：

惊悉邓乔彬教授不幸逝世，上海大学文学院教师十分悲痛。谨向邓乔彬教授表示沉痛哀悼，并请转达对其亲属的亲切慰问。

邓乔彬教授一生为文艺理论研究、古典文学研究做出了突出贡献，他的去世是学界的损失。

邓乔彬教授千古！

上海大学文学院
2018年1月31日

暨南大学邓乔彬教授治丧工作小组并家属：

惊悉贵校特聘教授邓乔彬先生逝世，不胜悲痛，谨致深切哀悼。

邓乔彬先生是著名文艺理论家、教育家，当代著名古代文学研究专家。先生在我社出版的《唐宋词艺术发展史》多次荣获国家级大奖，为我社争得了荣誉。先生乃通人大儒，融通古今，德高望重，著作等身，在古代文学研究领域，特别是词学研究领域成就卓著，享有盛誉。

邓乔彬先生的逝世不仅是文艺理论研究界、古典文学研究界的重大损失，也是我们河北人民出版社的重大损失，学术界失去了一位严谨勤勉的卓越学者，我们出版社失去了一位老朋友、好作者。

河北人民出版社向邓乔彬先生的家属表示亲切慰问，尚望节哀顺变，善加珍重。

邓乔彬先生千古！

河北人民出版社有限责任公司
二〇一八年一月三十一日

邓乔彬先生治丧委员会及亲属：

惊悉邓乔彬先生于2018年1月30日辞世，不胜痛悼之至。先生人品高洁，学术特出，成果丰硕，影响深远，素为同道共仰。任本刊编委及学会常务理事期间，尽心竭力，为本刊及学会的发展做出了重要贡献，在中国韵文研究方面取得了突出成绩。先生的辞世，是学界的重大损失。特此致电，深切哀悼，并向先生的家属表示慰问。

邓先生千古！

中国韵文学刊编辑部、中国韵文学会
2018年1月31日

尊敬的邓乔彬先生家属及暨南大学邓乔彬先生治丧工作组：

惊悉邓乔彬先生不幸离世，《词学》编辑部同仁不胜悲痛，深表哀悼。

邓乔彬先生是着名词学家、文艺理论家、教育家，治学勤勉严谨，博通古今，德高望重，著作等身，在古代文学研究领域，特别是词学研究领域成就卓著，享有盛誉。邓乔彬先生长期担任我刊主编，为词学研究事业、为《词学》刊物发展做出了重要贡献。

邓乔彬先生的逝世是学术界的重大损失，也是我刊的重大损失。《词学》编辑部全体同仁谨向邓乔彬先生的家属表示亲切慰问，甚望节哀顺变，善加珍重。

邓乔彬先生千古！

《词学》编辑部

二〇一八年一月三十一日

暨南大学文学院：

惊悉邓乔彬先生遽然仙逝，不胜悲痛！邓先生毕生致力于中国古代文学特别是词学研究，著作等身，嘉惠学林。今先生不幸去世，实乃学界一大损失。我谨代表杭州师范大学人文学院全体师生深致沉痛哀悼，并向邓先生的亲属表示慰问。

邓先生德泽千古！

沈松勤

2018年1月31日

尊敬的邓乔彬先生家属及暨南大学邓乔彬先生治丧工作组：

邓乔彬先生因病医治无效不幸去世的消息传来，华东师范大学古代文学学科同人万分悲痛，深表悼惜。

先生曾追随我校万云骏教授专治词曲之学，研究生毕业后留校工作二十年，培育人材尽心尽力，研究学术沉潜严谨，终至成为著名的词学家、文艺理论家、教育家，在古代文学研究、文化诗学、画学等多个领域，特别是词学研究领域成就斐然，享有盛誉。我校古代文学学科的发展，离不开邓乔彬先生的卓越贡献，我们永远感谢他怀念他。

邓乔彬先生的逝世是学术界的重大损失，我们全体同仁谨向邓乔彬先生的家属表示亲切慰问，向贵治丧组的辛勤工作表达由衷的感谢。

邓乔彬先生千古！

华东师范大学古代文学学科

二〇一八年一月三十一日

暨南大学文学院程国赋院长、华东师范大学中文系彭国忠教授：

惊悉著名古典文学家邓乔彬先生不幸辞世，中山大学中文系同仁深感震惊与悲痛，谨向你们并通过你们向邓先生家属表示深切的慰问。

邓先生为人忠厚朴实、治学严谨，在词学、画学、文化诗学等多方面贡献卓著，著作等身，是当代通人学者的典范。长期以来，他以多种方式积极支持中山大学中文系的各项事业，为中山大学中文系的学科发展做出了重要贡献，我们铭感在心，永志不忘。特敬献挽联如下：

静默其人，厚道其心，清风垂百世；

精研词学，妙发画论，学术传九州。

邓乔彬先生千古！

中山大学中文系敬上
2018年1月31日

尊敬的邓乔彬先生家属及暨南大学邓乔彬先生治丧工作组：

惊悉邓乔彬先生因病医治无效不幸去世，中国古代文学理论学会同人不胜震悼，深表哀恸。

邓乔彬先生是我会学术顾问，是当代著名的文艺理论家、词学家、教育家，在古代文学理论、文化诗学、画学等多个领域，特别是词学批评与词学理论研究领域成就突出，融贯古今中外，著作等身，是通人之才。

邓乔彬先生的逝世是学术界的重大损失，中国古代文学理论学会谨向邓乔彬先生的家属表示亲切慰问。

邓乔彬先生千古！

中国古代文学理论学会
二〇一八年一月三十一日

暨南大学文学院：

惊悉邓乔彬教授不幸辞世，本会同仁无不雨泣哀悼！乔彬先生为当代词坛四杰之一，著述宏富，气局阔大，研精识卓，影响深远，允称大家。任本会副会长及学术委员会副主任委员期间，护持协调，殚精竭虑，厥功甚伟。尤擅培植词学英才，门下多士济济，蜚声中外。乔彬先生遽归道山，匪唯贵院之损失，亦词林之巨痛。本会同仁将承继乔彬先生未竟之业，推进词学永续发展，层楼更上。

乔彬先生千古！

中国词学研究会
二〇一八年元月三十一日

暨南大学邓乔彬教授治丧工作小组：

惊悉贵校特聘教授邓乔彬先生于一月三十日仙逝，不胜悲痛！谨向尊处并请通过你们向邓先生家属，致以深切哀悼！

邓乔彬教授是词曲大师吴梅先生的再传弟子，是词学名家万云骏先生的法嗣，当代“词坛四杰”之一，是当代词学审美文化学研究的代表，词学著述等身，造诣丰赡深厚，为词学界所共同敬仰。

邓先生融通古今，学贯中西，是当代罕有的通人巨匠。除词学外，在诗学、绘画思想史、当代学术史等领域亦卓有建树、成就斐然，特别不少传世之作乃撰著于六十岁之后。

邓先生的辞世是学术界的重大损失！他的学术精神将感召导范无数后学，他的著作将滋养沾溉百代学人！

吉林大学文学院在此谨再向邓乔彬先生的家属表示深切慰问，尚望节哀顺变，善加珍重为盼。

邓乔彬先生千古！

吉林大学文学院
二〇一八年二月一日

暨南大學鄧喬彬教授治喪工作小組：

驚悉鄧喬彬教授不幸逝世，本系同人不勝痛悼。鄧教授是當代著名學者，在中國詞學、詩學、中國古代文藝與文化等研究領域，卓有建樹，做出很大成就。他的逝世是學術界的重大損失。請代向鄧教授的家屬表示深切慰問。

香港浸會大學中文系
二〇一八年二月二日

暨南大学邓乔彬教授治丧工作小组：

惊悉邓乔彬先生辞世，我院同仁咸恸北风。痛哉斯文，学界又弱典范；呜呼曷归，后学遽迷义方。先生学富江南，教行岭海，仪范杏坛，惠泽多士。先生木讷近仁，忠恕近道，覃研古典，淹贯艺苑。我院师生慕义向学，时接謦咳。先生之学或可商，先生之书天下藏。名山事已，智往神藏。金石可销而名不灭，形魄虽往而神久长。因风寓奠，昭告厥诚。

邓乔彬先生千古！

韩山师范学院文学院
二〇一八年二月二日

挽联挽诗等

按：以收到先后为次。

澳门大学文学院　施议对教授(濠上词隐)

金缕曲（邓公乔彬千古）

邓公乔彬，广东珠海人氏。近代词曲大师吴梅之再传弟子。上世纪七十年代末，考上研究生。亦“黄埔一期”之同年友也。八十年代初，于词学界崭露头角。之后，由词学而诗学，而绘画，而美学，视野贯通古今中外，学域横跨艺林各科，乃学界之通才也。曾谓：虽不求于某界取得认同，但觉唯词界当自己人，故有回归之想。词学论述，其所专擅；倚声填词，亦所当行。张兄海鸥《余事集》辑录其词二十七阕，非为全豹，亦可见其精深造诣。四十年间，著作山积。所刊《邓乔彬学术文集》十二卷，七百五十万言。洋洋大观，莫能穷其涯际。惜乎天不假年，竟于2018年1月30日遽归道山。享年七十又五。呜呼哀哉，至深痛悼。赋此以寄怀思。其中西笑，万云骏字；“孤根崛起”，吴梅赠万云骏语。又，“历历行舟岸堤过”，邓公述怀诗句。戊戌立春前四日濠上词隐于濠上之赤豹书屋。

阆苑八零后。记当年、彬彬文质，风华正茂。同是一期追黄埔，西笑门墙基厚。孤根起，曲词北斗。历历行舟岸堤过，道移南，岭外看奔走。儒者有，席珍售。

临风掩卷秋时候。话平生、等身著作，功名成就。沧海曾经桑田换，约略人间参透。古往今，变如苍狗。春雪蓝桥君归矣，觅君诗，线上沉吟久。呼白也，共携酒。

暨南大学　赵维江教授

痛悼邓公乔彬先生

树蕙滋兰百亩芬芳山有乔松肃肃；

治词论画等身著作世称文质彬彬。

后学维江敬挽

暨南大学　张海沙教授

道著何丰，天地当惊雅健；

往生何遽，雪霜共结离悲！

张海沙教授敬挽

暨南大学　闫华教授

乔木参天乾位成，
彬彬文采巽离宫。
千年基业立言里，
古韵韶音入爨桐。

中国词学研究会会长、中南民族大学　王兆鹏教授

挽乔彬词长：
词坛尊巨擘，
学子哭恩师。

中山大学中文系

静默其人，厚道其心，清风垂百世；
精研词学，妙发画论，学术传九州。

中山大学中文系敬挽

安庆师范大学　孙维城

悼邓师乔彬先生

惊悉先生入道山，苍穹肃穆地凝寒。
筆耕廿卷无繁语，讲诵千言有藻翰。
沪上当时聆教诲，羊城更后接熙颜。
杭湖申水夕朝至，无奈余今行路难。

浙江工业大学党委书记　肖瑞峰教授

祭奠语

犹记33年前，与乔彬先生同乘海轮赴大连参加青年学者联谊会，对床夜语，获教良多。此为在下识荆之始。其后时有鸿雁往还，颇得切磋之乐。亦曾有幸数度在杭接驾。本世纪初，乔彬先生由沪上移砚南粤，音问稍疏，然屡蒙其惠赐大著，实我枵腹。窃意在当代学人中，若论笔耕之勤、著述之丰，鲜有出其右者。天丧斯文，痛何如哉！

暨南大学原党委书记　蒋述卓教授

邓教授到暨大以后为中文学科建设贡献重大。他真的太勤奋了，著作等身。

他的著作《中国绘画思想史》正列入学术著作外译项目，正在翻译。遗憾的是他没能见到痛悼！

中山大学中文系　彭玉平教授

擅世才名，绘画诗词涵三界，允是豪杰雅士；
高华峻德，硕儒君子誉千秋，堪称旷世清英。

晚彭玉平敬挽

中山大学　吴承学教授

邓乔彬先生从上海到暨大授学，那时高校的博士生导师还很少，广州就更少了。中山大学每年的博士答辩，多请邓老师，而且凡是请他来，理所当然是主席，而我也经常被暨南大学请去答辩。每年的答辩，也就成为我们交流和领略邓老师风采和智慧的时间。邓老师对每篇论文，都细加批改，而且特地用纸写意见来，极为负责，而对学生又非常友善，经常把手中的鞭子高高举起，又轻轻打下。邓老师看上去很严肃，其实对人很平易友善。他善于摹仿各地方言，常常成为聚会让人喝彩的保留节目。偶尔来一段子，也很高级。他本科是学理科的，还是位运动健将，曾多年保持上海高校跳高纪录。这似乎是个神话。他的文思极为敏捷，也极勤奋。有一次，他对我说，我们的治学路子不同啊，你是写论文的，我是写书的。我说，您以后是著作等身，传诸后世的。看到他的煌煌巨编的文集，不禁想起当时的对话。这一转眼，就近二十年了。邓公千古！

吉林大学　王昊教授

梅翁再传人，词坛四杰公其一，启口全是春色；
墙外弟子礼，谢赫六法吾不二，满目无非戚容。

晚王昊敬挽

平顶山学院文学院　郑黎阳教授

悼业师邓乔彬先生
海上就读助教班
吾师教诲润心田
惊悉驾鹤西天去
文质彬彬天地参

85古典文学助教进修班　弟子郑黎阳泣挽

中国传媒大学 张晶教授祭奠

词坛失耆宿，画论陨巨星！
往事如逝水，惊魂类转蓬。
灯下推杯盏，棋旁品香茗。
沪上执兄手，念兹梦音容！

惊悉乔彬驾鹤西去不胜哀挽，身在异邦口占五律以祭乔彬先生，张晶遥祭

苏州大学 杨海明教授

得知乔彬兄不幸离世的噩耗，十分悲痛。我与乔彬兄相交卅余年，深觉他博学多才，忠厚诚朴，在多个领域都卓有成就。他的逝去，是学术界特别是词学界的巨大损失！哀哉哀哉！乔彬兄一路走好。

——杨海明先生微信留言

江苏师范大学 李昌集

邓乔彬先生千古

偷辞帝所，会解红尘之词情画意；
笑赴蓬莱，开怀琼宴兮美酒佳肴。

公元二〇一八年元月 李昌集泣挽

深圳大学 沈金浩教授

邓乔彬先生与我曾有书信联系，惠赐过皇皇巨著《唐宋词艺术发展史》，先生阅历丰富，多才多艺，平易近人，开会与先生交谈同游甚有教益乐趣，12年在天台山还一起唱K。近年罹疾，受苦多年，前闻赴沪治疗，已稳定，今遽去，令人痛惜悲悼！

广州大学人文学院 戴伟华教授

沉痛悼念邓乔彬先生

邓乔彬教授（1943—2018），先后任教于华东师范大学和暨南大学，在词学及词学批评，诗学，古代诗画比较，古代文艺与文化关系，中国古代画论与绘画等多个领域都卓有建树。于2018年1月30日8点47分辞世。我是2000年来广州华南师范大学的，邓老师2002年11月调到暨南大学。两校一条马路之隔，故方便往来。其实每年见面时间都是在研究生论文答辩会上，中山大学、华南师大、暨南大学古代文学答辩，老师们是相互支持的。邓老师做事认真，每次答辩都是认真看论文，并写上满页的批语。他主持的词学方面的国家社科基金项目，100多万字，我曾通

讯评议过，给予优秀等级，但也提出可以缩减字数，我想到了邓老师这样的年龄要注意保重身体，写30万字即可，他也和我说过，写100万字辛苦，伤身体。他70岁庆生，邀请学生及暨大部分老师，我因邻近暨大，也参加了。那次活动办得热闹，邓老师比较开心。学校副校长饶敏也参加，并致辞。其后邓老师送给我们《邓乔彬学术文集》，12卷750余万字。他组织书评在《学术研究》发表，希望我撰写三千余字。我组织学生进行讨论，并完成（《于艺文通解与文化融合中深化比较诗学》，《学术研究》2014年第7期）。有一次我提议请邓老师和师母到从化夏湾拿一游，吃了农家菜，邓老师也高兴，并约再来，但以后都未能成行。去年12月的复旦会议，问及彭国忠教授，他说邓老师身体不太好了。2015年春天邓老师患病要回上海治疗，我晚上去府上送行，看他的状态，我仍抱有希望。8月26—29日我去日本福冈开文学地理学会，从上海机场出发。我有意提前2天到达上海，住华东师大招待所，晚上和邓老师联系上，去他家里，和邓老师聊了一会，那时病已入大脑，但不影响思维，他当面感谢夫人的弟弟，说全靠他了。26日去浦东机场，是由赵维江兄联系朱惠国教授送的，在肿瘤医院稍作停留，因医院电梯太忙，我未上去，维江兄一人上去探视。其后也经常打探邓老师病情，最近在暨大明湖用餐，刘绍瑾兄还提到暨大古代文学教研室老师应去上海探望邓老师一事。今天听到邓老师去世，于大家都不是突然的消息。和邓老师偶尔的接触中，知道一些情况，比如家庭问题。又比如工作问题。说得很少，但都直言不讳的。他觉得工作上也有不顺心的事，当然我总会安慰他。愿邓老师一路走好。

五邑大学教授　章继光

沉痛悼念邓乔彬教授：

词坛重镇，成就自有公论
杏苑良师，粤海咸痛斯人

广东第二师范学院　熊国华教授

敬挽邓乔彬教授：
学贯中西传正道，
文通今古育英才。

吴　晟

祭邓师乔彬

乔彬邓老步匆匆，御鹤腾云入道宫。
犹忆华东曾沐雨，岂知岭外又薰风。
一生著述身高等，诸系方言南北通。

欲托佩鸾求解惑，蓬山远隔月朦胧。

杨　雨

恩师乔彬先生千古

有幸绛帐闻道　曾经丽娃得师训

长怀恩情在心　从此山水失清音

门弟子杨雨泣挽

彭国忠

恩师千古

文行忠信道德人品足以镌盘盂镂钟鼎

着画诗词博学宏材真堪烂百蕙芬九兰

门弟子彭国忠敬挽

仲冬梅

恩师千古

山高水长　状先生风范

月白风清　传弟子心声

门弟子仲冬梅敬挽

昌庆志

扬州慢·悼邓师

丁酉羊城，骤来冬雨，绵绵沥沥凄凄。想中秋一面，似梦里依依。望东北，天藏旧意，此时捎去，一片云飞。至今来、悲怛难陈，虽信犹疑。

遍翻相册，数音容、到处春晖。问海角观音，苏堤拂柳，可记跟随？但恨哀音风起，心迷惘、如醉如痴。叹岭南无福，对天遥拜仙师。

周　韬

来仪鸿渐，沪上陇西岭南，三轮播迁，远游无非覃思修慎博今古；

启路崧高，诗心词旨画意，四大更始，通观尽是典论先行归去来。

夏令伟

江城子　悼恩师乔彬先生

先生一生颇经坎坷，中岁始得肆力于学，积数十年功，而成煌煌十二卷巨著，可谓不朽欤！又自滬上至五羊，任教鸿庠，作育人材甚众。先生性仁，有长者风，一旦归于道山，虽识与不识，皆为之痛心不置。吾自癸未元夕得识先生，又三年，为门下弟子，至此常接先生咳唾，或从宴，或伴游，意仍恨晚也。死生，固人之所难免，然吾失先生，忆恋不绝于心，憾恨不去于胸，以理遣情，不可得也。呜呼哀哉！先生尚飨！

九州共叹道风沦。运鸿钧，际天人。倾意文章，诗画写精神。更得芝兰经点化，成岭海，一园春。

我生也晚幸亲仁。宴金鳞，不辞频。门下青藤，十载变酸辛。岂识人间苍狗事？凭若有，换前尘。

李　俊

水龙吟·悼邓师乔彬先生

丙戌仲秋，余入暨南园，始闻先生"中国词史"，深所叹服。越二年，拜先生门下，与李君共聆庭训。李君治诗画，余修学术史。每周一晤，古今中外，文学文化，尽藏胸臆，余等如痴如醉。课艺之余，常邀同门小聚，新贵旧闻，学坛掌故，顺手拈就。每至兴处，或高歌一曲，或方言学舌，谈笑风生，其乐融融。惜余驽笨，钝笔难描，先生神采，十不存一。癸巳早秋，忽闻霹雳：先生竟罹肺癌！先生少习曲踊，距跃六尺，今卅年治文，向无烟草之好；久塞厨囱，更少炊尘之扰。然苍天无眼，竟罹恶疾，辗转三地，终无良策。后居沪上，余等囿于琐事，不能随侍左右，深自愧疚。今遽归蓬岛，沪穗同门，共失怙恃。作《水龙吟》一阙，问此去经年，何枝可依？

问天何苦匆匆，硕星仙去如驰骤。幽兰泣露，寒蟾血兔，羁魂未就。自沪之南，奋蹄长久，譬如垂柳。对桑榆晚景，曾憧晚景，却只是、人难守。

常恨十之八九。意难平、相思如缕。壬辰霜月，齐声共祝，尚萦心口。三戒君子，文行忠信，师恩抖擞。对手泽犹在，音容依旧，相逢何有？

王　嘉

拟弟子挽联

恩师邓乔彬先生千古

师生情谊最难忘明湖楼诗词丹青旁征博引提携后进多奖掖

天地永诀费思量丽娃路文章翰墨牵肠挂肚痛悼恩师寄悲凉

邓门弟子联袂泣挽

梦江南　悼念邓师

小序：恩师邓乔彬先生在上海仙逝，享年75岁。无以为报，仿柳如是《梦江南·怀人》填词十首，为恩师送别。

人何在？人在临风轩。伏案奋笔霜染鬓，毕生著述得梦圆，不羡车马喧。
人何在？人在明湖边。唐风宋韵已探遍，诗情画意入春眠，谁与忆容颜。
人何在？人在腊月天。海上惊闻传噩耗，黯然情怀叹息间，往事似云烟。
人何在？人在上海滩。金沙江路相聚笑，谈古论今茶水香，转眼已黄粱。
人何在？人在华山上。雄镇关中投笔处，才华横溢诗文多，遥看雁影过。
人何在？人在北固楼。六朝在望第一州，不尽长江滚滚流，豪气壮金秋。
人何在？人在古汴州。烟添柳色看犹胜，铁塔川平画图真，著作已等身。
人何在？人在砚田耕。平生词学二十论，有声画里无声诗，师徒最相知。
人何在？人在入梦时。中国绘画思想史，撰成已有二十年，抚卷念恩师。
人何在？人在碧天暝。西风石马残照迎，无数往事忆犹新，波罗蜜多经。

符继成

一怀心事二园桃李持三重证法四书五经传古今大道
六艺人生七秩春秋骛八极神思九家十派著天地文章

再传弟子符继成敬挽

（按：是日吊客甚多，难免漏记，敬请谅解。）

追忆文章

一位博导的人生轨迹

——致学兄邓乔彬教授

后志民

艰难的抉择

学兄，还记否？兴趣曾像欢腾的小鹿
自由自在，无拘无束，又有点任性
牵引着你年少的心，牵引着你美妙的梦境
就像骏马爱草原，又爱蓝天与白云
你爱诗爱画，你爱篆刻爱美文
也爱船模小火箭，跳高还想夺冠军
你与数理化，并非不亲近
纵然颇佳，也诱惑不了
你对文艺的痴情与偏心
你崇拜孔丘庄周，你思慕贾谊与屈平
你心追恺之羲之，你折服王维陶渊明
你长怀李白杜甫，你难忘松龄曹雪芹
可你的人生才起步
就撞上了一道痛苦的选择题
是随趣随性，还是违愿违心
一块块文科危险的警示牌
刹住了呵，你一路狂奔的激情
你无奈选择了理科，选择了违心
现实，可从不迁就决不怜悯
缺“兴”自冷淡，少“趣”必疏远
转眼就给你颜色，就撞你个鼻肿脸青
现实，就像法官严峻而无情

再次将你推向了抉择的风口浪尖
你如醍醐灌顶，豁然清醒
纵然寒霜染青丝，前景难料定
你认定，也要遂心逐梦踏青云
你可不想，任那秋风扫心旌
哀歌长悲鸣
自己的前程，就是要捏在自己的手心
你不惜破釜沉舟搏大运呵
你终遇仁者，转系成功改命运

无奈的坚忍

学兄，命运真会捉弄你神经
毕业十载续弦“无学”命
任凭缰绳勒紧，俯首听调令
山沟沟虽未被爱情所遗忘
你却只得掬悲饮泪，咀伤自捶心
任由青苔长满心中那小径
本是为学立业黄金期
却只能忍看青春尽付东流水
仰天长啸，何日柳暗花复明
所幸你胸怀定海神针，心火未燃尽
不甘降身屈志，不甘才情付幽冥
世间百味，你还想漫漫尝来细细品
你遥想骚豪，报国无门，荷冠任飘零
你再思诗圣，心忧天下，穷死在破船
你这点磕磕碰碰，又何足挂于心
你看去柔弱一书生，内藏铮铮一铁骨
身处逆境如潜龙，一旦云开日出
必将飞腾出海，穿云破雾御风行
纵然墨云如潮淹群星
岂能自戕性灵甘消沉
你自信，暴风雨后必是万里晴

骄人的腾飞

学兄，你此生真是不幸又有幸

人近中年，冰河解冻玉宇澄清
春风消愁云，喜迎百花汛
“志于学”的时代来临
你紧紧拽住了这千载难逢稍纵即逝的机遇
迎来了喜鹊登枝报佳音
你这游子呵，忘情地扑进母校的怀抱
你戏称，你是“文革”后“黄埔一期”
深耕拓荒育良种，岂敢辱使命
抑之愈久呵，扬之愈劲
你就像历经千年挤压的火山
喷发出气冲霄汉的滚滚热情
你就像唇裂舌燥口喷火
终于穿越茫茫大漠
找到生命之泉的生灵
你就是出笼狮，你就是下山虎
如饿虎扑食，如雄狮登顶
曾几何时，你的足跡已遍群岭
穿越千古隧道，纵览世纪风云
今日登门，探吴梅遗珠
明日举杯，邀一多纵评
攀词山，游曲海，赏诗境
拜谒稼轩谈爱国，巧借宋词论人生
看清短长定准位，咬定青山不松劲
鏖战于词学批评
驰骋于诗画比较
任潮起潮落，胜信步闲庭
认准趋势，跨界研究，开拓大文科
不因仰山之高见水之深而裹足
一任内在情结，去驱使，去浸淫
“中国的《拉奥孔》”才热传
百万长卷绘画思想史又问鼎
一转身，已开启词艺史的探寻
以无惑之人生，去解多惑之学术
自觉扛起天降之大任，致力于
为华夏文明添一笔浓墨重彩的愿景

你沉迷治学，不知疲倦为何物
你才思奔涌，势如大潮不可抑
枯木逢春呵，寂寞古林何欣欣
你果真如潜龙出海，一指冲天
腾雾驾云，御风而行
日飞千里，举座皆惊
又如那游龙戏珠
众多课题，把玩于股掌之中
是那样的随意随愿随心
你自称，只是一拓荒牛，有股子牛劲
你只是延续了年轻时争夺跳高冠军的
那股志气，那股韧劲，那股豪情
我们仿佛又见你拣回了青春
重返赛场，健步如飞，身轻如燕
飞越一个又一个高度的矫健的身影
你似乎更像一只岩羊，从不露锋芒
善平衡，极坚韧，温文儒雅，傲视群雄
稳步行进于羊肠小道，攀登于悬崖绝顶

醉人的芳香

学兄，你研中教，你教中研
你视学术为生命，你视教学为使命
三尺讲台论古今，精心点拨破迷津
你滋兰树蕙，首扬德馨
你既修大德，又护细行
你竭虑殚精，倾情栽培桃李林
你引领学子，宏阔视野高屋建瓴
探明路径，精耕细刨打深井
在游泳中学游泳，在攀崖中学登顶
难忘呵，你明明如月朗朗似星
用数十载知行合一的言行
镌刻了，一块刻骨铭心的师德铭
难忘呵，你身正风清淡泊志明
用满腔志在复兴的赤子情
潜移默化了，一届又一届学子的心

难忘呵，你那如高僧入定的背影
一扫浮躁，一扫惰性
铆足了学子的坐功与韧性
你爱生如子如友，望之俨然即之温
一如外冷内热的保温瓶
不时送上丝丝缕缕家温情
门生如坐春风如沐甘霖
一个个如蚕历经三次蜕皮
吐丝，结茧，破茧，羽化而飞行
有的升任博导，有的坐镇学林
有的客串央视百家讲坛连轴主讲
画出你心目中一道最靓丽的风景
试问从留校到博导，从师大到暨南
哪一页没留下你醉人的芳香
哪一处没留下你三立的足印

少憾的淡定

学兄，高强度挺进的脚步
你停不下呵，即便诸指标飘红
你还想再赶几程，再圆梦境
你三步并作两步行
欲借朝阳之晖济桑榆
惟期延续美丽远照明
直到健康严重透支上了手术台
你才为学术生涯画上了休止符
不情愿呵，还有多少宏愿待践行
你还有四百万字腹稿未出炉呵
你多想，能再为祖国奉上一卷
描绘五千年故国文明的壮锦
可身体已容不得你举棋不定
你只得紧急刹车，提前结集
但求少留份遗憾，多留份雪被下的宁静
生活呵，从不会尽遂人愿尽遂人心
得失总是如影随形难完美
能化有限为无限，不负此生乃是三生幸

你也想及早解甲卸鞍，当回飞天鹤
无羁无绊，携妻周游世界散散心
换个活法，安度余生享闲情
谁知文集才编就，癌魔又来袭
彩云顷刻化冰霰，阴刚转晴复转阴
我等真是五味杂陈潮难平
虽说一生难无憾，君却不悔多淡定
纵然癌魔入侵至骨扩张至全脑
你照常侃侃而谈，一如傲立沙场之将军
你何以如此坚强又淡定，只因为呵
你已踏碎坎坷飞越悬崖凌绝顶
美美地领略了一览众山小的美景
只因为呵，先贤哲学早已入骨髓
视生老病死进退忧乐为寻常，从古至今
一如月有圆缺与阴晴
只因为呵只因为
你以前半生的艰难与曲折
玉成了后半生的腾飞与壮行
你用后半生的腾跃，跑完了一生的征程
志学，而立，不惑，知天命
耳顺，从心不逾矩，谁不敬呵谁不敬
你已终结了文化苦旅，已可含笑而远行
你就是站在灯火阑珊处的那一位
你活出了品位，你凝就了生命的极品
试问此生还有何等事，更能胜此值庆幸
留下煌煌十二卷，蔚蔚三士林
喜看身边身后浪逐浪，一心与君奔共赢

（作者简介：后志民，华东师范大学中文系1962级校友。毕业后奔赴地处青藏高原瀚海深处的茫崖从教15年，是州镇两级人民代表。1984年调至南通市委党校任教至退休，副教授）

（原载“华东师范大学校友会”网站）

“身死声名在，多应万古传”

——追思邓乔彬先生

彭玉平

今天是2019年1月30日，倏忽之间，邓乔彬先生逝世已经一周年了。

这一年，太阳依旧东升西落，世界依旧纷纭繁华，我也依旧奔走忙碌。但在不经意之间，脑海中也总能浮现乔彬先生的影子，修长的身躯，微笑的脸孔，以及有点沙哑的声音，在轻挥折扇的潇洒中，也依然可见其谈吐的芳华。

不是每个人都能在身后占据别人的记忆的，但乔彬先生确确实实占据了我不少的脑盘。

我好像得承认，在邓门弟子之外，我大概是受到邓师偏爱的晚辈之一了。证据当然是有一些的：譬如他的博士生答辩、博士后出站，我都是常客，经常去主持；譬如他在词学会上主持我的大会报告，会特别郑重地先对我近期的研究成果如数家珍地夸说一遍，这是不同寻常的主持，我也因此有特别的知遇之感；譬如他的博士夏令伟来我门下博士后流动站工作，而我的博士刘兴晖、程刚的博士后合作导师同样是乔彬先生。譬如我们著作的互赠也是常例，他赠我《唐宋词艺术发展史》，希望我能将阅读体会变成一篇书评，我相信他能这样直接提出要求的人应该不多。2013年，邓师七十初度，十二卷本《邓乔彬学术文集》出版，他慨然赠我一套，大概半年之后，他电话我说，他邀约部分学者对其著作进行分类评述，相关书评希望我能代为联系杂志发表，我受命联系了《学术研究》，后来这一组四篇总题为《在融贯中深化的人文研究》发表在《学术研究》2014年第7期。而他在被初诊为罹患肿瘤之后，因为自己半信半疑，希望能到中大肿瘤医院确诊，也是电话我，嘱我代为联系医院及相关医生，我当然一一为其落实。这样的电话，我本能地觉得也是不会随便拨出的。

因以上种种，邓师在岭南的十五年，我自然是受教较多的人之一了。

2016年，邓师被确诊为患有肿瘤之后，他曾有顽强的康复之念，后来到上海、北京续诊，结果都是确定的，但邓师自感无任何病痛之感。当年暑期我去复旦开会，华东师大的朱惠国教授招饮，乔彬先生亦在座，饭毕与他一起走出酒店，他边走边对我说：“我现在身体感觉很好，再过一个月我如果还没有什么感觉，我就认为是误诊了。”他当时说话的自信我记忆犹新，但其实此后不到一个月，肿瘤就开始发作了，他这才不得不接受了患病的事实。而且此后肿瘤肆虐的程度超出了他的想象。

2017年10月15日，我听说邓师因癌细胞转入脑部而昏迷，当即致电华东师范大学彭国忠教授，情况果然危殆。2017年10月28日，我在上海参加复旦大学与中华诗词研究院共同主办的“第二届中华诗词古今演变学术研讨会”。我在完成大会发言和主持任务之后，邓师弟子华东师范大学彭国忠教授来会场，我们遂一同去上海第一人民医院探望病中之邓师，听医生说，邓先生的肿瘤转移已至脑部，曾昏迷、失语、不识人，近来才稍稍转好。当天为重阳节，也恰逢邓师农历生日，聚在病房的邓门弟子有十多人，因我是唯一的“外人”，邓门弟子遂请我主持生日会，大家为邓师唱生日祝福歌，弟子们一一向邓师表达生日祝福之意。这是邓师在世间的最后一场生日会，我能参加并主持，现在回想，深感荣幸。

关于邓师这最后一场生日会以及我与他的最后一面，我在2018年9月11日为门弟子夏令伟《南宋四明史氏家族研究》作序时，曾有一节情动于中而不能已的文字，当日之情已难再述，因直接录文如下：

> 令伟的博士导师是邓乔彬先生，不用说，这篇序最合适的作者也应该是邓先生。但此时此刻，邓先生已入幽明境中半年多了。此情此景，每思及此，辄生悲凉之心。邓先生从沪上来到岭南比我晚了数年，或许是因为同研词学之故，邓先生慨然许我以忘年，我们除了在广州的博士论文答辩、学术会议频繁相聚之外，私下的宴聚也不算少。听邓先生说词学发展，讲学界典故，臧否各色人物，都曾是我饶有兴趣的事。但这样的时刻最终停在了2018年1月30日，邓先生因病于上海溘然去世。2017年10月28日，也就是在邓先生去世前三个月，我曾借在复旦大学参加“第二届中华诗词古今演变学术研讨会”之机，去上海第一人民医院看望过他。据说当日正值邓先生农历生日，来病房探望之人穿梭不息，因佩戴呼吸机，体质极为衰弱，邓先生面对人来人往，始终未发一语，甚至未有任何表情。而在我去到他病床前，握手问安时，邓先生居然难得地露出了笑容，这让围在病床边的他的学生们很是惊讶和惊喜。其实我还感受到邓先生握手时的一点微弱力度的。邓先生这艰难的一笑和勉力的一握，自此便永久地镌刻在我的心里了。

记忆是珍贵的，感受虽然有温度，但其实是悲凉的。2018年1月30日上午8:47，乔彬先生在上海溘然去世，享年75岁。我第一时间获悉后，当时身在会场，我紧闭双目，悲痛难忍。第二天上午，我以中山大学中文系的名义为邓乔彬先生敬拟挽联：

静默其人，厚道其心，清风垂百世；
精研词学，妙发画论，学术传九州。

2018年2月1日，我又以个人名义拟挽邓乔彬先生联：

擅世才名，绘画诗词涵三界，允是豪杰雅士；
高华峻德，硕儒君子誉千秋，堪称旷世清英。

挽联殊难涵括一生，只是叙说大概，略尽感怀感恩之意而已。2月3日邓乔彬先生告别会，我因学期末行政事务繁杂，无法抽身去沪，为邓师送上最后一程，心里是不安的。我想起米芾在《苏东坡挽诗五首》其三中说的“我不衔恩畏清议，束刍难致泪潸然”，真是心有戚戚。当然，我与邓师之间并没有什么“畏清议”，只是我既不能“衔恩”以报，又不能灵前拜祭，增我愧疚而已。每念及邓师勤勉一生，著作等身，竟如此匆匆谢下人生大幕，不免令人唏嘘。

乔彬先生的朴实是他给人最明显的外在印象，平时话语不多，甚至给人以木讷之感。21世纪初，我在武汉大学参加“刘永济先生词学国际学术研讨会”，初识先生，虽然同会，但接语寥寥，会后同去神农架旅游，偶尔走在一起，他也只是关切地问我现在在做什么研究之类，语言虽温却少。后来接触多了，才知道邓师其实是个很有趣味的人，我曾多次听他表演各地方言，切换自如，绘声绘色，趣味横生，常令一座开怀。

熟悉邓师的人，其实更能感受到他棱角分明的威严。我曾不止一次听说他对学界不良现象的批评，往往声色俱厉，令人生畏。他对于有些年轻而却大把耗费光阴的学者深致不满，有时甚至直接点出名字。他有时评说某篇毫无发明的文章，甚至到了生气的地步，认为如此“著书都为稻粱谋”，看不到对学术一丝半点的虔诚与敬畏之心，恐怕连稻粱也为之蒙羞。他对于评奖的不公更是有话要说。如此坚守底线，坦诚直言，不仅需要勇气，更需要底气。我觉得邓师就是兼具勇气与底气的学者。

邓师一生治学严谨，在词学、画学、文化诗学等多方面贡献卓著，是当代通人学者的典范。虽然邓师曾说：“我研究诗学与画学，下了很多功夫，也自认有一得之见，但似乎不为诗学界、画学界所认同，最认同我的还是词学界。”他先后主撰《中国词学批评史》，独撰《唐宋词艺术发展史》《词学廿论》《唐宋词美学》《宋词与人生》《爱国词人辛弃疾》等，因此而与施议对、杨海明、刘扬忠四人被公认为“词坛四杰”，所以他对词学界的温暖与归属之感，应该是真切的。但其实在文化诗学、画学思想等领域的成就，我觉得假以时日，也同样会在相关的学术史上占有一席之地，因为邓师的学术底蕴与学术眼力是完全值得信任的。

2010年，邓师的《唐宋词艺术发展史》初版后，曾希望我写一篇书评，他在电话中对我说：“我希望你写出一篇有分量的书评，不是要你从多种角度来夸这书如何如何，而是希望用你对唐宋词艺术发展的看法来评价我的研究有怎样的特点和不足，我尤其想看的是你眼中我的不足。”邓师如此寄望殷殷，但我却终究因杂事因循而未能写出，至今想来，愧怍不已。所以当后来邓师推出12卷本《邓乔彬学术文集》，希望听取我对其中《吴梅研究》《学者闻一多》的意见时，我立马就开始研读二书，不到两周时间，我就撰成《学者研究的“畅神”境界》。在这篇文章中，我引用宗炳《画山水序》中论及山水画的高境在“畅神”二字，我认为学术研究也与此相似，不遑说邓师精研画学，学涵诗词画三界，即其畅达之思、神通之力，就足以奠定其学术的格局。我在文章中说：“一个优秀的学者，如果在学有专精之外，贯通多方，则其左右采择也必广，交响旁通也必畅，自然能得学术畅神之境界。我认为邓先生的学术无愧‘畅神’二字。”因这一份相当独特的学思，所以当他面对才思奇发、逸兴湍飞的吴梅与闻一多，才能将其特殊的才情和识力激发出来。这种自然、随性却精准有度的学术，当然是诠释“畅神”二字的最好范例。他的学者研究是如此，他的词学研究也别有法门，他以文献学为基石，辅以文艺学的眼光和文化学的方法，故其词学研究才能别出蹊径，新创独多。

我因研究古典文学而长怀古典之心。面对如乔彬先生这样浑身浸染着“古风”的人，我也常有恍在魏晋、如晤古人的感觉。谁说“古人不可见”呢？贾岛在《哭孟郊》诗中说孟郊“身死声名在，多应万古传”，而今我相信邓师为人为学之风采，也一定会是声名长传的。

（作者简介：彭玉平，中山大学中文系教授、系主任）

（原载于《南方都市报·大家》2019年2月20日）

邓公诔

徐国荣

惟纪元二〇一八年元月三十日，邓公疾卒于沪，春秋七十有五。呜呼哀哉！孰云天道与仁，斯人而有斯疾？虽曰朝闻夕没，终叹大才音希。门下惊悚，友生痛惜。何以诔德，表之素纸。遂作诔曰：

猗兮邓公，祖承远芳。协乎光武，定宇南阳。赫赫洪族，源远流长。少秉明训，兰茎披裳。逢世之艰，身怀多艺。始入大学，乃攻物理。长于跳跃，强身健体。梦逐古人，一刻不弃。期年遂愿，乃转中文。唐诗宋词，日日沉吟。名师作导，琢磨文心。赋秉有异，天道酬勤。操翰染笔，工于倚声。比较诗画，研几味情。

有声之画，无声之诗。沐浴唐风，探赜宋思。学海无涯，学史有之。言传身教，茂材繁枝。

外柔内刚，为人抑敛。言不违心，行事从简。穷不屈志，卑无艳羡。闲静沉默，内怀果敢。慎独其身，严于律己。耻作干禄，淡于名利。博闻强识，怀抱利器。虽则多才，唯求三立。

后生小子，心慕手追。未列门墙，得闻音徽。日月其居，想其容辉。魂兮归来，爰作斯诔。呜呼哀哉！

庐江后学徐国荣
己亥年于二南斋

（作者简介：徐国荣，暨南大学文学院教授）

邓乔彬老师主编的最后一套作品选

何志军

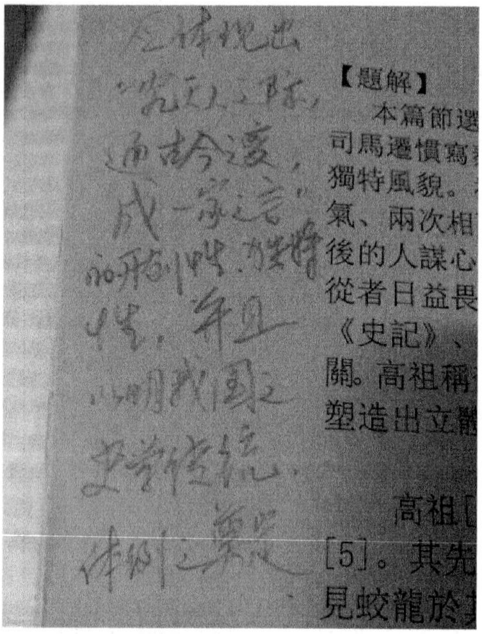

时光流转，已是2019年1月30日了。去年今日，邓乔彬老师于沪上驾鹤仙去。我委托邓老师的关门弟子程刚，把邓老师生前主编的最后一套作品选从广州带到上海，敬奉灵前祭奠。厚厚的上下两大册，是邓老师主编、古代文学教研室全体同仁参与编写，由安徽师范大学出版社2016年6月出版、2017年9月第2次印刷的《中国古代文学作品选》（中华文化版）。10月初拿到样书后，我第一时间跟病中的邓老师通电话，汇报了作品选第2次印刷部分篇目的增删修订情况，准备快递几套过去。邓老师说："小何，先不用寄，等我身体稍好，会回暨大一趟的。"孰料数月之间，斯人已逝！

十五年前，2003年初，邓乔彬老师从华东师范大学中文系借调至暨南大学中文系，担任古代文学学科带头人。我当时即将从中山大学中文系博士毕业，到暨南大学中文系应聘试讲，正是"望之俨然，即之也温"的邓乔彬老师主持，让初出茅庐的后生小子忘记了紧张。此事邓老师还记录在《自订年谱》中。入职后，我时时得聆謦欬，深深感受到一位纯粹学者的风范，肃肃如松下风。印象最深的是，几乎每次去明湖畔邓老师的"临风轩"，他都在朝南的书房电脑前写作，有一种春蚕吐丝、时不我待的紧迫感。庚寅除夕唱和，邓老师曾写道："读书求有得，问道恨无音。不可期功业，惟应惜寸阴。"既是勉励后学，亦属夫子自道。2006年，参观新会梁启超故居，邓老师颇有感慨地说："梁启超只活了56岁，却写出了1400万字的著述传世！"闻者无不会意。

邓老师学问渊综广博，以文化视野观照中国古代文学原生态的理念一以贯之，自然体现在他的论文、论著中，吉光片羽，也体现在他主持的教材编撰上。他与蒋述卓教授共同主编的《大学语文》（中华文化版），由高等教育出版社2010年出版，就采用了以中国传统文化为纲的十八个专题进行选文。同年，邓老师在古代文学教研室会议上提出，集体编写一套突出文化色彩的全新体例的教材，以体现暨南大学侨校的教学特色和古代文学教学的新思路，包括《中国古代文学史》（中华文化版）及配套的《中国古代文学作品选》（中华文化版），先编作品选，后写文学史。

邓老师为作品选拟订了上下编的分编体制，上编为文化编，下编为文体编，各十五门。上编大体按照精神、制度、物质、行为风俗等文化的层面编排选文，分十五门，包括：儒道墨法、纵横兵农、礼仪制度、天文历算、教育科举、军事外交、农医工商（科学技术延伸）、乐舞书画、宗教信仰、数术方技、衣食住行、山川物产、南北风俗、时令节序、民族融合。尽量以具有文学性的文选展示、体现文化。下编大体体现文体的渐形丰富与代表性文体的与时而变，分十五门，包括：神话传说、国风雅颂、先秦史籍、史汉传统（通鉴及史学理论延伸）、书奏赞论、诏令表启、箴铭诔状、序记题跋、屈骚辞赋、乐府歌辞、古近诗歌、词曲小调、古近小说、杂剧传奇、诗文评论。

2014年4月，邓老师为作品选撰写了长达5500多字的前言，从中西"文学""文化"内涵、外延的古今演变切入，指出"文学其实从古到今都不是孤立存在而发展的"，集中阐述了自己设计的作品选体例，并表达了殷切的期望。"之所以新，一在于对文学作品的界定及收录远较过去为广，二在于不是单纯的文学作品选，全书可见文学在文化系统之内发展，与文化的互补互足。因之，本书既是古代文学作品选教材，又是学习中华文化史的辅助教材。""希望能成为学习中国古代文学与中华传统文化的教材，能本着'朔南暨，声教讫于四海'的暨南办校宗旨，推向有志于学习祖国文化、文学的海外学子。"

作品选初稿完成，比预计的时间几乎多了一倍，从2010年下半年到2014年上半年，古代文学教研室全体同仁共十人，历时近四年方编写完成。邓老师拟订的作品框架包含了原文、题解、注释、集评四部分，全书为繁体字版。在编校过程中，我发现不少作品选、学者专著引用的评点类文字，往往辗转相因、未经复核，有不少的低级错讹或疏漏，如果我们的教材也直接转引，虽然简便快捷，但一定会有不可避免的硬伤，于是向邓老师汇报了相关情况。

例如，评点项羽《垓下歌》，有一条常被引用，对《垓下歌》的真实性提出了质疑："昔人谓高帝《大风歌》与霸王《垓下歌》各自写出帝王兴衰气象，盖谓其语足并也。余独谓垓下是何等时？虞姬死而子弟散，匹马逃亡，身迷大泽，亦何暇更作歌词？即有作，亦谁闻之而谁记之欤？吾谓此数语者，无论事之有无，应是太史公笔补造化，代为传神。"此段文字，出自明末清初释道盛的书信《与某》，载周亮工所编《尺牍新钞》三集（《结邻集》）卷二。此书除清康熙刻本外，排印本甚少，见者不多。

由于释道盛此条评点内容颇具独特性，目前所见，应是博学多识的钱锺书先生在《管锥编·史记会注考证》第五则中首先引用，以阐述史传"记言"之外与文学相通的"拟言"。此后，诸多论文、论著、作品选辗转引用此条评点，但复核原始文献的则罕见。有的误把《尺牍新钞》编者周亮工当评点者，有的甚至误把钱锺书先生当评点者，则连易得的《管锥编》也未复核，当是转而又转者。这种情况，或与当时学术规范不严有关，不必苛责，但并不是我们因循守旧、明知故犯的理由。我根据施蛰存先生主编的《中国文学珍本丛书》一辑第四十二种《尺牍新钞》三集《结邻集》（上海杂志公司1935年版）复核，并完整引用了此段文字前后的论述，收入《垓下歌》集评。

邓老师工作非常繁忙，除了自己的论文、论著撰写，还要指导学生，主持答辩，为刊物审稿，出差开会等等。对于承担的工作，他又十分认真，绝不肯含糊。他曾跟我说："每到毕业答辩季，至少要看五六本博士论文，十几本硕士论文，进行点评。电脑时代的博硕士论文又愈发厚重，博士论文一本至少要看两三天，硕士论文一本至少要看一天，一个月就这么过去了。"虽然如此，邓老师在百忙中仍抽时间耐心听取、采纳了我提出的意见，并委托我撰写编写说明，负责集评书目的整理，要求我们对集评与原文同样严格复核原始文献，并按学术规范详细注明出处。包括刻印古籍和点校本古籍在内，多达400种引用书目的寻找与复核，有的图书大费周章也难以找到，使得整个工作进度被大大地拖慢了。但是，邓老师非常支持，认为这恰恰是我们区别于一般集评辗转相因、疏漏甚多的基础文献工作，有利于培养学生脚踏实地的"眼学"习惯以及良好的学术引用规范意识，这与他一向推重的程千帆先生"文献学与文艺学"相结合的理念是一致的。邓老师笑着说："这很有可能是第一部复核并规范标注集评文字详细出处的古代文学作品选。"

邓老师不仅在拟订体例、选文拟目上统筹全局，而且在稿件审阅上也非常细致。例如，"史汉传统"门第一篇《高祖本纪》（节选）题解，他在我的初稿上批注："应体现出'究天人之际，通古今之变，成一家之言'的开创性、独特性，并且以明我国之史学传统体例之奠定。"从体例上对门类的解说，到稿件中字句的斟酌，甚至是繁简字的讹误、格式的差错，邓老师都一一标注出来改正。要知道，打印初稿近80万字，对七十岁以后左眼视力急剧下降的邓老师而言，审阅绝非易事。

书稿编成不久，2014年末，邓老师因久咳不止意外查出了肺癌，多次转院治疗，从暨南大学附属华侨医院到中山大学附属肿瘤医院，再到上海市第四人民医院，却始终没有完全停止工作。期间我们去看望邓老师，邓老师形容清癯，斜倚在病床上，问起书稿出版事宜。我说，您曾为我们刻了一方篆文印章“暨南古代文学学科”，不知是否可以印在书稿封面，增添文化含量。邓老师微笑着婉拒了：“我的那枚篆刻，本来是用于教研室所购书籍的钤印，年老力衰，刻印不好，就不要用于教材了。如果出版社美编另有办法取得与教材相关的古印，当更好。”

2016年6月，几经周折，校雠往返、数易其稿的《中国古代文学作品选》（中华文化版）出版了，我赶紧给在上海治疗的邓老师寄去样书。邓老师在电话里高兴地说：“终于出版了，总算可以结项了。”我知道，也算了结了邓老师的一桩心事。2017年9月，部分增删修订、第2次印刷的作品选从出版社寄到广州，一直安静地躺在教研室，等待邓老师病情好转回来自取。至于原计划配套撰写的《中国古代文学史》（中华文化版），已随着邓老师的仙逝，永不可得了。

（作者简介：何志军，暨南大学文学院中文系古代文学教研室主任）

安徽师范大学出版社　2016年

何不悲欣交集

吴武林

2018年初，从刘绍瑾老师的朋友圈中看到一则简讯：

“邓乔彬教授因病于1月30日8点47分辞世。”

虽然此前我多次听到关于邓老师病重、病急、病危等的传闻，但此次真真切切看到邓老师病逝的消息时，我还是脱口而出说出一句：“哎呀！天啦！”我想，此感此叹不仅仅是因为邓老师是我博士生阶段的授课老师，更多的是想到他学术上的勤耕，突然在75岁这个“从心所欲，不逾矩”的路上丢下锄头和犁铧，驾鹤云游而去，且是云深不知处。

我得邓师点化，那是在2004年。由刘绍瑾老师安排，邓师给滕志鹏、孙琪和我三个博士生讲授“中国绘画思想史”，这也是他第一次为博士生讲授这么课程，现在想来，我们真是有幸。教材是现成的，就是他2001年出版的《中国绘画思想史》。一学年下来，我是一页一页读完这本近百万字的绘画思想史，也读完他给我们仨列的书单。经此垂教和点石，给我的博士论文构架增添了不知多少筋肉和血脉。我生性疏懒，博士论文答辩一拖再拖，拖至2010年才开始答辩。邓师此时身体已大不如以前，但还是担任了我的论文答辩组组长。答辩结束，他一再叮咛我一鼓作气整理成专著，尽快出版。疏懒成性，我自己将博士论文修改和出版事宜一再延宕，拙著《山水传道——中国绘画史中的“四王传统”》直到2018年1月才拿出书样。待到3月正式出版，恰恰此时邓师云游白云深处而去了，我也就此永远无缘将此捧送于邓师手上，何其憾也。

2014年，孙宗美和石了英两位师妹与我登门看望手术后回家静养的邓师。其时，安徽师大出版社刚刚给他出版了十二卷的《邓乔彬学术文集》，750多万字。但他身体已是非常虚弱，我们不能与他多说几句话。与邓师合影时，墙上书架上的正是这套十二卷的文集。

斯师仙逝，悲乎？喜焉？

悲哉。一则是邓师学术生命就此戛然终止，更多则是身后留给亲人后续无尽的悲戚与空虚。邓师无子嗣，从此师母无依托，岂不悲哉？岂不痛也？邓师2014年后久为病魔纠缠，二竖为虐，膏肓之疾，致使“病骨支离纱帽宽”，其身心创裂何如哉！驾鹤云深不知处，便是大解脱，大幸福，更是大欢喜。“亲戚或余悲，他人亦已歌。死去何所道，托体同山阿。”既是生命大解脱，何不以大欢喜待之？岂不喜也？

《弘一大师年表》中有这样的记载：八月廿八日下午，自写遗嘱三纸。九月初一日，书“悲欣交集”四字。何意？《大智度论·释初品大慈大悲》卷二十七云：“大悲，拔一切众生苦。”大师临终前谓妙莲法师云：“我生西方以后，乘愿再来，一切度生的事业，都可以圆满成就。”弘一大师大愿成为事实，能不“悲欣交集”？邓师学海扬帆，已达彼岸，当是悲欣交集。我等观其脱去病体而得大解脱，何计生年不满百耶！何不悲欣交集也！

邓师大去后，我在旧书店淘到几本邓乔彬老师签赠给钱谷融先生的书。钱谷融先生2017年9月驾鹤，邓师2018年1月底西归。据说，钱谷融生前藏书去世后散于民间，大多还是签赠本，我淘到的邓师这几本书只是其中几本。之后，我又淘得他那套十二卷的文集。死去何所道，何计物散矣。只是这书一流浪飘散下来，作为学生，遇见了，必当收留之。淘得邓师飘零书肆的签赠本，是为慰藉。购书，是为纪念。但最好的纪念，是读其书，学其人，续其学。

（2018年1月31日草，2019年1月30日修改）

（作者简介：吴武林，江西临川人。广州鲁迅纪念馆馆长、书记、研究馆员，暨南大学2003级文艺学博士）

覃思精研，推陈出新
——邓乔彬先生的"科举与文学"研究

胡海义

邓乔彬先生勤于治学、笔耕不辍，留下《邓乔彬学术文集》12卷，计约750万字，另编著有200多万字。邓先生在词学、诗学、画学、学术史、文化与文艺的宏观关系等诸多领域，取得了非常丰硕的研究成果，嘉惠学林。我们学习先生有关"科举与文学"研究成果，在此谈几点粗浅的心得体会。

一、旧领域拓展新课题。上世纪八十年代，"科举与文学"研究开风气之先，成为古代文学研究在新时期最早复苏，并取得了很高成就的领域，尤其是程千帆先生于1980年出版的《唐代进士行卷与文学》与傅璇琮先生于1986年出版的《唐代科举与文学》两部标志性的力作，为古代文学研究提供了一个崭新的视角，树立了一种范式，影响甚巨。自此，关于科举与唐宋文学的研究成果不断涌现，如王勋成《唐代铨选与文学》，薛亚军《唐代进士与文学》，陈飞《唐代试策考述》《唐诗与科举》，俞钢《唐代文言小说与科举制度》，祝尚书《宋代科举与文学考论》《宋代科举与文学》，林岩《北宋科举考试与文学》等等，另有台湾学者罗龙治《进士科与唐代文学社会》、台静农《论唐代士风与文风》、王梦鸥《晚唐举业与诗赋》等，日本学者高津孝《科举与课艺：宋代文学与士人社会》等成果，也在学术界也产生了较大影响。近些年来，"科举与文学"研究热点又从唐宋拓展至明清时期，成果越来越丰富，积累越来越深厚。相对于其他越来越多的新的学术增长点，"科举与文学"研究逐渐变成了旧领域，可供发掘的空间也相对越来越小。

邓先生尽管关注"科举与文学"研究的时间较晚，系列成果从2006年才开始发表，但后出转精，多有创获。五代王定保《唐摭言》载："缙绅虽位极人臣，不由进士者，终不为美，以至岁贡常不减八九百人，其推重谓之'白衣公卿'，又曰'一品白衫'。"进士在唐代科举中具有特殊地位，备受瞩目。进士科在高宗时加试杂文，后益重诗赋，与文学的关系十分密切。唐代许多著名诗人曾参加进士科考试，很多是进士出身。邓先生在学界常谈的唐代科举与文学关系的基础上，敏锐地抓住其中的核心因素——进士文化与文学的密切关系，让"科举与文学"研究这棵老树长出新枝，在旧领域拓展出新课题。邓先生的"进士文化与文学"研究成果主要体现在13篇系列论文，其中包括作为宏观总论的《进士文化与唐诗》《贵族文化、进士文化与唐诗》《进士、歌妓与唐诗、宋词》，论述进士文化与唐诗文学功能的有4篇：《进士文化与诗可以兴》《进士文化与诗可以观》《进士文化与诗可以群》《进士文化与诗可以怨》，以及由此进一步引申发挥的相关论文5篇：《从“考见得失”论唐代的“诗可以观”》《唐人的游观、怀古诗》《唐诗的咏史与观政》《唐人的怨诗》《刺政、舒愤与唐代怨诗》，此外还有讨论进士文化与晚唐词之关系的《进士风与晚唐词》。邓先生的上述成果发表在《文学评论》《文艺研究》《文学遗产》等知名刊物，部分被《中国社会科学文摘》《高等学校文科学术文摘》、人大复印资料《中国古代近代文学研究》摘编，在学界产生了积极影响。

二、旧材料提炼新观点。文献材料是学术研究的基石，但中国古代文献的亡佚情况非常严重，唐代科举文献亦是如此。我们在研究唐代科举与文学时，基本上依据散见于《通典》《唐六典》《唐会要》《旧唐书》《新唐书》《唐摭言》《文苑英华》《册府元龟》《玉海》《太平广记》《文献通考》《登科记考》等典籍中的材料，还有文学总集与别集中的相关文献。王国维曾在《最近二三十年中中国新发见之学问》中说：“古来新学问之起，大都由于新发现。”但当今新发现古代的文献材料极为不易，唐代科举与文学研究需要继续充分利用旧材料。邓先生在深刻、精当辨析旧材料的基础上，就唐代科举与文学研究提出了诸多新观点，主要表现在以下三个方面：

其一，在众多争论中提出更加公允的说法。如进士科以诗赋取士的起始时间是一个非常重要的问题，主要有五代王定保《唐摭言》的中宗神龙元年间说、北宋王溥《唐会要》的初唐说、明代胡震亨《唐音癸签》的始于调露年间说、清代徐松《登科记考》的始于开元年间说。现当代学者多选择上述观点，莫衷一是。邓先生在辨析各说的基础上，根据现存史料，认为“实际上开元时期当为以诗赋取士的时间下限”。比照初盛唐的诗坛概况与现存试帖诗的面貌，此说更加允当。

其二，对进士文化特点与内涵的归纳颇具新意。科举制度在中国实施了约1300年之久，对中国古代的政治与文化产生了极其深远的影响。钱穆先生因此在《中国历史研究法》中将自唐代以来的中国古代社会称为“科举社会”。然而，学界长期以来对有关科举定义及内涵的认识比较模糊。祖慧、龚延明在《科举制定义再商榷》一文中辨析了学术界关于科举制的四种定义与内涵，“这几种意见皆有道理，但不能完全涵盖科举制的内容”①。关于进士文化的特点与内涵亦是如此，钱穆先生虽然将宋代以下特称之为“白衣举子之社会”，即“进士社会”，但对“进士社会”的文化内涵与特点并没有进一步探讨。邓先生在分析《旧唐书》《新唐书》《唐摭言》等相关材料后认为：

> 进士文化因推行科举、尤重进士科而在唐代逐渐生成，撮其要，当有以下三个主要特点：一、始于曹魏的“九品中正制”，为两晋南北朝沿袭，“上品无寒门，下品无势族”更为发展，因此而造就了六朝的贵族政治。唐代实

① 祖慧、龚延明：《科举制定义再商榷》，《历史研究》2003年第6期。

行科举，士子“怀牒自列”参加考试，门阀势力由强而弱，中唐以后逐渐退出历史舞台。以选官为核心的制度文化之变引发了政治之变，导致了具有近代意义的社会逐渐生成。二、因进士科取士较他科为难，在最被社会重视的同时，又因进士考试行以诗赋取士，使得士人将所习的重心从儒学经典转到了诗赋文章。如果说汉代的“献赋”只是“通经”的辅助手段，后者是士人踏上仕途的主要途径，那么，唐代则因行科举、重进士而改变了儒学与文学的传统地位。三、随着儒学与文学地位的倒转，儒生与文士的社会承认度也随之而变，造成了唐代文化从制度进而到思想、行为层面的改变。“儒林”传统向“文苑”精神倾斜、转化，使得统治阶级的新成员——进士阶层，在思想道德、出处大节上形成了一系列被视作“轻薄”“无行”的特点。①

邓先生从政治制度与进士文化，考试文体与文学地位，“文苑”精神与文化变迁三个维度，深入分析了进士文化的形成要素，力求历史与逻辑的统一，精当概括了其内涵与特点，颇具新意。

其三，同中辨异立新。对于学界的笼统认识，邓先生在同中辨异并立新。如进士文化对诗词的不同影响，先生洞隐烛微，认为进士文化是晚唐词兴盛的文化动因，是自诗而词的转换背景，而它对词的影响却明显较诗晚了一拍，“尤应注意的是，这一文化对诗词产生的作用是不同的”②。晚唐词更多的是受儒林传统向文苑精神转化，进士阶层在思想道德与行为习惯等方面变化的影响。另如文苑精神与儒林传统的主要区别，邓先生深入分析《汉书》《南齐书》《旧唐书》与《新唐书》等材料，梳理儒者的学术、思想渊源，及其政治性与社会性职能，阐发精到，新见迭出。

三、旧考据彰显新思辨。考据是传统学术研究的基本方法，对我们确证唐代科举文献，辨析科举基本史实，梳理科举发展状况具有至关重要的作用。如清代徐松编撰的《登科记考》就是一部有关唐五代科举文献考证的杰作，其以《文献通考·选举二》记载的唐代登科记总目为本，仿《资治通鉴》体例，系年编次，取材宏富，“体例秩然，考据精博”③，是研究唐五代科举与文学的重要工具书。另如岑仲勉《登科记考订补》、孟二冬《登科记考补正》等也是以唐五代科举文献考据为主的名作。前人的考据成果确实具有非常重要的学术价值，“欲论古人或研究古史，而不从事考据，或利用清儒成绩，是舍路而不由”④。但科举文化与文学的关系是复杂的，如果拘泥于现有的材料与考据方法，很容易出现葛兆光先生所批评的“科举与文学”研究弊病，“即把文化现象对于文学那种有迹无形的影响简

① 邓乔彬:《进士风与晚唐词》,《文学遗产》2009年第2期。
② 邓乔彬:《进士风与晚唐词》,《文学遗产》2009年第2期。
③ 李慈铭:《越缦堂读书记》卷三《历史》,中华书局1963年版,第307页。
④ 郭沫若:《读〈随园诗话〉札记》,作家出版社1962年版,第88页。

化为一种有迹有形的‘推力’，……于是文化与文学的影响便被具体化、直接化，人们总是期望在史料中找出那么几条足以‘证明’这种影响存在的过硬材料来，而这种过硬材料一旦不足或互相歧异的时候，便手足无措，不知如何是好，或者干脆各执一词”①。邓先生在考据的基础上，走的是传统“通人通儒之学”的路径，主张文献学、文艺学与文化学的方法相结合，打通文学艺术各门类之间的壁垒②，体现出很强的理论性与思辨性，避免了生硬地将科举与文学进行简单对应的问题，为“科举与文学”研究作出了重要贡献。

邓先生独辟蹊径，从孔子的“兴观群怨”诗教观切入，来探讨唐代科举与文学。《论语·阳货》载：“子曰：‘小子，何莫学夫《诗》?《诗》可以兴，可以观，可以群，可以怨；迩之事父，远之事君；多识于鸟兽草木之名。’”“兴观群怨”体现了孔子对诗歌的社会功能与美学价值的深刻认识，开创了中国文学批评史的源头，对后世的创作与诗论影响极其深远。儒家经典是唐代进士科考试的必修教材之一，儒家诗教是唐代进士科考试的重要指导思想之一。唐代士子浸染其中，文学创作、情感世界、思维习惯都不同程度地受其影响。邓先生从“兴观群怨”的诗教观来考察唐代进士文化与文学，深化了对两者关系发生机制的认识，丰富了“科举与文学”研究的理论体系。这些成果多有真知灼见，如《进士文化与“诗可以兴”》（载《文艺研究》2007年第4期）认为唐人所“感发”者具有特殊的涵义和指向，诗人“起”而作，“志意”也成为唐诗的基础与主要内容。孔子言“兴”尚有“兴于诗、立于礼、成于乐”一说，唐人以“振奋之心”“勉进之行”突破了传统的“中道”，发扬文苑精神，一改儒林传统，重情性不重德行，诗歌创作表现为极情尽致，乐而淫、哀而伤。该文对唐代士子之“兴”的内涵有非常精当的阐发，对“兴”与进士文化及诗歌创作的关系多有发明。《进士文化与诗可以观》（载《学术研究》2006年第11期）认为古人以“观”具有观政、观德和鉴戒之义。春秋时所重是诗之观政和观志，汉代采诗以观，六朝诗与观无涉，直到唐代才恢复并发扬了诗可以观的传统，且赋以新义。唐诗之可观，与进士文化有很大关系。诗人有从政机会，也使诗歌回到了现实，发展了观政功能，观志之义也得到了发扬。进士文化还使诗歌突破政教性阐释，使“观”具有了新涵义：恢复了观谛视、细看的原义，以其能观而能写，提高了诗歌的艺术表现力；发展了“观”的游览之义，扩大了唐诗的游赏性题材；造就了诗人观察民情风俗的直接性、真切感。该作视野开阔，梳理“观”的诗史流变，阐发唐诗之可观的科举内涵与文化意义，都颇具新见。《进士文化与诗可以群》（载《文学评论》2006年第4期）认为唐以诗取士，诗人群渐盛，群而诗亦多。进士文化引起政治之变，形成了时代的感召力，确立起新的价值观。重诗而诗人众，改变了思想、行为方式，

---

① 葛兆光：《勾勒出一个时代的风貌——读傅璇琮著〈唐代科举与文学〉》，《读书》1987年第12期。

② 符继成：《融通艺文成一家——邓乔彬治学述略》，《中国社会科学报》2018年6月21日。

造成精英文化的开放性、外向性，使之由“独”而“群”。唐代“诗可以群”在延续并改变了上层的群而诗同时，更提升了下层的群而歌。《进士文化与诗可以怨》（载《文艺理论研究》2007年第4期）则深入探讨了唐人怨诗之生与进士科及实行诗赋取士的关系问题。由于期望与事实的差距，诗人或未能进士登第，或虽入仕而难展抱负，都会作诗以诉怨。进士文化的外向性品格，文苑精神对儒林传统“中道”的突破，形成了怨诗的感情基础；进士多作谏官，唐代诤谏制度及相关精神，造就了为民申怨的怨诗生成机制。进士文化主要在政争与党争、政事与民生、狎妓与爱情三方面，促使了不同题材怨诗的产生。此外，邓先生还撰有《从“考见得失”论唐代的“诗可以观”》《进士文化与唐诗》《贵族文化、进士文化与唐诗》《进士、歌妓与唐诗、宋词》等系列论文，深刻展现了进士社会的文学风貌与时代意义，建构了一个从儒家诗教来研究科举与文学关系的理论体系。

上述是我学习邓先生有关“科举与文学”研究成果的几点粗浅认识。先生原本打算还要完成有关进士文化与文学的专著，为学界贡献更加丰硕的研究成果。可惜天不假年，他于2018年1月30日离开了我们。先生的道德文章，值得我们永远追慕！

（作者简介：胡海义，湖南师范大学文学院副教授，暨南大学文学院2006级古代文学博士）

亦师亦父三十载

郭梅

记不清是大二还是大三，我选修邓乔彬老师的诗画理论课，记满了一个笔记本，本子至今犹存，而先生课堂上的音容亦宛如昨日亲炙。喜欢看画展的习惯，也似乎就是那时候开始养成的。而邓师对当时的我影响最大的“后果”，莫过于我居然毫不犹豫地选修了天文学——邓老师不仅文理兼擅，居然还是体育健将，实在不能不令小女子钦佩万分。自幼体质羸弱，体育课靠态度上佳才能及格的我，实在不敢在这方面迈出模仿的脚步，于是一冲动竟去选修了天文——不管分数如何，好歹俺沾过邓师曾注册的物理系的边了哟。印象中，一起选修这门课的同班同学不止我一个，现在想来应该都是曾上过邓老师绘声绘色上至天文地理下及之乎句读的课的吧。当然，天文学于我委实太过“佶屈聱牙”，都不知道怎么把学分混到手的，而这门课的老师或许至今都不知道为什么中文系竟有人去选修吧，而且居然还是最怵理工课程的女生。

当然，选修课上只能说是学生认识了老师，邓老师不可能因此熟悉学生，哪怕我记的笔记基本可以算得上“速记”，几乎一字不拉，课后还用繁体字把重点摘录下来。印象中，当时古代文学专业的其他老师也都没有给我们机会选修第二门课程。不过，我与邓师真正的缘分很快开始了——本科教学实习给了我与老师零距离接触的良机。记得，实习小组分好之后，邓老师作为赴曹杨中学实习小组的带队老师，把我这个小组长叫到了家里，耳提面命之余，常常还留饭叙家常。我实习的班级里有个孩子是徐中玉先生的外孙，但唤徐先生为“爷爷”，见识过于浅薄的我不禁大惊小怪，邓师则微微一笑，将古今称谓、职官等常识一一叙来，竟是不知不觉将饭桌当成了讲台……

自那以后，邓老师的家，无论上海还是广州，无论我在读还是毕业了，都随时对我敞开着大门。老师的《吴梅研究》出版后，竟让才研一的我写书评，还帮我发表了——那是我最初正式发表的两篇书评之一。小丫头我何其有幸，竟得邓师真真正正完完全全地视如己出——如入室弟子一般悉心教诲，更如亲生一样好生看待——家母与老师同庚，老师总说：“如果我有孩子，就应该和你一般大。”于是，受了邓师莫大鼓励的我在自己踏上讲台后，养成了带学生写书评、帮学生发书评、自己的新书出版后请学生写书评的习惯。一晃，倏忽三十载矣。

我毕业离开华东师大后，邓老师的专著一本接一本地出版，首先就是把诗画选修课的精彩讲稿变成了更精彩的《有声画与无声诗》。我不仅经常收到老师的签名题赠，遇到难题时，在随时可以打电话或写信求助的师长中，邓老师也总是位列“第一梯队”的，而且常常寥寥数语就能为我解惑。比如，“戏曲，不是娱神，就是娱人”，看似老生常谈，却让当时深深淹没在资料海洋里的我猛然警醒，理出头绪，完成课题。还有，词曲的分野、关注南明怎么找资料和角度，甚至某作品中的某个词是否可能是某地方言，大大小小的问题，邓老师都将我帮到了位。当然，老师的方言“绝技”也常令我挢舍不下——我曾尝试着跟老师学过一段扬州顺口溜，怎么也学不像，就更不必说学粤语以了解很有兴趣而又实在听不懂的粤剧了——这个念头在老师调到广州以后，又冒了一次泡，但自知愚鲁至极，便旋即自生自灭了。

当年杭州装电话要排长队，我在好不容易装上之后，一一打电话给师长们报喜，邓师笑着记下了我的宅电号码，还加了一句：“蒋先生年纪大了，以后晚上有问题，你问我就是。”我才惊觉时辰已是人定之后，确实是不应该打扰导师蒋星煜先生的时间段。邓师心细如发，教我的岂是学术研究和创作技巧？当然，类似的细节还有很多很多，比如在一次四川的学术会议上，有位男学者的观点似对女性有所歧视，我私心里很不认同，就在自己发言时直言不讳。但我说完，刚刚回到邓老师身边，还没坐定就挨了老师更直言不讳的批评，端的便如醍醐灌顶，让我汗为之出。老师的这番教导让我从此谨记，学术不是不可以切磋，年轻人也可以和师长辈商榷，但必须讲究态度和方法，得理亦需让人，更何况在学术争鸣方面，小女子又岂敢自信百分百占了理?!

还有一年，我收到广州的会议邀请函，因为邓老师已调往暨南大学，我就毫不犹豫地去参加了。会议结束后，老师让我到家里住几天，还说，学科的老师们要开会，让我顺便参与。我讶异地问我不是暨大的教师，可以吗？老师说当然可以。可是，我与闺蜜出去参观博物馆和逛上下九，逛得太久，竟错过了会议时间。事后想来真是蠢呀，老师时时想着提携教导我，可我却不知孰轻孰重，把街逛得个不亦乐乎，竟失去了一次极好的学术旁听的机会。而且，临回杭才发现东西太多了实在拿不了，于是就把新买的一个带轮子的旅行袋撂下了。后来，老师拿它出差用——那是红色的，老师却浑不在意，如有人问起，就答曰是郭梅拉下的，不用就浪费了。

随着邓老师年事渐高，偶尔也会有盛年不再赶书稿竟累狠了之类的感慨，或曰南国潮湿，头发不如以前浓密了。可老师毕竟是体育健儿，林妹妹似的我从未想过课堂上声如洪钟的老师有朝一日也会得病且是终将不起之大病。甚至，还曾想当然地以为即使是大病，只要治疗得当，护理周到，也应该出不了大事呀——亡父骤逝后，家母一直缠绵病榻，须臾不可离人，但每次都有惊无险，总能过关。于是，天真的我在得知老师确诊肺癌以后，总拿“过来人”的口气跟老师说，没问题的，现在医疗技术发达了，我妈妈的癌症是危险程度最高的那种，也已经安全度过术后五年大关了，“带病延年”“与疾病和平共处”，早就是我家的口头禅了，老师，没事的没事的，您一定会没事的！——这话，平时说，节假日更说，其中，一半是安慰老师和自我安慰，一半，至少一半，是我真的真的觉得老师一定能好好的！可……

今年除夕，电话拜年的母校师长名单里，没有了蒋星煜先生，没有了王建定、陈谦豫和邸瑞平诸位业师，也没有了我慈父般的邓老师！邓老师，我多么多么盼望您再次出现在我的眼前呀。比如，带着师兄师弟们到杭州来，我还让我的学生安排一下，我们师生三代再一起玩一起笑，可好?！比如，在当年曹杨中学的初一课堂上，您先一一听了其他同学的课，却一直没听我的，我以为您“放”过我了。可是，最后一节实习课，我刚刚踏上讲台，便见您端端正正坐在教室的最后面……

邓老师，在您面前，我永远是实习生，您永远不要“放”过我，可好?！

（作者简介：郭梅，杭州师范大学文化创意学院教授，1985—1992年就读于华东师范大学）

难忘恩师

郭毅玲

初识恩师是在28年前，我还是个在华东师大上本科二年级的懵懂女生。那一年（1990），有一门邓老师开的选修课，“中国古典诗画理论专题”，隐约记得课的主旨大概说的是诗与画的相通性，诗是无形画，画是有形诗，诗画本一律，具体内容已经记不清了，可先生授课时的谈笑风生、儒雅气度倒是深印脑海、如在目前：只见先生手持一把折扇，略带沙哑的嗓音中吐露着玑珠般的妙语，谈吐中闪烁着对古典诗画的激情，眉宇间散发出阅尽诗书的睿智。当时的我虽然对课的内容一知半解似懂非懂，但却被先生的学识和热情所感，开始对古典文化钟情起来！于是，大三的时候又选了一门先生所开的选修课“中国文化与中国文艺”，这门课内容更加广阔、更加引人入胜！先生以一种鸟瞰式的视角和横贯三千年的气势，几乎把本科时代中国古典文学的各门课做了一个缜密的梳理和奇妙的整合，听这门课实在是一种享受！记得先生在归纳《诗经》内容时，曾将“男女有所怨恨，相从而歌。饥者歌其食，劳者歌其事”（东汉何休的《春秋公羊传解诂》）这几句简缩为“男女、怨恨、歌食、歌事”八个字，真是言简意赅、活灵活现！正如孔子所云：诗三百，一言以蔽之，曰：思无邪！只有胸襟宏阔眼光敏锐的学者才能有这样精辟的概括！当时的课堂大多是先生侃侃而谈，学生奋笔疾书，每言必录，生怕遗漏和错过任何一处精彩妙语，学生将课上所学的内容做好笔记后，反复温习体会，到考试时再把笔记内容背出来还给先生，就可得到一个不错的成绩了。“中国文化与中国文艺”这门课记下的笔记我至今都还珍藏着，不时翻看，是我怀念学生时代、怀念恩师的思之所托了！

大四时听闻中文、历史、哲学三系将联合开设“中国文化建设”的硕士学位，导师正是邓老师，不禁欣喜万分、满心憧憬，盼望能投考入先生门下。可转念又想，这个专业是复合型专业，一定非常热门，对自己能否考上还是心存疑虑，于是思前顾后，当年考研时最终还是没敢报考该专业，却报考了冷门的古籍所的古典文学专业。还好那年我考研失利，没能考上古籍所的研究生，使我日后得成夙愿成为先生的弟子！

1992年夏，本科毕业的师生告别会上，记得先生咏了一首唐诗来抒发对年轻学子们的勉励：“劝君莫惜金缕衣，劝君惜取少年时，花开堪折直须折，莫待无花空折枝”。这是一首劝年轻人要珍惜美好光阴有所作为，不要瞻前顾后错失良机的警言诗，我非常喜欢！后来时常用来警戒自己要认准目标竭力追求、勿虚掷光阴留下遗憾!

因初次考研失利，本科毕业后我未能在母校继续学业，只能暂时回老家云南工作，考研的理想搁置了两年。这两年期间，一直不忘师训，也不甘心放弃自己心爱的古典文学专业，在师兄赵明的帮助和鼓励下，两年后再次下定决心报考先生的“中国文化建设”专业硕士研究生。1993年12月第一次给先生写信表达自己仰慕之情和报考的意愿，心中很是忐忑不安，没想到先生很快回信，并且信中用“吾道不孤”表示对我的鼓励和欢迎，这对当时身处家乡远离母校的我来说，是何等大的安慰！终于，功夫不负有心人，1994年我幸运地顺利通过了研究生入学考试和几个月之后的复试，被“中国文化建设”专业录取了！多年的愿望成真了！当时的兴奋和满足真是无法言喻的!

重返母校继续自己最喜欢的专业，重回先生门下受教于自己最敬重的老师，实在是我的殊荣！丽娃河畔的一草一木于我都饱含着温馨的记忆！我格外珍惜这失而复得的学习机会！更珍惜和恩师、师母有如此近距离面对面相处的日日月月！三年的读研时光里，在学业上在生活中，先生、师母都是我学习的典范！浮现在我的脑海中的先生最常见的一幕就是他不分日夜俯首案前笔耕不辍的身影，先生一丝不苟、勤勉自持、甘愿坐冷板凳的治学态度常令我钦佩、催我自新！在指导我学业方面，先生认为文化是一个极其宽泛的概念，因此他会给我很大的自由空间，并不限制我的阅读范围或指定我研究某一个专题，也不会太快说出他自己的看法，而是让我有一个尽可能宽广的视角来看问题想问题，来发现一个自己观察和思考的独特角度；另外，先生不喜欢空谈想法，每每当我下笔前想和他说一说我打算如何写之类的话时，他总会说：“先写个初稿出来我们再细谈吧。”而当我写出个轮廓雏形之后，先生往往能一语击中要害，提出卓有见地的修改意见。记得写毕业论文时，先生在我的初稿上写下密密层层的一行行批注，处处闪耀着他的独到眼光和良苦匠心！这种既宏阔又求实的研究态度对我的影响是非常深远的！在生活上，因恩师、师母膝下无儿，就把我当女儿一样看待，而我和师母的确更为亲热投缘，师母总是隔三差五地叫我去吃饭，师母炖的鸡汤鱼汤笋汤我不知喝过多少碗，不光每次都饱尝美味，走的时候她还帮我装得满满一瓶，足足够我接下来再吃几顿。师母还常送给我很多衣物和日用品，对我问寒问暖，事无巨细体贴周到，让我感受到家的温暖、父母般的关爱！师大二村两室一厅的居所成了我常去享受亲情和温暖的地方，那里载满了无数温馨的时刻和片段：有先生在学业上的諄諄教诲、有听他们回忆艰苦求学的曲折故事、有和师母说知心话促膝谈心、有和师兄学妹切磋共勉的热烈讨论、有春节期间一起吃年饭的欢声笑语……三年的研究生时光就在这些美好的记忆中悄悄逝去!

研究生毕业之际，先生为我联系了同专业毕业的鲍科君师兄，使我有幸去了鲍师兄任教的上海理工大学工作。其后数年，事殊时易，我工作后结婚、生子、辞职离开原来的工作岗位；先生远赴暨南大学任教，我和恩师、师母因地址迁移电话变更而联系渐疏，甚至一度好几年失去联系……幸得师兄学长热心寻查，才再度于2009年先生66岁生日宴上久别重逢，欣喜万分！那是令人激动、令人难忘的一个夜晚，看到满满一屋子同门师兄学长学妹，不少人都已声名闻达、成果卓著，感慨先生真是“桃李满天下”啊！

尔后一别又数年，2012年我们全家迁居美国，相隔更加遥远，除了逢年过节遥寄相思之外，与恩师、师母见面机会更少了。后来得知恩师身患重病，心如刀绞，真心期望恩师能转危为安病体康复，却没想到2017年春天的探望却成了最后一次见面！2018年1月我再次回沪正想到医院探望恩师时却传来恩师仙逝的噩耗……

如今重拾旧忆，百感交集，恩师为人师表，淡泊名利，一生兢兢业业著述不辍，对弟子影响深远！弟子不才，虽人微学浅，却也不敢荒疏怠慢，只求日进日新，尽己所能介绍中国文化、传播中国文化于异国！弟子不孝，虽在学期间与师母情同母女，但未能常常陪伴尽孝于目前，惟在祷告中时常记念，望师母节哀顺变、身心安好、珍重再珍重！

戊戌年冬日于美国马里兰州

（作者简介：郭毅玲，Diplomatic Language Services，USA，1988—1992年华东师范大学中文系本科、1994—1997年师从邓乔彬先生攻读哲学系中国文化建设专业硕士学位）

沉思往事立残阳

——忆恩师

杨雨

我一直以为，邓师并没有真的离开。

前不久因搬家翻出一些连自己都想不起来的信件，其中好几封是邓师从广州暨南大学寄来的，主要内容都是对我的论文提出修改意见——说来惭愧，刚毕业的那几年，每每写完一篇论文，我总是习惯性地依赖邓师的指导。而邓师从来不因为自己的繁忙而敷衍，每次都是不仅在文稿中密密麻麻写满批注，还专门写信提出整体的意见，当然，也从来不吝惜对我的鼓励。

大概正因为如此，我博士毕业后的几年，也是论文产出比例相对较高的时期。

我有些感谢那个年代，邓师那时还不大会用网络，也没有微信这样便捷的联系方式，我们的交流主要靠写信。

真正的见字如面。

在捧着邓师来信的那一刻，我才恍然意识到，其实，邓师离开我们，已经整整一年了。

我也忽然发现，我并没有自己一向以为的那么坚强。看着邓师熟悉的笔迹，还有那熟悉的语气，我仿佛又看到邓师微锁的眉头，想严厉批评我、却又舍不得太过严厉的表情。

那一刻，我潸然泪下。

在邓师身边9年，我可能是最不像邓门弟子的弟子了。邓师对学术要求极其严格，无论是对自己还是对弟子，从无半点放松。而且邓师给弟子的表面印象，往往十分严肃，弟子们大多对他很是敬畏，亦不敢不用心攻读。

而我，既不是邓门弟子中最勤奋的那个，更不是最优秀的那个，却显然，是最不严肃的那个。

这大概是因为在最初的交往中，我一直是将邓师和师母当成父母一般来对待的，享受着他们对我生活上的关爱与照顾，时不时在他们身边撒娇耍赖，爱他们、敬他们，却唯独不怕他们……这样的相处一直延续了4年，直到4年本科毕业之后，我正式进入邓门，成了邓师的硕士研究生，后来又考上了邓师的博士研究生。身份关系似乎变了，相处的习惯却一直改不过来：我会调侃邓师的严肃是“皮笑肉不笑”；会嘲笑邓师的木讷因为和他一起吃“大餐”的时候他永远只会吃自己面前的那一盘菜；会和晓岚师姐用长沙话以最快的语速聊“悄悄话”故意让邓师听不懂在一旁干瞪眼……后来邓师说，他之所以能将长沙方言模仿得惟妙惟肖，是被我和晓岚师姐“训练”出来的。

我很喜欢这样的相处模式，直到2001年我毕业回了长沙，不久邓师又调去了广州。我第一次独自南下广州去开会，下了飞机拎着行李直接去了邓师家。师母关心地问我宾馆订好了没有。我理直气壮地指着客厅沙发说：“我不是一直睡沙发的嘛!”师母笑了，还没答话呢，邓师就在一旁“生气”地说：“那成什么样子!你以为你还是在读书的时候啊！现在都是教授了，还睡沙发像个什么!”

一边“骂”，一边让师母带我去暨大的招待所订房间，硬是将我“轰”出了家门。

也许是从那一次开始，我才真正意识到：我长大了，不再是那个可以随便在邓师、师母身边撒娇并且寻求庇护的“小”学生了。然而，邓老师对我显然仍是极偏心的，而且偏心得有些“没有理性”。记得有一年春天，我南下深圳讲学，回程的时候特意经过广州去看望邓师，邓师很高兴，恰巧那天邓门弟子和中山大学彭玉平教授及彭门弟子相约聚会，饭后又一起去K歌。我抢着唱了不少粤语歌，而彭教授多年浸淫于粤语环境中亦自诩尤其擅长粤语歌，于是我逼着邓师当裁判：到底是我的粤语标准还是彭教授的粤语标准?

邓师一本正经地说：“还是杨雨的粤语说得好些。”

还有一年开词学会，邓师大会发言的时候足足夸了我好几分钟，一位同行笑着对我说：“你们邓老师表扬你真是不遗余力啊!”我当然不肯承认邓老师的“偏心”，只好强词夺理地反驳：“老师提携学生难道不是理所当然的吗?”

现在想来，邓师其实是想以这种方式鞭策我不断努力前行吧？我相信，虽然我不够聪明不够勤奋不够优秀，但邓师一定希望我也能够成为他的骄傲。毕竟，在邓门弟子中，我的师兄段学俭、彭国忠、刘荣平以及美貌与才情兼具的女神级师姐赵晓岚教授，还有像杨柏岭这样的师弟或师妹们，他们一个个都那么出色，邓师一定希望我能够像他们一样，在学术界闯出属于自己的一方天地，成为真正具有影响力的学者吧!

2014年夏天，我收到师母发来的一条短信，很简短但很沉重，告知邓师染病。那一天，我还在法国。

回国后，我第一时间赶到广州，彼时邓师已经躺在医院的病床上。邓师虽然有些憔悴，看到我却露出了笑脸，一点都没有悲悲戚戚的样子。而我，也压抑着心里的痛，继续和邓师天上一句地上一句地打趣。就好像，他只是得了一场普通的感冒而已。

后来，邓师回上海养病。我多次去上海看他，请他和上海的邓门弟子一起吃饭，邓师的状态很好，看不出明显的病容。

2017年11月，彭国忠师兄电话我，说邓师病危，已经住院。我因周一到周四每天都有本科生的专业必修课，只能买周五的高铁票。赶到上海时，邓师已经被抢救过来了，但再也说不出一句完整的话，他看到我们时勉力露出的微笑掩饰不住病情的沉重与身体和内心的双重痛苦。

随后的日子里，来自广州和全国各地的邓门弟子一波又一波地赶到上海看望邓师；晓岚师姐在医院最近的一家快捷酒店一住就是半个多月，帮着师母日日陪伴、照料着邓师。住在上海的师兄弟姐妹们更是倾尽全力陪伴邓师、安慰师母，帮忙处理各种繁杂事务。而我基本上是每周一次往返于上海与长沙之间：每周五赶到上海陪邓师、师母说说话，周日再赶回长沙上课。在病床前的时候，我依然固执地回避着邓师的病情，只是想办法逗邓师开心，虽然我知道，那些不着边际的玩笑未必真能缓解邓师的病痛，但我还是希望，在邓师最后的日子里，他能记住我们的笑声……

我们还张罗着给邓师办了一场病房里的生日会。从邓师55岁的时候，我们第一次正式地为他庆祝生日，到他虚岁75岁的生日，二十年过去了，邓师老了，却一直还是我们心中那个最严厉、又舍不得太严厉的恩师。

我想和邓师说，我也许永远成不了邓师的骄傲，但我永远会是一名骄傲的邓门弟子。

2019年1月30日

（作者简介：杨雨，中南大学文学院教授，1996—1998年在华东师范大学师从邓乔彬先生攻读哲系中国文化建设方向硕士学位，1998—2001年在华东师范大学师从邓乔彬先生攻读古代文学博士学位）

送别本师邓教授

段学俭

著书始自周太史，授徒孰先鲁仲尼。
衰世斯文种子断，丽娃河畔子规啼。

六旬年岁赴六榕，气味温严似惠能。
庾信文章垂老后，满庭松桂又蒸蒸。

半生憔悴负师恩，问稼无言更问仁。
雪霁江南冷刺骨，可怜宋玉赋招魂。

（作者简介：段学俭，学林出版社社长，1996—1999年在华东师范大学中文系师从邓乔彬先生攻读古代文学博士学位）

永远的温暖

——怀念我的导师邓乔彬先生

彭国忠

1990年我硕士毕业，留在学校图书馆古籍部工作，对古籍版本的了解从无到有，知识逐渐增加，兴趣逐渐浓厚，几乎到了乐此不疲、终老其间的地步，图书馆之外的一切，渐渐与我无关，什么学问、名利，都抛诸脑后。有时遇到善本而难以遽断，会耗上几周甚至更长的时间，去查阅文献，寻找证据；实在解决不了，就请教馆长。馆长是北京大学季振淮先生的硕士孙文光教授，人好，懂业务，旧体诗词写得好，是近代文学方面的著名学者。馆长便安排时间带上我们少数几个人，到上海、南京等地，请教版本专家，我也从中间接了解到外馆及版本学界的一些情况，但始终感觉自己是局外人，一回到古籍部那片小天地，就像回到家里一样温暖舒适，尤其是融洽的人际关系，令人永远不想步出古籍部之外，堕入五丈尘中。

事情的改变在1994年。孙文光馆长从上海带回来《全宋词评注》的撰稿任务，交给我，要我完成。此前，我参加过两位恩师刘学锴、余恕诚先生任分册主编的《增订注释全唐诗》中两卷唐诗的注释工作，觉得完成宋词的评注不是难事，但时间有限，词作数量较多，我只好另约杨柏岭等几个认识的朋友一起做。我自己负责的词人中，词作数量最多的是杨无咎，几乎从一开始动手起，就发现其人、其词存在不少问题未解决，便下大工夫去考证杨无咎姓氏和生平事迹，并对其词版本校勘花了很大精力。等到交稿才发现，杨无咎词的评注，因为我交稿迟，他们已经另约他人；而我所做的这些校勘的成果，一无用处，完全不合《全宋词评注》的体例要求。这让我很失望，也很无奈。但上海方还是传来好消息，他们对我在考证、校勘方面的工作予以充分肯定，并积极采取补偿措施，从我的稿件中选出一部分，拿到《全宋词广选新注集评》中，予以出版；校勘方面的成果，推荐给《词学》和上海古籍出版社。这又让我很振奋。但很快，《词学》拒绝了文章，因为与其体例不合；上古社的编辑也回信拒绝。只有《全宋词广选新注集评》没有问题，算是对我的一点安慰。

做这些事情的时候，我只知道任务来自上海，具体由谁负责，一概不知；也许馆长曾经讲过，我也不知道是谁，因为毕竟我硕士阶段主要跟从刘、余二位先生研读唐诗，对宋词及词学界所知甚少，又自绝于学术界数年。大约在1995年年底，收到上海一位先生的来信，讲明约稿事件原委，对我撰写稿件质量称赞有加，褒奖过当，并邀请我报考他1997年的博士生，说他1996年开始招生，但当年有自己的一位硕士生报考。这位先生就是邓乔彬先生。我备受鼓舞，也很珍惜机会。限于当时的技术条件和信息渠道，只能从图书馆借阅邓老师的著作以了解他，从著作中感受到老师的为人为学，遂决定复习考博，于1997年如愿考到华东师范大学，在邓乔彬老师门下攻读博士学位。那时，整个社会考博读博虽不是很热，但小热还是有的，与我同时毕业留校的八个人，基本都在外读博，我是第七个离开的。而他们或到南京大学，因为学校与南大有合作协议；或者完全依靠自己，考到北京、武汉等地的高校，像我这样去读上海院校博士的不多。记得回到老家看望父母时，有以前的熟人调侃说：你从师范到师范，看来真是有缘。我听出其言外之意，但感于导师欣赏这层意思，岂能轻易向外人道？

就这样，邓老师改变了我的一生，把我从较为封闭对外界混沌无知的世外桃源，带到竞争激烈、风波险恶的江湖；把我从安徽一个小城市，召唤到花花世界、十里洋场的上海；把我从一个埋头故纸堆准备终老图书馆古籍部的人，带到靠论文著作说话的学术界；把我从只知道唐诗好的人，变成知道宋词也好并且还要知道宋词为什么好的人。

博士阶段，听邓老师的文化与文艺、比较诗学与文化诗学的课程，收获非常大。老师渊博的知识，开阔的学术视野，敏锐的学术眼光，清晰的思路，都向我打开真正学术的大门。在古籍部时，读书、考证版本或者人物生平，是我喜爱的事情，这时，文学研究、文艺学研究之路就在眼前，我看到更为广大的学术前景和挑战，怎能不心动？在导师的指导下，我开始有意识地撰写不是考证的论文，并小有成效，《论宋代调笑词》《大晟词派质疑》两篇论文都发表于毕业那年，并被人大复印资料全文复印。可以说是邓老师改变了我的学术道路，使我最终可以适应现代学术的需要，研究自己有兴趣、想研究的问题。

因为考博时在原单位服务期限早已满，走的就是统招之路，读博时期不拿原单位一分钱，读书三年相当辛苦，一个月只有三百元左右的助学金，全靠家里补贴才能过活，有时也为出版社校书稿以换取钞票，但是自由身，毕业后在邓老师的帮助下，得以留校任教。那也是相当不容易的事情，过程比较复杂。那时一般刚留校很少直接给学生开专业课的，邓老师就把他自己为本科生所上的专业必修课“中国文学史”先上一个月，然后由我担任。我从来没上过课，准备也不是很充分，几次课下来，学生很有意见，告状告到系里。记得有一次下课后到系里去，在电梯里遇到上课班级的几名学生，我还打招呼问他们去哪里，后来才明白他们就是去系里告状的。但这些我自己都不知道，一如既往地糊里糊涂，被蒙在鼓里。国庆节长假回家一次，查找了大量资料，对所上内容做了认真准备。长假后第一次上课，感觉学生的神情有些异样，看见课上有教研室一位老老师过来听课，我也不知就里；过了几周，又来了一位资深老师听课，我仍然以为是正常的教学活动。一直到我工作的第四个学期开学，我的这门课被评为“最受学生欢迎课程”，邓老师才告诉我，这门课刚开始时遭到学生抗议，系里安排老师先后两次听课后，认为还不错，等等，并鼓励我：这门课获奖，对你来说，实在不容易。我这才如梦方醒，暗想幸亏国庆节回家认真备课，才渡过一劫。后来，这门课一直开设到我自己在教研室算老人了，才让给年轻的老师承担。但上这门课对我很有启发，我甚至把打通文学史作为经验告诉年轻的教师，回想起来，要不是老师当年的英明决定，不是他的无私推让，我可能要到毕业一两年后才能上课，甚至根本承担不了“中国文学史”这样的必修大课。

遗憾的是，在我工作第二年，老师已经接近退休年龄，暨南大学聘请他前往任教。2003年，他办理了手续，完全离开曾经学习工作过几十年的华师中文系，正式成为暨大的一员。在那里，他领衔成功申报古代文学博士点，为暨大培养出一大批优秀的硕士、博士、博士后。我要感恩的是，在他离开华师前，从他个人的项目经费中预留一笔经费给我使用。要知道，这对不擅长申请项目的我来说，是多么的重要，它的价值远远大于账面上那个数字。

读博时，老师先给出讨论的书目和范围，我们自己读书思考，到规定时间就导活，地点则或在教室，或到老师家里。每次到老师家里，总是得到师母水果、面条等物的款待，这几乎形成传统。师生关系应该多元，整天诗书礼仪，动辄教育教训，未必就是好的培养方式。而读书时能够在导师家里吃几次饭，有的甚至与老师喝酒、聊天，是学生终生难忘的记忆，其效果可能超出课堂上的传道，超过正规的授业、解惑，也是学生平生得意的资本，是学生铭记、感恩老师的地方。记得读硕士时，也曾经多次在余恕诚师家吃过饭，做医生的师母能够一顿饭整出那么多花样，我也第一次看见在大的酒盅里蒸红枣，所以，印象非常深刻。余老师这样谦虚温厚的先生，曾经私下里开玩笑地对我说：别的我不敢吹嘘，我家熬的粥，肯定是全师大最好的。这大概是我唯一一次听到余老师的“大话”。我想，前后两位恩师的言传身教，他们对弟子的好，我们真的永远记得。后来我自己带研究生，方式几乎就照搬师门传统，只是学校搬到新校区闵行后，离家太远，再要学生到我家导活太不方便，才作罢。

2001年，我爱人和孩子的户口迁到上海，就先挂在老师家里，因为那时我还是集体户，居委会的一些通知，还有各类社保信息，都是通过老师和师母传达给我们。2003年，我买了房子，与老师同一小区，联系更方便，他从广州回来，我就去看他，听他讲暨大的情况讲将新招的研究生怎么样怎么样。尽管我不善言谈，每次都是老师讲的多，我听，但师生间的感情，就这样传达着、交流着，有时竟是无声的默契、理解。

在我的心目中，老师始终是个优雅的人，宽容的人，高尚的人，从来不要求学生回报他什么，相反，总是他尽力帮助学生，有的给予学业的指点和帮助，有的给予生活、经济的资助。老师对我从无其他要求，只有希望我学业进步；他对我的学业，也是鼓励为多，期许为多，即使批评，也很少直接说出。有一年他在暨大办会，我去参加，他问我：你在《文学遗产》发几篇文章了？我回答了，他说：还好。有一次我到中山大学开会，前去暨大看他，他说：某某人在《中国社会科学》发表几篇文章了。我明白他的意思，心生感激。我常想：一个人，当你是学生时，有人督促你，不算稀奇；当你工作了，作讲师当副教授了，还有人督促你，那是你的造化；当你已经是教授、博导了，还有人督促你，那是你一辈子修来的福气。我很幸运，在人生中遇到这样的好老师，所以无比珍视。

2009年夏天，老师第一次生大病，住进上海的医院，做了心脏消融手术。我到医院去看他，他躺在病床时间久了，需要翻动身体，师母一个人力气不够，我就帮助师母替老师翻身。偶然发现床下的输便袋快满了，就拿到洗手间倒掉。没想到老师立即劝阻，我还是倒掉。后来，他家和师母家有亲戚过来看望他，他多次向他们说：都教授博导了，还帮我做这事。我明白老师的心理，可是我觉得一切都很平常，很正常，是我应该做的，是一个学生应该对老师教育、提携的回馈。

2014年暑假，是我人生最痛苦的时间，恩师余恕诚先生因肝癌医治无效不幸去世，恩师邓乔彬先生也查出肺癌，且是晚期，手术都无法实施。邓老师发现病情后，去北京治疗一次，于当年底回到上海，先在医院治疗一段时间，后来就在家休养，定期去医院检查、治疗。平时，老师和师母需要时，我和妻子开车送他们去医院检查、治疗，陪着师母排队，或是我单独乘地铁、打车去医院取检验单、X光片。师母最辛苦，有一次我们接她从医院回家，上车后她就入睡，到家里都不知道是什么地方。但一切似乎都在好转，各种指标都印证着老师的自我评价：可能是医生误诊。我们虽然心有疑惑，但相信老师的身体素质，他是运动健将出身，曾经保持上海高校跳高纪录十几年，精神也一直很好。我们这些做弟子的，借各种机会与老师相聚，特别是杨雨春节前后到上海时，总是请到老师，在上海的弟子们围着老师说话、合影留念。2015年夏天，又有一位朋友的母亲罹患癌症去世，去世前的一段时间，我妻子经常到医院照顾她，可能是辛苦，加上连续两年师友重病造成心情不佳，她也病倒了，莫名大出血，用尽各种先进设备，就是查不出出血点在哪。她病倒住进重症监护室抢救的那一天，我正准备去芜湖参加余恕诚老师的追思会，买好的车票就留作了永远的纪念，也在心中留下深深的愧疚。好在最终无大碍，在重病监护室待几天，转到中山医院，几天后出院。老师的病情倒是较为平静，2015年初夏，施议对、彭玉平两位先生来复旦大学开会，《词学》编辑部宴请他们，邓老师和方智范、高建中共三位主编作陪，我接老师从师大三村去盘湾方洲。初夏的三村，鲜花芬芳袭人，树影婆娑摇曳，天气非常宜人。将要出三村大门时，老师对我说：如果再过一个月没有什么状况出现，我就要宣布医生误诊了。我听了也非常高兴。那天，老师与老友重逢，很是开心，还喝了红酒，饭后谈了很长时间，合影后方始分手。很快又到暑假，有天早上，师母很急地打电话叫我过去，说老师病情加重，立即送到医院。经过检查，发现癌细胞已经扩散到全身，进入脑部。便采取各种办法治疗，而有的医院已经拒绝接受入住，只能多次通过老师以前的学生疏通关系，才得以住进医院。但随着病情的恶化，愿意接收治疗医院的级别愈来愈低，老师的身体亦愈来愈差，精神愈来愈低落，任谁看了都伤心。弟子们从全国各地陆续赶来探望，并在医院为老师过了一个生日，大家心里都明白，这可能是老师最后一个生日了，所以心里都很悲伤，又不便流露出来，尽量克制住，尽量说些开心、有趣的事情。再后来，老师转到一个更小的医院，住在最里面一间病室里，要经过很多间病室门口才能进去，条件很差，老师基本不能说话，多数时间处于昏睡状态，即使醒了，也认不出人。我去几次，伤心几次，往日谈笑风生的老师再也不见了。这样又艰难地挨过一段时日，2018年1月30日上午，当我再次赶到病室时，老师已经溘然去世。2014年余恕诚老师去世，我赶到北京时迟了几个小时；现在，邓老师去世，我仅迟了十几分钟，都没能在他们生前见上最后一面，内心的伤痛如何才能消除？太平间的推车到来之后，我在赵明师兄的帮助下，把老师抱上车，感觉到他的体温还是温暖的，也只能任由他们把他推上电梯，又推下电梯，我一直跟到太平间门口才依依作别老师。老师就这样离开了我，但老师的温暖一直保留在我的感觉里，镌刻在我的记忆里。《礼记·玉藻》说："父没而不能读父之书，手泽存焉尔。"老师无儿无女，我们这些做学生的就是老师的儿女；老师在暨大的藏书，已经悉数捐献给图书馆，惠泽更多的学子，我这个弟子，就私自保留了老师的那份温暖，永远永远。

我的老师永垂不朽。

二〇一九年元月于上海

（作者简介：彭国忠，华东师范大学中文系教授，1997—2000年在华东师范大学中文系师从邓乔彬先生攻读古代文学博士学位）

忆邓乔彬师

刘荣平

我于2000年9月考入邓乔彬教授门下攻博士学位，从此开始了与邓师20多年的交往历程。

在报考邓师博士之前，照一般惯例，我得先与导师取得联系，看看导师有没有欢迎我报考的意图。我驰书一封给邓师，邓师很快回复，说欢迎我报考，并说我在湖北大学已受到文献方面的训练，到他那里可以从事一些理论的研究。我那时外语成绩还算不错，专业是一般的，考试还是通过了。后来，邓师说我的考上是涉险过关。考毕，从上海坐船回到武汉，我心中是惴惴不安的，因为我只报考了邓师一人，一旦失手也只能来年再考。于是我一直在船上责备自己，为什么不多报考一所学校呢？等回到校舍后，邓师打来电话说我被录取了。刹那间，一切的自责都消释了，三年苦学终于得到了回报，这对于年纪偏大的我、基础较差的我、行事蹭蹬的我，不只是一种抚慰，更是莫大的提携。于是我用仅存的零钱买了两瓶啤酒，独自在校园中慢啜，一夜未眠。

来到华东师大上学后，始见到邓师，邓师身材修长，行步稳健，谈吐风趣，神态儒雅，讲课时旁征博引，随手拈来，不觉得吃力，我觉得他的记忆力是很好的。每次到邓师家听课，师母都为我们准备各种美食，听完课就开吃，我觉得不好意思，自己没什么东西送给老师，还吃老师的东西，心里觉得过意不去，老师似乎看出了我的想法，宽慰我说："吃吧，没那么多讲究。"邓师给我们讲了两门课程，一是词学研究专题，主要是讲词学思想史方面的内容；一是文化诗学，主要是讲学术名家研究。这两门课程是想告诉我们如何从事研究，如何培养通变之识，如何打通壁垒，如何把学问做大。这些训练在今天50多岁的我看来，是多么觉得有意义，只是当时的我领悟不上来，我当时主要从事考据方面的学习和研究，大概是一个人的兴趣难以改变所致。邓师非常尊重我的选择，并没有把他的想法强加于我，他的意见是：学术可以按照自己的兴趣来做，但必须达到相当的高度。

等到毕业论文开题，邓师要我自己选题。我报以"宋遗民词人群体研究"一题，邓师当即同意，并说此题很有研究价值，勉励我认真完成。我抓得不紧，还经常看点小说之类的杂书，耽误了不少宝贵时间。到了最后一学期才奋力突击，撰写十多万字准备参加答辩。答辩前，我将论文一部分呈送邓师审阅，其中有个附录《释"知君种年星在尾"——对杨琏真伽发宋陵时间之坚证的考辨兼论〈乐府补题〉寄托发陵说不能成立》。为了完成这篇文章，我曾多次到上海天文台请求江晓原、卢仙文二位专家帮助，在他们指导下，借助当时引进的美国宇航局天体运行软件，终于确证了发陵的时间。邓师阅后很激动，反复询问我的写作过程，最后确认我的研究结论能成立，并亲自撰文推荐此文发表，其中有“破译千古之谜”的评语。我阅后骇然，说难当此评。邓师说：“我是这样认为的，别人可以有不同的意见。”后来答辩时，因为这篇附录有闪光点，所以很顺利地通过了答辩。参加答辩的王水照先生还要了这篇附录，刊发在他主编的《新宋学》第一期上。其实我的博士论文写得不行，邓师是放宽尺度让我过了关。我当时的身体状况、经济状况都到了自己这一生最差的地步，邓师能放宽尺度，让我赢得了喘息和生机，一想到这点，我充满感激之情。如果邓师当时不放宽尺度，我可能坚持不下去，甚至会倒下。邓师的做法给了我启示，使得我在以后带研中，能够注意到宽严适度，而不必总是盯得那么紧。

答辩前两个月，许多的博士同学都出去找工作或面试，有的同学甚至签约。我独自一人待在寝室中，没有人和我说话，我也不和别人说话。求职表是投出了一些，总是没有反馈的消息。我盯着电话机发呆，希望能传来个通知我面试的电话。终于电话铃响了，传来的却是邓师温和从容的声音。他说：“我听说你将要出去找工作，我写了几封介绍信，你到我家拿去，看看管不管用。”我稍感吃惊，没想到邓师会出面为我联系工作。我三步并作两步地赶到邓师家，邓师说：“这里有几封信，你可交到几所大学的有关老师，他们都是我的朋友。”我与他的朋友东南大学王步高先生取得联系后，很快收到王步高先生的电话，说是可以录用我，如没有其他高校可去的话，就到东南大学工作，还说东南大学的待遇要比华东师范大学要好。我与他的朋友后来成为著名学者的张海鸥先生取得联系后，张海鸥先生介绍我到中山大学古籍所工作。这两个地方后来我虽没去，却实实在在地感受到了邓师的关爱之情和古道之谊。我经常对人说：邓师是帮我找过工作的好老师。如果我不是自己找到厦门大学的话，很可能到东南大学去工作了，邓师也是这么认为的。

2000年7月的某一天，同学们终于可以毕业回家了，我也打理好行李准备回湖北。行前，我到邓师家去辞行。路上，与邓师在校园相遇，师母也与邓师同行。我说明辞行的意思后，并表达感念后，邓师握住我的手有数分钟之久，这一次他没有说平常所要说的勉励之语，却反复叮咛我要带好小孩。我到厦门工作后，就一直独力抚养小孩，有辛酸也有乐趣，一般来说，如果不生病，我可以应对照管小孩的全部事务。有几次在学术会议遇到邓师，邓师都关切地询问我是否能带好小孩，我说能带好，并说我小孩发展得不错，邓师听后甚感欣慰。如今，我小孩获得香港中文大学硕士学位，并在深圳找到一份不错的教职，应该说与邓师的鼓励分不开。我经常想，邓师鼓励我带好小孩这件事，对我的重要意义是不言而喻的，他似乎能看出我的某一方面或者全部，是看出我有带好小孩的潜质，还是看出我有带好小孩的善心，还是看出只有我而不是别人才能带这个孩子。总之，我现在是无法去向先生问了，先生也不可能回答我了，我只有感念先生将他的慈爱之心推及于我，使我得以渡过难关。我希望世间一切的孤独分离之人常抱先生的这份慈爱之心，并推及于人，多调解，多宽恕。

2003年6月，我到了职评的时候，遂打电话给邓师，说要一些合作完成书稿的证明材料，邓师很快办好并寄来了，材料之规范严谨可以见证他办事一丝不苟的态度。我很快通过了职评。事后我大大地赞了先生一回，他说只是举手之劳尔，其谦和之风，使我经常想起韩愈的名言“仁义之人，其言蔼如”。

在邓师与我的通信中，他多次提到要来厦门鼓浪屿游览的愿望，并说想听听鼓浪屿上的钢琴声。我也盼望他能来，然机缘不巧，他总是因事不能来。2007年夏，他借在福州开会之机转道来到厦门。我带着先生游览了厦门景点万石植物园、南普陀、胡里山炮台等地，后因要上课的原因，就让一名研究生带着邓师游览鼓浪屿。游览毕，我应候先生用餐，先生说：鼓浪屿很不错，很值得一看，只是冗事缠身，不能多看。吃饭时，先生说他在鼓浪屿吃一餐花了600多元，我问他吃了什么样的菜，他说吃了面线糊、海蛎煎饼、螃蟹。我说您被宰了，因为前不久我在鼓浪屿吃过这些东西，只花了200左右。先生有些不高兴，他觉得受到不公平的对待，并对国家5A风景区发生这样的事情有些难过。我连忙宽慰他，并提出补偿他被宰的餐费。他婉谢，说这不是钱的事。事实上，我把一些钱交给那位研究生，并叮嘱说邓师在鼓浪屿上的开销，一律由我支付。不知何故，邓师无论如何都没有让那位研究生支付，而是自己支付了。我也留下了很大的遗憾，邓师到我这里来，还要邓师花钱，真是不应该，即使是平平常常的朋友到厦门来玩，我也是不让他们花钱的。可是偏偏是邓师来自己花了钱，哎，我还是不会办事呀！后来我向邓师解释，邓师说：“没什么早忘啦！”一位了解邓师的人说，他根本不会计较这种事。

2013年6月，我出版《赌棋山庄词话校注》一书，最先给邓师寄去一本，邓师阅后，打电话给我说：你的这本书不错，很有分量，很用功，记得申报福建省社科奖，你们的省社科奖两年评一次，含金量相对高一些。我记住了邓师的话，申报后获省社科三等奖，并告知邓师，邓师真的很高兴，连说好好好。这本书的写作，还是要追忆到与邓师在一次词学课上的讨论，那时我读《赌棋山庄词话》觉得很吃力，有好多人物不熟悉，有好多历史事件不了解，只是觉得这本《词话》元气淋漓笔力极为饱满。邓师认为：此书是道咸同光四朝文人苦难的心灵史，很值得研究。到厦门工作后，我留意这本《词话》，不断查阅资料，在陈庆元先生的帮助下，终于完成校注的写作。

2015年4月，路成文教授打来电话，说邓师患肺癌晚期，我大吃一惊，表示不敢相信，邓师那么好的身体，青少年时代曾获上海中学生跳高比赛冠军，怎么会与癌症有关联。但从路成文的话中，我感到这是事实，当即并表示要去广州看望邓师。我来到广州后，邓师说还需要确诊，才知道是不是患肺癌。凭我的常识，我知道肺癌意味着什么。但从邓师的脸上，我看不出有何不正常，他很淡定，走路速度快，吃饭也不错。他反复问了我的《全闽词》编纂进展情况，我一一如实回答。后来我多次发短信打电话给邓师，邓师说他一切如故不必挂念，我不免有些放松起来，觉得老师很正常。

2017年12月，彭玉平教授来厦大讲学，我们陪他吃饭，彭教授告我说：邓师身体不行了，经常昏迷。我觉得大事不好，一种不祥之兆袭来，想起了曾数次给邓师打电话无人接听的情况，愈发觉得不妙。我僻居厦门，平常忙碌，没与多少人交往，很少有人告我邓师的消息。我遂决定借到上海大学开会之机去看望邓师，于2018年1月12日到达上海，随即给邓师打电话，遇到关机。只好按会议进程开会。第二天给邓师打电话还是关机。第三天会议结束时我驱车到华东师大三村，想到邓师府上探望，不遇。因飞机返程起飞的时间只有两个小时了，心下着急，幸好有同门彭国忠教授住在师大三村，遂约相见，国忠告我邓师的情况，并说邓师去世就是近期的事。1月底传来邓师去世的消息，2月3日我再度飞往上海，送别邓师。

邓师多次关心过我的《全闽词》编纂事，他与我最后一次谈话时，反复强调编纂要用第一手材料，我也一直按照他的话去做。如今这本书获得全国优秀古籍图书奖一等奖、福建省社会科学优秀成果奖二等奖，而我竟然无法再告知邓师了。

我的办公室总是放着邓师的皇皇巨著《邓乔彬学术文集》，有12大册。我经常阅读这套书，希望能读懂邓师。他追求学问淹博、贯通，这是他一生的目标，他做到了，成为这个时代难得一见的通人。

邓师给我书信，我一直保存，如护头目。节录邓师书信片段如下：

> 承询指定书目一事，当从目前较通行的吴熊和《唐宋词通论》、杨海明《唐宋词史》二书；前人论著择其要者，如《词源》《乐府指迷》《介存斋》《复堂》《艺概》《白雨斋》《人间》《蕙风》诸种词话。（1997.1.22）
>
> 至于你的治学，尚应发挥己长，望继在考证上多下功夫。由于理论亦不可少，故也应多看理论书籍，力求文献学与文艺学、文化学结合起来，这样才能既扬传统学术之长，又得现代学术新义。词学之外，不妨还可以将眼界放大些，“功夫在诗外”，应是有较大涵括性的。（2000.10.7）
>
> 我虽已入花甲之年（后天是虚岁六十），但自感精力尚可，虽难以多跑图书馆翻材料，自信在广义的阐释学上还可以有所作为，故仍准备在十年内完成三四种篇幅较大的著作，还不敢作休息之想。因此，也不无与你共勉之

志。闽省是宋代的人文渊薮，可惜我只去过福州和武夷，有机会还想到厦门、泉州一游。（2002.11.2）

你读书勤奋，能发现问题，倘在材料的基础上善作辨析，精于思考，相信在治学上会有更大成就。福建在南宋时学术与文学均很发达，你若从分体、断代入手治其地方文学史，当会有独得之处。（2003.11.8）

2019年1月6日写于厦门大学

（作者简介：刘荣平，厦门大学中文系副教授，1997—2000年在华东师范大学中文系师从邓乔彬先生攻读古代文学博士学位）

三载之忆　百年之恩

王韶华

恩师归去，不觉经年。虽月转星移，冬去春来，然恩师光影频绕，音声清响，终始未息。

回想廿二年前，赴试沪上。时值春光温润，百花和睦。然陌路疏语，忐忑揣怀，违情与春。复试堂上，初见恩师，端容雅坐。及开卷索题，则睹师书字含蓄敦厚，气象宏阔。犹记以“儒道互补”为题，述史兼论。时感作答不畅，惶恐不安，恩师抚声以慰，今犹在耳。

九月秋阳如虎，幸入华师。书生满堂，意气昂扬。再见恩师，临风玉立，折扇轻摇。叙古说今，述道论学，更倡情性兼养。语词铿锵沉厚，顿挫有节；指掌不意轻挥，出返有度。厚积于内，薄发于外。当日情境，如在眼前。

及入室登门，一村旧舍，三村新居，悉知恩师。旧舍常闻地板嘎吱，乃师之迎送弟子；新居喜见板壁润泽，乃师之精心布设。初迁三村，师尝曰：“壁纸张贴有矩，十米内不得见隙”，又论沙发弧度家具材质，乃至瓷器摆放字画布挂，无不精研。于学术外，恩师之日常礼制、生活意趣可见矣，今犹存矣。

逮传道授业，恩师端坐方椅，言语不多：近读何书？有何发现？如何理解？三问而已。句句晓白，句句意深，解答不易。“近读何书”，须不废光阴，勤奋好学。“有何发现”，须了解全局，有所发明。“如何理解”，须深入研究，自我成说。于诗画方向，读诗论画论，推《七缀集》《拉奥孔》。意在史料功夫，兼理论思考，中西视野，兼比较思维，缺一不可。时方晓“儒道互补”出题之意。故每堂上回答三简问，堂下历经彻夜功。每经典字字方阅竟，文章点点已生辉。如此问答之间，学而思之，思而晓之，读书作文，修身养性。倏忽三载，获益终身。

至待弟子，恩师直而温，宽而栗。曾睹弟子眼中血色，询问缘故。概推知假期未归，思乡所至。闻师之言，不觉雨泪。时虽年近而立，路行尚遥，触景生情，感伤频扰。恩师深晓，屡以切身所历，慰而励之。恩师少年由理而文，青年永登十载，中年苦研诗词（时年恩师尚未及耳顺），一路多坎，未曾顺畅。然师轻描淡写，化苦为乐，执乐为艺，言语从容，丝忧未闻。至若弟子生活，恩师嘘寒，师母问暖，课间加餐，已成常规。于弟子之文，恩师更付以同情共感。批阅论文，不止学术。弟子为文之苦，师切身感受，弟子发明之喜，师由衷体会。“于心戚戚”“欣欣然”，为评亦为文，为评亦是情。以理入评，以评呈情。廿年已过，翻阅旧文，感人之评，端雅之书，赫然在目，了然在心。每每感念，学之于情，学之于性，无分无舍。师为楷模，给养后学。

恩师于己，谨严自律，时时进取，又常怀谦恭。曾校读恩师《中国绘画思想史》手稿，四百方格，两千余页，八十万字。一次成文，字字工笔，竟无一行凌乱。偶有修改，或小纸覆之，或涂液盖之，竟无一处抹黑。何等才气勃发！又何等自我节制！词学研究，诗画研究，文化研究，学者研究，古稀之年，罹病之时，仍开拓不绝。煌煌文集十二卷，为通儒治学之典范，亦沥尽恩师之心血。

恩师已逝，师恩永存！饮泣撰文，将薪火相传，以报师恩！

（作者简介：王韶华，中国传媒大学艺术研究院教授，1997—2000年在华东师范大学中文系师从邓乔彬先生攻读古代文学专业诗画比较方向博士学位）

您走了，却从未离开

赵晓岚

只几番春风夏雨？
镜里秋霜，便凝成雪花朵朵。
您终究还是乘风归去了，
在那个寒冷彻骨的冬末——
纵有如许的留恋呵，
依旧只是，一片静默……

恍然是二十年前的生日家宴，
师生把酒，浅唱低哦，
绿野风烟，平泉草木；
难忘您七十华诞，
众弟子从公痛饮，笑语欢歌，
为先生寿，年年相约。
谁料得——
庆典的烛光还在闪烁，
万里之外却惊闻膏肓病祸！
上苍何忍？夺您光阴！
岁月何能？还我承诺！①

夜阑灯前，点检遗编，
窗外明月竹影，
诗中泪痕斑驳。
庄生迷梦，泣鹃心事，
如鱼饮水知冷暖，
说与他人话得么？

请许我趟进您的心河，
感受它的宽广曲折、静流漩涡——

① 师妹杨雨《为先生寿》文末云："我等着再过十五年，仍以稼轩词为先生寿！"

青春的歌声在黄浦江畔飘过，
几度飞扬，
几度沉默？
梦幻的鸿翼在西北高原振起，
却也寂寞，
却也蹉跎。

是天性的超脱？
还是刻骨的执着？
华东老梅新萼，
岭南榕树婆娑——
一任青藤
自由地攀援、腾挪。
或是那梦中蝴蝶？
斑斓着生命的富有，
扑扇出千秋的倜傥卓荦。

哦，望之俨然的学者，
即之也温的长者，
吾与点也的诗者……①
您就是灯火阑珊处的那一个，
给人心灵的沐浴，
将各种尘俗洗濯。
我们奉为衣钵的，
又岂止皇皇十二文册？

最是那灾难猝降的时刻，
电话线那头，您述说的声音
仍是一贯的平和……
无法描述您病中的岁月——
纵然忍受如此非人的折磨，
伤痛交缠中仍旧从容、淡泊。
记得临行，问您
可有话说？

①师弟程刚《学者、长者与诗者》文中语。

却只是、一片静默……

也许这尘世留给您遗憾太多，
人生苦谛都已尝过；
也许您心中大事已了，
清梦先觉，不再执着。
也许啊也许，
您只是静静地走向涅槃重生，
一如那吹散的风和熄灭的火！
不管怎样，您已经
活出了一个美丽的传说……

而今丽娃的浪花，
牵着明湖的清波；
可听见黄昏的风里，
草和树在说话么？
我们常去的那方斗室，
仍有熟悉的足音橐橐；
书桌前那尊老僧入定的背影，
早已在心底深深镌刻……

老导，您真的走了吗？
不，您从不曾离开过！
可看见那空中白云？
那是我们做在天上的功课；
云的下面，有您的地方
就有我们心香一抹……
且等来世呵，再与您相约——
春风永坐！

（作者简介：赵晓岚，湖南师范大学文学院教授，1998—2001年在华东师范大学中文系师从邓乔彬先生攻读古代文学博士学位）

生命的时间与空间

——致2018年离世的慈父恩师

杨柏岭

两周前，送走父亲。数日来，夜间梦中不时萦绕着儿时乡村生活的情景，父亲劳累的身影不时地晃动在我的眼前。父亲离开后的落寞，一时间像沉入谷底的碎石，不时发出沉闷的声响。悲痛心情未平，又接到恩师乔彬先生过世的噩耗，内心叠加的悲怆至此已非言语所能表达。其实，年近知天命之年的我，或许可以找到无数个理性的观念来宽慰自己。譬如，生老病死，乃自然法则，人生之常态。十多年来，我每年都为硕、博研究生讲授庄子，体会、认识并向学生们传授着庄子那超然的人生态度。然而，近几年来，业师祖保泉先生、梅运生先生纷纷离我们而去，在一次次送别之后，忽然感到庄子所宣扬的“忘情之适”，典型的像我们极为熟悉的其妻亡却能鼓盆而歌的故事中所呈现出的生命放达姿态，此时在我看来，庄子内心应当内敛着诸多万不得已的无奈——他真的愿意放弃妻子的生命吗？他是否又真的能放得下人间的情义？

父亲84岁离世，已是我们的一大遗憾。他有姐姐两人，均以90以上高龄而辞世（他的二姐，我的小姑高寿96岁），他的哥哥（我的大伯）去世时亦接近90。按说随着生活及医疗条件的改善，作为姐弟中最小的父亲可以在这个世上多生活些时日，然而他却走了，走得很突然，走的也很安详。我想他活着的时候，他是幸福的——在他的身边，既有在外地工作令他满意的女儿与儿子，也有围绕在身边给他带来天伦之乐的儿女、孙女、重孙女辈们。此时，坐在赴上海参加邓师告别仪式的高铁上，我始终在想老师离去前的心情，个中滋味到底啥样子？最近一次见到老师，是在一个月前。走进病房，只有师母守护在病床前。老师知道我来，微微地睁开眼，努力地想说些什么，但除了一两句我能听得懂却不便言说的话以外，老师没有再说其他能让我听得清晰的话。当时，我只能默默地坐在病床左边，老师的脸也始终侧向我这一边。当师母喂饭不顺利时，师母便示意由我来喂。我接过饭碗，一勺一勺放到老师唇边，老师忽然像温顺的婴儿，乖巧地吮吸、咀嚼着师母熬的肉米粥……那时的老师安静至极，直至一碗粥吃得干干净净。

那次离开病房，既为老师的身体状况担忧，也对一直照顾父亲的大哥大嫂充满了敬意与感激。18年前，母亲病亡，父亲因过度伤感，身体一向康健的他却得了中风。当我们所有人都在担心他会在轮椅上过完后半生时，好消息不断地传来，父亲的手能动了，继而眼睛、嘴形逐渐恢复正常了，接着能下地走路了——父亲能自理了。这一切都应该归功于大哥每天的按摩，鼓励，感谢在他身边的嫂子、姐姐们的悉心照顾，当然还有父亲那顽强的生命意志力。恩师乔彬先生的身体素质，一直是弟子们非常骄傲的事情。读大学期间，他在跳高上取得的成绩保持了上海市高校运动会十多年的记录。老师对自己的身体也始终充满自信，即便查出得了肺癌，他也多次对我们说："这不大可能——我既不吸烟，也不喝酒，怎么可能得这种病?"后来病症逐步得到确证，他依旧相信自己能战胜病魔。记得近年每次通电话或发短信，我总是会说"老师，要相信自己"，老师也总是回答"我会的"。我清楚地记得一个月前，我最后一次到病房看老师，中饭后，老师忽然不停地扯拽着自己睡衣右襟。开始，师母和我都认为他想方便，但并不是。最后，我忽然问了一句："老师，您是不是想坐起来?"话一说完，老师立即安静下来。我和师母扶着他在床上坐起来，然而，未几，老师又不停地扯拽着自己的睡裤。这时，我瞬间明白："老师，您是不是想站起来?"话刚说完，他的手顿时停下，满意地望着我。那次，我第一次感到我是多么的无能，师母扶着，我抱着老师，使出来全身的力气，一点点移动，终于扶着老师在病床边站了五分钟左右。那五分钟，老师的表情像往日一样，慈祥地端详着我，嘴角微动着，想说些什么。我想，他此时已认出我是随他读书6年的弟子。可我的心里，在感慨既不能照顾父亲也不能照顾老师的同时，更对老师顽强的生命意志充满着敬意！然而，老师走得太早！人生七十古来稀，在当今人均年龄已超过七十的社会，实则失去了宽慰后人的说服力。老师去世时仅74岁，而他与病魔战斗了近4年。想到这里，心里一阵阵酸楚，一种苍凉从心尖撕裂而出。

在知识学习与做人上，父亲是我的启蒙者。他接受过私塾教育，也曾担任过几年的乡村教师，后因家庭成分问题被迫弃教，回乡务农。不过，在他生活的村子里，他仍然是学问最好的人。记得小时候，邻里的来往书信，多是请父亲代写代读。在帮邻里写信时，你只要说出主要想法之后，其余均是父亲的事——不一会儿，几页隽美的柳体硬笔信便写好，接着写好信封上的地址，折叠好就交给求助的人。村里的政治学习，尤其是要传达书面的文件或读报纸，村长自然也多请父亲代为领读（当时的村长多是文盲）。那时那刻，我也时常依偎在他膝下，听他读那些我根本听不懂的内容。春节前几日，父亲最忙。每年他总是早早准备好家里的年货，因为他总会说："需要早点准备，不然过几天村里人要我写对联，就没空了。"父亲的古文修养极佳，小时候经常听他讲《史记》《三国》等著作中的故事，直至晚年，像《古文观止》《唐诗三百首》里一些篇章他仍然能够背诵。他的毛笔字写得也很好，象棋也算是村子里的"棋圣"……不过，父亲的一生很是平常，除了将自己的孩子培养出几个中专生、大学生，偶尔间创作的几首近体诗也没有留下来——严格地说，他只是一个能识字的农民，一生中并没有令自己值得骄傲的大事业，也很少听他说过他有何大的人生理想或目标。也可以这么说，父亲是一个不慕虚荣的人，且从不强求为难子女和他人的普通人。

在我后来的求学生涯中，遇到的指导老师多是著作等身的名学者。硕士生导师是著名文艺理论家，被誉为“龙学”重镇的祖保泉先生，博士生导师以及博士后联系导师便是邓乔彬先生。跟随邓师读书6年，邓师的道德文章尤其是他的学术人生总是能给我无穷的启示，也是滋养我不断求索的动力源泉。我曾做过邓师的学术访谈，后以《话题选择与阐释思路——邓乔彬教授词学访谈录》为题，发表在《南阳师范学院》2007年第1期；也曾就邓师著作及学术思想写过多篇研读心得，依次为《中国古典绘画思想的精神追求》，刊于《安徽教育学院学报》2003年第4期；《绘画文化与文化画学——评邓乔彬教授的〈宋代绘画研究〉》，刊于《暨南学报》2008年第2期；《现当代学术史视阈下邓乔彬的古代文学与画学研究》，刊于《天中学刊》2014年第3期……通过对邓师学术人生的研探，令我生发了诸多感慨：邓师是一位纯粹的学人，新时期以来，经过商品经济浪潮冲洗（部分学者“下海”），学而优则仕的吸引（部分学者“职务崇拜”）以及大众文化的轰炸（部分学者“娱乐化”），而邓师始终能坚守志于学的立言不朽之业。其实，邓师艺术底蕴极厚，在学术界算得上是个多才多艺的学人。不过，据我观察，邓师在参与娱乐活动时，还是会有一点学人式的拘谨，抑或可以说，他是以一种严谨的态度展示他的才艺。在每次学术会议的闲暇时刻，总会有人请老师表演他能讲多地方言的才能。此时，老师往往并不推辞，接着便极为认真地模仿名人名言的经典桥段，即便涉及某地方言中的生活用语，也同样是严肃地说出。20世纪60年代末，邓师曾在我的家乡定远县参加过“四清”运动，生活过大半年。在我随他读书后，有时在聚会中，他会说定远的方言，说完之后，往往还会自我评价：“我的定远话比杨柏岭的还要像定远话。”每当此时，我心中只有佩服。因为当初在中师为了学好普通话，我刻意忘记方言，直至如今，方音尚存，“定远话”确实不太会讲了。补充一点，邓师晚年也曾接受过央视“百家讲坛”的邀请，并已撰写好了讲稿，后来因为身体原因未能成行。邓师曾向我说过，之所以想到百家讲坛讲一讲，是因为想在当下学术泛娱乐的氛围中，为讲坛类的节目提升一点文化人的学术品位。

邓师弟子众多，弟子们对他的感情均至为笃诚。我随邓师问学，前后跨越6年，空间上由沪上至羊城。邓师对我的指导，已化为我生命意识中的时空元素。人的回忆，在一定意义上是一种情感的记忆,而情感记忆又镶嵌在具体的时空之中。说起来，考邓师博士生以及邓师录取我，有一段文字缘分。记得是1997年前后，邓老师组织人员从事《全宋词》注释工作，当时已到邓师名下攻读博士的彭国忠老师推荐了我；后来又因为我之前在近代词论尤其是况周颐词学方面发表了几篇文章，而这个领域也是邓师的兴趣点之一……再有彭老师的关心，我如愿走进邓门。记得有一次某个场合，邓师曾说过这样的话：“很多同学是考我的博士生，而小杨是我要求考的。”其实，邓师说的不是很准确。我在参加《全宋词》注释项目不久，便曾写信给邓师，希望能考他的博士生。当然，有一点是可以肯定的，那年我的英语成绩并未达到华师大的统招线，而同时报考邓师的同仁中，有专业课成绩不错且英语超过统招线的考生。据说，正是在邓师的多次坚持下，那年录取了我，而那位同仁后来成了我的师妹——因为有这段缘分，多年来，我与这位师妹的关系一直相处很好！华东师大毕业后回到安徽工作，2005年初，忽然接到邓师电话，说他在暨南大学招博士后工作人员，问我有没有这个想法。邓师之所以想到我，是因为博士毕业那年，邓师曾帮我联系过到博士后流动站工作的事，只是当时我所在的学校对做博士后控制比较严，未能如愿。三年后，学校办学观念开始改变。经过努力，我成为学校解冻做博士后限制之后的较早一批中的一员。关于从邓师问学的经历，絮说这么多，实在是因为在我的生命时空中，邓师的提携与指导至关重要，犹如滋育生命的那缕和煦阳光，时时温暖着我，并化为人生前行的不竭之源。

有时候，人们在忙碌中，无暇静思人生的得与失。这实实在在是现代人的一种悲哀，因为我们都被“忙碌”异化了，或成了“异化”的忙碌者。如今，父亲、恩师皆离我而去，伴随心灵落空的恐慌，陷入一种内疚的情感泥潭。与性格极强的母亲相比，父亲的性情则温和了许多。不过，对我而言，“慈父严母”的家庭氛围记忆，主要还是在少年时期。随着初中毕业，考取中专，拿到“非农业”的门槛证，父母均成为“慈祥”者——他们极度相信着自己的孩子。其实，父母的慈或严，主要还是表现他们的言传身教以及对我们未来生活的担忧和期待上。对生活在农村的我们兄弟姐妹来说，有一点与那个环境很“不合”——这就是我们兄弟姐妹6人，没有一人会说脏话，甚至连一句庸俗的口头禅也不会说。这个生活习性不得不归功于我的父母。一方面，很奇怪，他们自己几乎没有农村俗口语式的用语习惯，另一方面在我看来，是因为他们深深知道，改变我们命运的只有读书，读书才能让我们成为文明人。在20世纪70、80年代，农村女娃几乎不上学，已成惯例，而我的二姐上了大学、三姐上了中专后又自学本科，现在看来，父母真的有远见。在我的记忆中，我们一直是父母眼中的好儿子、好女儿。作为家中的老大，大姐较早地承担了挣工分的家庭责任。后来，母亲屡屡教导我们，无论如何都要对大姐好！作为家中的长子，大哥因家庭成分问题无法继续深造，但父母果断地让他进城学习木工手艺。而小弟，更是在父母的“溺爱”中读了大学，考取了公务员。我印象甚深的，唯一被母亲“体罚”，是在小学二年级时，因为成绩很一般，被母亲赶到屋外淋雨，且不给吃饭（那时候，这是最大的惩罚）。后来，我的成绩逐渐变好，且上了中专、大学，乃至读了博士，母亲总是自豪地说“还是亏了我那顿打”！随着在外“奔波”，与父母相处的时间越来越少。每当此时，便会感到古语云“忠孝不能两全”，确实深刻。母亲去世后，我曾接父亲到我这里生活过一年，后来还是因为我要到暨南大学做博士后，不得不把父亲送到哥嫂处，由他们照顾。

从某种程度上说，在读博、做博士后期间，我与邓师相处的日子要远远超过我与父亲相处的时间。膝下无子的邓师亦如父亲，弟子们就是他的子女。这种感觉自1999年成为他的子弟之后，日渐浓郁。师徒之间的情感追忆，多是知识、真理、思想的传播空间，邓师留给我们的也是如此。在华东师大文科大楼7层的某个教室，邓师为我们完整讲授了“中国文化与文艺”，文化学研究方法的开阔视野，历时与共时的系统建构，经典案例的详尽解析……不仅打开了我窥探学术的窗户，而且直接影响了我后来思考问题的基本路径。博士毕业后，回到学校，即为本科生开设了“唐宋词审美文化观照”选修课，讲稿后取名《唐宋词审美文化阐释》出版。同样在华东师大，邓师以“中国古代文学史”为题，从《诗经》开始，一周一次，由我们主讲，他来评价。这种学术报告会制度，在我担任研究生导师之后，一直延续着，目前已成为我与学生们联系的主要方式，似乎也成为同学们毕业后对我的重要记忆。还是在华师，邓师心无旁骛地读书、教学、思考及写作的生命姿态，不仅唤起我们对真学人的尊重，更以一种人生态度注入我们的灵魂深处。有时候，我们对社会给予的机遇，只能以感恩、幸运来馈赠。记得在博士论文答辩会上，邓师介绍我时第一句便说：“杨柏岭是著名学者祖保泉先生的硕士研究生……”在人生价值观上，祖先生同样也是以教学治学为终生事业的真学者。退休对他们来说，不是教学科研的结束，相反，而是一个新征程的开启。祖先生退休后，在司空图诗文理论、《二十四诗品》、王国维词学等领域不断拓展、深化，佳作频出。邓师得病前数年，同样迎来了学术生涯的高峰期，除了百万字的《唐宋词艺术发展史》，750余万字的《邓乔彬学术文集》经我牵线在安徽师范大学出版社正式出版。几位恩师的道德学问，是我们的人生楷模。近年，我很喜欢说的一句话，“对高校教师来说，教学是我们的本职工作，科研是我们的生活方式”，就是源自祖老、邓师等前辈带给我的启示。

不过，想起随邓师读书的日子，又不仅仅是知识、真理、思想的传播空间，其中始终镶嵌着浓浓的师生谊、父子情。与邓师自律的生活习惯相比，我时而饮酒，且有吸烟的嗜好。在华师读书期间，因经济拮据，所吸烟品质较差，味甚重。因此，每次去听课或到邓师家里，一般都会洗个澡，路上忍住烟瘾，直至见面结束后，方如脱缰野马，猛吸几口。如此，坚持三年，直至博士论文答辩后，有一次向邓师坦白我是个烟民，然没有想到，邓师先是笑而不语，继而说了让我羞愧至极的话：“其实，我早知道，因为你身上还是有烟味……”这或许是我随邓师读书期间受到的最严厉也最含蓄的批评。2005年拟启程赴暨南大学做博士后，师母打来电话：“小杨，老师说了，你只要带上学习用品就行，席子、被子、蚊帐等生活用品从我家拿。”到了暨大，老师、师母带着他们为我准备好的生活用品，陪着我到了羊城苑18号，并帮着我把蚊帐支起，床铺好……那一刻，一种家庭式的温暖拥抱着我，也着实让我悟出来，生活教育理应纳入研究生导师的职业范围。或许是年龄的增长，在暨大做博士后的两年多，尽管每年多在入秋后去广州，然这段时间与邓师的思想交流日渐深入。那时关于是否从事管理的人生选择、非教学科研本身而又影响到教学科研的各种因素等，都在暨大校园、餐厅或是老师书房、客厅中讨论过……这些空间感觉至今温润如新。博士后出站后，我邀请邓师到安徽师大主持论文答辩，在南京禄口机场出站口接到老师，尤其是在从机场回芜湖的车上，邓师与父亲的感觉交织于心底，两人的形象亦叠加在我的眼前。后来，我曾向父亲说过此事，父亲说："师即父，父也应是师。"此时在即将抵达上海的高铁上，念及此事，父亲、恩师两人相距两周离世，必是偶然，然前次叠加的温暖与此次连缀的悲伤，对于此时的我而言，徒有魂灵刺痛而已。

一路走好，我亲爱的父亲！一路走好，我敬爱的邓师！对人世间而言，你们的离开，无论是幸福的告别，还是痛楚的不舍，在你们的孩子们心里，都是因为有某种力量在召唤你们。你们留在这个世间的已经很多很多：留给了我们情感，一种充溢温馨的人间情感，赐给了我们求美的动力；留给了我们信仰，一种荷载智慧的人间信仰，唤醒着我们求真的勇气；留给了我们责任，一种肩负使命的人间责任，必将提升我们求善的品格。谢谢你们！

（初稿于2018年2月2日芜湖至上海高铁上，修改于2019年1月20日）

（作者简介：杨柏岭，安徽师范大学新闻与传播学院教授、执行院长。1999—2002年华东师范大学中文系中国古代文学方向博士，2005—2008年暨南大学中国语言文学博士后流动站博士后）

我的导师邓乔彬

胡炜

认识邓乔彬老师是我人生一次非常难得的机缘。为什么说难得？1996年我被推免直升为华东师范大学艺术系的首届硕士研究生。邓老师是中文系的教授，按理来说，我们的生活轨迹在当时可以完全没有交集。我第一次听闻邓老师的情况，是从比我低一届的艺术系学妹付阳华那里得知的。是她跑去中文系听了邓老师讲关于中国艺术的课，记得她向我描述邓老师的讲课特色时，用了"天马行空"一词。这让我非常向往邓老师的讲课。

第一次见到邓老师是在我的硕士论文答辩会上。他身材伟岸，眼睛有神，声音特别洪亮。答辩会后，他主动上前和我又谈起了我的论文，并赠我一本他的著作《无声诗与有声画》留念。从此，对他抽象的"天马行空"印象中加入更多现实中平易近人的成分。

在工作了一年之后，我决定报考邓老师诗画理论比较方向的博士研究生。一来，我想从文人画的视角继续研究理解中国绘画；二来，我的内心依然向往能亲自聆听邓老师如何的天马行空般的讲课。

每一位邓门的博士研究生无论是唐宋诗词方向，还是诗画比较方向，在一年级时都会上一门邓老师的必修课"中国文化与文艺"。诗词方向的杨柏岭和诗画比较方向的我是1999级邓老师两个新生，邓老师每周亲自给我们俩上这门课，从文化的角度论述中国文艺的特征，以及文艺与文化之间互为表里的发展关系。这门课对我的影响非常大。我感受到一门课涵盖如此巨大的信息量，体会到许多原本孤立的文艺现象应该相互联系着去认识，仿佛坐在云端俯瞰历史流动中的文艺发展。当时我还没有读过贡布里希的《艺术的故事》，可以说，这是我第一次接触到文艺历史的宏大叙事方法。除了宏大叙事方法，邓老师在谈中国早期文化特征和神话故事时，采用了与西方海洋文化和希腊神话进行对比论述的方法。这不仅拓宽了我的文化视野，而且学会了对不同文化的艺术进行比较，思考造成不同的背后原因。目前，我在同济大学开设的"艺术史""中国文化与造型""中西艺术比较"等课程，都离不开邓老师这门课对我产生的学术影响和教学启发。

邓乔彬老师做学问极为细致认真，待人却是特别宽厚。2000年年底我进入毕业论文开题阶段。元代诗画理论的发展是我预想的主要讨论专题，然而，在确立论文框架时，我遇到了很多的困难，始终无法尽快地把元代众多的诗画作品和思想梳理出发展主线。由于提交开题报告的时间临近，我不得不向邓老师坦承自己在构建论文框架时遇到的困难。于是，邓老师和我进行了很长时间的讨论。在讨论的过程中，始终就论文中需要提及的关键人物和元代诗画出现的艺术新变的历史背景进行讲解。特别指出传统士人的独立精神、魏晋至北宋的文人画实践和理论、夷夏之辩思想和宋元巨变的历史背景对于构建论文框架最为关键。出乎我意外的是，邓老师在一个下午的讨论中没有指责我一句话，为了方便我记忆，他将我们的讨论内容整理成主要的论文结构，并记录在两页信纸上让我带回。

能成为邓乔彬老师的学生是我人生中的幸运。他治学的严谨博识，为人的宽厚仁爱，在我心里一直是令我仰望的品质，一直是激励和鞭策自己的动力。老师离开我们已经一年。想到老师的精神气质，会有一种让自己内心获得充实和温柔的力量，那是欣赏文人水墨画时所感受到的相同力量。

2019年2月

（作者简介：胡炜，同济大学建筑与城市规划学院副教授，1999—2002年华东师范大学中文系师从邓乔彬先生攻读古代文学专业诗画比较方向博士学位）

学术的森林与树木

——也谈邓乔彬先生及其“通儒之学”

何平华

近数年来我国文化、思想、科技、教育界持续掀起一股追问“大师不再”的文化反思潮流，民国学者、民国大家、“民国热”的流行可谓这一文化景观的另一种表达。这不由得令笔者再度想起去年十月参加暨南大学中文系特聘教授、博士生导师、中国宋代文学副会长邓乔彬先生的“古代诗词、绘画与文化研讨会暨《邓乔彬学术文集》首发式”的情景。虽然会议规模不大，但却惊扰岭南学界，广东电视台等数家媒体均予报道，一套12卷由安徽师范大学出版社出版的学术文集极具震撼力，显然是会议的亮点所在。文集收录邓先生治学以来在诗学、词学、画学、曲学、文化学等领域大部分研究成果，750多万字，堪为皇皇巨制，仅从数量规模而言，在当下人文精神失落，治学生态堪忧环境下，已足令我辈“高山仰止”，更遑论其汇通文史哲，打通诗、词、曲、画多个学术领域，建立系统宏观综合学术视野，再现钱穆先生所倡中国传统“通人通儒之学”的学术风范。

邓乔彬先生1943年生于重庆，长于上海，1967年毕业于华东师范大学中文系本科，1978年从甘肃永登水泥厂职工子弟中学再度考入母校华东师范大学，成为“文革”后该校中文系第一届研究生，师从古代戏曲理论大家吴梅弟子知名学者万云骏教授，毕业后留系任教直至2002年成为暨南大学特聘教授中文系学科带头人，其学术生涯大部分时间在华东师范大学度过。与所有时代同龄人相似，社会的动荡和潮起潮落的政治运动耽搁了他们读书治学的最好年华，35岁的他早过而立之年才踏入治学的门径，但他却以对学术事业的执着追求，对文学艺术的极度爱好和由此积淀的深厚文艺素养，以及超乎常人的勤奋努力，培植起一处属于自己的郁郁葱葱的学术绿洲，栽种了一片巍乎高哉、令人敬仰的学术森林！

12卷文集中，收录了他词学代表作《唐宋词艺术发展史》、画学代表作《中国绘画思想史》、比较诗学代表作《有声画与无声诗》、曲学代表作《吴梅研究》、文化学代表作《古代文艺的文化观照》。邓先生在短短的学术生涯中，便广涉中国古代诗、画、词、曲和文化批评，每个领域均能成一家之言，建构自己独立的学术视野和理论体系，有些领域则呈筚路蓝缕，开启山林之力，有些则有博约闳取，汇通今古之功。其诗词曲学研究上所作的贡献，由两获夏承焘词学奖、两获上海市和广东省哲学社会科学优秀成果奖即可反映。其1981年的硕士论文《论吴梅的戏曲观》当年被遴选入江苏人民出版社公开出版的首届《研究生毕业论文选》（古代文学分册）即获当代词学大家、知名文史专家唐圭璋先生的赞许，初入学林，便崭露头角。知名红学研究专家、文艺批评家郭豫适先生在评述专著《学者闻一多》时亦不乏“新见迭出，使人目不暇接”及“学术美文”之誉。其《唐宋词艺术发展史》自2010年出版以来，得到学界广泛好评，认为该著“弥补了学界对唐宋词艺术体系研究的不足”，“堪称是一部唐宋词史研究的集大成之作”。笔者不谙诗词学，不敢置喙，仅就画学研究，略陈己见，管中窥豹，以见其治学风格。

邓先生的画学研究始于1984年发表于《古代文学理论研究》第九辑中的诗画比较论文《诗画与虚实》，随后经历了三个重要研究阶段：一是1992年出版国内第一本诗画比较研究专著《有声画与无声诗》；二是2001年出版百万字数通史式著作《中国绘画思想史》；三是2006年出版《宋代绘画研究》专著。纵观其画学研究，呈现如下明显特征：

一是将绘画史研究置于整个中国文化思想发展史背景下观照，脱离中国绘画史撰写此前主要由画家、美术学院学者偏于从艺术语言学、文本风格学角度构建画史习惯，首次用文史学者的眼光全面审视中国古典绘画，建立先秦至晚清由点、线、面构成的通论式绘画思想演进史，这就是酝酿近十年之久的《中国绘画思想史》，该书堪称“体大思周，笼罩群言”，因而荣获第十三届国家图书奖。具体而言，该著体现三个特点：研究视野的综合性、研究方法的现代性和研究对象的交叉性。如其对著名命题“山水比德”的探讨，便将其放在先秦儒教文化大背景下，在与“绘事后素”及“以意逆志”等相关命题的比较讨论中，既揭示各自的画学含义，又发掘彼此的继承及影响关系。从历代诸子言论到各朝代表性画论；从先秦山水比德到魏晋人物品藻的梳理中，论者高屋建瓴指出“山水比德”在未来中国画的题材、风格和画科演化形成史上有着重要的发生学意义。

二是以现代学术视野观照古代文艺理论现象，具体来讲，即是将古代文艺理论中的比较影响研究法推向深入，这就是中国古代诗画比较研究，体现于早期专题研究成果《有声画与无声诗》中。诗画关系向来就是中外艺术史上的重要的创作及理论现象，特别是对于中国绘画精神的理解尤为关键，堪为掌握了解中国画本质的钥匙。然而中国诗学史和画学史上对此留下的常常是雪泥鸿爪式的漫谈，故而邓先生这部专著显示出巨大的理论开拓性、创新性和学术勇气。诚如徐中玉先生所赞赏的，“无论文艺观念或研究方法”“我很赞佩他这种不断钻研，在紧邻学科间比较、探索的精神”。所谓“紧邻学科”指的是邓先生拥有诗画比较研究必需的诗学与词学研究基础。犹忆笔者从邓师攻读博士时，在对八大山人绘画研究中，便从研究方法上获益良多，八大藏于诗间的幽情暗绪，成为理解他幽涩画风的关键线索。对于中国古典诗画关系的理论辨析，中国学界迄今依然无人能出其右，有学者将该著誉为“中国的《拉奥孔》”，显非过誉之词。

三是将绘画的通史研究与断代史研究有机结合，彼此关照，相互深化，这从《宋代绘画研究》著作中体现出来。将宋代绘画作为通史基础上的专史研究，虽如邓先生所言，系约写之作，但笔者以为至少还有两重因素使然：一是如作者在该著“绪论”中阐述的，宋代绘画在中国绘画发展中的特殊地位，尤其是宋代制度文化对绘事的影响。有学者认为“宋代绘画的特殊性质，不仅适宜邓先生探求中国绘画文化精神的学术致思，也为他深入运用文化研究的方法提供了平台。”；二是作者本身在唐宋诗词美学研究上的精深造诣，使之对宋代绘画有深刻的洞察，如对大文人苏轼画学思想的研究可见一斑。论者强调中国文人画的真正崛起从宋代始，确切地说，以在文坛有巨大影响力的大文人苏轼对书画实践的参与，才形成此后中国画数千年以文人写意画为画坛正鹄的传统，苏轼画史地位不容忽视。

四是对画史上有重要争议及影响的美学命题、绘画现象作深入的个案研究，试图厘清其发展脉络，廓清真伪，提出一家之言。如对“气韵生动”和中国画“写”的深入辨析；对文人画写意理论和绘画题材及功能嬗变的梳理；对赵孟頫与元四家关系和黄宾虹“道咸中兴”说释论。虽是个案研究和片论，但其探索的理论深度和对中国画学理论研究的启发意义，丝毫不亚于上述鸿篇巨制。

如果把《中国绘画思想史》称为学术研究的“全景法”，那么《宋代绘画研究》则为“中景法”，而《有声画与无声诗》和那些个案研究自然是“特写法”。邓先生的画学始于诗画比较课题的专论，在此基础上持续十年，才有百万字数的通论、史论著作，又六年再推出断代画史，其研究尊崇了从个别到一般，又从一般到个别的认识论规律，也是邓先生沉潜往复、锲而不舍治学态度的写照。

说邓先生治的是“通人通儒之学”不仅仅指其研究范围、学术兴趣之广博与贯通，如封建时代的大儒，每一面都能建立一个学术的高地，这自然是其治学最重要的特征，也是其公开宣示的治学立场。如针对社会对“硕士不硕，博士不博”现象的揶揄，又联系到自己的个性和学术定位，他在媒体上说：“社会对‘博士不博’的雅谑，其实与博导的‘务为专家’大有关系。在合理地摒弃空疏之学同时，近来颇有‘回到乾嘉’的趋势……但是，倘然都走这一条道路，又岂非使玫瑰花和紫罗兰散放‘雷同’的香气？为此，我为自己确立的研究个性是力求在归返于通人之学中体现。”邓先生追求的“通人”还包括他良好的艺术素质和丰富的生活旨趣，这使他依然保持着民国学者在治学之外还热情追求另一种艺术人生的传统。

邓先生身材高大，言语温婉，初次相见，留给我的即是一位敦厚却不苟言笑的儒者形象，随着交往日久，才知其人生亦富传奇的另一面。其青少年时代是上海市学生运动会上的跳高健将，1964年还打破上海市高校跳高纪录，并保持15年之久。他初入高校学的是物理学，几经周折才转读中文系。1967年大学毕业至1978年重回母校攻读研究生的11年间，他辗转于安徽、江苏、甘肃、青海等地，将自己少年时代便培养起来的艺术才能运用到其时的意识形态宣传中，创作了大量话剧、朗诵诗和曲艺作品，独幕话剧《为英特耐雄耐尔而战》、多幕话剧《祁连春潮》《斗鳄鱼》在当时甘肃、青海厂矿、部队的演出中，广受观众喜爱，得到较高评价。而对绘画艺术的爱好则一直保持至今，乃至多年以后他的博士生如今已是湖南师范大学文学院古代文学知名女教授、曾登“百家讲坛”的赵晓岚，目睹他1974年的一幅对19世纪俄罗斯著名风景画家列维坦名作《深渊旁》油画的临摹作品，终于明白“导师那些关于绘画的见解绝非人云亦云的纸上谈兵之作，广博的理论根基外，更有着厚重的实践基础”。而其吟诗填词，雕章刻印更成为他打发闲暇的常见方式。他的另一位博士多次参加“百家讲坛”的中南大学文学院女教授杨雨，今也名满湘江。她回顾上海求学那最“风流蕴籍”的日子：“记忆最深的是邓师带着两名女弟子去参加上海举行的国际吟诗会，赵老师唱‘帘外雨潺潺’，我谈琵琶伴奏，邓师坐在底下‘得意’……”邓先生的诗意人生于此可见。

回到“大师不再”之问，邓乔彬先生的治学与人生也许提供了些许启发——通博之学至少是大师之为大师的共通特征，起码人文学大家大抵如此。看一看法兰西历史上人文科学领域内大师辈出，哪个不一展“通儒”之才。想起90年代末有幸几次造访华东师范大学中文系另一位国内外声名卓著的大家施蛰存先生，一位真正的民国文人，其广为人知的平生治学“四扇窗户”说，不也是例证吗？

（拙文写于赴暨南大学参加邓乔彬先生学术文集首发后的2014年夏，此时先生刚患病，是年9月，文章发给先生审读。接下来数年，先生辗转于沪穗治病，直至仙逝，文章也一直藏于屉中，未及公开。转瞬先生离世一年，今值同门勠力同心，共纂纪念文集，且将此文忝列其中，以寄思念！）

（作者简介：何平华，华东师范大学传播学院副教授，2000—2003年华东师范大学中文系师从邓乔彬先生攻读古代文学专业诗画比较方向博士学位）

不思量，自难忘

仲冬梅

有些人、有些事，之所以“不思量，自难忘”，是因为这些人、这些事，已经和自己的生命融为一体，已经是“我”的生命的重要组成部分，形塑着“我”的人生。我的导师邓乔彬先生于我而言，就是这样的一个人。

在最初得知要为老师出版纪念文集的时候，我的第一反应是为老师写一篇词学研究的述评，可是迟迟没有动笔，总觉得那个不是我最应该写的：老师的学问成就，就在那里，学术界早有共识，既不会因为我的一篇述评增加，更不会因为我没有写而减少分毫。直到那天我想起了那句话“古之学者为己，今之学者为人。”不管孔夫子本意如何，我想，学问，尤其是文学研究这样的学问，首先应该是切近己身的学问，是足以影响自己的人生的学问。而人的一生，也许，比学术成果更能彰显一个人的境界。

作为一个不积极主动与老师交流的学生，我跟邓老师的直接接触，跟很多同门比，是比较少的，可是这不妨碍我对老师有很深的印象。最初对老师的印象，就是他的勤奋：差不多每天伏案工作的时间都保证在十个小时以上。清楚地记得去老师家拜访，师母抱怨老师不肯去医院看病，老师说“挂号排队太浪费时间，去医院都是无所事事的人消磨时间。我是运动员出身，不需要去医院看病。”虽然有点强词夺理，可是老师对时间的珍惜令我印象非常深刻。俗语说言传不如身教，这样的导师，予我的影响是非常直接的。我并不是一个勤奋的人，但是看到早已经成名的老师依然如此勤勉，不由得不振奋起来，努力读书。跟随老师读博的三年时间，是我一生中最勤奋的三年。

对老师的另一个印象，是多能。论及多能，老师的语言天赋、唱歌、体育能力，已经是学术界公认的好，不仅各种回忆文章里多有提及，也有很多人见识过。在老师的青年时代，还曾画过宣传画，写过剧本。所以老师才能在词学之外，开辟书画批评方向。他不是纸上谈兵，而是真正懂得书画的人。而我想说的是老师的家务能力。师母赋闲居家，老师勤奋著述，自然而然形成的分工就是师母承担起全部家务（直到今天，我的某些师兄也是这样的状况，虽然嫂夫人一样在高校里工作。）老师给我们的印象都是十指不沾阳春水。可是在老师调动去暨南大学之前，师母过去装修房子，老师一个人留在上海，不仅把自己的日常生活打理得井井有条，在我过去跟老师请教问题的时候，还亲自下厨（老师非常坚决地拒绝了我的帮忙）做了美味的汤菜招待我吃饭，以至于听闻的同门都有几分嫉妒我：在老师家吃过饭的人不少，可是吃过老师做饭的，大概只有我一个。对老师来说，很多事情，不是他能不能做的问题，而是他想不想做，或者需要不需要他做的问题。

勤奋带来的学问精湛，能通透地看待很多根本性的问题；而多能，则能提从容供面对困境的时候的方法。老师生病的时候，他的首要任务，就是与癌症进行斗争。那个时候的老师，是最令我肃然起敬的。不知道老师最初得知病症的时候是什么反应，但每一次我去见老师的时候，不管是在广州，还是在上海，见到的都是不管病况如何，始终镇定自若的老师。

在广州的时候，老师的癌症还没有转移。陪老师闲话的时候，谈及病况，老师说，希望自己的生命直到最后的时刻，依然能活得有趣，不会被癌症击垮。他也会用意志来抗癌。本来我还焦虑着不知道该怎样安慰或者鼓励老师，没有想到，被鼓励的人反而是我：老师让我看到，当一个人真的看透了生死的时候，是怎样从容地面对着无法治愈的恶疾。

肺癌是很痛苦、治愈率不高的癌症，治疗的过程也非常痛苦，可是老师总能平静地面对。一天冗长的吊针结束后，老师希望我们能陪他在暨南大学的校园里漫步一番。我们几个同学一边陪着老师慢慢地在校园里走，一边跟老师谈论着一路上看到的花木，并闲聊着随时想到的话题。刚刚经过痛苦的医疗检查，老师的身体很虚弱，走了一段之后，老师明显有点累了，可是他依然眷恋着晚风和夕阳，不愿意回家去休息，而是想在校园里，坐一坐吹吹风。如果不是知道老师已经确诊了癌症，那真是愉快的记忆：跟随老师读书三年，还没有那么轻松自在地与老师漫无目的的闲聊。那个场景，是比任何其他的场景都深刻地印在我的脑海里。几个同学有一搭没一搭的闲话着，老师专注地听着我们的闲聊，脸上的神情带着一些神往：不知道老师是不是想起了他年轻的时代。

再度见到老师，老师已经回到了上海。那个时候，老师的病，已经脑转移，一度非常危急。去到华师三村那熟悉的居所，正在进行化疗的老师略见消瘦，可是精力还足够，看到我跟另一位他在青海时期带过的学生来了，很是兴奋，跟我们聊了很多。师母说，老师很坚强，化疗对身体消耗很大，很容易导致呕吐。但是要恢复身体，就必须保证足够的饮食。老师常常是在吐过之后，稍事休息，就再进食。显然，他是把吃东西当做与癌症进行抗争的手段。用意志抗癌，说起来容易，过程却非常艰苦。不要说癌症本身，一轮又一轮的靶向治疗（也就是化疗），对身体的损害也非常大。不管何时，跟老师联络的时候，他总是对自己的病况非常清醒，一方面积极治疗渴望着能活下去，一方面也做好了最后的准备。癌症本身对人的精神打击是毋庸置疑的，老师能在脑转移的前提下坚持几年的时间，那份意志力无法不令人赞叹。

最后一次见到老师，是在老师的最后一个生日之前，在重症病房里。那个时候的老师，已经丧失了大部分的语言能力，只能勉强听清楚极少数的话语。让我特别感慨也特别难过的是，这个时候的老师，尽管脑CT已经证实他的大脑脑灰质已经不可逆转地白化，可是他的神智依然是清醒的：认得来看望他的每一个人，会用各种神情来表达他喜欢吃什么食物，不喜欢吃什么食物。给老师喂饭的时候，他已经没有了咀嚼能力，依然努力地吞咽着。那是老师依然顽强地在用自己的努力配合着医生的治疗，想要尽可能地抵抗着癌症越来越深入的侵袭，与死神做着最后阶段的抗争。

我去看望老师的时候，非常幸运地，老师的情况略有好转。已经在病床上躺了几天，需要吸氧、连翻身都需要帮忙的老师很想能坐一坐。几位在场的同学，和护工一起七手八脚地帮老师坐好，用被子帮老师围住，赵晓岚师姐还打来了热水，趁机帮老师泡泡脚。老师就那么满脸喜悦和满足地坐了好一阵。不知道那一刻的老师，是否会想起他年轻的时候，作为跳高运动员，在运动场上高高跃起的画面。老师曾经很骄傲地说，他的跳高成绩，作为上海大学生运动会的纪录保持了近二十年，直到有新的跳跃技术出来才被打破。言外之意，如果没有新技术，他的纪录几乎无人能破。他曾经自豪地说，他是“四肢很发达，头脑不简单”。

可是在生命的最后阶段，他曾经那么引以为傲的身体，却彻底背叛了他，让他连翻身、吃饭这些事，都需要他人的帮助。可是即使在这样的时刻，老师也没有表现出丝毫的脆弱、无助。他躺在病床上，依然是那个令人尊敬的老师，不可以因为他的病痛对他有丝毫的怜悯或者同情。

因为老师的病，散落在天涯的同门们分期分批地汇聚到老师身边，也给了彼此之间相互联络的机会——原本没有机会见面的我们有了联络。老师离开之后，因为对老师的怀念，把我们联系在一起。正如迪士尼动画片《寻梦环游记》所表达的那样，因为我们每一个人都真诚地记得老师，记得他对我们的教诲，记得他生命的最后时刻的勇敢和坚强，老师的生命，因此，长存。

（作者简介：仲冬梅，海南大学人文传播学院副教授，2000—2003年在华东师范大学中文系师从邓乔彬先生攻读古代文学专业博士学位）

邓乔彬先生与中国传统文艺的研究及教学

汪涤

乔彬师是改革开放后在高等院校古代文学专业博士点最早开设诗画比较方向的导师。我有幸从2002年起跟随他攻读华东师范大学古代文学专业开设诗画比较方向的博士。虽然不久之后他就调到暨南大学任教，但是他所开创的研究与教学方向却深深影响着我。在离开他的日子里，随着不断研读他的著作，比较观察学界的动态，我越发觉得乔彬师打通文学与艺术学科的努力是一笔无形的财富，值得人们总结和挖掘。

乔彬师是从古代文学批评入手研究绘画的。上世纪八十年代，中国古代文学研究的热门是文学批评史，郭绍虞、朱东润都撰写了《中国文学批评史》专著。王运熙、顾易生主编的《中国文学批评通史》更是多达七卷，集合复旦众多专家。华东师大的古代文学也以文学理论、文学批评见长，代表人物有徐中玉、陈谦豫以及萧华荣的《中国诗学批评史》等。不过，华东师大中文系的优势似乎不在文学批评史的整体，而在各体文学尤其是词学、小说戏曲等的批评上。就与同门、同事方智范、周圣伟、高建中等合作了《中国词学批评史》（1994年）。乔彬师自己也撰写了《唐宋词美学》（1993年），该书不是一般意义的美学著作，而是从唐宋词史出发的美学与创作论。乔彬师在硕士研究生阶段是跟随著名词学家万云骏先生学习的。此后又在词学重镇华东师大留校任教，受到施蛰存、马兴荣等前辈名家指点，故而他的学术根基是古代文学。尤其值得注意的是施蛰存、万云骏等都以古体诗词、文学创作实践见长，这堪称华东师大古代诗词研究的特色。实际上整个华东师大中文系（包括古籍所）也有着浓厚的创作氛围，老一代施蛰存、许杰等都是著名的现代作家。徐中玉、钱谷融等先生不仅以文艺理论研究见长，更深入参与到当代文学批评当中。当复旦大学等综合性大学的中文系普遍认为中文学科不培养作家的时候，华东师大中文系在徐中玉等先生的主持下则主张中文学生至少要能从事一门文学或是艺术的创作实践。在这种重视实践经验的学风下，华东师大中文系培养出不少作家，被称为华东师大作家群。徐中玉、钱谷融先生还请来王元化先生担任中国文学批评史专业的博士生导师。王元化先生不仅是学者、思想家，对于中外文学、戏剧艺术也很精通。

乔彬师是这一学术传统最为重要的继承者之一，他主编《词学》并长期创作诗词。这种文学创作的背景使得邓乔彬的文学批评研究并非着眼于哲学、美学意义的抽象体系，而是强调从具体作品、文学艺术家以及文化环境出发的历史性研究。正是出于对文学艺术共通性的直观体验，邓乔彬从词学出发，转向诗学以至画学。可以说他的研究首先基于对文学艺术主要门类创作经验的体悟上，继而融入了文化、思想和学术史的观照。这使得邓乔彬的研究虽然宏观、贯通，但是不乏对于具体艺术类型、题材以及作品的敏锐认识。

八十年代的画学研究主要由哲学学者尤其是其中的美学学者从事。较为代表的老一辈人物当然是宗白华，他的艺术意境理论在三十年代已经成熟。解放后美学的代表人物王朝闻、李泽厚都对绘画有深入的分析，尤以李泽厚的《美的历程》在当时影响巨大。新一代的代表则有叶朗、张少康、朱良志、王一川、彭锋等人。他们的理论较少关注诗文与绘画各自的特点，而是强调美学上的一致性。

乔彬师虽然对美学、文艺理论兴趣浓厚，但是他自己的学术来源毕竟不是美学而是文学艺术。他自己喜欢艺术尤其是实践，较之其他文史哲学者来说，更能体味艺术的真谛。乔彬师虽然一直就读中文专业，但是兴趣爱好广泛，尤其钟爱美术。他早年自习绘画，对于俄罗斯油画特别钟爱。文革期间，他还多次参加单位的宣传画创作，获得奖项。上世纪八十年代在词学研究崭露学界之后，他将视野转向画学领域。乔彬师的《有声画与无声诗》就是他的第一本论画著作，是从诗画关系这一著名命题出发的。中国诗与中国画历来有着亲缘关系，然而在古代人们并未上升到系统的理论认识层面。在西方，诗画关系的研究一直是早期美学研究中的重要命题，代表作即莱辛的《拉奥孔》。在二十世纪上半叶的中国，钱钟书在受到西方学术的影响下写出了《中国诗与中国画》一文。该文讨论中国诗画不同的标准，见解深刻，乔彬师的《有声画与无声诗》正是受到钱钟书先生的启发。《有声画与无声诗》不仅比较了诗画的美学特征，而且加入了大量历史比较，将诗画放入历史的范畴中考察，对于诗史、画史的研究都是很大的推进。该书可以说是他对诗学、词学转向画学的一个重要标志。

九十年代开始，学术界从学术史、思想史入手反思学风，出现了葛兆光的《中国思想史》等专著，乔彬师也开始对学术史、思想史下了功夫。首先他将自己早年的硕士论文发展为著作《吴梅研究》（1990年），之后他和博士生赵晓岚一起合写了《学者闻一多》（2001年），这是他在学术史方面先行的探索。其中闻一多的学术虽然以诗学为主，但是已经更多涉及文化学、人类学等命题。他将思想史的视野融入绘画理论史的写作之中，花了将近四年的实践撰写了一生中篇幅最长的著作——《中国绘画思想史》。在乔彬师的画学著作中，我们看到了大量对同时代文学作品的描写，内容具体而丰富。他注重画论文献的阅读分析，不过分关注理论框架，这是对美学概论式画学的反驳。在《中国绘画思想史》结语中乔彬师说："从绘画思想史中，我们可以看到古人对绘画的历时性看法；从绘画思想史中，更应总结出'不忘本来民族之地位'的创作理论。"在结语中，他还引用陈寅恪对冯友兰《中国哲学史》下册的审查报告说，"艺术的输入虽不同于思想，纯粹外来的形式也可以在中国的土壤中成长，但是，中国画真正的发展、改革，应服从‘不忘本来民族之地位’这一规律。”这里可见乔彬师的画学研究是从中国文学艺术具体作品、现象出发，而不是从西方抽象的理论构架出发的，这使他的学术研究在当代文艺理论界有着自己的立足之地。

乔彬师不仅有宽广包容的学术视野，而且在研究生培养上也是有教无类。我大概就是这样的例子，在到华东师大中文系攻读博士之前我几乎和文学没有什么交集。我出生于一个画家家庭，父亲汪凯民、母亲林凡都是上海工艺美术学校资深的国画专业教师。受到他们的影响我考取了著名的高等艺术学府——浙江美术学院（原名国立艺术院，1993年末改称中国美术学院）。由于本人的兴趣爱好，我对理论的兴趣超过实践，故而我在中国美术学院研读的是美术史专业，对于中外画史、画论学习较多。当时的中国美术学院美术史系强调将美术放入人文学科研究的范畴之中，《新美术》主编范景中以及牛津大学博士曹意强翻译了贡布里希、帕诺夫斯基、巴克桑代尔、哈斯克尔等英美艺术史大家的著作。在美术史论系任教的洪再新则编选了《海外中国画研究文选》将美国汉学家高居翰的中国画史著作介绍过来。这种对海外美术史研究的翻译、介绍对提升我国美术史论研究的科学研究水平作用很大，在全国艺术院校和科研单位中还是非常领先的。受到这一学风的影响，我研究生毕业的时候一直向往到一所人文学科强大的综合性大学工作并深造。怎奈当时在全国范围看，北大、复旦等顶级综合性大学还没有像样的艺术专业，艺术史专业在综合性大学更是闻所未闻。华东师大可以说是当时上海唯一设置美术学科的文科重点高校，自然成为我的首选。华东师大艺术教育系的美术学科虽然规模不大，成立时间也在1980年代，但是也有不少名家名师。油画方面教授是中央美院毕业的汪志杰先生，他是徐悲鸿的学生，是靳尚谊、刘勃舒、詹建俊等大师的学兄，一九五七年反右中被中央美院点名化为右派，后来在大西北改造数十年。文革后他回到上海，被华东师大聘请组建艺术教育系美术学科。版画方面则是浙江美院版画系毕业的张嵩祖教授，他的父亲是华东师大动物学泰斗张作人教授。至于国画方面的苏春生教授则是家学渊源，父亲苏渊雷先生是华东师大历史系的老教授，诗书画兼通，可说是华东师大在上海乃至国内艺术界的知名人物。因为父辈的关系，苏春生教授早年就读于浙江美术学院国画系，受教于潘天寿、陆俨少等名家名师，回到上海后也得到唐云等大家的指点，成为上海画坛较为活跃的画家。八十年代华东师大的校长袁运开先生虽是物理学家，但是他有两个弟弟袁运生、袁运甫都是我国第一流的画家，担任中央美术学院教授、中央工艺美术学院教授。这无形中从学校层面对于美术学科发展有比较开明且到位的认识。八十年代华东师大艺术教育系虽然规模很小，条件艰苦，但是发展很快，成为沪上三家主要美术院校之一。

在张嵩祖、苏春生等前辈的推荐下，2000年我从中国美术学院毕业即来到华东师大艺术教育系任教美术史论，当时艺术教育系与中文系一起隶属于文学与艺术学院。这种将文学艺术集中于一体的学院设置，虽然形式意义大于实际意义，毕竟也反映出华东师大中文、美术学科的特点，这就是具有强烈的文艺创作、批评氛围。当时乔彬师与苏春生先生多有交往，多次参加艺术教育系的研究生答辩。他还招收了艺术教育系的国画研究生胡炜为博士。在苏春生先生的引荐下，我结识了乔彬师，表达了攻读博士的愿望，得到他的鼓励和首肯。

在乔彬师的点拨下阅读了不少古代文论、文学方面的著作，补缺了自己的不足，从而顺利考入其门下。2002年秋季入学后，乔彬师就为我和另一位词学博士生吴思增授课，他主要讲正在编写的《古代文艺的文化观照》一书。余下的时间是我们按朝代顺序汇报古代文学、文艺方面的读书心得。当时中文系的教室空间有限，乔彬师就把课堂转到我所在的艺术教育系位于俊秀楼四楼的一间公共课教室。一些艺术教育系以及其他院系的师生听闻消息也来听课，记得其中有来自韩国、塞尔维亚的国画研究生，也有对外汉语系的老师。这样本来几乎是一对一的博士生课很快变成了中外人士、文学艺术界的学术交流沙龙。

随乔彬师读书的日子没持续多长时间，大概一个学期后他就突然暨南大学任教了。不过他并未放松对我的学习要求，继续嘱托我阅读钱穆、徐复观等人的文化史、艺术学著作并定下了博士论文题目。第二年秋季开学后，因为制度所限，他不得不将在华东师大最后所招收的四位博士移交其他教授指导。他为我们做了很好的安排，将我与吴思增委托胡晓明教授继续指导。晓明师家中艺术气氛十分浓郁，兄弟中颇多画家、音乐家，他后来攻读随王元化先生攻读诗学，博士论文《中国诗学之精神》深得学界好评。晓明师喜好文艺的天性与乔彬师非常契合，乔彬师多次在我面前夸奖其《中国诗学之精神》《文化江南札记》等著作，这大概正是他将我推荐到晓明师门下的原因，可谓用心良苦。

就我而言，从乔彬师门下转至晓明师门下，可谓学术上更紧密地联系到了思想史、艺术史。王元化先生晚年常常前往杭州休养，结识中国美术学院舒传曦、许江诸位教授，并应邀在中国美术学院做过多场讲座，我当时正在中国美院攻读研究生，也曾有幸聆听过几次。许江院长还曾流露出追随王元化先生攻读博士的愿望，怎奈王元化先生此际已经不再亲带博士生。不过因为这些因缘关系，大概在王元化先生去世后，中国美术学院聘请晓明师担任了南山讲座教授，为全校硕士、博士开设中国古典文学、美学方面的课程和讲座，后来还担任了兼职博士生导师。由于王元化先生的关系，晓明师对于学术史、思想史研究很深入，博士课程中让我们深入研究了陈寅恪、钱钟书等大家的文史著作，使得我们学术眼界进了一层。博士论文写作阶段，他又特别提醒我用学术史、思想史的视野看待诗画比较，使得论文的立意更高，意义更为深远。在前后幸运的经过两位博士生导师的指导后，我在沟通文史和绘画艺术方面有了自己的心得和自信。

在我博士毕业后，晓明师还不断让我参与到他所主持的一系列学术课题、项目之中，使得工作限于艺术教育系一隅的我有了更为广阔的施展空间。晓明师长期担任华东师大古典文学学科的带头人，他在高校中文系中带头开展了国学专书的教学，对《论语》《庄子》《史记》《昭明文选》等经典进行细致的讲读。正是因为这种国学化、经典化的特色，华东师大的古代文学学科才成为中文系唯一的国家重点学科。他还接过徐中玉先生的班担任古代文学理论学会的会长，追随乔彬师攻读词学博士的彭国忠师兄也得到晓明师推重，担任了学会的秘书长并在晓明师工作重心转向图书馆馆长后，继任中文系古代文学学科的负责人。2008年起晓明师与历史系王家范教授等发起成立华东师大思勉人文高等研究院江南学研究中心，命我参与其中的江南意象数据库建设。这大概是因为乔彬师当年为我定下以明代吴门画派诗画关系为研究范围的原因。由于这样的机缘，我从那时起开始将研究的从诗画关系聚焦到了江南艺术上面，还受邀担任了中文系江南学硕士课程中江南绘画艺术史的教学工作。近年来上海市有关方面提倡江南文化研究，一度沉寂的江南学再次红火了起来，华东师大成为上海市江南文化研究的一块高地，与上海历史文化最悠久深厚的松江区联合成立了研究院，从中可见晓明师等学者当年的眼光。

晓明师一直在华东师大主张人文艺术教育，得到了有关领导的重视，出任华东师大图书馆馆长这一具有崇高学术性声誉的职位。他一上任就提出图书馆要进行文化推广工作，力主成立了推广部，开展国学工作坊系列活动，其中包括每年的春联书写活动以及邀请江南地区昆曲名家开展昆曲研究和清唱活动等。图书馆推广部还在中北分馆、闵行分馆分别建设了环境优雅且设施较为专业化的展厅，支持我在其中策划了《在图书馆发现敦煌》《笔墨江南——中国画邀请展》《元笔宋格——山水画研究展》《山水画教材文献展》等多个中国传统美术方面的展览。我们还在图书馆举办了“富春山居溯源”等多个讲座和研讨活动。正是这一系列丰富的传统文化艺术活动，华东师大图书馆因此成为沪上国学教育推广的重镇。

晓明师还敏锐地认识到艺术乃是华东师大传统文化、江南文化研究的特色。他鼓励我更多地参与到这些领域的教学和科研中来，不断撰写论文、著作和策划展览。他还力推在中文系、古籍所和图书馆引进了从事书论研究的韩立平博士、从事沈周研究的汤志波博士、从事艺术类文献收集的丁小明博士后以及从事明清艺术文献研究的韩进馆员。这些中青年学者已经在文学艺术的交叉领域做出了很多成就，延续了施蛰存、徐中玉、王元化先生所开创的强调文学的艺术性，文学与其他艺术相结合的学术传统。

在文学艺术打通、理论与实践兼通的道路上，乔彬师是一位承上启下关键性的代表。这主要体现在他在学术研究、学科建设上的开创性贡献。他在学术研究上将前人零碎的诗画比较学说整理发挥为系统的诗画比较著作，将中国画论研究推高到了中国绘画思想史的研究高度。同时，他还开创了诗画比较的博士研究方向，从博士入手培养相关人才。这些博士生毕业后大多从事文艺理论、美术史论、传播理论以及国画教学科研工作，扩大了中文学科的影响面和应用价值，也对中国画学科重塑人文根基起到了重要作用。

乔彬师是老一代学者，学术研究推崇著作的重要性，他晚年对于新近兴起的学术研究强调课题和论文的导向颇有不同看法。在他看来这种倾向会导致文学艺术研究集中在一些小问题上面，视野容易狭窄而无法实现贯通。他自己的研究正是力求以文化的视野打通文学与艺术，追求宏大而潇洒的气象。这种学术境界在如今的中文学科、美术学科中虽然不是主流，但我以为是值得重视和保留的一种文脉。特别是像华东师大这样的人文艺术底蕴深厚的师范大学，更应该注重学生全面的人文艺术素养，而不仅仅是某个领域的专门化知识。像暨南大学这样的以华侨、华人为主要培养对象的综合性大学同样也应该是以中华传统文化艺术为其教育科研的立身之本。在这一背景下，文学艺术的打通，理论与实践的结合都应该是师范大学、中国语言文化类大学的重要特色。乔彬师以一人之力为两大门类的贯通做出了贡献，为两类高校的核心学科建设用尽了心力，他的成就和作用非但不会随着时间的流逝而为人淡忘，而会在传统文化学术日益受到重视的背景下焕发出新的活力。

（作者简介：汪涤，华东师范大学美术学院副教授、美术史论硕士生导师，中国美术家协会会员，上海美术家协会理事。2002—2005年在华东师范大学中文系古代文学专业攻读诗画比较方向博士，导师邓乔彬、胡晓明教授）

怀念邓师

吴思增

2018年1月30日，是恩师邓乔彬先生仙逝之日，冬春荏苒，寒暑流易，我们在碌碌生活中前行，不知不觉已一年有余。然而邓师的音容笑貌，清晰地留存在我的记忆之河中，不曾褪色。

初识邓师，是在2001年，那时我25岁，即将硕士毕业，准备读博。得东北师范大学硕士导师周奇文先生的推荐，打算报考华东师范大学中文系词学专业，跟随邓老师继续深造。那是一个冬日的下午，我来到华师大三村，第一次拜见了邓师。他高大威严，额头与面庞都光润亮泽，儒雅而谦和。相比较师母的活泼热情，邓老师言语不多。他和蔼地问我为什么要独自一人来南方？我不假思索地说："为了锻炼自己。"邓师笑着点了点头。我又向他请教了硕士毕业论文事宜，他耐心地为我答疑解惑，指点迷津，我认真地聆听着，像小学生一样记着笔记，估计那好学的样子为我增加了些许印象分。

从冬梅师姐处得知，邓师不喜烟酒与茶，亦不喜学生贪玩懒惰，治学与授徒严谨严格。我不禁暗暗感叹，得遇名师是多么的幸运，同时也顿感压力，要怎样努力才能对得起"邓门弟子"这样的称呼。入学之后，得以在邓师膝下受教一年，每次上课，邓师都侃侃而谈，娓娓道来，并布置必读书目和作业，对于我这还未入门的幼稚学子，没有一句批评之语，全部都是正向的督促和鼓励。

尽管邓师这样和善，但于我，一直都是景仰和敬畏多过亲近，且师兄师姐之中，人才辈出，资质平平又性情沉静的我，常常感到努力向学的必要。一年之后，2003年，邓师移步广州，把汪涤师兄和我转给了胡晓明师，由词学专业转为文艺批评方向。对于我的不舍与不解，邓师说："这对你今后的发展有好处，以后你会明白。"正如邓师所料，胡晓明师把我领入了诗学研究的天地，又引荐我到华东理工大学应聘工作至今，成为我来沪后的第二位恩师。多年之后，我才明白了邓师的良苦用心。

此后的每年寒暑假，只要邓师和师母回沪，我都会去拜望，渐渐成为了习惯。邓师常常坐在客厅的沙发上，师母则相邻而坐，亲切地话着家常，兴致高时，邓师会拿出珍藏的老照片，兴致勃勃地诉说着往事；师母偶尔会打开尘封的琴盖，弹奏一曲老歌，老师则笑着调侃师母生疏的手法和出现的一两个错音，师母会认真地重来……每到这时，我都暗暗希望，时间过得慢一些，再慢一些。每次临别，他们会把我送到门口，看着我下楼梯。

记忆特别深刻的，是2005年冬天，我因为腰椎间盘突出手术而行动不便，有一天突然接到师母电话："邓老师让我来看看你，要好好休养啊！"那一天，我吃到了最美味的"雪菜笋丝"，那是"家"的味道。

2006年，我延期一年博士毕业，来到华东理工大学工作，邓老师很关心我的职称问题，每次见面都会问："职称解决了没有？"师母则总是请邓老师帮忙发文章，邓老师总是微笑着又胸有成竹地说："思增行的，让她自己写……"每到这时，我都会收起自己的懒惰，想着要对得起老师的信任；再后来，我边工作边攻读博后，因家庭、孩子等事而应接不暇时，邓老师又经常提醒我："不着急，慢慢来……"邓老师是以他特有的方式鼓励、鞭策和关心着我。

有一次，邓师问我："可否认你当女儿？"多年过去，我依然记得当时邓师那略带腼腆的神情。我真后悔没有马上机灵地一口答应，而是傻傻地回答："……我想打电话问问父母……"多尴尬啊，这样的话从邓老师的口中说出来多么难，他是那么一位独立、精神圆满自足的君子，德高望重的学者，能够把心里的愿望说与我听，该是多么大的真诚和信任。此事过后，我把父母"同意"的回复又告诉了邓师（现在仍然感慨自己怎么这样蠢笨），虽然心里的亲近感增加了许多，但"父亲"的称呼总是难以出口。

我原以为生活会一直这样行进下去，邓师完成文集的整理和出版，过上优游自在、田园牧歌般的生活，不曾想因邓师患病而完全改变。我看着他一点点衰弱下去，从健康、思维缜密、充满活力到人事不醒，心痛不已，却无能为力。然而，从邓师的身上，我懂得了什么是隐忍和随遇而安。

2016年，邓老师忍痛离开了他牵挂的学生，和师母一起从广州回沪休养，过起了休闲的慢生活，每天读书，到长风公园散步，"忘记"做任何治疗。我现在依然觉得，那段时间是邓师难得的"休息期"。大约十个月后，邓师病情恶化，胸部疼痛不已，师母惊慌失措，师母的弟弟千里迢迢从北京赶来帮忙。看着病榻上疼痛难忍的邓老师，我提出为他读书，也许会好受一些。我问老师是否还读学术著作？邓师迟疑了一下，说："不读那么严肃的书了，读安徒生童话吧！"

这是我在成年之后第一次认真地诵读它，我尽量让自己的声音平稳，不受情绪的影响，邓师平静了一些，用手轻轻抚摸着痛处，我跳过一处又一处关于死亡、衰朽的描写，第一次感受到，安徒生童话是写给成人的，优美的文笔之下人生哲理讲得那么残酷。

此后，邓师和师母辛苦地往返于医院和家之间，伽玛刀治疗，住院、打针……只要病情稍有缓解，邓师依然会浏览网页，华东师大校园网、暨南大学校园网，是必看的。记得有一次，邓师让我为他读后志明先生所书《一位博导的人生轨迹——致学兄邓乔彬教授》，那时的邓老师，已经忘记怎么开关电脑，但他的脸上露出欣然的神情。

我真的相信，此时的邓老师对于人生之义已了然于胸，于生死，也早已参

透，才能如此地坚强又淡定，视生老病死进退忧乐为寻常。无论病痛多么磨人，邓师从来没有失去他的气度和风骨，当从家到卫生所5分钟的路，走起来都很虚弱和困难时，邓老师也只是浅浅的一句：“不知道这一次能不能挺过去……”我忙不迭地回应道：“能挺过去的，一定能的，邓老师。”他微皱的眉头下，目光仍是那么坚毅。

我一直觉得，我并没有走进邓师的内心，很多时候的探望只是聊聊家常，只是给予了他些许陪伴。只有一次，邓师在人民医院住院，默默地打着点滴，任我怎么找话题聊天也没有兴致。我问：“邓老师，您怎么不喜欢笑呢，在想什么啊？”邓老师微笑着说：“想我的不幸哦……”只是说到这里，就再无他话。

后来的邓老师，口不能言，整日卧床，时而昏睡时而清醒，去看望他时，

我为邓师放降央卓玛的歌，这是他最喜欢的歌手；给他读童话，因为我记得邓老师的话，他想听轻松的故事。在临别的几个月中，邓师的家人、朋友、学生……纷纷来看望他，邓师赢得了大家的爱戴。我也终于说出了原本早该说的话：“女儿来看您了，爸爸，您安心吧……”眼泪扑簌簌地流下来。

一年当中，常常想起邓师，永远是那般儒雅，那般慈爱，我宁愿相信仙去对邓师来说是一种解脱，宁愿带着不舍目送恩师，宁愿永远地离别，只留下深深的回忆……只要邓师安然。

2019年2月2日

（作者简介：吴思增，华东理工大学人文科学研究院，2002—2003年在华东师范大学中文系师从邓乔彬先生攻读古代文学专业词学方向博士学位）

冬天里的思念

王毅

这个冬天淫雨霏霏，一个多月了没有见到太阳，在这些阴沉的日子里，想起去年年初那凛冽冬日里与邓师的永别，似乎还如在目前。邓师的离去，也许对被病痛折磨的他来说是一种解脱，而邓师的煌煌十二册巨著也早已出版，嘉惠学林，永传后世，应该这也是邓师生命的一种延续吧。是的，学术就是邓老师的全部生活，用全部的生命去研究学术，邓老师就是这样一个纯粹的学者，生命的存在是为了学术，而学术之巨著也将是历史洪流中其生命的延续。

我有幸成为邓老师在华东师大的关门弟子，说有幸，不仅指荣幸，还包括了幸运。考博的日子距今已经将近十六年了，可是那一幕幕瞬间至今清晰地不断重现。记得当时在《文学遗产》上读到了邓老师的大作《论宋词中的“骚”“辨”之旨》，一读就被其深深吸引，对于尚为硕士生的我来说，不知是论文中的细密论述还是其视角之新颖，总之就是这篇论文让我决定要考邓老师的博士。那时的我非常懵懂，考博没有做任何准备，仅仅在考博前的几个星期鼓起勇气跟邓老师打了个电话，没想到邓老师非常和蔼可亲，没有我想象中的大学者的架子，而是说好的，欢迎你考，现在有八九个人报名了。我一听有些紧张，心想这么多人竞争激烈，不记得是我问了需要看什么书，还是邓老师主动告诉我的，他说看看《唐宋词通论》吧，我说好的，就不知该说些什么而挂了电话。这次通话邓老师的平易让我在考博紧张的心里感到了一丝亲切轻松。考完之后，经历一波三折，拿到成绩我觉得考得不错，跟邓老师通了电话似乎把握很大，可是不久后事情有变，心中非常难过，但竟然收到了邓老师的亲笔信，说明原委并鼓励我，安慰我，让我倍感温暖。邓老师的信我一直保留至今，每读之，都能看到邓老师待人的真诚、为每个人着想的仁厚之心。

最终还是来到丽娃河畔，继续我钟爱已久的唐宋词研究。邓老师为我们开设了“中国诗歌流变”课，从《诗经》开始讲到宋明，这课以学生为主讲，我记得金国正师兄讲《诗经》，我则讲《楚辞》，以此类推，后来我在课上讲到阮籍所标榜的自然与陶渊明所标榜的自然有所不同，邓老师听了颇为赞许，之后邓老师又鼓励我写出成文，于是我不仅停留在材料层面，又去找了很多相关研究论著，一一加以辨析，写成《论阮籍与陶潜的自然》一文交给邓老师，未料邓老师看后说会帮我推荐到《中国韵文学刊》，让我非常惊喜而意外，那时初读博士，对发表论文没有太多奢求，没想到邓老师竟愿意推荐，心中十分感激，后来2004年年底拙文果然发表，邓老师则调到了暨南大学，难忘那些如沐春风上老师课的日子，难忘老师的殷殷启发与鼓励。

邓老师的学问之广博、文学与文化的汇通研究每每让我高山仰止，记得那时入学后不久邓老师就送给我们他新出版的大作《古代文艺的文化观照》，对我来说则颇为新鲜，从文化的视角来研究文学，在读硕士时已有听闻，却未进入自己思考的范围，而邓师则以自己的成果亲自示范了怎样从文化角度来研究文学，为我打开了一扇更为宽广的大门。之后王水照先生所提出的宋代文学研究中的“五朵金花”，展示了宋代文学研究学者从文化视角研究文学的五个重要方向，说明这一思路已在古代文学研究中成为一种趋势，为文学研究注入新鲜活力。中国古代的文人常常是文史哲打通，当今的学术研究也强调学科交叉，可是真正能够做到却很不容易。邓老师读书之多，用力之勤，思考之深，是作为学生的我难以企及的，因此要想真正从文化入手有所新见，谈何容易，是要有深厚积累的。

邓老师调到暨南大学之后，见面就少了，假期他和师母回上海时有时会去拜访，2006年邓老师又惠赠了他的大作《词学廿论》，让我如获至宝，也使我颇为感动，邓老师总是把学生看成他的家人一样，大著亲笔题字赠送于我，不仅让我再次学习重温邓师的文章，也是对自己学词的鞭挞。曾经问过老师，课余时有何兴趣都做些什么，老师淡淡地笑着说，很多年了，没有什么课余生活，基本上都在看书写书。在暨南大学也一直在写文章，没怎么休息过。老师说得很自然，我却深为触动，在时代大潮中学术研究未免掺杂了些许杂念的今天，老师的这种以学术为生命乐在其中的纯粹，也是我们前行的动力。

如今自己已经在工作岗位上做学术研究将近十三个年头了，前几年开词学会的时候都能跟着老师一起，在其左右聆听老师的教导，有时还跟着邓老师一起坐火车前往，在火车上跟老师聊天，老师都是坦诚地直言不讳，讲他的人生往事，讲当今的学界状况。邓老师总是很亲切温暖，记得一次开会游览时，有人给老师拍照而我正好站在摄影老师旁边，邓老师看到我，便亲切地叫我过来一起拍，这些温暖的瞬间多年来总是浮现在我的眼前，让我感受着邓师在学问之外的人格的魅力。

邓老师以前是运动员，身材也高大健壮，我一直觉得邓老师是身体特别好的，未料却患病难医，而病后邓老师给我们留下的都是他面对绝症的乐观达观，有时会让我觉得邓老师的病一定会好的。可如今邓老师走了已经一年了，追悼会上的痛哭难舍也在去年的冬天里汇成了大家对邓师最深的思念，难以述说，但从不会忘记。

2019年1月28日于上海社科院文学研究所

（作者简介：王毅，上海社会科学院文学研究所副研究员，硕士生导师。2003—2004年在华东师范大学中文系师从邓乔彬先生攻读古代文学专业唐宋词艺术与批评方向博士学位，2004年转入方智范老师门下）

邓师仙逝周年纪念

昌庆志

鸟飞过云流过
天空的缘分
已留给大地仰望
仰望
常有雨珠与雪片
在松竹间穿梭回翔
山瘦了水落了
花瓣与叶影
把美丽还给太阳和月亮
美丽
在最后一刻听着舞曲
学会了悠扬
风唱着雨和着
柔靡的声音
在漫漫心河上飘荡
心河上
奔放的文字
已顺着岸崖深深成长

（作者简介：昌庆志，广东财经大学人文与传播学院教授，2004—2007年在暨南大学中文系师从邓乔彬先生攻读古代文学专业博士学位）

追忆恩师

张秋娟

一年前的1月30日，恩师离我们而去了。听到这个消息时的沉重心情和追悼会上的哀痛现在仍记忆犹新。追悼会上瞻仰恩师遗容，那种彻骨透心的悲痛让我悲泣不能自抑。

16年夏天，我带着幼子奔赴上海，看望在医院治疗的恩师。那时恩师坐在轮椅上，在医院大厅里等待去检查。他依旧精神奕奕，宽厚和蔼，谈话间不时发出朗朗笑声。仿佛还是在广州的家里，坐在书桌前；还是在教室里，坐在讲台上；还是带着那永远温和宽厚的笑容，跟我们在谈话，谆谆教导着我们。恩师很从容，仿佛并不是面对重病去做一项检查，倒是一旁的师母说起病情时不断流泪，我终究忍不住藏着的泪水，背过恩师，和师母一起对面而泣。

我们都知道是用治疗在抵御病魔并且推迟那一天的到来而已！

在很多人的眼里，恩师是一位温文尔雅的学者，学术著作等身，学术态度严谨，孜孜不倦，老当益壮，在晚年仍在为学术进步而笔耕不辍。而在学生的眼里，恩师更像是一位亲人，他对我们关怀备至，使身处异乡的学子心里充满温暖。逢年过节，恩师、师母经常叫我们一起围桌吃饭，他们总是询问每一个人的口味，点菜的时候总是照顾到每一个人的喜好。点菜的时候是大家最开心的时候，就像是一家人围坐在一起，互相照顾，心里充满暖意，这些都是恩师带来的。以至于当再一次我和师妹一起前去上海看望恩师时，在家休养的恩师和我们一起吃完午饭后，仍坚持让师母带我和师妹一起去外滩，去看看我们未曾了解过的风土人情。大家很开心，那一刻都忘记了病魔，仿佛又回到了广州，又回到以往那种快乐的时光。和恩师、师母相处的时光，是那么令人快乐又令人怀念！

恩师不但著作等身，而且爱好广泛，兴趣颇多。有一次在系里的晚会上模仿了六七种方言，让人惊叹恩师的语言能力。恩师体育素质也颇佳，他身长体健，曾获得过市级跳高的冠军。我想若不是因为在学问上孜孜不倦，恩师在其他方面定然也会有所作为。恩师又喜欢歌唱，也喜欢戏曲，我很少见到一个人有那么多潜在的才艺，我想这是因为恩师天资杰出的缘故吧！

在广州的生活是短暂的，但也是快乐的。我永远也忘不了，有一个午后，我恰巧在路边看到有卖纸扇的，想着恩师上课喜欢一边挥着扇子一边讲课——广州的天气总是那么炎热，于是买了一把。下午去拜访恩师的时候，我带着这把扇子，师母打开门，恩师正好在修理那把他一贯使着的纸扇，原来固定纸扇的钉子掉了。我突然觉得和恩师、师母多么默契！如果人生能一直快乐该有多好！

我视恩师如亲人，而命运也偏偏在以另一种方式眷顾我。在一天的前后不差两个小时里我获知父亲和恩师都罹患重病的消息。彼时我的心痛和惶恐不可名状。自从父亲去后，我又去过上海探望恩师，也在微信和师母询问病情，我知道，见一面少一面，这句话实实在在是最让人心痛的啊！

恩师的病情终究还是加重了。在18年11月份，我在医院见到师母，那时师母已经较前更瘦了，在医院的一个角落里，她哽咽着说："什么办法都想了，什么办法都用了，我没有办法了啊！"我和师母一起抱头痛哭。恩师那时已经不能讲出完整的话，但看到围在病床前的学生，仍能用一个字两个字叫出我们的名字，表明他还记得我们，令人欣慰又令人潸然泪下。

最痛苦的日子终于来了，恩师告别了我们，也告别了他孜孜不倦用心追求一生的学术，也告别了这个世界。我心里会一直记着恩师，记着他给予我的关心和照顾，我也会用恩师的教诲一直鞭策自己奋勇向前。

愿恩师安息！

2019年1月21日

（作者简介：张秋娟，2004—2007年在暨南大学中文系师从邓乔彬先生攻读古代文学专业博士学位）

祭邓师文

周韬

曩慕耆硕[1]以从游而问学焉，雨酣泽塈邓门。
超迈远游而圹埌空怀兮，更伤逝之荐存。
猗淹博而述古兮，允虎炳而龙文。
禀六艺通化之所观照兮，属专著其等身。
鼎鬲兴以渐风骚之旨兮，繘常续而遗珍。
秉温厉寓狮象之教兮，雪霜质而清贞。
岭表俊髦兮，海上令闻。
噫吁嚱嗟八荒之驾兮，碧落槁藏。
一旦去此兮，寻之茫茫。
忧思惸惸而身百莫赎兮，若华岳之骤丧。
缅挽纪之丁酉岁杪兮，歌薤露乎哭之东乡。
遵江流之泱漭兮，恸桂旗之颠殇。
嗟宣哲之踔厉蹈雅兮，媿皇皇之宝章。
未中寿其剧变兮，留遗训乎珠江。
吾方叩丈室于祖庭兮，发棹歌乎清商。
龙鱼寒风飕飕振于林下兮，皎月濯濯临于天光。
遡回从其远在兮，羌失之于万方。
夫何先生之委蜕兮，溘游乎躅尘。
吾既蹑之以骐骥兮，又仰之于浮云。
惟皇磅礴賔以充塞兮，棂栊衖洞虚以空门。
郁悒长戚号以欷歔兮，冰澄炯定息寂而闷闷。
黾勉麟德是以不孤兮，独湛湛其返真。

注：

①先生二〇〇三年始播迁暨南，吾侪始幸从耆硕而游焉。

（作者简介：周韬，湖北民族学院文学与传媒学院副教授，2005—2008年在暨南大学中文系师从邓乔彬先生攻读古代文学专业博士学位）

忆恩师

王晓东

（一）“我和这世界渐渐失去联系了。”

这是2017年5月28日，老师在病床上对我讲的。

那时正好端午节假期。周韬师姐说老师病重，又住院了。师姐从湖北赶去上海，我晚一天也从广州到了上海。进了病房，老师和师母关心我怎么来的，医院是否好找。我说高铁换地铁，海伦路站出来，“摩拜”三分钟就到了。

老师问，“摩拜”是什么。我拿出手机，给老师看这家共享单车的APP，看里面显示的刚才骑车时间和里程。

老师沉默了一下，说了上面的话。

是啊，我们的老师，是那么热爱学术、热爱生活的人。他一直以自己曾是运动员而自豪的。如今却被困在病中，深受折磨。他的学术计划、他的生活，都因为几年前的病，中断了。

端午节前老师摔倒几次，有些失忆了，当时正在慢慢恢复中。师母说前几天什么都不认得、不记得，现在能回忆起自己父母住的地方了，那是小时候住过的，华师大自己家的地址却还记不起来。

当时我们都觉得老师恢复得很快，这真是不幸中的万幸。

隔天老师就能下床走动走动了，还试着去医院走廊里走了走，等到慢慢地走到电梯口，老师说，出院的时候可以自己回家了，不用喊救护车用轮椅了……

我们总在暗示自己老师一定会健康的，或者，至少像老师得病后买的书里说的那样，不是“战胜”癌症，而是尽可能保持生活质量的与之“共生共存”。

可惜到了2017年10月底，传来老师更加病重的消息。同门商议给老师过生日。再去上海，已不能像上次那样和老师聊天了。握着老师的手，也只是偶有回应。师弟王腾飞带他的孩子从河南赶来看望老师，老师抬了抬手让孩子靠过来，眼神也有了些光芒。

等到晚上生日会，除了众多同门，在上海开会的中大彭玉平老师也赶来了，我们请彭老师主持生日会，彭老师爽快地答应了。神奇的是，老师在生日会上露出了难得的笑容。大家有了一丝的快乐；但那一丝快乐之后，便是更大的哀伤。这大概是给老师过的最后一个生日了，我们只能接受这样的现实了。

到了2018年1月30日，传来老师逝世的消息。茫茫然的去上海参加老师的告别式会，又茫茫然的返回广州。后来，昌庆志师兄、周韬师姐约了我和程刚兄一起去暨大明湖苑老师的住处附近祭拜，只是我们再也没有机会进明湖苑“临风轩”的书房里听恩师的教诲了。

（二）关于学术史研究的两封信

这两天我开始校对自己博士论文修改稿的清样，书也快出版了。可是，因为我自己的延宕，再也没有求先生赐序的机会了。我只好拿先生给我的两封信作为代序。

一封是老师回复考生咨询研究方向的：

晓东同学：

……我由于曾做过吴梅和闻一多的个案研究，并深感对二十世纪的古代文学研究大师大有必要作出评价、总结，故到穗后新辟了这一研究方向，有意识招收博士生从事继续的个案研究，并累积以成系列。由于这一方向所涉人物较多，分析范围广，故主要是从了解大师的主要成就及研究方法入手。除各种学术评传外，王瑶主编《中国文学研究现代化进程》及陈平原主编的“二编”为主要参考书。另外则是暨大所开列的书。

2005.12.6

我在2005年底准备考博，当时正在写的硕士论文牵涉到很多民国学者的研究成果，因此对邓师新开的研究方向“二十世纪中国古代文学学术史”产生了浓厚的兴趣。这个方向只有先生开设，我冒昧写信请教相关问题和备考书目。先生回信如上。信中提及“吴梅和闻一多的个案研究”，指的是老师的两本著作：《吴梅研究》《学者闻一多》，前者是先生的硕士论文（导师为万云骏先生，1981年提交答辩的是《吴梅研究》的部分内容，题为《论吴梅的戏曲观》）；后者是与赵晓岚老师（1998—2001年邓师在华东师大的弟子）合著的。“到穗后”，指的是先生于2003年从华东师范大学调入暨南大学（2004年1月正式调入）。2004年，暨大招收首届古代文学博士生。

另一封信是我毕业后请先生帮我审阅一份课题申报书，这是我后来又做的一个民国学者个案研究，老师回复如下：

晓东：

项目的活页已阅，论证应无问题。我已多年未申请项目，不知现在是否还有课题指南？学者研究能否列入？以黄节这样的人物，对其研究应属“发掘”性质，若能入评审者法眼当然是求之不得，但我所担心的是评者或会以为题目太小而不支持立项。虽如此，还应作好“屡败屡战”打算，可以以之继续申请不同层级的项目。

鄙意以为，若申请国家项目，关键词可以是：黄节，诗学，学术史；若申请教育部项目，亦可相同；若二者均未得，而改为广东省项目，则可改为：黄节，国学，岭南文化。

如今年申报国家项目未果，明年还可继续，除重在黄节本人的国学、诗学研究外，特别要从学术史传承的角度论述，编织起现代以来魏晋南北朝诗歌研究史的学术网而直达今天，尤应突出其方法、价值与地位。所以，因人而立的题目其实并非小题目，因为对于黄节的研究对象及相关学术史所涉甚多，要对每一个都能做出恰当的论述、评价，并非易事，这就是我所说的“打造称山之秤”问题。

2014.2.11

如今，毕业论文修改稿的书快出版了，但距离当年毕业已经十年；后续开展的个案研究也获得教育部青年项目立项了，距离先生指导也已五年。我再也无法向邓师汇报自己工作了。

（三）“不为考证而考证”

很多事情总是觉醒太晚。

读书时，我在暨大港台书库里偶然看到一本很薄的民国诗话：《广东诗话》，这是之前在《清诗纪事》里见过的征引书目，如今看到原书，细读发现里面的“荫堂”是这本书的编著者屈向邦，《清诗纪事》将“荫堂”误收到“同治卷”了。我很高兴自己的这一点点发现，正值学期末，就写了篇考证当作“古代文学学术史”课的作业交给老师了。考证里说了两点，一是《清诗纪事》把民国人收到同治卷了；二是屈向邦是编著，所编若干诗话前后矛盾，并非像学界如蒋寅《清诗话考》里说的那样“已浸染现代文学理论”“颇具理论色彩”。

作业交完，我们便放寒假了。等到春节前，我给我的硕导白寅先生打电话拜年，白老师说他给邓老师打电话拜年了，说聊起我的学业，这学期的作业不好。

当时的我真是马虎，只以为自己的考证不扎实，证据不全。那篇作业是偶得的发现，与当时写的毕业论文无关，后来也就没再修改了。如今想来，我是很不合格的学生。辜负我两位导师的指导。

时隔多年后，我开始做黄节的个案研究，重读那本引了很多黄节诗歌的《广东诗话》，这才醒悟到自己当年那篇考证，仅仅自得于发现了别人的两处失误。老师说过，不要为了考证而考证。这并不是反对考证这类传统功夫，只是希望传统功夫不要仅仅局限于微观世界。我尝试重读文本，重写2007年3月那篇不合格的作业，通过统计条目、分析诗论，尝试指出屈大均的后代屈向邦编纂这本诗话的文化命意。在增补原有考证的基础上，补充“‘吾粤风雅’与‘屈氏义声’：《广东诗话》的地域文化与家族文化价值”一节。文章重写完，已是2016年3月，后来发表在《中国典籍与文化》2017年第4期。修改稿终于有了一点点“论”的味道，也尝试做一点诗话考证外更广阔的文化分析了。可是，我已无法向重病中的老师汇报了。这真是漫长的过程。我的愚钝，让我辜负老师当年那么多的指导。

不要为了考证而考证，只是万千指导中的一句。

我将自己对老师的辜负、自己的悔恨，发短信给我硕士时的老师杨雨先生，杨老师回复说：

“每一点进步都可以告慰老师。”

今天又是1月30日，邓师去世已整整一周年。我现在距离先师当年的临风轩书房，空间直线距离不过一公里。

但老师已与我们天人永隔了。

写于一月三十日凌晨

（作者简介：王晓东，广东金融学院财经与新媒体学院副教授，2006—2009年在暨南大学中文系攻读博士学位，从邓师做“二十世纪中国古典文学学术史”研究）

跟着先生去参会

夏令伟

学术会议是学者之间交流研究成果、联系学术情谊的重要场合，对于年青学者而言，能够在这些场合见到自己仰慕已久的德高望重的长辈学者，更是欣欣然的事。2013年，吾师邓乔彬先生年届七十，在封山之作、12卷本的《邓乔彬学术文集》付梓前后，他对即将开始的退休生活有了一些设想。记得在一次师门聚会时，先生笑着对在座的弟子说，以后有学术会，就带你们轮流去。其时，先生著述丰、名望重，正是许多学术会议乐意邀请的“大咖”。虽然我们多籍籍无名，但由先生出面为我们争取一下，还是有机会参会的。

就这样，我得到了两次随侍先生参加学术会议的机会。我当时僻居花都一隅，又无它事所累，倒是可以说走就走的。

第一次跟着老师去参会，是在2013年9月。中国宋代文学学会第八届年会暨宋代文学与宋城文化国际学术研讨会在江西赣州举行，先生作为宋代文学学会副会长，受邀出席。这次会议有很多来自广州的学者参加，在前往会议地的火车上，便遇见了好几位，其中，张海鸥老师还特意邀请先生前往餐车用餐。

赣州是古城。古城墙巍峨壮观，郁孤台孤耸静立，其下章水、贡水合流，更增其势。从城墙的一端漫步到另一端，确能骋怀远目。而在瑞金，我们参观了叶坪革命旧址群，并在红井前留影。我至今记得几个场景，一是孙克强老师和先生边谈边行，二人高大的身形令人印象深刻；二是和先生一起听导游介绍“吃水不忘挖井人”的故事，老师还特地在井旁留影；三是在中央革命根据地历史纪念馆前，先生和赵晓岚师姐等弟子留影。记得有只蜜蜂追绕着赵师姐，这引起了大家的欢笑。

这次会议的住宿被安排在一个度假村里。出于对先生的照顾，会务组安排先生单住，然而让人没有想到的是，先生的房间不远处便是机电房，夜晚不住轰鸣。这对于本来就睡眠很浅的先生来说无异于一种折磨，因此失眠便不可避免了。次日，先生曾无意中说起这事，我说可否向会务组反映一下，加以调换，但先生却连声说不用，不用。我知道先生是不愿给别人添麻烦的人，很多事都默默承担忍受，也就没再多言。

一天饭后，赵晓岚师姐约先生在园内散步，我和师姐的高足符继成老师奉陪。夜静山黑，在那围屋转角处，在那水径曲栏处，在那芳草远道处，大家走着，聊着，留下了非常温馨的记忆。

第二次跟着先生去开会，是在2014年6月。这次参加的是在绵阳召开的欧阳修国际学术研讨会。先生与中国欧阳修研究会会长洪本健先生有师门之谊，便推荐我和李杰荣师弟同去。

这次会议，主办方很用心，招待很周到，只是有一个细节令我心疼不已。在南湖六一堂举办揭牌仪式时，要求主要嘉宾肃立观摩，但当时烈日当空，温度很高，一时之间，先生汗如雨下。在仪式未开始前，我劝先生不妨在树荫下稍待，但先生还是婉拒了。我知道先生的做事原则，所以只能祈求仪式早点开始、早点结束而已。写到这里，我特意去网上查看关于这次会议的新闻报道，在图片中，我一下子就看到了先生的背影，白色的衬衫反射着耀眼的阳光，素不耐热的先生该是怎样的辛苦呢！

除了这个细节，这次跟着先生去参会还是非常愉快的。师生三人，有说有笑，非常融洽。我们提前一天从广州飞成都，住在四川大学附近。次日一早，先生便带我们去了一个让我至今仍念念不忘的地方——位于广汉市的三星堆博物馆。在那里，我们看到了远古时代的青铜面具，有着惊人眼目的饕餮之美；在那里，我们见到了用于祭祀的"摇钱树"，通过它，仿佛实现了天与人的沟通。这次参观体现了先生的独到之处，他总能发现异于常人的美。试想，如果没有先生的指引与带领，我们此生很有可能错过这个地方。

先生不逐热闹，却不避热闹。在我和杰荣的"怂恿"下，先生和我们一起去了成都的几个有名的景点：宽窄巷子、武侯祠、青羊宫以及杜甫草堂。还吃了辣味十足的川菜，在刮发票时，甚至还中了五元钱的奖励。

后来，在中山大学参加中国文体学国际学术研讨会时，我有幸评议一位来自《杜甫研究学刊》编辑部的老师的大作，便先向大家说起跟随先生游览杜甫草堂的情形，并认为能在那里做学问真是一件幸福的事。回忆杜甫草堂里流水溅溅，绿树成荫的景致，一时颇令人怀想杜老夫子一生之中难得的宁静时光："穿花蛱蝶深深见，点水蜻蜓款款飞。"当夜幕降临时，我们转进四川大学的校园，荷香阵阵，师生三人缓步而行，一切仿佛就在昨日。

今天再来追忆当时，还有几个场景依然清晰。一是在成都火车北站，我们仨匆匆候车的样子；二是在前往三星堆博物馆的客车上，我和先生并排而坐，和很久以前陪着先生从珠海做讲座乘车而回的样子似曾相识，让人有时间未曾改变的恍惚之感；还有一个是在绵阳结束一天的行程，很晚才回到宾馆时，由于感到一天都没怎么有空和先生说话，我和杰荣特意约着到先生房间里坐坐。那时先生刚洗完衣服，穿着背心，正准备睡了。先生没想到我们会过来，来了，闲话几句，大家很放松、很随意。

如果说这两次跟着先生去参会是明亮的多彩的，之后的日子便变为无声的黑白了。在绵阳之行回来不久，先生便检查出了病，想来病魔潜伏已久，只是谁会想得到呢。人生是一场无法预料的旅行。看穿得失，已经很难；看穿生死，更谈何容易！经历了先生的离开，我常常有夫复何言的悲慨，“但见泪痕湿，不知心恨谁”。实际上，这篇怀念的文章拖了很久了，我在年末的研究生考试监考时构思过，在夜深人静、无法入眠时构思过，然而却迟迟写不出一个字。年近不惑，很多记忆都已散落，很多事情也经不起言说，倒是那一份十余年的师生情还依然温热。

（作者简介：夏令伟，中山大学中文系副研究员，2006—2009年在暨南大学中文系师从邓乔彬先生攻读古代文学专业博士学位）

我与邓老师的师生缘

吴贤璋

第一次知道邓老师是在2007年大四上学期，当时我在福建师范大学中文基地班就读，因为保研失利，准备自己报考一个学校，原则是不考本校，不在本省，但也不能离得太远，最后综合考量选择了暨南大学。那个学期正好选修了一门欧明俊教授的唐宋词鉴赏课，在课间请教问题的时候顺便说了自己想考暨大古代文学诗词学的想法，他当即表示支持，说暨大古代文学学术力量比较强，并提到了当时作为学科带头人的邓老师，鼓励我去报考。就这样，考入暨大成为邓老师的弟子成为我当时考研的目标。

在没来暨大之前，我只在网上见过邓老师的照片和简介，我所知道的邓老师都是别人眼中的邓老师。欧明俊教授对我说："邓老师是学术界难得的德艺双馨的学者，做学问与做人都很好"；福建师大的方盛良教授跟我聊天时说："邓老师很有风度"。这两个评价深深地印在我心里，满足了我对一个大学者的想象。后来顺利考入暨大古代文学，承蒙邓老师不弃，幸运地和卫星一起成为其2008级的硕士研究生。入校后第一次见邓老师是在暨大的明湖边上，新生开学没几天，老师请同门在招待所一起吃午饭，我和卫星在明湖楼路口接他。那天天气特别晴朗，老师身着一件浅色西装外套，迈着稳健的步子从明湖苑门口一路走下来，真有儒雅学者的风范，这就是"腹满诗书气自华"吧。我们向老师招手问好，邓老师微笑示意，并在路口分别送给我们俩一个本子和一支笔，嘱咐我们以后每月做读书笔记交给他批阅，我的邓门弟子求学生涯就这样开始了。后来，老师又给我们开了一串研读的书单，囊括了诗词学、文艺学、哲学、古代文论的经典著作，我们则按照他的要求做读书笔记，老师每次批阅也都极为认真，对我们笔记中个性的识见都一一批注肯定。当时邓老师已经不开设硕士生的课程了，但还给博士生开公共课，为了能听老师授课，我和卫星有时就跟着去旁听博士生的课。记得那学期上课地点是在文科楼一间小会议室，博士生围坐一桌，课堂上邓老师主要是拿自己的论文作为范例讲解，逐句逐段地讲，为大家解说治学的路径和论文研究的思路、方法。那也是我第一次看到老师动怒，他在讲课中突然批评学生听课时流露不耐烦的情绪，大家都有点震惊，其内刚外化之时着实让人敬畏，也让我深感老师治学之严。邓老师做学问要求严格，对弟子们的生活则充满慈父般的关怀，与弟子攀谈时注意了解每个弟子的家庭情况，对弟子婚姻、就业等大事也十分关心，有时也尽其所能给予帮助。我是邓老师带的最后两届硕士，三年时间倏忽而至，曾经想要继续读博，但自觉才学识俱浅，又考虑到家庭经济条件和博士就业之难，也就作罢。之后我在广州一家国企里干党务工作，还与邓老师与同门卫星有关。读研时卫星是年级的支部书记，作为我的入党介绍人发展我入党，邓老师是名老党员，政审时学校征求导师意见，当即给我写了书面材料，没想到我现在成了专职的党务工作者。

邓老师不仅勤于学问，兴趣爱好还十分广泛。读研时老师授课虽不多，但同门师生之间聚会挺经常，每次都有十来个人，博士生居多，我则听邓老师与师兄师姐们畅谈学术和学术之外的东西，也逐渐了解老师生活并非青灯黄卷，而是丰富多彩，尤其乐与同门高足诗词唱和、模仿南北方言、唱歌、看田径比赛、关心时事。他常说正式退休后要“换一种活法”，大概是因为立言之事已大致完成，除了著书立说，他还有很多兴趣爱好要去实践，只可惜天不予寿。邓老师博学多才，让我印象深刻的还有几点精神品格。一是勤。邓老师曾评价大学的时候一个舍友很“懒”，因为该舍友每天晚上学习不到十二点就睡觉了，听到此语我不禁汗颜，也足见老师勤奋程度。二是俭。邓老师请弟子们吃饭从来不吝惜，认为学校饭堂没有油水，极少点青菜，总给我们安排一桌肉菜。但自己则对物质要求很低，他的一双凉鞋穿了近三十年，没有坏仍在穿，他则夸以前的上海鞋真材实料。我跟老婆说自己一条皮带从高中二年级绑到参加工作，也有十年之久，与老师相比还差很远哪。三是达观。邓老师遇烦恼之事少有愁容，师母常抱怨从上海来到广州，老师则说自己“无可无不可”，总是淡然处之。

读研期间我学习之余热衷于篆刻，研二下学期有师兄师姐即将毕业，就为他们各刻了一枚名章，并在邓老师主持的送别宴上相赠留念。邓老师就说起他年轻时也喜欢篆刻，2007年的时候开宋代文学会，他动手还刻了一枚“中国宋代文学学会”的印章，王水照先生还赞许“宝刀未老”，但因为年岁大了以后眼神不济，便不再篆刻。此后有一次在邓老师家中，他拿出一块福州寿山的印章石对我说，这块石头在家中放了好多年，希望我能够给他刻成名章。当时我内心有点惶恐，怕自己水平浅陋，老师用我刻的章似乎与学术地位不称呢，是不是找位名家来刻才好呀。但邓老师说自己的弟子能给老师刻章是极为难得的，我就没作推辞拿回去刻了。刻好后交给邓老师，他颇为高兴，后来七十大寿的时候出版了《邓乔彬学术文集》，我虽毕业后不再做学术，但他还专门盖上名章送我一套，至今看着书架上这套书仍感老师情意深重。去年，师母和师兄整理老师的遗物，将老师的平生照片分送给诸位同门留念，而特地给我留了老师生前用过的两支刻刀、印泥、砂纸，几方未刻的印章石，还有邓老师亲手刻的两方印章，其中之一正是老师曾经提到的“中国宋代文学学会”的印章，让我更加睹物思人，十分感动。

不知不觉老师已离世一年，去年与沪、穗两地同门在上海送别邓老师的场景还历历在目。今天回忆我与邓老师的师生情缘，谨以此表达我对老师深挚的思念。

2019年1月30日

（作者简介：吴贤璋，广东省储备粮管理总公司，2008—2011年在暨南大学中文系师从邓乔彬先生攻读古代文学专业硕士学位）

见字如面

——回忆恩师邓乔彬先生

李俊

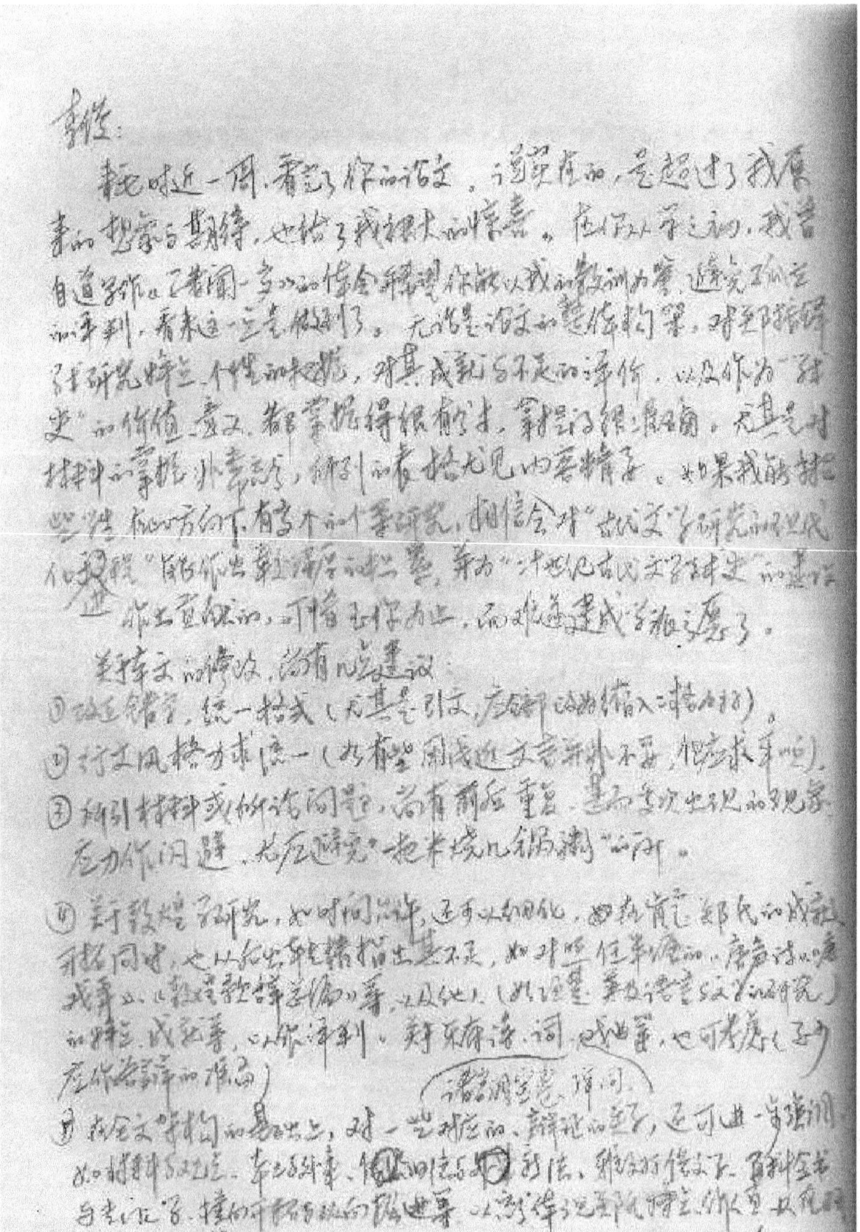

一、入门

2006年，在文艺学师兄的指引下，我以一名乡村中学教师的身份报考了暨南大学古代文学专业硕士研究生。虽然当时互联网已开始普及，但在那个讲课还纯靠黑板教案的闭塞中学，我考前除了上网报名外，从未搜索过该专业的各位导师们，以至在复试时导师组问："你为什么报考XX老师啊?"我的回答把导师们笑得前仰后合："因为师姐叫我考这个老师"，更遑论提前了解该校该专业情况或是各导师的研究领域与成果了。因报考的导师太过热门，我被调给唐宋文学方向（其实这正合我意），第一次听到了邓老师的词学课。

课开在入学第一学期，2006年正是暨大为校庆100周年上马教学楼、图书馆工程之时，新馆和新楼尚未建成，教室相当紧张。课开在中文系一个简陋的小会议室，因是大班（指整个古代文学专业硕士班），课堂座位有些挤，典型的"你讲我听"讲座式授课。时过境迁，授课内容已不太有印象，但邓师从不使用PPT，也不指定教材，所有内容尽藏胸臆，字字珠玑、顺手拈来的授课风格令我们印象深刻，他普通话标准，语速中等，态度儒雅，听来令人如沐春风。每讲到大家不了解的地方，他会转身在后面的黑板上写下来加深印象。犹记得第二次课结束时，他说蓓蓓已确定是他带的学生需要留一下，我们大家艳羡的目光——能跟着这样的导师那该是多大的福气啊。那时候对邓师的印象是严肃的，不敢轻易靠近的。

2007年年底，几乎是没有什么犹豫，我选择报考邓师的博士研究生，因他的词学方向弟子同时报考，我选了他开招的另一个较为生僻的方向——"二十世纪古代文学学术史"。备考的那个春节正逢南方冰灾封锁京广铁路大动脉，我提前回家年初三返回，逃过一劫，至今怀念开学前在空荡荡但准点开门的图书馆泡馆的酣畅。考完之后分数出来，第一时间报告硕导聂老师，在聂师的鼓励之下，战战兢兢地给邓师家里去了个电话。电话是邓师接的，他问我各门成绩，我答了之后他说："在我阅卷的印象中，应该是专业课分数很高的了，但不知别的考生考得如何。"然后又问我毕业论文及找工作的情况，当我回说还没开始找工作时，他说："该干嘛还是去干嘛。"

因当年他的招生名额几经变化，本来开招的三个方向（词学、诗画比较、学术史，每个方向的专业科目与考题不一样）各招1人被一度压缩至总共只能招1人。其间聂师多次打听均未得到明确录我的答复，经历了煎熬的等待，等邓师确定将我报上为拟录取名单时，已接近硕士毕业论文答辩。答辩过后的谢师宴上，聂门弟子集体给老师敬酒，邓师首次向我确认："下学期招你了。"并布置我阅读一些二十世纪的经典学者著作。

二、闻学

2008年9月，我再次以新生身份入学暨大，导师见面会的时候，虽研究仍未入门，但对导师们的了解已非两年前。同期5人，导师4位，分属先秦文学、元明清文学、二十世纪学术史、诗画比较、明清小说研究5个方向。我和杰荣80后，其余3位同期70后。

按照课表的安排，邓师给我们全体开设“中国古代文学研究专题”“古代文艺与文化”两门公共课，每期一门。为我们两个弟子分别开设“学术史专题”和“诗画比较专题”专题课。当时虽新的教学楼已投入使用，但导师们尚还没有备配个人办公室（后称“工作室”）。因此，公共课在中文系会议室上，而我和杰荣的专题课则合在一起，借二楼最东边角落里魏老师那间有沙发的办公室上。

有了硕士期间的训练，开课之初我就想为博士期间的闻学留点资料，意在模仿《师门问学记》之类的记载。“中国古代文学研究专题”和“古代文艺与文化”虽只开给我们5人，但旁听者众，有文艺学其他老师的学生，也有硕士生、博士后一起听课。在征得邓师勉强同意后，每次上课均用MP3录音。说起“勉强同意”，那是真的“勉强”，他特意复了一封邮件说“议及时政或历史人物者，最好能处理掉”。我还没学会“处理掉”的技术，只好在每次谈及非“论学”内容时，当老师面将MP3关掉以示安全。

“古代文艺与文化”以邓师在华东师范大学开设于1991年的“中国文化与中国文艺”课程内容为基础，以上海教育出版社2003年出版的《古代文艺的文化观照》为主要内容，贯穿了邓师对中国古代文艺与文化精神的理解。“中国古代文学研究专题”第一次课，邓师就给我们每人发一份参考书目录，一份20个讨论主题的清单。主题清单是供我们每人从中选择3个主题，作为自己深入探讨并课上汇报的题目指引。我们方向旨趣各不相同，第一学期公共课任务繁重，加上我们此前所受的学术训练均偏于一隅，因此准备一次主题汇报有时需要整整一个礼拜的时间做材料准备，所以到第二次主题汇报时我们就多少有点力不从心了。邓师虽布置任务看似严格，对待我们的作业却深得孔子“因材施教”并以鼓励为主的宽容之旨。每次都细细聆听我们粗浅稚嫩并有点自以为是的学习心得（论点）汇报，然后进行评述。非常遗憾的是，我们几乎没有能与邓师对谈的能力，他顺手拈来的文坛典故与学界轶闻，我们也多是囫囵吞枣地听着，直到后来阅读面日广才渐渐理解。

邓师说他自己不是以文献见长的治学风格，而是试图“打通”，期冀通人之学，但对我们5人，功课最为赞赏的却是爬梳文献最勤的陈军。批阅我们课程论文时正值寒假，邓师还亲自打电话给他，探讨他论文中关于“玉文化”的问题，且此后在指导我和杰荣时，多次提及这位同期的用功之勤与文献阅读之富。

三、指导

因有感于邓师带的上两届师兄在选题时的踌躇难定，他一确定录我，就给我指定了博士论文的题目：以郑振铎为研究对象。原因是他在写作《学者闻一多》时，对郑振铎这位自学成才的“百科全书”式通才颇感兴趣，因此，为免去我费心寻找论题之苦，未正式入门就已指定好了论题，着我暑假期间多阅读相关文献。

第一次专题课，邓师详述他为什么开招“二十世纪古代文学学术史”的源起。他的原话我记录在了《临风闻道——“20世纪古代文学学术史”闻学录》一文中：

> 之所以在博士生中开“20世纪古代文学学术史”专业方向，是在多年的研究过程中，感觉有必要对20世纪的古代文学研究做一总结。20世纪是学术研究很重要的变革时期，是由传统的通人通儒之学向专门之学转变的时期。
>
> 钱穆曾在《现代中国学术论衡》里说“中国重和合，西方重分别”。中国传统的学术研究是通人通儒之学，20世纪受到西方影响后发生了很大改变，五四前后至1927年王国维自沉昆明湖，学术风气逐渐发生改变——即向专门之学发展。研究者已不再是康有为、章太炎这种精通经史的通儒，而是接受了西方学科思想的专门家。即便以钱锺书为例，其研究也没有出文学的范围——尽管《管锥编》里有许多超出文学的札记，但基本上仍立足文学。
>
> 很多研究者也早已注意到20世纪这个研究段的特殊性，并将研究视野聚焦于此。如王瑶、陈平原主编的《中国文学研究现代化进程》及《二编》二书，试图以近代学者的个案研究来勾勒出中国文学的现代化进程。再如黄霖主编的《20世纪中国古代文学研究史》，以文体分卷，关注古代文学研究是如何从传统走到新变的。就我个人来说，不赞成仓促地为20世纪做结，尤其是在各个案还没有比较系统完整的研究成果时，贸然上马大部头的研究史，其结果只能是成于众手、流于表面。我还是比较欣赏王瑶、陈平原的研究思路，即对20世纪古代文学研究方面有过独特贡献或产生过深远影响的研究者先开展深入的个案研究，等个案研究做得相对成熟，再撰写总的“研究史”不迟。
>
> 我从八十年代涉足古代文学研究，学位论文奉师命研究吴梅，撰成《吴梅研究》一书，算是20世纪学术史研究的第一部专著。后治词学，略得学界认可，其后兴趣转往文化学、文艺学，尤其对于诗画比较著力较多，所发论文几与词学持平，真正的学术史研究专著仅与赵晓岚合著的《学者闻一多》一书。来暨大后开始招收“学术史”方向博士研究生，每个博士生选取一名近代学者作为个案研究对象，期待通过一段时间的培养，能对20世纪在古代

文学研究领域做出重要贡献的学者有个系统整体的把握，在此系列个案基础上，可成真正的“20世纪古代文学学术史”一书。

“20世纪古代文学学术史”，研究对象就是处于研究转型期的近代学者，堪称“通儒”的以章太炎为始，以钱穆为结，另外就是各专门之学的卓有成就者。研究这些学者，一定要根据自己的研究特长来选择。这批学人大多不是像孙楷弟一样纯粹的学者，而是像闻一多、朱自清那样，既是学者、作家，又是民主活动家。关注一个人，不应该仅仅关注他本身，而要关注他的师友、弟子以及学术渊源，也不应该仅仅关注他的古代文学研究，而应该全面考察他的整体成就。就如王国维，他研究古代文学只是其学术活动中的少部分，但我们研究王国维，就必须多次通读其全部作品。

虽说是“来暨大后”才开招“20世纪古代文学学术史”方向博士研究生，事实上也就招了我和晓东师兄两个。晓东师兄高我两届，遍观20世纪古代文学研究大家之著一年后，才辗转选定朱自清作为研究对象。2000年前后古代文学研究界盛行“世纪回眸”,《文学遗产》曾设“视野与方法”专栏总结二十世纪的古代文学研究方法与学术成就，学界呼吁“重写文学史”，至2008年仍方兴未艾。2003年河北人民出版社出版了由董乃斌等主编的《中国文学史学史》，2006年上海东方出版中心出版了复旦大学黄霖主编的《20世纪中国文学研究史》，这两著均洋洋洒洒，或分文体或别专题，集众家之长。但邓师更认同的古代文学学术史是出版于1998年的《中国文学研究现代化进程》及后来的《二编》，以个案为基础透视古代文学研究的现代转型，其主编者陈平原在小引中曾指出首倡者王瑶的设想是：

从王国维、梁启超、直至胡适、陈寅恪、鲁迅以至钱钟书先生，近代在研究工作方面有创新和开辟局面的大学者，都是从不同方面、不同程度地引进和汲取了外国的文学观念和治学方法的。他们的根本经验就是既有十分坚实的古典文学的根底和修养，又用新的眼光、新的时代精神、新的学术思想和治学方法照亮了他们所从事的具体研究对象。

一百年的学术史实际上已经成了某种“传统”，对这一传统的隔膜与误解，很容易产生虚无主义态度或热衷于横扫一切的偏激。……表面上一系列的个案分析，实际上贯穿着我们对这百年学术变迁的历史思考。过去的学术史主要讲师承渊源，讲学术成就；而我们则必须回答如何协调西方研究方法和中国固有学术传统（如乾嘉学派的治学境界和治学方法）的矛盾。……这不是一部学者传记集，虽然立足于个案分析，可着眼的是学术思潮的变迁。通过对这二十位不同经历的学者的治学道路的描述及成败得失的分析，勾勒出近百年学术史的某一侧面。

因此，邓师以《吴梅研究》和《学者闻一多》的个案研究做基础，希望带一系列以扎实个案研究为基础的博士生，研究有了一定基础之后再谈“学术史”的撰著。在我每次向老师汇报自己阅读郑振铎相关著作的心得时，邓师都谆谆告诫我，一定不要就学者论学者，而要将之放置于当时的历史语境与学术环境中，来探讨其开拓之功与阙漏之限，既要认可学术研究的“后出转精”，也不能抹杀前人筚路蓝缕的历史功绩。这是我受用终身的研究方法与视野培养，此后工作中无论是关于教师培训，还是非物质文化遗产调查，我都特别关注其纵向的学术发展史与横向的时代接受史，注意从还原学术语境的角度去看待当年的政策、思潮及研究成果。

2008年入学暨大的博士生，毕业门槛是要发表4篇核心期刊论文。于是从博一开始，我们就在焦虑地找论题、写不成熟的论文、找发论文的刊物。邓师虽然多次提及“一流大学讲积累，二流大学看质量，三流大学数数量”（我们尚在“数数量”大学之列），认为此类的毕业要求不利于博士生成长，但他对于我们急功近利的论文“生产”，总是抱着鼓励且不吝指导的态度。细数邮箱中从2008年11月21日发出的第一封邮件，至2013年10月5日讨论七十寿典为止的40封往来邮件，绝大部分回复都是批阅并指导我如何修改论文。当时核心期刊界据说有个“潜规则”，即博士生导师如果署第一作者的话，论文得到发表的概率会大大提高。邓师不仅指导修改，指引投往何刊何栏目，还多次亲自帮忙投稿，且言明“如可以不需借助导师署名亦能发表的话，他即不署名”。因此，至今我仅有一篇发表于《古代文学理论研究》集刊的论文是与邓师联名发表——这是我一直以来“嫉妒”同门杰荣的地方，这个遗憾转身就是永远。

2011年4月，我将28万字博士论文初稿纸质版打印提交给老师审阅，一周以后，他把我叫去他家，将做了大量批注的纸质稿交还给我，今天翻出这本初稿，禁不住泪如雨下，邓师的细致、认真以及拳拳厚爱之心，溢于纸上，全录于此，既表我未能遂师之愿的遗憾，更显我放弃学术有违恩师多年教导的愧疚：

李俊：

耗时近一周，看完了你的论文。说实在的，是超过了我原来的想象的期待，也给了我很大的惊喜。在你从学之初，我曾自道写作《学者闻一多》的体会，并希望你能以我的教训为鉴，避免孤立的评判，看来这一点是做到了。无论是论文的整体构架，对郑振铎学术研究特点、个性的把握，对其成就与不足的评价，以及作为“学术史”的价值、意义，都掌握得很有分寸，拿捏得很准确。尤其是对材料的掌握非常充分，所列的表格尤见内容精要。如果我能够多招些学生，在此方向下有多个的个案研究，相信会对“古代文学研究的现代化进程”能作出较深厚的积累，并为“二十世纪古代文学学术史”的建设作出贡献的，可惜至你为止，而难遂建成学派之愿了。

关于本文的修改，尚有几点建议：

1.改正错字，统一格式（尤其是引文，应全部改为嵌入二格为好）。

2.行文风格力求统一（如有些用浅近文言并非不妥，但应求平顺）。

3.所引材料或所论问题，尚有前后重复、甚而多次出现的现象，应力作闪避，尤应避免“一把米烧几锅粥”的问题。

4.关于敦煌学研究，如时间允许，还可以细化，在肯定郑氏的成就、开拓的同时，也从后出转精指出其不足，如对照任半塘的《唐声诗》《唐戏弄》《敦煌歌辞总编》等，以及他人（如项楚、兼及语言与文学的研究）的特点、成就看，以作评判。关于乐府诗、词、诸宫调宝卷、弹词、戏曲等，也可考虑（至少应作答辩的准备）

5.在全文架构的基础上，对一些对应的、辩证的关系，还可进一步强调，如材料与观点、本土与外来、旧法与新法，雅文学与俗文学，百科全书与专门之学，横向开拓与纵向掘进等，以充分体现郑氏特点、价值，及在研究史上的地位。

以上仅是建议，尚视你的时间而定。

邓乔彬

4月9日下午

2014年，因毕业多年且工作内容与当日所学无一毫关系，我自感再无机会补足邓师所言的“缺憾”，其时正好立了一个课题资助项目，因此打算出版修订后的博士论文。忆及邓师曾提及早年他一个博士生，出版博士论文时因邓师已调离上海而未请他作序，因此向邓师索序。然天有不测风云，2014年8月下旬，邓师被诊断为罹患“肺癌”三期。奔波于家与医院之间的他，已无心力为该书撰序，而我其时忙于带队赴哥伦比亚大学学习，感觉在当年的博士论文后记之外尚无话可说，故不得已，该书出版时只好序与后记均阙如——这一遗憾亦永不可弥补。

四、牵念

读博三年，转瞬即逝，在老师跟前的日子是如此幸福从容，却又如此短暂。读博期间，我结婚，本无做博士后之念，只是在工作地点的选择上受限于希望“夫妻二人一起”，故临近毕业，虽辗转面试了几家，均无下文。遂向邓师提出打算申请博士后，邓师立刻帮忙联系华师、澳门大学、中山大学，最后是我的答辩主席中山大学彭玉平教授不嫌我浅陋，愿意收留。但因申请时间已过名额已满，需等12月那一批看是否有名额。因此我们搬到中大旁边，安心静候博士后名额的到来，准备入读中大。

然命运跟我开了一个大大的玩笑，在我毕业赋闲习琴两个月之后的2011年8月，广东第二师范学院培训处忽然打电话给我，愿意补录我为该处（又称教育发展力研修学院）“项目研究与管理”教师岗。我立刻去请教邓师该如何选择，并向彭师去信询问，邓师有感于“女博士”找工作之艰难——他将所有学生的归宿都当作自己应担的责任，认为有正式工作要远强于去做博士后。而彭师因正值暑假出国，且对是否能有博士后名额不确定，因此也不反对我签入二师。11月底，当博士后名额下来，彭师询问我要不要辞职去做博士后时，邓师再次明确地表示了坚决反对——彼时我的眼界及我对自己的规划不明，决定了我以“有工作”作为了第一选择。从此，我远离了钟爱的古代文学，远离了刚刚入门的古代文学研究，直至今天。

毕业之后，工作地点在海珠，离暨大不远，每逢放假我都会上暨大图书馆泡泡，每次邓门聚会都会参加，感觉仍在老师的庇佑之下。虽放弃了自己的专业，但开始准备买房、生娃这些“人生必走程序”，每次见到老师和师母，能感觉到他认为我们“工作稳定”的欣慰，生大宝时，三位导师（我和先生都是暨大毕业）率同门莅临，是我迄今仍觉最为荣幸的事情。

2012年，老师的最后一届学生毕业（除一位邓师念念不忘的师兄实在无法毕业之外），就算是真正退休了。他着手编撰自己的学术文集，嘱我负责其中关于学术史研究的第11卷，当搜索完资料进入校对环节时，因我怀孕，妊娠反应强烈，故拜托师弟晓亮代为校对，师弟兢兢业业，老师深为满意，后特意在前言目录中加上（李俊委托晓亮）字样，并赠书一套，以铭其整理校对之功。

2013年是老师七十周岁生日，适逢750万言的《邓乔彬学术文集》出版，经留在暨大的程刚师兄和住在学校的兴晖师姐操劳奔走，于10月国庆期间举行了规模不大但隆重典雅的“《邓乔彬学术文集》首发式暨七十华诞”庆典。上海、广州的两地邓门弟子云集暨大中文系，邓师嘱我代表“学术史研究”方向做现场发言，我将自己对邓师创“学术史”研究方向的理解梳理为：

> “二十世纪古代文学学术史”是邓老师来到暨南大学后新开设的博士生研究方向，它以二十世纪学术转型为契机，探索传统与新变在古代文学研究领域的发展。老师认为，20世纪是学术研究由传统的通人通儒之学向专门之学转变的时期，中国传统的文学与文学研究经此转变，开始进入现代意义上分门别类的专门研究。老师希望首先通过“研究者的研究”，梳理出学术转型的脉络与传承路径，看似研究者的个案分析，实际着眼的是学术思潮的变迁。他期待每个博士生选取一名近代学者作为研究对象，一段时间的积累后，能对20世纪在古代文学研究领域做出重要贡献的学者有个系统整体的把握，在此基础上形成真正的“20世纪古代文学学术史”。

当然，很多研究者也已注意到20世纪这个研究段的特殊性，并逐渐将研究视野聚焦于此。目前学界的研究实践主要有两种路径，一种是以近代学者的个案研究来勾勒出中国文学的现代化进程，如王瑶、陈平原主编的《中国文学研究现代化进程》及《二编》二书；另一种是以文体为经，关注古代文学各文体是如何从传统走到新变的。如黄霖主编的《20世纪中国古代文学研究史》。但学界普遍认为，在学者研究还没有取得突破性的完整成果时大谈“重写文学史”，多少有点过于仓促，其结果免不了会流于表面。这也证明了邓老师的一贯主张：二十世纪学术史研究非常必要，但应该通过对此阶段有过独特贡献或产生过深远影响的学者先开展深入的个案研究，等个案研究做得相对成熟，再撰写总的“研究史”不迟。

七十华诞前后，邓师多次跟我们提到他对“桑榆晚景”的期待：他从小爱好广泛，音乐、绘画、书法均有涉猎且成绩不菲，尤其是他曾保持上海市跳高纪录15年，差一点就够上运动员“健将”级成绩标准。这是他能始终坚持文学的“文化研究”并撰就《中国绘画思想史》《有声诗与无声画》等跨领域学术著作的基础。而八十年代重入华东师大读硕后，深感时间宝贵，读研期间从未12点前入睡——怕自己“玩物耗时”，故尽废此前所好，一心向学，著书立说。他可以一个暑假写定《学者闻一多》15万字，背后是固守书斋30余年的勤勉和自律，作为一个受过体育专业训练的人，他连出门散步都觉得是浪费难得的时间。现在退休了，大著已基本完稿，他想重拾以前的油画、书法、音乐等爱好，曾与王嘉师兄畅聊与谁谁一起写字，与周韬师姐相约什么什么时候一起看戏……然后一切，都在2014年8月戛然而止，从此，他的生活只剩下家和医院。

2014年8月下旬，邓师被华侨医院诊断为“肺癌”，便让同门将关于此病的近年研究成果打印出来，结合他个人的生活习惯与对自己身体的了解，他认为可能存在误诊。因此上北京检查确认，又转入中山大学肿瘤医院，做各种切片、穿刺检查。广州同门曾排班去守护，看到老师平静的表情，要求医生“如实相告、不必隐瞒”的坚定，虽心如刀割，却无不敬服，也给我们无声地上了“人生到底什么最重要”的深刻一课。几个月之后，邓师与师母决定回上海养病，从此与广州永别。2018年1月30日，邓师在上海病逝。

邓师在自传中对自己的评价为“处穷而不愿降身屈志，处卑而力抑艳羡之情；不利之时以‘潜龙勿用’为旨，唯求身能自保；可为之时不问为官之道，但望治学有成”。从2008年拜入邓门，十年时间，除了学术研究上的“字达言传”，他教给我们的更多是身教：他爱好广泛，做一行优一行，是教会我们诗意的栖居、艺术的生活；他尽废所好，致力于学，是教会我们人生取舍，懂得坚持；他从不为官，每求必应，是教会我们守护“初心”；他对自己的往事直书不隐，是教会我们认识最真的自己；就连他作出回上海养病的决定，也是对我们所有弟子的爱护，不愿意拖累我们……

“苍天若与英才寿，岂止留君百种书？”每当师母抱怨不来暨大也许就不会得肺癌时，邓师都对自己60岁时选择从华东师大调入暨大没有后悔。如果老师没有来，就没有我们暨大学子与恩师这十余年的缘分。恩师已去，700余万字的学术文集还在我们身边，见字如面，见文如见师，虽对自己不能继续从学愧不敢当，但仍希望恩师不嫌弃，下辈子还续师生之缘。最后，谨以自拟的挽联作为本回忆的结尾，望邓师再无病痛之扰：

临风闻道，纵贯古今开暨南风气岭表如今失健笔
五桂怀远，驰骋诗画举词界名流先生去后少硕儒

（作者简介：李俊，广州城市职业学院国学院，2008—2011年在暨南大学中文系师从邓乔彬先生攻读二十世纪古代文学学术史方向博士学位）

怀　念

李杰荣

初次见到邓乔彬师，是我在华南师大读研究生一年级的时候。当时在桃李园旁听本专业的博士论文答辩，请来的外校答辩专家就有邓师，那是我第一次见识到邓师的学者风采，暗地里就萌生了报考其博士研究生的想法。后来，关于毕业后出路的想法，几度更变，最后还是决定留在广州读博。因为硕士毕业论文是以“徐渭题画诗”为选题，就报考了邓师2008年“诗画比较方向”的博士研究生，最后幸运地成了邓师的学生。

九月份入学后，邓师给我和李俊上导师专业课，并让我们考虑毕业论文选题。虽然我专业方向是“诗画比较”，但我既不会绘画亦无扎实的画史基础，现在读博了，这就需要我去开拓一个新的专业领域，因此我的毕业论文选题迟迟未能确定下来。邓师亦未催促，但见我久久未能作决定，便建议我可以考虑“元四大家”这一选题。后来听了我的读书报告，又建议我可以从赵孟頫、倪瓒在“元四大家”的出入来入手这一选题。顺着邓师的建议，我阅读了大量的论著并作笔记，最后将个人思考总结形成了“赵孟頫与元四家之变”的读书报告。因为暨大博士毕业需要发表核心论文，邓师便建议在此基础上修改成文，然后拿去投稿。我递交初稿后，很快就收到了邓师的修改建议。返回二稿后，邓师再从内容框架等方面修改成定稿，最后与我联名发表在《东南大学学报》上。

邓师的指导对我影响很大。以“元四大家”为毕业论文选题，一是因为“诗书画一体化”的文人画是在元四大家手中成熟定型的，元四家是中国画史上的关键性人物，二是因为邓师希望我通过深入了解具体关键人物后，再去整体把握宏观问题。邓师建议我从“元四大家”的出入来切入选题，也是眼光独到，因为这不仅是研究“元四大家”首先要解决的问题，也是中国画史转变的关捩。在撰写《赵孟頫与元四家之变》一文后，我又与邓师合作撰写了两篇论文。在这种师生之间的交流与论文修改的往返中，我逐渐体会到邓师学术视野的开阔与思考问题的深刻，也在这种手把手的指导中基本了解了论文的撰写。所以说，邓师是我学术的引路人。

2011年6月，我博士毕业，在出省工作和博士后两者之间，我最后选择了做博士后，又是邓师帮我推荐、联系了华南师大戴伟华教授。因为申请入站时间较晚，直到当年11月份，我才办完所有流程，再回到华南师大文学院进站做博士后的。在等待进站的那段时间里，我租住在暨大附近的石牌村里，平时就回图书馆看书查资料，但我常常陷入一种焦虑和惶恐的情绪中，很是煎熬。在搬到大学城的当天，恰好同门李俊请大家吃饭，饭后我们送邓师回住所，到了楼下，邓师又建议在校园里散散步消食，却沿着真如路一直送我到北门坐车返回大学城。我至今很清楚记得，在北门的路灯下，邓师安慰我说：别害怕，有我给你撑腰呢。对未来也许还无法消除那种焦虑和惶恐，但这句话温暖了我很久，有时我甚至会再站在那个地方，回想当日这一幕。我很感激邓师对我的关心和帮助。

2013年，邓师七十大寿，上海、广州两地学生欢聚一堂，其乐融融。2009年，邓师就停止招生，至此时学生也基本都毕业了，邓师也计划开始退休的生活了。有次闲聊，邓师说他本来还有一个关于“中国文艺”的宏观研究计划，我笑说那可以带领我们这些学生来完成呀，但邓师说生命剩下的时间，他要留给自己。最近数年，学术会议较多，邓师便希望趁着参加学术会议的机会到各处走走。因为我尚未成家，无家庭拖累，就陪随邓师参加了两次学术会议。

2013年11月，苏州大学举办中国韵文学学术会议，邓师与金国正师兄及我分到一个小组，我们便商议先作发言，然后趁早去寒山寺看看。我们坐车到了寒山寺，看完后又沿着苏州河过了铁岭关，走到了枫桥下，靠着河栏，伴着苏州河的水声，邓师与我们讲起《枫桥夜泊》的典故，又延伸了开去。邓师知识渊博，私底下偶尔的幽默又总能令我们放怀大笑。邓师喜欢唱歌，也唱得很好，尤其是苏联老歌唱特别好，这点邓门弟子都是知道的。我们师门聚会有时会选择在暨大南门的凯乐会，就是因为既有自助餐又可以唱K。本次会议总结是在常熟理工大学，在晚宴上，为活跃气氛，张海沙老师和谢珊珊师姐分别被邀请演唱了《沙家浜》选段和《青藏高原》，可惜邓师推辞了别人的邀请。但宴后我们一行四人在常熟的街头蹓跶时，众人聊起刚刚表演的节目，邓师和她们又意犹未尽地低声地唱起了歌。周庄文化考察后就是返程，我们四人一同打车去上海虹桥机场时，又延续了这种快乐。在车上不知是谁先建议的，一行四人轮转唱歌，一圈转下来，邓师唱了苏联老歌，张老师唱了样板戏，谢师姐唱了民族歌曲，而我即被逼唱了首广东儿歌《月光光》，再一圈转下来，就成了他们三人的轮唱。我开心地听着歌，偶尔看下车窗外飞逝的风景，感觉这段旅程特别的快。现今想起，当时的洒脱、随兴和快乐，真让人怀念。

2014年6月，夏令伟师兄和我又陪随邓师参加了欧阳修学术会议。因为时间自由，我们提前到了成都，当晚先去了四川大学望江校区，第二天去杜甫草堂、青羊宫、武侯祠、锦里、宽窄巷子游览一遍，次日再坐车到广汉三星堆博物馆，最后再去绵阳报到。在绵阳的学术会议上，邓师被邀请给大家表演方言节目。这次邓师没有拒绝，给大家表演了方言串烧，模仿不同名人的家乡方言和带着方言口音的普通话，可谓惟妙惟肖又生动幽默，将气氛推向了高潮。邓师露的这一手，折服了不少人，在吃饭时还有当地的与会专家找邓师聊天，而邓师听了几句绵阳当地话及顺口溜，也学得九分像，一时令人佩服不已。这种语言天赋令我想起赵元任，快速学会一地方言，地道到令当地人疑是同乡。师母曾跟我说过，邓师是个聪明人。聪明人就是学什么都会、做什么都好。

自绵阳回来后，邓师就一直发烧不退，直至8月份去华侨医院检查，才确诊是肺癌。这个消息实在太意外了，击懵了我们所有人。这是我们从未曾设想过的事情，因为邓师当时的身体状况还不错，平时也不抽烟喝酒，怎么就得了癌症呢？邓师知青下乡去甘肃后，直到三十多岁因考上华东师大研究生才返回上海，此后便是几十年的教学科研工作，直至七十岁才真正拥有自己的时间，本来打算退休后过一种轻松随心的生活，结果却因这该死的肺癌戛然而止。邓师曾跟我说过想看古龙、金庸的小说，我后来见到广州出版社的《金庸全集》版本很好，还帮他买过一套，后来才知道都还没来得及开封。2013—2014年，邓师的退休生活才刚刚铺开，渐入佳境，然而就像繁弦急管，华音渐起，然而未达高潮就突然弦断管裂，只余下令人难过的尾音。

在广州治疗一段时间后，2014年底邓老师和师母选择回上海治疗和养病。2015年我去上海看邓师，感觉跟往常并无二样，并不像个病人。2016年，我和刘兴晖师姐又去上海看望邓师，虽然疾病消耗了些精气神，但邓师的状态看着还不错。2017年暑假我再去上海看邓师，当时状态已很不好，虽然还认得我，但话已极少。回想起邓师此前的风采，心里很是难过。2018年1月30日早上，看到师母发到微信群里信息，虽早有心理准备，但心里觉得空了一块地方，我知道以后就只剩下回忆了。我感到后悔的是，当初和兴晖师姐刚入到老师家，师姐就给了老师一个拥抱，而我为什么就不鼓起勇气也好好拥抱一下老师呢？再也无法弥补了……

（作者简介：李杰荣，广东第二师范学院中文系副教授，2008—2011年在暨南大学中文系师从邓乔彬先生攻读诗画比较方向博士学位）

十年一觉不是梦

——怀念恩师邓乔彬先生

王嘉

（一）谁家子弟谁家院

2008年秋，我第一次拜访恩师邓乔彬先生的时候，就和邓师的临风轩结下了深厚的缘分。读博，对我而言，并不是生计或饭碗的问题。无论是年龄或当时已经拥有的社会资历，对于大多数人而言，其实都已经可以知足常乐、没有继续读博的必要了。人到中年，带艺投师，尽管也许比寻常的应届生更明白珍惜一分一秒的道理，但也显然不是招生的优选。其中的原委，内行人都知道。邓师并没有端起长者的面孔，特别是我谈到，只是想就此圆一个梦，会当凌绝顶，一览天地宽。邓师厚道而鼓励的眼神，唤起了我的力量。

世事大概都要像唐僧取经那样，经历过九九八十一难，才到得灵山、取到真经。2009年初，考博之前，因为脚趾甲得了甲沟炎，严重化脓，血水加脓水，不得不接受医生的建议，手术拔甲。手术之后，拖着一条残腿，一瘸一拐，艰难地爬上暨南大学教学楼的斜坡台阶。斜坡不高，台阶也不多，寻常人也许三步并作两步，蹭蹭几下就窜上去了，我却折腾了很久，步履艰难。很艰辛地进了考场，心里更是没个准，不晓得考成什么样子。

终于过了第一关笔试，接着是第二关，复试。我的心里同样还是没个准。邓师可以在三个方向招收博士生，唐宋文学、20世纪中国文学学术史、诗画比较。并且邓师也说过，因为年龄的原因，这是他最后一次公开招生，也就是俗称的招收关门弟子，且只有一个名额。复试那天，来了3名，分别是3个不同的研究方向。我报考的是诗画比较，另外一男一女，分别是另外两个方向的。那两位考生都有着绝对的年龄优势，青春焕发，意气飞扬，谈吐不俗，精神抖擞，并且本科、硕士都是中文专业的科班出身。我则是一直在跨专业，历史学学士、美术学硕士，职称是文物博物专业，本职工作是美术史研究和展览策划。跟那两位专业选手相比，我这个跨界生究竟有多少胜算的概率，确实不得而知。

我私下揣度，邓师对于最后一位博士生，确实也是非常慎重。虽然邓师一向做事果断，从来没有选择困难症，但是在这个节骨眼上，确实也许有点举棋不定。3个考生都很优秀，3个博士研究方向都是毕生的心血，不仅是选考生，同样也是选方向。

最后一个绣球，花落谁家？

我是一个金庸迷，在那一刻，我想起了《天龙八部》里的“谁家子弟谁家院，无计悔多情。虎啸龙吟，换巢莺凤，剑气碧烟横。”

（二）虽万千人吾往矣

2009年秋，入了邓门。在邓师的临风轩，我看到了一片精彩的世界。

邓师博学多才，赋诗填词如探囊取物。直到后来为邓师编《邓乔彬教授七十华诞纪念文集》的时候，更加全面地畅读了邓师的积年诗作。诗风词影，风骨品格，常令我高山仰止。我入邓门之后的那几年，逢年过节的时候，邓师总是先起诗词，然后邓门弟子相约唱和。我等拙劣，难免顾头不顾尾。特别是平仄音律，雅俗共赏等方面，经常拿捏不准。邓师从来不因此责怪我们，他总是鼓励我们多写，诗词、对联、散文、小品，只要是适合于练笔的文体和话题，他都想方设法调动我们的创作源。至于诗评、词论、文论，更是要像家常便饭一样常关注、常锤炼。拳不离手、曲不离口，只有勤加练习，才会心有灵犀。在邓师门下，各人性格不同。只要邓师在场，我仗着邓师的宽厚，比较爱出风头，甚至有时喧宾夺主，邓师也毫不介意。这也纵容了我写诗填词快手如风的倾向，有人说我三步一诗、五步一词，那都是谣传，不可信。但不计工拙、不假思索、脱口而出，倒是真的。因为邓师在场，我没有压力。何况是内部交流，就算磕磕碰碰，也无伤大雅。按说，我的年龄比大多数同门都老许多，且是最后一个进门，当以稳重为斯文，本不该这样不拘。但每一次尽兴雅聚，都让我觉得同门就像无拘无束的一家人，而邓师就是我们的主心骨。

邓门的优秀人才非常多，八仙过海，各有神通。添列邓师门墙，实为荣幸之至。邓师的临风轩，之所以门庭壮大，一方面跟邓门弟子的各自努力有关。入了邓门的人，哪一个不是争分夺秒、刻苦修行？但我觉得，更为重要的是得益于邓师的循循善诱和因材施教。邓师讲课，非常注重方法。记得有一次课堂讨论《古诗十九首》，邓师从诗歌创作讲到诗文评论，从汉诗讲到唐诗，从诗文内容讲到汉魏之际的社会文化，从社会学讲到心理学，讲到人的精神自觉，旁征博引，滔滔不绝。听得我们都忘记了时间，似乎跟着邓师一起穿越到古代的诗人会场，亲眼见到、亲耳听到古人的心声。邓师讲课，非常注重逻辑性，思路清晰，一层一层地把诗文剥开给你看，从现象到本质，从个案到规律，从表面到内核，一丝不苟，层层递进。这也常让我想到金庸的“独孤九剑”，破剑式、破刀式、破枪式、破鞭式、破索式、破掌式、破箭式、破气式，分门别类。然后在每一类里面，又有如此这么的更细致的规则。大概只有心里装满了整个江湖的人，才会如此对江湖了如指掌。也只有像邓师这样博通古今的老师，才如此游刃有余地培育弟子，传道、授业、解惑。

在博士论文选题的时候，邓师也一如既往地对我格外宽厚。我曾经眼花缭乱，不清楚该怎么选。因为我亲身参与了上世纪90年代广东美术馆的筹建，广东美术馆的三个学术方向，中国近现代沿海美术、广东现当代美术、海外华人美术，是当时广东美术馆包括我在内的几位专业人员一起定下来的奋斗目标。我想把博士论文跟本职工作结合在一起，但因为我自己在多年的职场需求和学术研究中，一度把战线拉得很长，均有涉及，均有分兵、均有成果，所以比较难于抉择。邓师的态度是，一定要选最擅长的题目写。邓师为我确立了几个基本原则，一是要有地方特点，二是要有时代特点，三是要有学术亮点，四是要有突破前人的空白点。在邓师的点拨下，我最终确定了写岭南画派的诗画比较。我对岭南画派的关注，开始于上世纪80年代在中山大学读书的时候，后来我在广东美术馆任职，又专攻岭南画派数年。说句实话，我的博士论文几乎融合了我截止到当时为止对岭南画派20多年的全部研究心得。也正是邓师的高屋建瓴，帮助我把曾经零碎的珍珠串成了一串。

我期待了多年，想圆一个梦，邓师帮我把这个梦变成了现实。那一刻，又让我想起了《射雕英雄传》里的一句歌词“问世间是否此山最高，或者另有高处比天高”。事实上，哪有什么“会当凌绝顶”？从来都是一山更比一山高。山外山，天外天，重峦叠嶂，学海无涯。

（三）塞上牛羊空许约

邓师一生热爱生活，青年时期，他是运动员的身板。他的跳高成绩，曾经持续很多年垄断了上海地区大学生运动会的最高纪录。但是自专心做学问以来，他几乎过着足不下楼、黄经青灯的生活。很多人只看到邓师著作等身、学富五车，我从邓师那里看到的还有为了做学问而不惜一切的豪气和勇气。

邓师有着优异的语言禀赋，他可以模仿很多地方的方言。只要有兴致，河南话、陕西话、山西话、山东话、湖南话、四川话……几乎是张口就来。有的也许是几个小段子，只要说相声、懂切口的，大概都能做到。而有的则是就像当地人一样，说得很地道，这个就不是一般人可以匹及的了。邓门的弟子来自五湖四海，要论说家乡话，邓师跟大家都可以同乡相称。邓师模仿各地的方言，不仅语音、语调很像，而且在高兴的时候，还绘声绘色地给我们讲述各地不同身份的人在讲方言的时候的那些神情和动作。当然，邓师是广东珠海人氏，且在上海、甘肃都生活过多年，他对于广东话、上海话、甘肃话知道的最多，有趣的段子也最多。可惜每当这样的时候，我们都被邓师引人入胜的口技给迷住了。直到现在才想起后悔，怎么那么多的机会，我们当时也没给邓师拍一些视频留下。

邓师的歌喉很好，他跟那个年龄的人们一样，对老苏联歌曲十分擅长。《莫斯科郊外的晚上》《喀秋莎》《红莓花儿开》《小路》《三套车》《伏尔加河船夫曲》《山楂树》《纺织姑娘》《田野静悄悄》的旋律，总是伴随在每一次最高兴的时候。

邓师也喜欢听我们唱，虽然邓门弟子擅长唱歌的很少，但我们也很喜欢跟着老师一起哼哼。邓师的声音洪亮浑厚，每次边唱边打着拍子，我们就跟着他的拍子唱，偶尔吐字不清的时候，开始还挺囧，后来干脆就机智地跳过去，并且学着在脸上装出若无其事的样子。邓师把我们的表演全部看在眼里，心里可是明镜儿的。但邓师从来不说，装作完全不知道。大家就这样心照不宣地嗨着，但邓师是一字一腔，字正腔圆，毫不含糊。每次唱完歌，那些旋律都在我们的脑海里回荡很久。

邓师七十岁的时候，跟我们相约，他要过另外一种生活。他说，做学问太久了，心到力疲，想换一种生活方式。以后不写论文了，也不出书了，开始画画、散步，过悠闲的日子。邓师年轻的时候，狂爱书画，尤其是水彩画。所以在七十岁的时候，师母专门为邓师买了整套的水彩画具，期待成为新生活的开始。我们也跟老师相约，今后定期到临风轩相聚，谈古论今，说南话北。只可惜，天有不测风云，邓师很快就查出癌症，晚年的悠闲理想，转眼之间变成了与生命的抗争。

这又让我想起了金庸的《破阵子》："塞上牛羊空许约，烛畔鬓云有旧盟"，人生真是不易。

（四）为谁开，茶花满路

邓师也是金庸迷。

只是这件事，我是直到博士毕业之后，在邓师的七十诞辰的时候，才得以确认。同门里的某位，为邓师送了一套《金庸全集》。邓师把这套书放在书架最醒目的位置，并且也把读金庸作为晚年的"悠闲生活"而列入了生活计划。这个时候，我才确凿地知道，邓师确实也是金庸迷。

因为，在我的心里，像邓师这样严谨的大学者，金庸迷？有点将信将疑。我觉得邓师就像金庸笔下的风清扬，身怀绝技，与世无争，是一位真正的隐侠。

邓师返回上海养病期间，我两次到上海拜望。邓师住在华东师范大学，每次到邓师家，师母都是亲自下厨，专门为我做一顿简餐，安排在邓师的书房。邓师背门面窗而坐，我背窗面门而坐。师生相对，邓师笑眯眯地看着我吃，随意地聊几句。也没有太多的话，每个话题也都是三句五句，不深挖，不延伸。然后就像是漫不经心一样，很快又转了话题。在邓门十年，可以滔滔不绝，也可以相对无言，无论怎样，都不会觉得生疏或尴尬，就像在自己家一样。师母有时候跑过来看两眼，有时候插几句话，但会把宝贵的相聚时间留给师生之间。邓师非常坚强，他把一生的豁达都用在了晚年的化疗，治疗引起的瘙痒，转移之后的疼痛，全都自己扛着，就像是什么都没有发生过。

2017年4月，我的第三本书《青眼有嘉：我眼里的艺术与收藏》由天津人民出版社准备付梓。我跟师母说，想请邓师为我序言。邓师其实已经不能写文章了，师母把这件事转告邓师之后，邓师非常支持我，并大致讲了他的思路要点，嘱托我代笔起草。我按照邓师的意思写了草稿，从微信发过去，邓师看了之后回复："你代我写的序很好，言简意赅，大称我心。如身体好，我应加些内容的，如今智力退化，极怕写作，只能认可你的代作了。望谅。"落款是"邓"。邓师平素给我们的信息往来，都是这个落款。而这段话，是邓师写给我的最后一段文字了。也或许是邓师口述，由师母代为录入的。

再到上海，就是为邓师送行。2018年1月30日上午8点47分，邓师在上海与世长辞，享年75岁。邓门弟子从全国各地齐聚上海，为恩师送行。因为适逢冬季，我的一个脚后跟皲裂，无法沾地，钻心地疼，只能一瘸一拐地走路。在做完告别式之后，送上殡葬车的最后一程，我走在送灵队伍的第一排右手边的第一个位置上。虽然步履艰难，我一直坚持走在最前面。如果邓师在天有灵，他一定能看到人群中的那个虽然一瘸一拐，但仍然坚持阔步前行的虔诚弟子，那就是我。

邓师去时，邓门弟子拟了不少挽联。我以邓门弟子的集体名义拟的挽联是这样的：

师生情谊最难忘明湖楼诗词丹青旁征博引提携后进多奖掖
天地永诀费思量丽娃路文章翰墨牵肠挂肚痛悼恩师寄悲凉

后来在灵堂上，用的是另一位同门拟写的挽联。邓门弟子，才俊颇多。专攻诗文的，擅长词藻的，研究曲目的，比比皆是。考证文章，强者林立。我只是跨界而来，虽然在外行人眼里，也算是有一点墨水。但跟邓门的其他同门弟子相比，诗词曲联，强中更有强中手。我在邓门看到的精彩的世界，不仅有恩师毕生的心血和风采，同样也有同门弟子们的才学和气概。邓师一生桃李满天下，教书育人，泽被后学，让我景仰万分。

想起金庸的《水龙吟·燕云十八飞骑》："燕云十八飞骑，奔腾如虎风烟举""为谁开，茶花满路""怎生消得，杨枝玉露"。邓师门下十年，但见邓师为学之广、研学之精、治学之勤，没有享受过一天的悠闲日子。既为恩师感到遗憾，也更加平添了一分敬仰。

2019年1月4日于二沙岛广东美术馆

（作者简介：王嘉，广东美术馆研究员、教授，2009—2012年在暨南大学中文系师从邓乔彬先生攻读诗画比较方向博士学位）

遥祭邓师

张进萍

忽闻恩师驾鹤西
飞雨如注南北移
香烟袅袅祭万里
化作飞花扶灵去

人生自是有归期
井水年年无尽时
邓师掘井弟子承
春风桃李报师恩

（作者简介：张进萍，澳门理工学院，2009—2015年在暨南大学中文系师从邓乔彬先生攻读古代文学博士学位）

临风轩最后的喧闹

程刚

从上海送别邓师回来的第二天，是我小孩整牙的时间，在华侨医院整好牙齿，从医院骑单车回家会穿过校园经过暨大南湖。骑到湖边脑海中忽然闪过一个画面。大概是14年11月左右，老师经过了两次化疗白细胞降得厉害，需要在华侨医院做升白治疗。有天下课后我去华侨医院看老师，打过了升白针，我就陪了老师、师母走在这同一条路上，经过南湖边还恰好碰上骑车的海沙老师，她停下单车走过来关切地问起老师的病情。不知道为何，这之后的几年里，几乎每次路过南湖，这样的画面都会闪过脑海。两个老人，夕阳之下，相伴而行，但不是那种温馨的画面，相反是冬日之下有点凄清的背影。钱穆《师友杂忆》有云："能追忆者，此始是吾生命之真。其在记忆之外者，足证非吾生命之真。"那些突然涌现于脑海的画面，应该是积淀于心既深且久的记忆吧。邓老师在《唐宋词美学》再版后记当中说到，在上海期间因为思念故乡，以家乡五桂山为书斋命名。如今回到南粤，面明湖背南湖而居，遂以临风轩为斋名。老师仙去有一个多星期了，而离开临风轩已经三年了，他离开广州时和我们约定会再回来的，想他老人家肯定也没有想到这一去就不返了。

临风轩里老师谈学术时如冯虚御风，时有仙气，而谈一些生活琐事则有如清风徐来，时有烟火之气。央视《百家讲坛》多次邀请老师上节目，退休前老师以节目束缚太多等为由拒绝了。退休后央视再次邀请，老师在中山大学与他们谈过之后决定接受邀请，回来便开始着手准备讲稿。记得一次在临风轩的闲谈，老师说，上百家讲坛除了传播学术的公心之外，也有一份私心。你们几个留在广州的学生条件都不好，而广州房价太贵，居大不易。百家讲坛虽然劳务费微薄，但听说之后的讲稿几乎都成了畅销书。我准备的这两个选题讲完之后就可以成两部书稿，稿费到时你们留在广州的弟子可以先拿去急用。虽然后来因病《百家讲坛》之事未成，但每每念及老师的这段话都心生暖意。陶诗有云："有风自南，翼彼新苗。"而今吾师已逝，临风轩里，南风不再，新苗失怙。

2013年在整理邓老师七十寿诞邀请名单时，发现老师提供的名单中有三位我从没听说过，便来问过老师是否邀请。老师说这份名单是他65岁生日会时的名单，其中那三位是他70年代担任甘肃永登水泥厂子弟中学老师时候的学生。原来是四十年前的老学生。邓老师说，他们都退休了，条件不好，也太远了，就不要邀请了。我便没有发邮件，过了一段时间倒是接到了他们的一封邮件，有四位永登水泥厂子弟中学的学生作为学生代表，要求参加老师的七十寿诞。我很惊讶，老师1973—1977年在永登水泥厂子弟中学工作了五年，但他却被学生记挂了四十年。他们不仅参加了老师65岁在上海的生日会，70岁在广州的生日会。还听邓老师说起，2012年他在西北师范大学主持答辩，答辩结束便被这些老学生开车接到曾经的中学，在永登县城来了十二位老学生看望邓老师，第二天他们再将邓老师送至兰州机场。邓老师回上海治疗后，有一次师母打电话给我说老师情况不太好，她一个人忙不过来，能不能安排一位学生去上海照料一段时间。我在群里和大家商议，我们都有教学任务抽出一两周的时间都很难，正在犯难的时候，师母又打电话过来说不用了，永登水泥厂的学生来看望老师，其中有一位可以帮忙照顾老师一段时间，让我们不要着急。2018年1月30号接到老师仙去的消息，我第二天就去了上海，路上还在想有没有人在师母身边照顾陪伴。到了老师家才知道多虑了，永登水泥厂的一位学生于彦彦已经在师母家里陪伴她了。晚上我和师母、于彦彦三个人出去吃饭，回来的路上我便说很感动于这份四十年的师生情。她说，你们是不了解的，那时我们一个偏僻的小县城一下来了一位上海的大学生，那是多么轰动。邓老师是改变我们世界观的，他真是给我们这些十几岁的大山里的孩子打开了一扇窗户，他会画画、会写诗、会打球，还很帅气。他先是体育老师，然后是语文老师，再后做了我们班主任，大家都很爱戴他。我确实不理解那时的邓老师是如何改变了那些学生的世界观，但想起这延续了四十年的师生情，我知道他一定是位好老师，那段师生情一定是真感情。孔子有云：君子之德风，小人之德草，草上之风，必偃。临风轩的风是春风化雨之风，是山高水长的先生之风，这是轩中后生小子之福。

邓老师是2014年7月在华侨医院查出的肿瘤，经过几个月在广州的治疗，老师和师母决定回上海休养，临行前在华师的陶园聚餐，这是老师与广州弟子们最后一次聚会。2014年11月8号离开了广州，2018年1月30号老师仙游而去，期间同门各自去上海看望老师的时候，老师时常流露想再回广州的念头，可惜三年多的时间里他的身体每况愈下终未成行。2018年春节前的腊月二十八是老师的二七，昌庆志师兄、周韬师姐、晓东师兄在临风轩前做了祭奠，那时我已经回了安徽老家没有参加。过完年的正月十一是老师的四七，我们几个又聚在临风轩的楼下做了祭奠，晓东兄让我买一包湿巾，到了临风轩门口才知道，他们看到老师家三年没打开的防盗门上落满了灰尘，而老师、师母是极爱干净的。我们几个于是默默地把这扇门擦拭干净。每年的这个时候正是暨大开学季，也正是老师从上海回到广州的时间，而从今往后他再也不会回来了。

去年六月师母来广州办理一些老师身后的手续，拟将老师的全部藏书捐赠给暨大图书馆。师母、晓东、李俊、何花，我还喊了我的师弟杜治伟和本科学生龙煜志一起整理老师家的藏书。撤下书架，拍照、清查、整理、记录、打包，本来挺大挺空阔的客厅里铺了一地的书，时而会有所发现，书里所夹的论学书札，书的扉页学者赠书的一些题签，老师给我们各自论文的批注和修改意见，我们会一起看看讨论讨论，沉寂三年的临风轩里有了一些喧闹的气息。整理了两天的时间，图书馆拖走了所有的藏书。师母接下来办理了各种手续，处理完毕便准备回上海，把钥匙交给我退房。火车站送走了师母，和总务处的工作人员约好交接房子的时间，等到验房的师傅来了，我打开了房门，屋里的家具，墙上的字画，书房里的书都散了，临风轩里更加空荡荡了。和他检查了水、电、煤气，办完交接手续，师傅拿了钥匙要来重新锁门，我说还是让我来吧。关上了门才恍然想起，我们整理图书的几天，是临风轩最后的喧闹了，哪些往日的情景再也不会重来了。而我这个邓门的关门弟子，真的成了最后一个给临风轩“关门”的弟子。

老师驾鹤仙游了，临风轩也就要换主人了。老师在，临风轩就在，老师走了，在单位看来，这变成了另一套可以引进人才的房子了；在师母看来，这已经不是曾经的家了；而在我们看来，这里也不会再叫临风轩了，那个有一个鸿儒，有一群白丁的临风轩也就散了，临风轩里三千册图书也就散了，临风轩里近百弟子，也就花果飘零了。

临风轩位于暨大明湖苑2栋501-502，明湖苑前有明湖，后有南湖。老师还在广州时，暨大正在清理校内的几个小湖，抽干了南湖湖水，清理了湖里的淤泥，并且种植了满塘的荷花。去年盛夏六月，荷花在朋友圈里竞相绽放，我也跑去看了，荷叶田田，如举如盖，别样的荷花红，让不大的南湖，煞是热闹。曾经邓门聚会最常去的是暨大招待所，从临风轩到招待所必须经过南湖，邓老师若在的话，一定也会是这荷塘边的赏花人。荷花香销翠残之际，朋友圈又是一片枯荷之影，只是不忍再看。

2019年1月15日

（作者简介：程刚，暨南大学中文系副教授，2011—2013年在暨南大学中国语言文学博士后流动站师从邓乔彬先生做博士后研究）

编后记

程刚

受纪念文集主编程国赋、彭国忠老师委托，我略述编撰过程如下：

编撰这部纪念文集，从先生去世后就开始筹划了。记得在先生的告别仪式上，杨雨老师走过来，轻声说："我们要给先生编辑一部纪念文集，这个事你要早早筹划，精心准备。"听完杨雨老师的话，顿觉兹事体大，难堪重任。但作为先生的关门弟子，博士后出站留在了先生生前执教过的暨南大学工作，编撰这样一部纪念文集又责无旁贷。

因为缺乏编撰经验，也缺乏对先生学术成就的深入理解，这使得编撰工作从一开始就困难重重。我将拟定的书名、文集的构想、收录文章的范围交予赵晓岚老师、彭国忠老师、杨雨老师、杨柏岭老师审议，经过多次讨论，最终确定了以学术为核心的总体编撰思路，突出《邓乔彬学术文集》在先生学术生涯当中的总结意义，从多层次、多角度展示先生的学术人生与学术成就。杨柏岭老师是我的硕导，每当编撰出现困惑的时候，我第一个就想到了杨老师，他总能给我提供一些新的思路。2019年春节，我去安徽师范大学拜访老师，他再次详细地为全书初稿调整了结构，拟定了章节标题。

编撰先生的纪念文集，最大的难度在其体例的复杂性。纪念文集既非论文集、评论集，又非散文集。文体涉及论文、书评、书序、论学书信、学术访谈、著述目录、诗词唱和、挽联挽诗、各类名单、追忆散文等。作者有先生的师长，学界友人，领导同事，沪粤两地弟子等。事件涉及学术文集首发式、七十华诞纪念、告别仪式、周年纪念等。将这些文字汇成一集，头绪繁多，也难免庞杂，正是四位师长的建议才使得这本纪念文集更具条理和逻辑性。

书名"南有乔木"语出《诗经·汉广》，先生为南粤中山人，"乔木"既嵌有先生之名，也有百年树人之意。纪念文集分成四大块，第一部分"学术自述"，以收录先生的自传自评、未刊稿、文集未收稿为主。未刊稿只略作整理，基本保持原貌。第二部分"学术评价"，则透过他人之笔，来展现先生的学术成就、地位与影响。第三部分"学术文集"，具有学术总结意味，包括2013年学术文集首发式暨七十华诞纪念会各位代表的发言、十二卷《邓乔彬学术文集》目录、一卷《邓乔彬教授七十华诞纪念文集》目录以及学术文集出版后的各种书评。书评保持发表时的原貌，以先生著作出版时间、书评发表时间为序编排。第四部分“学术追忆”，主要收录先生告别仪式时的挽联、挽诗、唁电等文字，以及学界友人和弟子们在周年纪念时所写的文章。沪粤两地弟子的追忆文章以入门先后为序编排，在不同时空中，从不同角度追忆先生的教诲。纪念文集的四个部分基本是历史与逻辑的展开。从先生自传自评到学术他评，由内而外地展现先生之谦恭与学界之推崇。从学术文集到学术追忆，可见名山之事业与薪火之相传。从七十华诞到告别仪式，悲欣交集，情何以堪。

纪念文集的编撰，首先要感谢邓师母的支持和信任。她在2018年6月来暨大处理先生身后之事，将临风轩内全部藏书捐给暨南大学图书馆。感谢图书馆史小军馆长、李宾馆助和刘文霞老师为这批藏书做了妥善的安排。同时，师母又允可门弟子王晓东、李俊和我共同整理先生的书信和电脑文档。这次文集中的书信、未刊稿均来自此。

感谢为纪念文集赐稿的先生友人、同事、弟子。蒋述卓先生是暨南大学原党委书记、中文系教授，广东省作协主席，之前我只在主席台下聆听过蒋先生的发言。这次很忐忑地短信邀请他参加将于今年清明期间召开的邓先生追思会，蒋先生很快回复了“我参加”三个字。随后我又“得寸进尺”地再请蒋先生拨冗为纪念文集作序，蒋先生又很快答复了：“请告诉我书稿的大致情况，将书稿的轮廓给我，我好写”。几天后收到蒋先生短信，文章已经写好。序末有云：“邓先生的贡献彪炳于暨大中文系发展的史册中，永志不灭。”感谢施议对先生、吴承学先生、王兆鹏先生、戴伟华先生等，他们都应允我们收录他们的书评和纪念文章。感谢我的博士生导师彭玉平先生，此次纪念文集收录了他的三篇文章：邓师七十寿诞时的祝寿词、学术文集的书评及最近撰写的纪念文章。彭老师曾经和我们说过：“邓老师的学术文集出版后需要发表一些有分量的书评，以体现其影响力，你们广州的弟子可能还做不到这一点，我来帮忙联系。”随后《学术研究》在2014年第7期集中推出了由王兆鹏先生、戴伟华先生、杨明先生和彭老师所撰写的，名为“《邓乔彬学术文集》四人谈”的一组文章。先生在上海治疗期间，彭老师多次去医院探望，还主持了先生生前最后一次生日会。先生去世之后，我向彭老师约写一篇纪念文章，彭老师说这篇文章是一定要用心写的。彭老师经常教导我们“做一个有温度的中文人”，这应该就是“温度”的体现。

感谢暨大文学院的领导与同事。先生病中我随侍左右时，便经常感受到来自学院的关怀。先生在上海治疗期间，我曾经陪同文学院邱向欢书记、程国赋院长、中文系倪列怀书记去复旦大学附属肿瘤医院探望老师。先生在上海第四人民医院住院时，我再次陪同程国赋院长去医院探望老师。这一次我们提出举办追思会和出版纪念文集，院领导再一次提供了支持。我因为生性木讷寡言，留校五年多了，和院内的很多老师并不熟悉。但先生回上海治疗后，我经常会接到诸位老师对先生身体状况的关切与问候。如古代文学学科的赵维江老师、张海沙老师、史小军老师、徐国荣老师、王进驹老师、聂巧平老师等。还有学院的邵敬敏老师、张世君老师、苏桂宁老师、闫华老师、刘绍瑾老师、傅莹老师、倪列怀老师、赵静蓉老师、盛永生老师、赵春利老师、朱巧云老师、林文旭老师、蓝媛慧老师、郑少青老师、杨艳老师等，他们让我感受到了温情与尊重。先生去世后，文学院与中文系的官网从彩色调到黑色，以示对先生的哀悼与怀念。文学院和中文系的工作群里，众多老师表示了伤感和惋惜。所有这一切让我感到暨南大学文学院和中文系是极具人文情怀的大家庭。

也感谢古代文学教研室这个小家庭的诸位同仁，感谢张海沙老师在文集首发式上的精彩主持和发言，感谢徐国荣老师为先生所作的七十寿序，这一次听闻邓门弟子编辑纪念文集，他说年末文债很多，能否给他一个星期的时间写一篇纪念文章，两天后他就发来一篇诔文。感谢教研室主任何志军老师，他是先生口中经常提及的“小何”，先生生前以集体名义主持的教学与教材项目，在先生回上海之后都转交给何老师处理。先生去世之后，何老师委托我将先生生前主编的最后一本书《中国古代文学作品选》（中华文化版）带至灵前。这本书是由先生和何老师联合主编，古代文学教研室集体参与的一本面向侨生的教材。教材的出版已经很好地完成了先生“文学其实从古到今都不是孤立存在而发展的”，“文学在文化系统之内发展，与文化的互补互足”的编撰理念。

先生的告别仪式在上海宝兴殡仪馆举行，由彭国忠老师总揽协调，感谢彭国忠老师及上海同门的付出。告别仪式上，华东师范大学中文系1962级的同学，华东师范大学中文系的领导、同事和弟子们也都赶来送先生一程。先生曾在丽娃河畔度过了自己的青葱岁月，从华东师大附中到华东师大物理系、中文系以及研究生，在这里度过14年的学生时光。而后先生在这里工作了21年，一些重要的学术成果都在这里完成。先生成长于斯，成就于斯，歌哭于斯，终老于斯。

感谢吴武林老师、胡海义老师、符继成老师的追忆怀念，他们或是聆听过先生的课程，或是先生的再传弟子。感谢上海、广州同门及时发来的稿件，尤其是上海同门所写的文章，展现了不同时空中同而不同的邓师。“同”在其学问与人格，“不同”在其因材施教的雪泥鸿爪。感谢广州同门，因为部分书评是由PDF格式转换而成的，需要再次校对，我在群里请求帮助，谢珊珊老师、昌庆志老师、张进萍老师、陈建穰老师和刘兴晖、夏令伟、李俊、李杰荣、高翠元、唐何花等便主动担起了校对的任务。此外，书中照片大都来自何平华、陈亚奇、陈建穰之手，纪念文集题签集字由陈建穰完成，在纪念文集封面色彩选择上，何平华、胡炜、陈建穰都提供了很好的建议。

感谢安徽师范大学出版社以及此书的责任编辑潘安兄。先生最后的学术成果总结都在安徽师范大学出版社完成，此前的《邓乔彬学术文集》《邓乔彬教授七十华诞纪念文集》《中国古代文学作品选》(中华文化版),潘安兄都参与其中。

最后特别感谢晓东兄,文献检索、整理、编辑是其所长,此次编撰纪念文集他出力尤多。很多次我和他在网上都交流至凌晨,讨论章节设置、文献分类、文章排序等问题。一次他在微信里打出这样的一段文字:“跟随先生选择的研究方向是学术史,没想到这次整理的却是先生的散佚文稿,这几天半夜里看稿子,安静,极伤感,无可奈何的事情。”深夜读到这样的文字尤觉唏嘘。他在纪念文章当中说:“我现在距离先师当年的临风轩书房,空间直线距离不过一公里。但老师已与我们天人永隔了。”他文中还记录下先生生前的一句话:“我和这世界渐渐失去联系了。”何其无奈、何其凄凉……

我在追忆文章中说到:“我这个邓门的关门弟子,真的成了最后一个给临风轩‘关门’的弟子。”编后记再一次为纪念文集“关门”。但暂时关住的只是文字的纪念,弟子们内心对恩师的怀念永不“关门”……

二〇一九年二月二十五日